公司法重点条款
律师实务评注

中华全国律师协会公司法专业委员会　组编

LEGAL PRACTICE COMMENTARY ON
KEY ARTICLES OF COMPANY LAW

北京

图书在版编目（CIP）数据

公司法重点条款律师实务评注 / 中华全国律师协会公司法专业委员会组编. -- 北京：法律出版社，2024.
ISBN 978-7-5197-9222-0

Ⅰ. D922.291.914

中国国家版本馆 CIP 数据核字第 2024YG2615 号

公司法重点条款律师实务评注 GONGSIFA ZHONGDIAN TIAOKUAN LÜSHI SHIWU PINGZHU	中华全国律师协会 公司法专业委员会　组编	策划编辑　林　蕊 责任编辑　林　蕊 装帧设计　李　瞻

出版发行　法律出版社　　　　　　　　　　　开本　710 毫米×1000 毫米　1/16
编辑统筹　司法实务出版分社　　　　　　　　印张　46　　字数　737 千
责任校对　李慧艳　　　　　　　　　　　　　版本　2024 年 7 月第 1 版
责任印制　胡晓雅　　　　　　　　　　　　　印次　2024 年 7 月第 1 次印刷
经　　销　新华书店　　　　　　　　　　　　印刷　三河市兴达印务有限公司

地址：北京市丰台区莲花池西里 7 号(100073)

网址：www.lawpress.com.cn　　　　　　　　销售电话：010-83938349

投稿邮箱：info@ lawpress.com.cn　　　　　　客服电话：010-83938350

举报盗版邮箱：jbwq@ lawpress.com.cn　　　　咨询电话：010-63939796

版权所有·侵权必究

书号：ISBN 978-7-5197-9222-0　　　　　　　定价：178.00 元

凡购买本社图书，如有印装错误，我社负责退换。电话:010-83938349

本书编委会

主　编

吴　晨　王登巍

副主编

李立坤　王亚军　王小涛　任艳玲　曹志龙
王全明　邬锦梅　朱涤非　杨　振

编　委

吴东波　牛范淇　杜明竹　石旦波　陈　莉
方　斌　杜　宇　李泳欣　王　杰　吴林聪
马宇曈　李　毅　李国旺　肖　敏　潘　军
李寅岭　张豫侃　韩利锋　李家栋　赵继明
周　亮　张　琳　张　虹　王景春　郭　鹏
张秀华　万海龙　孙新战　张　彦　周　珍
赵　颖　刘　洋　邵龙雷　陈秀丽　杨新涛
苗春健　吴　芳　徐　健　齐　燕　杨　波
赵松梅　曹　军　张本钟　袁　畅　田普华
马义奎

出 版 说 明

《中华人民共和国公司法》(以下简称《公司法》)是商事基本法,是市场经济的基础性法律,在我国社会主义市场经济法律体系中具有重要地位。2019年我国《公司法》开始了新一轮的修订工作,这是我国《公司法》历史上的第六次修改(继2005年的第二次修订),对我国的商事法律制度发展具有基础性作用和历史性意义。本次修订于2023年12月29日第十四届全国人民代表大会常务委员会第七次会议审议通过,修订后的《公司法》共266条,相较于2018年《公司法》,删除了16个条文,修改了228个条文,其中实质修改了112个条文。本次修订力度大、范围广,对正确理解和适用《公司法》提出了新要求。

律师是中国特色社会主义法治工作者,是全面依法治国的重要力量和国家治理现代化的重要保障。全面推进依法治国,要引导广大律师牢记初心使命,服务中心大局,践行为民宗旨,提高律师队伍的思想政治素质、业务工作能力,为建设社会主义法治国家提供更加优质高效的法律服务。在《公司法》修订过程中,中华全国律师协会公司法专业委员会密切配合立法机关,为公司法修订建言献策,在修法过程中发挥了律师作用。

为帮助全国律师正确理解和准确适用修订后的《公司法》,中华全国律师协会公司法专业委员会在2023年7月启动了《公司法重点条款律师实务评注》的编写工作,在面向专委会全体委员征集报名的基础上确定了44名编撰成员,并组建了16人的编审工作组。工作组制定了整体的撰写体例、结构和具体的行文规范,分组撰写、集中编审,经过11个多月的紧张工作,历经10多版的统稿、编审、修订,最终在《公司法》施行前付梓。

基于律师视角的法律评注编撰,不仅展现了律师作为法律共同体的角色组成,也体现了对于法律评注研究的行业倡导和专业引导,有助于广大律师更深入地理解和掌握《公司法》的立法意旨、规范宗旨、条文要义和适用技术,为社会提供更加精准、优质、实效的法律服务。

本书的编写立足于《公司法》的修订条款，聚焦于制度变化，按照修订情况、理论基础、制度演变、案例评析、律师实务指引以及关联法条的逻辑结构展开，既遵循了"评注"作为特定法学文献的基本范式，也体现了律师评注的实务底色，以期为广大公司法从业律师以及企业法务管理人员提供一本理论与实务相结合的参照手册。

由于本书编写时间紧迫、参与人员众多，加之作为律师行业法律评注类著作的首次尝试，错误在所难免，恳请各位读者给予批评指正，以期改进并提高书籍质量。

本书的编写得到了中华全国律师协会领导的鼓励和支持；《公司法》修订专班成员、清华大学沈朝晖副教授、法律出版社林蕊编辑全程予以指导，在此一并致谢。

中华全国律师协会公司法专业委员会

2024年6月

公司法司法解释简称表

全　称	简　称
最高人民法院关于适用《中华人民共和国公司法》若干问题的规定(一)	公司法司法解释一
最高人民法院关于适用《中华人民共和国公司法》若干问题的规定(二)	公司法司法解释二
最高人民法院关于适用《中华人民共和国公司法》若干问题的规定(三)	公司法司法解释三
最高人民法院关于适用《中华人民共和国公司法》若干问题的规定(四)	公司法司法解释四
最高人民法院关于适用《中华人民共和国公司法》若干问题的规定(五)	公司法司法解释五

目录

第一章 总则 — 001
- 第一条 【立法宗旨】 — 004
- 第六条 【公司名称】 — 010
- 第十条 【法定代表人】 — 018
- 第十一条 【法定代表人行为的法律后果】 — 024
- 第十七条 【工会】 — 032
- 第二十条 【社会责任】 — 040
- 第二十三条 【公司人格否认】 — 048
- 第二十四条 【会议召开及表决方式】 — 056
- 第二十六条 【公司决议撤销】 — 062
- 第二十七条 【公司决议不成立】 — 069
- 第二十八条 【决议无效、被撤销或不成立的法律后果】 — 077

第二章 公司登记 — 082
- 第三十条 【设立登记申请材料】 — 084
- 第三十二条 【登记事项】/第三十四条 【变更登记】 — 091
- 第三十五条 【变更登记申请材料】 — 101
- 第三十七条 【注销登记】 — 106
- 第三十九条 【虚假取得设立登记的法律后果】 — 110
- 第四十条 【公示事项】 — 115
- 第四十一条 【提升登记便利化】 — 121

第三章 有限责任公司的设立和组织机构　　126

第四十三条　【设立协议】　　128

第四十四条　【公司设立行为的法律后果】　　135

第四十七条　【注册资本】　　142

第四十八条　【出资方式】　　148

第四十九条　【出资义务】　　154

第五十条　【设立时出资不足的连带责任】　　159

第五十一条　【董事会的核查、催缴义务】　　164

第五十二条　【股东失权】　　169

第五十三条　【抽逃出资的法律责任】　　178

第五十四条　【股东出资加速到期】　　184

第五十五条　【出资证明书】　　189

第五十六条　【股东名册】　　194

第五十七条　【股东查阅、复制权】　　199

第五十九条　【股东会职权】　　205

第六十六条　【股东会的议事方式和表决程序】　　215

第六十七条　【董事会职权】　　219

第六十八条　【董事会的组成】　　226

第六十九条　【审计委员会】　　233

第七十条　【董事任期及辞任】　　239

第七十一条　【董事的解任】　　245

第七十三条　【董事会的议事方式和表决程序】　　253

第七十四条　【经理的设立与职权】　　258

第七十五条　【不设董事会的情形】　　264

第七十六条　【监事会的设立与组成】　　272

第八十条　【董事、高级管理人员对监事会的义务】　　281

第八十一条　【监事会的会议制度】　　285

第八十三条　【不设监事会及监事的情形】　　288

第四章　有限责任公司的股权转让　　293

　　第八十四条　【股权转让】　　294

　　第八十六条　【股权转让的变更登记】　　301

　　第八十八条　【转让未届出资期限或瑕疵出资股权的责任承担】　　311

　　第八十九条　【异议股东股权回购请求权】　　320

第五章　股份有限公司的设立和组织机构　　335

　　第九十二条　【发起人的限制】　　337

　　第九十五条　【股份公司章程内容】　　340

　　第九十六条　【注册资本】　　345

　　第九十七条　【股份认购】/第九十八条　【发起人的出资】　　348

　　第九十九条　【其他发起人的连带责任】　　353

　　第一百零二条　【股东名册】　　357

　　第一百零三条　【成立大会】　　361

　　第一百一十条　【股东的查阅、复制、建议和质询权】　　366

　　第一百一十二条　【股东会的职权】　　369

　　第一百一十五条　【股东会会议】　　375

　　第一百一十八条　【出席股东会的代理】　　381

　　第一百二十条　【董事会的组成、任期、职权及董事的解任】　　387

　　第一百二十一条　【审计委员会】　　394

　　第一百二十六条　【经理的设立与职权】　　399

　　第一百三十条　【监事会的组成及任期】　　406

　　第一百三十一条　【股份公司监事会职能】　　412

　　第一百二十八条　【不设董事会的情形】/第一百三十三条　【不设监事会的情形】　　418

　　第一百三十六条　【独立董事及公司章程应载明的特殊事项】　　423

　　第一百三十七条　【应由审计委员会事前通过的事项】　　429

　　第一百四十条　【信息披露义务及禁止违法代持】　　435

　　第一百四十一条　【禁止交叉持股的情形】　　440

第六章 股份有限公司的股份发行和转让 　　445

第一百四十二条 【股份及其面额】 　　447
第一百四十四条 【类别股】/第一百四十五条 【发行类别股公司章程记载事项】/第一百四十六条 【类别股股东的双重表决】 　　453
第一百四十七条 【股份形式】 　　462
第一百五十二条 【授权董事会发行股份】/第一百五十三条 【董事会发行新股的通过】 　　466
第一百五十七条 【股份转让】 　　473
第一百六十条 【特定持有人的股份转让】 　　479
第一百六十一条 【异议股东股份回购请求权】 　　484
第一百六十三条 【禁止财务资助】 　　490

第七章 国家出资公司组织机构的特别规定 　　497

第一百六十八条 【国家出资公司的概念】 　　498
第一百六十九条 【出资人职责】 　　509
第一百七十条 【党对国家出资公司的领导】 　　514
第一百七十一条 【国有独资公司章程的制定】 　　522
第一百七十二条 【国有独资公司股东权的行使】 　　526
第一百七十三条 【国有独资公司的董事会】 　　532
第一百七十四条 【国有独资公司的经理】 　　539
第一百七十五条 【国有独资公司的兼职禁止】 　　543
第一百七十六条 【国有独资公司的审计委员会】 　　548
第一百七十七条 【国家出资公司的合规建设】 　　553

第八章 公司董事、监事、高级管理人员的资格和义务 　　559

第一百八十条 【忠实义务和勤勉义务】 　　561
第一百八十一条 【董事、监事、高级管理人员的禁止行为】 　　567
第一百八十二条 【董事、监事、高级管理人员与本公司交易的程序】 　　571

第一百八十三条 【谋取公司商业机会的禁止及例外】 575

第一百八十四条 【经营同类业务的限制】 578

第一百八十五条 【关联董事的回避表决】 583

第一百八十九条 【公司及全资子公司权益受损的股东救济】 586

第一百九十一条 【董事、高级管理人员职务侵权行为的责任承担】 591

第一百九十二条 【控股股东、实际控制人和董事、高级管理人员的连带责任】 596

第一百九十三条 【董事责任保险】 601

第九章 公司债券 605

第二百零四条 【债券持有人会议】/第二百零五条 【债券受托管理人】/第二百零六条 【债券受托管理人的义务】 606

第十章 公司财务、会计 614

第二百一十条 【公司税后利润分配】 615

第二百一十一条 【违法分配利润的法律责任】 620

第二百一十二条 【利润分配时限】 625

第二百一十四条 【公积金的用途】 630

第十一章 公司合并、分立、增资、减资 635

第二百一十九条 【公司简易合并】 636

第二百二十四条 【公司减资】 641

第二百二十五条 【公司简易减资】 645

第二百二十六条 【违法减资的法律后果】 652

第二百二十七条 【股东的优先认购权】 660

第十二章 公司解散和清算 666

第二百三十二条 【清算组及清算义务人】 667

第二百三十三条 【申请法院指定清算组】 675
第二百四十条 【简易注销公司登记】 681
第二百四十一条 【强制注销登记】 688

第十三章 外国公司的分支机构 694

第十四章 法律责任 697

第二百五十条 【欺诈取得公司登记的法律责任】 698
第二百五十一条 【未依法公示信息的法律责任】 704
第二百五十二条 【虚假出资的法律责任】 708
第二百五十三条 【抽逃出资的法律责任】 712
第二百五十四条 【公司财务违法行为的法律责任】 716
第二百五十八条 【公司登记机关违法的法律责任】 720

第一章 总 则

修订概述

本章作为总则,对整部《公司法》具有纲领性作用,体现着我国公司立法从"建立现代企业制度"到"完善中国特色现代企业制度"的功能进变。

本章从22条修订为28条,主要涵盖了立法目的、公司的概念和分类、公司的基本要素(章程、名称、住所、经营范围、法定代表人、分支机构等)、公司的投资和担保、职工权益保护、公司党组织的活动、公司的社会责任,以及控股股东、实际控制人、董事、监事、高级管理人员损害公司或债权人利益的责任,股东会和董事会决议的否定评价机制等方面的内容。

本章实质修改的条款共计11条:

1. 第1条在原"保护公司、股东和债权人的合法权益,维护社会经济秩序,促进社会主义市场经济的发展"的基础上,增加了保护"职工"的合法权益、"完善中国特色现代企业制度,弘扬企业家精神"以及"根据宪法"的表述,完善了《公司法》立法宗旨。

2. 第6条首次对公司"名称权"的保护进行了完整表述,衔接了《民法典》第58条、第1013条、第1014条相应权利及保护的规定。

3. 第10条扩大了法定代表人的选任范围,"由代表公司执行公司事务的董事或者经理担任",不再局限于董事长、执行董事和经理;并明确了法定代表人辞任制度。

4. 第11条延续《民法典》第61条、第62条对法人的法定代表人责任的规定,明确了公司法定代表人行为的后果。

5. 第17条新增公司职工"休息休假"的权利,要求"建立健全以职工代表大会为基本形式的民主管理制度",将"解散、申请破产"增加作为"应当听取公司工会的意见,并通过职工代表大会或者其他形式听取职工的意见和建议"的事项。

6. 第20条在第19条的基础上,更加强调了公司的社会责任,除公司、股东和债权人利益之外,要求充分考虑公司职工、消费者等利益相关者的利益以及生态环境保护等社会公共利益,鼓励公布社会责任报告,呼应了企业社会责任和环境、社会和公司治理(Environmental, Social and Govermance, ESG)理念的发展。

7. 第23条作为"刺破公司面纱""公司人格否认"的基本条款,在原纵向否认的基础上增加了横向否认机制,在特定情形下不仅可纵向穿透要求股东承担连带责任,还可横向穿透要求关联公司之间承担连带责任。在删除"一人有限责任公司"专节规制安排的同时,总则部分保留和强调了一人公司股东的举证责任倒置,即一人公司的股东具有举证公司财产独立于自己财产的责任,否则将承担不利后果。

8. 第24条新增股东会、董事会、监事会可以采用电子通信方式开会的规定,回应时代信息化和数字化的高速发展,结合实际完善了股东会、董事会和监事会的会议制度。

9. 第26条在《公司法司法解释四》第4条规定的基础上,修订和完善了可撤销股东会、董事会决议的制度,明确了非实质性程序瑕疵不影响决议效力,以及明确了未被通知参加股东会会议情形下撤销权行使起算时点和撤销权行使的最长期限限制。

10. 第27条在《公司法司法解释四》第5条规定的基础上,修订和完善了股东会、董事会决议不成立的情形。

11. 第28条在《民法典》第85条和《公司法司法解释四》第6条的规定基础上,明确了股东会、董事会决议被人民法院宣告无效、撤销或者确认不成立的法律后果。

本章在个别条款的顺序安排和文义表述上也进行了优化调整,更加符合公司法的内在逻辑和结构体例。如2018年《公司法》第15条规定:"公司可以向其他企业投资;但是,除法律另有规定外,不得成为对所投资企业的债务承担连带责任的出资人。"要求公司在一般情况下"不得成为对所投资企业的债务承担连带责任的出资人",除非有法律的规定;而新《公司法》第14条第2款将其修订为:"法律规定公司不得成为对所投资企业的债务承担连带责任的出资人的,从其规定。"可以看出,该条款与之前的规制逻辑是相反的:除非有法律的禁止规定,公司通常可以成为承担连带责任的出资人。

在立法技术上,将"必须"修改为"应当",将公司的守法要求从"法律、行政法规"扩充为"法律法规",将公司经营范围登记调整并入第二章,将滥用股东权利和公司法人地位的情形分开进行规制,并将后者归入法人人格否认规则制度。

第一条 【立法宗旨】

> 第一条 为了规范公司的组织和行为,保护公司、股东、职工和债权人的合法权益,完善中国特色现代企业制度,弘扬企业家精神,维护社会经济秩序,促进社会主义市场经济的发展,根据宪法,制定本法。

一、修订情况

本条在立法目的中增加了保护"职工"合法权益、"完善中国特色现代企业制度"、"弘扬企业家精神"等内容,并增加(相较于2005年修订时的删除,可以称其为"恢复")了"根据宪法"制定的表述。

二、理论基础

巴特勒、马克思都认为公司是人类的重大发明。我国的公司法律制度基于国企改革的需要和社会主义市场经济的确立而产生和发展,与改革开放和社会主义市场经济发展相伴而行并不断完善。[1]

中国公司制度的生长路径与西方不一样,中国公司法的改革不单单是一个部门法规则的修改,更是提升国家竞争力、推进社会改革的重要内容。因此,范健认为公司制度改革是国际竞争胜出的重要推力,主张从国际制度竞争层面去认知公司法改革。[2]

侯东德等基于"理性经济人"假设、"股东至上"理论的否定和对利益相关者理论、公司社会责任理论、企业公民观、ESG理念等重要理论的整合与提升,提出打造生态型公司法:以可持续发展为核心,强调社会整体利益,重视权利保护,追求最多数人利益的实现。[3]

---

[1] 参见王翔:《新〈公司法〉时代背景与内容解读》,载《中国法律评论》2024年第2期。
[2] 参见范健:《制度竞争下的中国公司法改革》,载《法治研究》2019年第3期。
[3] 参见侯东德、韦雅君:《生态型公司法的理论证成及制度实现》,载《当代法学》2022年第5期。

1992年10月党的十四大明确建立社会主义市场经济体制的改革目标后,我国的公司立法也从《有限责任公司法草案》改为《公司法草案》。1993年11月,党的十四届三中全会通过的《中共中央关于建立社会主义市场经济体制若干问题的决定》提出建立"产权清晰、权责明确、政企分开、管理科学"的现代企业制度,并明确为"国有企业改革的方向";1993年12月新中国第一部《公司法》颁布;2003年10月党的十六届三中全会通过的《中共中央关于完善社会主义市场经济体制若干问题的决定》第一次提出"建立归属清晰、权责明确、保护严格、流转顺畅的现代产权制度",明确"使股份制成为公有制的主要实现形式";2005年《公司法》第一次全面修订;2007年10月党的十七大报告提出深化国有企业公司制股份制改革,"健全现代企业制度";2013年11月党的十八届三中全会通过的《中共中央关于全面深化改革若干重大问题的决定》提出混合所有制是我国"基本经济制度的重要实现形式";2019年10月党的十九届四中全会通过的《中共中央关于坚持和完善中国特色社会主义制度 推进国家治理体系和治理能力现代化若干重大问题的决定》对我国社会主义基本经济制度作出新概括,第一次将"中国特色现代企业制度"列入中国特色社会主义制度的重要组成部分,丰富和发展了社会主义基本经济制度的内涵。

因此,徐强胜认为公司法不应该被看作法律和经济学的一个狭隘的私法领域,相反,它应该被认为是深远的社会和宏观经济政策的一部分。在这个意义上,"公司法"不仅是法学的范畴,也是国家公共政策的重要组成部分,成为连接国家经济政策与包括国有与民营或混合制企业微观行为的纽带。[1]

职工权益保护不仅是企业社会责任的体现,也是公司治理的要求。[2] 20世纪80年代以来兴起的企业社会责任运动,关注劳动者权益、环保等内容。2000年联合国推出的"全球契约"计划,也将保护劳动者权利作为原则之一。2004年,联合国全球契约组织在研究报告《在乎者赢》(Who Cares Wins)中首次完整提出ESG的概念,其中员工权益是"社会"(Social)部分的重要内容。另外,强化职工民主参

---

[1] 参见徐强胜:《我国公司法对经济政策的回应——历史发展与再回应》,载顾功耘主编:《公司法律评论》2023年第2卷,法律出版社2023年版。

[2] 职工参与公司治理制度起源于德国,1919年《德国魏玛宪法》第165条规定:"劳工及职员有平等地与企业主共同来决定薪金条件及劳动条件之制定,以及生产力在整个经济的发展。""二战"后,职工参与公司治理制度在欧洲大陆、英、美、日等地开始兴盛。

与也是优化公司治理、提升公司科学管理能力和水平的必要措施。① 在我国,职工参与权还源于特定的社会政治经济制度。②

2022年10月,党的二十大报告要求"全心全意依靠工人阶级,健全以职工代表大会为基本形式的企事业单位民主管理制度,维护职工合法权益",并要求"完善中国特色现代企业制度,弘扬企业家精神,加快建设世界一流企业"。

企业家概念最早由经济学家理查德·坎蒂隆(Richard Cantillon)在《商业性质概论》中提出,彼得·德鲁克(Peter Drucker)则将企业家精神概括为有目的、有组织的系统创新。2017年9月8日,中共中央、国务院《关于营造企业家健康成长环境弘扬优秀企业家精神更好发挥企业家作用的意见》提出弘扬企业家爱国敬业遵纪守法艰苦奋斗的精神、弘扬企业家创新发展专注品质追求卓越的精神、弘扬企业家履行责任敢于担当服务社会的精神;2017年10月,党的十九大报告明确提出激发和保护企业家精神;2020年7月,习近平总书记在主持召开的企业家座谈会上的讲话从爱国、创新、诚信、社会责任和国际视野等五个方面丰富了企业家精神的内涵;2022年10月,党的二十大报告进一步指出"完善中国特色现代企业制度,弘扬企业家精神,加快建设世界一流企业"。这些都为"企业家精神"的入法奠定了政治基础,也为"企业家精神"的后续司法适用提供了法律解释、裁判说理以及价值判断冲突的取舍依据等功能。③

全国人大常委会法工委负责人答记者问时强调,修改公司法是贯彻落实党中央关于深化国有企业改革、优化营商环境、加强产权保护、促进资本市场健康发展等重大决策部署的需要,④在起草工作中坚持了正确政治方向以及立足国情与借鉴国际经验相结合,从我国实际出发,将实践中行之有效的做法和改革成果上升为法律规范。⑤

因此,"保护职工合法权益""完善中国特色现代企业制度""弘扬企业家精神"

---

① 参见范围:《新公司法推进优化公司治理、强化职工权益保障》,载《工人日报》2024年1月8日,第7版。
② 参见石少侠、王福友:《论公司职工参与权》,载《法制与社会发展》1999年第3期。
③ 参见刘斌:《新公司法注释全书》,中国法制出版社2024年版,序言。
④ 《完善中国特色现代企业制度推动经济高质量发展——全国人大常委会法工委负责人解读新修订的公司法》,载中国人大网,http://www.npc.gov.cn/npc/c2/c30834/202401/t20240104_434091.html。
⑤ 《关于〈中华人民共和国公司法(修订草案)〉的说明——2021年12月20日在第十三届全国人民代表大会常务委员会第三十二次会议上》,载中国人大网,http://www.npc.gov.cn/c2/c30834/202312/t20231229_433993.html。

都是立足国情与借鉴国际经验相结合的体现,更是中国特色现代企业制度的法律表达和发展。

三、制度演变

1993年《公司法》第1条规定:"为了适应建立现代企业制度的需要,规范公司的组织和行为,保护公司、股东和债权人的合法权益,维护社会经济秩序,促进社会主义市场经济的发展,根据宪法,制定本法。"

1999年和2004年《公司法》修正均未对1993年《公司法》第1条作出调整。

2005年《公司法》第1条修改为"为了规范公司的组织和行为,保护公司、股东和债权人的合法权益,维护社会经济秩序,促进社会主义市场经济的发展,制定本法",删除了"适应建立现代企业制度的需要"和"根据宪法"的表述。

2013年和2018年《公司法》均延续了2005年《公司法》第1条的表述。

2023年新《公司法》在2018年《公司法》第1条基础上,增加了保护"职工"合法权益、"完善中国特色现代企业制度"、"弘扬企业家精神"等立法目的,并恢复了2004年以前的《公司法》中"根据宪法"制定的表述。

全国人大宪法和法律委员会2022年12月27日关于二审稿修改情况的报告指出,经研究采纳了在立法目的中增加"完善中国特色现代企业制度、弘扬企业家精神"的建议;全国人大宪法和法律委员会2023年12月25日关于四审稿审议结果的报告指出,根据常委会组成人员、社会公众的建议进一步强化职工民主管理、保护职工合法权益,在立法目的中增加保护"职工"合法权益的规定。

四、案例评析

老河口市大通物流有限公司实际控制人肖某等伪造国家机关公文、证件、印章罪,伪造公司、企业印章罪案[湖北省谷城县人民法院(2021)鄂0625刑初151号]

基本案情: 2021年5月,老河口市大通物流有限公司(以下简称老河口市大通公司)实际控制人肖某和员工陈某因伪造国家机关公文、证件、印章罪,伪造公司、企业印章罪,被起诉至湖北省谷城县人民法院。肖某被羁押后,公司多个项目停滞,经营困难,员工失业。谷城法院受理该案后,立即启动涉企案件经济影响评估程序,实地走访、评估核查,最大限度降低司法措施对企业正常生产经营带来的影响。

2021年10月，老河口市大通公司向谷城县人民法院和检察院递交了《提请开展刑事合规监督考察的申请书》。2022年3月，湖北省检察院批准对该企业启动合规监管，谷城县人民法院裁定中止审理。

裁判情况：在2个月的考察期内，谷城县人民法院联合检察院、第三方监管人，先后7次到该企业实地开展监督考察，并对第三方监管人进行全流程监督。针对企业板块经营混同、企业管理不规范、诚信经营观念不深入等8项具体问题逐项进行现场督导整改。同时通过线上会议指导涉案企业加强内部治理，筑起合规风险防火墙。在"第三方考察+法检联合督导"监管模式的监督指导下，该企业围绕合规风险点健全完善各类合规制度规范、工作流程共14项，并针对财务管理、重大事项决策、合规管理、税务管理等制度举办两次专题培训，对诚信建设、合规风控及问责、项目申报等重点岗位组织全员考试两次，有效完成了合规承诺和合规计划中的整改项目。

谷城县人民法院综合考量二被告人的犯罪事实、情节、认罪悔罪态度、社会危害性及企业合规整改情况，最终判决对肖某、陈某免予刑事处罚。

评析：本案是法院在审判阶段开展刑事企业合规性审查案件，对法院在审判阶段保护企业和企业家权益、弘扬企业家精神具有参考意义。一是法院在依法追究刑事责任的同时，给予涉案企业改过自新的机会，促进企业合规守法经营，最终达到挽救企业、规范行业发展、保障经济有序运行的目的，实现企业犯罪的源头治理。二是法院能动司法、坚守底线。法院多次深入企业实地调查核实，向有关专家学者咨询，实现"办理一案、示范一片"。三是法检协同联动、凝聚合力。谷城县人民法院与检察院首创性地会签了《关于涉案企业合规案件审理相关工作的意见》，就企业合规案件办理中的相关问题达成共识，明确了合规整改、第三方监督考察等办案程序，同时对案件请示汇报、听取意见建议等作出规定，为后续案件办理提供制度参考。人民法院在审判阶段启动合规监督程序，敦促涉案企业对涉及犯罪的管理和经营问题进行合规整改，提高了企业的合规意识。

五、律师实务指引

立法宗旨对于正确理解和适用《公司法》具有指导意义，也是法律解释和漏洞填补的重要遵循。律师在实务中应当准确理解和认识保护"职工"合法权益、"完善中国特色现代企业制度"以及"弘扬企业家精神"的价值内涵和功能作用。

在保护职工合法权益方面,《公司法》通过公司工会以及职工董事、职工监事等制度将保护职工合法权益融入公司治理中。

在完善中国特色现代企业制度方面,《公司法》吸收国有企业制度改革成果对国家出资公司作出了专章规范;在一般性公司规范中,《公司法》保持守正创新的基本原则,借鉴了域外的公司治理经验并结合中国实践加以本土化改造。

律师从事公司法律实务工作,对法律冲突、法律漏洞的解决和解释可以综合考量立法背景、立法目的,科学运用目的解释、文义解释、体系解释、历史解释及其他法律论证方法,从而实现将"纸面上的法"转化为"现实中的法"。

关联法条

《宪法》第14条、第15条

第六条 【公司名称】

> 第六条　公司应当有自己的名称。公司名称应当符合国家有关规定。公司的名称权受法律保护。

一、修订情况

本条为新增条款。

二、理论基础

"名称权"的概念在2023年《公司法》修订前针对的是外延更大的法人主体，而不是作为营利法人的公司。公司作为最重要的市场主体，具有相对于其他市场参与主体的特殊优势。就构建完善统一的法律体系而言，在公司法层面明确规定并保护公司"名称权"在内的各项人格权变得尤为重要。

对于公司名称权的权利性质，存在人格权、财产权及知识产权等不同界定，但"通说将其（企业名称权）视为一种混合权利，它除了人身权利外也表现出财产权和无形财产权的特征"[①]。

公司作为营利法人，依法享有财产权及人格权，而名称权则兼具财产权及人格权属性。人格权层面，名称权主要起识别公司作为特定市场主体的作用，从而间接保护其他市场主体的利益，即使在公司被撤销设立登记后公司的名称权亦存在一定期限的禁设限制，如《企业名称登记管理规定》第17条基于避免市场主体混淆的目的，对企业名称禁用情形作出列举，包括被撤销设立登记或者被撤销变更登记未满1年的原企业名称。

财产权层面，《民法典》第1013条规定公司的名称权的权能为"依法决定、使用、变更、转让或者许可"，较之自然人姓名权多出"转让"权能，从而更接近所有权

---

① ［德］C. W. 卡纳里斯：《德国商法》，杨继译，法律出版社2006年版，第282页。

的内涵。同时,可以通过考察公司名称在公司终止这一特定阶段的法律地位进一步分析公司名称权的财产属性。在实践中,大量企业停止营业或被吊销之后并不启动规范的清算注销,从而产生"僵尸企业",强制注销制度的设立初衷即为解决该问题。强制注销制度不仅推动了公司清算,亦起到及时释放公司名称这一市场资源的作用。换言之,注销或变更登记满1年的企业名称将重新成为市场可使用的资源。①

将公司名称权界定为知识产权则更多是从权利保护的角度考虑的。知识产权不仅保护智力成果,也保护经由使用而形成的工商业标识,而公司名称权属于工商业标识的范畴。1967年《保护工业产权巴黎公约》第8条规定:"厂商名称应在本联盟一切国家内受到保护,没有申请或注册的义务,也不论其是否为商标的一部分。"因此,工业产权同时包括专利、商标、企业名称。但企业名称权与知识产权的特征存在差别,例如公司名称权的地域性与专利权等知识产权的地域性并不是同一含义,专有性更是差距甚大。② 实际上,真正将企业名称权与知识产权相关联的场景主要是将企业名称、商标、商品包装等共同显示在产品、服务上,共同标识产品、服务的来源。在我国,企业名称权与知识产权的关系直接体现在司法实务操作上而非理论上。根据最高人民法院于2020年修改的《民事案件案由规定》第5部分的规定,与企业名称相关的案件都归于一级案由"知识产权与竞争纠纷"之下。虽然这种案由规定并不完全符合《民法典》条款体系,但是长期以来形成的企业名称相关纠纷归属于知识产权案由之下具有一定的实践基础,如企业名称与商标冲突频发的权利保护问题。

三、制度演变

虽然本条是首次在《公司法》层面对公司名称权作出规定,但从实质上来说,在我国法律体系中这一概念并非首次提出,1986年《民法通则》及其他法律法规中均有相关规定。

(一) 民法

1986年《民法通则》第99条第2款规定:"法人、个体工商户、个人合伙享有名

---

① 参见陈颖婷:《首批浦东新区法规今发布》,载《上海法治报》2021年9月29日,第1版。
② 参见李政辉:《论企业名称权保护的制度困境与法治出路》,载《法商研究》2023年第4期。

称权。企业法人、个体工商户、个人合伙有权使用、依法转让自己的名称。"该条款明确了公司享有名称权。第120条规定:"公民的姓名权、肖像权、名誉权、荣誉权受到侵害的,有权要求停止侵害,恢复名誉,消除影响,赔礼道歉,并可以要求赔偿损失。法人的名称权、名誉权、荣誉权受到侵害的,适用前款规定。"

2009年《民法通则》第99条第2款及第120条继续沿用该条款,未作调整。《民法典》第1013条规定:"法人、非法人组织享有名称权,有权依法决定、使用、变更、转让或者许可他人使用自己的名称。"第1014条规定:"任何组织或者个人不得以干涉、盗用、假冒等方式侵害他人的姓名权或者名称权。"

《民法典》相较于《民法通则》,将法人对自身名称的处置方式由"转让"扩充到"决定、使用、变更、转让或者许可他人使用",并且明确了名称权不得受到侵害以及侵害的方式。

(二)反不正当竞争法

1993年《反不正当竞争法》第5条规定:"经营者不得采用下列不正当手段从事市场交易,损害竞争对手:……(三)擅自使用他人的企业名称或者姓名,引人误认为是他人的商品……"同时,第21条第1款规定:"经营者假冒他人的注册商标,擅自使用他人的企业名称或者姓名,伪造或者冒用认证标志、名优标志等质量标志,伪造产地,对商品质量作引人误解的虚假表示的,依照《中华人民共和国商标法》、《中华人民共和国产品质量法》的规定处罚。"

2019年《反不正当竞争法》对于上述条款进行了修改。该法第6条规定:"经营者不得实施下列混淆行为,引人误认为是他人商品或者与他人存在特定联系:……(二)擅自使用他人有一定影响的企业名称(包括简称、字号等)、社会组织名称(包括简称等)、姓名(包括笔名、艺名、译名等)……"第18条规定:"经营者违反本法第六条规定实施混淆行为的,由监督检查部门责令停止违法行为,没收违法商品。违法经营额五万元以上的,可以并处违法经营额五倍以下的罚款;没有违法经营额或者违法经营额不足五万元的,可以并处二十五万元以下的罚款。情节严重的,吊销营业执照。经营者登记的企业名称违反本法第六条规定的,应当及时办理名称变更登记;名称变更前,由原企业登记机关以统一社会信用代码代替其名称。"

《反不正当竞争法》的上述规定更多着眼于公司从事商事活动应遵守的义务及公司名称权受到侵害时的惩罚措施,旨在维护市场经济秩序和市场主体公平竞争。

（三）其他法规、部门规章等

《市场主体登记管理条例》《企业名称登记管理规定》《企业名称登记管理规定实施办法》等行政法规、部门规章等从政府对公司管理的角度，就企业登记特别是企业名称登记进行了具体明确的规定。这些规定主要侧重于公司行政性、义务性上的考量。

四、案例评析

案例一：山东起重机有限公司与山东山起重工有限公司侵犯企业名称权纠纷再审案［最高人民法院（2008）民申字第758号］

基本案情： 山东起重机厂成立于1968年，1991年10月31日变更名称为山东起重机厂。山东山起重工有限公司（以下简称山起重工公司）成立于2004年2月13日，山东省工商行政管理局于2004年1月13日同意其预先核准企业名称为山东山起重工有限公司。青州市经济贸易局等单位请示山东省工商行政管理局研究处理因山起重工公司的企业名称引发的纠纷，但山起重工公司未变更企业名称。山东起重机厂于2005年7月11日向山东省青州市人民法院起诉，请求判令山起重工公司立即停止对"山起"字号的使用等。

裁判情况： 一审法院认为，山东起重机厂在诸多方面不仅为同行业认可，而且被社会广泛认知，具有较高的知名度，并已形成一个消费群体，用户在看到具有"山起"字样的名称时，很容易与其产生联系，应当确认"山起"系山东起重机厂企业名称的简称。山起重工公司使用山东起重机厂在先使用并知名的企业名称中最核心的"山起"字号，双方当事人所属行业相同或有紧密联系，其住所地都在青州市，使相关公众产生误认，应当认定山起重工公司已构成对山东起重机厂名称权的侵犯，应该赔偿因此给山东起重机厂造成的经济损失。一审判决判令山起重工公司到工商管理部门办理变更企业名称的相关手续等。

二审法院认为，山东起重机厂是起重机行业中的知名企业，在特定区域，特别是在青州市，"山起"已经被相关公众识别为山东起重机厂，两者之间建立了特定联系，可以认定为山东起重机厂的特定简称。山起重工公司在企业名称中使用"山起"，没有正当理由，并且由于其与山东起重机厂同处青州市，导致相关公众对两家企业产生误认，构成不正当竞争。因此，驳回上诉，维持原判。

再审法院即最高人民法院认为，一个企业的简称是否能够特指该企业，取决于该简称是否为相关公众认可,并在相关公众中建立起与该企业的稳定联系。对于具有一定市场知名度、为相关公众所熟知并已实际具有商号作用的企业或者企业名称的简称,可以视为企业名称。如果经过使用和公众认同,企业的特定简称已经为特定地域内的相关公众所认可,具有相应的市场知名度,与该企业建立起了稳定联系,已产生识别经营主体的商业标识意义,他人在后擅自使用该知名企业简称,足以使特定地域内的相关公众对在后使用者和在先企业之间发生市场主体上的混淆,进而将在后使用者提供的商品或服务误认为在先企业提供的商品或服务,造成市场混淆,在后使用者就会不恰当地利用在先企业的商誉,侵害在先企业的合法权益。此时,《反不正当竞争法》(1993年)第5条第3项对企业名称保护的规定可以适用于保护该企业的特定简称。因此,最高人民法院裁定驳回山起重工公司的再审申请。

评析: 企业名称权不仅包括企业的注册名称,在符合一定条件的情况下,还可能包括企业名称的简称。企业简称的形成与两个过程有关:一是企业自身使用简称代替其正式名称;二是社会公众对于企业简称的认同,即认可企业简称与注册名称指代同一企业。由于简称省略了注册名称中某些字样,可能会导致其他市场主体扩大理解甚至误解简称所指代的对象。因此,企业简称能否特指该企业,取决于该企业简称是否为相关社会公众所认可,并在相关社会公众中建立起与该企业稳定的关联关系。对于具有一定的市场知名度、为相关社会公众所熟知并已经实际具有商号作用的企业或者企业名称的简称,可以视为企业名称。如果经过使用和社会公众认同,企业的特定简称已经在特定地域内为相关社会公众所认可,具有相应的市场知名度,与该企业建立了稳定的关联关系,具有识别经营主体的商业标识意义,他人在后擅自使用该企业简称,足以使特定地域内的其他市场主体产生的混淆、误认的,在后使用者就会不恰当地利用该企业的简称,侵害该企业的名称权。

案例二: 自贡爱尔眼科医院有限公司与自贡康立耳鼻喉医院有限公司不正当竞争纠纷案[四川省高级人民法院(2021)川知民终759号]

基本案情: 自贡爱尔眼科医院有限公司(以下简称爱尔公司)的前身为自贡爱尔康立眼耳鼻喉医院有限公司,设立于2000年11月,公司经历了多次名称变更,原经营地址在四川省自贡市汇东路364号。其间,该公司通过当地媒体和医院楼宇电梯画框广告等对"康立医院""自贡康立"进行了广泛宣传,途经其原址的公交车站点亦命名为康立医院站。2017年3月,该公司更名为爱尔公司,公司地址亦进行了变更。2017年7月,周本长等三名股东在爱尔公司原经营地址(自贡市汇东路364号)成立了自贡康立五官科医疗有限公司。后该公司更名为自贡康立耳鼻喉医院有限公司(以下简称康立公司),并经营自贡康立耳鼻喉医院,对外简称"自贡康立"。爱尔公司认为康立公司使用其公司和实体医院原名称的行为构成不正当竞争,诉至法院。

裁判情况：四川省高级人民法院认为,爱尔公司变更企业名称后,对其曾用名"自贡爱尔康立眼耳鼻喉医院有限公司"、曾用名的简称"自贡康立""康立医院"以及原企业名称中的字号"康立"均不再享有专用权。但是,"自贡康立""康立医院""康立"等名称所承载的商誉仍应由爱尔公司享有。康立公司在爱尔公司原址经营与爱尔公司原名称极为近似的自贡康立耳鼻喉医院,且在其门头使用仅作了有限变更的原自贡爱尔康立眼耳鼻喉医院招牌,院内装修亦未作大规模变动,该系列行为容易使相关公众误认为康立公司是此前一直在此经营的爱尔公司,构成不正当竞争,故判决康立公司赔偿爱尔公司经济损失30万元;康立公司变更自贡康立耳鼻喉医院门头招牌、院内装修,并在其经营场所显著位置树立明显标识1年,告知公众自贡康立耳鼻喉医院非原自贡爱尔康立眼耳鼻喉医院的事实。

评析：受法律保护的企业名称应该是企业依法核准登记注册的名称,企业对其曾用名不享有名称权。但在他人的原办公地址,使用与他人曾用名近似的名称、经营与他人相同的业务,容易使相关公众误认为其是此前在此经营的经营者,属于《反不正当竞争法》第6条第4项规定的"其他足以引人误认为是他人商品或者与他人存在特定联系的混淆行为",从而构成不正当竞争。

五、律师实务指引

（一）企业名称权常见纠纷类型

企业名称权相关纠纷主要包括三大类：一是指企业名称与其他企业名称之间的冲突,包括字号、简称等；二是企业名称与商标权之间的冲突；三是企业名称与其他主体姓名权、名称权之间的权利冲突。对于企业名称权面临的权利冲突问题,之前《公司法》所能提供的解决方案较少,更多依据《商标法》《反不正当竞争法》等法律法规在知识产权及反不正当竞争领域进行行为规制及权利维护。

例如,最高人民法院《关于适用〈中华人民共和国反不正当竞争法〉若干问题的解释》第9条规定:"市场主体登记管理部门依法登记的企业名称,以及在中国境内进行商业使用的境外企业名称,人民法院可以认定为反不正当竞争法第六条第二项规定的'企业名称'。有一定影响的个体工商户、农民专业合作社(联合社)以及法律、行政法规规定的其他市场主体的名称(包括简称、字号等),人民法院可以依照反不正当竞争法第六条第二项予以认定。"第11条规定:"经营者擅自使用与他人有一定影响的企业名称(包括简称、字号等)、社会组织名称(包括简称等)、姓名(包括笔名、艺名、译名等)、域名主体部分、网站名称、网页等近似的标识,引人误认为是他人商品或者与他人存在特定联系,当事人主张属于反不正当竞争法第六条第二项、第三项规定的情形的,人民法院应予支持。"

最高人民法院《关于审理注册商标、企业名称与在先权利冲突的民事纠纷案件若干问题的规定》第1~4条规定:"原告以他人注册商标使用的文字、图形等侵犯其著作权、外观设计专利权、企业名称权等在先权利为由提起诉讼,符合民事诉讼法第一百一十九条①规定的,人民法院应当受理。原告以他人企业名称与其在先的企业名称相同或者近似,足以使相关公众对其商品的来源产生混淆,违反反不正当竞争法第六条第(二)项的规定为由提起诉讼,符合民事诉讼法第一百一十九条规定的,人民法院应当受理。人民法院应当根据原告的诉讼请求和争议民事法律关系的性质,按照民事案件案由规定,确定注册商标或者企业名称与在先权利冲突的民事纠纷案件的案由,并适用相应的法律。被诉企业名称侵犯注册商标专用权或者构成不正当竞争的,人民法院可以根据原告的诉讼请求和案件具体情况,确定被告承担停止使用、规范使用等民事责任。"

(二)企业名称权冲突常见解决路径

企业名称权冲突解决的路径除司法诉讼之外主要包括三种:一是依据《企业名称登记管理规定》第21条规定,企业认为其他企业名称侵犯本企业名称合法权益的,可以向人民法院起诉或者请求为涉嫌侵权企业办理登记的企业登记机关处理。企业登记机关受理申请后,可以进行调解;调解不成的,企业登记机关应当自受理之日起3个月内作出行政裁决。二是依据《商标法》第57条、第58条及《反不正当竞争法》第6条等规定向市场监督执法部门投诉商标侵权和不正当竞争行为。三是对于在后注册商标侵害在先企业名称权的,根据《商标法》第32条"申请商标

---

① 现为第122条。

注册不得损害他人现有的在先权利"的规定,向国家知识产权局提出商标异议或无效程序。

对于后两种解决路径,判断和认定是否构成对企业名称权的侵犯,需要结合企业名称的知名度和影响力、企业名称的使用方式、行业关联度、使用人的主观恶意以及是否构成混淆情形等标准综合考虑。

关联法条

1. 《民法典》第 58 条、第 1013 条、第 1014 条、第 1016 条
2. 《反不正当竞争法》第 6 条、第 18 条
3. 《市场主体登记管理条例》第 10 条
4. 《企业名称登记管理规定》
5. 《企业名称登记管理规定实施办法》

第十条 【法定代表人】

> 第十条　公司的法定代表人按照公司章程的规定,由代表公司执行公司事务的董事或者经理担任。
>
> 担任法定代表人的董事或者经理辞任的,视为同时辞去法定代表人。
>
> 法定代表人辞任的,公司应当在法定代表人辞任之日起三十日内确定新的法定代表人。

一、修订情况

本条在2018年《公司法》第13条的基础上,将法定代表人的适格人选扩展为"代表公司执行公司事务的董事或经理"。该适格人选的董事并非2018年《公司法》规定的"执行董事",新《公司法》已取消了执行董事,从而进一步明确法定代表人与执行公司事务的实质关联性,旨在减少目前许多公司存在的"挂名法定代表人"现象。

本条第2款、第3款新增了法定代表人双重身份辞任规则以及强制变更规则,明确了法定代表人的任职附着于其作为董事或经理的职务之上,目的是强调法定代表人依法行使职责。

二、理论基础

学术上关于法定代表权的性质存在代表说和代理说两种学说,分别以法人实在说和法人拟制说为基础。法人实在说认为,法人是客观存在的主体,不是法律的拟制。法人拟制说认为,只有自然人才具有法律上的人格,法人的法律人格是法律拟制的结果。但无论是代表说还是代理说,都是为了明确由谁来代替公司作出意思表示,二者殊途同归。因此有学者认为"法定代表人的代表权本质就是一种代理权"[①]。

[①] 朱锦清:《公司法学(修订本)》(第2版),清华大学出版社2019年版,第251页。

关于法定代表人的担任,主要存在以下制度:

1. 共同代表制。共同代表制下,董事会对外代表公司,具有法定代表人的地位。

2. 单独代表制。单独代表制下,公司的每个董事均可以对外代表公司。

3. 单一代表制。由法定代表人单独行使对外执行公司事务的权利,我国即采取单一代表制。

《民法典》第61条第1款规定:"依照法律或者法人章程的规定,代表法人从事民事活动的负责人,为法人的法定代表人。"据此,法定代表人是"代替法人从事意思表示的自然人",因此其自身应具备完全民事行为能力和完整意思表示能力,我国法律规范中的"法定代表人"为自然人应无疑义,《公司法》中董事和经理不存在自然人之外主体担任的可能。

新《公司法》第10条第1款扩大了法定代表人的适格人选,这一修改内容表明了公司法回归公司意思自治的精神和方向,让公司在一定范围内自行决定代表人的设置。关于法定代表人由谁任命、怎么任命、怎么变更,亦是交由公司通过章程确定。

新《公司法》第10条第2款、第3款明确了法定代表人的身份与其董事或经理的职务的绑定关系,既然其成为法定代表人系基于其代表公司执行公司事务的董事或者经理职务,当其辞任董事或经理时亦应当辞任法定代表人。同时,为保障公司的生产经营活动的顺利进行,以及维护公司交易相对方的利益,公司应当在一定时限内确定新的法定代表人。

三、制度演变

1993年《公司法》第45条第4款规定:"董事长为公司的法定代表人。"1999年《公司法》及2004年《公司法》沿用了1993年《公司法》的规定,由董事长作为公司(包括有限责任公司、国有独资公司、股份公司)法定代表人,即法定代表人"一长制"。

2005年《公司法》第13条规定:"公司法定代表人依照公司章程的规定,由董事长、执行董事或者经理担任,并依法登记。公司法定代表人变更,应当办理变更登记。"2013年《公司法》及2018年《公司法》未对此条款作出修改。

新《公司法》第10条第1款扩展了法定代表人的适格人选,第2款新增了法定代表人双重身份辞任规则,填补了现有司法实践中,在董事、经理等辞去自身职务时,对辞去法定代表人没有规定的空白;第3款明确了法定代表人辞任后公司确立新的法定代表人的时间限制,由于公司的运行高度依赖法定代表人,所以法定代表人缺位的期间不能过长。

四、案例评析

案例一:韦某与新疆宝塔房地产开发有限公司等请求变更公司登记纠纷案[最高人民法院(2022)最高法民再94号]

基本案情:《新疆宝塔房地产开发有限公司章程》第13条规定,新疆宝塔房地产开发有限公司(以下简称宝塔房地产公司)股东会是公司的权力机构,有权选举和更换董事。第19条规定,董事长由董事会选举产生。第26条规定,董事长为公司法定代表人。

韦某是宝塔房地产公司股东新疆宝塔投资控股有限公司委派的董事,依据公司章程经董事会选举为董事长,依据章程担任公司法定代表人,并办理了工商登记。2017年7月18日,宝塔房地产公司的股东宝塔石化集团有限公司(以下简称宝塔石化集团)下发《关于干部免职的决定》,免除韦某宝塔房地产公司董事长、法定代表人职务。但宝塔房地产公司未向公司注册地工商局提交变更申请以及相关文件,导致韦某在被免职后仍然对外登记公示为公司法定代表人,在宝塔房地产公司相关诉讼中被限制高消费等。因此,韦某提起诉讼,要求依法判令宝塔房地产公司办理公司法定代表人工商变更登记等。

裁判情况: 最高人民法院再审认为,宝塔房地产公司应当为韦某办理公司法定代表人工商变更登记,理由如下:(1)宝塔房地产公司已经终止与韦某之间的法定代表人委托关系,韦某已经不具有代表公司的法律基础。2017年7月18日,宝塔石化集团下发《关于干部免职的决定》,免除韦某宝塔房地产公司董事长、法定代表人职务。韦某被免职后,未在该公司工作,也未从公司领取报酬。双方的委托关系终止,韦某已经不享有公司法定代表人的职责。(2)宝塔房地产公司怠于履行义务,对韦某的权益造成了损害,依法应当办理法定代表人变更登记。本案中,韦某被免职后,其个人不具有办理法定代表人变更登记的主体资格,宝塔房地产公司亦不依法向公司注册地工商局提交变更申请以及相关文件,导致韦某在被免职后仍然对外登记公示为公司法定代表人,在宝塔房地产公司相关诉讼中被限制高消费等,已经给韦某的生活造成实际影响,侵害了其合法权益。除提起本案诉讼外,韦某已无其他救济途径,故韦某请求宝塔房地产公司办理工商变更登记,依法有据,应予支持。因此,最高人民法院判决宝塔房地产公司于本判决生效之日起30日内为韦某办理公司法定代表人变更登记。

评析: 法定代表人是对外代表公司从事民事活动的公司负责人,法定代表人登记依法具有公示效力。就公司内部而言,公司与法定代表人之间为委托法律关系,法定代表人代表权的基础是公司的授权,自公司任命时取得至免除任命时终止。公司权力机关依公司章程规定免去法定代表人的职务后,法定代表人的代表权即为终止。有限责任公司股东会依据章程规定免除公司法定代表人职务的,公司执行机关应当执行公司决议,依法办理公司法定代表人工商变更登记。

案例二:张某诉上海航特投资咨询有限公司、第三人上海鼎利信息科技有限公司、上海火眼技术有限公司请求变更公司登记纠纷案[上海市第一中级人民法院(2021)沪01民终7923号]

基本案情: 上海航特投资咨询有限公司的章程规定,董事长由股东任免,董事长为公司法定代表人,董事任期届满未及时改选,或者董事在任期内辞职导致董事会成员低于法定人数的,在改选出的董事就任前,原董事仍应当依照法律、行政法规和公司章程的规定,履行董事职务。

2016年9月24日,上海航特投资咨询有限公司作出股东会决议,任命张某为董事长、担任法定代表人。另查,2016年7月,张某进入上海鼎利信息科技有限公司任董事、股东。2017年9月5日,上海鼎利信息科技有限公司形成股东会决议,同意张某等人变更劳动关系至案外人处。2019年12月18日,张某向上海航特投资咨询有限公司及第三人发出辞职报告。2019年4月,上海航特投资咨询有限公司被吊销营业执照。张某起诉要求上海航特投资咨询有限公司将其名字从"法定代表人"一栏中涤除。

裁判情况: 一审法院认为,本案系请求变更公司登记纠纷,如公司登记事项与实际情况不一致,则相关方可请求公司予以变更登记。但原告并非被冒名登记为被告董事、法定代表人,原告也无证据显示被告已形成新的股东会决议,同意原告辞职或改选他人担任董事长、法定代表人,而根据被告章程约定,此时原告仍应继续履行职务,因此,变更登记的前提条件并不存在。客观上,被告被吊销营业执照,被告目前也无法前往市场监督管理部门办理法定代表人变更登记。因此，原告的诉讼请求缺乏法律依据，不予支持。被告未及时处理原告的辞职事务，未及时改选董事、董事长、法定代表人，使原告不得不继续履行职务，如被告的行为对原告造成经济损失，原告可要求赔偿，原告亦可要求被告支付其在辞职后但仍履行职务期间的报酬、费用，但这些问题并非本案审理范围，也并非本案所能解决，原告可另行诉讼主张。

二审法院认为，尽管张某曾提交辞职报告，但公司登记不仅涉及民事法律关系，还涉及行政法律关系，故提交辞职报告这一单方意思表示无法当然地产生其有权主张涤除相关登记事项的法律效果。法定代表人的变更系该公司内部治理事宜，应按照公司法和该公司章程处理。如果公司在张某任职期限已经届满的情况下，恶意回避或消极对待张某关于更换董事长、法定代表人的要求，使张某不得不依法继续履行职务并给其实际造成损失，张某可以另案主张赔偿。法院遂判决，驳回上诉，维持原判。

评析： 实务中，如股东怠于改选法定代表人，损害法定代表人利益，法定代表人有权要求侵权人赔偿，符合条件的还可以通过主张解散公司、申请公司破产等措施涤除登记。

五、律师实务指引

近年来，涤除法定代表人登记之诉的数量逐渐增多。本条的规定对市场关注的法定代表人辞任事宜进行了一定程度的回应，但仍有待司法解释或裁判案例明确的空间。针对涤除法定代表人登记，律师可关注以下几个问题：

1. 新《公司法》第10条第3款明确规定"法定代表人辞任的，公司应当在法定代表人辞任之日起三十日内确定新的法定代表人"，即法定代表人辞任原则上无须履行公司股东会、董事会的决议程序，这有助于改变原部分法院认为法定代表人的选任属于公司自治范畴而不支持法定代表人涤除之诉的观点。

2. 在新法定代表人产生之前原法定代表人是否仍要履行法定代表人职务，《公司法》并未明确。新《公司法》第70条第2款规定"董事在任期内辞任导致董事会成员低于法定人数的，在改选出的董事就任前，原董事仍应当依照法律、行政法规和公司章程的规定，履行董事职务"，该条是否可参考适用于法定代表人的辞任，以及担任法定代表人的董事在辞任董事时是否应当同步延期履行法定代表人职务,均不明确。这就在实践中产生两种观点:一种观点认为,新《公司法》第32条第1款第5项规定了"法定代表人的姓名"为公司法定登记事项,在新法定代表人产生之前,原法定代表人仍应履行法定代表人职责,仍登记为法定代表人;另一种观点认为,前述观点可能无法实际起到法定代表人辞任的效果,法定代表人在其辞任时即生效,市场监督管理部门应允许将此阶段的法定代表人登记为"无"。事实上,部分地方市场监督管理部门已有登记为"无"或进行信息遮蔽处理的先例,但大部分地方市场监督管理部门不接受空白登记。

从张某诉上海航特投资咨询有限公司、第三人上海鼎利信息科技有限公司、上海火眼技术有限公司请求变更公司登记纠纷案为代表的案例来看,司法裁判可能更倾向于支持第一种观点。

3.《公司法》要求公司应当在法定代表人辞任之日起30日内确定新的法定代表人,系在原法定代表人须继续履职情况下对原法定代表人辞任的一种保护,即在限定的30日时间内要求公司选定新法定代表人,以卸下原法定代表人的职责。但未明确如果公司未在辞任之日起30日内确定新法定代表人的处理方案,原法定代表人的辞任即刻生效还是需要继续履职。仍以张某诉上海航特投资咨询有限公司、第三人上海鼎利信息科技有限公司、上海火眼技术有限公司请求变更公司登记纠纷案为例,司法裁判上仍可能存在原法定代表人应履职,公司怠于改选造成原法定代表人损失的,原法定代表人可另行主张的观点。当然,原法定代表人在此情形下还可主张要求公司及时选定新法定代表人,不过即使其主张获得法院支持,如何执行仍有待进一步的制度供给和实践探索。

关联法条

1.《民法典》第61条、第81条

2.《市场主体登记管理条例》第12条、第25条

3.最高人民法院《关于适用〈中华人民共和国民事诉讼法〉的解释》第50条

第十一条 【法定代表人行为的法律后果】

> 第十一条 法定代表人以公司名义从事的民事活动,其法律后果由公司承受。
> 公司章程或者股东会对法定代表人职权的限制,不得对抗善意相对人。
> 法定代表人因执行职务造成他人损害的,由公司承担民事责任。公司承担民事责任后,依照法律或者公司章程的规定,可以向有过错的法定代表人追偿。

一、修订情况

本条为新增条款。

二、理论基础

民法理论上关于法定代表权的性质存在两种学说,即代表说和代理说,分别以法人实在说和法人拟制说为基础。法人实在说认为,法人是客观存在的主体,不是法律的拟制。法人拟制说认为,只有自然人才具有法律上的人格,法人的法律人格是法律拟制的结果。

根据代表说,公司的法定代表人与公司具有人格上的同一性,法定代表权或依据法律规定产生,或依据公司的章程产生,法定代表人是公司的机关,以公司名义实施的法律行为在法律上被视为公司自身的行为,其法律后果当然归属于公司。[1] 而代理说认为,公司本身不具有行为能力,必须通过代理人来实施法律行为,因此法定代表人是公司的代理人,应当对其适用关于代理的规则。《民法典》第57条规定:"法人是具有民事权利能力和民事行为能力,依法独立享有民事权利和承担民事义务的组织。"据此,我国立法体系采纳了法人实在说而支持代表说。[2]

---

[1] 参见梁慧星主编:《中国民法典草案建议稿附理由:总则编》,法律出版社2013年版,第137页。

[2] 参见梁慧星主编:《中国民法典草案建议稿附理由:总则编》,法律出版社2013年版,第128页;王利明:《民法总则研究》(第3版),中国人民大学出版社2018年版,第292页。

但在法定代表权与代理权的关系方面,根据《民法典》第61条第1款的规定,法定代表人为"代表法人从事民事活动"的负责人,该规定授予法定代表人全权代表法人实施包括法律行为在内的所有民事活动的代表权,属于法定授权。① 按照《民法典》第61条第2款的规定,法定代表人以法人名义从事的民事活动,其法律后果由法人承受。从构成要件来看,法定代表人需以法人名义实施法律行为,这与代理人需以被代理人名义实施法律行为的要件相同。从法律效果归属来看,法定代表人所实施的法律行为的后果归属于法人,与代理人所实施的法律行为的后果归属于被代理人的制度并无本质区别。因此,法定代表人制度可以被视为代理法的特别法,代理法的规则可以被用于规制法人机关以法人名义实施的行为,即便是类推适用。② 最高人民法院在宁波绣丰彩印实业有限公司、浙江杭州湾汽配机电市场经营服务有限公司、慈溪道新投资咨询有限公司、慈溪道新汽配贸易有限公司、慈溪市一得工贸有限公司以及孙某合同纠纷案[最高人民法院(2012)民提字第208号]中亦认为:"法定代表人代表制度是代理在商事企业法人领域的特别规定,在无明确规定时,可以适用代理的一般规定。"

综上所述,一方面,我国法律根据法人实在说而支持代表说;另一方面,法定代表人实施法律行为的权限源于法定授权,从构成要件和法律效果归属上来看,法定代表权与代理权并无本质区别,代理理论可以被用于判定法定代表人以法人名义实施的法律行为的效力。

此外,通过法人章程或法人权力机构等内部途径限制法定代表人的代表权限,系法人内部治理问题,第三人处于外部通常难以知悉该等限制,如果认定该限制对法人之外的善意相对人有对抗效力,则有损交易安全。

公司就法定代表人行为所承担的民事责任,包括合同责任与侵权责任两方面。既然我国采用代表说,认为公司的法定代表人与公司具有人格上的同一性,法定代表人的行为即是公司行为,法定代表人对相应法律后果负直接责任于法理不符,因此,可以在公司承担责任后根据法律或章程规定向法定代表人追偿。当然这并不影响特定情形下对于法人机关理论的突破,以特别法形式规定法定代表人就其实

---

① 参见刘俊海:《现代公司法》(第3版),法律出版社2015年版,第612页。
② 参见[德]福·博伊庭等:《论〈德国民法典〉中的代理理论》,载《南京大学法律评论》1998年第2期。

施的职务侵权行为与公司共同承担责任。[①]

而且从体系解释的角度,新《公司法》第 11 条与第 191 条的规定也存在一般条款与特殊条款的逻辑关系。后者规定:"董事、高级管理人员执行职务,给他人造成损害的,公司应当承担赔偿责任;董事、高级管理人员存在故意或者重大过失的,也应当承担赔偿责任。"

在触发第 191 条的情形下,法定代表人作为董事或者经理也应当适用该条规定从而对第三人承担赔偿责任。

三、制度演变

1986 年《民法通则》第 43 条规定:"企业法人对它的法定代表人和其他工作人员的经营活动,承担民事责任。"第 49 条则规定了法定代表人的责任:"企业法人有下列情形之一的,除法人承担责任外,对法定代表人可以给予行政处分、罚款,构成犯罪的,依法追究刑事责任:(一)超出登记机关核准登记的经营范围从事非法经营的;(二)向登记机关、税务机关隐瞒真实情况、弄虚作假的;(三)抽逃资金、隐匿财产逃避债务的;(四)解散、被撤销、被宣告破产后,擅自处理财产的;(五)变更、终止时不及时申请办理登记和公告,使利害关系人遭受重大损失的;(六)从事法律禁止的其他活动,损害国家利益或者社会公共利益的。"

2009 年《民法通则》修正继续沿用该条款,未作调整。

《民法典》第 61 条规定:"依照法律或者法人章程的规定,代表法人从事民事活动的负责人,为法人的法定代表人。法定代表人以法人名义从事的民事活动,其法律后果由法人承受。法人章程或者法人权力机构对法定代表人代表权的限制,不得对抗善意相对人。"第 62 条规定:"法定代表人因执行职务造成他人损害的,由法人承担民事责任。法人承担民事责任后,依照法律或者法人章程的规定,可以向有过错的法定代表人追偿。"自此明确规定了法定代表人以法人名义从事的民事活动、执行职务行为的法律后果,并确立了保护善意相对人的原则,回应了司法实践的要求。

本条将《民法典》第 61 条第 2 款、第 3 款及第 62 条相结合。《民法典》第 61 条

[①] 参见最高人民法院民法典贯彻实施工作领导小组主编:《中华人民共和国民法典总则编理解与适用》(上),人民法院出版社 2020 年版,第 327 页。

第 1 款对法定代表人作出了概括授权,称其为"代表法人从事民事活动的负责人",其规定均是对外延更大的法人主体来说的,而非专注于作为营利法人的公司。相比而言,新《公司法》第 11 条规制的对象明确为公司,并据此对其他表述进行了相应调整,如将《民法典》规定的"法人章程或者法人权力机构"调整为"公司章程或者股东会"。除此之外,新《公司法》第 11 条并无其他实质调整,这也符合部分学者认为"法定代表"在性质上类似于法定代理的观点。①

四、案例评析

案例一:宁波绣丰彩印实业有限公司、浙江杭州湾汽配机电市场经营服务有限公司、慈溪逍新投资咨询有限公司、慈溪逍新汽配贸易有限公司、慈溪市一得工贸有限公司以及孙某合同纠纷案[最高人民法院(2012)民提字第 208 号]

基本案情:林某系宁波绣丰彩印实业有限公司(以下简称绣丰公司)法定代表人,孙某是分立前浙江杭州湾汽配机电市场经营服务有限公司(以下简称机电公司)以及慈溪市一得工贸有限公司(以下简称一得公司)的法定代表人,并持有一得公司 90% 股权。一得公司与绣丰公司之间、林某及其亲属与孙某及其亲属之间存在多笔资金借贷往来。2008 年 7 月 2 日,孙某以机电公司名义与绣丰公司签订房地产转让协议,约定机电公司将三处房产等转让给绣丰公司,转让价款与林某提供的借款本息折抵(注:具体抵付金额未载明)。孙某及一得公司为担保人,均签字盖章。绣丰公司起诉请求履行房地产转让协议,孙某及一得公司承担连带责任。

裁判情况:假定孙某作为法定代表人以机电公司名义转让房产,绣丰公司向机电公司支付相应转让款,此属于公司正常的经营活动,即使机电公司内部章程对孙某代表权有限制性规定,也不具有对抗外部相对人的效力。然而本案所涉的协议条款使机电公司只承担巨额债务而不能获得任何对价,不属于公司正常的经营活动,且孙某同时代表公司和个人签约,行为后果是将公司利益转移给个人,具有明显的超越代表权的外观。绣丰公司根据协议内容理应知道孙某的行为不是为机电

---

① 参见迟颖:《法定代表人越权行为的效力与责任承担——〈民法典〉第 61 条第 2、3 款解释论》,载《清华法学》2021 年第 4 期。

公司经营活动所从事的职务行为,而是违反公司法强制性规定的侵占公司财产行为。绣丰公司以协议和委托书加盖了机电公司公章为由主张善意信赖孙某代表权的理由不能成立。综合考虑本案的交易过程和事实,绣丰公司应当知道孙某的签约超越代表权限,绣丰公司不属于原《合同法》第50条保护的善意相对人。结合其他因素,最高人民法院判决部分维持浙江省高级人民法院作出的判决。

评析： 本案核心观点是具有明显的超越代表权的外观的,相对人理应知道法定代表人的行为超越权限,不能认定为善意相对人。判断相对人是否知道或者应当知道法定代表人越权,应当结合法律规定、交易的性质和金额以及具体交易情境予以综合认定。本案中,法定代表人的行为给公司造成的法律后果显失公平、明显不符合市场主体行为的正常商业逻辑,故难以认定相对人为善意。

案例二：天津置信投资发展有限公司、新疆保利天然投资有限公司合资、合作开发房地产合同纠纷案[最高人民法院(2018)最高法民再161号]

基本案情： 2010年8月28日,新疆保利天然投资有限公司(以下简称保利天然公司)(甲方)与天津置信投资发展有限公司(以下简称置信公司)(乙方)签订《合作协议书》,约定甲方将其全资子公司新疆天然房地产开发有限公司45%的股权转让给乙方,以及回购等事宜。2011年9月15日,置信公司向保利天然公司出具《回购股权通知》,2011年10月6日,时任保利天然公司的法定代表人蓝某在《回购股权通知》上注明"同意",并签署了姓名和日期。

裁判情况： 关于《回购股权通知》上蓝某签字是不是履行保利天然公司法定代表人职务的问题,最高人民法院认为,由于《回购股权通知》上仅有蓝某的签字,而没有保利天然公司加盖的公章,因此,置信公司就要举证证明蓝某签字时是履行保利天然公司的法定代表人职务的行为,而不是蓝某的私下行为。为了保证法定代表人签字时是代表公司的职务行为,在我国,在法定代表人签字的同时,往往要求公司加盖公司印章,以保证二者的统一,防止法定代表人在公司不知情的情况下代表公司作出意思表示。《回购股权通知》作为履行《合作协议书》的重要方式,也应当采取同样的方式,至少要有双方公司盖章。如果缺少保利天然公司盖章,那么置信公司就有义务证明蓝某签字的行为是代表保利天然公司的职务行为,而不是私人行为。在本案中,置信公司的举证没有达到这样的程度,其就应承担相应的不利后果。

评析：在本案中，最高人民法院认为，置信公司的举证无法令人确信法定代表人在合同上签字属于其履行法定代表人职务的行为，故认定法定代表人签字的行为对公司不发生法律效力。在商事活动实践中，市场主体在要求对方法定代表人签字的同时应当要求加盖公司印章，以保证二者的统一，防止法定代表人在公司不知情的情况下代表公司作出意思表示。如缺少公司盖章，则相对方负有义务证明法定代表人签字的行为系代表公司的职务行为而非私人行为。

五、律师实务指引

（一）关于执行公司职务的判断

在认定法定代表人是否以公司名义从事的民事行为、是否执行公司职务时，可以结合以下因素考虑：(1)是否以法人名义作出行为；(2)法定代表人是否出示相应证明如委托书、授权书等；(3)可以要求对方提供公司章程、股东会决议、董事会决议、审批流程制度等内部文件以核实该行为是否在法定代表人的职权范围内；(4)关注行为目的是否为实现公司的利益以及利益是否归属于公司；(5)是否存在显失公平、不符合商业逻辑等情形。同时参考前述天津置信投资发展有限公司、新疆保利天然投资有限公司合资、合作开发房地产合同纠纷案的裁判思维，在难以确定法定代表人是不是在执行公司职务时，应督促法定代表人同时在相关文件上加盖公司印章，以避免风险。

（二）关于善意相对人的判断

判断是否为善意相对人，应关注相对人是否知道或者应当知道法定代表人行为越权。而判断相对人是否知道或者应当知道，则应结合法律规定、交易的性质和金额以及具体交易情境等予以综合认定。参考前述宁波绣丰彩印实业有限公司、浙江杭州湾汽配机电市场经营服务有限公司、慈溪逍新投资咨询有限公司、慈溪逍新汽配贸易有限公司、慈溪市一得工贸有限公司以及孙某合同纠纷案的裁判思路，如果法定代表人的行为给公司造成的法律后果显失公平、明显不符合市场主体行为商业逻辑，则难以认定相对人具有善意。

此外，对于法定代表人未经授权擅自为他人提供担保情况下，对于"善意"的判断可参考《全国法院民商事审判工作会议纪要》中的"善意认定"规则，即"一种情形是,为公司股东或者实际控制人提供关联担保,《公司法》第 16 条①明确规定必须由股东(大)会决议,未经股东(大)会决议,构成越权代表。在此情况下,债权人主张担保合同有效,应当提供证据证明其在订立合同时对股东(大)会决议进行了审查,决议的表决程序符合《公司法》第 16 条的规定,即在排除被担保股东表决权的情况下,该项表决由出席会议的其他股东所持表决权的过半数通过,签字人员也符合公司章程的规定。另一种情形是,公司为公司股东或者实际控制人以外的人提供非关联担保,根据《公司法》第 16 条的规定,此时由公司章程规定是由董事会决议还是股东(大)会决议。无论章程是否对决议机关作出规定,也无论章程规定决议机关为董事会还是股东(大)会,根据《民法总则》第 61 条第 3 款②关于'法人章程或者法人权力机构对法定代表人代表权的限制,不得对抗善意相对人'的规定,只要债权人能够证明其在订立担保合同时对董事会决议或者股东(大)会决议进行了审查,同意决议的人数及签字人员符合公司章程的规定,就应当认定其构成善意,但公司能够证明债权人明知公司章程对决议机关有明确规定的除外。债权人对公司机关决议内容的审查一般限于形式审查,只要求尽到必要的注意义务即可,标准不宜太过严苛。公司以机关决议系法定代表人伪造或者变造、决议程序违法、签章(名)不实、担保金额超过法定限额等事由抗辩债权人非善意的,人民法院一般不予支持。但是,公司有证据证明债权人明知决议系伪造或者变造的除外"。

(三)关于法定代表人侵权责任的成立条件

新《公司法》第 11 条第 3 款规定的责任属于侵权责任,侵权责任的成立必须具备两个条件:(1)必须是法定代表人因执行职务的行为而致人损害。所谓"执行职务的行为",是指执行符合公司目的的职务内行为,主要包括两种情形:一是狭义的职务上行为,二是与职务行为有牵连的行为。③ 如果加害行为虽非职务行为本身,但其发生与职务行为有时间、地点以及内容上的关联,可以认定为与职务行为有牵连。(2)法定代表人的加害行为须具备侵权责任的构成条件,如加害行为的违法性、损害后果、加害行为与损害后果之间存在因果关系及行为人有过错(适用无过错责任的除外)等。公司对于法定代表人或其他有代表权的人的加害行为承

---

① 现为第 15 条。
② 对应《民法典》第 61 条第 3 款。
③ 参见王泽鉴:《民法总则》,北京大学出版社 2009 年版,第 170 页。

担责任后,有权根据法律规定或者公司章程、组织规章的规定,对有过错的法定代表人或其他有代表权的人行使追偿权。①

关联法条

《民法典》第 61 条、第 62 条、第 170 条、第 172 条、第 504 条

---

① 参见最高人民法院民法典贯彻实施工作领导小组主编:《中华人民共和国民法典总则编理解与适用》(上),人民法院出版社 2020 年版,第 327~328 页。

第十七条 【工会】

> 第十七条 公司职工依照《中华人民共和国工会法》组织工会,开展工会活动,维护职工合法权益。公司应当为本公司工会提供必要的活动条件。公司工会代表职工就职工的劳动报酬、工作时间、休息休假、劳动安全卫生和保险福利等事项依法与公司签订集体合同。
>
> 公司依照宪法和有关法律的规定,建立健全以职工代表大会为基本形式的民主管理制度,通过职工代表大会或者其他形式,实行民主管理。
>
> 公司研究决定改制、解散、申请破产以及经营方面的重大问题、制定重要的规章制度时,应当听取公司工会的意见,并通过职工代表大会或者其他形式听取职工的意见和建议。

一、修订情况

本条修订中强调了职工的"休息休假"权利,明确了"建立健全以职工代表大会为基本形式的民主管理制度",同时将"解散""申请破产"增加为"应当听取公司工会的意见,并通过职工代表大会或者其他形式听取职工的意见和建议"的事项。

二、理论基础

工会制度不仅是我国劳动制度的基本组成,也被界定为党治国理政的经常性和基础性工作。1950年6月29日中央人民政府颁布了《工会法》,这是中国现代工人运动历史上的里程碑,为新中国工会工作奠定了法治基础。《工会法》与《土地改革法》《婚姻法》共同成为中华人民共和国成立后最早实施的三部法律。

职工是公司最重要的利益相关者,习近平总书记指出,"企业既有经济责任、法律责任,也有社会责任、道德责任"①。公司是经济组织,也是社会组织。公司的各种关系归根结底是人与人的关系。职工是公司从事生产经营活动必不可少的力量,没有职工的诚实劳动、勤勉尽责和自觉创新,就不可能有公司事业的蓬勃兴盛与持久繁荣。在现代市场经济条件下,保护职工的合法权益是公司的法定义务,强化公司民主管理、维护职工合法权益是法律的立法目的之一。

在职工参与公司治理理论框架下,各国在具体参与路径的立法以及理论上发展了包括劳资协议机关与公司治理的职工参与、集体谈判制度与公司治理的职工参与、职工持股制度与公司治理的职工参与、职工作为公司的董事或者监事参与公司的治理等方式。我国在劳动法、劳动合同法、工会法、公司法等一系列立法活动中,系统规定了工会、职工代表大会以及董事会、监事会的职工参与等公司治理、民主管理的相关制度。

公司的工会是由公司职工组成的群众组织,是中国共产党领导的职工自愿结合的工人阶级群众组织,其最基本的职责是维护职工合法权益、竭诚服务职工群众。工会实现这一职责的重要体现是公司工会代表职工就职工的劳动报酬、工作时间等事项依法与公司签订集体合同。根据《工会法》的规定,企业、事业单位、社会组织违反集体合同,侵犯职工劳动权益的,工会可以依法要求企业、事业单位、社会组织予以改正并承担责任。例如,用人单位在单方与劳动者解除劳动合同时,应当事先将理由通知工会,若用人单位解除劳动合同违反法律法规规定或劳动合同约定,工会有权要求用人单位纠正。之所以在《公司法》中对工会进行强调,是因为公司职工相对于投资者处在弱者地位,如果存在公司侵害职工合法权益的情况,以职工自己的力量较难维护其合法权益。因此,《公司法》对职工组织工会和进行工会活动的权利进行了规定。

源于国有企业治理的职工代表大会制度②是企业实行民主管理的基本形式,

---

① 习近平:《在企业家座谈会上的讲话》,载中共中央党校(国家行政学院)网,https://www.ccps.gov.cn/xxsxk/zyls/202007/t20200721_142450.shtml。

② 《全民所有制工业企业厂长工作条例》(已失效)、《全民所有制工业企业职工代表大会条例》、《中国共产党全民所有制工业企业基层组织工作条例》等法律和政策文件就已经规定了企业通过职工代表大会实行民主管理。在1982年《宪法》规定的基础上,1988年《全民所有制工业企业法》更明确界定职工代表大会是"企业实行民主管理的基本形式",是"职工行使民主管理权力的机构",职工代表大会的工作机构是企业的工会委员会。自此,职工代表大会的地位以及工会委员会作为其工作机构的机制、在我国以专门法的形式得以确立。

是职工行使民主管理权力的机构。工会依照法律规定通过职工代表大会或者其他形式,组织职工参与本单位的民主决策、民主管理和民主监督。1982年《宪法》正式将"职工代表大会"规定为国营企业民主管理的基本形式。2012年2月,中共中央纪委、中共中央组织部、国务院国有资产监督管理委员会、监察部(已撤销)、中华全国总工会、中华全国工商业联合会六部门联合发布的《企业民主管理规定》则将企业职工代表大会制度和职工民主管理制度扩大到了所有企业。①

为贯彻落实党的二十大报告"健全以职工代表大会为基本形式的企事业单位民主管理制度",新《公司法》第17条第2款新增规定"建立健全以职工代表大会为基本形式的民主管理制度",在公司法层面明确职工代表大会是职工参与公司民主管理的基本形式。

三、制度演变

1993年《公司法》第16条规定:"公司职工依法组织工会,开展工会活动,维护职工的合法权益。公司应当为本公司工会提供必要的活动条件。国有独资公司和两个以上的国有企业或者其他两个以上的国有投资主体投资设立的有限责任公司,依照宪法和有关法律的规定,通过职工代表大会和其他形式,实行民主管理。"

2005年《公司法》第18条将其调整为:公司职工依照《工会法》组织工会,开展工会活动,维护职工合法权益。公司应当为本公司工会提供必要的活动条件。公司工会代表职工就职工的劳动报酬、工作时间、福利、保险和劳动安全卫生等事项依法与公司签订集体合同。公司依照宪法和有关法律的规定,通过职工代表大会或者其他形式,实行民主管理。公司研究决定改制以及经营方面的重大问题、制定重要的规章制度时,应当听取公司工会的意见,并通过职工代表大会或者其他形式听取职工的意见和建议。

新《公司法》第17条大体延续了2018年《公司法》第18条的规定,部分措辞进行了调整,实质变化主要为:(1)本条第1款集体合同的内容中增加"休息休假";(2)本条第2款增加"建立健全以职工代表大会为基本形式的民主管理制度";(3)本条第3款增加"解散、申请破产"应当听取公司工会的意见。

---

① 该文件还对集体企业规定"依照《城镇集体所有制企业条例》"等有关法律法规规定实行民主管理"。

《劳动合同法》第4条第2款规定,用人单位在制定、修改或者决定直接涉及劳动者切身利益的规章制度或者重大事项时,应当经职工代表大会或者全体职工讨论,提出方案和意见,与工会或者职工代表平等协商确定。新《公司法》第17条的修改也与《劳动合同法》的规定相衔接。

四、案例评析

马鞍山市交通企业总公司工会、邵某股权转让纠纷案[安徽省马鞍山市中级人民法院(2020)皖05民终772号]

基本案情:2013年10月10日,马鞍山市交通企业总公司工会(以下简称交企公司工会)与自然人邵某签订两份股权转让协议,交企公司工会自愿将所持5.5%及16.67%的股份分别以16.5万元及50万元的价格转让给时任马鞍山市交通企业总公司(以下简称交企公司)法定代表人的邵某。当日,交企公司在未召开职工代表大会或者采取其他形式听取职工的意见和建议情况下,召开股东会并作出决议,决议通过交企公司工会将所持5.5%及16.67%的股份以16.5万元及50万元的价格转让给邵某。

邵某于2016年5月28日因病死亡,后因继承人与交企公司工会、交企公司等各方对于股权归属及变更等事宜协商未果,以致成诉。

裁判情况:安徽省马鞍山市花山区人民法院一审认为,2013年10月10日交企公司作出的股东会决议,系参会股东真实意思表示,内容不违反法律、行政法规的规定,为合法有效。2013年10月10日交企公司工会与邵某签订的两份股权转让协议,均系双方真实的意思表示,内容不违反法律强制性、禁止性规定,合同合法有效。交企公司等应于一审判决生效之日起10日内协助邵某继承人办理股权转让变更登记手续等。

后交企公司工会、交企公司等不服安徽省马鞍山市花山区人民法院(2019)皖0503民初1440号民事判决,向马鞍山市中级人民法院提起上诉。二审法院审理后认定2013年10月10日交企公司的股东会决议,在未召开职工代表大会或者采取其他形式听取职工的意见和建议情况下,决议通过交企公司工会自愿将所持5.5%及16.67%的股份以16.5万元及50万元的价格转让给邵某,该决议因损害职工权益而无效;依据交企公司章程第11条股东转让出资由股东会讨论通过的规定,因股东会决议无效,故案涉股份转让协议不生效。

最终,二审法院判决撤销一审判决,驳回一审原告的诉讼请求。

评析: 本案系交企公司内部股东之间股权转让产生的纠纷案件。因交企公司工会持股及代持职工股涉及职工权益,交企公司工会将所持股份向邵某转让,应召开而未召开职工代表大会或者采取其他形式听取职工的意见和建议,2018年《公司法》第18条第2款规定,公司依照宪法和有关法律的规定,通过职工代表大会或者其他形式,实行民主管理;第3款规定,公司研究决定改制以及经营方面的重大问题、制定重要的规章制度时,应当听取公司工会的意见,并通过职工代表大会或者其他形式听取职工的意见和建议。《工会法》(2009年)第6条第1款、第3款规定维护职工合法权益是工会的基本职责。工会在维护全国人民总体利益的同时,代表和维护职工的合法权益。工会依照法律规定通过职工代表大会或者其他形式,组织职工参与本单位的民主决策、民主管理和民主监督。2013年10月10日,在未召开职工代表大会或者采取其他形式听取职工的意见和建议情况下,交企公司通过涉及职工权益处分的股东会决议,该决议因损害职工权益而无效。

五、律师实务指引

(一)准确理解职工的范围

根据《劳动法》、《劳动合同法》和《工会法》等法律相关规定,职工是指在中国境内的企业、事业单位、机关、社会组织中以工资收入为主要生活来源的体力劳动者和脑力劳动者,不分民族、种族、性别、职业、宗教信仰、教育程度。简单地来讲,职工就是劳动者与用人单位存在劳动关系的各种用工形式、各种用工期限,并通过提供劳动获得工资报酬的人。因此,从前述范围来看,职工存在于除公务编制外的所有劳动岗位,不限于企业、事业单位和机关,也包括各类社会组织和个体经济组织等,只要与某个单位或组织建立劳动关系,就属某个单位的职工。

(二)工会及设立

工会是中华全国总工会的基层组织,而非公司的内设部门或者受公司及其内部机构领导、指导的组成部门。

基层工会的组织形式主要有单独基层工会、联合基层工会、工会联合会三种。企业、事业单位、机关有会员25人以上的,应当建立基层工会委员会;不足25人的,可以单独建立基层工会委员会,也可以由两个以上单位的会员联合建立基层工会委员会。属于同一区域、同一或相近行业、单位具有出资关系的,可由两个及两个以上的单独基层工会、联合基层工会共同申请建立工会联合会,如楼宇工会联合会、行业工会联合会等。

根据《工会法》的规定并参考各地总工会发布的企业组建工会的方法和程序,工会的设立流程大致包括:(1)向上级工会提交成立工会筹备组的报告,待上级工会批准后,正式成立筹备组。根据单位规模,100人以下筹备组设3~5人,100人以上设5~7人(筹备组成员最好与首届工会委员会成员相衔接)。(2)组织员工申请入会,办理入会手续。(3)组建工会小组、民主选举首届工会代表大会代表。会员在100人以下的,直接召开会员大会;会员在100人以上的,应召开会员代表大会。会员代表一般按会员人数10%~30%的比例产生,最少不得少于30人。工会筹备组根据各工会小组的人数,将会员代表的名额分配到工会小组,会员代表以工会小组为选举单位选举产生。经工会筹备组审查后确定代表当选资格,并张榜公布。企事业单位党政领导和工会筹备组成员一般应为会员代表。(4)组织工会会员民主推荐首届工会委员会委员和经费审查委员会(小组)委员候选人。一般100人以下设工会委员会委员3~5人,经费审查委员会(小组)委员3人;100~500人设工会委员会委员5~7人,经费审查委员会(小组)委员3~5人;500人以上设工会委员会委员7~11人,经费审查委员会(小组)委员5~7人。候选人以10%~20%的差额考虑,以工会小组为单位推荐。各工会小组推荐汇总后,筹备组根据得票情况并征求同级党组织意见,确定第二轮候选人名单,再征求工会小组意见,然后正式确定候选人名单,候选人名单报上级工会批准。(5)筹备并召开首届工会会员(代表)大会。(6)向上一级工会报批。首届工会委员会和经费审查委员会确定任期(3年或5年),向上一级工会书面报告选举结果。上一级工会批复公布,基层工会正式成立。(7)刻制工会印章(法人章、工会财务章、基层工会委员会章)、办理法人资格登记证书、开设银行账户。

(三)职工代表大会制度

《企业民主管理规定》打破企业所有制界限,明确非公有制企业也应实行民主管理。

根据《企业民主管理规定》第3条第1款的规定,职工代表大会或职工大会,是职工行使民主管理权力的机构,是企业民主管理的基本形式。企业根据职工人数,确定是召开职工代表大会还是召开职工大会。

企业职工代表大会实行届期制,每3年至5年为一届,到期应当及时换届。每年至少召开一次。基层工会组织在召开职工代表大会之前,应当向上一级工会报告会议筹备情况,上一级工会应当予以指导。

结合全国厂务公开协调小组办公室2022年3月发布的《职工代表大会操作指引》以及其他法律规定和规范性文件,职工代表大会主要包括以下工作流程:

(1)建章立制。企事业单位应当先建立起职工代表大会制度,确定召开形式、届期等。首次召开职工代表大会和换届时都应成立筹备机构,负责会议筹备工作。(2)会前筹备。按照会议层级组织选举应参会的职工代表,根据实际需要决定是否成立专门委员会,如需成立则做好后续工作。职工代表选举后即可征集职工代表提案,确定大会议题和议程预报同级党组织和上一届工会。(3)会前审议。在正式会议前要召开预备会议,确保正式会议的各项筹备工作顺利推进。如需设立主席团,还应召开主席团会议。(4)正式会议。首先,由大会执行主席或主持人核实出席大会的职工代表人数,确认会议有效宣布开会。其次,各方向职工代表大会做各项报告。报告结束后,全体参会职工代表进行民主评议,分组讨论,听取各项报告、议案、草案并在讨论结束后进行选举和表决。如有主席团,主席团应在听取职工代表分组讨论情况后,研究需要审议决定的相关事项、草拟大会决议。最后,大会执行主席或主持人宣布大会结束。(5)会后工作。职工代表大会闭会后,企业工会委员会应当将审议通过的事项和决议向全体职工报告。同级党组织、上一级工会组织开展职工代表大会质量评估工作,并整理归档会议材料。为了进一步确保职工代表大会的作用得到发挥,闭会期间可以召开职工代表团长和专门委员会负责人联席会议,建立职工代表巡视检查制度或根据工作实际需要,提请召开临时职工代表大会。

(四)准确理解工会与职工代表大会的关系

工会是职工代表大会的工作机构,负责职工代表大会的日常工作,检查、督促职工代表大会决议的执行。工会依照法律规定通过职工代表大会或者其他形式,组织职工参与本单位的民主决策、民主管理和民主监督。

《企业民主管理规定》明确企业工会委员会是职工代表大会的工作机构,负责职工代表大会的日常工作。中华全国总工会办公厅《关于规范召开企业职工代表大会的意见》第3条规定:企业工会是企业职代会的工作机构。未建工会的企业召开职代会,应当向上级工会组织报告,在其指导下开展相关工作。

(五)法条延伸

1. 相较于2018年《公司法》"两个以上的国有企业或者两个以上的其他国有投资主体投资设立的有限责任公司,其董事会成员中应当有公司职工代表"的强制性要求,《公司法》不再从企业性质上对董事会的职工代表进行要求,新《公司法》第68条调整了有限责任公司职工董事的设置规则。职工人数300人以上的有限责任公司,除监事会已有职工代表外,董事会成员中须有至少1名职工代表。

2. 新《公司法》第69条、第121条新增公司董事会成员中的职工代表可以成为审计委员会成员,即职工代表可以通过参与审计等方式行使监督和审计等权利。

3. 新《公司法》第76条和第130条对有限责任公司以及股份有限公司的监事会等进行了规定。监事会成员应当包括股东代表和适当比例的公司职工代表,其中职工代表的比例不得低于1/3,具体比例由公司章程规定。监事会中的职工代表由公司职工通过职工代表大会、职工大会或者其他形式民主选举产生。

因此,《公司法》对于职工权益保护及民主参与的制度安排,是基于立法宗旨统摄下的系统规则,涵盖了利益视域下的权利保护和治理视域下的权力分配。

关联法条

1.《劳动法》第33~35条

2.《劳动合同法》第51~56条

3.《工会法》第3条、第20条、第21条

4.《企业民主管理规定》第3条

第二十条 【社会责任】

> 第二十条　公司从事经营活动,应当充分考虑公司职工、消费者等利益相关者的利益以及生态环境保护等社会公共利益,承担社会责任。
> 国家鼓励公司参与社会公益活动,公布社会责任报告。

一、修订情况

在 2018 年《公司法》第 5 条基础上,本条新增了"公司从事经营活动,应当充分考虑公司职工、消费者等利益相关者的利益以及生态环境保护等社会公共利益",以及"国家鼓励公司参与社会公益活动,公布社会责任报告"的规定:

1. 对社会责任进行了分类,包括职工、消费者利益,生态环境保护等社会公共利益。

2. 明确提出了利益相关者概念。2018 年《公司法》仅规定公司应当遵守社会公德、商业道德,诚实守信,接受政府和社会公众的监督等,未从概念体系上进行梳理。本条使用了利益相关者概念,将公司职工、消费者作为利益相关者的主体类型,回应了利益相关者理论发展和商事实践。

3. 鼓励公司参与社会公益活动,公布社会责任报告。社会公益活动种类繁多,新增这一款规定存在两方面意义:一是具有宣示性作用。通过对公司行为的表态,明确国家对企业参与公益活动持鼓励态度,从立法上为企业社会责任的理论发展和实践依据奠定了基础。二是具有引领性作用,"社会公益活动""社会责任报告"成为法律条文表述用语,为将来更细致的法律法规、部门规章等制度的出台提供商法基础,亦为企业检视自身、自觉履行提供制度依据。

二、理论基础

(一)公司社会责任理论的生成

关于公司社会责任的讨论肇始于 20 世纪 30 年代哥伦比亚大学伯利(Berle)

教授与哈佛大学多德（Dodd）教授之间的辩论。伯利教授在《作为信托权利的公司权利》（1931年）中陈述了股东中心主义立场，而公司社会责任的奠基者多德教授则在其发表的《公司管理者是谁的受托人？》（1932年）中认为管理层不仅代表了股东的利益，也代表了包括非股东在内的其他群体之利益，应当承担对职工、消费者与公众等相关群体的社会责任。[1]

1916年芝加哥大学克拉克（J. Maurice Clark）在《改变中的经济责任的基础》一文中写道："迄今为止，大家并没有认识到社会责任中有很大一部分是企业的责任"，第一次使用了"企业社会责任"概念。[2] 霍华德·R. 鲍恩（Howard R. Bowen）1953年出版《商人的社会责任》一书中首次将企业社会责任（Corporate Social Responsibility，CSR）界定为经营者按照社会的目标和价值观要求制定决策和行动的一项义务。企业应该按照社会的统一标准来行事，应该关心各方的利益。[3]

20世纪70年代，企业社会责任的定义开始多样化；80年代，更多的研究集中于企业社会责任本身及其相关主题框架；90年代，企业社会责任的概念基本上转移到其他主题上，如利益相关方理论、企业伦理理论、企业社会绩效和企业公民等。企业社会责任—企业社会回应—企业社会表现—利益相关者理论—企业公民等概念的演变序列清晰地勾勒出了企业社会责任思想的发展过程。[4]

随着利益相关者理论的提出，企业被视为一个利益共同体，而不再是股东的私有财产。企业关注员工关怀、社区服务和绿色环保等问题，从而将CSR有机融入公司治理中，力求实现各方面利益相关者的利益最大。米尔顿·弗里德曼（Milton Friedman）认为："一个组织的利益相关者就其定义而言是指能够影响该组织完成其目标或受其影响的任何群体或个人。"[5] 刘俊海认为，公司社会责任是指公司不能仅仅以最大限度地为股东营利或赚钱作为自己的唯一存在目的，而应当最大限度地增进股东利益之外的其他所有社会利益。[6] 但王琦认为，公司应承担的社会

---

[1] 参见耿利航、刘晓梅：《公司社会责任之现实困境与未来展望》，载《理论探讨》2023年第6期。
[2] 参见沈洪涛、沈艺峰：《公司社会责任思想起源与演变》，上海人民出版社2007年版，第48页。
[3] 参见薛有志、西贝天雨：《公司治理视角下企业社会责任行为的制度化探索》，载《南开学报（哲学社会科学版）》2022年第2期。
[4] 参见侯怀霞：《企业社会责任的理论基础及其责任边界》，载《学习与探索》2014年第10期。
[5] Freeman, R. E., *Strategic Management：A Stakeholder Approach*, Pitman Publishing Inc., 1984, p.46.
[6] 参见刘俊海：《公司的社会责任》，法律出版社1999年版。

责任是有限的,不应把所有和社会责任沾边的义务和责任都强加到公司身上。①

关于社会责任的立法,学界从比较法的视野划分为一元立法模式、多元立法模式和综合立法模式(以美国法为代表)三种类型,其中的多元立法模式又包括"公司法条款+其他"型(以英国法为代表)和"分散"型(以德国法为代表)。②

(二)从 CSR 到 ESG

2004 年联合国全球契约组织首次提出了 ESG,2006 年联合国发布《在乎者赢》(Who Cares Wins)报告,发布的责任投资原则第一次明强调将环境、社会和公司治理三个因素纳入投资决策的投资策略和实践。

学界认为,ESG 是 CSR 发展到一定阶段因外部因素的变化逐渐进阶而形成的。③ 叶榅平指出,尽管两者的基本内涵具有一致性,但 ESG 更强调交互性以及企业在支持环境、社会可持续发展同时、自身更好的可持续发展,即 ESG 不仅强调企业应承担社会责任,而且关注承担社会责任对企业的影响。④

ESG 在我国也得到了认可和发展。2018 年 9 月 30 日中国证券监督管理委员会修订《上市公司治理准则》特别增加了环境保护与社会责任的内容,明确上市公司应披露环境信息以及履行扶贫等社会责任相关情况,确立了 ESG 信息披露基本框架;2022 年 5 月国务院国有资产监督管理委员会《提高央企控股上市公司质量工作方案》要求"贯彻落实新发展理念,探索建立健全 ESG 体系。中央企业集团公司要统筹推动上市公司完整、准确、全面贯彻新发展理念,进一步完善环境、社会责任和公司治理(ESG)工作机制,提升 ESG 绩效,在资本市场中发挥带头示范作用"。

(三)公司社会责任的特征

一是复杂性。公司应当在何种范围内承担社会责任受制于多种因素,包括但不限于企业规模、行业种类、经济发展状况、环境情况等。这些因素导致精确立法确有困难,这也是公司社会责任需要依靠企业去自觉履行的原因。公司社会责任的复杂性在客观上也决定了公司社会责任立法的多层性,一方面应当满足企业主

---

① 参见王琦:《论公司承担社会责任的重要性》,载《经济研究导刊》2018 年第 24 期。
② 参见冯帅:《形式维度下的公司社会责任立法:域外模式与中国选择》,载《现代经济探讨》2016 年第 8 期。
③ 参见李诗、黄世忠:《从 CSR 到 ESG 的演进——文献回顾与未来展望》,载《财务研究》2022 年第 4 期。
④ 参见叶榅平:《可持续金融实施范式的转型:从 CSR 到 ESG》,载《东方法学》2023 年第 4 期。

体不同程度的需求；另一方面应当实现各个立法层级之间的配合以促使企业履行公司社会责任。①

二是变动性。随着社会发展，公司社会责任本身也处于变动、发展的过程中，相关的外部因素以及内部因素都会对公司社会责任内容的认定造成影响。因此，无论是某一类企业还是某一个企业，其社会责任的内容都会发生变化。立法目的虽然在于强化责任履行的确定性，但是并不能因此改变公司社会责任本身所具有的变动性特征。公司社会责任的变动性也要求立法具有多层次性：一方面，在法律内部，规章、地方性法规等相较于法律更具有灵活性，可以满足其发展变化；另一方面，非政府组织等的自治规定等以及企业自身根据社会需要制定的章程等内容更能适合企业特点、行业特征等，并可以根据发展规模、社会因素等变化及时作出弹性调整。②

三是转化性。基于社会道德水平提高、社会期待性的变化，以及法治化的要求等因素，道德责任也在向法律责任不断转化。而且随着立法技术的提高，立法者也更有能力将涉及社会底线的要求进行合理的立法化。公司社会责任的转化性，必然要求立法的多层级结构设计，以期更好地适应社会发展需求。不仅如此，公司社会责任的转化性也同时说明了责任内容之间的内在一致性，通过多层级结构立法设计实现相互配合，进而更好地促进企业履行公司社会责任。③

三、制度演变

为了推动上市公司开展社会责任运动，中国证券监督管理委员会和国家经济贸易委员会（已变更）2002年1月7日发布了《上市公司治理准则》，首次引入了"利益相关者"概念。该准则还专设第六章用六个条款对"利益相关者"作出了说明。2008年5月，上海证券交易所发布了《关于加强上市公司社会责任承担工作暨发布〈上海证券交易所上市公司环境信息披露指引〉的通知》，上市公司可以将每股社会贡献值作为附带指标在年度发布的公司社会责任报告中予以披露。每股社会贡献值的概念的提出，旨在鼓励上市公司积极履行社会责任，在实现营利的同

---

① 参见杨力：《企业社会责任的制度化》，载《法学研究》2014年第5期。
② 参见蒋建湘：《企业社会责任的法律化》，载《中国法学》2010年第5期。
③ 参见李建伟、李亚超：《论公司社会责任强制性的规范体系建构》，载《交大法学》2023年第5期。

时多做社会贡献。①

除了资本市场,国有经济领域也在积极进行社会责任实践。2007年12月29日,国务院国有资产监督管理委员会《关于中央企业履行社会责任的指导意见》提出中央企业要增强社会责任意识、积极履行社会责任;2016年又发布了《关于国有企业更好履行社会责任的指导意见》,要求国有企业积极履行社会责任,以遵循法律和道德的透明行为,在运营全过程对利益相关方、社会和环境负责,最大限度地创造经济、社会和环境的综合价值,促进可持续发展。

2005年《公司法》创设了社会责任条款,即其第5条第1款规定:"公司从事经营活动,必须遵守法律、行政法规,遵守社会公德、商业道德,诚实守信,接受政府和社会公众的监督,承担社会责任。"

《民法典》第86条也明确规定,"营利法人从事经营活动,应当遵守商业道德,维护交易安全,接受政府和社会的监督,承担社会责任",贯彻落实党的十八届四中全会《决定》关于"加强企业社会责任立法"的有关要求,强化企业社会责任。

《消费者权益保护法》《产品质量法》《环境保护法》《反不正当竞争法》等法律也为消费者、环境利益、中小企业竞争者等提供了相应的利益保护机制。

四、案例评析

昆明闽某纸业有限责任公司等污染环境刑事附带民事公益诉讼案[云南省昆明市西山区人民法院(2021)云0112刑初752号]

基本案情: 被告单位昆明闽某纸业有限责任公司(以下简称闽某公司)由黄某海持股80%,黄某芬持股10%,黄某龙持股10%,李某城系闽某公司后勤厂长。闽某公司自成立起即在长江流域金沙江支流螳螂川河道一侧埋设暗管,接至公司生产车间的排污管道,用于排放生产废水。经鉴定,闽某公司偷排废水的行为对螳螂川地表水环境造成污染,并对螳螂川河道下游金沙江生态流域功能造成一定影响。同时,闽某公司存在其股东使用个人银行卡收取公司应收账款,不做财务记载,公司账簿与股东账簿不分等情形。云南省昆明市西山区人民检察院对该公司及其股东黄某海、黄某芬、黄某龙等人提起刑事附带民事公益诉讼,请求否认闽某公司独

---

① 参见肖奎:《论我国公司社会责任的理论基础与法律规制》,载《科学·经济·社会》2014年第2期。

立地位，由股东黄某海、黄某芬、黄某龙对闽某公司生态环境损害赔偿承担连带责任。

裁判情况：云南省昆明市西山区人民法院认为，企业在生产经营过程中，应当承担合理利用资源、采取措施防治污染、履行保护环境的社会责任。被告单位闽某公司无视企业环境保护社会责任，违反国家法律规定，在无排污许可的前提下，未对生产废水进行有效处理并通过暗管直接排放，严重污染环境，符合《刑法》第338条的规定，构成污染环境罪。被告人黄某海、李某城作为被告单位闽某公司直接负责的主管人员和直接责任人员，在单位犯罪中作用相当，亦应以污染环境罪追究其刑事责任。闽某公司擅自通过暗管将生产废水直接排入河道，造成高达10,815,021元的生态环境损害，并对下游金沙江生态流域功能也造成一定影响，其行为构成对环境公共利益的严重损害，不仅需要依法承担刑事责任，还应承担生态环境损害赔偿民事责任。附带民事公益诉讼被告闽某公司在追求经济效益的同时，漠视对环境保护的义务，致使公司生产经营活动对环境公共利益造成严重损害后果，闽某公司承担的赔偿损失和鉴定检测费用属于公司环境侵权债务。由于黄某海、黄某芬、黄某龙与闽某公司的高度人格混同已使闽某公司失去清偿其环境侵权债务的能力，闽某公司难以履行其应当承担的生态环境损害赔偿义务，黄某海、黄某芬、黄某龙应对闽某公司的环境侵权债务承担连带责任。因此，判决闽某公司、黄某海、李某城犯污染环境罪，判处罚金等，附带民事公益诉讼被告人黄某海、黄某芬、黄某龙对闽某公司负担的生态环境损害赔偿和鉴定检测费用承担连带责任。

评析：该案适用我国公司人格否认制度的规定，将生态环境损害赔偿的责任主体由致害公司扩展到公司背后的股东，对于防止公司滥用公司的法人独立地位和股东有限责任，逃避其应承担的生态环境损害赔偿责任具有指导意义。尽管在环境侵权领域，其债权人是代表公共利益的国家，并非普通债权人，但学理上将公司人格否认制度适用于环境侵权领域并无障碍。

五、律师实务指引

（一）体系化理解公司社会责任

社会责任是一个体系和系统，相关的法律规则散落于不同的法律文件。为了更好地推进企业社会责任，可以在司法实践中逐步探索建立公司社会责任可诉机制，但这更多需要通过司法解释或者指导性案例来确立。

（二）关注公司社会责任条款的法律后果

社会责任机制的可诉机制、可罚性已经见诸执法实践和司法裁判，律师可以关注公司社会责任条款的后续制度建设和法律应用，协助公司防范自身相关风险、维护公司作为利益相关者的权利和利益。

（三）关注资本市场的特殊要求

《上市公司治理准则》（中国证券监督管理委员会公告〔2018〕29号）提出："上市公司应当加强员工权益保护……上市公司应当积极践行绿色发展理念，将生态环保要求融入发展战略和公司治理过程……应当在社区福利、救灾助困、公益事业等方面，积极履行社会责任困县或者贫困村，主动对接、积极支持贫困地区发展产业、培养人才、促进就业……上市公司应当依照法律法规和有关部门的要求，披露环境信息以及履行扶贫等社会责任相关情况……上市公司应当依照有关规定披露公司治理相关信息，定期分析公司治理状况，制定改进公司治理的计划和措施并认真落实。"

2022年《上海证券交易所股票上市规则》和《上市公司投资者关系管理工作指引》从制度层面加强上市公司ESG信息披露。2022年7月，深圳证券交易所正式推出国证ESG评价方法和ESG指数。

律师可以按照资本市场特殊规则，基于CSR、ESG相关制度建设，协助公司在公司治理、信息披露以及ESG认证等方面有所作为，律师也可以开拓ESG及其合规等相关法律服务。

（四）关注ESG、CSR报告的律师业务参与

国内对于ESG报告的编制没有统一标准，不同地区及不同交易所参考依据也不尽相同，上市公司主要的参考依据包括但不限于：(1)可持续发展报告标准（GRI Standards）；(2)《上海证券交易所上市公司自律监管指引第1号——规范运作》；(3)深圳证券交易所各板块上市公司规范运作指引；(4)《深圳证券交易所上市公司自律监管指引第1号——主板上市公司规范运作》；(5)《中国企业社会责任报告编写指南》；(6)《公司履行社会责任的报告》编制指引；(7)香港联合交易所《环境、社会及管治报告指引》；(8)联合国可持续发展目标（Sustainable Development Goals，SDGs）；(9)《社会责任报告编写指南》（GB/T 36001—2015）；(10)《社会责任指南》（ISO 26000）。

根据《中国企业社会责任报告编写指南》，报告具体内容由六大维度构成：

(1)报告前言(P),包括报告规范、高管致辞、责任聚焦和公司简介等。(2)治理责任(G),指公司合理分配股东、董事会、管理层以及各利益相关方的权、责、利,建立健全相互制衡的制度体系,确保公平高效运营,包括公司治理、董事会ESG治理和ESG管理。(3)环境风险管理(E),指公司降低生产经营对环境的负面影响,主动投身生态文明建设。主要包括环境管理、资源利用、排放、守护生态安全、应对气候变化5个议题。(4)社会风险管理(S),包括公司降低生产经营对社会的负面影响,维护公司赖以生存的社会生态系统稳定发展,包括雇佣、发展和培训、职业健康和安全生产、客户责任、供应链管理等方面。(5)价值创造(V),包括国家价值、产业价值、民生价值和环境价值。国家价值指公司通过服务国家战略大局创造的价值,体现在贯彻、落实国家重大方针战略。产业价值指公司通过服务产业健康发展创造的价值,体现在对行业发展的贡献。民生价值指公司通过服务人民美好生活创造的价值,包括促进就业、公共服务和公益慈善等方面。环境价值指公司通过服务生态环境保护创造的价值,包含助力"双碳"目标和守护绿色生态等方面。(6)报告后记(A),包括未来计划、关键绩效表、综合评价、参考索引、意见反馈。

关联法条

1.《民法典》第9条、第86条、第132条、第509条、第1229条

2.《劳动法》

3.《劳动合同法》

4.《消费者权益保护法》

5.《环境保护法》

6.《上市公司治理准则》

第二十三条 【公司人格否认】

> 第二十三条　公司股东滥用公司法人独立地位和股东有限责任,逃避债务,严重损害公司债权人利益的,应当对公司债务承担连带责任。
>
> 股东利用其控制的两个以上公司实施前款规定行为的,各公司应当对任一公司的债务承担连带责任。
>
> 只有一个股东的公司,股东不能证明公司财产独立于股东自己的财产的,应当对公司债务承担连带责任。

一、修订情况

在沿用2018年《公司法》第20条第3款"公司股东滥用公司法人独立地位和股东有限责任,逃避债务,严重损害公司债权人利益的,应当对公司债务承担连带责任"规定的基础上,本条针对"刺破公司面纱"、否定法人人格制度增加了关联公司的法人人格横向否认的规定,将2018年《公司法》第63条一人有限责任公司的法人人格否认举证责任倒置规定扩展到所有的一人公司(包括一人股份有限公司),进一步细化了股东滥用公司法人独立地位可突破股东有限责任的法律规定。

二、理论基础

公司法人格否认是从普通法衍生出来的一种平衡的法律法规,美国称为"刺破公司面纱",英国称为"揭开公司面纱",日本则被称为"透视理论"。[①]

在1905年美国诉密尔沃基冰柜运输公司案中,法官指出:如果在目前的权威状态下,可以制定任何一般规则,则公司将作为一般规则视为法律实体,直到有充分的相反理由出现为止;但是,当法律实体的概念被用来挫败公共便利、为错误辩

[①] 严若水:《公司法人人格逆向否认制度的问题分析》,载《中国商论》2018年第13期。

护、保护欺诈或为犯罪辩护时,法律将把公司视为一个由数人组成的协会。① 该段的大致意思为:一般情况下公司是具有独立人格的,但如果公司独立人格被恶意滥用,沦为股东或实际控制人非法牟利、逃避债务的工具,进而损害公共利益或者他人合法权益,那么该公司将不再被视为一个独立法人。该制度在美国被接受和确立并被称为"刺破公司面纱",大陆法系把这种法律规则称为"公司法人人格否认"。

股东的有限责任是现代公司制度的基石,也是公司制企业有别于合伙等其他企业制度的根本标志,其法理基础是公司财产独立于股东个人财产,因此它将股东的可能损失限制在对公司的出资额范围之内,即公司股东以出资额为限对公司债务承担有限责任。但是,有限责任制度在保护股东利益的同时,也可能被股东恶意滥用而损害公司债权人的利益。为了防止股东滥用公司法人独立人格和股东有限责任,法律允许在特定条件下突破公司股东的有限责任,要求股东为公司的债务承担无限连带责任,"刺破公司面纱"是一条衡平法规则,是相对于股东有限责任制度的一种例外规则,基于公平理念,只有当不"刺破公司面纱"对债权人明显不公平的时候才能适用该规则。②

法人人格否认实践中可以分为三种情形,即顺向否认、横向否认和逆向否认。其中顺向否认是典型的也是比较常见的法人人格否认,即 2018 年《公司法》第 20 条第 3 款所规定的公司股东滥用公司法人独立地位和股东有限责任,逃避债务,严重损害公司债权人利益的,应当对公司债务承担连带责任。而新《公司法》第 23 条第 2 款在顺向否认的基础上新增了公司法人人格横向否认即关联公司之间法人人格否认的规定,"股东利用其控制的两个以上公司实施前款规定行为的,各公司应当对任一公司的债务承担连带责任",即关联公司之间人格混同,各公司应当对任一公司的债务承担连带责任。

逆向否认公司人格的路径在美国判例中被首先支持,并在英国、新加坡、印度等普通法系国家生根发芽。③ 公司法人人格的逆向否认,是指在特定情形下由公

---

① 王永坤等:《公司法人人格否认制度——人格混同认定规则的分析》,载微信公众号"LawMax 商事律师"2023 年 5 月 24 日,https://mp.weixin.qq.com/s/Rp1ysQfVmLK0YkLaIxsUkA。
② 杨云帆:《公司法(修订草案)(二审稿)第二十三条:刺穿公司面纱规则的理解与适用》,载微信公众号"资本之法翼"2022 年 12 月 31 日,https://mp.weixin.qq.com/s/VHyeaqhU9cigKpnD_W394w。
③ 岳万兵:《反向否认公司人格:价值、功用与制度构建》,载《国家检察官学院学报》2021 年第 6 期。

司对股东的债务承担连带责任,在我国最早见于最高人民法院(2020)最高法民申2158号案的裁判观点。

但是,公司法人人格否认制度是一种非正常的救济形式,成文法如果不加以限制、过于随便地引用逆向否认制度,必会导致正常的法律逻辑关系受到破坏,进而架空公司法人人格独立制度,与公司法本身的立法宗旨和立法目的相违背。① 岳万兵也主张对逆向法人格否认制度立法要着重衡平股东债权人与公司及其利益相关者之间的利益冲突,在追求公平正义的同时认识到所付出的社会成本,致力于以最小的代价实现最大的正义。

因此,尽管我国司法实践中存在支持公司法人人格逆向否认的裁判个例,但无论是司法解释还是公司法本身对该机制仍持审慎和保留态度。

三、制度演变

我国在法律层面正式确立公司法人人格否认制度是2005年《公司法》,其第20条第3款规定:"公司股东滥用公司法人独立地位和股东有限责任,逃避债务,严重损害公司债权人利益的,应当对公司债务承担连带责任。"2018年《公司法》第20条第3款承继了2005年《公司法》的规定,要求滥用法人独立地位和股东有限责任的股东对公司债务承担连带责任。这是对法人人格独立和股东有限责任的突破,旨在保护公司债权人利益及社会公共利益。

最高人民法院2013年1月发布的第15号指导案例,②将法人人格否认的适用范围扩展到关联公司之间对彼此债务互负连带责任。

《全国法院民商事审判工作会议纪要》通过列举股东滥用公司独立人格和股东有限责任的具体行为表现,归纳出"人格混同"、"过度支配与控制"和"资本显著不足"三种具体类型,并以此来适用公司法人人格否认制度,在司法实践中对所涉及的各类主体起到良好的指导作用。

2020年,最高人民法院(2020)最高法民申2158号案件将适用范围扩展到逆

---

① 沈逸鲲:《论公司法人人格混同情况下股东债权人利益的保护——公司法人人格逆向否认制度问题探究》,载《经济研究导刊》2019年第34期。
② 即徐工集团工程机械股份有限公司诉成都川交工贸有限责任公司等买卖合同纠纷案,该案的裁判要点为:(1)关联公司的人员、业务、财务等方面交叉或混同,导致各自财产无法区分,丧失独立人格的,构成人格混同;(2)关联公司人格混同,严重损害债权人利益的,关联公司相互之间对外部债务承担连带责任。

向人格否认,即公司对股东的债务承担连带责任,但该案未作为指导案例或公告案例发布。

四、案例评析

案例一:徐工集团工程机械股份有限公司诉成都川交工贸有限责任公司等买卖合同纠纷案[江苏省高级人民法院(2011)苏商终字第0107号]

基本案情: 原告徐工集团工程机械股份有限公司(以下简称徐工机械公司)诉称:成都川交工贸有限责任公司(以下简称川交工贸公司)拖欠其货款未付,而成都川交工程机械有限责任公司(以下简称川交机械公司)、四川瑞路建设工程有限公司(以下简称瑞路公司)与川交工贸公司人格混同,三个公司实际控制人王某礼以及川交工贸公司股东等人的个人资产与公司资产混同,均应承担连带清偿责任。请求判令:川交工贸公司支付所欠货款及利息;川交机械公司、瑞路公司及王某礼等个人对上述债务承担连带清偿责任。

裁判情况: 川交工贸公司与川交机械公司、瑞路公司人格混同:一是三家公司人员混同。三家公司的经理、财务负责人、出纳会计、工商手续经办人均相同,其他管理人员亦存在交叉任职的情形,川交工贸公司的人事任免存在由川交机械公司决定的情形。二是三家公司业务混同。三家公司实际经营中均涉及工程机械相关业务,经销过程中存在共用销售手册、经销协议的情形;对外进行宣传时信息混同。三是三家公司财务混同。三个公司使用共同账户,以王某礼的签字作为具体用款依据,对其中的资金及支配无法证明已作区分;三个公司与徐工机械公司之间的债权债务、业绩、账务及返利均计算在川交工贸公司名下。因此,三家公司之间表征人格的因素(人员、业务、财务等)高度混同,导致各自财产无法区分,已丧失独立人格,构成人格混同。

川交机械公司、瑞路公司应当对川交工贸公司的债务承担连带清偿责任。公司人格独立是其作为法人独立承担责任的前提。本案中,三家公司虽在工商登记部门登记为彼此独立的企业法人,但实际上相互之间界限模糊、人格混同,其中川交工贸公司承担所有关联公司的债务却无力清偿,又使其他关联公司逃避巨额债务,严重损害了债权人的利益。上述行为违背了法人制度设立的宗旨,违背了诚实信用原则,其行为本质和危害结果与《公司法》(2005年)第20条第3款规定的情形相当,故参照《公司法》(2005年)第20条第3款的规定,川交机械公司、瑞路公司对川交工贸公司的债务应当承担连带清偿责任。

评析：该案例首次将法人人格否认的适用范围扩展到关联公司之间。关联公司之间对彼此债务互负连带责任需要符合以下条件：(1)关联公司的人员、业务、财务等方面交叉或混同，导致各自财产无法区分，丧失独立人格的，构成人格混同；(2)关联公司人格混同，严重损害债权人利益的，关联公司相互之间对外部债务承担连带责任。

案例二：华夏银行股份有限公司武汉洪山支行、北京长富投资基金股权转让纠纷案[最高人民法院(2020)最高法民申2158号]

基本案情：2005年，武汉航天波纹管股份有限公司(以下简称航天波纹管公司)(持股65%)出资设立航新商贸公司。2008年5月22日，航天波纹管公司将所持航新商贸公司股权转让给中森华投资集团有限公司(以下简称中森华投资公司)，签订《股权转让协议》，约定先支付1000万元，剩余股权转让款之后支付。同日，双方签订《补充协议》，约定中森华投资公司以实物作价支付65%的股权溢价款及整体搬迁费，实物资产为航新商贸公司城中村改造的项目中的相关商铺。

武汉中森华置业有限公司(以下简称中森华置业公司)是中森华投资公司的项目公司，中森华投资公司拥有中森华置业公司100%的股权。自2011年起，中森华置业公司相继办理了中森华国际城的土地使用权证、建设工程规划许可证、建筑工程施工许可证、武汉市商品房预售许可证。2011年5月，中森华投资公司与航天波纹管公司签订《商铺转让合同》，约定双方就2008年5月22日签订的协议中有关中森华国际城项目的商铺转让达成协议，该转让合同的标的物为中森华国际城一期项目的商铺等。2013年1月，中森华投资公司与航天波纹管公司签订《补充协议书》。约定除已支付部分，还剩余未付资金和未付商铺面积。之后，因中森华投资公司不能依约交付剩余商铺和资金，航天波纹管公司将中森华置业公司、中森华投资公司诉至法院，请求法院判决两公司对未交付的商铺和资金承担连带赔偿责任。

裁判情况：中森华置业公司是中森华国际城的开发主体，中森华置业公司对其开发的房地产具有处分权。虽然中森华投资公司与中森华置业公司均登记为公司法人，但两者之间紧密关联。中森华置业公司是中森华投资公司发起设立的项目公司，在中森华置业公司有两名以上股东期间，中森华投资公司有绝对控股地位；

后,中森华置业公司是中森华投资公司持有100%股权的一人公司。

根据《公司法》(2005年)第63条的规定,中森华投资公司未提交证据证明公司财产独立于股东财产,两公司人格混同,在法律上应视为同一主体。依据法律规定股东应对公司债务承担连带责任,反之亦然,公司对股东债务亦应承担连带责任。在前述认定基础上,中森华投资公司对中森华置业公司开发的房地产进行处分,与航天波纹管公司先后签订的《股权转让协议》《补充协议》《商铺转让合同》《补充协议书》合法有效,该行为后果应由中森华投资公司与中森华置业公司连带承担。《公司法》(2005年)第63条规定:"一人有限责任公司的股东不能证明公司财产独立于股东自己的财产的,应当对公司债务承担连带责任。"《公司法》(2005年)第63条规定的立法目的在于确认当一人有限责任公司的股东不能证明自己的财产独立于公司财产时,应否认其法人有限责任,即股东应根据《公司法》(2005年)第63条的规定,对公司债务负连带清偿责任。在本案中,中森华投资公司未提交证据证明中森华置业公司财产独立于其自己的财产,两公司在法律上应视为同一责任主体,构成人格混同。根据中森华置业公司成立背景、中森华置业公司股东会决议和《委托贷款合同》相关表述,可以看出中森华投资公司与中森华置业公司对外承担案涉开发项目融资债务的连带责任。

评析:我国法律在认定公司人格混同时,区分是否为一人有限责任公司规定了不同的举证责任规则。其原因在于一人有限责任公司只有一名股东控制公司而缺乏其他股东的有效制约,极易造成股东对公司法人人格的滥用。

本案的典型意义在于在无法律明文规定可依的情况下,本案系最高人民法院对于一人有限责任公司可适用法人人格逆向否认制度的肯定,是司法审判实践对现实需求的回应,也对一人有限责任公司的合规治理提出了警示。

最高人民法院不仅在本案中表达了有条件认可法人人格逆向否认制度的观点,其他有关案例也持类似观点。例如,在施某天与珠海霖阳投资有限公司、广州常江房地产开发有限公司等民间借贷纠纷案[最高人民法院(2021)最高法民终1301号]中,最高人民法院指出:在母子公司存在人格混同的情形下,否认股东全资子公司之法人人格,判令该子公司为股东债务承担连带责任,同样有助于规制股东滥用公司法人独立地位和股东有限责任以逃避债务的行为。根据公司法人人格否认原理和一人公司的治理缺陷,股东与其一人公司只要存在人格混同,均应对彼此债务承担连带责任。①

五、律师实务指引

(一) 正反两方面把握好关联公司之间人格否认制度运用

新《公司法》第 23 条第 2 款引入关联公司之间法人人格横向否认制度,是对司法解释成果的吸收。

一方面,律师可以协助公司规范关联主体之间的独立性和关联行为,避免触发横向否认风险,按照法律规定、结合裁判观点做好合规管理和风险控制;另一方面,作为债权人律师,在民商事争议解决中可以关注相对方的控制关系和关联关系,从而判断是否可以通过法人人格否认制度争取对委托人有利的诉讼形势和条件。

对于法人人格否认的认定,可参考《全国法院民商事审判工作会议纪要》的规定,准确把握下述四点精神:一是只有在股东实施了滥用公司法人独立地位及股东有限责任的行为,且该行为严重损害了公司债权人利益的情况下,才能适用。损害债权人利益,主要是指股东滥用权利使公司财产不足以清偿公司债权人的债权。二是只有实施了滥用法人独立地位和股东有限责任行为的股东才对公司债务承担连带清偿责任,而其他股东不应承担此责任。三是公司人格否认不是全面、彻底、永久地否定公司的法人资格,而只是在具体案件中依据特定的法律事实、法律关系,突破股东对公司债务不承担责任的一般规则,例外地判令其承担连带责任。人民法院在个案中否认公司人格的判决的既判力仅仅约束该诉讼的各方当事人,不当然适用于涉及该公司的其他诉讼,不影响公司独立法人资格的存续。如果其他债权人提起公司人格否认诉讼,已生效判决认定的事实可以作为证据使用。四是 2018 年《公司法》第 20 条第 3 款②规定的滥用行为,实践中常见的情形有人格混同、过度支配与控制、资本显著不足等。

《全国法院民商事审判工作会议纪要》也对实践中常见的公司人格否认情形——人格混同、过度支配与控制、资本显著不足等进行了详细解释和说明。

---

① 赵丽、贾伟波、孙凌婧:《发生人格混同时,公司应对股东债务承担连带责任吗?》,载微信公众号"民法典担保制度解读与案例分析"2023 年 5 月 25 日,https://mp.weixin.qq.com/s/z4_S-esOJmP3tYMms8NZzw。

② 现为第 23 条第 1 款。

(二) 把握好横向人格否认与实质合并破产制度的关系

新《公司法》第 23 条第 2 款新增的关联公司之间法人人格否认制度,为关联企业合并重整提供了法律依据,有利于和《企业破产法》司法实践的衔接,有利于实现公司法体系的自洽。律师在处理破产案件时应关注关联企业之间的业务、人员、财产混同情况等,甄别关联企业之间是否存在人格混同情况,以及财产区分的难度,对于确实存在实质合并破产必要的,应及时提起关联企业实质合并重整。

目前,《企业破产法》尚未明确规定关联公司人格混同时的实质合并破产制度,但在《全国法院破产审判工作会议纪要》中提出了"实质合并审理",可以作为法律适用的借鉴参考。

(三) 把握好一人公司的举证责任倒置

我国 2018 年《公司法》在认定公司人格混同时,规定了不同的举证责任规则:一人有限责任公司在举证责任的分配上,适用的是举证责任倒置原则,即由一人有限责任公司的股东承担证明自身财产独立于公司财产的责任,否则将由股东对公司债务承担连带责任而非有限责任。举证责任倒置加重了一人有限责任公司的股东的负担。而普通公司则适用"谁主张,谁举证"原则,通常由作为原告的债权人举证证明构成法人人格否认的所有要件。

新《公司法》第 23 条将适用范围扩展至所有的一人公司(包括一人股份有限公司)。律师在实务中,一方面,应特别关注一人公司及其股东关于举证责任倒置的问题,防止出现"人格混同""过度支配与控制""资本显著不足"等明显可能被否认公司人格的情形,必要情况下可以督促公司进行年度审计以及人格独立专项审计;另一方面,对于一人公司的债权人,可协助其运用好债务方举证责任倒置的规则,但仍然可以协助债权人固定一人公司及其关联方承担人格否认责任的相应证据,加强对裁判者的说服力。

关联法条

1.《民法典》第 83 条

2. 最高人民法院《关于适用〈中华人民共和国民法典〉有关担保制度的解释》第 10 条

3. 最高人民法院《关于适用〈中华人民共和国企业破产法〉若干问题的规定(二)》第 23 条

第二十四条 【会议召开及表决方式】

> 第二十四条 公司股东会、董事会、监事会召开会议和表决可以采用电子通信方式,公司章程另有规定的除外。

一、修订情况

本条为新增条款。

二、理论基础

本条引入电子通信方式作为公司股东、董事、监事参会和表决的方式,既便利和保障股东、董事及监事充分行使参会权、表决权、知情权等,也体现了立法与时俱进、顺应时代潮流和科技发展。

《民法典》已经顺应时代潮流正式引入了电子合同。"电子通信"与"电子营业执照"一样,都是互联网发展和信息化建设成果在法律上的体现。《公司法》规定以电子通信方式召开会议和表决,同时为体现尊重公司意思自治原则,规定"公司章程另有规定的除外",即除非公司章程有明确的另外规定,则股东会、董事会、监事会召开会议和表决可以采用电子通信方式。现实生活中,大型公司尤其是上市公司的股东众多,且大多数的小股东日常不参与公司经营管理,通常不会为了出席股东会而付出过多时间和金钱成本,因此,若股东都必须现场出席股东会和表决,不仅不利于广大中小股东行使表决权,也不利于股份有限公司尤其上市公司决议的作出,进而影响公司经营管理效率。即使由公司承担股东现场参会的费用,由于股东人数众多,股东之间时间的协调、身份的确认、场地的选择等也使得现场股东会的召开困难重重。

电子化、信息化的发展促进相关法律规则的变化不仅将见于此类显而易见的领域,同时对某些长期无法解决的重大分歧,亦有消解功效。例如,数字时代的一大优点就是无纸化,若真的能加以贯彻,那么在股东查阅权诉讼中常见的"查询不便""恶意查询""影响公司经营"等理由可能会消解大半。若可以实现真正的信息化,或将有助于推动公司治理水平的提高,降低代理成本和信任危机发生概率。①

新《公司法》第59条第3款规定:"对本条第一款所列事项股东以书面形式一致表示同意的,可以不召开股东会会议,直接作出决定,并由全体股东在决定文件上签名或者盖章。"理论界和实务界普遍认为,该条属于法律层面对通信表决的认可,但只针对有限责任公司,且该条并未明确其包含"电子通信"表决方式。一般意义上讲,通信表决当然应包括电子通信表决方式。对于何为电子通信方式,《公司法》及有关法律法规以及立法说明文件均未明确解读,从立法本意上应当以便利为原则作出解释安排。

三、制度演变

以电子通信方式投票表决首次出现于2004年中国证券监督管理委员会发布的《上市公司股东大会网络投票工作指引(试行)》(已失效)。其第3条规定:"上市公司召开股东大会,除现场会议投票外,鼓励其通过网络服务方向股东提供安全、经济、便捷的股东大会网络投票系统,方便股东行使表决权。股东大会议案按照有关规定需要同时征得社会公众股股东单独表决通过的,除现场会议投票外,上市公司应当向股东提供符合前款要求的股东大会网络投票系统。"同年,中国证券监督管理委员会稍后发布的《关于加强社会公众股股东权益保护的若干规定》(已失效)也规定:"(二)上市公司应积极采取措施,提高社会公众股股东参加股东大会的比例。鼓励上市公司在召开股东大会时,除现场会议外,向股东提供网络形式的投票平台。上市公司召开股东大会审议上述第(一)项所列事项的,应当向股东提供网络形式的投票平台。上市公司股东大会实施网络投票,应按有关实施办法办理。"

随后,深圳证券交易所和上海证券交易所也出台了相应的网络投票的有关规定。这些文件规定并鼓励我国上市公司采用网络投票表决方式,同时对其适用范围和具体程序进行了明确,旨在加强中小股东在股东大会中的话语权,保护中小股东权益,帮助他们更多地参与公司决策。2006年中国证券监督管理委员会发布了

---

① 白翔飞、吴向东:《公司法二审修订草案的理念及制度创新》,载微信公众号"北大法律信息网"2023年3月4日,https://mp.weixin.qq.com/s/l6Fw1c449pI_43oQGjklPw。

《上市公司股东大会规则》(已失效),其中第 20 条第 2 款规定,"上市公司可以采用安全、经济、便捷的网络或其他方式为股东参加股东大会提供便利。股东通过上述方式参加股东大会的,视为出席"。这是公司法体系中首次明确了股东可以以电子通信方式参加股东大会。2022 年修订的《上市公司股东大会规则》第 20 条沿用了这一规定。

因此,新《公司法》第 24 条明确股东会、董事会、监事会会议可以以电子通信方式参会和通过电子通信方式投票表决,也是对资本市场现行有效规则的吸收和回应,并将适用范围扩大到所有公司。

四、案例评析

宁波吉彤股权投资合伙企业(有限合伙)与山东新潮能源股份有限公司公司决议纠纷案[北京市朝阳区人民法院(2021)京 0105 民初 83820 号]

基本案情: 山东新潮能源股份有限公司(以下简称新潮公司)成立于 1996 年 6 月 6 日,公司类型为股份有限公司,股票代码为 600777,证券简称新潮能源。2017 年 6 月 23 日,中国证券监督管理委员会核准新潮公司向宁波吉彤股权投资合伙企业(有限合伙)(以下简称宁波吉彤)发行 402,962,962 股股份(持股比例为 5.93%),截至案件诉讼之日,宁波吉彤仍持有该数量的股份。

新潮公司的公司章程第 59 条第 2 款规定:"股东可以亲自出席股东大会,也可以委托代理人代位出席和表决,两者具有同等的法律效力。"第 85 条规定:"同一表决权只能选择现场、网络或其他表决方式中的一种。同一表决权出现重复表决的以第一次投票结果为准。"

2021 年 4 月 30 日新潮公司发布《会议通知》,2021 年 5 月 20 日新潮公司召开 2020 年年度股东大会。新潮公司称,宁波吉彤对新潮公司股东大会的八项议案,进行了两次投票。第一次投票系现场投票,时间为上午 8 时 34 分,投票结果均为同意。第二次投票系网络投票,时间为上午 9 时 45 分,宁波吉彤对议案一至议案四、议案八投反对票,对议案五至议案七投弃权票。因《公司章程》和《会议通知》中均规定同一表决权重复投票的,以第一次投票结果为准,故股东大会决定以宁波吉彤的第一次投票结果为准。

根据公告公示的现有表决结果,宁波吉彤的表决情况决定着所有议案是否能够获得通过,因此,本案的关键问题在于应当以宁波吉彤的现场投票结果还是以网络投票结果为准。

新潮公司主张宁波吉彤系委托张某出席股东大会并行使表决权,张某持有宁波吉彤出具的授权委托书,该委托书上加盖有宁波吉彤的公章,且张某的投票时间早于网络投票,故应当以张某代表宁波吉彤进行的现场投票为准。

法院认为,首先,《公司章程》第60条第2款明确规定,法人股东委托代理人出席会议的,代理人应当出示本人身份证、法人股东单位的法定代表人依法出具的书面授权委托书。虽然宁波吉彤系有限合伙企业,不属于法人,但其组织形式类似于有限责任公司,应当参照适用《公司章程》中对法人股东出具授权委托书的形式要求。换言之,新潮公司应当要求宁波吉彤的授权委托书系由宁波吉彤的执行事务合伙人杭州微米投资管理有限公司(以下简称微米公司)出具,同时加盖有宁波吉彤的公章。而如何确定该授权委托书确系由微米公司出具,则需要能够有效体现微米公司的意思表示的表意载体,如微米公司出具的证明文件,或至少由微米公司在授权委托书中一并盖章确认。然而,张某向新潮公司提交的授权委托书,仅加盖有宁波吉彤的公章,并无微米公司的任何确认,故法院无法认定是由微米公司出具的授权委托书。其次,张某并非微米公司或大业信托有限责任公司(以下简称大业公司)的员工,虽然国通信托有限责任公司(以下简称国通公司)与微米公司、大业公司就宁波吉彤信托计划存在利益关联,但其本身并不是宁波吉彤的合伙人,张某从其个人身份上也就难以代表宁波吉彤。虽然该事实属于宁波吉彤的内部关系,但是,在张某通过电子邮件已经向新潮公司表明身份(国通公司的员工),而且宁波吉彤系新潮公司第二大股东的情况下,新潮公司应当尽到审慎义务,严格核查张某提交的授权委托书是否符合《公司章程》的规定。最后,在新潮公司于召开股东大会的当日进行计票时,应当注意到宁波吉彤的两次不同的投票结果。虽然《公司章程》中规定重复投票的,以首次投票结果为准,但是,该规定针对的是同一股东因投票意见发生变化而进行的重复投票,也就是说,每次投票的意见都是该股东的真实意思表示,只不过其主观上产生不同意愿。而宁波吉彤显然不属于该种情况。在本次股东大会中,以宁波吉彤的名义进行投票的主体并非同一个,因此也就无所谓主观意愿的变化。在此情况下,新潮公司应当向宁波吉彤进行核实,要求宁波吉彤明确两次投票中的哪一次系其真实意思表示。但是,新潮公司并没有向宁波吉彤进行核实,不符合《公司章程》的规定。

裁判情况:法院认为张某向新潮公司提交的授权委托书不符合《公司章程》的

形式要求,不具有代表宁波吉彤出席新潮公司2020年年度股东大会并进行表决的权利,其现场投票应当归于无效,应当以宁波吉彤的网络投票结果为准,依据宁波吉彤的网络投票结果最终法院判决新潮公司2020年度股东大会决议不成立。

评析:本案中,新潮公司的章程规定:同一表决权只能选择现场、网络或其他表决方式中的一种。同一表决权出现重复表决的,以第一次投票结果为准。但本案核心争议焦点并不是应该以原告宁波吉彤现场投票结果为准还是以网络投票结果为准的问题,而是原告宁波吉彤现场投票是否符合公司章程、是否合法有效的问题。本案属于典型的因表决程序、表决方式不符合公司章程规定,而导致股东该项表决无效,进而影响公司决议效力的案例。

五、律师实务指引

(一)把握好电子通信的利与弊,上市公司股东会应支持网络投票

以通信方式召开股东会、董事会、监事会并表决具有方便快捷等显而易见的优点,但相较于现场会议,电子通信方式召开会议也可能存在网络信号不稳定、信息传输不及时、深度沟通交流不便、不便于对复杂议案的详细了解、不便于股东质询等问题。所以,新《公司法》第24条以尊重公司意思自治为原则,将是否以电子通信方式开会和表决的选择权交由公司。

目前,我国上市公司基于监管要求,其议案的公布及股东会的召开和网络投票表决已有相对成熟、规范的制度,证券交易所也有网络投票系统可供使用,网络投票结果的真实性相对有保障。但非上市公司以电子通信方式召开的股东会等会议及表决时其电子通信方式的选择、表决结果的生效与撤销规则,表决结果的保存、查询与验证,如何证明表决结果的真实、准确及电子表决结果与书面纸质表决结果不一致时以哪种表决方式为准等问题尚无统一的规则。实践中还需要通过公司章程进一步细化。

因此,实践中如何兼顾效率与公平,合理利用电子通信方式召开会议和表决还需要进一步摸索,也期待后续立法及司法实践的启示。

(二)把握好现场投票与网络投票不一致时的处理

《上市公司股东大会规则》第35条规定:"同一表决权只能选择现场、网络或其他表决方式中的一种。同一表决权出现重复表决的以第一次投票结果为准。"

新《公司法》施行后,非上市公司同时采用现场与电子通信会议的,也可能出现同一表决权重复表决的情形,上述《上市公司股东大会规则》的规定可提供必要的参考和借鉴,律师可以协助公司完善各项议事规则、堵塞可能漏洞。

同时,以哪一次投票为准,还应当注意核查重复表决下每一次表决的程序是否合法合规,参考前述宁波吉彤股权投资合伙企业(有限合伙)与山东新潮能源股份有限公司公司决议纠纷案,如某一次表决的程序合规性存在问题,则可能不再是"以第一次投票结果为准",而是以合规投票结果为准。

(三)关注和借鉴现有上市公司网络投票的程序规则

目前上市公司网络投票的程序较为成熟,可作为其他类型公司网络投票的表决的借鉴,《上海证券交易所科创板上市公司自律监管指引第1号——规范运作》等均可以为其他公司制定和完善会议规则、解决会议争端提供制度样本。

关联法条

《上市公司股东大会规则》第20条、第35条

第二十六条 【公司决议撤销】

> 第二十六条 公司股东会、董事会的会议召集程序、表决方式违反法律、行政法规或者公司章程,或者决议内容违反公司章程的,股东自决议作出之日起六十日内,可以请求人民法院撤销。但是,股东会、董事会的会议召集程序或者表决方式仅有轻微瑕疵,对决议未产生实质影响的除外。
>
> 未被通知参加股东会会议的股东自知道或者应当知道股东会决议作出之日起六十日内,可以请求人民法院撤销;自决议作出之日起一年内没有行使撤销权的,撤销权消灭。

一、修订情况

本条是将 2018 年《公司法》第 22 条第 2 款独立作为一条予以规定,明确了公司股东会、董事会决议可撤销情形及相应后果,完善了除斥期间的规定,同时取消了撤销公司决议之诉中股东提供担保的要求。

二、理论基础

公司决议属于公司的意思表示,通过会议形式根据多数决原则作出,其程序或内容如存在瑕疵则难以认定为公司的意思表示。关于瑕疵的类型,学术上存在"二分法"与"三分法"的理论。"二分法"将瑕疵分为决议无效和可撤销两种后果,"三分法"将瑕疵分为决议无效、可撤销和不成立三种后果。2018 年《公司法》第 22 条遵循的是"二分法",本条确立了"三分法"。

与公司股东会、董事会决议无效制度不同的是,认定决议无效不局限于公司自治及股东个体权利处分的范畴,还需考虑对债权人及公共利益的保护;而公司股东会、董事会决议撤销制度更侧重于保护股东的个体权利(注:公司股东会、董事会决议不成立制度亦有此侧重,具体请见本书对新《公司法》"第二十七条【公司决议不成立】"的评注内容),进而由股东决定是否行使撤销权。因此,决议的可撤销事由限于决议程序违反法律法规或公司章程,或者决议内容违反公司内部自治性规范即公司章程。①

1. 召集程序违反法律、行政法规或者公司章程。

召集程序是公司股东会、董事会决议的起始,主要包括通知会议的时间、议程等安排,确定参加会议的人数、讨论事项等。召集程序违反法律、行政法规或公司章程的情形包括但不限于:第一,召集人主体不适格。新《公司法》第63条规定,股东会会议由董事会召集,董事长主持。召集人并非该规定所述主体的,即召集人主体不适格。第二,召集通知程序瑕疵,包括但不限于通知时间不符合法律规定以及通知的方式不符合公司章程规定等情形,例如,新《公司法》第64条第1款规定:"召开股东会会议,应当于会议召开十五日前通知全体股东;但是,公司章程另有规定或者全体股东另有约定的除外。"

2. 表决方式违反法律、行政法规或者公司章程。

该等情形包括但不限于:第一,表决人主体不适格,如非股东、非董事或其代理人参与表决,以及法律法规或公司章程规定对特定事项不享有表决权的股东参与表决;第二,表决事项不属于决议通知所载明的范围;第三,表决权比例计算错误等。

3. 决议内容违反公司章程。

公司章程属于公司内部自治性规范,是公司全体股东的合意,因此决议内容如违反公司章程,根据公司意思自治的理论基础进行处理具有合理性,应由股东自行选择是否撤销决议。

新《公司法》第26条第1款后半段新增了决议可撤销之诉的酌情裁定驳回撤销决议诉讼请求的制度,即"裁量驳回"制度。② 适用该制度的原因在于法律在追求公平正义的同时亦需关注效率价值。如果公司决议被撤销的情形过于绝对,则难以保证信赖相应公司决议而与公司进行交易的相对方利益。因此,通过赋予法院一定范围内的自由裁量权,在公司决议存在非实质性程序瑕疵时,裁判维持决议的效力,有利于保护相对方利益,实现效率价值。

---

① 参见丁勇:《公司决议瑕疵诉讼制度若干问题反思及立法完善》,载黄红元、徐明主编:《证券法苑》第11卷,法律出版社2014年版,第262~285页。

② 参见最高人民法院民事审判第二庭编著:《最高人民法院公司法司法解释(四)理解与适用》,人民法院出版社2017年版,第116页。

关于"轻微瑕疵"的标准,如不会影响各股东、董事公平地参加会议、参与表决及作出决议,亦不影响各股东、董事获取决议所必需的信息,则可认定为"轻微瑕疵"。例如,会议时间比通知时间延误几个小时,但与会人员并未缺席;又如,公司章程规定召集应书面通知,但实际上以电话方式通知。关于"对决议未产生实质影响",则需要根据个案情况予以判断。同时,该两项要件应当同时具备,即使程序瑕疵不影响决议结果但如损害了股东、董事的权利,也不能对其予以司法肯认。

关于股东撤销权的除斥期间,2018年《公司法》"一刀切"地将撤销权的除斥期间规定为60日,但这难以保证股东的利益。实践中,可能存在公司决议已经作出但股东尚不知情的情形,因此,新《公司法》第26条第2款规定:"未被通知参加股东会会议的股东自知道或者应当知道股东会决议作出之日起六十日内,可以请求人民法院撤销;自决议作出之日起一年内没有行使撤销权的,撤销权消灭。"该规定旨在规避上述除斥期间起算点的不足之处,同时将最长的除斥期间限定为1年,主要是为促使商主体尽早行使权利,以稳定商事关系。

三、制度演变

2005年《公司法》新增第22条,即公司决议的无效或撤销,该条款并未明确公司股东会、董事会决议可撤销的除外情形。2013年及2018年均沿用该条款,未作调整。

《公司法司法解释四》第4条规定:"股东请求撤销股东会或者股东大会、董事会决议,符合民法典第八十五条、公司法第二十二条第二款①规定的,人民法院应当予以支持,但会议召集程序或者表决方式仅有轻微瑕疵,且对决议未产生实质影响的,人民法院不予支持。"该规定明确了公司股东会、董事会决议可撤销的除外情形,即"召集程序或者表决方式仅有轻微瑕疵,且对决议未产生实质影响的"。

民法层面亦有类似规定。《民法典》第85条规定:"营利法人的权力机构、执行机构作出决议的会议召集程序、表决方式违反法律、行政法规、法人章程,或者决议内容违反法人章程的,营利法人的出资人可以请求人民法院撤销该决议。但是,营利法人依据该决议与善意相对人形成的民事法律关系不受影响。"

新《公司法》第26条将2018年《公司法》第22条第2款独立出来,并未更改公

---

① 现为第26条第1款。

司决议可撤销的情形,同时吸收了《公司法司法解释四》第 4 条规定,明确了除外情形。其第 2 款是在 2018 年《公司法》规定的 60 日除斥期间的基础上增加了最长不得超过 1 年的限制。本条还删除了撤销之诉的担保制度。在域外公司法实践中存在恶意制造决议程序瑕疵,在公司决议通过后提起诉讼阻碍公司决议的后续执行以索取"撤诉补偿金"的情形,要求股东提供担保的规则具有防止恶意诉讼的功能。本条将其删除有利于降低非控制股东的维权成本,促进投资。至于滥用诉权的行为,应从制度设计上通过权利滥用条款加以解决。

四、案例评析

案例一:北京市农业投资有限公司与北京首金中小微企业金融服务有限公司公司决议纠纷案[北京市第一中级人民法院(2021)京 01 民终 5712 号]

基本案情:北京市农业投资有限公司(以下简称农业投资公司)是北京首金中小微企业金融服务有限公司(以下简称首金金融公司)股东之一,认缴出资额为 500 万元。首金金融公司的公司章程规定:股东会会议由董事会召集,董事长主持,董事长不能履行或者不履行召集股东会会议职责的,由半数以上董事共同推举 1 名董事主持。董事会不能履行或者不履行召集股东会会议职责的,由监事会召集和主持;监事会不召集和主持的,代表 1/10 以上表决权的股东可以自行召集和主持。

2019 年 8 月 15 日,首金金融公司作出了《2019 年第一次股东会决议》,但涉案股东会会议由首金金融公司的其他股东提议和通知。农业投资公司提起诉讼,要求撤销该决议的其中一项,理由为涉案股东会会议由首金金融公司的其他股东提议和通知,决议召集程序违法。

裁判情况:法院认为,在追求公平正义、保障股东利益的同时,还应关注公司作为以营利为目的的商事活动参与主体,其本身所包含的效率价值及意义。故在司法实践中,法院既要维护小股东的程序性权利,又要防止小股东权利虚无化,还要考虑撤销公司决议的成本及可能给公司正常经营带来的挑战,以达到实现社会资源的最大化利用和规范公司自治的双重效果。

首金金融公司在本案中并未提交证据证明其曾向公司董事会、监事会提议召开股东会,故应认定涉案股东会召集程序的确存在瑕疵。但是该瑕疵并不会影响股东获取参会或表决所需的信息,亦不会导致股东无法公平参与多数意思的形成,该瑕疵并不会影响决议的结果。首先，涉案股东会会议于开会 15 日前通知了首金金融公司的股东，农业投资公司收到了开会通知且参加了会议，故本次股东会的召集程序瑕疵并不影响农业投资公司获取参会的信息或参与表决所需信息；其次，股东会的召集仅是表决前的发起程序，涉案股东会是否由董事会召集并不导致农业投资公司无法参加表决、无法公平参与多数意思的形成。故本次股东会非依据公司章程召集并未对决议结果产生实质性影响。综上，涉案股东会的召集程序上的瑕疵，应认定为轻微瑕疵，涉案股东会决议依法不应当被撤销。

评析： "裁量驳回"制度的目的在于衡平保障小股东的程序性权利与降低公司自治经营成本、实现社会资源最大化利用之间的关系。因此，对公司决议是否应当被撤销，应当审查瑕疵是否轻微以及是否对决议结果产生实质影响。即使召集程序存在瑕疵，但未对决议结果产生实质影响的，应认定为轻微瑕疵，相应公司决议依法不应当被撤销。

案例二：周某、无锡思达新材料科技有限公司等公司决议纠纷案［江苏省无锡市中级人民法院（2022）苏 02 民终 6744 号］

基本案情： 无锡思达新材料科技有限公司（以下简称思达公司）章程显示，召开股东会会议，应当于会议召开 15 日前通知全体股东，会议通知以邮件方式送达，股东会会议由执行董事召集并主持。2021 年 12 月 4 日，范某、蔡某、周某至思达公司准备参加股东会时，因周某要求其律师参加股东会，各方就此产生争议，执行董事范某遂提出关于股东会召开的程序性问题的提案的临时决议交由各股东表决，提案内容为股东不得单独聘请律师。范某、蔡某均同意上述决议内容并在临时股东会会议记录及临时决议上签字认可，周某对此拒不表决。周某起诉请求判令撤销思达公司 2021 年 12 月 4 日的临时股东会决议。

裁判情况： 法院认为，2021 年 12 月 4 日的临时股东会决议无须撤销。理由如下：一是该临时股东会议题的起因系周某未提前告知在其本人参加股东会的情况下另行带律师一并参会，具有突发性；二是该临时股东会议题是股东会的参与主体问题，系程序性问题，即便未提前通知，并不妨碍股东公平参与多数意思的形成和获知对其作出意思表示所需的必要时间；三是周某实际到会并在会议记录上表达了个人观点。

因此，本次临时股东会在通知程序上的瑕疵并未影响周某个人意见的发表，对于股东会决议并无实质影响。另外,股东会是公司重要事项决策的权力机构,股东会会议系公司的重要议事方式,具有一定的内部性。在《公司法》未就股东是否可以携个人律师参加股东会进行规定情况下,公司内部就参与股东会人员进行明确规定系公司内部自治事项,因此,就周某要求撤销2021年12月4日临时股东会决议的诉请,法院不予支持。

评析:通知期限存在瑕疵是否会导致相应决议被法院裁判撤销,主要取决于其是否妨害了参与决议的主体公平获取信息、提前思考和参与表决的权利,需结合具体案件事实情况而具体分析。如不存在妨碍上述权利的情形,存在被认定为"轻微瑕疵"、不被撤销的可能性。

五、律师实务指引

(一)可撤销事由被治愈后股东再以此提起决议撤销之诉的,法院一般不予支持

在公司决议可撤销的情境中,应当允许当事人事后通过积极治愈的行为消除决议的可撤销事由,进而使原属于可撤销的决议转为无瑕疵的决议。在此情形下,决议已无现存的可撤销事由,股东再以此提起决议撤销之诉的,法院一般不予支持。

(二)股东不得以公司对其他股东的程序瑕疵为由提起决议撤销之诉

相比于公司决议无效制度,决议可撤销制度更倾向于法律给予受到不公平对待方的救济措施,因此,将是否撤销的选择权交由特定股东。如果公司决议的瑕疵仅针对特定股东,该特定股东并未提出异议,即该特定股东认可了该公司决议所代表的团体意志,在这种情况下,如果允许其他股东以此撤销决议,则违背了决议撤销之诉的制度本意,且妨碍公司的正常运营秩序。[①]

(三)决议撤销之诉与决议无效之诉、决议不成立之诉的转化

实践中,程度不同的公司决议程序瑕疵可能导致公司决议分别属于可撤销的决议或不成立的决议,亦有可能导致决议内容违反《公司法》,决议属于可撤销还是无效也难以区分。例如,股东对法律理解不够专业,可能会在本应提起决议撤销

---

① 参见最高人民法院民事审判第二庭编著:《最高人民法院公司法司法解释(四)理解与适用》,人民法院出版社2017年版,第118页。

之诉的情况下提起决议无效之诉或决议不成立之诉,而导致其后续重新提起决议撤销之诉时除斥期间已经届满。对此,律师可以协助委托人根据程序瑕疵的具体情形判断,从而提出选择决议为无效、可撤销或是不成立之诉的具体建议,避免诉讼请求的混淆。

关联法条

《民法典》第 85 条

第二十七条 【公司决议不成立】

> 第二十七条　有下列情形之一的,公司股东会、董事会的决议不成立:
> (一)未召开股东会、董事会会议作出决议;
> (二)股东会、董事会会议未对决议事项进行表决;
> (三)出席会议的人数或者所持表决权数未达到本法或者公司章程规定的人数或者所持表决权数;
> (四)同意决议事项的人数或者所持表决权数未达到本法或者公司章程规定的人数或者所持表决权数。

一、修订情况

本条为新增条款,在《公司法司法解释四》第5条的基础上,在《公司法》层面确立了公司股东会、董事会的决议不成立制度,体现了决议否定评价机制的"三分法"框架,并列举明确了股东会、董事会决议不成立的情形。

二、理论基础

韩国学者李哲松认为:"确定股东大会决议的法律性质是决定适用于决议方法或效力等各项有关问题的法理内容的关键。"[①] 虽然股东会、董事会决议在表决机制和方法上有所不同,但基本原理相通。关于股东会或者董事会决议的性质存在不同的学说,包括但不限于法律行为说、团体法律行为说、意思形成说、团体法上内部行为说等。

继2017年《民法总则》后,我国《民法典》第134条也采纳了法律行为说,认为决议行为是一种民事法律行为。但是与多方民事法律行为、双方民事法律行为和单方民事法律行为相比,决议行为又具有特殊性。这种特殊性体现在三个方面:一

---

① [韩]李哲松:《韩国公司法》,吴日焕译,中国政法大学出版社2000年版,第382页。

是双方民事法律行为或者多方民事法律行为需要所有当事人意思表示一致才能成立，决议行为一般并不需要所有当事人意思表示一致才能成立，而是达到法定或者公司章程规定的标准即可成立。二是双方民事法律行为或者多方民事法律行为的实施一般不需要遵循特定的程序，而决议行为则应当依照法律或者公司章程规定的议事方式和表决程序。三是双方民事法律行为或者多方民事法律行为适用的范围一般不受限制，而决议行为原则上仅适用于法人或者非法人组织内部的决议事项。

对股东会、董事会决议瑕疵分类主要有两种观点：一种是从决议瑕疵的外观形式出发，认为瑕疵决议的效力应当依照程序瑕疵和内容瑕疵的不同分别赋予两种不同的效力，即决议程序违反法律或公司章程，导致决议撤销或无效，即所谓"二分法"。德国即采"二分法"。另一种则是以法律行为理论为基础，将股东会或者股东大会、董事会决议瑕疵分为无效、可撤销、不成立的"三分法"。"三分法"从表象上是在"二分法"的基础上增加"决议不成立"为决议瑕疵的类型。

按照"三分法"，股东会、董事会决议是一种法律行为，而法律行为的成立和生效是两个不同的概念，因此，公司决议的成立和生效也应与法律行为的理论相吻合。法律行为欠缺成立要件时，法律行为不成立。

将股东会、董事会决议的本质视为法律行为，可以在公司法对决议瑕疵的补救不能满足实践需要的时候，适用法律行为的理论对有瑕疵的公司决议进行救济，这在一定程度上弥补了公司法关于股东会、董事会决议瑕疵制度的不足。①

三、制度演变

就股东会、董事会瑕疵决议的救济，2023 年修订之前，《公司法》仅规定了决议无效和可撤销之诉，均系针对已经成立的决议，未涵盖决议不成立的情形。为此，2017 年《公司法司法解释四》规定了决议不成立的情形以及决议不成立之诉制度，完善了股东会、董事会瑕疵决议的救济途径。

2017 年《公司法司法解释四》第 5 条规定了决议不成立的具体四种情形以及"其他"兜底情形。新《公司法》第 27 条则删除了该兜底条款"（五）导致决议不成

---

① 参见最高人民法院民事审判第二庭编著：《最高人民法院公司法司法解释（四）理解与适用》，人民法院出版社 2017 年版，第 137 页。

立的其他情形"，使得司法实践中认定股东会、董事会的决议不成立的情形更为清晰明确。

1. 未召开股东会、董事会会议作出决议。

为确保决议的成立要件即"多数决的意思形成机制合法性"，召开股东会、董事会会议属于议事程序民主的要求之一；未召开股东会、董事会属于严重的程序瑕疵，该类决议欠缺成立的要件。①

2. 股东会、董事会会议未对决议事项进行表决。

表决过程是民主程序的体现，表决结果则是多数成员的意思表示。在未对决议事项进行表决的情形下，并没有股东会或者董事会决议的存在，应认定为决议不成立。

3. 出席会议的人数或者所持表决权数未达到本法或者公司章程规定的人数或者所持表决权数。

就股东会而言，《公司法》未规定股东会出席会议的人数或者所持表决权数比例，实践中主要通过公司章程对股东会出席会议的人数或者所持表决权数进行规定。对于股东会未达到最低出席比例的情形，应当视为未召开股东会。既然没有股东会存在，便无股东会决议成立的余地。

就董事会而言，根据新《公司法》第 73 条的规定，有限责任公司的董事会会议应有过半数董事出席方可举行。同时，公司被给予自治空间，公司章程可以加重对董事出席比例的要求。不满足出席比例要求的会议不能被认定为合法召开，相应决议亦不成立。②

4. 同意决议事项的人数或者所持表决权数未达到本法或者公司章程规定的人数或者所持表决权数。

股东会、董事会决议的讨论、通过是团体性活动，多数决是决议成立的意思合意要件，决议没有达到法定或者公司章程规定的多数决，则表明未形成决议的团体意思，相当于股东会或者董事会未作出任何意思表示，决议不成立。③

---

① 参见最高人民法院民事审判第二庭编著：《最高人民法院公司法司法解释（四）理解与适用》，人民法院出版社 2017 年版。

② 参见最高人民法院民事审判第二庭编著：《最高人民法院公司法司法解释（四）理解与适用》，人民法院出版社 2017 年版。

③ 参见贺小荣、曾宏伟：《关于适用〈中华人民共和国公司法〉若干问题的规定（四）》的理解与适用》，载《人民司法·应用》2017 年第 28 期。

四、案例评析

案例一：江苏润恒物流发展有限公司与上海尚尉投资中心（有限合伙）公司决议效力确认纠纷案[江苏省南京市中级人民法院（2020）苏01民终11213号]

基本案情： 上海尚尉投资中心（有限合伙）（以下简称尚尉投资中心）是江苏润恒物流发展有限公司（以下简称润恒物流公司）股东之一。2018年5月10日及2019年11月4日，润恒物流公司作出两次股东会决议，对董事人选进行选举。两次股东会决议均载明：应到会股东17名，实到会股东3名，本次会议召开15日前以邮寄方式送到通知全体股东参会，其中14名股东因工作原因未能到场，实到3名股东代表公司72.3%的表决权。

尚尉投资中心认为润恒物流公司上述两次股东会会议未通知其参加，股东会会议实际并未召开，两次股东会决议不成立，故提起诉讼。

裁判情况： 法院认为，润恒物流公司既未提供证据证实上述两次股东会会议实际召开，亦未提供证据证实其曾按照法律或其章程规定履行了通知程序。两份股东会决议上，仅有毕某、国宁投资公司、毕某甲三位股东签章，并无润恒物流公司其他股东签章。因此，法院认定润恒物流公司前述两次股东会会议未实际召开，且不具备不需召开股东会会议即可直接作出决议的情形。判决驳回上诉，维持原判。

评析： 润恒物流公司案涉两次股东会会议均未通知尚尉投资中心，且不具备法律及公司章程规定的不需召开股东会会议即可直接作出决议的情形，本案中不能证明两次股东会实际召开，两次股东会决议的形成不仅存在程序上的瑕疵，在实质方面亦损害了尚尉投资作为润恒物流公司股东的权利。

案例二：何某、黔东南州泰昌投资有限责任公司公司决议纠纷案[贵州省高级人民法院（2020）黔民申225号]

基本案情： 黔东南州泰昌投资有限责任公司（以下简称泰昌公司）股东之一何某于2017年5月2日通知泰昌公司全体股东于2017年5月18日召开股东会，通知的会议议题为"公司债权债务事宜"。2017年5月18日，除股东廖某外，泰昌公司其余9名股东均参加股东会，股东因何某所欠债务问题发生吵闹，以致股东会会议未能顺利召开，未就通知议题进行讨论表决。事后，何某作出《股东会决议》。泰昌公司其余股东提起诉讼，请求确认2017年5月18日《股东会决议》不成立。

裁判情况：法院认为，何某通知召开股东会，但通知的会议议题仅为"公司债权债务事宜"，而非2017年5月18日《股东会决议》载明的四项决议议题，而泰昌公司股东又因争吵退出会场，足以说明2017年5月18日何某组织召开的股东会并未对《股东会决议》中的决议事项进行表决。因此，该《股东会决议》依法不成立。

评析：本案中，虽然泰昌公司召开了股东会但实际上并未对议题进行表决，决议或者决议事项系伪造或虚构，即决议不存在。股东会会议的存在必须以有效召集为前提，且应当适用"一人不成为会议"的规则。同时，股东会决议的作出应当是股东对议题进行讨论、交换意见表决形成的结果，应体现决策过程的民主性以及决策结果的合理性。

案例三：蒙某、叶某、张某等公司决议纠纷案[广西壮族自治区高级人民法院（2020）桂民申1244号]

基本案情：蒙某等7名原告原均为南宁鸿基水泥制品有限责任公司（以下简称鸿基公司）职工，7名原告因鸿基公司历史上发生公司改制等情形持有鸿基公司部分股权。鸿基公司于2016年4月19日召开临时股东大会并形成决议，选举了新的董事会、监事会成员及高级管理人员。同日，上述新成立的董事会和监事会形成了董事会及监事会决议，蒙某等7名原告起诉请求确认于2016年4月19日作出的股东大会决议、董事会及监事会决议不成立。

裁判情况：法院认为，2016年4月19日鸿基公司股东大会决议违反了《公司法》（2013年）第43条及《公司法司法解释一》第5条第3项、第4项之规定，应当确认不成立，基于该股东大会决议形成的董事会及监事会决议亦不成立。

评析：公司作为团体法人，其决议亦具有团体属性，这决定了其决议应当由适格多数人作出，作为全体股东/董事共同意志的体现，如出席会议的人数或表决权数不足，则不具有代表公司形成公司意志的正当性基础。

案例四：张某、臧某公司决议纠纷案[最高人民法院（2018）最高法民再328号]

基本案情：2008年1月3日，青岛凯发置业有限公司（以下简称凯发公司）召开股东会并作出决议，包括注册资本由6500万元增至10,000万元，增加的3500万元由新增股东张某出资等事宜。凯发公司与张某就张某是否涉及抽逃出资产生争议。2015年11月27日，凯发公司召开临时股东会，审议关于解除张某及另一股东李某的股东资格以及解除股东资格后凯发公司增资、减资等事项。李某、张某未到会，参加会议的股东持股比例共计30%。经审议，并经参会股东具有2/3以上表决权的股东同意，决议解除张某的股东资格。股东就2015年11月27日临时股东会决议是否有效等事宜出现争议产生该诉讼。

裁判情况： 法院认为，公司以股东会决议方式解除股东资格，除了需要具备《公司法司法解释三》第17条规定的条件外，还需要符合公司法以及公司章程有关股东会决议程序的要求。案涉股东会决议除了解除张某、李某的股东资格外，还包括增资等事宜，根据凯发公司章程以及《公司法》（2013年）第43条第2款的规定，该决议只有经代表2/3以上表决权的股东通过才合法有效，而这又涉及被除名的股东是否享有表决权这一问题。法院经论证认为张某不享有表决权。

本案中，案涉股东会决议的第一项内容为解除张某的股东资格，鉴于被除名股东张某不享有表决权，该项决议应由剩余65%表决权的2/3以上表决权多数通过才合法有效。而在决议解除张某的股东资格时，李某尚未被除名，属于有表决权的股东。但李某既未参加此次股东会并行使表决权，亦未委托他人代为行使所持的35%表决权。在此情形下，关于解除张某股东资格的股东会决议仅有30%表决权的股东通过，未达到法定表决权比例，根据《公司法司法解释四》第5条之规定，法院判决案涉股东会决议不成立。

评析： 最高人民法院通过本案，一方面，明确了计算股东会解除抽逃出资股东资格的通过比例时，应先排除无表决权股东份额；另一方面，明确排除无表决权股东的合法标准，如属于非法排除，股东会决议将不成立。本案中，最高人民法院直接指明了原审的瑕疵根源，即案涉股东会决议第二项"顺便"解除了李某的股东资格。

五、律师实务指引

（一）准确区分三种瑕疵情形和救济机制

新《公司法》第27条明确了公司股东会、董事会决议不成立的情形，进行了决议瑕疵"三分法"的框架安排。决议不成立制度的确立，能够更加全面地反映公司实践中决议瑕疵的多样性，便于当事人在发生法律规定的情形时进行识别，也有助于法官确定裁判依据和裁判路径。"三分法"将"决议不成立"从"二分法"中分离出来,实质上包含了对公司决议性质的理解和明确:公司决议是一种法律行为,法律行为的成立和生效有区别,因此股东会、董事会决议的成立和生效也应当区别开来。当公司决议欠缺成立要件时,应称为"决议不成立"。由此推论,股东会、董事会决议必须符合成立要件,方有必要进一步探究是否存在无效或可撤销的事由。

(二)决议不成立属于程序瑕疵

由于公司决议撤销的原因在很大程度上也包含程序上的瑕疵,因此,撤销原因与决议不成立原因所涉及的程序瑕疵如何区分,成为司法实践中的难点问题。决议可撤销和决议不成立的根本区别在于制度价值。法律行为成立与否是事实判断问题,法律行为的效力是法律价值判断问题。① 如果股东会、董事会决议缺乏基本的成立要件,则不存在效力评价的问题。

此外,就瑕疵程度而言,可撤销决议的程序瑕疵严重程度要弱于不成立的决议,后者的程序瑕疵更为严重,以至于决议不能成立;就瑕疵原因而言,决议可撤销的事由除了程序瑕疵外,还包括决议内容违反公司章程,而决议不成立的事由仅限于程序瑕疵。②

新《公司法》第26条规定:"公司股东会、董事会的会议召集程序、表决方式违反法律、行政法规或者公司章程,或者决议内容违反公司章程的,股东自决议作出之日起六十日内,可以请求人民法院撤销。但是,股东会、董事会的会议召集程序或者表决方式仅有轻微瑕疵,对决议未产生实质影响的除外。未被通知参加股东会会议的股东自知道或者应当知道股东会决议作出之日起六十日内,可以请求人民法院撤销;自决议作出之日起一年内没有行使撤销权的,撤销权消灭。"根据该条规定,会议召集程序、表决方式违反法律、行政法规或者公司章程,属于可撤销事由。对此,有观点认为,股东会决议成立瑕疵是指在股东会的召集、主持、通知和股东会决议形成阶段存在的瑕疵,该等瑕疵将直接导致股东会决议不成立。但实际上对此不能一概而论,并非所有在召集、主持、通知和股东会决议形成中存在的瑕疵,均导致决议不成立的后果。只有达到足以认定决议不存在或者未能形成有效决议的标准,才导致决议不成立。例如,股东会召集程序如存在瑕疵足以导致该会

---

① 参见李永军:《民法总论》,法律出版社2009年版,第421页;杨代雄:《法律行为论》,北京大学出版社2021年版,第353~355页。

② 参见李建伟:《公司决议效力瑕疵类型及其救济体系再构建——以股东大会决议可撤销为中心》,载王保树主编:《商事法论集》总第15卷,法律出版社2009年版。

议被定为股东会未召开,则应当认定该等会议形成的决议不成立;如虽存在瑕疵但未达到足以认定决议不存在或者未形成有效决议的程度,则属于可撤销的范畴。

(三)加强公司治理合规建设、防范决议瑕疵

律师实务中,为了避免产生公司决议不成立的情形,可以考虑从以下方面完善公司的制度设计:

1. 健全完善会议规则。公司治理文件除了普适性安排和借鉴外,还可以根据公司自身情况、借鉴资本市场相关规则和争议解决实例,丰富和完善公司治理文件中的会议规则,必要时可以将相关会议规则单独予以整理设计。

2. 完善股东会、董事会会议的召集程序。公司可以在法律规定的基础上,在公司章程中对会议的召集程序进一步明确,如规定召集方式包括书面通知、电话通知等,规定会议的通知时间如会议召开前 15 日等;同时在通知中明确告知会议的时间、地点、议题,尽量促使参会人员知悉该等信息,保证会议召集程序的合法性。

3. 完善股东会、董事会会议的召开程序。在股东会、董事会召开前,公司可以对参会人员进行资格审查,若存在委托他人代为参加会议的情形,应提交真实有效的委托书。会议时,应当对会议内容进行详细记录;结束后,出席会议的人员都应当在会议记录上签名。会议记录应当与签名册及代理出席的委托书等资料文件一并保存等。

关联法条

《民法典》第 134 条

第二十八条 【决议无效、被撤销或不成立的法律后果】

> 第二十八条　公司股东会、董事会决议被人民法院宣告无效、撤销或者确认不成立的,公司应当向公司登记机关申请撤销根据该决议已办理的登记。
>
> 股东会、董事会决议被人民法院宣告无效、撤销或者确认不成立的,公司根据该决议与善意相对人形成的民事法律关系不受影响。

一、修订情况

本条是将2018年《公司法》第22条第4款及《公司法司法解释四》第6条相结合进行的制度优化。

二、理论基础

基于商法内外有别原则,股东会或者董事会决议无效、撤销、不成立涉及的法律关系,与公司依据该决议与公司以外的他人建立的法律关系属于两个独立的法律关系。

股东会、董事会决议被人民法院宣告无效、撤销、不成立的,其决议事项将受到一定影响。根据股东会、董事会决议的内容,如果发生争议则可能会涉及公司内部法律关系、外部法律关系及兼具有内部和外部法律关系三种情况:单纯涉及公司内部法律关系的,如股东会决议向股东分红事项等;单纯涉及公司外部法律关系的,如公司对外投资或者提供担保等;既涉及公司内部法律关系又涉及公司外部法律关系的,如公司新增股东、公司与其他公司的合并等。对于后两种情况,在公司以外的其他民事主体具备善意的条件下,公司根据该决议与善意相对人形成的民事法律关系不受影响。

《公司法》作为组织法,一般不涉及对公司以外的他人的行为规范等,但存在对公司以外的他人权利的保护,主要包括两方面内容:一是在公司进行一些正当行为时,对可能影响的他人利益予以保护,如公司合并、分立及减资中存在有关通知债权人、清偿债权人债务及对债务提供担保的规定等;二是对公司等主体进行一些非正当行为影响公司以外他人利益时,公司以外的其他主体可以请求公司等主体承担相应责任,如发生股东未足额出资、抽逃出资等情形,该股东对公司债务向债权人负有补充清偿责任等。

对公司以外的他人利益的保护,目的在于当公司行为活动影响公司以外的他人利益时,应当予以衡平补偿,以维护社会经济秩序的公平和正义。根据《公司法》第1条的规定,该法律规范的是公司的组织和行为,而未规范公司以外的他人的义务和责任,故公司以外的他人不是其规范的义务主体。但是,对公司以外的他人权利进行保护,是为了当公司法主体进行公司组织和行为活动时侵犯公司以外他人利益或在公司等主体拒绝保障公司以外他人利益时,他人可以获得司法救济。

公司根据股东会或者董事会决议进行的变更登记,具有公示的效力,在决议无效、撤销及不成立的情形下,撤销变更登记对于公司以及公司以外的其他主体均具备保护价值。同时,公司作为作出决议的主体,如决议无效、撤销及不成立,其自身存在一定的过错,有义务申请撤销变更登记,保证其登记内容的真实性、准确性,避免其他主体产生误认等情况。

三、制度演变

2005年《公司法》新增第22条,基于"二分法"规定了公司决议的无效和撤销条款,其第4款规定:"公司根据股东会或者股东大会、董事会决议已办理变更登记的,人民法院宣告该决议无效或者撤销该决议后,公司应当向公司登记机关申请撤销变更登记。"该条款明确了股东会、董事会决议无效或者撤销后的后果,即公司应当向公司登记机关申请撤销变更登记。

针对股东会、董事会决议不成立的情形,《公司法司法解释四》第5条作出了规定,确立了决议不成立之诉制度,但并未明确决议不成立情形下公司具有申请撤销变更登记的义务。

2017年《民法总则》第85条规定:"营利法人的权力机构、执行机构作出决议的会议召集程序、表决方式违反法律、行政法规、法人章程,或者决议内容违反法人章程的,营利法人的出资人可以请求人民法院撤销该决议,但是营利法人依据该决议与善意相对人形成的民事法律关系不受影响。"该条款的要件为相对人需具备善意,如果相对人非善意,决议被撤销时,有可能影响公司与相对人之间形成的法律关系。

《民法典》第 85 条沿用了该条款。

《公司法司法解释四》第 6 条规定:"股东会或者股东大会、董事会决议被人民法院判决确认无效或者撤销的,公司依据该决议与善意相对人形成的民事法律关系不受影响。"该规定在 2017 年《民法总则》及《民法典》第 85 条的基础上,将公司决议无效的情形纳入公司善意相对人民事法律关系保护范畴,人民法院对股东会、董事会决议无效或者撤销之诉的判决,对公司因该决议与公司以外善意相对人发生的其他法律关系没有溯及效力。

新《公司法》第 28 条吸收前述成果,增加了股东会、董事会决议不成立情形下也可以申请撤销根据该决议已办理的变更登记的规定;同时,扩大了公司与善意相对人形成的民事法律关系的保护范围,公司依据股东会、董事会决议与善意相对人形成的民事法律关系不受影响的情形不仅包括决议无效、撤销情形,还包括决议不成立的情形,更大程度上保护善意相对人的权益。

四、案例评析

案例一:徐某等公司决议效力确认纠纷案[北京市高级人民法院(2021)京民终 78 号]

基本案情:2018 年 10 月 15 日,北京山泉房地产开发有限公司(以下简称山泉公司)作出两份股东会决议,内容包括新增股东、董事及监事变更、新增注册资本等。同日,工商行政管理机关根据该两份股东会决议对山泉公司的注册资本等事项进行变更。山泉公司三位股东郑某、李某、郑某甲起诉请求确认两份股东会决议不成立,并撤销前述登记变更内容。

裁判情况:法院认为,股东会决议被认定不成立后,对公司因该决议与公司以外的善意相对人发生的其他法律关系没有溯及效力。法院认定徐某系代山泉公司隐名股东持有山泉公司的股权,与山泉公司建立增资法律关系的主体并非徐某,故案涉股东会决议内容并不涉及公司以外的其他主体。因此,根据《公司法司法解释四》第 6 条等规定,判决山泉公司向工商行政管理机关申请撤销依据两份股东会决议作出的变更登记内容,恢复原登记内容。

评析:本案中,法院基于不能证明山泉公司已于 2018 年 10 月 15 日召开股东会以及不能确认股东郑某、李某、郑某甲于两份股东会决议上签名的效力,认定该两份股东会决议不成立。

对于工商变更登记能否撤销,法院根据不同工商变更登记事项对于善意第三人是否存在影响而分别进行判断,在本案中,表面上徐某属于新股东,但实际上系代山泉公司隐名股东进行增资,故山泉公司新增注册资本及股东不涉及对相对人徐某利益的影响,因此,山泉公司应当申请撤销已办理的工商变更登记。

案例二:陈某、沈阳富雅厨房设备有限公司等股东资格确认纠纷案[辽宁省沈阳市中级人民法院(2022)辽01民终3856号]

基本案情: 沈阳富雅厨房设备有限公司(以下简称富雅公司)于1994年8月成立,出资人为原告陈某,被告郭某甲、郭某乙,三人各出资20万元。富雅公司于2001年5月17日作出股东会决议,决议内容包括增加注册资本,陈某将其股权全部转让给郭某乙。2018年1月10日富雅公司作出股东会决议,郭某乙将其持有的富雅公司60万元股权转让给郭某。陈某提起诉讼,请求确认该两次股东会决议无效,以及要求富雅公司及郭某配合办理工商变更登记,恢复陈某股东身份等。

裁判情况: 法院认为,就陈某持有的股权份额被侵害系郭某乙的侵权行为导致的,该侵权行为发生于2001年,陈某于2018年9月16日提出异议,而郭某系在不知情的情况下,于2018年1月10日与郭某乙办理了股权变更登记。郭某并非恶意受让案涉股权,而系善意相对人。二审法院对于陈某提出的郭某并非善意受让人等上诉理由不予采信。

评析: 本案中,由于陈某提出异议在郭某成为富雅公司股东后,法院根据郭某不知情判断郭某具有善意。对于陈某未参与股东会决议,其签名系伪造等事实,陈某在无法要求善意相对人郭某承担责任的情况下,可以以侵权为由向相关侵权人主张权利。

五、律师实务指引

(一)正确理解公司决议的内外法律关系

在法院作出股东会、董事会决议无效、撤销或不成立的认定后,公司要安排涉及的各类事务及法律关系,解决决议无效、撤销或不成立后发生的各类后果问题,此时,律师可以协助公司针对具体个案情形,一方面,在内部关系上,梳理公司组织法关系下的登记撤销安排及路径,并对因此衍生的法律后果作出安排;另一方面,在外部关系上,针对交易相对人的是否"善意"协助各方加以研判,并预判善意与否的相关法律后果及区别处理,必要时通过诉讼解决。

(二)处理相关争议要基于不同的法律关系、准确界定请求权基础、合理安排诉讼关系

股东会、董事会决议无效、撤销及不成立之诉,与公司依据该决议与他人形成的法律关系属于两个独立的法律关系,如果发生争议构成两个独立之诉,当事人可以根据案件的特定情况和具体因素,判断将两个案件合并起诉或者分开起诉,合理安排诉讼当事人。

公司因执行决议与第三人已建立外部法律关系的,如果公司拟终止该法律关系,则应当协商解决。第三人不同意并因此产生争议的,应当依据已建立法律关系的性质以及第三人的是否"善意"而确定案由、诉讼请求和诉讼主体等。

关联法条

《民法典》第61条、第85条、第311条

第二章 公司登记

修订概述

公司登记，是指公司在设立、变更、终止时，由申请人依法向登记机关提出法定事项登记申请，经审查合格并予以记载的行为。① 其本质属性是面向公众提供公司登记信息的公共信息服务，既非行政许可，亦非行政确认。② 以前我国的商事登记制度具有"一事一法""分套立法"的特征，商事登记立法存在制度重叠、冲突与漏洞，公司登记信息存在不全、不准、不新与不权威的短板。

《公司法》在"总则"之后，新增了"公司登记"这一独立章节，反映和肯定了近年来我国商事制度改革和司法实践的成果。本章将散落于2018年《公司法》、《市场主体登记管理条例》、《优化营商环境条例》、《企业信息公示暂行条例》的相关规定进行了整合、修改和细化，在公司法律层面将公司登记的相关事项集合在一起，在体系上更为完备、系统。本章进一步明确了公司登记与公示事项、登记流程与要求等内容，对于持续优化营商环境、激发市场创新活力有重要的意义。

本章共13条，规定了公司设立登记、变更登记、注销登记的事项和程序等内容。第29条至第33条是关于公司设立登记的规定，进一步简便了公司申请设立的前提与条件，强化公司主体责任，要求公司登记机关主动公示公司登记信息。其中，第29条延续了公司设立的准则主义与核准主义，第30条将有限责任公司与股份有限公司申请设立登记所需提交的材料问题统一规定，第32条明确规定公司登记事项及登记公示效力，第33条确认了电子营业执照的法律效力。第34条至第

---

① 参见李建伟主编：《公司法学》（第5版），中国人民大学出版社2022年版，第100页。
② 参见刘俊海：《公司登记制度现代化的解释论与立法论：公共信息服务、公示公信效力与可诉可裁标准的三维视角》，载《法律适用》2023年第1期。

36条是关于公司变更登记的规定。其中,第34条较为全面地规定了公司登记的法律效力;第35条规定了变更登记的文件、明确了法定代表人变更登记时的文件签署主体。第37条规定了公司注销登记;第38条将分公司的设立程序单列一条;第39条明确了虚假取得设立登记的法律后果;第40条明确规定了公司法定公示事项;第41条是公司登记机关关于加强信息化建设、提升登记便利化水平的规定。此外,本次修订根据《公司法》修改的体系化要求,对条文顺序进行了适当调整,对部分条款进行了文字修改,与《民法典》的规定整体统一。

第三十条 【设立登记申请材料】

> 第三十条　申请设立公司,应当提交设立登记申请书、公司章程等文件,提交的相关材料应当真实、合法和有效。
> 　　申请材料不齐全或者不符合法定形式的,公司登记机关应当一次性告知需要补正的材料。

一、修订情况

2018年《公司法》分别在有限责任公司设立章节的第29条和股份有限公司设立章节的第92条规定了报送材料的问题,本条相较于2018年《公司法》修订的要点主要包括以下内容:

1.删除了"股东认足公司章程规定的出资"这一条件。在公司申请设立时,股东不必认足公司章程所规定的出资,能够提交真实、合法、有效的相关材料即可,简化了公司申请设立的前提与条件。

2.删除了"由全体股东指定的代表或者共同委托的代理人"这一对提交材料主体的限定,放宽了提交材料的主体范围。

3.增加了"提交的相关材料应当真实、合法和有效"这一要求,提示公司在进行设立登记前应做好对提交材料的审核,强化公司主体责任,需要对材料的真实性、合法性和有效性负责。

4.增加了"申请材料不齐全或者不符合法定形式的,公司登记机关应当一次性告知需要补正的材料"这一规则,明确公司登记机关对申请人材料的完整和合法有告知的义务。

二、理论基础

申请人作为申请主体的代表,要求其对材料负责一定程度上强调了企业的主体责任,对于后续因此产生的争端与纠纷可以更好地划分责任。而且公司设立后部分信息需要公示,此项规定也有利于维护社会关系的稳定及保护合理信赖利益。

按照传统的商法理论和各国商事立法实践,公司登记审查主要有三种立法主张:实质审查主义、形式审查主义和折中审查主义。① 我国公司登记审查经历了由实质审查制到形式审查制的演变。1988 年《企业法人登记管理条例施行细则》第 55 条第 2 项明确要求登记主管机关对登记申请的真实性、合法性、有效性进行审查,并核实有关登记事项和开办条件。彼时,我国实行的是包括形式审查和实质审查的全面审查主义。② 有学者认为全面审查制程序烦琐、效率较低,登记机关还需承担验资不实、虚报注册资本的责任,应弱化登记机关的实质审查职能,以形式审查为一般准则。③ 随着行政机关行政理念的变革,2003 年《行政许可法》第 12 条明确将企业的设立作为可设定行政许可的事项之一,首次确立了企业设立的形式审查原则。随后,2004 年实行的《企业登记程序规定》和 2005 年修订的《公司登记管理条例》对我国商事登记审查制度作出重大变革,缩小实质审查的适用空间,对登记事项采用最弱的国家干预,商事登记审查制度转变为以形式审查为主要方式的审查制度,国家行政权力在商事登记领域中逐渐弱化。④ 有学者从公司登记行为的属性出发,认为其公共信息服务属性决定登记机构对登记信息仅负有合理审慎的形式审查义务,应由登记申请人对登记信息负瑕疵担保义务。⑤ 2022 年开始施行的《市场主体登记管理条例》第 19 条明确登记机关应当对申请材料进行形式审查。

公司登记机关在公司设立登记中的职权与责任的变化,体现了政府在简化程序、缩短时间和降低费用方面的努力,通过强化市场主体设立登记的自我责任,摒弃以往政府对市场登记予以信用背书的做法,有助于合理厘清市场、行政与司法的

---

① 参见石慧荣:《商事制度研究》,法律出版社 2003 年版,第 5 页;王妍:《商事登记中行政权力定位的理论思考》,载《北方法学》2009 年第 2 期。

② 参见段仁元:《小议我国的公司登记制度》,载《社会科学家》2000 年第 6 期。

③ 参见段仁元:《小议我国的公司登记制度》,载《社会科学家》2000 年第 6 期;肖建民:《英国公司登记注册制度及其启示》,载《中国工商管理研究》2002 年第 2 期。

④ 参见刘俊海:《公司登记制度现代化的解释论与立法论:公共信息服务、公示公信效力与可诉可裁标准的三维视角》,载《法律适用》2023 年第 1 期。

⑤ 参见章剑生:《行政许可审查标准:形式抑或实质——以工商企业登记为例》,载《法商研究》2009 年第 1 期。

边界。①

三、制度演变

(一)关于公司申请设立登记的条件

1993年颁布、1999年与2004年修正的《公司法》中,公司申请设立登记的前置条件为"股东的全部出资经法定的验资机构验资后",此时公司设立登记要求股东实缴全部出资且需要经过法定验资机构验资并出具证明。在2005年修订的《公司法》中,公司申请设立登记的要求修改为"股东的首次出资经依法设立的验资机构验资后",公司设立登记不再要求股东实缴全部出资,只要首次出资经过验资即可申请设立登记。在2013年与2018年修正的《公司法》中则修改为"股东认足公司章程规定的出资后",即不再要求股东实缴出资,只要认足公司章程的出资后就可以申请设立登记。

(二)关于公司设立登记的申请人的主体要求

《公司法》从1993年颁布到2018年修正,关于公司设立登记的申请人一直规定为"全体股东指定的代表或者共同委托的代理人",对于股东指定的代表与共同委托的代理人的要求则未体现。依据《公司登记管理条例》(已失效)申请人还需要向公司登记机关提交全体股东指定代表或者共同委托代理人的证明。

而1994年《公司登记管理条例》对国有独资公司进行了区分,其第17条第1款规定:"设立有限责任公司,应当由全体股东指定的代表或者共同委托的代理人向公司登记机关申请设立登记。设立国有独资公司,应当由国家授权投资的机构或者国家授权的部门作为申请人,申请设立登记。"该条款2005年修订为"设立国有独资公司,应当由国务院或者地方人民政府授权的本级人民政府国有资产监督管理机构作为申请人"。

2016年《公司登记管理条例》第20条规定,申请设立有限责任公司应当向公司登记机关提交的文件包括全体股东指定代表或者共同委托代理人的证明。2021年7月,国务院发布《市场主体登记管理条例》,废止了《公司登记管理条例》。《市场主体登记管理条例》第16条规定:申请办理市场主体登记,应当提交的材料包括

---

① 参见罗培新:《优化营商环境视域下我国商事主体登记制度之完善》,载《华东政法大学学报》2021年第6期。

申请人资格文件、自然人身份证明等。删除了"全体股东指定代表或者共同委托代理人的证明"这一材料,并且于第 15 条规定"申请人应当配合登记机关核验身份信息"。从对申请人主体的审核材料来看,申请人主体资格的范围在不断放宽。

(三)关于提交材料的要求

2023 年修订前的《公司法》对于所提交的材料真实、合法、有效没有具体要求。《公司登记管理条例》(已失效)也只规定了经营范围和章程的相关内容:"公司申请登记的经营范围中有法律、行政法规规定必须报经审批的项目的,应当在申请登记前报经国家有关部门审批,并向公司登记机关提交批准文件""公司章程有违反法律、行政法规的内容的,公司登记机关有权要求公司作相应修改。"之后的《公司登记管理条例》第 2 条增加了一款:"申请办理公司登记,申请人应当对申请文件、材料的真实性负责。"2022 年《市场主体登记管理条例》第 17 条也保留了相关规定。

(四)关于行政机关在公司设立登记中的职权与责任

2005 年修订前的《公司法》对于申请设立登记中登记机关的职权和责任只规范了"公司登记机关对符合本法规定条件的,予以登记,发给公司营业执照;对不符合本法规定条件的,不予登记"。2005 年《公司法》将这一规范删除。在《公司登记管理条例》(已失效)中也只规定了"公司章程有违反法律、行政法规的内容的,公司登记机关有权要求公司作相应修改"这一职权。

《市场主体登记管理条例》第一章"总则"第 2 条、第 4 条、第 5 条、第 6 条、第 7 条对市场主体登记机关的效率、规范及透明度都作了具体要求与指导,提高了对登记机关的行政能力要求。同时第 19 条规定:"登记机关应当对申请材料进行形式审查。对申请材料齐全、符合法定形式的予以确认并当场登记。不能当场登记的,应当在 3 个工作日内予以登记;情形复杂的,经登记机关负责人批准,可以再延长 3 个工作日。申请材料不齐全或者不符合法定形式的,登记机关应当一次性告知申请人需要补正的材料。"[1]

---

[1] 罗培新:《优化营商环境视域下我国商事主体登记制度之完善》,载《华东政法大学学报》2021 年第 6 期。

四、案例评析

付某与青岛市行政审批服务局股东行政登记纠纷案[山东省青岛市中级人民法院(2020)鲁02行终106号]

基本案情: 2016年7月,付某、案外人范某委托案外人张某向原工商行政管理局申请设立A公司,并提交了《公司登记(备案)申请书》等一系列申请材料,上述材料中均有股东签字及身份证复印件证明。其中,法定代表人信息显示范某为该公司法定代表人,董事、监事、经理信息显示付某为公司监事,公司股东(发起人)出资信息显示出资人为范某、付某,出资比例分别为49%、51%。原市工商行政管理局受理后,核准了A公司的设立登记,并颁发了营业执照。付某不服提起行政诉讼。

裁判情况: 法院认为对于付某对第三人公司设立之事是否知情、付某是否被冒名登记为公司股东应进行综合判断。其一,法院对范某的询问笔录中,范某陈述了"胡某(朋友介绍的)和宋某(我的同学+朋友)找到我和付某说想注册公司,要求我们两人顶名成立公司,要借用我们的身份证……后来公司注册成功……"付某对该询问笔录也予以认可。故不能排除付某对此知情并同意出借身份证以其名义设立公司的可能性。其二,付某在本次诉讼中提交的身份证与涉案公司登记申请材料中的身份证复印件内容完全一致,且其庭审中自认其身份证未曾丢失,亦对其身份是如何被冒用未能作出合理说明。其三,公司设立申请材料中"付某"签名是否系其本人所签并不能等同于付某对公司设立之事是否同意、是否知情。某市原工商行政管理局作出涉案公司设立登记的行政行为认定事实清楚,适用法律正确,程序合法。遂判决驳回付某的诉讼请求。

评析: 当前,当事人诉请撤销公司登记类案件频发,在依法保护当事人合法权益的同时,应审慎处理相关争议,以维护市场经营秩序的稳定。一般情况下,行政机关收到公司申请登记材料后,经审查认为符合《市场主体登记管理条例》的相关规定,在法定期限内予以登记的行为应得到司法的保障。当事人虽主张被冒用身份,但如有证据证明其对登记事项知情或事后曾予以追认,则不应撤销公司登记。本案对于提高市场准入便利化程度、降低制度性交易成本、优化营商环境具有典型意义。

五、律师实务指引

(一)申请人的范围与责任

《公司法》删除了"由全体股东指定的代表或者共同委托的代理人"这一主体限定,根据文义解释,依法向公司登记机关申请公司设立登记的主体即为申请人,既可以是申请人自身,也可以是代表人、委托代理人等。在司法实践中,应当依据《市场主体登记管理条例》,向公司登记机关提交申请人的资格文件、自然人的身份证明以及受托提交材料人的委托文件等。

新《公司法》第30条第1款明确了申请人的责任,即由申请人承担材料真实、合法和有效的责任。《民法典》第222条第1款规定:"当事人提供虚假材料申请登记,造成他人损害的,应当承担赔偿责任。"因此,申请人是登记资料的第一责任人。申请人提供虚假材料申请登记,造成他人损害的,应当承担赔偿责任。

(二)登记机关的责任

依据最高人民法院2012年发布《关于审理公司登记行政案件若干问题的座谈会纪要》第2条的规定,登记机关必须对申请材料尽到审慎审查义务,若无法确认签章真伪则需要进一步核实。国务院2021年发布的《市场主体登记管理条例》第19条第1款规定,"登记机关应当对申请材料进行形式审查"。由此可知,登记机关仅在职责范围内对相关材料尽形式审查义务,如申请人提供的书面材料能够成立,不存在表面上的不合规之处,公司登记机关即可予以登记。《市场主体登记管理条例实施细则》第18条第1款亦明确登记机关的审查标准为"申请材料齐全、符合法定形式"。

新《公司法》第30条第2款规定"申请材料不齐全或者不符合法定形式的,公司登记机关应当一次性告知需要补正的材料",即公司登记机关对申请材料的完整性和形式合法性有告知的义务。申请人仍然是申请材料真实、合法和有效的第一责任人。申请人提供的申请材料齐全、符合法定形式的情况下,登记变更导致利益受到损害的一方通常只能通过变更登记纠纷等民事诉讼途径得到救济。参考《民法典》第222条第2款"因登记错误,造成他人损害的,登记机构应当承担赔偿责任。登记机构赔偿后,可以向造成登记错误的人追偿"的规定,登记机构未尽合理形式审查的法律责任以发生实际损害为前提,登记机关赔偿后可以向造成登记错误的人追偿。

关联法条

1.《民法典》第 58 条、第 77 条、第 222 条
2.《合伙企业法》第 9 条
3.《市场主体登记管理条例》第 16～20 条
4.《行政许可法》第 12 条、第 31 条第 1 款

第三十二条 【登记事项】
第三十四条 【变更登记】

> 第三十二条　公司登记事项包括：
> （一）名称；
> （二）住所；
> （三）注册资本；
> （四）经营范围；
> （五）法定代表人的姓名；
> （六）有限责任公司股东、股份有限公司发起人的姓名或者名称。
> 公司登记机关应当将前款规定的公司登记事项通过国家企业信用信息公示系统向社会公示。
> 第三十四条　公司登记事项发生变更的，应当依法办理变更登记。
> 公司登记事项未经登记或者未经变更登记，不得对抗善意相对人。

一、修订情况

这两条系关于公司登记事项及变更登记的规定。2018年《公司法》第32条第3款规定，"公司应当将股东的姓名或者名称向公司登记机关登记；登记事项发生变更的，应当办理变更登记。未经登记或者变更登记的，不得对抗第三人"。

本次主要修订以下内容：

1.将登记事项的公示效力规定单独成条，较为全面地规定公司登记的法律效力。2018年《公司法》第32条第3款中仅规定登记"股东的姓名或者名称"公示效力。新《公司法》第32条规定，公司名称、住所、注册资本、经营范围、法定代表人的姓名、有限责任公司股东、股份有限公司发起人的姓名或者名称的登记均具备对抗效力。该修订弥补了2018年《公司法》公司登记公信效力不足的问题。

2.将"不得对抗第三人"修改为"不得对抗善意相对人"，与《民法典》第65条保持一致。

3. 新《公司法》第 32 条明确规定了哪些事项属于公司登记事项,弥补了 2018 年《公司法》未明确规定登记事项的不足。

二、理论基础

商事登记公示效力根据主张效力的主体不同,可以区分为公信效力与对抗效力。前者是指善意第三人得以登记事实对抗登记义务人,后者是指登记义务人得以登记事实对抗第三人。① 登记对抗效力的理论基础在于商事外观主义。登记事项一经登记公示,就形成了商事外观,对外具有保护善意第三人合理信赖、对抗非善意第三人道德风险的双重公示公信力。② 当登记事项与实际情况不一致时,第三人往往难以知悉真实情况,为了保护善意第三人对公示信息的信赖利益,维护交易安全,公司不能以未登记的事实对抗善意第三人。从反面看,允许公司以其登记公示信息对抗非善意第三人,以督促交易双方进行合理的尽职调查,履行合理的审慎义务。

此外,对于登记事项与备案事项,域外主流立法例并未作区分。2016 年《美国示范商业公司法》及其影响下的诸州公司法主要使用"备案"(Filing)概念,仅在提及州外公司时采用"登记"(Registration)概念。2006 年《英国公司法》的"登记"特指登记官(Registor)的录入与存档行为,"备案"特指公司或董事向登记官提交登记文件的行为。③

三、制度演变

(一)关于公司登记事项

1. 2018 年《公司法》中未明确列举哪些事项属于登记事项。

2018 年《公司法》第 6 条第 3 款规定,"公众可以向公司登记机关申请查询公司登记事项,公司登记机关应当提供查询服务",但并无条文明确列举哪些事项属

---

① 参见赵旭东、邹学庚:《商事登记效力体系的反思与重构》,载《法学论坛》2021 年第 4 期。
② 参见刘俊海:《公司登记制度现代化的解释论与立法论:公共信息服务、公示公信效力与可诉可裁标准的三维视角》,载《法律适用》2023 年第 1 期。
③ 参见刘俊海:《公司登记制度现代化的解释论与立法论:公共信息服务、公示公信效力与可诉可裁标准的三维视角》,载《法律适用》2023 年第 1 期。

于公司登记事项,只能通过对公司法其他法条的体系化理解,确认至少有六类事项属于公司登记事项。

例如,2018年《公司法》第7条第2款规定,"公司营业执照应当载明公司的名称、住所、注册资本、经营范围、法定代表人姓名等事项";第3款规定,"公司营业执照记载的事项发生变更的,公司应当依法办理变更登记"。因此,我们似乎可以认为该五项内容属于公司登记事项。

又如,2018年《公司法》第32条第3款规定,"公司应当将股东的姓名或者名称向公司登记机关登记"。因此,我们似乎也可以认为"股东的姓名或者名称"属于公司登记事项。

2. 行政法规层面关于公司登记事项的制度变迁。

虽然2018年《公司法》并未明确列举公司登记事项,但是行政法规已对公司登记事项的范围进行了明确阐述。

2016年《公司登记管理条例》第9条规定,"公司的登记事项"包括名称、住所、法定代表人姓名、注册资本、公司类型、经营范围、营业期限、有限责任公司股东或者股份有限公司发起人的姓名或者名称等。

《市场主体登记管理条例》第二章"登记事项"规定,登记事项包括一般登记事项和备案事项。其中,第8条规定的"一般登记事项"相较于《公司登记管理条例》删除了"营业期限";第9条规定的"备案"事项,列举了章程、经营期限、股东或发起人出资安排、公司董事、监事、高级管理人员,市场主体登记联络员,市场主体受益所有人相关信息等。

3. 2023年《公司法》修订,首次在法律层面明确了登记事项。

主要规定可参见新《公司法》第32条第1款规定的公司登记事项。

(二)关于公司登记的公信效力

1993年《公司法》并未规定登记的公信效力,仅在第225条第2款规定了未依法登记的罚则,即"公司登记事项发生变更时,未按照本法规定办理有关变更登记的,责令限期登记,逾期不登记的,处以一万元以上十万元以下的罚款"。该罚则规定历经《公司法》的多次修订,均未修改。

2005年《公司法》第33条第3款规定,"公司应当将股东的姓名或者名称及其出资额向公司登记机关登记;登记事项发生变更的,应当办理变更登记。未经登记或者变更登记的,不得对抗第三人"。这种表述一直沿用至2018年《公司法》,仅在2013年修正《公司法》时删除了"及其出资额"并对法条顺序作出调整。

值得注意的是,2017年《民法总则》第65条规定,"法人的实际情况与登记的事项不一致的,不得对抗善意相对人"。

因此,自2017年10月1日《民法总则》实施起,对公司实际情况与登记情况不一致的情形,实际上存在两种法律规定,一是2013年《公司法》的"不得对抗第三人";二是2017年《民法总则》的"不得对抗善意相对人"。

"第三人""相对人""善意相对人"在内涵和外延上均有不同。原《民法总则》实施后,民法和商事单行法如何适用,如何认定公司登记的公信效力,曾在法学理论和司法实践中产生不小的争论。

2019年7月3日,最高人民法院刘贵祥专职委员在全国法院民商事审判工作会议上的讲话中指出,《公司法》是特别法,优先于原《民法总则》适用,2018年《公司法》第32条第3款的规定与原《民法总则》第65条的规定不一致时,应当适用《公司法》的规定。理论上一般也认为《公司法》是商事特别法,应优先于原《民法总则》适用。然而,在正式发布的《全国法院民商事审判工作会议纪要》中,最高人民法院认为在这个问题上,应优先适用原《民法总则》的规定。[①]

《民法典》与原《民法总则》保持了一致的表述。

四、案例评析

案例一:申银万国证券股份有限公司诉上海国宏置业有限公司财产权属纠纷案[上海市黄浦区人民法院(2014)黄浦民五(商)初字第9721号]

基本案情: 申银万国证券股份有限公司(以下简称申银万国)原持有上海九百股份有限公司(以下简称上海九百)法人股4,354,560股。2000年10月,申银万国与上海国宏置业有限公司(以下简称国宏公司)签订法人股转让协议书一份,约定将申银万国所持上海九百法人股400万股转让给国宏公司,转让金额合计人民币640万元。双方至中国证券登记结算有限责任公司上海分公司(以下简称中登公司)办理了过户手续。后该400万股法人股经送股增至600万股。前述股权为国宏公司的640万元债务提供了质押担保,并办理质押登记。

在国宏公司为被执行人的另两起案件执行中,上海市黄浦区人民法院将本案

[①] 参见赵旭东、邹学庚:《商事登记效力体系的反思与重构》,载《法学论坛》2021年第4期。

系争 600 万股上海九百法人股予以轮候冻结。

申银万国主张前述法人股转让是其为了成为上海九百配股的主承销商,而挂靠到国宏公司名下。完成配股承销后,因故未能转回。2006 年国宏公司出具承诺书,承诺将其代持的上海九百法人股 600 万股及相应的孳息全部归还申银万国。但国宏公司至今未将上述法人股转回给申银万国,故起诉请求判令确认国宏公司名下的 600 万股上海九百法人股归申银万国所有。

裁判情况:一审法院认为,双方所签订的是法人股转让协议,协议中确定了转让对价以及所有权的转移问题。据此,申银万国是通过出售的方式将法人股的所有权转移到了国宏公司名下,并且,双方已经在登记机关办理过户登记手续。因此,即使国宏公司尚未支付对价,在双方转让协议效力不存在瑕疵的情况下,申银万国无权主张本案系争股权属其所有,其只能根据相关转让协议要求国宏公司支付转让价款。双方之间所签订的还款质押协议亦能印证申银万国认为国宏公司系本案争议股权的真正权利人。故国宏公司持有系争法人股并不是代持或挂靠行为,而是股权转让。故法院判决:驳回申银万国的诉讼请求。

二审法院认为,即使申银万国与国宏公司存在实际的代持股权关系,亦不能确认系争法人股归申银万国所有。因为申银万国与国宏公司签订股权转让协议后已在中登公司办理了股权转让的变更登记手续,故系争股权已移转于国宏公司名下,即股权变动已发生法律效力。根据我国《公司法》和《证券法》的相关规定,公司股权转让应办理变更登记手续,以取得对外的公示效力,否则不得对抗第三人。该规定遵循的是商法的外观主义原则,立法目的在于维护商事交易安全。第三人有权信赖公示登记事项的真实性。同时,根据《证券法》公开、公平、公正的交易原则以及上市公司信息公开的有关规定,对上市公司信息披露的要求,关系到社会公众对上市公司的信赖以及证券市场的交易安全和秩序。因此,应当依法保护国宏公司的债权人基于中登公司登记公示信息而申请执行的信赖利益。二审判决驳回上诉,维持原判。

评析:该案争议焦点有二:其一,申银万国与国宏公司之间法人股转让协议是否应认定为"名为股份转让实为股份代持";其二,若认定为股份代持,代持关系是否合法有效?是否可以对抗第三人的执行请求?笔者仅就后者进一步展开讨论。

1. 本案纠纷发生在 2005 年《公司法》实施之后,《公司法》已经对公司登记的公信效力作出明确规定,即与登记不一致的代持关系,暂且不论内部效力如何,不具有对第三人的对抗效力已无争议。若类似纠纷发生在新《公司法》实施后,则应当注意"第三人"与"善意相对人"之间的差异。

2. 2011年《公司法司法解释三》原则上认可了有限责任公司股权代持行为的效力。同时也进一步强调,代持关系不能对抗股权处分行为的善意相对人。

3. 需要注意的是,就上市公司的股份代持而言,《公司法司法解释三》并未给出明确的意见。司法实践中,曾有过不同的裁判观点。近年来最高人民法院的裁判观点倾向于认定上市公司的股份代持行为无效。裁判理由多为违反证券交易领域的市场秩序,依据《民法典》第153条第2款认定其无效。

案例二:韦某某与新疆宝塔房地产开发有限公司等请求变更公司登记纠纷案[最高人民法院民事判决书(2022)最高法民再94号]

基本案情: 新疆宝塔房地产开发有限公司(以下简称宝塔房地产公司)于2013年3月26日成立,注册资本2000万元,新疆宝塔投资控股有限公司(以下简称宝塔投资公司)和新疆嘉鸿投资有限公司(以下简称嘉鸿公司)为其股东,其中宝塔投资公司认缴出资1900万元,嘉鸿公司认缴出资100万元,韦某某担任宝塔房地产公司的董事长及法定代表人。宝塔投资公司成立于2012年12月6日,系由宝塔投资控股有限公司控股法人独资。

工商备案的《新疆宝塔房地产开发有限公司章程》第13条规定:"股东会由全体股东组成,是公司的权力机构,行使下列职权:……(二)选举和更换非由职工代表担任的董事、监事,决定有关董事、监事的报酬事项……"第19条规定:"公司设董事会,成员为5人,由新疆宝塔投资控股有限公司委派3名,由新疆嘉鸿投资有限公司委派2名。董事任期3年,连选可以连任。董事会设董事长1人,由董事会选举产生。董事长任期3年,任期届满,连选可以连任。董事会对股东会负责,行使下列职权:……(二)执行股东会的决议……"第26条规定:"董事长为公司的法定代表人。"

2017年7月20日,宝塔投资公司出具的《免职通知书》载明:"韦某某:根据宝塔石化集团宝总发[2017]63号总裁办文件,本公司现通知你,免去你在新疆宝塔房地产开发有限公司董事长、法定代表人职务,同时免去你在新疆宝塔石化运输公司总经理职务。本公司作为新疆宝塔房地产开发有限公司的控股股东,有权决定该公司董事长、法定代表人任免。本公司已将对你的免职决定通知另一股东新疆嘉鸿投资有限公司,该公司未提出异议。本通知自发出之日生效。"

宝塔投资公司、宝塔房地产公司均系宝塔石化集团有限公司(以下简称宝塔石化集团)下属公司。

韦某某主张依法判令宝塔房地产公司办理公司法定代表人工商变更登记,并由宝塔投资公司、嘉鸿公司予以配合。

裁判情况:一审法院判决:驳回韦某某的诉讼请求。

二审法院认为,本案中,韦某某未提交宝塔房地产公司作出决议或决定将公司法定代表人进行变更登记的有效证据,宝塔投资公司、嘉鸿公司未拒绝办理变更登记,韦某某的诉求不符合《公司法》的相关规定,判决:驳回上诉,维持原判。

再审法院认为,2017年7月18日,宝塔石化集团下发《关于干部免职的决定》,免除韦某某宝塔房地产公司董事长、法定代表人职务。2017年7月20日,宝塔投资公司依据宝塔石化集团上述干部免职决定,向韦某某发出《免职通知书》,免去韦某某公司董事长、法定代表人职务。该《免职通知书》还载明:"本公司作为新疆宝塔房地产开发有限公司的控股股东,有权决定该公司董事长、法定代表人任免。本公司已将对你的免职决定通知另一股东新疆嘉鸿投资有限公司,该公司未提出异议。本通知自发出之日生效。"韦某某被免职后,未在该公司工作,也未从公司领取报酬。本案诉讼中,嘉鸿公司明确其知晓并同意公司决定,因此,可以认定宝塔房地产公司两股东已经就韦某某免职作出股东会决议并通知了韦某某,该决议符合宝塔房地产公司章程规定,不违反法律规定,依法产生法律效力,双方的委托关系终止,韦某某已经不享有公司法定代表人的职责。宝塔房地产公司应当为韦某某办理公司法定代表人工商变更登记。宝塔投资公司、嘉鸿公司仅是宝塔房地产公司的股东,且其已经就免除韦某某法定代表人作出决议,依法也非办理变更登记的义务主体,韦某某请求该两公司办理或协助办理法定代表人工商变更登记,依据不足,不予支持。判决:撤销原判,宝塔房地产公司于本判决生效之日起30日内为韦某某办理公司法定代表人变更登记。

评析:法定代表人属于公司登记事项之一。法定代表人作为原告的变更公司登记纠纷,有其独有的特点,实务中应注意以下要点:

1. 被告的送达问题:例如,本案原告韦某某为公司登记的法定代表人,原告起诉被告宝塔房地产公司办理变更登记,诉讼程序中显然不能以韦某某签收视为送达被告。关于如何送达被告,应当考量公司章程、股东协议中是否有明确的规定或约定,也可以在诉讼中由公司股东协商确定,协商不成的可采用公告送达。本案原告采取了将宝塔房地产公司的股东均列为被告的诉讼策略,虽然对两股东的诉讼请求被驳回,但程序上起到了防范送达程序瑕疵的效果。

2. 注意审查变更条件是否成就:此类案件,原告往往无法取得变更法定代表人的公司决议。就本案而言,宝塔房地产公司形式上未形成变更公司法定代表人的正式公司决议,但是控股股东作出了免除原告法定代表人职务的书面通知,另一股东也在诉讼中确认知晓并同意。因此,可视为全体股东均同意免除原告法定代表人职务,视同已形成股东会决议。

3. 原告应注意对公司章程的举证:本案二审法院曾以原告未提交公司章程,不能证明该公司对于法定代表人任免的规定为理由之一,驳回上诉,维持原判。韦某某在再审中补充提交了工商备案的章程,进行了证据补强。

五、律师实务指引

(一)善意相对人的范围

"善意相对人"的外延至少包括以下三种情形。

1. 公司的相对人:《公司法司法解释三》第26条实际上是将公司债权人作为公司的"善意相对人",登记的名义股东不得以代持关系对抗公司债权人。

2. 股权交易的相对人:《公司法司法解释三》第25条、第27条实际上规定了股权处分情形下的善意取得制度,该情形下应参考《民法典》第311条从三个角度判断是否构成善意取得。此时的相对人,我们可以理解为标的股权交易的相对人。

3. 股权登记持有人所涉其他法律关系中的相对人:如前述申银万国证券股份有限公司诉上海国宏置业有限公司财产权属纠纷案中,国宏公司的债权人。

(二)备案事项是否应具有对抗效力

新《公司法》明确列举了登记事项,《市场主体登记管理条例》也区分了一般登记事项和备案事项,备案事项不属于公示信息。同时新《公司法》第67条第3款还规定"公司章程对董事会职权的限制不得对抗善意相对人",这一规定符合《民法典》"公示产生公信力"的基本原则。

但值得注意的是,新《公司法》第40条将部分备案事项列入法定公示的范围,相应产生公信力,对善意第三人产生对抗效力。

(三)登记的时间要求

新《公司法》并未就应登记事项的登记时限作出详细的规定,律师应特别注意提醒公司在法定的期限内办理登记,可主要参考《市场主体登记管理条例》的以下规定:

1. 变更登记事项,应当自作出变更决议、决定或者法定变更事项发生之日起30日内向登记机关申请变更登记(第24条第1款)。

2. 变更登记事项属于依法须经批准的,应当在批准文件有效期内向登记机关申请变更登记(第24条第2款)。

3. 变更经营范围,属于依法须经批准的项目的,应当自批准之日起30日内申请变更登记。许可证或者批准文件被吊销、撤销或者有效期届满的,应当自许可证或者批准文件被吊销、撤销或者有效期届满之日起30日内向登记机关申请变更登记或者办理注销登记(第26条)。

4. 变更住所或者主要经营场所跨登记机关辖区的,应当在迁入新的住所或者主要经营场所前,向迁入地登记机关申请变更登记(第27条)。

5. 变更备案事项的,应当自作出变更决议、决定或者法定变更事项发生之日起30日内向登记机关办理备案(第29条)。

(四)法定代表人变更的程序规定

新《公司法》对法定代表人变更登记的程序规定更加细化,主要包括:

1. 第10条第2款、第3款细化规定:"担任法定代表人的董事或者经理辞任的,视为同时辞去法定代表人。""法定代表人辞任的,公司应当在法定代表人辞任之日起三十日内确定新的法定代表人。"

2. 第35条第3款进一步细化变更申请书的签署主体,规定"公司变更法定代表人的,变更登记申请书由变更后的法定代表人签署"。

3. 第46条在公司章程应当载明的事项中用"公司法定代表人的产生、变更办法"替换了"公司法定代表人"。

(五)区别登记事项的对抗效力与生效效力

新《公司法》第34条明确规定了公司登记事项的对抗效力,即"不得对抗善意第三人",据此,登记并不产生权利变动的效力,对于相关登记事项于何时生效,需做具体分析。

就第32条载明的公司登记事项而言,需结合不同登记信息区别对待。例如,就公司股权变更而言,依据新《公司法》第56条第2款"记载于股东名册的股东,可以依股东名册主张行使股东权利"以及第86条第2款"股权转让的,受让人自记载于股东名册时起可以向公司主张行使股东权利"的规定,应将股东名册的变更作为股东变更的生效要件;就法定代表人变更而言,生效要件则应当以有权决议机关根据章程规定出具决议文件为生效要件。

关联法条

  1.《民法典》第64~66条

  2.《市场主体登记管理条例》第8~9条

  3.《全国法院民商事审判工作会议纪要》"一、关于民法总则适用的法律衔接""3.【民法总则与公司法的关系及其适用】"

第三十五条 【变更登记申请材料】

> 第三十五条 公司申请变更登记,应当向公司登记机关提交公司法定代表人签署的变更登记申请书、依法作出的变更决议或者决定等文件。
> 公司变更登记事项涉及修改公司章程的,应当提交修改后的公司章程。
> 公司变更法定代表人的,变更登记申请书由变更后的法定代表人签署。

一、修订情况

本条为新增条款。本次修订主要包括以下内容:

1. 规定了公司申请变更登记应向公司登记机关提交的文件。通过"等文件"作为兜底,以增强公司提交变更登记申请材料的灵活性。

2. 规定了提交的文件应该有公司法定代表人的签名。

3. 规定了公司变更法定代表人的,所提交的变更登记申请书由变更后的法定代表人签署。这也意味着法定代表人变更的生效要件为公司内部有权决议机关作出决议,而非法定代表人的变更登记。

二、理论基础

《公司法》增加公司变更登记文件和材料的详细要求,弥补了《公司登记管理条例》失效后该领域的立法空缺,与《市场主体登记管理条例》搭配,为公司变更登记提供指引。

法定代表人是唯一无须公司特别授权即有权对外独立代表公司的自然人,其余机关或人员必须取得法定代表人的授权后才能代表公司。因此,公司变更登记时所提交的文件经过法定代表人的签署也就代表了公司的意志。本条第3款特别规定公司变更法定代表人的,由变更后的法定代表人签署变更登记申请书,有助于应对实践中出现的法定代表人发生争议时难以变更登记的现实问题。

三、制度演变

（一）关于公司变更登记所提交文件的要求

《公司法》自1993年颁布及经过后续的修改，都未单独对公司的变更登记成条规范，而是散见于其他规范中。以2018年《公司法》为例，其第7条第3款规定，"公司营业执照记载的事项发生变更的，公司应当依法办理变更登记"。第12条第1款规定："公司的经营范围由公司章程规定，并依法登记。公司可以修改公司章程，改变经营范围，但是应当办理变更登记。"第13条规定："公司法定代表人依照公司章程的规定，由董事长、执行董事或者经理担任，并依法登记。公司法定代表人变更，应当办理变更登记。"除了以上情形，还有公司发行新股募足股款、股份转让、公司合并或者分立等其他情况。但2018年《公司法》并未单独将变更登记提炼出来规范，也未详细说明变更登记所需要的文件材料。

虽2018年《公司法》未规范，但2016年《公司登记管理条例》对此进行了详细的规定，要求公司申请变更登记时，应提交"公司法定代表人签署的变更登记申请书""依照《公司法》作出的变更决议或者决定""国家工商行政管理总局规定要求提交的其他文件"。并特别说明修改公司章程的，还要提交"由公司法定代表人签署的修改后的公司章程或者公司章程修正案"。《市场主体登记管理条例》将上述规定删除，更多地强调变更登记的时效，如在第24条第1款规定，"自作出变更决议、决定或者法定变更事项发生之日起30日内向登记机关申请变更登记"。

（二）关于变更登记中公司法定代表人的确认

2018年《公司法》并未对公司变更登记的文件材料进行规定，所以也未说明公司法定代表人的签字确认是文件有效的要件。2016年《公司登记管理条例》第27条规定提交的变更登记申请书需要经过公司法定代表人的签署才能被接受或者认为有效。且修改后的公司章程或公司章程修正案也需要公司法定代表人的签署。同样的，《市场主体登记管理条例》也未对此项内容进行规范。

关于因公司法定代表人变更而进行变更登记时，相关文件应由谁来签署，《企业法人法定代表人登记管理规定》（已失效）进行了规范。1998年《企业法人法定代表人登记管理规定》中规定的是原则上由企业原法定代表人签署变更登记申请书，但出现了不得担任企业法定代表人的情形时则由拟任公司法定代表人签署。

1999年该规定修订后直接规定"由原法定代表人或者拟任法定代表人签署的变更登记申请书"。

四、案例评析

案例一：饶某与上海量沛资产管理有限公司等请求变更公司登记纠纷案[上海市第二中级人民法院(2023)沪02民再23号]

基本案情：饶某作为上海量沛资产管理有限公司(以下简称量沛公司)执行董事兼法定代表人的任期已于2019年届满,饶某通过召集股东会会议等内部管理手段仍无法卸任,饶某遂向法院提起变更公司登记纠纷之诉,要求涤除饶某在量沛公司法定代表人、执行董事、总经理职务的工商变更登记。

裁判情况：本案一审、二审法院均驳回饶某诉讼请求。上海市第二中级人民法院对本案进行了再审,再审法院认为饶某任期已经届满,量沛公司在饶某已经辞任执行董事等职务情形下,应召开股东会会议选举新的执行董事担任法定代表人,且饶某已不再是量沛公司股东,无法通过内部程序实现救济,最终判定支持饶某的诉讼请求。

评析：实践中,公司法定代表人主动辞任法定代表人职务后,常常难以较为顺利地通过公司内部程序涤除法定代表人的登记,最终只能诉诸法院寻求救济。然而,司法实践中以本案一审、二审所认定的公司在未能选举出新的法定代表人之前仍应由原任履行职务,系较为主流的司法观点,导致善意主动辞任的法定代表人困于无法从登记信息中涤除。本案体现了公司法定代表人的登记涤除规则,即在法定代表人的任期届满,且明确提出辞任法定代表人的情形下,应当按照公司章程规定召开股东会会议并重新选举新的执行董事担任法定代表人,并办理法定代表人的登记变更。该判决有助于改变司法审判实践关于认定涤除法定代表人身份登记的司法认定规则,规范公司合规治理。新《公司法》第35条第3款的规定有助于法院的涤除判决与公司登记机关变更登记更好地衔接。

案例二：杨某与美国新都兴业有限公司行政许可纠纷案[最高人民法院(2017)最高法行申4779号]

基本案情：2002年6月,美国新都兴业有限公司(以下简称新都公司)设立外资企业江西盛都置业有限公司(以下简称盛都公司)负责某项目开发,法定代表人为陈某黎。2010年12月,陈某黎委托陈某河全权处理盛都公司股权转让、董事长法定代表人变更等事宜。2011年1月,盛都公司作出董事会决议,同意新都公司将其持有的盛都公司100%股权转让给杨某,与会董事虽有陈某黎姓名,但未有其本人签名,陈某河等其他董事在决议上签名。同月9日,新都公司和杨某签订《股权转让协议》,协议约定,新都公司同意将其持有的盛都公司100%股权转让给杨某,出让方栏内由陈某河签名,新都公司具章。2011年5月,市招商协作局批准新都公司与杨某的股权转让。2011年6月,市市场和质量监督管理局进行了涉案的股权转让登记、法定代表人变更登记,并颁发了新的营业执照。经查,本案变更登记程序中提交的外商投资企业变更(备案)登记申请书写明申请人为盛都公司,但在法定代表人处签名为"杨某",申请内容为变更股权、法定代表人。

裁判情况:二审法院撤销市市场和质量监督管理局2011年6月作出的股权转让登记、法定代表人变更登记行为。杨某不服,向最高人民法院申请再审。最高人民法院驳回了杨某的再审申请,但在裁定书中对二审法院关于在变更登记之前,作为拟任法定代表人的杨某无权签署变更登记申请书以及修改后章程或章程修正案的观点进行指正。但该观点不能作为认定市市场和质量监督管理局变更登记违法的理由。

评析:最高人民法院依据1999年《企业法人法定代表人登记管理规定》第6条第3项规定作出裁定,"企业法人申请办理法定代表人变更登记,应当向原企业登记机关提交下列文件:……(三)由原法定代表人或者拟任法定代表人签署的变更登记申请书",实际上认可了公司办理法定代表人变更登记不需要原法定代表人签字。

五、律师实务指引

(一)变更法定代表人的流程更加简化

新《公司法》第35条第3款特别明确,公司变更法定代表人的,变更登记申请书由变更后的法定代表人签署。该条的规定将对实践中变更登记法定代表人的材料签署问题产生明确的指导:其一,能够避免原法定代表人不配合签署申请书而导致无法完成变更登记的实务困境,以实现变更登记事项的顺利变更;其二,变更法定代表人的决议一经作出即产生内部效力,原法定代表人在公司内部即丧失代表权;其三,由于未办理变更登记不影响原法定代表人对外的行为效力,通过简化法定代表人变更登记的流程,能够减少公司对外公示的登记信息与实际不符、导致责任主体不清的风险。

(二)减少控制权争夺中的对抗性

在公司存在控制权争夺的情形下,法定代表人的特殊地位是攻守双方的必争之地。若公司已形成变更法定代表人的内部决议文件但未能进行变更登记,在新《公司法》施行前,有些地区在实务操作中变更法定代表人需要原法定代表人签字(甚至本人到场)。当公司处于控制权争夺情形中,双方因此会产生很大的对抗性甚至于有损公司利益。新法定代表人一般需要提起变更登记之诉,在取得生效胜诉判决后向公司登记机关申请办理变更登记。其中,有的法院也会根据当事人的申请向公司登记机关发送协助执行通知、要求办理相关登记。《公司法》通过新增"公司变更法定代表人的,变更登记申请书由变更后的法定代表人签署"的规定让这一问题在实践中能够得到简化。新法定代表人有权以自己的名义签署变更登记申请书,无须受制于旧法定代表人,从而避免公司诉累。

此外,如果原法定代表人霸占公司公章、证照,公司可以在办理法定代表人变更登记之后,以新法定代表人名义提起证照返还之诉。一旦发现原法定代表人等利益相关方存在任何损害公司利益的行为,公司可以尽快提起损害公司利益之诉并对被告申请采取财产保全等措施,以减少公司的损失。

关联法条

1.《民法典》第 61 条、第 64 条、第 66 条
2.《市场主体登记管理条例》第 24 条
3.《市场主体登记管理条例实施细则》第 33 条

第三十七条 【注销登记】

> 第三十七条 公司因解散、被宣告破产或者其他法定事由需要终止的,应当依法向公司登记机关申请注销登记,由公司登记机关公告公司终止。

一、修订情况

本条为新增条款。

二、理论基础

公司注销登记分为依当事人申请和依职权注销两种模式,前者因当事人申请而进行,后者是登记机关发现法定事由而为之。① 依据本条的规定,我国的注销登记均为依当事人申请模式。

公司注销登记系生效要件主义,注销登记并经公司登记机关公告后公司终止。《民法典》第 68 条规定,"依法完成清算、注销登记的,法人终止"。第 72 条第 3 款规定,"清算结束并完成法人注销登记时,法人终止"。第 73 条规定,"法人被宣告破产的,依法进行破产清算并完成法人注销登记时,法人终止"。因此,唯有经过注销登记,法人始告终止。依据新《公司法》第 37 条的规定,注销登记并经由公司登记机关公告,是公司这一商事主体终止的生效要件。注销登记产生商事主体消灭的法律效果,也是设立登记产生确认商事主体效力的对应性制度要求。假如公司因解散、被宣告破产或者其他法定事由出现而不办理注销登记,商事主体因登记而产生的公信力仍将持续发生效力,善意第三人因此产生的信赖利益会导致不必要的纷争。②

---

① 参见李建伟:《公司法学》(第 5 版),中国人民大学出版社 2022 年版,第 109 页。
② 参见钱玉林:《商事主体注销登记争点问题讨论》,载《法学论坛》2021 年第 4 期。

三、制度演变

1. 就编制体例而言,历次《公司法》均将公司清算事项与公司终止事项合并于同一条款中,自 1993 年《公司法》①始,经 2005 年《公司法》②细微调整,沿用至 2018 年《公司法》,于第 188 条规定:"公司清算结束后,清算组应当制作清算报告,报股东会、股东大会或者人民法院确认,并报送公司登记机关,申请注销公司登记,公告公司终止。"此外,2018 年《公司法》第 179 条规定了公司合并或者分立情形下办理注销登记的事宜。

2. 近年来,公司登记与终止的相应法律规范不断细化,《市场主体登记管理条例》系统构建了注销登记制度。该条例第 31 条概括规定注销登记的法律效力,注销登记后即告公司终止;第 32 条规定由清算组作为公司注销登记的申请人;第 33 条规定简易注销登记制度;第 34 条规定了强制清算、破产的注销登记。

3. 新《公司法》第 37 条沿袭了《市场主体登记管理条例》第 31 条第 1 款的主要条文,即"市场主体因解散、被宣告破产或者其他法定事由需要终止的,应当依法向登记机关申请注销登记。经登记机关注销登记,市场主体终止"。由于《市场主体登记管理条例》的规制对象系包含公司在内的所有商事主体,本条以公司为规制对象完善了条文中的主体性表述。

4. 新《公司法》删除了 2018 年《公司法》第 179 条第 1 款"公司合并或者分立,登记事项发生变更的,应当依法向公司登记机关办理变更登记;公司解散的,应当依法办理公司注销登记;设立新公司的,应当依法办理公司设立登记"的规定若因公司合并或者分立需办理注销登记,可适用本条中"其他法定事由需要终止的"情形。

---

① 1993 年《公司法》第 197 条规定:"公司清算结束后,清算组应当制作清算报告,报股东会或者有关主管机关确认,并报送公司登记机关,申请注销公司登记,公告公司终止。不申请注销公司登记的,由公司登记机关吊销其公司营业执照,并予以公告。"

② 2005 年《公司法》第 189 条规定:"公司清算结束后,清算组应当制作清算报告,报股东会、股东大会或者人民法院确认,并报送公司登记机关,申请注销公司登记,公告公司终止。"

四、案例评析

上海法院向市场监督管理局发出司法建议①

基本案情： 上海市第一中级人民法院在审理一例房屋租赁合同纠纷再审发回重审、上诉案件过程中，发现：涉案承租人某文化公司已注销登记，公司股东陈述注销登记非其主动申请，而是某开发区管委会代办注销。法院在审理其他两例再审案件中，亦发现该市场监督局辖区内所注册登记的企业也存在类似注销登记不合法、不规范的情况。

司法建议： 上述市场主体的注销登记及撤销注销登记，导致诉讼主体资格存在不确定性，严重影响了相关民事诉讼案件的既判力，造成了司法资源极大的浪费。上海市第一中级人民法院提出司法建议：(1) 关于案件审理中发现的问题亟待处理。依据《市场主体登记管理条例》第40条的规定，提请启动调查程序，对相关内容予以查证，必要时重新复核某文化公司注销登记材料，向当事人调查取证，以确定公司注销行为的自主性、合法性。(2) 按照市场化改革、法治化方向，建立健全市场主体退出制度。某区市场监督管理局对此司法建议积极回复反馈，复函如下：(1) 规范注销程序，严格把关；(2) 加强宣传引导，注重防范；(3) 健全协作机制，形成合力。

评析： 公司注销登记后即产生公司终止的法律后果，公司存续期间的债权债务归于消灭。但如果公司注销程序不规范，可能会导致一系列的法律后果，给公司及其相关人员的权益带来严重影响。公司应当依法注销，严格遵守相关法律法规，确保注销程序的规范性和合法性。

五、律师实务指引

（一）公司注销指引

在具体操作层面，公司注销登记流程应当遵照《市场主体登记管理条例》第31条、第32条、第33条以及《市场主体登记管理条例实施细则》第七章的规定。此外，国家市场监督管理总局联合海关总署、国家税务总局发布了《企业注销指引》，

---

① 参见严耿斌：《公司注销不规范，市场监管总局因此……》，载澎湃新闻2023年6月14日，https://www.thepaper.cn/newsDetail_forward_23480581。

为公司更加规范地退出提供了更加明晰的路径和规则。

解散、清算、注销作为公司退出的"三部曲",如公司采取普通注销方式,则三者必不可少。在公司正式终止之前,须依法宣告解散、成立清算组进行清算、清理公司财产、清缴税款、清理债权债务、支付职工工资、社会保险费等,待公司清算结束后,应当制作清算报告并办理公司注销登记,公告公司终止。在公司简易注销和强制注销程序中无须经过公司清算程序。特殊情况下还会引入公司破产制度。在公司注销的流程中,要特别注意确保公司解散决议的效力,确保公司清算工作的审慎,确保公司清算程序的合法,确保申请材料的完备。

(二)公司未依法注销的法律后果

公司注销登记后,法人资格即终止,但在某些情形下,与已注销公司相关的债权债务关系并未随注销而消灭。因此,如果公司注销不规范,将会引发层出不穷的商事纠纷案件,法律责任亦会延伸至公司股东、清算义务人等主体。公司债务的清偿主体因违法注销而发生根本上的变更,改由公司的股东、实际控制人、董事、高级管理人员等承担相应责任。

关联法条

1.《民法典》第68条、第72条、第73条

2.《市场主体登记管理条例》第31~34条

3.《市场主体登记管理条例实施细则》第44条

第三十九条 【虚假取得设立登记的法律后果】

> 第三十九条 虚报注册资本、提交虚假材料或者采取其他欺诈手段隐瞒重要事实取得公司设立登记的,公司登记机关应当依照法律、行政法规的规定予以撤销。

一、修订情况

本条进行了以下修订:

1. 将相应的处罚条款从本条剥离,在第十四章"法律责任"中另起一条即第250条,规定违法取得公司登记的处罚方式,编写体例更为合理。

2. 删除了"情节严重"的表述,体现了对虚报注册资本、提交虚假材料或者采取其他欺诈手段隐瞒重要事实取得公司设立登记的监管趋严。

3. 新增"应当依照法律、行政法规的规定",明确了公司登记机关撤销公司登记的权责。《市场主体登记管理条例》第40条赋予登记机关调查虚假登记事实的权力,并就调查程序作了详细规定。本条吸收并简化了上述规定,删除了有关调查程序的表述,以"应当依照法律、行政法规的规定"转引之,在条文表述上更为简洁。

二、理论基础

全国人民代表大会常务委员会法制工作委员会《关于公司法第一百九十八条"撤销公司登记"法律性质问题的答复意见》提出:"依照行政许可法的上述规定,撤销被许可人以欺骗等不正当手段取得的行政许可,是对违法行为的纠正,不属于行政处罚。"撤销登记本质上是针对错误登记行为的一种纠错机制而非行政处罚,登记行为的合法性在于基础民事行为的真实性,虚假登记因缺乏合法性基础,应当予以撤销。《市场主体登记管理条例》与《市场主体登记管理条例实施细则》继承并完善了这一理念,将虚假登记的撤销和处罚分别进行规定。撤销公司设立登记的立法主旨有二:(1)在于维护公司登记机关的权威性和公信力;(2)在于保护因欺骗、欺诈而利益受损的当事人。①

三、制度演变

《公司法》历次修订对本条的调整变化不大。1993年《公司法》第206条规定"违反本法规定,办理公司登记时虚报注册资本、提交虚假证明文件或者采取其他欺诈手段隐瞒重要事实取得公司登记的"法律后果,包含责令改正、罚款、撤销公司登记以及追究刑事责任的处罚措施。2005年《公司法》第199条删除了关于刑事责任的规定,2018年《公司法》第198条除对罚款金额随时代变迁调整外,基本沿用2005年《公司法》的原有相应条款。

国务院于2021年发布的《市场主体登记管理条例》对虚假登记进行了细化规定。其第44条规定:"提交虚假材料或者采取其他欺诈手段隐瞒重要事实取得市场主体登记的,由登记机关责令改正,没收违法所得,并处5万元以上20万元以下的罚款;情节严重的,处20万元以上100万元以下的罚款,吊销营业执照。"第45条第1款规定:"实行注册资本实缴登记制的市场主体虚报注册资本取得市场主体登记的,由登记机关责令改正,处虚报注册资本金额5%以上15%以下的罚款;情节严重的,吊销营业执照。"国家市场监督管理总局于2022年发布的《市场主体登记管理条例实施细则》第八章详细规定了撤销登记的程序。

四、案例评析

胡某、舟山市市场监督管理局定海分局行政监察案[浙江省舟山市中级人民法院(2019)浙09行终89号]

基本案情: 原舟山华利金属材料有限责任公司(以下简称原华利公司)成立于2003年2月,股东为胡某和林某,由胡某担任法定代表人。因未参加2009年年检,原华利公司于2010年12月被吊销营业执照。2013年5月,胡某委托职工向舟山市市场监督管理局定海分局提交《公司注销登记申请书》、股东会决议、清算报告等相关文件。当日,舟山市市场监督管理局定海分局根据胡某和被委托职工签名提交的《公司备案申请书》进行核准备案。

---

① 参见肖海军:《论公司设立登记撤销制度——以〈公司法〉第199条的适用展开》,载《中国法学》2011年第2期。

2017年10月,林某向舟山市市场监督管理局定海分局提交《关于要求撤销舟山华利金属材料有限公司注销的请求》以及其单方委托鉴定的《司法鉴定意见书》。该鉴定报告明确上述原华利公司的股东会决议与清算报告中,"林某"签名字迹与现有样本中的"林某"签名字迹不是同一人笔迹。舟山市市场监督管理局定海分局于2019年1月作出《撤销登记决定书》。胡某向法院起诉,要求撤销舟山市市场监督管理局定海分局《撤销登记决定书》。

裁判情况: 二审法院认为:(1)舟山市市场监督管理局定海分局并无充分证据证明原华利公司系以伪造签名等不正当手段向该局提供了虚假登记材料,径直认定原华利公司属于"提供虚假材料取得公司登记违法行为且情节严重"的应予撤销注销登记情形,事实认定主要依据不足。(2)原华利公司于2013年5月经核准注销,公司实体上已不复存在,而且没有证据证明该注销登记行为损害了相关债权人利益,亦不存在影响第三人权益或社会经营秩序的问题。舟山市市场监督管理局定海分局在原华利公司已实际注销4年后,未综合考量原华利公司因被吊销营业执照后依法必须进行清算、注销,且原华利公司在注销后已不具备公司法律特征,以及撤销注销登记可能会对既存的社会经营管理秩序造成不良影响等实际情况,径直根据《公司法》(2018年)第198条①的规定作出撤销注销登记决定,缺乏必要性与合理性,法律适用不当。故二审法院判决撤销一审判决及《撤销登记决定书》。

评析: 通常认为《公司法》(2018年)第198条适用于撤销违法取得公司设立登记的情况,其关于"提交虚假材料"是否属于违法取得公司注销登记的情况并没有明确规定。本案中一审法院认为第198条亦可参照适用于违法取得公司注销登记的情况。二审法院阐明如果将《公司法》(2018年)第198条适用于注销登记的情形,将会对社会经营管理秩序造成不良影响。从实践层面论述,新《公司法》第39条将2018年《公司法》第198条的"公司登记"修改为"公司设立登记",从立法层面明确其适用范围,不再适用于撤销取得公司注销登记的情况。

五、律师实务指引

随着移动互联网、人脸识别、身份认证等信息技术的成熟和广泛应用,在我国

---

① 现为第250条。

商事登记制度改革推进中,《市场主体登记管理条例》第15条以及《市场主体登记管理条例实施细则》第16条均明确规定,在办理登记、备案事项时,申请人应当配合登记机关通过实名认证系统,采用人脸识别等方式进行实名验证。通过技术手段有助于保证公司登记事项的真实性,防范身份信息被冒用等违法行为。

新《公司法》第39条在法律适用中需重点关注撤销虚假登记的程序、被冒名登记主体的维权路径和假冒企业登记违法行为的规范。

(一)撤销虚假登记的程序

依据《市场主体登记管理条例》第40条以及《市场主体登记管理条例实施细则》第八章的规定,撤销虚假登记的程序如下:

1. 申请。受虚假市场主体登记影响的自然人、法人和其他组织可以向登记机关提出撤销市场主体登记的申请。登记机关可以根据当事人申请或者依职权主动进行调查。

2. 受理。登记机关收到申请后,应当在3个工作日内作出是否受理的决定,并书面通知申请人。登记机关可以不予受理的情形有:涉嫌冒用自然人身份的虚假登记,被冒用人未能通过身份信息核验的;涉嫌虚假登记的市场主体已注销的,申请撤销注销登记的除外;其他依法不予受理的情形。

3. 调查处理。登记机关受理申请后,应当在3个月内完成调查,并及时作出撤销或者不予撤销市场主体登记的决定。情形复杂的,经登记机关负责人批准,可以延长3个月。在调查期间,相关市场主体和人员无法联系或者拒不配合的,登记机关可以将涉嫌虚假登记市场主体的登记时间、登记事项,以及登记机关联系方式等信息通过国家企业信用信息公示系统向社会公示,公示期45日。相关市场主体及其利害关系人在公示期内没有提出异议的,登记机关可以撤销市场主体登记。

撤销虚假登记亦存在例外情形:有下列情形之一的,登记机关可以不予撤销市场主体登记:(1)撤销市场主体登记可能对社会公共利益造成重大损害;(2)撤销市场主体登记后无法恢复到登记前的状态;(3)法律、行政法规规定的其他情形。

此外,北京等地的市场监督管理局亦发布相关指引,为进一步规范撤销虚假市场主体登记工作提供指导意见。[1]

---

[1] 北京市市场监督管理局《关于印发撤销虚假市场主体登记操作实施意见(试行)的通知》(京市监发〔2023〕54号)。

(二)被冒名登记主体的维权路径

假冒自然人名义进行登记属于采取其他欺诈手段隐瞒重要事实的情形,因此取得公司设立登记的,被冒名登记主体可以采取下列维权路径。

1. 申请撤销登记。依据《市场主体登记管理条例》第40条的规定,"受虚假市场主体登记影响的自然人、法人和其他组织可以向登记机关提出撤销市场主体登记的申请……因虚假市场主体登记被撤销的市场主体,其直接责任人自市场主体登记被撤销之日起3年内不得再次申请市场主体登记。登记机关应当通过国家企业信用信息公示系统予以公示"。具体撤销登记的细则,可以参见《市场主体登记管理条例实施细则》第50~58条。

2. 提起行政诉讼。被冒用人可以依据最高人民法院《关于审理公司登记行政案件若干问题的座谈会纪要》的规定提起行政诉讼,要求法院判决撤销登记行为、确认登记行为违法或者判决登记机关履行更正职责。由于撤销登记行为属于一种纠错机制,不适用《行政诉讼法》规定的5年起诉期限的限制。

3. 提起民事诉讼。被冒用人可以提起民事诉讼,要求侵权人停止使用被冒用人姓名的侵权行为、申请撤销被冒用人为公司法定代表人的登记信息、赔礼道歉并赔偿包括合理维权费用支出和精神损害抚慰金在内的相关损失。

4. 提起刑事控告。若存在使用伪造、变造或盗用他人身份证明导致登记错误,情节严重的,被冒用人可以依据《刑法》第280条的规定向有关公安机关提起控告,要求追究冒用人的刑事责任。

(三)假冒企业登记违法行为的规范

针对实践中存在的一些不法分子伪造他人身份证件或企业营业执照,假冒知名企业将其虚假登记为股东的现象,国家市场监督管理总局于2024年1月10日发布了《防范和查处假冒企业登记违法行为规定》,对假冒企业登记违法行为的防范和查处提供指导意见。上述规定提出了加强身份核验、强化部门协作、实行信息比对核验、完善撤销程序、对已立案查处的企业不予登记、严惩不法中介违法行为等制度措施。

关联法条

1.《市场主体登记管理条例》第40条、第45条

2.《行政许可法》第69条

第四十条 【公示事项】

> 第四十条 公司应当按照规定通过国家企业信用信息公示系统公示下列事项：
> （一）有限责任公司股东认缴和实缴的出资额、出资方式和出资日期，股份有限公司发起人认购的股份数；
> （二）有限责任公司股东、股份有限公司发起人的股权、股份变更信息；
> （三）行政许可取得、变更、注销等信息；
> （四）法律、行政法规规定的其他信息。
> 公司应当确保前款公示信息真实、准确、完整。

一、修订情况

本条为新增条款，明确规定公司应当通过国家企业信用信息公示系统公示的事项。

二、理论基础

信息公示制度是商事登记制度的合理延伸，二者共同构成了商事外观主义原则和公示公信原则的制度支撑。

《公司法》明确规定公司应当主动公示"有限责任公司股东认缴和实缴的出资额、出资方式和出资日期，股份有限公司发起人认购的股份数"等信息，有助于发挥公司资本的信号功能，大大提升交易相对人对公司资本状况等信息了解的效率，促进商事交易的活跃。

本条吸收《企业信息公示暂行条例》第10条的规定，新增规定公司对非登记事项进行公示的义务，包括有限责任公司股东认缴和实缴的出资额、出资方式和出资时间等事项。实践中，公司主动公示此类信息的积极性并不高，交易主体如欲了解股东具体出资信息需查阅公司章程、股东名册甚至股东协议，出资信息不透明拉高了市场主体的交易成本、损害了交易安全,并引发大量矛盾纠纷。① 前述事项并不属于法定登记事项,但对于保持股权结构透明、保护交易安全和提高交易效率有着不可忽视的作用。通过确立公司公示特定非登记事项的义务,有利于交易对手、合作伙伴等利益相关方和社会公众及时了解企业基本情况,进而促进企业诚信自律,维护交易安全,扩大社会监督范围。

三、制度演变

国务院于2014年8月发布《企业信息公示暂行条例》,明确规定了工商和其他政府部门承担的信息公示义务。其第6条第1款规定:"工商行政管理部门应当通过企业信用信息公示系统,公示其在履行职责过程中产生的下列企业信息:(一)注册登记、备案信息;(二)动产抵押登记信息;(三)股权出质登记信息;(四)行政处罚信息;(五)其他依法应当公示的信息。"第7条第1款规定:"工商行政管理部门以外的其他政府部门(以下简称其他政府部门)应当公示其在履行职责过程中产生的下列企业信息:(一)行政许可准予、变更、延续信息;(二)行政处罚信息;(三)其他依法应当公示的信息。"2024年此条例被修订,此条款无实质修改,主要修改了个别表述。

2018年《公司法》没有规定公司主动信息公示,仅规定了公司登记机关依申请提供信息查询服务,即第6条第3款"公众可以向公司登记机关申请查询公司登记事项,公司登记机关应当提供查询服务"的规定。新《公司法》在总结公司信息公示实践经验的基础上,对信息公示制度进行了完善和补充。新《公司法》第32条第2款规定"公司登记机关应当将前款规定的公司登记事项通过国家企业信用信息公示系统向社会公示",确立了登记公示制度;第40条、第251条确立了自主公示制度。

四、案例评析

案例一:逸彭(上海)投资管理合伙企业(有限合伙)与贵州雨田集团实业有限公司案外人执行异议之诉纠纷案[最高人民法院(2020)最高法民终844号]

---

① 参见刘贵祥:《从公司诉讼视角对公司法修改的几点思考》,载《中国政法大学学报》2022年第5期。

基本案情：2016年8月，贵州雨田集团实业有限公司（以下简称贵州雨田公司）与付某签订《代持股协议书》约定：鉴于此前双方与朱某共同签署的《合作协议》《公司并购协议》，付某、朱某将其持有的贵州韦顺达源投资有限公司（以下简称韦顺达源公司）100%的股份全部转让给贵州雨田公司。为了便于开展相关证照、资质的办理及更名工作，贵州雨田公司委托付某代为持有韦顺达源公司10%的股权。法院依据（2017）甘执13号执行裁定，冻结了付某持有的韦顺达源公司10%的股权。贵州雨田公司对执行裁定提出异议但被驳回，遂提起本案诉讼。

裁判情况：一审、二审法院均认为，贵州雨田公司对案涉股权并不享有足以排除强制执行的民事权益。公司的工商登记对社会具有公示公信效力，善意第三人依据公司登记机关的登记文件产生的信赖利益依法受到保护。虽然贵州雨田公司主张该股权由其受让后委托付某代持，但贵州雨田公司与付某签订的《代持股协议书》仅在其双方之间具有法律效力，对外不具有公示效力，不能对抗第三人。在诉争股权仍然登记在付某名下的情形下，申请执行人有理由相信工商行政管理机关的登记和企业信用信息公示系统公示的信息是真实的。因此，无论贵州雨田公司是否支付对价，均不能以其与付某之间的代持股关系排除人民法院的强制执行行为。

评析：股权代持协议仅在协议签订双方之间具有法律效力，对外不具有公示效力，不能对抗第三人，不能以代持股关系排除人民法院的强制执行行为。而公司登记表现的权利外观应作为认定股权权属的依据。

案例二：张某等与百度在线网络技术（北京）有限公司执行异议之诉案
［北京市高级人民法院（2021）京民申4051号］

基本案情：上海菜苗网络科技有限公司（以下简称菜苗公司）是由上海中海投金融控股集团有限公司（以下简称上海中海投公司）与张某出资设立，公司注册资本20,000万元，其中上海中海投公司出资额为11,000万元、张某出资额为9000万元，出资方式均为货币，出资时间均为2014年10月。2015年12月8日，魏某受让上海中海投公司持有的全部股权，旋某受让张某持有的全部股权。菜苗公司章程修正案载明出资时间均为2015年12月。

债权人百度在线网络技术（北京）有限公司（以下简称百度在线公司）取得对菜苗公司的胜诉判决并向法院申请执行，菜苗公司财产不足以清偿生效法律文书确定的债务。百度在线公司提起执行异议之诉请求追加菜苗公司股东上海中海投公司、张某、魏某、旋某为被执行人并在出资范围内承担补充赔偿责任。百度在线公司向法院提交菜苗公司国家企业信用信息公示报告作为追加执行的依据。该份公示报告中仅有2014年年度报告与2015年年度报告,2014年年度报告显示上海中海投公司以及张某实缴出资额一栏均为空白;2015年年度报告显示魏某、旋某实缴出资额一栏均为空白。

裁判情况: 法院认为,菜苗公司应当于公司股东实缴出资后20个工作日内通过企业信用信息公示系统向社会公示股东的实缴出资额、出资时间、出资方式,菜苗公司对公示信息的真实性、及时性负责,发现公示的信息不准确的,应当及时更正。百度在线公司提交的证据可以认为是股东出资义务产生合理怀疑的证据。法院推定怠于应诉的股东在出资期限届满前未履行出资义务,针对股东魏某以其仅为名义股东而非实际出资人的抗辩理由,法院不予采纳。判决追加公司股东上海中海投公司、张某、魏某、旋某为被执行人并在出资范围内承担补充赔偿责任。

评析:《公司法司法解释三》第20条规定:"当事人之间对是否已履行出资义务发生争议,原告提供对股东履行出资义务产生合理怀疑证据的,被告股东应当就其已履行出资义务承担举证责任。"本案中,将国家企业信用信息公示系统中公示的《企业年度报告》作为股东未履行出资义务的合理怀疑证据,由公司股东承担举证不能的不利后果,具有典型意义。

五、律师实务指引

(一)行政机关对企业信息公示行为的监督和管理

当前,对企业开展信息监管的手段主要有五种:一是震慑虚假公示行为的信息抽查;二是跟踪监管公示行为的责令公示;三是记录不良公示行为的列入经营异常名录、严重违法企业名单;四是提供公示信息的查询服务;五是主动监管公示行为的大数据分析比对。

企业公示信息抽查是指行政管理部门随机抽取一定比例的企业,对其通过企业信用信息公示系统公示信息的情况进行检查的活动。抽查分为不定向抽查和定向抽查,每年开展定向抽查和不定向抽查企业总数不得少于辖区企业总规模的3%。我国目前负责此工作的行政管理部门为市场监督管理部门。

市场监督管理部门抽查企业公示信息主要包括采取书面检查、实地核查及网络监测三种方式。日常抽查一般以实地核查为主,实地核查时一般有两名工作人员,并应出示执法证件。根据原国家工商行政管理总局发布的《企业公示信息抽查暂行办法》的规定,接受检查的企业应当配合、接受询问调查、如实反映情况;并根据检查需要,提供会计资料、审计报告、行政许可证明、行政处罚决定书、场所使用证明等相关材料;企业法定代表人(负责人)有义务在检查人员填写的核查记录表上签字,或使用企业印章对核查记录予以确认。

企业抽查的结果分为正常、未按规定公示年报、未按规定公示其他应公示的信息、公示信息隐瞒真实情况弄虚作假、通过登记住所(经营场所)无法联系、不予配合情节严重六种情况,市场监督管理部门在检查结束之日起20个工作日内将抽查结果录入企业信用信息公示系统对应企业名录下并对社会进行公示。

(二)企业信息公示的违规责任和失信约束

1. 企业信息公示方面的违规情形和相关责任

新《公司法》第40条第2款明确规定公司应当确保前款公示信息真实、准确、完整。

企业信息公示方面的违规情况主要包括以下几个方面:一是未按照规定期限公示年度报告及其他即时信息;二是市场监督管理部门责令公示相关信息,企业未在责令的期限内公示有关企业信息;三是公示的企业信息隐瞒真实情况、弄虚作假;四是不予配合市场监督管理部门抽查情节严重;五是通过登记住所(经营场所)无法联系等。

企业未按照规定期限公示年度报告的、企业在责令的期限内未公示企业信息的、企业公示信息隐瞒真实情况或弄虚作假的、通过登记的住所(经营场所)无法联系的四种情况将被市场监督管理部门列入经营异常名单。被列入经营异常名录届满3年仍未履行相关义务的企业将被列入严重违法失信企业名单也就是我们所说的"黑名单"。不配合市场监督管理部门抽查,情节严重的将被列入国家企业信用信息公示系统并对外公示。

2. 失信企业的信用约束

对列入经营异常名录或者严重违法企业名单的企业,将在政府采购、工程招投标、国有土地出让、授予荣誉称号、银行办理贷款、办理变更登记、各类资格认定、企业法定代表人担任相关职务等诸多社会和经营环节中依法予以限制和禁止准入,形成"一处违法、处处受限"的信用惩戒格局。

(三) 公众监督

《企业信息公示暂行条例》第 13 条第 1 款规定:"公民、法人或者其他组织发现企业公示的信息虚假的,可以向市场监督管理部门举报,接到举报的市场监督管理部门应当自接到举报材料之日起 20 个工作日内进行核查,予以处理,并将处理情况书面告知举报人。"社会主体通过国家企业信用信息公示系统查询公司主动公示信息时,发现企业公司信息虚假的,可以向市场监督管理部门举报,督促公示机关主动作为。依据《市场监督管理投诉举报处理暂行办法》第 31 条第 2 款的规定,举报人实名举报的,有处理权限的市场监督管理部门还应当自作出是否立案决定之日起 5 个工作日内告知举报人。

公民、法人或者其他组织认为政府部门在企业信息公示工作中的行政行为侵犯其合法权益的,可以依法申请行政复议或者提起行政诉讼。

关联法条

1.《民法典》第 65 条、第 86 条
2.《企业信息公示暂行条例》第 6 条、第 10 条

第四十一条 【提升登记便利化】

> 第四十一条　公司登记机关应当优化公司登记办理流程,提高公司登记效率,加强信息化建设,推行网上办理等便捷方式,提升公司登记便利化水平。
>
> 国务院市场监督管理部门根据本法和有关法律、行政法规的规定,制定公司登记注册的具体办法。

一、修订情况

本条为新增条款,规定公司登记机关应优化公司登记办理流程,提高公司登记效率等内容。借鉴《市场主体登记管理条例》第 6 条的规定,本条的调整对象为公司登记机关而非公司。

通过优化公司登记服务,加强信息化建设,能够让企业和群众办事更方便、更快捷、更高效,降低企业成本,优化营商环境,进而有效释放市场活力,激发企业创新创业的积极性。

二、理论基础

本条的调整对象是公司登记机关。公司登记制度作为公司法的核心制度,其本质属性应是基于公司法律关系主体的理性意思自治,面向公众提供公司登记信息的公共信息服务。[①] 增加对公司登记机关优化公司登记办理流程与加强信息化建设的要求,是为了解决公司登记实践中前置行政审批、核准程序过于繁杂的问题。在制度价值取向上,从安全优先转向了效率优先。在制度理念上,淡化了公司登记中的行政管制色彩,强调公司登记的服务属性,与公司登记的行政确认性质相契合。

[①] 参见刘俊海:《公司登记制度现代化的解释论与立法论:公共信息服务、公示公信效力与可诉可裁标准的三维视角》,载《法律适用》2023 年第 1 期。

党的十九大报告明确提出建设"数字中国""智慧社会"。依托先进的计算机与网络技术,电子政务被广泛应用到各地政府机构的公共服务环节。推行网上办理等便捷方式,提高在线服务率,有助于优化营商环境和公共服务治理水平,打造服务型政府,推动国家治理能力现代化。

三、制度演变

2014年《公司登记管理条例》第56条、第58条规定公司登记机关应当将公司登记、备案信息、公司报送的上一年度年度报告通过企业信用信息公示系统向社会公示。该条例于2016年修订时沿用了前述规定。

2017年4月,原国家工商行政管理总局发布《关于推行企业登记全程电子化工作的意见》,明确提出"以企业登记全程便捷、高效、利民为目标,在保留窗口登记的同时,2017年10月底前开通涵盖所有业务、适用所有企业类型的网上登记系统,实现各类型企业的设立、变更、备案、注销等各个业务环节均可通过互联网办理,有条件的地方逐步实施无纸全程电子化登记"。之后,全国各省市公司登记机关在保留窗口登记的同时,广泛开通了涵盖所有企业类型、所有登记业务的企业全程电子化登记管理系统。

2022年3月实施的《市场主体登记管理条例》及《市场主体登记管理条例实施细则》提出,国务院市场监督管理部门应当加强信息化建设,制定统一的市场主体登记数据和系统建设规范。县级以上地方人民政府承担市场主体登记工作的部门应当优化市场主体登记办理流程,提高市场主体登记效率,推行当场办结、一次办结、限时办结等制度,实现集中办理、就近办理、网上办理、异地可办,推进登记全程电子化,规范登记行为,优化登记办理流程,提升市场主体登记便利化程度。

新《公司法》第41条关于公司登记机关应优化公司登记办理流程、提高公司登记效率等规定,回应了当前各地推动企业全程电子化登记发展现状。

四、案例评析

浙江省杭州市某区人民检察院督促治理虚假登记市场主体检察监督案
(最高人民检察院第四十二批指导性案例 检例第169号)

基本案情: 2018年8月,王某在购买车票时发现自己被纳入限制高消费名单,经查询得知,其遗失的身份证被他人冒名用于登记设立某咨询公司,王某被登记为公司法定代表人,因某咨询公司欠款未还,王某被法院列为失信被执行人。2018年11月,王某向某区市场监督管理局申请撤销登记,该局未同意。王某申请笔迹鉴定,鉴定意见证明注册的登记资料和委托书上的"王某"签名均非其本人书写。2019年3月,王某向某区人民法院提起行政诉讼,请求判令某区市场监督管理局撤销公司登记。因王某提起的行政诉讼已超过法定起诉期限,依据浙江省高级人民法院、浙江省人民检察院《关于共同推进行政争议实质性化解工作的纪要》,某区人民法院邀请检察机关共同开展行政争议实质性化解工作。

处理结果:某区人民检察院经调查查明王某确系被冒名登记,遂于2019年11月18日向某区市场监督管理局发出检察建议书,建议其依法启动公示和调查程序。某区市场监督管理局收到检察建议后,按照规定启动了公示调查程序,并于2020年4月23日撤销王某名下的某咨询公司。某区人民检察院针对王某案反映出的提交虚假材料或者采取其他欺诈手段隐瞒重要事实取得市场主体登记问题,依法启动行政检察类案监督,经调查发现,杭州某灯饰有限公司等74家公司亦存在提交虚假材料取得公司登记用于违法犯罪活动的行为。

某区人民检察院针对案件办理过程中发现的职能衔接不畅、信息共享不及时、传统监管手段滞后等问题,会同区法院、公安、人社、市场监管、税务等部门,建立线索移送反馈、快速联动查处、定期案情通报等工作机制,形成虚假登记行政监管"快通道"。2022年4月,浙江省人民检察院在全省推广某区经验,开展虚假登记数字监督专项行动,通过数字赋能,促进社会治理。

评析:本案是浙江检察机关运用数据赋能法律监督的一个典型案件。本案的顺利办结得益于市场监管、人社、税务、银行和司法机关各主体之间打通了"数据孤岛",建立起跨部门的信息共享机制,运用大数据挖掘分析,从个案办理发现类案线索,推动建立执法和司法办案数据互联互通的数字化治理平台,建立数据交换、业务协同、关联分析、异常预警的数字化治理模式,推动跨部门高效协同数字化诉源治理。本条通过规范公司登记机关的行政行为,对公司登记事项提出了流程化、信息化建设的新要求,有利于深化商事制度改革、持续优化营商环境、提升审批服务效率、实现企业登记全程电子化。

五、律师实务指引

(一)公司登记注册实施规范

新《公司法》第41条第2款授权"国务院市场监督管理部门根据本法和有关

法律、行政法规的规定,制定公司登记注册的具体办法"。近年来,国家市场监督管理总局陆续发布《市场主体登记管理条例》《市场主体登记管理条例实施细则》《市场主体登记提交材料规范》《市场主体登记文书规范》等行政法规、部门规章、规范性文件,为优化公司登记办理流程、提高公司登记注册效率提供重要指导。此外,国家市场监督管理总局于2023年8月17日发布的《市场监管领域行政许可事项实施规范》中第27项为"企业登记注册实施规范",为公司等市场主体登记注册提供明确实施依据。

(二)各地市场监督管理部门优化商事登记的举措

《广东省商事登记条例》第49条规定:"登记机关应当逐步推行全程电子化商事登记。全程电子化登记是指申请人通过登记机关的全程电子化登记网站,以电子文档的形式向登记机关申请,登记机关在网上受理、审查、发照和存档的登记方式。电子营业执照与纸质营业执照具有同等法律效力。"

《深圳经济特区商事登记若干规定》第23条规定:"商事登记推行网上申请、受理、审查、签发营业执照和存档。电子档案、电子营业执照与其纸质文本具有同等法律效力。商事主体可以领取电子营业执照,也可以同时领取营业执照纸质文本。"

《天津市市场主体登记管理若干规定》第4条规定:"市市场监督管理部门应当加强信息化建设,按照国家市场主体登记数据和系统建设规范,建设完善市场主体登记相关业务系统。市市场监督管理部门应当将市场主体登记相关信息推送至市信息资源统一共享交换平台,相关部门从市信息资源统一共享交换平台获取并使用共享信息。"

(三)关于登记机关是否承担行政赔偿责任

《国家赔偿法》第5条规定,"因公民、法人和其他组织自己的行为致使损害发生的",国家不承担赔偿责任。最高人民法院《关于审理公司登记行政案件若干问题的座谈会纪要》规定,"因申请人隐瞒有关情况或者提供虚假材料导致登记错误引起行政赔偿诉讼,登记机关与申请人恶意串通的,与申请人承担连带责任;登记机关未尽审慎审查义务的,应当根据其过错程度及其在损害发生中所起作用承担相应的赔偿责任;登记机关已尽审慎审查义务的,不承担赔偿责任"。由于登记机关仅对申请材料是否齐全、是否符合法定形式进行审查,公司登记机关已尽到审查义务的,不承担赔偿责任。

市场主体登记部门应明确申请登记、备案资料的审查边界、审查程度,并通过完善法律制度明晰法律责任划分及救济途径。

关联法条

1.《市场主体登记管理条例》第 6 条
2.《市场主体登记管理条例实施细则》第 3 条第 1 款、第 5 条

第三章 有限责任公司的设立和组织机构

修订概述

本章规定了有限责任公司的设立和组织机构,共42条,分为2节。

第一节名为"设立",共16个条文,涵盖有限责任公司设立及股东出资等方面的法律规定。公司设立,是指为组织公司并取得公司法人资格而完成的一系列筹建行为的总称。① 公司设立既涉及公司法上一系列基本的理论问题,同时也具有很强的实务性特征。本节涉及实质修改的重点条款共13条,即新《公司法》第43条、第44条、第47~57条。此外,因新《公司法》新增"公司登记"一章,统一规定公司设立登记的条件,无须再单列一个条文规定有限责任公司的设立条件,故2018年《公司法》第23条关于有限责任公司设立之法定条件的相关规定被删去,第29条的主要内容被调整至新《公司法》第30条,第34条的实质内容被调整至新《公司法》第227条第1款、第210条第4款。

第二节名为"组织机构",顾名思义,对有限责任公司的组织机构进行了明确,共涉及三类组织机构和一类职位(三会一层),即股东会、董事会和监事会,以及由董事会选任的经理职位。本节涉及实质修改的重点条款共14条,即《公司法》第59条、第66~71条、第73~76条、第80条、第81条、第83条。

出于精简立法文本与结构的原因,新《公司法》删除了2018年《公司法》第二章第三节"一人有限责任公司的特别规定"的大部分条款,即2018年《公司法》第57~60条、第62条,并将2018年《公司法》第61条的实质内容调整至新《公司法》第60条,第63条的实质内容则调整至新《公司法》第23条第3款。之所以删除前

---

① 参见施天涛:《公司法论》(第3版),法律出版社2014年版,第81页。

述条款,是因为此类条款的实质内容已经并入有限责任公司的具体规定中,已无必要单独规定。新《公司法》还将 2018 年《公司法》第二章第四节"国有独资公司的特别规定"中的条款调整至《公司法》第七章"国家出资公司组织结构的特别规定"。

实质上,新《公司法》针对实务中的关键问题进行了有效的回应,增设了必要的制度性规定,务求通过法律的完善,为企业持续发展扫清制度障碍。例如,第 47 条明确注册资本认缴制,并新增股东出资最长认缴期限;第 51 条新增股东出资催缴制度,明确规定了董事会核查出资及催缴出资的义务与责任;第 52 条新增股东失权制度,明确规定未履行出资义务股东或将丧失未缴纳出资部分的股东权利;第 54 条新增股东出资加速到期制度,以加强股东出资的及时落实。

形式上,新《公司法》对 2018 年《公司法》进行了文本语言和逻辑结构上的修订,采取了更加精练简洁的语言模式,同时增加必要的表达,并重新审视节内条文逻辑,对条文顺序进行调整,更加注重语言文本的严谨性和简洁性,对实践中适用模糊的条文进行了立法回应,通过修改或增设必要的表达提高精准度。例如,新《公司法》第 70 条对董事辞任制度进行细化,区分了辞职与辞任的概念使用,明确了董事辞任生效的日期,同时在董事辞任生效的"但书"规定中,采"董事应当继续履行职务"的表达明确董事义务;第 81 条明确了监事会决议应经全体监事过半数通过的规定。

《公司法》第三章第一节的修订,一方面,充分吸收理论成果,丰富和完善公司法制度;另一方面,以突出问题导向、解决现实问题为《公司法》修订的目标和价值取向,回应了注册资本认缴制全面实施以来出现的由股东出资瑕疵引发的一系列社会问题。而第三章第二节的修订,核心在于使我国《公司法》规定更加契合公司意思自治的价值取向,在保障市场运行秩序的前提下,最大限度上给予公司治理的自主权。

第四十三条 【设立协议】

> 第四十三条 有限责任公司设立时的股东可以签订设立协议,明确各自在公司设立过程中的权利和义务。

一、修订情况

2018年《公司法》第79条第2款规定"发起人应当签订发起人协议,明确各自在公司设立过程中的权利和义务"。该条归属于第四章"股份有限公司的设立和组织机构"第一节"设立",即"签订发起人协议"是股份有限公司发起人的法定义务。因此,就有限责任公司而言,2018年《公司法》并未对股东协议或设立协议作出规定,即法律对有限责任公司并未强制要求签订该等协议。

本条属于发挥提示功能的注意性规定,就有限责任公司而言,设立协议属于可选项,可由有限责任公司设立时的股东协商确定是否签订。

二、理论基础

有限责任公司设立时的股东,又被称为"发起人",是为设立公司而签署公司章程、向公司认购出资并履行公司设立职责的人。公司设立协议是公司发起人间设立、变更、终止与公司设立事项法律关系的协议,是公司发起人在设立公司过程中的行为规范。

尽管2018年《公司法》并未就公司设立协议作出相关的规定,但司法实践中公司发起人间订立公司设立协议的做法早已屡见不鲜,本次新《公司法》第43条恰恰是对公司设立实践需求的回应,为公司发起人的权利义务关系提供了规范指引。

公司设立协议确立了公司的基本结构与性质,协调了各发起人间的权利义务关系。实践中常用的公司设立协议涵盖了公司发起人的权利和义务条款、法律责任条款、法律适用条款、不可抗力条款等。设立中的公司不具有独立人格,不能独立承担法律义务、法律责任。根据新《公司法》第44条的规定,公司发起人为设立公司所从事活动引起的法律责任可能由公司承担,可能由公司发起人承担,亦有可能由公司承担后向公司发起人追偿。当公司发起人人数为2人以上时,公司发起人对外承担连带债务,每位公司发起人均须对全体公司发起人所负所有债务承担清偿责任;而在公司发起人内部,各公司发起人之间承担按份责任。

公司设立协议与公司章程在内容上有密不可分的联系,两者均对公司的名称、注册资本、经营范围、股东构成、组织机构等事项作出约定,对未来公司的性质、框架及内外法律关系作出总体的设计。但两者间又存在诸多区别:从效力上看,公司设立协议具有相对性,仅对订立协议的公司发起人产生法律约束力;而公司章程则调整章程制定前后公司所有股东、股东与公司、公司管理机构等主体的法律关系。公司设立协议调整公司设立过程的法律关系,其效力始于公司设立程序的开始,终于公司设立程序的完成;而公司章程的效力则贯穿了公司的整个存续期间,直至公司主体资格终止。

三、制度演变

自1993年颁布《公司法》后,"发起人"一直是股份有限公司体系下的重要概念,股份有限公司诸多规则都围绕"发起人"构建。然而,无论是哪一部《公司法》,均未将"发起人"概念纳入有限责任公司法律体系之中。

2005年《公司法》和《证券法》中首次出现"发起人协议"这一概念。2005年《公司法》第80条第2款规定"发起人应当签订发起人协议,明确各自在公司设立过程中的权利和义务"。但在两部法律中,"发起人协议"都是股份有限公司制度下的概念。在其后的商事法律之中,有限责任公司制度下亦未出现类似于"发起人协议""设立协议"的概念。

2011年《公司法司法解释三》拓展了"发起人"概念的辐射范围。其第1条规定:"为设立公司而签署公司章程、向公司认购出资或者股份并履行公司设立职责的人,应当认定为公司的发起人,包括有限责任公司设立时的股东。"依据该规定,有限责任公司设立时股东签署的协议,似乎也应称为"发起人协议"。

本次《公司法》修订厘清了有限责任公司设立时股东和股份有限公司发起人的概念,进一步区分了有限责任公司语境下的设立协议与股份有限公司语境下的发起人协议。

四、案例评析

案例一：宁夏君信创业投资有限公司与上海绿谷伟业生态工程有限公司出资纠纷管辖异议上诉案（《民商事审判指导案例》2004年第2辑）

基本案情：宁夏绿谷制药有限公司（以下简称宁夏绿谷）于1998年8月设立，注册资本为1000万元，股东为宁夏药物研究所和上海绿谷集团。2000年8月，宁夏绿谷通过股东会决议，将公司注册资本增加至3800万元，新增加的出资额应于2000年9月30日前缴足。

2000年9月26日，宁夏绿谷通过股东会决议，同意宁夏药物研究所转让其持有的宁夏绿谷部分股权给宁夏君信创业投资有限公司（以下简称宁夏君信）、内蒙古临河兴科药业有限公司；同意上海绿谷伟业生态工程有限公司（以下简称上海绿谷）转让其持有的宁夏绿谷部分股权给北京市大地科技实业总公司、北京君益润泰投资咨询有限公司、上海北融资产管理有限公司。原股东一致同意放弃对本次转让的优先认购权。

2000年10月，上述各方订立了《发起人协议》，一致同意设立宁夏博尔泰力药业股份有限公司（以下简称宁夏博尔泰力公司），该协议对发起人未按规定的期限、数额缴纳出资约定了违约责任即"每违约一天，违约方应缴付其违约部分出资额的千分之五作为违约金给履约方"。同月，宁夏博尔泰力公司设立，注册资本金为人民币3800万元。

2003年10月，原告宁夏君信起诉称：被告上海绿谷在认购的股份中虚假出资，构成对原告等已经足额出资的股东的违约，依据《发起人协议书》约定，被告应当承担不足出资的违约责任。在本案一审期间，被告上海绿谷提出管辖权异议称：被告公司注册所在地为上海，在宁夏没有任何经营地，因此，宁夏回族自治区高级人民法院对本案没有管辖权，请求将本案移送至上海有关法院管辖审理。

裁判情况：一审法院认为，本案所涉诉讼为股东出资纠纷，被告上海绿谷与原告宁夏君信等六家法人单位签订《发起人协议》，投资设立宁夏博尔泰力公司，该《发起人协议》履行地在宁夏博尔泰力公司注册地宁夏回族自治区银川市开发区。根据《民事诉讼法》（1991年）第24条的规定，因合同纠纷提起的诉讼，由被告住所地或者合同履行地人民法院管辖。故一审法院对本案有管辖权，裁定驳回被告上海绿谷的异议。

最高人民法院二审认为,上海绿谷与宁夏君信之间基于协议而产生的出资纠纷,其实质仍然是合同纠纷的一种,应当根据《民事诉讼法》的规定认定管辖。由于宁夏绿谷以及宁夏博尔泰力公司的住所地均在宁夏回族自治区银川市,所以出资行为的履行地应为银川市,宁夏回族自治区高级人民法院作为本案合同履行地的人民法院对本案有管辖权,裁定驳回上诉,维持原裁定。

评析:该案为最高人民法院公报案例。在此引用该案例,仅讨论设立协议(发起人协议)的争议管辖问题。

虽然该案最终的管辖法院为宁夏回族自治区高级人民法院,也系公司住所地法院。但是,我们应当注意到,因设立协议(发起人协议)产生纠纷的管辖并不必然应视为"因公司设立纠纷提起的诉讼"而由公司住所地法院管辖。最高人民法院在该案管辖裁定时首先明确案涉纠纷仍然是合同纠纷,其次争议出资行为的履行地为拟设立的公司的住所地,最后以合同履行地的人民法院为标准确认管辖。

基于设立协议(发起人协议)系一种合同的认定,仅就管辖而言,律师实务中就至少应当考虑以下问题:(1)是否约定管辖;(2)是否约定由公司住所地以外的法院管辖;(3)是否约定仲裁。

案例二:王某诉 M 公司履行项目合资协议书纠纷案(《民事审判指导与参考》2017 年第 3 辑)

基本案情:2011 年,王某与 M 公司签订《××项目合资协议书》,约定双方共同出资 5000 万元,合资建设××化工项目,并以 5000 万元作为注册资本成立合资公司,王某与 M 公司分别持有合资公司 20%、80%股权。《××项目合资协议书》对合资公司的生产规模、经营范围、经营期限、项目用地、组织结构、股金管理及流动资金筹措、年度分红比例、管理模式、王某与 M 公司双方的权利义务等进行了约定。其中 M 公司负责"项目的审批工作""办理合资公司的注册登记,组织安全、消防、环保、劳动卫生评价及相关证件的办理工作"。其后,合资公司成立,王某和 M 公司依约履行了出资义务。但合资公司在开工建设××项目后不久,因未取得环保部门批准的环境影响评价文件,被当地环保部门责令停止生产至今。

王某向一审法院起诉,称 M 公司未能按照《××项目合资协议书》的约定办理合资公司的环保手续，构成违约，致使案涉项目被停止生产，合同目的已经无法实现。请求解除双方之间的《××项目合资协议书》、由M公司返还王某全部出资款并向王某支付违约金。

裁判情况：一审法院认为，王某与M公司之间签订的《××项目合资协议书》系双方当事人的真实意思表示，不违反法律和行政法规的强制性规定，合法有效。《××项目合资协议书》明确约定双方共同出资5000万元，合资建设××项目，并以5000万元为注册资本成立合资公司。《××项目合资协议书》签订后，双方依约定履行了出资义务，合资公司已经设立，双方设立公司进行生产经营的目的已经实现，双方也由合资协议的主体转变为合资公司的股东。合资公司已经设立，并且已经开始经营生产，双方签订的合作协议已经实际履行，合同目的已经基本实现。王某要求解除合资协议，实质上涉及合资公司的解散问题。因此，王某以合资公司因环保问题停止生产、合同目的不能实现要求解除合资协议的理由不能成立，不予支持。

王某依据协议缴纳的1000万元出资，在合资公司成立后即成为合资公司的注册资本金，由合资公司管理使用，非经法定程序不得撤回。王某并没有将出资交付M公司，协议书没有约定由M公司承担返还出资的义务，也没有证据证明M公司占有使用王某的出资款，因此王某要求M公司返还出资款没有事实和法律依据，不予支持。

王某不服一审判决，提起上诉，仍然坚持其一审时的诉讼请求。王某主张《××项目合资协议书》是在项目合作基础上的一个商业合同，而不是一个简单的公司发起设立协议。《××项目合资协议书》在履行过程中发生争议，应当适用合同法，而不是公司法。

二审法院在审理过程中，对于本案如何处理，存在争议。

最高人民法院民一庭认为，若公司发起人订立的协议中不仅包含了设立公司的内容，还包含了公司成立后如何运营、双方在公司运营中的权利义务等其他内容，则应根据具体内容来认定协议的性质，不宜简单认定为单纯的公司设立协议。公司成立后，一方诉请解除的，应根据原《合同法》第94条等相关规定进行审查和判断，不宜简单驳回。合同解除后公司解散事由出现并依法进行清算。

评析：该案《××项目合资协议书》既约定了公司设立的相关内容，也约定了公司成立后运营相关的各方权利义务。正是这种混合的安排，使得本案当事人在诉讼中处于尴尬的境地。对于股东之间的投资协议,应当结合具体内容来认定其性质,并在《民法典》的框架内谨慎判断协议是否具备解除条件。

五、律师实务指引

(一)设立协议并非有限责任公司设立前的规定动作

相较于股份有限公司设立时必须签订发起人协议,有限责任公司设立时的设立协议属于可选项,股东可协商确定是否签订。我们认为,股权结构相对简单的小型有限责任公司,就公司设立时各方权利义务不存在《公司法》规定以外的特殊约定的,可不必签订设立协议;设立周期长、筹备事项复杂的有限责任公司,则可通过签订设立协议明确各方权利义务。

(二)设立协议的效力

设立协议是有限责任公司设立时股东的内部约定,其效力及于合同各方。设立协议并非公司登记事项,外部主体无从知晓,因此,设立协议应不具备对抗外部善意相对人的效力。

律师实务中还应注意设立协议约定与法律规定(如新《公司法》第44条)不一致时的效力问题,注意审查设立协议是否违反法律、行政法规的强制性规定,是否违背公序良俗等。

(三)设立协议的变更不适用资本多数决

设立协议的本质是合同,因此,虽然约定事项多与公司相关,但对其约定的变更应不适用资本多数决,而应当适用《民法典》第543条的规定,即未经协议当事人协商一致,不得变更设立协议。

律师实务中应特别注意,设立协议不宜过于细碎和烦琐,否则可能会出现个别股东不同意变更,影响公司顺利设立的情况。

(四)设立协议与公司运营的关系

1. 区分公司成立前后的交易安排

设立协议应聚焦公司设立相关问题,重点解决公司设立过程中各方股东的权利义务、设立不成时的交易安排等;不宜过多安排公司成立后的运营事项,该等运营事项可安排在公司章程或公司成立后再行签署的股东协议、公司决议中。

2. 审慎安排设立协议的解除条款

鉴于设立协议的目的是组建公司,是关于公司架构的基础性文件之一,律师对设立协议的解除条款尤其应当慎重,应避免轻易触发约定的解除条件,导致协议一方诉请解除协议。就一方违反设立协议的行为,可设置违约条款。

关联法条

《民法典》第 75 条

第四十四条 【公司设立行为的法律后果】

> 第四十四条 有限责任公司设立时的股东为设立公司从事的民事活动,其法律后果由公司承受。
>
> 公司未成立的,其法律后果由公司设立时的股东承受;设立时的股东为二人以上的,享有连带债权,承担连带债务。
>
> 设立时的股东为设立公司以自己的名义从事民事活动产生的民事责任,第三人有权选择请求公司或者公司设立时的股东承担。
>
> 设立时的股东因履行公司设立职责造成他人损害的,公司或者无过错的股东承担赔偿责任后,可以向有过错的股东追偿。

一、修订情况

本条是有限责任公司情境下法人设立行为相关的新增条款。本条吸收了《公司法司法解释三》第1~5条和《民法典》第75条对先公司交易行为法律后果承受问题的规定,并无实质性变化,但立法逻辑更为清晰。

本条第1款和第2款是对《民法典》第75条第1款在有限责任公司语境下的具体化,第3款是对《民法典》第75条第2款的具体化。

在此基础上,本条增加第4款"设立时的股东因履行公司设立职责造成他人损害的,公司或者无过错的股东承担赔偿责任后,可以向有过错的股东追偿",将《公司法司法解释三》第5条的相关规定纳入了《公司法》。

二、理论基础

本条作为新增的条文,对公司发起人设立公司所实施的法律行为及其责任承担问题作出了规定。本条中的"为设立公司从事的民事活动"指的是公司发起人为设立公司必须实施的行为,若该行为非基于设立公司的必要或是出于个人的私利,则不属于本条规范的行为。在实践中,公司发起人为设立公司所实施的民事行为通常包括与其他主体订立租赁合同、买卖合同、聘请中介机构等。公司发起人会与多个主体建立法律关系,如无相应规定,则可能导致法律关系与责任分配的混乱。因此,本次修法通过新设条文的方式在《公司法》中明确公司设立行为的责任承担,有助于进一步规范公司设立行为,保障其他交易主体利益。

针对设立中的公司的法律性质,本次立法采通说"无权利能力社团说"。该说主张设立中的公司尚未取得法人资格,不具有民事权利能力及民事行为能力,视为一个无权利能力的社团。发起人作为一个整体应对外代表设立中的公司实施设立行为并履行设立义务,发起人间的关系则属于合伙关系。①

本条第2款规定,当公司设立失败时,全体公司发起人需要对设立行为产生的债务承担连带责任。若公司仅有一名公司发起人,则公司设立过程中产生的权利、义务、责任由该公司发起人独自承受。若有两名以上公司发起人,则公司设立过程中产生的权利、义务、责任由全体公司发起人共同承受。其一,发起人为设立公司而投入的财产已经不再是发起人的个人财产,而是设立中公司的财产,由全体公司发起人共同共有。在公司设立失败的情况下,这些财产的归属应当按照合伙财产的分配规则确定。其二,对于公司设立过程中产生的债权,全体公司发起人享有连带债权,部分或全部公司发起人均可以请求债务人履行债务。其三,对于公司设立过程中产生的债务,全体公司发起人承担连带债务。

本条第3款规定,当公司发起人以其个人名义为设立公司从事民事活动时,根据债的相对性原理,无论公司设立成功与否,公司发起人均应向债权人承担责任。当发起人基于设立公司的目的以个人名义从事民事行为,发起人与公司间实际上构成隐名代理关系。第三人在知情的情况下,可以选择作为受托人的公司发起人或者作为委托人的公司作为其主张权利的对象。

本条第4款规定了公司发起人因履行公司设立职责造成他人损害的责任承担规则,包括公司成立后的责任承担规则和公司设立失败时的责任承担规则。在公司设立成功的情形下,作为设立中的公司机关的公司发起人所为的公司设立行为应当视为公司的行为,责任由公司承担。公司承担责任后,可以向有过错的发起人追偿。在公司设立失败的情形下,依公司发起人之间的合伙关系,在外部关系上,

---

① 参见尹志强、李燕:《公司设立失败时的责任承担问题研究》,载《人民司法·应用》2008年第23期。

全体公司发起人对损害承担连带赔偿责任;而在内部关系中,无过错的公司发起人可以向有过错的公司发起人追偿,由有过错的公司发起人承担终局责任。

三、制度演变

(一)2011年之前,仅规定股份有限公司发起人责任

1993年《公司法》第97条规定:"股份有限公司的发起人应当承担下列责任:(一)公司不能成立时,对设立行为所产生的债务和费用负连带责任;(二)公司不能成立时,对认股人已缴纳的股款,负返还股款并加算银行同期存款利息的连带责任;(三)在公司设立过程中,由于发起人的过失致使公司利益受到损害的,应当对公司承担赔偿责任。"该规定直至2018年《公司法》均未有所变动,但无论哪一部《公司法》都未对有限责任公司设立时的股东作出类似的规定。

(二)2011年《公司法司法解释三》扩展发起人外延

2011年《公司法司法解释三》将有限责任公司设立时的股东纳入"发起人"范围,并在这一语义体系之下规定发起人责任,扩充了有限责任公司设立时股东有关行为的后果承担规定。该解释第2条、第3条规定了公司成立后合同义务的承继问题,第4条规定了公司因故未成立时的责任承担问题,第5条规定了公司设立行为的侵权赔偿责任问题。

《公司法司法解释三》第2条是有关"发起人为设立公司以自己名义对外签订合同"的责任承担规定。具体为"发起人为设立公司以自己名义对外签订合同,合同相对人请求该发起人承担合同责任的,人民法院应予支持。公司成立后对前款规定的合同予以确认,或者已经实际享有合同权利或者履行合同义务,合同相对人请求公司承担合同责任的,人民法院应予支持"。当时,成立后的公司"对前款规定的合同予以确认"或公司"已经实际享有合同权利或者履行合同义务",是公司承继合同义务、承担合同责任的前置条件。换言之,公司附条件承担合同责任。

《公司法司法解释三》第3条未被修改过。该条是有关"发起人以设立中公司名义对外签订合同"的责任承担规定。该条第2款规定了公司不承担合同责任的例外情形,即"有证据证明发起人利用设立中公司的名义为自己的利益与相对人签订合同";当然"相对人为善意的"公司仍应承担责任。我们可以认为,该款所描述的行为已不属于法人设立行为,而是发起人为自己的利益冒用设立中公司名义签订合同的行为。

《公司法司法解释三》第 4 条、第 5 条颁布至今一直未作修改,不再赘述。

(三)2017 年《民法总则》实施后与《公司法司法解释三》的冲突

关于法人设立行为的法律后果,2017 年《民法总则》第 75 条规定:"设立人为设立法人从事的民事活动,其法律后果由法人承受;法人未成立的,其法律后果由设立人承受,设立人为二人以上的,享有连带债权,承担连带债务。设立人为设立法人以自己的名义从事民事活动产生的民事责任,第三人有权选择请求法人或者设立人承担。"

可见,自 2017 年《民法总则》实施以来,2011 年《公司法司法解释三》第 2 条的公司附条件承担合同责任的规定已经与 2017 年《民法总则》的规定相冲突。

(四)2020 年《公司法司法解释三》修正,其规定与《民法典》保持一致

2020 年《公司法司法解释三》进行修正,删去了原第 2 条第 2 款的两个前置条件,与《民法典》保持一致。

四、案例评析

案例一:格尔木力腾新能源有限公司诉青海力腾新能源投资有限公司合同纠纷案[最高人民法院(2019)最高法民终 211 号]

基本案情:2012 年 3 月,青海力腾新能源投资有限公司(以下简称青海力腾公司)与中船重工西安东仪新能源有限责任公司(以下简称西安东仪公司)签订《合作框架协议书》,双方约定:鉴于青海力腾公司拥有小灶火风电场项目的建设审批手续,拟分六期工程实施,青海力腾公司已办理完毕取得一期项目的相关审批核准手续,并进行了部分基建工程的建设工作;双方共同出资成立项目公司格尔木力腾新能源有限公司(以下简称格尔木力腾公司),分别持有项目公司 10%、90% 的股权,由项目公司实施完成全部项目的投资、建设、运营。青海力腾公司同意将小灶火风电场项目的有形资产和包括项目合法建设、运行所需的全部审批手续等无形资产转入格尔木力腾公司,并由格尔木力腾公司支付有形资产转让费和无形资产转让费(1700 万元/期)。

2012 年 4 月,格尔木力腾公司注册成立并向青海力腾公司支付资产转让费 1600 万元。2012 年 6 月,青海力腾公司将一期项目文件、批复等全部手续移交给格尔木力腾公司。2015 年 1 月,国家能源局下发通知不再将格尔木小灶火二期风电场项目纳入核准计划管理,取消其核准资格。2017 年 5 月,海西州政府通报称,

因格尔木力腾公司未在项目前期工作有效期内办理手续,取消其二期项目开发资格。

青海力腾公司向一审法院起诉,请求判令格尔木力腾公司立即支付一期项目前期建设总投资1718万元与尚未支付完毕的无形资产转让费100万元等。

格尔木力腾公司提出反诉,请求依法确认《合作框架协议书》无效,以及青海力腾公司向格尔木力腾公司出售小灶火风电场一期项目行为无效,判令青海力腾公司返还格尔木力腾公司已支付的资产转让费1600万元等。

裁判情况:青海省高级人民法院2018年11月作出一审民事判决,支持青海力腾公司关于由格尔木力腾公司给付有形资产和无形资产费合计1818万元并承担相应利息的诉讼请求,驳回格尔木力腾公司的反诉请求。格尔木力腾公司提出上诉。最高人民法院于2019年3月判决驳回上诉,维持原判。

最高人民法院认为,青海力腾公司与西安东仪公司为实现合作目的,签订《合作框架协议书》设立目标公司格尔木力腾公司,并就青海力腾公司将案涉项目移交格尔木力腾公司,以及格尔木力腾公司向青海力腾公司支付相应转让款作出约定。青海力腾公司已依据其与西安东仪公司《合作框架协议书》的约定,将案涉项目前期投资成果注入移交格尔木力腾公司,格尔木力腾公司已经支付部分费用,并已实际经营管理案涉风电场一期项目。格尔木力腾公司虽然不是《合作框架协议书》的签订主体,但其系基于《合作框架协议书》而设立,并实际享有《合作框架协议书》为其约定的合同权利,且已履行部分合同义务,理应承担《合作框架协议书》约定的合同责任。格尔木力腾公司知晓合同内容,已经接受了协议并按协议履行,《合作框架协议书》对格尔木力腾公司有约束力,对于格尔木力腾公司提出的其不是合同相对人故不承担合同责任的上诉理由,不予支持。

评析:公司虽然不是设立协议的合同相对方,但是,最高人民法院依据《公司法司法解释三》(2011年)第2条的规定,以公司实际享有《合作框架协议书》为其约定的合同权利,且已履行部分合同义务为由,裁判公司应承担合同责任。

由本案可知,当时,在某种情形下,公司设立协议亦可能属于《公司法司法解释三》(2011年)第2条规定的合同范围,一方股东可请求设立后的公司承担合同责任。

2023年《公司法》修订后,本案事实以第44条第1款规定进行衡量,西安东仪公司作为设立时的股东为设立格尔木力腾公司从事的活动,其法律后果亦应由格尔木力腾公司承受。

案例二：王某诉李某军、尤某军等12人公司设立纠纷案[陕西省高级人民法院(2012)陕民再字第00010号]

基本案情：秦安磁选矿厂是李某军等12人共同经营的合伙企业。2007年8月，秦安磁选矿厂12名合伙人商议将厂改组为秦安公司，议定了公司设立的相关事项，同时决定引入新投资者王某共同出资设立秦安公司。经磋商，双方就公司设立基本问题形成谈判纪要并办理了公司预留名称登记，同意成立秦安公司，王某担任公司法定代表人，选出了公司董事会成员、监事、经理，确定了出纳和会计。2007年8月，王某将100万元转入秦安公司临设账户，并随后代付矿石款等费用39.6万元。在王某出资前，秦安磁选矿厂账户已无流动资产，经营处于亏损状态，王某注资139.6万元后公司实际经营73天，并有了盈利。2007年12月，王某向法院起诉，请求法院判令李某军等12人退还出资，分配经营利润或者赔偿利息损失，分割资产。

裁判情况：一审法院2009年判决：李某军等12人退还王某出资款139.6万元，支付王某在共同经营期间的盈利款、新增固定资产价值31万余元，共计170万元。二审法院2010年改判：李某军等12人退还王某出资款139.6万元并补偿利息。宣判后，王某申请再审，最高人民法院指令再审。陕西省高级人民法院2012年再审改判：李某军等12人退还王某出资款139.6万元，支付王某在共同经营期间的盈利款和库存商品中铁精粉的利润共计26万余元。

法院生效判决认为，《公司法司法解释三》(2011年)第4条规定了公司设立不能时，发起人按出资比例承担该设立阶段产生的债务的情形，但并未规定设立中公司在公司设立阶段从事经营活动产生的盈利如何分配。根据权利义务相一致的法理及民法的公平原则，对公司设立阶段的债权分配，应比照适用债务承担的规定，发起人有权按照出资比例分配公司设立阶段从事经营行为所产生的盈利。故王某有权按照出资比例参与分配其参与经营的73天中产生的利润及资产。

评析：该案生效裁判发生在2011年《公司法司法解释三》实施后。针对设立中公司经营并产生利润这一特殊的情形，在《公司法司法解释三》第4条仅规定按出资比例分担责任的背景下，再审法院创造性地根据权利义务相一致的法理及民法的公平原则，比照适用作出了本案裁判。

新《公司法》第44条第2款不再片面强调债务责任而同等保护债权,该款虽然已规定"法律后果由公司设立时的股东承受;设立时的股东为二人以上的,享有连带债权",但对股东内部如何分配债权利益并未进一步明确,亟待出台新的司法解释。

五、律师实务指引

(一)注意降低债务风险

新《公司法》第44条所述的连带之债是公司设立时股东的主要风险之一。为尽可能降低该连带之债的风险,律师实务中可建议股东:(1)作为公司设立时的股东,要充分认识到设立时股东的责任和风险;(2)缩短公司设立期间,降低风险暴露时间长度;(3)减少设立时股东的数量,降低其他股东发生风险行为的概率;(4)通过设立协议明确股东内部权利义务,如明确分工,避免多头执行设立事务,必要时将公司设立事务约定集中由特定股东办理;按权责相适应的原则,明确内部责任分担安排等。

(二)协助妥善分配先公司交易中的利益

新《公司法》第44条第2款明确了债权、债务同等连带的原则,填补了《公司法司法解释三》规定侧重于债务承担的漏洞。律师实务中,还应注意公司因故未成立,但设立过程中资产增值或先期经营收益如何分配的问题。这类纠纷常见于以煤炭等矿产资源开发为目的公司设立过程中。

法理上,设立时的股东(发起人)内部作为一个整体,在性质上属于合伙关系的观点已经被广泛接受,持该观点的有王保树、韩长印教授等。[①] 因此,律师在协助部分设立时股东主张权益时,可考虑按合伙关系分配合伙份额的路径。

关联法条

《民法典》第75条

[①] 参见王保树、崔勤之:《中国公司法原理》,社会科学文献出版社2000年版,第164~165页;韩长印:《共同法律行为理论的初步构建——以公司设立为分析对象》,载《中国法学》2009年第3期。

第四十七条 【注册资本】

> 第四十七条 有限责任公司的注册资本为在公司登记机关登记的全体股东认缴的出资额。全体股东认缴的出资额由股东按照公司章程的规定自公司成立之日起五年内缴足。
>
> 法律、行政法规以及国务院决定对有限责任公司注册资本实缴、注册资本最低限额、股东出资期限另有规定的,从其规定。

一、修订情况

新《公司法》将有限责任公司全体股东的出资期限收紧,新增最长认缴期限为自公司成立之日起5年。法律、行政法规以及国务院决定可以对股东出资期限作出特别规定,为设定短于5年的认缴期限预留了空间。

在修法过程中,《公司法(修订草案)(一次审议稿)》与《公司法(修订草案)(二次审议稿)》均未对本条款进行修订,《公司法(修订草案)(三次审议稿)》新增规定"全体股东认缴的出资额由股东按照公司章程的规定自公司成立之日起五年内缴足",规定了有限责任公司认缴出资的最长期限。正式通过的新《公司法》第47条第2款增加法律、行政法规以及国务院有权对"股东出资期限"作另行规定,为金融类公司设定短于5年的认缴期限留下制度空间。新《公司法》第266条进一步明确了5年实缴出资期限的可溯及性,并授权国务院规定具体实施办法。

二、理论基础

2013年《公司法》大幅降低创设公司的门槛,全面实施注册资本认缴制,取消了最低出资额限额、最长出资期限以及法定验资的规定。公司股东对于其认缴的出资额享有按照章程规定的期限利益。但在司法实践中,出现了很多股东认缴期限过长,影响交易安全、损害债权人利益的情形,公司资本的真实性难以保障,由此衍生出大量股东出资纠纷。经常出现股东为逃避承担责任,通过修订章程将股东实缴资本期限长期延后,损害债权人利益的情况。股东的期限利益成了股东逃逸出资义务的保护伞。尽管相关法律及司法解释设定了一些债权人的保护措施,包括要求未出资或未全面履行实缴出资义务的股东承担补充责任(《公司法司法解释三》第 13 条第 2 款)、在执行程序中追加未出资或未足额出资股东为被执行人(最高人民法院《关于民事执行中执行变更、追加当事人规定若干问题的规定》第 17 条)等。但在现有法律框架下,除非公司进入破产程序或具备破产情形而未予破产,债权人在短时间内无法突破出资未到期股东的期限利益,司法层面对债权人利益的保护面临法律依据不足的难题。

本条将认缴出资的时间限制在 5 年内,针对全面认缴制实施后出现的负面效果进行适度修正,这可激励股东在确定出资义务时更加理性地评估投资风险及未来经营需求。本条设置的 5 年最长认缴期限与加速到期制度、股东失权制度、瑕疵股权转让制度等新的制度规定配套联动,形成"强化股东出资责任"的体系性效应,有利于更好地平衡股东出资期限利益与债权人利益保护之间的关系,维护资本充实和交易安全,提高公司制度的公信力。

三、制度演变

1993 年《公司法》确立了严格的法定资本制,要求公司在设立时一次性实缴出资。该法第 23 条第 1 款规定,"有限责任公司的注册资本为在公司登记机关登记的全体股东实缴的出资额",并于第 2 款规定不同类型有限责任公司注册资本的最低限额;第 26 条规定,"股东全部缴纳出资后,必须经法定的验资机构验资并出具证明"。

2005 年《公司法》允许公司资本认而不缴,突破实缴登记制并施加了若干限制。例如,允许注册资本分期缴纳,首次出资额不低于注册资本的 20%,认缴期限为 2 年(投资公司为 5 年),降低了最低注册资本限额,增加了出资形式。

2013 年《公司法》对公司资本制度进行了重大修正,进一步放宽公司设立的门槛,将有限制的认缴制改为完全的认缴登记制,于第 26 条第 1 款规定,"有限责任公司的注册资本为在公司登记机关登记的全体股东认缴的出资额";同时取消了最低注册资本限制(有限责任公司 3 万元,股份有限公司 500 万元)、取消了货币出资比例(不再要求货币出资的最低比例为 30%)、取消首次出资额比例以及完全取消出资期限的限制(首期出资比例不低于注册资本的 20%,有限责任公司由发起人自公司成立之日起 2 年内缴足)、拓宽了股东出资方式、取消了对有限责任公司股东缴纳出资验资等相关规定。将注册资本数额与缴纳期限完全交由股东自主约定,赋予股东出资期限利益。随着《公司登记管理条例》(已失效)于 2014 年修订,公司登记机关也不再将实收资本作为登记管理事项。此后的司法实践与规范体系的配套安排基本维持了 2013 年《公司法》放宽公司资本管制的趋势。

新《公司法》第 47 条新增"全体股东认缴的出资额由股东按照公司章程的规定自公司成立之日起五年内缴足"的规定,对股东出资的认缴期限进行限制,最长认缴期限系自公司成立之日起 5 年。

四、案例评析

J 公司与沈某、王某债权人代位权纠纷案[上海市第二中级人民法院(2017)沪 02 民终 608 号]

基本案情: Y 公司注册资本 5000 万元,其中龚某出资额为 3250 万元、王某出资额为 1250 万元、沈某出资额为 500 万元,出资时间均为 2030 年 7 月 30 日前。2014 年 4 月,法院判决 Y 公司返还 J 公司租赁经营权转让费 200 万元。2015 年,法院认定 Y 公司暂无财产可供执行,裁定终结本次执行程序。J 公司起诉要求沈某、王某在未出资的出资额本息范围内,对 Y 公司不能清偿部分承担补充赔偿责任。

裁判情况: 法院认为,《公司法司法解释三》(2014 年)第 13 条是关于股东未履行或者未全面履行出资义务的责任的规定,该规定的适用要件应指向股东出资义务期限届满时的情形。本案中,Y 公司章程约定股东增资出资缴款期限为 2030 年 7 月 30 日,沈某、王某至本案诉讼时并不存在未履行或者未全面履行出资义务的情形。法院认为不宜对司法解释的规定扩张解释为将未到期出资等同视为股东未履行或未全面履行出资义务,故 J 公司主张沈某、王某对 Y 公司不能清偿的债务承担补充赔偿责任缺乏法律依据。

评析: 本案的争议焦点为公司债权人能否主张股东的出资义务加速到期,即当公司不能清偿到期债务时,公司股东未到期的出资义务能否视为已经到期。对于《公司法司法解释三》(2014 年)第 13 条第 2 款的规定,理论界和实务界倾向性认为,"未履行或者未全面履行出资义务"并不包括"出资期限尚未届满"的情形。这就导致股东享受着期限利益带来的收益,但是在公司不能清偿债务时,股东又可以出资期限尚未届满而逃避其应承担的出资责任,损害了债权人的利益。较长出资期限成为股东对抗债权人追究股东个人责任的工具,若依据新《公司法》第47条将认缴制的时间限制在5年内,则可以为债权人对抗股东期限利益提供有力抓手。

五、律师实务指引

新《公司法》第47条对有限责任公司设定自公司成立之日起最长5年的认缴期限,针对性地回应了实践中频繁出现的盲目认缴、天价认缴、期限过长等突出问题。遵循"宽进严管"的基本原则,引导投资人在设立公司时理性确定注册资本金额和缴纳期限。要求股东出资在5年内缴足的新规配合加速到期制度、股东失权制度、瑕疵股权转让制度等新的制度规则,形成了规范股东出资义务的组合体系,进一步完善公司资本制度以平衡公司、股东及外部债权人的合法权益。本条在法律适用中需重点关注以下内容:

(一)"五年内缴足"出资具有溯及力

2024年7月1日新《公司法》施行后,新登记设立的有限责任公司不得设定超过5年的出资期限;结合新《公司法》第266条第2款的规定,对于2024年7月1日之前已登记设立的公司,《公司法》关于出资期限的规定具有溯及力。

我国实行注册资本认缴制已有10年,不乏已设定较长认缴期限却未实缴到位的公司。对于新《公司法》施行前已登记设立的公司,出资期限超过规定期限的,除法律、行政法规或者国务院另有规定外,应当逐步调整至本法规定的期限以内;对于出资期限、出资数额明显异常的,公司登记机关可以依法要求其及时调整。具体实施办法由国务院另行规定。

按照新《公司法》第266条的授权,国务院出台规定对存量公司设置过渡期。若存量公司为有限责任公司,应在过渡期内将剩余出资期限调整至5年内,即存量有限责任公司的注册资本最晚应于2032年6月30日前缴足。若存量公司为股份有限公司,则应在过渡期内缴足认购股份的股款。

对于出资期限和出资数额这两类"异常"的认定和具体处理,则通过相关的部门规章如《公司登记管理办法》等予以详细规定。

上述规定仍处于征求意见阶段,公司、股东及相关债权人均需要密切关注国务院后续出台的具体实施办法,以便及时作出调整与应对。

(二)在符合公司法规定的条件下可缩短出资期限或减少注册资本

对于已登记设立公司过渡期满时剩余出资期限大于5年或自公司成立之日起5年内未缴足出资的股东,应及时调整出资期限以符合新规并按期足额缴纳出资;如无法按期实缴,在符合《公司法》规定的情况下,公司可选择减少未实缴部分的注册资本以减轻股东出资压力。

若考虑缩短出资期限,依据新《公司法》第66条第3款的规定,股东会修改公司章程需经代表2/3以上表决权的股东通过。但调整出资期限涉及股东的出资义务,司法实践对"缩短出资期限"的争议存在须经全体股东一致同意的裁判案例。故为确保股东会决议的合法有效性,在公司章程没有明确特殊约定的情况下,股东会作出修改出资期限的决议经全体股东一致通过为宜。

若考虑减少公司注册资本,应严格依照《公司法》规定的程序进行,避免减资瑕疵带来的法律风险。在新《公司法》施行前,有限责任公司减资流程仍适用2018年《公司法》,具体为:(1)由董事会制定减资方案并经股东会特别决议通过;(2)股东可以根据实际情况签订减资协议明确各方权利义务;(3)编制资产负债表及财产清单;(4)自减资决议作出之日10日内书面通知已知债权人,自减资决议作出之日30日内在报纸上公告;(5)根据债权人的要求清偿债务或提供相应担保,并就债权清偿情况及担保提供情况制作相关说明;(6)修改公司章程并向公司登记机构申请减少注册资本,办理减资变更登记手续。新《公司法》正式施行后,依据其第224条的规定,公司还应当自减资决议作出之日30日内在国家企业信用信息公示系统进行公告,通知未知债权人。需特别注意的是,依据新《公司法》第226条的规定,若减资违反法律规定,减资股东应当恢复原状;给公司造成损失的,减资股东及负有责任的董事、监事、高级管理人员应当对公司债务在减资范围内承担赔偿责任。

(三)股东应当及时履行出资义务

结合强化股东出资责任的修法趋势,股东作为出资责任义务人,可能面临公司催缴出资、出资期限加速到期及5年认缴期限到期后公司债权人的追责。因此,股东应当及时履行出资义务,且履行出资义务应当保留出资证明文件,包括但不限于汇款凭证、交付证明、权属变更证明等,以防日后公司、其他股东与公司债权人追责。

股东除了自身按照公司章程的规定在出资期限内履行出资义务外,还应当督促其他股东履行出资义务。对于国有企业而言,依据《国有企业参股管理暂行办法》第 12 条的规定,国有企业作为参股股东与其他股东共同出资新设企业时,"不得先于其他股东缴纳出资"。其他股东未按约定缴纳出资的,国有企业应当及时了解情况,采取有效措施防范风险。必要时可通过商务谈判、召开股东会、发律师函或诉讼的方式督促其他股东履行出资义务。

(四)避免被认定为"抽逃出资"

有观点认为,设定 5 年的最长认缴出资期限后可能会导致虚假出资、抽逃出资等行为再次大量出现,在公司日常经营过程中,股东应当如何避免被认定为"抽逃出资"呢？笔者建议,公司应当规范股东与公司之间的交易行为及款项往来。具体而言:(1)当股东必须与公司进行相关交易并涉及钱款支付时,应严格按照《公司法》及公司章程的规定,履行相应的内部决策程序且关联股东回避表决,待公司董事会、股东会决议通过后再实施相关交易;(2)若公司与股东之间的相关交易属于借贷,除须履行相关决策程序外,股东应与公司签订书面的借款协议,明确约定借款利息、借款期限、偿还方式、是否设立担保等通用借款内容,交易价格尽可能与市场相符,确保交易公允性,股东与公司严格按照借款协议的约定履行各方的义务,相关借款协议也可作为公司进行还款催告的凭证;(3)股东在与公司进行资金往来的过程中应保留相应的交易记录、转账凭证、送货单据等文件材料,转账款项备注明确具体用途,以证实有关事实的真实存在。

第四十八条 【出资方式】

> 第四十八条　股东可以用货币出资,也可以用实物、知识产权、土地使用权、股权、债权等可以用货币估价并可以依法转让的非货币财产作价出资;但是,法律、行政法规规定不得作为出资的财产除外。
>
> 　　对作为出资的非货币财产应当评估作价,核实财产,不得高估或者低估作价。法律、行政法规对评估作价有规定的,从其规定。

一、修订情况

本次修订拓宽了股东出资方式,明确将股权、债权列为股东可以出资的非货币财产。

二、理论基础

《公司法》在非货币出资类型中补充列举了"股权"与"债权"两种形式,其理论基础包括以下内容:(1)《公司法》对于股东出资方式的规制须兼顾股东利益平衡、公司正常运行及债权人利益维护,统筹调整股东与公司、股东相互之间、股东与公司债权人之间的法律关系。(2)为维护交易安全及社会经济秩序,《公司法》在公司自治和法律适度干预之间寻求平衡。一方面,公司出资制度的不断演变减少了公司经营和个人创业中不必要的束缚,通过司法甚至立法层面创设各种例外来缓和过于僵化的规制方式;[①]另一方面,我国《公司法》实行出资形式的法定主义,除货币出资之外,非货币出资须具备价值上的确定性及依法可转让的流通性。(3)股东出资本质上属于股东对出资财产的处分行为,即股权、债权出资实质上涉及股权、债权的转让。目前公司信用的基础已由资本信用转为资产信用,公司成立

[①] 参见刘燕:《公司法资本制度改革的逻辑与路径——基于商业实践视角的观察》,载《法学研究》2014年第5期。

后注册资本随着公司经营状态变化而处于动态变化中,公司清偿债务的保障是其实际拥有的全部资产。在非货币出资类型中补充列举了"股权"与"债权"两种形式,有利于鼓励社会投资、优化企业财务状况。

三、制度演变

(一)公司法层面关于股东出资形式的演变

1993年《公司法》第24条规定,"股东可以用货币出资,也可以用实物、工业产权、非专利技术、土地使用权作价出资"。合法的出资形式仅限于列举的5项资产。

2005年《公司法》对公司股东出资的财产由列举式规定转变为列举加概括式规定,股东出资财产的范围扩大至其他可以用货币估价并可以依法转让的非货币财产。同时放宽了对于非货币财产出资金额的比例限制,规定全体股东的货币出资金额不得低于有限责任公司注册资本的30%。2013年《公司法》第27条取消了上述比例限制,对货币出资的比例已不作强制性规定。随着注册资本认缴登记制度的全面推行,出资方式也不再作为登记事项。结合《市场主体登记管理条例》对股东出资方式的负面清单,股东以股权、债权出资并不违反相应的禁止性规定。

新《公司法》首次在公司法层面明确将股权、债权列为股东可以出资的财产。

(二)关于股权出资的立法演变

2005年《公司注册资本登记管理规定》第8条第2款明确规定:"股东或者发起人以货币、实物、知识产权、土地使用权以外的其他财产出资的,应当符合国家工商行政管理总局会同国务院有关部门制定的有关规定。"

2009年1月,原国家工商行政管理总局发布《股权出资登记管理办法》。其第2条规定:"投资人以其持有的在中国境内设立的有限责任公司或者股份有限公司(以下统称股权公司)的股权作为出资,投资于境内其他有限责任公司或者股份有限公司(以下统称被投资公司)的登记管理,适用本办法。"股权出资在实务操作层面具有可行性。

2011年《公司法司法解释三》第11条第1款对股权出资条件作了具体的规定:"出资人以其他公司股权出资,符合下列条件的,人民法院应当认定出资人已履行出资义务:(一)出资的股权由出资人合法持有并依法可以转让;(二)出资的股权无权利瑕疵或者权利负担;(三)出资人已履行关于股权转让的法定手续;(四)出资的股权已依法进行了价值评估。"

2014年《公司注册资本登记管理规定》第6条第1款、第2款规定:"股东或者发起人可以以其持有的在中国境内设立的公司(以下称股权所在公司)股权出资。以股权出资的,该股权应当权属清楚、权能完整、依法可以转让。"

2022年3月国家市场监督管理总局发布的《市场主体登记管理条例实施细则》第13条第3款规定:"依法以境内公司股权或者债权出资的,应当权属清楚、权能完整,依法可以评估、转让,符合公司章程规定。"

(三)关于债权出资的立法演变

2011年《公司债权转股权登记管理办法》明确规定公司可以"债转股"的方式增加公司注册资本,该办法为"公司经营中债权人与公司之间产生的合同之债""人民法院生效裁判确认的债权""列入经人民法院批准的重整计划或者裁定认可的和解协议的债权"三种债权形式的出资提供了法律依据。

2014年《公司注册资本登记管理规定》第7条第1款规定:"债权人可以将其依法享有的对在中国境内设立的公司的债权,转为公司股权。"

在司法解释层面,最高人民法院《关于审理与企业改制相关的民事纠纷案件若干问题的规定》第14条第1款规定:"债权人与债务人自愿达成债权转股权协议,且不违反法律和行政法规强制性规定的,人民法院在审理相关的民事纠纷案件中,应当确认债权转股权协议有效。"进一步扩大了债权股的适用范围。

2022年《市场主体登记管理条例实施细则》第13条第3款的规定直接使用了"债权出资"的表述,并要求出资的债权应权属清楚、权能完整且依法可评估、转让并符合公司章程规定。实践中普遍认为该表述肯定了债权出资,并蕴含了对第三人的债权出资的认可。

四、案例评析

李某与C公司、Z公司股东出资纠纷案[吉林省高级人民法院(2020)吉民申694号]

基本案情: 在执行案件中,J公司财产不足以偿还李某150万元工程款的债务。李某认为J公司股东C公司和Z公司出资不实,要求上述公司在股份出资内对该笔债务承担清偿责任。验资报告载明:C公司成立于1998年1月,系国有独资公司,投资者为长春市国有资产委员会。1998年4月,C公司以A公司资产投资J公司,除施工机械、小平房等实物资产外,还包括A公司对长春市工业干部管理学校的债权 558,930.21 元、对长春市人大常委会债权 2,352,628.48 元。

裁判情况：法院认为，根据 1993 年《公司法》第 24 条第 1 款的规定，法律并未限制股东以债权出资，且债权具有实际价值。根据长春市人大常委会办公厅出具的《证明》和 J 公司出具的《情况说明》及相关转账票据，涉案的债权出资已经由长春市人大常委会办公厅和长春市工业管理干部学校分别偿还到位。两审法院均驳回李某要求 C 公司与 Z 公司在其股份出资内对 J 公司所欠债务承担清偿责任的诉讼请求。

评析：《公司法》并未限制股东以债权出资，债权在满足《公司法》所规定的可评估、可转让、非法律法规禁止的条件下，人民法院认为股东以第三人债权出资符合法律规定，且第三人已向公司清偿债务的，视为股东的实缴义务已履行完毕。

五、律师实务指引

(一) 建议由专门机构评估作价

非货币财产出资应当进行评估作价，在以股权、债权等非货币财产出资时，有限责任公司和发起设立的股份有限公司可以由股东协商作价，也可以委托具有专业资质的第三方专业机构评估作价。但在实务中，是否必须经过专门的评估机构进行评估作价尚存不同的理解，并未形成统一的意见。笔者建议由专门评估机构进行评估作价。

《公司法司法解释三》第 9 条规定："出资人以非货币财产出资，未依法评估作价，公司、其他股东或者公司债权人请求认定出资人未履行出资义务的，人民法院应当委托具有合法资格的评估机构对该财产评估作价。评估确定的价额显著低于公司章程所定价额的，人民法院应当认定出资人未依法全面履行出资义务。"尽管上述规定并未将评估作为债权出资的前提条件，未经评估不会导致出资行为无效，但当公司、其他股东或者公司的债权人向法院主张以非货币出资的股东未全面履行出资义务时，司法实践中往往会根据债权出资是否满足《公司法》规定的评估、债权转让等程序要求认定是否构成出资不实。此外，根据《公司法司法解释三》第 15 条的规定，"出资人以符合法定条件的非货币财产出资后，因市场变化或者其他客观因素导致出资财产贬值，公司、其他股东或者公司债权人请求该出资人承担补足出资责任的，人民法院不予支持"。据此，非货币出资经过具有合法资格的评估机构评估作价后，可以作为防范因出资财产贬损承担补充出资责任的有效抗辩。

(二)对债权出资进行核查的重点提示

1.债权出资的实质是债权转让,包括股东以其对目标公司享有的债权进行出资("债转股")和股东以其对第三方的债权进行出资。总体而言,债权出资应当符合《市场主体登记管理条例实施细则》第13条规定的"权属清楚、权能完整,依法可以评估、转让",具体而言:(1)出资人应对出资债权享有直接的权利基础,债权应当归属出资人所有;(2)用以出资的债权应当不存在其他权利负担或权利瑕疵,债权人应当已履行能够行使债权权利对应的全部义务,债权人有权向债务人行使权利,债务人不存在其他抗辩事由;(3)用以出资的债权应当具备资产价值且该债权可处分、可转让,可通过评估确定价值。

2.律师就债转股进行审查时,应当通过多种核查方式综合认定债权出资的真实性。(1)应重点审查债权人与公司之间的关系及债权标的,在协议方面核查债权人与公司产生债权的基础协议或其他相关协议;(2)在财务凭证方面,应核查银行对账单、银行回单、银行进账单、收据等双方往来支付凭证以及公司账簿;(3)律师在尽职调查时应通过访谈确认其以债权出资的背景,支付或合同义务履行情况,出资行为是否存在争议、纠纷或潜在争议、纠纷等情况。

3.股东以其对第三方的债权出资时,可以考虑由出资股东、目标公司及第三方(作为债务人)共同签署债权转让协议,对各方权利义务及违约责任作出详细约定;或者由出资股东与目标公司签署债权转让协议,将债权转让事实通知债务人并取得债务人对债权转让的情况进行确认,以保障债权出资的真实性;一般认为,超过诉讼时效的债权不得用于出资、附条件的债权不得用于出资。

4.依据新《公司法》第66条及第116条的规定,股东会作出修改公司章程、增加或者减少注册资本的决议须经特别决议通过。股东以债权进行增资时,目标公司的股东会应当按照章程的规定履行相应的内部决策程序。债权转让完成后,目标公司将股东出资信息载入股东名册并向股东颁发出资证明书;修订公司章程并办理公司登记事项变更手续。随后,需对公司财务报表中资产负债表具体的科目进行调整。

(三)关于股权出资的重点提示

依据《公司法司法解释三》第11条第1款的规定,股权出资应符合下列条件:(1)出资的股权由出资人合法持有并依法可以转让;(2)出资的股权无权利瑕疵或者权利负担;(3)出资人已履行关于股权转让的法定手续;(4)出资的股权已依法进行了价值评估。虽然《公司注册资本登记管理规定》现已被废止,但其关于股权出资的负面情形仍值得参考,"具有下列情形的股权不得用作出资:(一)已被设立质权;(二)股权所在公司章程约定不得转让;(三)法律、行政法规或者国务院决定规定,股权所在公司股东转让股权应当报经批准而未经批准……"

股权出资,律师应进行尽职调查。律师调查转让方是否对转让股权出资到位,并提醒委托人做好以下防范工作:其一,应详细了解原股东认缴出资的数额、承诺实缴出资的期限、是否已经实缴、是否有相应的出资凭证。其二,在股权转让协议中,由原股东对出资情况的真实性作出相应的承诺。其三,在股权转让协议中制定分期付款和违约条款,以降低原股东瑕疵出资给新股东带来的损失赔偿风险。此外,在实务中,以股权出资不仅要履行投资公司对接受投资的公司的出资手续,还要履行投资公司向接受投资的公司的股权转让手续。

(四)国有资产出资评估的特殊要求

国有资产是指国家对企业各种形式出资所形成的权益。为保障资产公允定价,防止国有资产流失,我国建立了较为完善的国有企业资产评估体系,现行的部门规章有国务院国有资产监督管理委员会于2005年出台的《企业国有资产评估管理暂行办法》、国务院于2020年发布实施的《国有资产评估管理办法》,以及财政部2007年发布的《金融企业国有资产评估监督管理暂行办法》、2012年发布的《中央文化企业国有资产评估管理暂行办法》等文件。

依据《企业国有资产评估管理暂行办法》第2条、第6条的规定,国有独资、全资和国有控股企业,以非货币资产对外投资的属于法定评估事项。《国有企业参股管理暂行办法》第20条第2款规定:"参股企业通过增资扩股引入其他投资者,国有股东应当在决策过程中,按照国有资产监督管理有关规定就资产评估、进场交易等发表意见。"因此,国有独资、全资和国有控股企业以及国有参股企业,以股权、债权对外投资时,均应当按照规定对相关资产进行评估。

关联法条

1.《民法典》第545条、第546条

2.《资产评估法》第3条

3.《合伙企业法》第16条

4.《市场主体登记管理条例》第13条

第四十九条 【出资义务】

> 第四十九条　股东应当按期足额缴纳公司章程规定的各自所认缴的出资额。
>
> 股东以货币出资的,应当将货币出资足额存入有限责任公司在银行开设的账户;以非货币财产出资的,应当依法办理其财产权的转移手续。
>
> 股东未按期足额缴纳出资的,除应当向公司足额缴纳外,还应当对给公司造成的损失承担赔偿责任。

一、修订情况

相较于2018年《公司法》第28条,本条的具体变化如下:

1. 将2018年《公司法》规定的"向已按期足额缴纳出资的股东承担违约责任"改为"对给公司造成的损失承担赔偿责任"。由于足额缴纳出资的股东仍然可以依据出资协议等文件的约定向未按期足额缴纳出资的股东主张违约责任,《公司法》的条文表述将"违约责任"改为"赔偿责任",实则加重了股东未按期足额缴纳出资的责任。股东未按期足额缴纳出资的,不仅需要承担民法上的违约责任,还需承担公司法中的赔偿责任。

2. 将"股东不按照前款规定缴纳出资"改为"股东未按期足额缴纳出资",明确规定股东承担赔偿责任的具体情形,表达更为精准。

3. 从形式上将2018年《公司法》第28条第1款拆分为两款,使语义更流畅。

二、理论基础

新《公司法》对股东出资义务予以强化,明确公司设立时的股东未按期足额缴纳出资给公司造成损失的,应当承担赔偿责任。其理论基础包括以下内容:

1. 股东的出资义务是股东最为重要的义务之一,股东违反出资义务应承担相应责任。股东未按期足额缴纳出资的行为侵害公司独立的财产权,进而对公司的经营发展造成影响。股东严格履行出资义务不但能使公司有足够的实收资本进行运营和长远发展,而且对于债权人更意味着交易的信用和安全。

2. 其他股东可以依据《民法典》及股东协议主张违约责任。股东如出现违反关于按期足额缴纳出资约定的情形,其他股东依据《民法典》及股东协议即可主张违约责任,该等违约责任并不需要由《公司法》予以特别规定。《公司法》删除该等条款是从法律技术上进行简化,而并非瑕疵股东不再需要对其他股东承担违约责任。其他股东可基于《民法典》合同编的有关规定行使权利,《公司法》无须就该内容再进行特别规定。

因此,新《公司法》新增未足额出资股东对公司的赔偿责任以加重股东的出资义务。但需要注意的是,本条将违约责任的表述改为赔偿责任并不意味着违约责任的免除,足额缴纳出资的股东依然可以根据设立协议向未足额出资股东主张违约责任。股东未按期足额缴纳出资的,不仅需要承担民法上的违约责任,还需承担公司法中的赔偿责任。

三、制度演变

1993年《公司法》第25条第2款规定:"股东不按照前款规定缴纳所认缴的出资,应当向已足额缴纳出资的股东承担违约责任。"责任形式体现为由未按期足额履行出资义务的股东向已足额缴纳出资的股东承担违约责任。

在《公司法》历次修订或修正中,有限责任公司中未严格履行出资义务的股东责任均表述为"违约责任",责任承担对象均为"已足额缴纳出资的股东"。如2005年《公司法》第28条第2款规定:"股东不按照前款规定缴纳出资的,除应当向公司足额缴纳外,还应当向已按期足额缴纳出资的股东承担违约责任。"2018年《公司法》修正时对此予以确认。

最高人民法院司法解释扩张了股东的出资义务,《公司法司法解释三》突破了债的相对性,将股东及发起人对公司的责任直接扩大适用至债权人,新增未足额出资股东对债权人的补充赔偿责任。《公司法司法解释三》第13条第2款规定,"公司债权人请求未履行或者未全面履行出资义务的股东在未出资本息范围内对公司债务不能清偿的部分承担补充赔偿责任的,人民法院应予支持"。据此,股东存在未履行或未全面履行出资义务且公司存在债务不能清偿时,债权人有权请求股东在未出资本息范围内承担补充赔偿责任。

依据最高人民法院《关于民事执行中变更、追加当事人若干问题的规定》第17条的规定,如公司财产不足以清偿生效法律文书确定的债务,公司债权人可以申请变更、追加出资瑕疵股东为被执行人,在尚未缴纳出资的范围内承担责任。

新《公司法》对司法解释及司法实践进行了吸收和优化,在《公司法》层面明确未按期足额缴纳出资的股东对公司的补足出资差额及损害赔偿责任,使公司向股东主张权利的路径更为明晰。

四、案例评析

朱某诉曹某、张某股东出资纠纷案[2023年发布的江苏法院公司纠纷审判典型案例一]

基本案情: 2015年4月,G公司将注册资本由100万元变更至500万元,新增注册资本分别由股东曹某、张某认缴280万元、120万元,均以专利权出资,新增注册资本认缴期限为2015年5月30日。但该专利权一直登记在曹某、张某名下,并未变更至公司名下,且因未缴年费已于2016年1月终止。

G公司因与朱某提成款分配纠纷一案,被判令向朱某支付89,329.95元及利息。后朱某申请强制执行,因G公司名下无可供执行财产,法院裁定终结本次执行程序,朱某遂提起本案诉讼,请求判令曹某、张某对生效判决确定的G公司所负债务承担连带清偿责任。

裁判情况: 一审法院认为,曹某、张某未就新增的400万元注册资本完成出资义务,应在未出资本息范围内对G公司不能清偿朱某的债务承担补充赔偿责任。二审中,曹某提交证据证明,2023年2月,某实用新型专利的权利人由曹某、张某变更为G公司,评估价值为401.6万元。二审法院查明,曹某、张某取得该专利权及评估报告的费用为18,000元。二审法院认为,在一审法院判决曹某、张某承担补充赔偿责任后,向G公司转让评估价值为400余万元的专利权,不能达到完成出资义务的法律效果。一方面,出资专利权的评估价值与取得对价差距大,专利权评估价值难以采信;另一方面,一审判决已经确认股东对公司债务承担补充赔偿责任,曹某、张某此时以评估价值为401.6万元的实用新型专利权来出资,亦具有逃避直接承担责任的主观恶意,遂判决驳回上诉,维持原判。

评析: 本案系江苏省高级人民法院发布的典型案例,属于因股东未按期缴纳出资从而对公司债务承担补充赔偿责任的情形。一审判决作出后股东才将专利权变更至公司名下,二审法院从防范虚假出资、不当损害债权人利益的角度仍然认为股东不能达到完成出资义务的法律效果。新《公司法》施行后,上述裁判思路将发生变化。股东出资义务的履约对象为公司,股东向公司履行出资义务后,债权人可向公司申请恢复执行。

五、律师实务指引

(一)股东瑕疵出资的法律责任

《公司法》强化股东出资义务,对股东瑕疵出资的法律责任进行了体系化的调整,进一步明确了瑕疵出资股东、公司其他股东及董事、监事、高级管理人员等主体的法律责任。瑕疵出资包括未按期足额缴纳出资、未按照公司章程规定实际缴纳出资、实际出资的非货币财产的实际价额显著低于所认缴的出资额,以及抽逃出资等情形,具体法律责任的规定详见新《公司法》第49~54条。此外,关于瑕疵出资股东是否仍然应当向公司债权人承担补充责任,有待在后续的司法解释和司法实践中进一步明确。

(二)股东未按期足额缴纳出资对公司的赔偿责任

1. 赔偿责任的范围

在修法过程中,《公司法》修订草案规定由瑕疵出资股东补足其差额并加算银行同期存款利息,给公司造成损失的,还应当承担赔偿责任。正式通过的新《公司法》删除了加算银行同期存款利息的内容,没有规定瑕疵出资股东对公司承担赔偿责任的具体范围,将该等情形下的损失赔偿范围交由司法裁量。

一般而言,司法实践中可能根据个案情况按照同期存款利率或者贷款市场报价利率(Loan Prime Rate,LPR)的1~4倍等标准确定公司的损失。股东在相关交易文件中可以对瑕疵出资股东的赔偿责任进行明确约定,以便于后期举证。

2. 赔偿责任的请求权主体

新《公司法》明确规定未按期足额缴纳出资的股东应当对"给公司造成的损失"承担赔偿责任,即明确赔偿责任的对象为公司。因此,公司或足额出资的股东可以作为适格的原告,向未按期足额缴纳出资的股东主张赔偿责任。从文义解释来看,公司的外部债权人并非本条项下的适格原告。

3. 瑕疵出资股东对债权人的补充赔偿责任

债权人向未出资股东主张权利主要依据《公司法司法解释三》第13条第2款

"公司债权人请求未履行或者未全面履行出资义务的股东在未出资本息范围内对公司债务不能清偿的部分承担补充赔偿责任的,人民法院应予支持"的规定。债权人提起公司债务清偿诉讼时,可以直接把瑕疵出资股东与公司一起作为共同被告。瑕疵出资股东的责任形式为"补充赔偿责任",责任范围为"未出资本息范围内",即补充赔偿责任是对主要债务人"不能清偿"部分的补充,债权人必须就主要债务人的财产申请强制执行,在其财产确实不足清偿时,才可以向补充债务人股东主张权利。[①]

上述司法解释的规定扩张解释了股东的出资义务,拓宽了请求股东履行出资义务的主体范围。违反出资义务的股东对公司债权人承担"补充赔偿责任"代表了一种"个别清偿"的救济途径,[②]有别于《公司法》中"对给公司造成的损失承担赔偿责任"所体现的"集体清偿"的理念。

需要注意的是,新《公司法》并未对上述内容进行吸收完善,关于瑕疵出资股东是否仍然应当向公司债权人承担补充赔偿责任,有待在后续的司法解释和司法实践中进一步明确。

(三)瑕疵出资股东之间的违约责任

新《公司法》删除了瑕疵出资股东对已按期足额缴纳出资的股东的违约责任的规定,该等修改并不意味着违约责任的免除,足额缴纳出资的股东仍然可以作为原告,依据股东间的设立协议向瑕疵出资股东主张违约责任。

实践中,公司股东之间往往会对出资的金额、形式、时限等内容通过股东协议的方式予以约定。若股东之间有关于未按期足额出资所应承担的违约责任的约定,则相应违约责任的主张并不需要由《公司法》予以特别规定,可以依据《民法典》等法律法规主张违约责任。

因此,为避免争议,建议股东在公司设立及增资的过程中,在相关交易文件中对瑕疵出资的违约责任进行明确约定,以维护自身正当权益。

关联法条

《民法典》第 577 条、第 580 条

[①] 参见梁上上:《未出资股东对公司债权人的补充赔偿责任》,载《中外法学》2015 年第 3 期。
[②] 参见王军:《公司资本制度》,北京大学出版社 2022 年版,第 253 页。

第五十条 【设立时出资不足的连带责任】

> 第五十条　有限责任公司设立时,股东未按照公司章程规定实际缴纳出资,或者实际出资的非货币财产的实际价额显著低于所认缴的出资额的,设立时的其他股东与该股东在出资不足的范围内承担连带责任。

一、修订情况

2018年《公司法》第30条规定了发起人应承担的出资瑕疵责任规则,即"有限责任公司成立后,发现作为设立公司出资的非货币财产的实际价额显著低于公司章程所定价额的,应当由交付该出资的股东补足其差额;公司设立时的其他股东承担连带责任"。而本条结合2018年《公司法》第30条进行修订,立法逻辑更为清晰、严谨。具体变化如下:

1. 新增"股东未按照公司章程规定实际缴纳出资",增加了货币形式未尽到出资义务的适用情形,对货币出资不足与非货币财产出资不足同等对待。这有利于保证公司设立期间注册资本的实有性和充实性。

2. 新增"与该股东在出资不足的范围内",明确了设立时的其他股东仅在瑕疵出资股东出资不足的范围内承担连带责任。在修法过程中,《公司法》修订草案对设立时的其他股东承担连带责任的范围有所扩大,不仅包括瑕疵出资股东应补足的差额,还包括其给公司造成损失时应承担的赔偿责任;就此,新《公司法》明确了设立时的其他股东仅在瑕疵出资股东出资不足的范围内承担连带责任。

3. 删除了"应当由交付该出资的股东补足其差额"。由于未按期足额出资股东的补足义务已在第49条进行了规定,无须在此处重复规定。

4. 将"有限责任公司成立后"调整为"有限责任公司设立时",强调有限责任公司设立时出资不足的责任,公司后续增资过程中不适用本条,设立时的其他股东无须对增资过程中的出资不足情形承担连带责任。

5. 本条在2018年《公司法》第30条的基础上,完善了文字表述,将"显著低于公司章程所定价额的"调整为"显著低于所认缴的出资额的"。

二、理论基础

1.股东出资义务的发生以出资认缴为前提,股东对公司承担认缴出资额范围内的出资义务。在出资不足或出资不实的情形下,该等股东补足出资是股东出资义务的应有之义。股东出资分为货币形式和非货币形式。以货币形式出资时也可能存在因未足额缴纳而影响公司成立基础的问题。《公司法》增加相应的出资不足情形可以有效保证公司在成立期间注册资本的充实性。

2.就有限责任公司设立时的其他股东即发起人而言,承担连带责任的理论基础在于"资本充实责任",即在股东出资不能时对公司资本确定而承担的补充责任。发起人的资本充实责任根源于资本制度下的资本维持原则与资本确定原则,源于发起人在公司设立过程中的特殊作用及地位。当股东无法履行其出资义务时,即可认为公司成立基础存在瑕疵,发起人作为公司设立责任人应当承担设立行为中的瑕疵担保责任。[1] 由公司设立者共同承担的相互担保出资义务履行的民事责任,意在平衡公司股东和公司债权人利益,确保社会交易秩序。

三、制度演变

1993年《公司法》第28条规定,"有限责任公司成立后,发现作为出资的实物、工业产权、非专利技术、土地使用权的实际价额显著低于公司章程所定价额的,应当由交付该出资的股东补交其差额,公司设立时的其他股东对其承担连带责任",即规定了股东非货币财产出资的实际价额显著低于公司章程所定价额的,公司设立时的股东要连带承担非货币财产价额的填补责任。

2005年《公司法》第31条规定,"有限责任公司成立后,发现作为设立公司出资的非货币财产的实际价额显著低于公司章程所定价额的,应当由交付该出资的股东补足其差额;公司设立时的其他股东承担连带责任"。随后历次《公司法》修订均沿用该表述,对该条无实质改变。但相较于1993年《公司法》第93条规定的股份有限公司发起人的"资本充实责任",该条将发起人股东对出资不足的连带责

---

[1] 参见冯果、南玉梅:《论股东补充赔偿责任及发起人的资本充实责任——以公司法司法解释(三)第13条的解释和适用为中心》,载《人民司法·应用》2016年第4期。

任仅限制在"非货币财产",若以货币财产出资存在显著不足的情形下,发起人股东难以根据该条主张由发起人承担连带责任。学界有观点认为该处差异"只能理解为立法者的笔误,或者立法技术上的问题"①,属于法律漏洞。

《公司法司法解释三》第 13 条第 3 款规定:"股东在公司设立时未履行或者未全面履行出资义务,依照本条第一款或者第二款提起诉讼的原告,请求公司的发起人与被告股东承担连带责任的,人民法院应予支持;公司的发起人承担责任后,可以向被告股东追偿。"该条明确了无论何种形式的出资不足,发起人股东对于未履行或未全面履行出资股东均应承担连带责任;赋予公司债权人直接向公司发起人主张承担连带责任的权利。

四、案例评析

X 公司诉 Z 公司、L 公司、Y 公司股东损害公司债权人利益责任纠纷案〔重庆市高级人民法院(2021)渝民终 860 号〕

基本案情:A 公司成立于 2000 年 7 月,由 Z 公司、L 公司、Y 公司、M 公司共同出资组建。2001 年 4 月,L 公司将其持有的 A 公司全部股份转让给 M 公司。Y 公司用作出资的 359 亩土地未办理土地使用权过户手续。2003 年 9 月,A 公司经法院执行后仍欠 J 银行借款本金 4846.328 万元及利息。2004 年 6 月,J 银行与 X 公司签订《债权转让协议》,将上述债权转让给 X 公司。2005 年 3 月,A 公司被吊销营业执照,无法清偿上述债务。X 公司遂起诉。

裁判情况:法院认为,Z 公司、L 公司、Y 公司同为 A 公司的发起人,Y 公司未履行出资义务,Z 公司、L 公司应承担连带责任。其一,1999 年《公司法》第 28 条明确规定发起人出资的非货币财产的实际价额显著低于公司章程所定价额时,公司设立时的其他股东应当承担差额填补责任。根据举轻以明重的基本法理,与实际出资不足相比,发起人未办理财产权转移手续的情形更为严重,此时发起人同样应当承担连带责任。其二,法院认为,未履行出资义务的发起人应承担的责任与其他发起人应承担的责任在性质上并无不同,都是缴付出资义务。法院判决 Y 公司对 X 公司支付赔偿金,Z 公司、L 公司就 Y 公司的债务承担连带清偿责任。

评析:L 公司的股权在 2001 年已转让,其是否还应承担资本充实责任?《最高

---

① 朱锦清:《公司法学》,清华大学出版社 2019 年版,第 78 页。

人民法院关于公司法解释(三)、清算纪要理解与适用》一书中的观点是:"资本充实责任因公司设立行为而产生,其承担者限于公司设立者。在公司成立后接受出资或股份转让的股东,或股份有限公司发起人以外的应募股东,均不承担资本充实责任。"[1]虽然L公司在A公司设立后不久即将其股权全部转让,但L公司作为设立股东的资本充实责任并不随股权转让一并转移给受让人。如果L公司在转让股权时Y公司出资期限已经届至且没有履行出资义务,则应当由L公司而非其股权受让人承担资本充实责任。

五、律师实务指引

新《公司法》第50条通过强化公司设立时股东的出资责任,进一步深化股东的资本充实责任及资本维持制度。在适用中应注意:

1. 有限责任公司设立时股东出资不足的,设立时的其他股东应承担连带责任。换言之,债权人既可以要求出资不足的股东补足差额,亦可向公司设立时的其他股东主张承担连带责任。出资不足包括股东未按照公司章程规定足额缴纳出资和出资的非货币财产的实际价额显著低于所认缴的出资额两种具体情形。也就是说,股东应就货币未足额出资与非货币出资不足的情形承担连带责任。

2. 发起人责任的适用范围。依据"股东未按照公司章程规定实际缴纳出资"可知,股东的出资义务不仅包括公司设立时的当期出资义务,也包括依据公司章程约定所认缴的后续出资义务,如其他股东未按照公司章程的约定缴纳出资,发起人股东与该股东承担连带责任。

3. 对"显著低于"的理解。"实际出资的非货币财产的实际价额显著低于所认缴的出资额的"中"显著低于"的认定标准一直未有明文规定。也有观点认为,非货币财产的实际价额如明显、较大少于认缴出资额到了无法忽视的程度,根据公司成立前后一定时间内的综合评估额,并按照资本充实原则考察,评估额与认缴出资额相差较大,使注册资本出现较大欠缺,或者给公司经营带来较大障碍,则构成"显著低于"。亦有观点认为,可参考民法中关于"明显不合理的低价"的规定来认定,该观点能否在新《公司法》中适用则有待探讨。

---

[1] 最高人民法院民事审判第二庭编著:《最高人民法院关于公司法解释(三)、清算纪要理解与适用》,人民法院出版社2011年版,第210页。

如果出资时非货币财产实际价额与所认缴的出资额没有差别,后来因出资时无法预见的客观事实或市场风险造成出资财产贬值,依据《公司法司法解释三》第15条的规定,该贬值情形属于公司应承担的正常商业风险,不得归咎于出资人。但是,如果当事人之间约定出资人对此负有补足出资义务,则约定有效。

关联法条

《民法典》第178条

第五十一条 【董事会的核查、催缴义务】

> 第五十一条 有限责任公司成立后,董事会应当对股东的出资情况进行核查,发现股东未按期足额缴纳公司章程规定的出资的,应当由公司向该股东发出书面催缴书,催缴出资。
>
> 未及时履行前款规定的义务,给公司造成损失的,负有责任的董事应当承担赔偿责任。

一、修订情况

本条为新增条文,明确规定了董事会核查出资及催缴出资的义务与责任,具体内容如下:

1. 明确了核查股东出资情况的实施主体是有限责任公司的董事会,如发现股东未按期足额缴纳出资,应当由公司催缴出资。本条第 1 款分别在两处采用"应当"表述,说明核查股东出资情况、催缴出资是董事会的法定义务而非权利。董事会作为公司的执行机构,如果怠于履行该法定职责,能够被认为违反忠实义务和勤勉义务,则应当承担赔偿责任。这避免了 2018 年《公司法》规定下,核查出资主体与催缴出资主体不明确,缺乏现实可操作性、操作与否存在任意性的弊端。

2. 明确了催缴出资的方式是由公司向该股东发出书面催缴书。

3. 明确了董事会催缴出资的义务,以及未履行催缴出资义务应承担的赔偿责任。本条第 2 款规定"未及时履行前款规定的义务,给公司造成损失的,负有责任的董事应当承担赔偿责任",责任对象具体到"负有责任的董事"而非苛责全体董事的集体责任,有利于实现不作为情形下的精准追责,从而有效促进董事的勤勉尽责。

二、理论基础

1. 董事会的催缴出资义务是由董事的职能定位和公司资本的重要作用决定

的。根据董事会的职能定位,董事会负责公司业务经营和事务管理。而股东全面履行出资是公司正常经营的基础,董事监督股东履行出资是保障公司正常经营的需要。董事在了解公司经营情况和掌握信息方面具有天然优势,相较于其他主体具备监督资本充实、履行催缴义务的便利。通过明确董事的催缴出资义务与责任,从而保证股东全面履行出资义务、保障公司资本充实、维护整体性社会交易安全。

2.明确董事会作为股东出资的内部催缴机关,有利于增强董事会在公司治理中的决策权,增强董事会对公司的资本话语权。

三、制度演变

我国1993年《公司法》便引进了关于董事信义义务的规定,2018年《公司法》第147条第1款将信义义务表述为"董事、监事、高级管理人员应当遵守法律、行政法规和公司章程,对公司负有忠实义务和勤勉义务"。虽然法律并未列举"忠实义务和勤勉义务"的具体情形,但可以理解为包括向出资期限届满的股东催缴出资的义务。

根据《公司法司法解释三》第13条第4款的规定,"股东在公司增资时未履行或者未全面履行出资义务,依照本条第一款或者第二款提起诉讼的原告,请求未尽公司法第一百四十七条第一款规定的义务而使出资未缴足的董事、高级管理人员承担相应责任的,人民法院应予支持"。因此,若在公司增资时董事未履行催缴出资的义务,公司或其他股东或公司债权人便可要求董事承担赔偿责任。

新《公司法》明确将催缴出资规定为董事法定义务,并明确规定了未履行催缴出资义务应承担的赔偿责任。董事会催缴出资的环节既包含公司增资时未足额出资的情形,也包含公司设立时的瑕疵出资。

四、案例评析

S公司、胡某损害公司利益责任纠纷案[最高人民法院(2018)最高法民再366号]

基本案情: S公司系2005年成立的外国法人独资的有限责任公司,股东为开曼SMT,认缴注册资本额为1600万美元。公司章程规定,公司成立后90日内股东应缴付出资300万美元,第一次出资后一年内应缴付出资1300万美元。S公司董事会由六名董事组成,必须均为开曼SMT的董事。2005年1月至2006年12月,胡某等三人担任S公司中方董事;2006年12月起,贺某等三人担任S公司中方董事。法院依据生效判决追加开曼SMT为被执行人,经强制执行后,仍欠缴出资约491万美元。2013年,深圳市中级人民法院裁定受理债权人对S公司的破产清算申请,并指定了管理人。2015年,管理人对前述六名中方董事提起诉讼。

裁判情况:一审法院认为追缴股东出资属于董事勤勉义务范围。董事会未作出追缴股东欠缴出资的决定,与股东欠缴出资并无必然联系。胡某等六名董事未履行追缴股东应缴出资的勤勉义务,并不是股东欠缴出资的原因。在董事未履行某种勤勉义务,且该等未履行与公司所受损失并无直接因果关系的情况下,董事不应当受到追责。二审法院同样认为董事不作为与公司所受损失之间没有直接因果关系,要求董事对股东欠缴的出资承担连带赔偿责任于法无据。

再审法院完全推翻了前两审法院的观点,判决董事对公司遭受的股东出资未到位的损失承担相应的赔偿责任。主要原因包括:其一,认为开曼SMT未缴清出资的行为实际损害了S公司的利益,胡某等六名董事的不作为放任了实际损害的持续。开曼SMT欠缴的出资即为S公司遭受的损失,开曼SMT欠缴出资的行为与胡某等六名董事不作为共同造成损害的发生、持续,胡某等六名董事未履行向股东催缴出资义务的行为与S公司所受损失之间存在法律上的因果关系。其二,胡某等六名董事作为S公司的董事,同时又是股东开曼SMT的董事,对股东开曼SMT的资产情况、公司运营状况均应了解,具备监督股东开曼SMT履行出资义务的便利条件。其以不作为的方式构成了对董事勤勉义务的违反。

评析:在以往的司法实践中,法院裁判尺度不一。有的法院采用"过错推定"的方式确定董事责任,即凡是公司股东未缴付出资,董事没有履行催缴义务的,董事都要承担连带责任。本案中,最高人民法院综合考虑董事是否具备监督股东履行出资义务便利条件、董事未向股东催缴出资与公司或债权人所受损失之间是否存在直接的因果关系等因素,推翻地方两级法院判决,明确董事负有向未履行或未全面履行出资义务的股东催缴出资的义务,董事违反勤勉义务给公司造成损失应当承担赔偿责任。在新《公司法》第51条明确董事催缴出资的义务与责任后,类案判决将具备公司法层面明确的理论基础。

五、律师实务指引

(一)董事对公司的赔偿责任

新《公司法》第51条第2款规定未及时履行催缴出资义务给公司造成损失的,

负有责任的董事应当承担赔偿责任,但并未对"负有责任"进行解释。准确理解"负有责任"对界定董事对公司的赔偿责任具有重要意义。

新《公司法》第53条中亦存在"负有责任"的表述,结合该条的修订过程来看,《公司法修订草案》明确董事、监事、高级管理人员在"知道或应当知道"而"未采取必要措施",并"给公司造成损失"时才应当承担赔偿责任,但后续审议稿和新《公司法》中没有保留前述措辞,统一表述为"负有责任"。因此,"负有责任"可以理解为包括应当履行职责而未履行的情形,如董事未就催缴股东出资事项召开董事会进行审议、未作出有效决议等。依据举轻以明重的逻辑,"负有责任"还应当包括董事积极参与相关违法行为的情形。

那么,董事在何种情形下无须负责呢?新《公司法》第125条关于股份有限公司董事会决议"经证明在表决时曾表明异议并记载于会议记录的,该董事可以免除责任"的规定精神能否类推适用至新《公司法》第51条规定下的董事免责情形,有待后续法律或司法解释的进一步明确。笔者认为,如果董事会就催缴股东出资进行审议但作出不催缴的决议,若有证据证明某董事曾提出异议,该董事则具备不承担赔偿责任的合理理由。

(二)董事对债权人的赔偿责任

新《公司法》第51条没有明确未履行催缴义务的董事对债权人的赔偿责任。第一种观点认为,根据S公司、胡某损害公司利益责任纠纷案,债权人可以根据新《公司法》第51条的规定要求未履行催缴义务的董事承担责任;第二种观点认为,新《公司法》第51条不包括未履行催缴义务的董事对债权人的赔偿责任,应当根据新《公司法》第191条的规定来确定董事的责任。新《公司法》第191条规定了董事对第三人的责任:"董事、高级管理人员执行职务,给他人造成损害的,公司应当承担赔偿责任;董事、高级管理人员存在故意或者重大过失的,也应当承担赔偿责任。"就董事的催缴出资义务而言,债权人可能依据该条主张由公司董事承担补充赔偿责任,并将董事作为基础诉请的共同被告。

若采用第二种观点,董事对债权人的赔偿责任则不同于对公司的赔偿责任,赔偿前提为"存在故意或重大过失",其程度明显重于"负有责任"。但该类诉讼案件的举证责任分配是,原则上由原告提供行为及损害发生的初步证据,需由被告董事提供其不存在故意或重大过失的进一步证据。公司董事应当积极履行催缴出资义务并保存相应记录,防范在该类诉讼中可能的举证不力的后果。公司董事会可以每年通过一次关于催缴股东出资的决议,并将催缴出资的函件以董事会的名义寄送给未全面履行出资义务的股东。

(三)董事应积极履行催缴出资义务

董事应详尽了解董事的职责、义务及相应的法律后果。就催缴出资义务而言,董事不仅需要对股东增资时的出资承担监管、督促义务,而且需要对公司设立时股东的出资义务承担催缴义务;为保障程序合法、结果有效,董事应当建议董事会在核查出资情况过程中形成并保留书面文件,催缴书的发送对象应当包含全部未按期足额缴纳出资的股东,采取多种形式的送达方式,保证书面催缴的效力。董事应对履职过程做到留痕管理,包括参加董事会的相关文件,与公司、公司股东及其他相关人员间的邮件、微信、短信、电话等记录。此外,董事可通过购买董事责任险,在一定程度上降低任职风险。

关联法条

《民法典》第83条

第五十二条 【股东失权】

> 第五十二条 股东未按照公司章程规定的出资日期缴纳出资,公司依照前条第一款规定发出书面催缴书催缴出资的,可以载明缴纳出资的宽限期;宽限期自公司发出催缴书之日起,不得少于六十日。宽限期届满,股东仍未履行出资义务的,公司经董事会决议可以向该股东发出失权通知,通知应当以书面形式发出。自通知发出之日起,该股东丧失其未缴纳出资的股权。
>
> 依照前款规定丧失的股权应当依法转让,或者相应减少注册资本并注销该股权;六个月内未转让或者注销的,由公司其他股东按照其出资比例足额缴纳相应出资。
>
> 股东对失权有异议的,应当自接到失权通知之日起三十日内,向人民法院提起诉讼。

一、修订情况

本条为新增条文,新设了股东失权制度,具体包括以下内容:

1.本条采用"可以"表述,意为宽限期并非催缴书的必要内容。宽限期的起算点是催缴书发出之日而非相对人收到之日,催缴出资的宽限期不得少于60日,理解为催缴书载明的宽限期不应少于60日,催缴书没有明确宽限期的,在发出催缴书之日起满60日以前,是不能认为宽限期届满的。

2.本条明确了公司向股东发出失权通知的法定条件。董事会向股东发出书面催缴书,同时载明宽限期不少于60日的,在宽限期届满后股东如仍未履行出资义务,公司可以向其发出失权通知。

但是,如果董事会发出的书面催缴书没有载明宽限期,则对于公司在何时具备发出失权通知的权利存在两种理解:一是催缴书没有载明宽限期的,本条规定的60日为宽限期,股东在公司发出催缴书超过60日未履行的,公司就能够向其发出失权通知;二是催缴书没有载明宽限期的,说明公司只有催缴出资的意思,没有剥夺股东股权的意思，除非公司重新明确告知其宽限期，否则在60日届满后，公司依然无权向股东发出失权通知。

3. 本条明确了在法定条件具备后，公司对是否发出失权通知享有选择权，但没有明确规定行使选择权的内部机构。按照本条规定，在宽限期届满后股东仍未履行出资义务的，公司可以发出失权通知，也可以不发出失权通知。本条并未明确能够决定该事项的是董事会还是股东会。虽然部分学者认为此处的发出失权通知的主体应当理解为董事会，但是依据是明显不足的。核查出资、催缴出资均为工作行为，不能对股东权利产生直接影响；而失权通知自发出时生效，是一种强力的形成权，在法律没有明确规定的情况下不宜直接认定其为董事会享有。

4. 本条明确股东在失权通知发出后丧失的是其未缴纳出资部分的股权，而非全部股权。这有别于《公司法司法解释三》第17条中的股东除名制度。按照《公司法司法解释三》的股东除名制度，一经除名，股东不仅丧失全部股权，而且丧失股东资格。但是，在股东失权通知下，只要股东履行过部分出资义务，依然能够继续享有对应股权及股东资格。

对此可作进一步延伸，股东对于已经到期的部分认缴出资未能完全履行，对于尚未到期的部分认缴出资完全未履行的，公司发出失权通知后，该股东丧失的是全部未缴出资部分的股权，还是仅丧失出资期限已经届满而没有缴纳部分的股权？

结合新《公司法》第51条第1款的规定，董事会只能对出资期限已经届满而没有足额缴纳的出资进行催缴，尚未到期的出资不在催缴范围内，因此，该部分出资对应股权不能纳入失权范围。对于"该股东丧失其未缴纳出资的股权"应理解为"该股东丧失其已到期而未缴纳出资的对应股权"。

5. 本条明确了股东失权之后的处置方式、处置主体以及处置期限。已经丧失的股权应当在6个月内完成转让或减资注销，两种处置方式为不分先后的可选项。由于本条第1款明确规定股东自通知发出之日起失权，因此，除非另有法律或司法解释再行规定，此处的6个月的起算点应该理解为失权通知发出之日。

由于被转让的股权对应的出资期限已经届满，对于股权受让方是否应当立即完成出资缴纳，本条中未作明确规定，但是考虑到本条的立法目的，受让人完成出资缴纳义务是应当的。否则，经董事会核查、催缴，公司依法发出失权通知，原股东丧失相应股权，新股东在取得该股权后却不需要立即缴纳出资，公司资本充实的问题依然没有得到解决，上述一系列程序便失去了意义。同时参考《公司法司法解释三》第17条关于股东除名的规定,本条可以理解为股权受让方的缴纳出资行为需要在取得股权时一并完成。

6. 本条明确了6个月内未能转让或注销股权情形下的处理方式。考虑到公司发出失权通知后并不一定能够及时找到自愿受让股权并完成出资行为的受让方,而通过减少注册资本并注销该股权需要按照新《公司法》第220条规定通知债权人,公司不一定具备履行债务或提供担保的能力。为了保证公司资本充实问题得到解决,本条设置了强制的兜底条款,即要求公司其他股东按照出资比例完成足额缴纳。

二、理论基础

股东失权与股东除名是否属于同一概念、是否构成包含关系,学术界存在较大争议。在新《公司法》公布前,无论是法院在裁判文书中还是律师在代理意见中均存在股东失权与除名混用的情形,其法律依据也均来自《公司法司法解释三》第17条。由于《公司法司法解释三》规定的股东除名的适用范围是完全没有履行出资义务的股东,法律后果是解除股东资格,而被解除股东资格当然会丧失全部股权,股东失权与股东除名具备同时性与一致性。因此,在新《公司法》生效前二者混用也无不妥。

然而,新《公司法》确立了股东失权制度,尤其是明确按比例失权后,失权不一定导致除名,除名却一定伴随失权。因此,应能够认为股东失权与股东除名存在区别,从逻辑角度二者构成包含关系,能够将股东除名看作股东的全部失权,可见股东除名是股东失权的极端情形。

也有学者从合同及合伙角度作出解释:在公司设立阶段,发起人之间是一种合伙关系,为设立公司而订立的发起人协议在性质上属于合伙协议。[①] 股东未能履行出资义务,是对合伙协议的违约,参照《合伙企业法》关于合伙人未履行出资义务的除名条件,对未出资的股东进行除名具备适当性。而股东失权制度能够适用股东仅履行部分出资义务的情形,股东丧失部分股权可以归入合同部分解除的范畴,而且适用于标的物具备可分性的合同,即出现了"不能实现部分合同目的"的

---

① 参见施天涛:《公司法论》(第3版),法律出版社2014年版,第109页。

情形,当事人对合同的一部分行使解除权,而非解除合同整体。①

本次修订确定的股东失权制度无论是源自《合伙企业法》还是合同法,按照《合伙企业法》的规定,被除名的合伙人有异议的,能够向人民法院提起诉讼;对合同全部解除或部分解除有异议的相对方,也能提起确认解除行为无效之诉。但是,目前在新《公司法》第52条的规定下,收到失权通知的股东缺乏具体的救济途径。因为本条未明确规定由董事会决议或股东会决议作出失权通知,股东无法通过提起决议效力确认之诉实现救济,也无法通过提起合同之诉的方式实现救济,尤其是在公司对是否发出失权通知存在自主选择权的情况下,除非法律或司法解释进一步明确,否则在某些情形下股东权利无法得到充分保障。

三、制度演变

1988年《中外合资经营企业合营各方出资的若干规定》第7条第1款规定:"合营一方未按照合营合同的规定如期缴付或者缴清其出资的,即构成违约。守约方应当催告违约方在一个月内缴付或者缴清出资。逾期仍未缴付或者缴清的,视同违约方放弃在合营合同中的一切权利,自动退出合营企业。守约方应当在逾期后一个月内,向原审批机关申请批准解散合营企业或者申请批准另找合营者承担违约方在合营合同中的权利和义务。守约方可以依法要求违约方赔偿因未缴付或者缴清出资造成的经济损失。"

该规定颁布于改革开放初期,在当时的对外招商过程中,外方企业及时且足额的出资是中外合作开办企业的前提基础,如果外方不能及时缴纳出资,考虑到经营项目推进的进度,需要尽快更换其他能够完成出资的合作对象,因此才设置了该规定。该规定可以看到明显的行政强制性,相比于新《公司法》规定的催告—通知失权,该规定采用的是自动失权;相比于新《公司法》的按比例失权,该规定采用的是全部失权;相比于新《公司法》的公司享有自主选择权,该规定下合营相对方并没有选择权。

该规定有其合理性,但其创设的强制失权制度并不能适用于当时的一般民营企业,也不能适用于目前的中外合资企业。

---

① 参见陆青:《论法定解除事由的规范体系——以一般规范与特别规范的关系为中心》,载《华东政法大学学报》2015年第1期。

1993年《公司法》第23条第1款"有限责任公司的注册资本为在公司登记机关登记的全体股东实缴的出资额"的规定,确立了注册资本实缴制度,直到2005年《公司法》修订实缴制放宽最低限额,2013年《公司法》修正确立认缴制度。在注册资本实缴制度下,公司法领域对股东未足额缴纳出资设置失权制度缺乏必要性。

1997年《合伙企业法》将出资数额与出资期限的自主选择权交给了合伙企业本身,其第12条规定,"合伙人应当按照合伙协议约定的出资方式、数额和缴付出资的期限,履行出资义务。各合伙人按照合伙协议实际缴付的出资,为对合伙企业的出资"。同时,1997年《合伙企业法》确定了对未履行出资义务的合伙人除名的制度,其第50条规定:"合伙人有下列情形之一的,经其他合伙人一致同意,可以决议将其除名:(一)未履行出资义务;(二)因故意或者重大过失给合伙企业造成损失;(三)执行合伙企业事务时有不正当行为;(四)合伙协议约定的其他事由。对合伙人的除名决议应当书面通知被除名人。被除名人自接到除名通知之日起,除名生效,被除名人退伙。被除名人对除名决议有异议的,可以在接到除名通知之日起三十日内,向人民法院起诉。"

2006年《合伙企业法》未对该规定作明显改变,沿用至今。

2011年《公司法司法解释三》第18条①规定:"有限责任公司的股东未履行出资义务或者抽逃全部出资,经公司催告缴纳或者返还,其在合理期间内仍未缴纳或者返还出资,公司以股东会决议解除该股东的股东资格,该股东请求确认该解除行为无效的,人民法院不予支持。在前款规定的情形下,人民法院在判决时应当释明,公司应当及时办理法定减资程序或者由其他股东或者第三人缴纳相应的出资。在办理法定减资程序或者其他股东或者第三人缴纳相应的出资之前,公司债权人依照本规定第十三条或者第十四条请求相关当事人承担相应责任的,人民法院应予支持。"

股东会决议除名对应《合伙企业法》的合伙人决议除名,相比于新《公司法》第52条仅以"公司"作为失权通知主体,决策主体明确,更具有可操作性。《公司法司法解释三》关于公司应当及时办理减资程序或由其他股东或者第三人缴纳相应出资的规定,也可以作为新《公司法》第52条中失权后处理方式规定的渊源之一。

---

① 现为第17条。

四、案例评析

案例一:刘某诉 C 公司等公司决议效力确认纠纷案[江苏省常州市中级人民法院(2018)苏 04 民终 1874 号]

基本案情:2009 年 7 月,刘某、洪某、洪某刚成立 C 公司,注册资本为 51 万元。C 公司于 2015 年 2 月修改公司章程,注册资本增加至 300 万元,其中刘某和洪某各出资 135 万元,洪某刚出资 30 万元。原告刘某与洪某原系夫妻关系,2016 年 3 月,刘某起诉洪某离婚,刘某在离婚起诉状中称自己 2016 年 2 月已经将 C 公司的大部分账户资金转存在自己的账户中以保障资金安全。另查明,C 公司成立时的注册资本为人民币 51 万元,但全部股东均未实际出资。

2017 年 11 月,C 公司作出股东会决议:鉴于股东刘某在公司经营过程中存在利用职务之便抽逃全部出资及侵占公司财产的行为,并经公司催告在合理期限内仍未偿还,参与股东会成员一致表决同意解除刘某股东资格。参会股东有洪某、洪某刚。刘某不服,向法院提起诉讼,请求确认除名决议无效。

裁判情况:法院认为,一方面,结合除名权的法理基础和功能分析,合同"解除权"仅在守约方手中,违约方并不享有解除(合同或股东资格)的权利。C 公司的所有股东在公司成立时存在通谋的故意,全部虚假出资,恶意侵害公司与债权人之权益。洪某、洪某刚无权通过召开股东会的形式,决议解除刘某的股东资格,除名决议的启动主体明显不合法。另一方面,从虚假出资和抽逃出资的区别来看,前者是指股东未履行或者未全部履行出资义务,后者则是股东在履行出资义务之后又将其出资取回。案涉股东除名决议认定刘某抽逃全部出资,事实上 C 公司包括刘某在内的所有股东在公司设立时均未履行出资义务,属于虚假出资,故该决议认定的内容亦有违客观事实。因此,二审法院依法撤销一审判决,认定除名决议无效。

评析:法院以虚假出资股东在自身没有履行出资义务的情况下,无权通过决议对抽逃出资的股东进行除名为由认定决议无效。本案例一方面限制了股东除名的适用范围,另一方面,其论述了股东除名的合同法基础,只有守约方才能享有对违约方解除合同的权利,也只有守约股东才能够成为除名程序的合法启动主体。本案不仅对后续股东除名案件的裁判具备参考意义,而且对新《公司法》第 52 条出台后的股东失权案件的裁判具备参考意义。如果一个公司的全部股东都没有按照公司章程规定按期足额缴纳出资,公司董事会能否只对其中一位股东进行催缴,公司能否仅向其中一位股东发出失权通知？从本案来看，应该是不可以的。

案例二：T 公司、H 公司等公司决议效力确认纠纷案［最高人民法院 (2022) 最高法民再 215 号］

基本案情：2007 年 4 月，Y 公司、S 公司出资设立 T 公司。其后 T 公司注册资本及股东发生多次变更。2010 年 11 月，T 公司的公司章程载明：注册资本变更为 9000 万元，其中 H 公司出资 5940 万元，王某出资 2910 万元，S 公司出资 150 万元。2015 年 9 月，威海市中级人民法院于判决中确认 H 公司抽逃了对 T 公司出资 5420.2 万元，判令其返还抽逃出资。2016 年 8 月，T 公司作出股东会决议：减少 H 公司抽逃的出资，相应减少 T 公司注册资本 5420.2 万元。为完成工商变更登记手续，王某、S 公司向威海市中级人民法院提起诉讼，诉请确认前述股东会决议有效；判决 T 公司根据生效的股东会决议修改公司章程，并在公司登记机关办理工商变更登记手续。

裁判情况：一审法院与二审法院均确认 T 公司作出的股东会决议有效。最高人民法院认为《公司法司法解释三》第 17 条规定虽然认可了公司对股东资格的解除，但由于这种解除股东资格的方式相较于其他救济方式更为严厉，也更具有终局性，所以该规定的适用场合应限定在股东未履行出资义务或者抽逃全部出资的情形，而未全面履行出资义务或者抽逃部分出资的股东不适用该种规则。因此，撤销本案一审、二审判决，驳回原告全部诉讼请求。

评析：最高人民法院在作出本案再审判决前也曾作出多份类似判决，均表明了股东除名只能适用于完全未能履行出资义务或者抽逃全部出资的情形，可见最高人民法院保持该观点具备连贯性与一致性。在本案中，H 公司抽逃出资数额占认缴出资数额比例在 91% 以上，最高人民法院依然认为不属于能够直接除名的情形。由此可能产生一种观点：只要股东缴纳了极少比例的出资，或者股东在抽逃出资时故意留下极少数额，公司就不能按照《公司法司法解释三》第 17 条规定对其进行除名，那么股东除名制度可能沦为虚设。新《公司法》第 52 条确立股东按比例失权的规定应是为了解决该问题。

五、律师实务指引

1. 从公司的视角来看，若公司就其股东未能按照公司章程规定履行出资义务而向律师寻求解决方案,需要重点关注:(1)其他股东是否按照公司章程完全履行了出资义务;(2)该股东属于完全未履行出资义务还是未履行部分出资义务;(3)公司章程规定的出资义务是否全部到期。

在其他股东同样没有完全履行出资义务的情况下,公司不宜直接按照《公司法司法解释三》第17条规定启动股东除名程序,公司也不宜直接按照新《公司法》第52条规定启动股东失权程序。在此情形下,应当告知公司其他股东及时履行出资义务,然后根据拟除名或失权股东的具体出资情况来确定采用何种措施。对于已经缴纳部分出资的股东,只能适用失权通知程序。失权通知发出后,从尽快实现资本充实、公司股权结构正常化的角度,建议公司优先采取股东自愿受让股权并缴纳出资的方式完成处置,同时需要释明6个月的法定期限及期限届满后的后果,即使其他股东接受按照出资比例完成缴纳义务,也建议其在6个月期限内完成办理。

另外,公司应当特别重视股东失权制度的程序要求。例如,催缴应当通过书面方式进行,并且载明不少于60日的宽限期;作出催缴的决策机关是公司董事会,而董事会的召开又要符合章程规定的程序;为避免纠纷,建议通知未缴纳出资的股东参会说明情况;催缴后的效果,不是必须失权,而是"可以"失权;新《公司法》第52条第2款与第3款程序上应当妥善衔接,如果需要在6个月内进行股权转让,则应当按照章程约定通知其他股东并履行减资程序;若股东对失权有异议,必须在30日除斥期间内提起诉讼,否则将丧失异议的权利。

2.从诉讼角度看,律师接受被除权股东委托的,应分阶段考虑救济途径。在收到董事会催缴书之后至公司发出失权通知前,股东认为自身已经履行全部出资义务,可以通过确认之诉实现救济,请求确认自身已经完全履行出资义务。在收到公司失权通知之后,如果失权通知仅有公司盖章,可以考虑向公司提起确权之诉,请求确认公司的股权处分程序违法而无效,也可以提起股东身份确认之诉、股权归属确认之诉,重点关注公司董事会的核查出资程序是否合法、是否采用书面方式催缴并完成送达、是否载明宽限期,对于催缴书没有载明宽限期的,可以考虑以公司未明确告知不履行就会失去股权的后果进行抗辩,主张目前仍在宽限期内。同时还可以关注失权范围是否包括尚未到期的部分出资,股东对于尚未到期的出资义务,即使经催告没有出资,也不在剥夺股权的范围内。

律师代理失权股东提起失权无效之诉的,还可以收集其他股东同样未完全履行出资义务、董事会没有对其他股东完成催告、其他股东存在抽逃出资、非货币财产出资不足额的相关证据材料,在能够证明其他股东同样违反出资义务的情形下,按照前述关于违约方无权向违约方解除合同、瑕疵股东无权对瑕疵股东决议除名的案例请求法院认定失权无效。

3.关于股东失权制度的流程如图52-1所示。

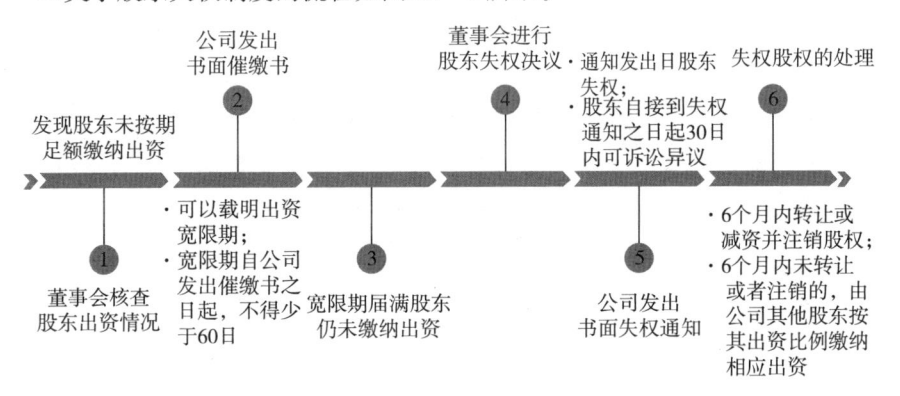

图52-1 股东失权制度流程

流程步骤：

1. 发现股东未按期足额缴纳出资 —— 董事会核查股东出资情况
2. 公司发出书面催缴书 —— 可以载明出资宽限期；宽限期自公司发出催缴书之日起,不得少于60日
3. 宽限期届满股东仍未缴纳出资
4. 董事会进行股东失权决议
5. 公司发出书面失权通知 —— 通知发出日股东失权；股东自接到失权通知之日起30日内可诉讼异议
6. 失权股权的处理 —— 6个月内转让或减资并注销股权；6个月内未转让或者注销的,由公司其他股东按其出资比例缴纳相应出资

第五十三条 【抽逃出资的法律责任】

> 第五十三条　公司成立后,股东不得抽逃出资。
> 违反前款规定的,股东应当返还抽逃的出资;给公司造成损失的,负有责任的董事、监事、高级管理人员应当与该股东承担连带赔偿责任。

一、修订情况

1. 相较于2018年《公司法》第35条,本条增加了第2款"违反前款规定的,股东应当返还抽逃的出资;给公司造成损失的,负有责任的董事、监事、高级管理人员应当与该股东承担连带赔偿责任"。该款在《公司法司法解释三》第14条的基础上,对股东抽逃出资的法律后果进行了详细规定。

2. 相较于《公司法司法解释三》第14条,本条有以下变化:

一是对股东抽逃出资行为承担连带责任的主体增加了"监事",删除了"实际控制人"。

二是需要除抽逃股东外的其他主体承担责任的情形从"协助抽逃出资"变更为"负有责任",明显增加了承担责任的行为方式。

三是除抽逃股东外的其他主体承担责任的范围从"返还出资本息"变更为赔偿"损失",扩大了承担连带责任的责任范围。

四是并未吸收关于抽逃出资的股东对公司债权人的补充赔偿责任的规定,关于瑕疵出资股东是否仍然应当向公司债权人承担补充赔偿责任,有待在后续的司法解释和司法实践中进一步明确。

二、理论基础

禁止股东抽逃出资是各国公司法最古老的规则,是"资本维持原则"的最本原的含义,它通常以"禁止公司向股东返还资本"的规则来表达,迄今依然存活于大陆法系和绝大多数英美法系国家的公司法中。在域外公司法漫长的历史中,抽逃出资一直被视为损害了公司、债权人以及正常履行出资义务的股东的合法利益,从根本上侵蚀了公司的独立法律人格。自17世纪末以来,禁止股东抽逃出资就成为公司法(包括特许时代的公司法案及准则设立主义的公司法)下几无争议的规则。

现代公司法对这一规则的表述以《德国股份公司法》第57条最具代表性。在宣告了"公司不得向股东返还出资"(法律准许取得自有股份时例外)后,《德国股份公司法》似乎意犹未尽,又补充了两条:"(1)既不得向股东承诺利息,也不得向股东支付利息;(2)在公司解散前,只能向股东分配决算盈余。"换言之,股东出资必须留在公司中承受公司的经营风险,公司只能向股东分配经营中实现的利润,不得承诺固定收益,更不能返还出资。

三、制度演变

我国改革开放释放出的民众经商热情与"资本信用"神话导致虚假出资、抽逃出资等现象在现实生活中普遍存在,20世纪八九十年代我国政府清理整顿公司时期的政策文件,是对公司刚成立就立即转走注册资金的简单抽逃行为的形象表述。1993年《公司法》第34条首次以立法形式规定"股东在公司登记后,不得抽回出资"。2005年《公司法》至今,均表述为"公司成立后,股东不得抽逃出资"。对于股份有限公司,《公司法》一直表述为"不得抽回股本"。至于抽逃出资的概念,一直没有统一的表述,迄今为止,唯一具体描述了抽逃出资表现形式的规范性法律文件是2011年《公司法司法解释三》第12条,但它也只是总结了实践中抽逃出资的几种主要类型,不仅未界定抽逃出资的本质含义,而且还因对"抽逃出资"的认定延伸到公司成立后的交易及分配等环节而进一步引发了"抽逃出资"还是"变相分配"的新困惑。一个建立在"资本维持原则"基础上的抽逃出资分析框架呼之欲出。然而,2013年年底的改革大刀阔斧地放松了公司设立环节的资本管制,颠覆了人们对公司资本制度的传统理解,导致2011年《公司法司法解释三》第12条在一些学者眼中已经丧失了《公司法》的支撑,只能寻求侵权法作为依托。

《全国法院民商事审判工作会议纪要》第5条提出"对赌协议"纠纷案件的审理适用抽逃出资规则,并将抽逃出资与利润分配、股权回购、减资规则联系起来,但既未对抽逃出资规则本身予以补强,也未具体说明抽逃出资规则的判断标准及其与利润分配、股权回购和减资规则之间具有何种关系。

四、案例评析

刘某等与 C 公司追收抽逃出资纠纷案[新疆维吾尔自治区高级人民法院生产建设兵团分院(2021)兵民终 24 号]

基本案情: 2012 年 6 月,刘某、高某、魏某在王某的安排下成立 C 公司:刘某认缴出资 3500 万元、高某认缴出资 1000 万元、魏某认缴出资 500 万元;但实际控制人仍为王某,由刘某代持王某的股份,刘某担任执行董事兼法定代表人。2012 年 6 月 14 日,C 公司收到全体股东缴纳的注册资本合计人民币 5000 万元,C 公司登记设立。同日,刘某先后六次将共计 5000 万元转至刘某、杨某账号,转出款用途为个人债权,C 公司账户余额为 0 元。

2013 年 6 月 24 日,刘某将其持有的 C 公司 50% 股权以 2500 万元的价格转让给金某,由金某继续代持王某股权,金某未实际交付转让款。刘某又将其持有的 C 公司 20% 股权以 1000 万元的价格转让给朱某。同日,C 公司章程变更为:金某出资额 2500 万元,持股 50%;朱某出资额 1000 万元,持股 20%;高某出资额 1000 万元,出资比例 20%;魏某出资额 500 万元,持股 10%。

后 C 公司以出资不实为由诉请刘某、高某、魏某承担出资补足义务,请求金某和朱某对上述债务承担连带责任。诉讼中法院查明,朱某、高某、魏某的出资额已实缴。一审法院判决金某在 2500 万元的出资本息范围内承担补缴出资的责任,刘某、王某对此承担连带清偿责任。刘某等人对判决结果不服,提起上诉。

裁判情况: 刘某作为法定代表人将 C 公司的注册资本金全部转至个人账户,是实施抽逃出资的行为人,应承担返还股本金及利息的主体责任。作为 C 公司实际控制人的王某以及知道刘某抽逃出资并受让股权的金某应当承担连带清偿责任。

评析: 企业股东将其出资注入后又抽回,会造成公司资本缺失,降低公司的履约能力和偿债能力,同时还会损害债权人、投资人等相关主体合法权益。《公司法司法解释三》第 12 条列举了股东抽逃出资的几种行为,但法律并不能穷尽司法实务所有的具体情形。在对抽逃出资进行认定的时候,需要把握维持公司资本的本质,具体问题具体分析。当抽逃出资遇到股权代持与知情受让时,名义股东不得以其并非实际出资人进行抗辩。实际股东、代持的名义股东及受让方需要共同承担抽逃出资的返还义务。

五、律师实务指引

(一)如何理解"抽逃出资"

我国《公司法》和《刑法》均未对"抽逃出资"的概念作出解释,缺少对于抽逃出资的事实构成。从学理解释的角度来看,"抽逃出资"的定义为股东非经合法程序从公司"抽回相当于已缴纳出资数额的财产","同时继续持有公司股份"的行为。从审判实践的角度来看,司法机关与行政机关认定的抽逃出资行为大致可以分为两类:一是"直接抽逃",即出资人完成验资或公司注册后,旋即将出资财产转走或取回;二是"迂回抽逃",即股东通过让公司清偿债务、提供担保、与公司发生其他关联交易或者分配公司利润等方式,从公司非法取得财产。[1] 2011年《公司法司法解释三》第12条对股东迂回抽逃出资的行为要件进行了列举,具体有:(1)将出资款项转入公司账户验资后又转出;(2)通过虚构债权债务关系将其出资转出;(3)制作虚假财务会计报表虚增利润进行分配;(4)利用关联交易将出资转出;(5)其他未经法定程序将出资抽回的行为。就抽逃出资的结果要件而言,需满足"损害公司权益"。随着2013年《公司法》全面实施认缴制改革取消验资要求后,2014年《公司法司法解释三》第12条删除了"将出资款项转入公司账户验资后又转出"的规定,但删除该规定并不构成认定"直接抽逃"出资的障碍。

除此之外,司法审判中认定的"其他未经法定程序将出资抽回的行为"主要还包括:(1)违反减资法定程序做出的减资行为,应认定为名为减资、实为抽逃出资性质[如最高人民法院(2019)最高法民再144号民事判决书];(2)将股东本属于资本公积金的出资转变为公司对其的借款,并采用以物抵债的形式予以返还,属于股东变相抽逃出资行为[如最高人民法院(2013)民提字第226号民事判决书];(3)提供虚假企业资产负债表、利润表和虚构购销合同,以所属公司为出票人,在金融机构办理银行承兑汇票被认定为抽逃出资罪;(4)转出注册资本后,若再注入资金但不能证明其系补足出资的;(5)股权或债权受让方应支付的对价,变相由出让方公司支付,导致公司法人财产不当减少,构成抽逃出资。

此外,关于禁止股东"抽逃出资"中的"出资"是仅指"注册资本"还是包括由股份溢价构成的"资本公积金",《公司法》及司法解释并未进行回应。司法审判实践

---

[1] 参见王军:《公司资本制度》,北京大学出版社2022年版,第354页。

中亦存在不同观点。

一方面,最高人民法院在(2018)最高法民终393号民事判决书中分别从公司法与合同法的角度论述了股东无正当理由转出的资本公积金应当向公司返还,无正当理由减少资本公积金就是减弱公司偿债能力、侵害公司财产权益、损害债权人利益的行为,应当认定为抽逃出资。

另一方面,有的法院认为抽逃出资仅指股东抽逃"注册资本",而资本公积金与注册资本截然不同,公司依照法定程序作出的关于减少资本公积金的决议不能认定为抽逃出资。[1]

(二)抽逃出资的法律责任

股东抽逃出资可能导致其承担民事、行政和刑事责任。新《公司法》第253条规定了抽逃出资的相关行政责任:公司登记机关有权责令(公司的发起人和/或股东)改正,处以所抽逃出资金额5%以上15%以下的罚款;并对直接负责的主管人员和其他直接责任人员处以3万元以上30万元以下的罚款。严重的抽逃出资行为可能构成"抽逃出资罪"[2],依据全国人大常委会于2014年作出的《关于〈中华人民共和国刑法〉第一百五十八条、第一百五十九条的解释》的规定,抽逃出资罪只适用于依法实行注册资本实缴登记制的公司。

新《公司法》第53条在立法层面新增抽逃出资的股东与负有责任的董事、监事、高级管理人员应当承担的民事责任,主要有这几个方面:一是抽逃出资的股东对公司的返还责任。抽逃出资的股东应当向公司返还出资本息,公司或者其他股东有权主张该权利。二是抽逃出资的股东承担赔偿责任。"给公司造成损失"的,抽逃出资的股东应当承担赔偿责任。这个赔偿责任的具体范围,应与股东、董事、监事、高级管理人员损害公司利益的归责制度结合考虑。三是负有责任的董事、监事、高级管理人员承担连带赔偿责任。在修法过程中,《公司法(修订草案)》规定董事、监事、高级管理人员在"知道或者应当知道"股东有抽逃出资行为而"未采取必要措施",并"给公司造成损失"时才应当承担赔偿责任;而《公司法(修订草案)(二次审议稿)》则直接要求相关董事、监事、高级管理人员承担连带赔偿责任,同时将过错责任变更为"负有责任",这加重了董事、监事、高级管理人员所应承担的

---

[1] 参见陕西省高级人民法院,(2020)陕民终633号民事判决书。
[2] 参见《刑法》第159条。

义务与责任。

如何界定"负有责任"?《公司法司法解释三》第 14 条的表述为"协助抽逃出资",因此,"负有责任"不仅包括主动地协助抽逃出资的行为,也应当包括非故意地为抽逃出资提供便利和可能的过失行为,还包括应履行职责而未履行的情形,如董事未就催缴股东出资事项召开董事会进行审议、未作出有效决议。关于明确无须承担责任的情形,如新《公司法》第 125 条关于股份有限公司董事会决议,"经证明在表决时曾表明异议并记载于会议记录的,该董事可以免除责任"的规定可以类推适用至有限责任公司。董事会就催缴股东出资进行审议但作出不催缴的决议,有证据证明某董事曾提出异议的,该董事不应当承担赔偿责任。

(三)董事、监事、高级管理人员更需重视履职合规性

新《公司法》不仅对董事、监事、高级管理人员的忠实勤勉义务作出原则性定义,也为董事、监事、高级管理人员的忠实勤勉义务增添了积极作为的内涵,新《公司法》第 53 条中表现得尤其明显。董事、监事、高级管理人员负有勤勉义务,有职责阻止股东抽逃出资,更不能协助股东抽逃出资。如果发现股东抽逃出资,或者存在抽逃出资的可能,董事、监事、高级管理人员在知情后,也有催促返还的义务。当然,现实的生活往往是纷繁复杂的,司法审判中对如何有效界定董事、监事、高级管理人员是否遵循忠实勤勉义务,以及如何把握董事、监事、高级管理人员的责任承担形式和范围,是一个很大的挑战。总之,董事、监事、高级管理人员应当充分重视履职合规问题,做好履职备案,准确理解管理者通常应有的注意义务的内涵和逻辑,履职过程中不能抱有侥幸心理。

关联法条

1.《刑法》第 159 条
2.《市场主体登记管理条例》第 45 条

第五十四条 【股东出资加速到期】

> 第五十四条 公司不能清偿到期债务的,公司或者已到期债权的债权人有权要求已认缴出资但未届出资期限的股东提前缴纳出资。

一、修订情况

本条为新增条款。

二、理论基础

本次修订确立了股东出资加速到期制度。该制度的理论依据为:(1)缴纳出资是股东的法定义务。股东对公司的出资义务通过登记而产生公示公信效力,他人在与公司进行交易时一定程度上存在对股东出资的信赖。因此,在公司无力清偿债务时,股东有义务履行其对于公司的出资义务。(2)公司注册资本明确、具体、稳定是公司制度和公序良俗的基本要求。公司财产独立要求公司对自己的财产享有充分、完整的支配权。在公司不能清偿到期债务的情形下,股东认缴出资后又"认而不缴",可能使公司资本处于不确定的待定状态,有违公司财产独立和公司资本充实的基本理念。(3)股东的出资具有清偿担保与资本维持的作用,公司应保持与其注册资本相当或者与其营业需求相当的实有财产,股东不能无代价、非正当、不合理地转移公司资产,一旦公司陷入无法偿还到期债务的困境,应强制股东出资加速到期。(4)权利和义务理应统一,股东享受自主约定出资金额、出资比例、出资期限等权利的同时,也势必应当承担相应的义务,而法律也应当防止权利的滥用,理应对股东权利进行适当的限制。

三、制度演变

2006年发布的《企业破产法》明确了破产程序中的出资加速到期规则。其第35条规定:"人民法院受理破产申请后,债务人的出资人尚未完全履行出资义务的,管理人应当要求该出资人缴纳所认缴的出资,而不受出资期限的限制。"2008年《公司法司法解释二》明确了清算情形下的出资加速到期,第22条第2款规定:"公司财产不足以清偿债务时,债权人主张未缴出资股东,以及公司设立时的其他股东或者发起人在未缴出资范围内对公司债务承担连带清偿责任的,人民法院应依法予以支持。"但对于非破产也非清算状态下的公司能否主张股东出资加速到期并无制定法上的依据。

2013年《公司法》将有限制的认缴制改为无限制的认缴制,注册资本对于判断公司财产状况、履约及债务清偿能力没有了实际意义,并产生了许多误解。实践中出现了很多出资期限超长的公司,因为股东享有期限利益,在公司不能清偿债务时,债权人只能通过申请公司破产的途径,迫使股东出资提前到期。最高人民法院于2015年发布的《关于当前商事审判工作中的若干具体问题》对股东出资加速到期的态度是,为了保护全体债权人利益,债权人应当启动破产程序,使股东出资义务加速到期。

《全国法院民商事审判工作会议纪要》第6条规定:"在注册资本认缴制下,股东依法享有期限利益。债权人以公司不能清偿到期债务为由,请求未届出资期限的股东在未出资范围内对公司不能清偿的债务承担补充赔偿责任的,人民法院不予支持。但是,下列情形除外:(1)公司作为被执行人的案件,人民法院穷尽执行措施无财产可供执行,已具备破产原因,但不申请破产的;(2)在公司债务产生后,公司股东(大)会决议或以其他方式延长股东出资期限的。"该规定有限制地支持了股东出资义务加速到期,但其适用严格限制在两种特定情形下。

最高人民法院《关于民事执行中变更、追加当事人若干问题的规定》第17条规定:"作为被执行人的营利法人,财产不足以清偿生效法律文书确定的债务,申请执行人申请变更、追加未缴纳或未足额缴纳出资的股东、出资人或依公司法规定对该出资承担连带责任的发起人为被执行人,在尚未缴纳出资的范围内依法承担责任,人民法院应予支持。"根据该规定,无论股东的出资期限是否届满,公司无财产可供执行时,未缴纳或未足额缴纳出资的股东均可被追加为被执行人,就公司不能清偿的债务在尚未缴纳出资的范围内承担责任。结合《全国法院民商事审判工作会议纪要》第6条的规定,当公司无财产可供执行时,未届缴资期限的股东在执行阶段出资加速到期。

从《公司法》的修订沿革来看,《公司法(修订草案)》的表述为"公司不能清偿到期债务,且明显缺乏清偿能力的,公司或者债权人有权要求已认缴出资但未届缴资期限的股东提前缴纳出资",对股东出资加速到期的构成要件规定为"公司不能清偿到期债务,且明显缺乏清偿能力的"。后续修订过程中删除了"且明显缺乏清偿能力",并将债权人限定为"已到期债权的"债权人。此项修订使债权人追究股东出资义务更具有可操作性。

四、案例评析

刘某、F公司等合同纠纷执行异议案[广东省广州市中级人民法院(2022)粤01执异297号]

基本案情:F公司成立于2015年,发起人股东为唐某、从某,以货币认缴出资分别为300万元、200万元,均于2035年5月30日前缴足。随后经多次股权转让,2021年6月公司章程载明:公司注册资本为500万元人民币,股东为廖某、禹某,以货币认缴出资分别为300万元、200万元,均于2036年12月30日前缴足。因F公司未履行生效法律文书确定的义务,经法院多次执行暂未发现F公司有可供执行的财产。申请执行人刘某请求公司股东追加廖某、禹某为被执行人。

裁判情况:被执行人F公司的财产不足以清偿生效法律文书确定的债务。廖某、禹某作为被执行人F公司的股东,在公司成立后均未依法履行出资义务,法院判决廖某、禹某在未缴纳出资范围内对公司债务承担清偿责任。法院补充说明虽然股东认缴出资期限未至,但因该认缴期限是公司与股东,以及股东与股东之间的约定,基于合同的相对性原则,不能以此对抗债权人。

评析:在司法实践中,法院可以依据《全国法院民商事审判工作会议纪要》与最高人民法院《关于民事执行中变更、追加当事人若干问题的规定》,在执行阶段裁定未届缴资期限股东的出资义务加速到期。由于《全国法院民商事审判工作会议纪要》效力有限,该规定在司法适用中没有得到统一,适用范围也仅限缩于执行阶段。本案中,法院在说理部分引用合同法原理对抗股东出资的期限利益。新《公司法》颁布后,类案判决将直接拥有公司法层面的法律依据。

五、律师实务指引

(一)如何认定"公司不能清偿到期债务"?

新《公司法》规定的构成要件为"公司不能清偿到期债务",删除了此前审议稿中提及的"明显缺乏清偿能力",即《公司法》中股东出资加速到期的构成要件不需要达到《企业破产法》中的明显缺乏清偿能力的破产原因,亦不需要公司资产不足以清偿全部债务,仅需要公司在个案中不能清偿到期债务。

最高人民法院《关于适用〈中华人民共和国企业破产法〉若干问题的规定(一)》第2条规定:"下列情形同时存在的,人民法院应当认定债务人不能清偿到期债务:(一)债权债务关系依法成立;(二)债务履行期限已经届满;(三)债务人未完全清偿债务。"参照适用《企业破产法》中的同一概念,我们认为新《公司法》已实质降低出资加速到期制度的适用门槛。因此,债权人在起诉未出资到位的公司时可以将未届出资期限的股东列为共同被告。

(二)能否由债权人单独受偿?

《全国法院民商事审判工作会议纪要》第6条中规定债权人可以请求未届出资期限的股东在未出资范围内对公司不能清偿的债务承担补充赔偿责任,从而能够实现个别清偿。但新《公司法》第54条的法律后果为"提前缴纳出资",并未规定股东对债权人的补充赔偿责任,即要求股东提前缴纳出资而非要求股东对个别债务承担补充赔偿责任。股东缴纳出资的对象是公司,通过充实公司的责任财产从而概括地、间接地保障全体债权人的利益。

尽管个别债权人不能依据新《公司法》直接单独受偿,但是依据民事强制执行的一般规定,在企业法人为被执行人的情形下,在先查封、扣押、冻结的债权人可以在执行程序中优先受偿。因此,我们认为,债权人可以同时向公司和未届出资期限的股东提起诉讼并申请财产保全,在取得胜诉判决并经法院执行,股东向公司缴纳出资款项后,债权人能够直接从公司账户受偿。

(三)关于债权人追究未届出资期限的股东责任的诉讼路径选择

在新《公司法》施行之前的法律制度下,最可能的路径为:(1)在基础关系民事诉讼中将未届出资期限的股东列为共同被告,但支持可能性低。(2)在对公司提起民事诉讼并取得胜诉判决后,在执行阶段提出执行异议。依据最高人民法院《关于民事执行中变更、追加当事人若干问题的规定》第17条和《全国法院民商事审判工作会议纪要》第6条的规定,以具备破产原因而未破产为由申请追加该股东为被执行人。但因执行法院顾及在执行程序中直接追究股东责任损害股东的实体权利,在执行阶段追加股东为被执行人被支持的可能性较低。(3)在执行异议被驳回后,提出执行异议之诉要求追加瑕疵出资的股东为被执行人,此时支持可能性高。(4)在执行案件裁定终止本次执行后,债权人可以另行提起股东损害公司债权人利益责任纠纷之诉,要求股东就公司不能清偿的债务承担补充赔偿责任。

依据新《公司法》,针对公司股东瑕疵出资情形(无论是否到期),可增加以下救济路径:

(1)可直接要求该股东履行出资义务或补足出资义务。已到期债权的债权人可以依据新《公司法》第54条的规定,对不能清偿到期债务的公司,向已认缴出资但未届缴资期限的股东或未足额缴纳已到期出资的股东发出通知,要求其提前缴纳出资、补足缴纳出资,进而提起诉讼。

(2)可考虑在向公司提起的实体争议诉讼中将瑕疵出资股东列为共同被告。在债权人已经催告已认缴出资但未届缴资期限的股东提前缴纳出资而该等股东未予理会的情形下,债权人是否能够在债权人拟向公司提起的实体争议诉讼中依据新《公司法》第54条直接将该等股东列为共同的被告、保全其财产,目前仍然不明朗,但债权人不妨在提起诉讼时尝试该等方案。

(3)可考虑在执行阶段申请追加未届出资期限的股东为被执行人。对于已经进入执行阶段而未能执行到财产的情形,债权人可以考虑依据新《公司法》第54条及现有的最高人民法院《关于民事执行中执行变更、追加当事人若干问题的规定》,申请将该等股东追加为被执行人,要求该等股东提前向公司缴纳出资,并申请保全股东的财产。由于新《公司法》第54条将债权人举证责任由"明显缺乏清偿能力"降低为"不能清偿到期债务",也有望通过减轻执行法官的审查难度及深度,便利执行法官形式审查并最终实现执行阶段追加股东为被执行人。

关联法条

《企业破产法》第35条

第五十五条 【出资证明书】

> 第五十五条 有限责任公司成立后,应当向股东签发出资证明书,记载下列事项:
> (一)公司名称;
> (二)公司成立日期;
> (三)公司注册资本;
> (四)股东的姓名或者名称、认缴和实缴的出资额、出资方式和出资日期;
> (五)出资证明书的编号和核发日期。
> 出资证明书由法定代表人签名,并由公司盖章。

一、修订情况

相较于2018年《公司法》第31条,本条存在以下变化:

1. 将股东"缴纳的出资额"修订为"认缴和实缴的出资额";此后,公司应将股东认缴出资额和实缴出资额均明确记载在出资证明书中。

2. 增加"出资方式",进一步完善出资证明书应当记载的事项范围。

3. 将"出资证明书由公司盖章"修订为"出资证明书由法定代表人签名,并由公司盖章",从形式要求上对出资证明书做了进一步的严格要求。

二、理论基础

出资证明书,是有限责任公司签发的证明股东已经履行出资义务的法律文件,是投资人成为有限责任公司股东,并依法享有股东权利和承担股东义务的法律凭证。有限责任公司出具的出资证明书与股份有限公司(特别是上市公司)设定权利的设权证券不同。有限责任公司股东所享有的股东权并非由出资证明书所创设,而是源于股东的出资,出资证明书只是记载和反映股东出资的客观状况,因此,它与设定权利的设权证券不同。而且,出资证明书为要式文书,其制作和应当记载的事项必须严格按照法律规定的方式和要求进行。

新《公司法》第55条修订的理论基础在于以下几个方面：

1. 公司注册资本认缴制施行以来，多数公司成立时并未实缴出资到位。实践中因理解不同，部分公司出具的出资证明书中记载的出资额为认缴出资额，部分公司出具出资证明书中记载的出资额为实缴出资额，且并未在出资证明书中明确列示其记载的出资额是认缴出资额还是实缴出资额。因此，在公司与股东因出资引发诉讼时，股东可能无法直接依据其持有的出资证明书证实其实缴出资额，而仍需通过提供货币出资的转账记录、非货币出资的协议或变更登记材料等其他证据予以证明。故新《公司法》要求公司将股东认缴出资额和实缴出资额均明确记载在出资证明书中。

2. 根据新《公司法》第48条第1款"股东可以用货币出资，也可以用实物、知识产权、土地使用权、股权、债权等可以用货币估价并可以依法转让的非货币财产作价出资"的规定，股东出资主要分为货币出资和非货币资产作价出资，且股东采取不同出资方式所需履行的相关程序也不相同。此外，"出资方式"也是公司章程中所必须载明的事项。因此，在出资证明书应载明的事项中增加"出资方式"，既是对出资证明书中记载的股东出资核心信息的进一步完善，也是对公司章程中关于股东出资必备条款内容的相互呼应。

3. 出资证明书由法定代表人签名并由公司盖章才产生法律效力，有利于减少或避免公司否定出资证明书效力的情况，有利于股东合法维护自身权益，同时有助于保持公司的和谐稳定，建立和完善现代企业管理制度。近年来，司法实践中经常出现公司有意刻制两套甚至多套公章的情形，公司在出具出资证明书时有可能恶意加盖非备案的公章或者假公章。如果持有出资证明书的股东并非登记股东（如股权由其他人代持且公司明知），发生纠纷时实际出资人以出资证明书为证主张其系实际履行出资义务的股东要求确认其股东身份的，公司有可能以加盖的是假公章为由否定出资证明书的效力。因此，新《公司法》将法定代表人签字也作为出资证明书的形式要件显得尤为重要。因为法定代表人依法可以对外代表公司，所以只要有法定代表人的签字，则无论出资证明书中加盖的公章是真章还是假章，均不能否认该出资证明书的法律效力。

三、制度演变

《公司法》自1993年颁布以来，直至本次修订才对出资证明书应当记载的事项进行修改,将股东"出资额"进一步明确为"认缴和实缴的出资额";将"出资方式"增加到出资证明书应当记载的事项中;其他应在出资证明书中记载的事项未作调整。此外,从形式要件上对出资证明书也作了进一步的严格要求,将"出资证明书由公司盖章"修订为"出资证明书由法定代表人签名,并由公司盖章"。

四、案例评析

B 公司与扈某股东资格确认纠纷案[河南省郑州市中级人民法院(2014)郑民三终字第 788 号]

基本案情: 1998 年 12 月,郑州市某副食品商场的国有产权采用全额由内部职工一次性购买的方式出售,依照《公司法》要求改制成为内部职工出资入股的有限责任公司,即 B 公司。因出资人数超过了 1993 年《公司法》规定的股东限定人数,B 公司确定 39 人在原郑州市工商行政管理局进行了注册登记。2006 年 8 月 25 日,B 公司将公司股东人数变更登记为 8 人。扈某作为改制前的职工认购出资 9600 元,B 公司于 1999 年 1 月 28 日向扈某出具了出资证明书。扈某起诉请求法院确认其股东资格。

裁判情况: 法院认为,B 公司向扈某出具的出资证明书记载了公司名称、公司成立日期、公司注册资本、股东姓名、认购的出资额、出资日期和核发日期,并加盖了 B 公司印章。该出资证明书是有限责任公司签发的证明股东已经履行出资义务的法律文件,是投资人成为有限责任公司股东并依法享有股东权利和承担义务的法律凭证,B 公司向扈某出具出资证明书后,扈某即具有了股东资格,依法享有股东权利并承担股东义务。

评析: 出资证明书是股东出资后公司向股东签发的文件,用于证明股东已履行出资义务。出资证明书对于确认股东资格具有重要的法律意义。为确保股东资格及股东权利的行使,出资人在履行出资义务后还应当要求股东变更股东名册及办理变更登记。

五、律师实务指引

出资证明书是有限责任公司向股东签发的股东资格证明。出资证明书的作用是表明股东履行了出资义务,是股东行使股东权利的凭证。股东根据其出资比例行使表决权、请求分配股利、承担有限责任等。有限责任公司的股东转让股权后,公司应当注销原股东的出资证明书,向新股东签发出资证明书。因此,向股东签发出资证明书是公司的义务。如果公司拒绝向股东交付出资证明书,股东可以以公司为被告提起给付之诉。

但是,出资证明书不能对抗善意第三人,因为出资证明书的效力仅及于公司与股东。凡是可以以其他方式证明实际出资人的出资事实存在时,就不应仅以出资证明书否定实际出资人的股东资格。出资证明书并不是认定股东资格的必要条件,在诉讼中需要与其他证据相互印证。

出资证明书只是股东向公司证明自己已经履行对公司出资义务的凭证,不是法律承认的流通证券,不能像股权证券化的股票那样具有设权证券的功能,不能通过交付出资证明书或者背书方式产生股权变动的效果。出资证明书上对股东情况的记载与股东名册上的记载一致时才具有证明效力,如果二者记载不一致,将以股东名册的记载为准。

新《公司法》第55条关于出资证明书增加了"认缴和实缴的出资额""出资方式"的记载内容,并要求出资证明书必须由法定代表人签名且由公司盖章。这些修改,便于股权转让时受让方更加清晰地了解公司股东认缴和实缴出资金额及出资方式等细节,能够更好地维护交易安全,降低交易成本。实践中应当特别注意,股东出资证明书应当符合法定形式要件,由法定代表人签名并由公司盖章。

律师实务中应注意出资证明书的法律性质、法律效力,注意出资证明书涉及股东资格认定、股东权利行使和股东责任认定,以及公司登记中的股东登记、备案、公示等事实和行为的对抗效力、证明效力、确权效力的区别。

出资证明书参考格式如下:

股东出资证明书

证书编号:_____

公司名称:_____

公司成立日期:_____

公司注册资本:_____

股东姓名/名称：_____

认缴出资额：_____

实缴出资额：_____

出资方式：_____

出资日期：_____

核发日期：　　年　　月　　日

公司盖章：

法定代表人签名：

第五十六条 【股东名册】

> 第五十六条　有限责任公司应当置备股东名册,记载下列事项:
> (一)股东的姓名或者名称及住所;
> (二)股东认缴和实缴的出资额、出资方式和出资日期;
> (三)出资证明书编号;
> (四)取得和丧失股东资格的日期。
> 记载于股东名册的股东,可以依股东名册主张行使股东权利。

一、修订情况

关于有限责任公司股东名册应当记载的事项,本条有以下变化:

1. 扩充股东名册应记载的事项。本条第 1 款第 2 项将"股东的出资额"修改为"股东认缴和实缴的出资额、出资方式和出资日期",新增第 4 项"取得和丧失股东资格的日期",进一步提升股东名册对股东资格的确认效力。本条有助于保证商事活动的效率,及时调整股东与公司的关系,实现对股东权利、公司利益及第三人利益的保护。

2. 删除了非登记事项。新《公司法》增加了"公司登记"这一独立章节,以专章明确规定了公司设立登记、变更登记、注销登记的事项和程序等内容,本条相应删除了"公司应当将股东的姓名或者名称向公司登记机关登记;登记事项发生变更的,应当办理变更登记。未经登记或者变更登记的,不得对抗第三人"。由于股东名册是股东对内行使股东权利的依据,而股权登记作为一种行政确认行为,更多地处理股东、公司与第三人之间的关系,分别立法在形式上更加简洁,逻辑更为清晰。

二、理论基础

股东名册是公司确认股东资格的法定置备文件,是股东向公司主张行使股东权利的依据,其在股东资格的认定、股东信息公示等方面有重要意义。特别是在资本制度改革后,商事交易对商法公示主义、外观主义的需求越发强烈,股东名册制度的地位越发重要。由于2018年《公司法》对股东名册的规定并不全面,立法较为笼统且未设定法律责任,以至于在司法实践中公司、股东对股东名册不够重视,很多公司并未置备股东名册,亦存在大量实际股东与股东名册或公司登记机关登记的股东不一致的情形。在我国,股东名册的推定效力能够被轻易突破,股东名册制度未能发挥出其应有的制度功能。股东资格认定标准的不统一常常导致股东资格确认纠纷、股东名册记载纠纷、请求变更股东登记纠纷等一系列股权纠纷或法律风险。

股东名册至少具有以下三方面的法律效力:一是权利推定效力,股东名册上记名股东推定为公司股东。二是对抗效力,凡是未在股东名册上记载的人,均不能视为公司股东,不可以对公司行使股权。它是权利推定效力的自然延伸。三是免责效力,股东名册记载的股东享有一系列实体权利,即便名义股东并非实质股东,公司并无义务查证股权的实际持有人,在股权代持、股权变动等场景中,若股东名册记载不准确致使实质股东无法接收到通知的,公司也可免除责任。将股东名册作为认定股东资格的重要依据,更符合《公司法》的自治原则,体现了法律对公司权力机构的尊重,有利于提升公司运作效率,进而释放市场经济活力。

三、制度演变

1993年《公司法》第31条规定:"有限责任公司应当置备股东名册,记载下列事项:(一)股东的姓名或者名称及住所;(二)股东的出资额;(三)出资证明书编号。"制度规定颇显粗疏。

2005年《公司法》在原有的基础之上,一是新增第2款规定"记载于股东名册的股东,可以依股东名册主张行使股东权利",首次确定了股东名册在股东资格认定中的作用;二是新增第3款规定"公司应当将股东的姓名或者名称及其出资额向公司登记机关登记;登记事项发生变更的,应当办理变更登记。未经登记或者变更登记的,不得对抗第三人",确立了公司登记在股权产生、变动中的公信公示效力,亦明确公司登记机关的变更登记主要是对第三人具有对抗效力,但并非股权变动完成的必备要件。

《公司法司法解释三》在2018年《公司法》的基础上,于第23条规定:"当事人依法履行出资义务或者依法继受取得股权后,公司未根据公司法第三十一条[①]、第三十二条[②]的规定签发出资证明书、记载于股东名册并办理公司登记机关登记,当事人请求公司履行上述义务的,人民法院应予支持。"该条进一步明确了股东资格认定的"实质要件",即已经依法向公司出资或者认缴出资,或已经受让或者以其他形式继受公司股权。

《全国法院民商事审判工作会议纪要》明确了股东名册作为股东对内行使股东权利的依据。以股东名册变更为有限责任公司股权变动生效的一般原则,需办理批准手续生效的股权转让为例外。最高人民法院民事审判第二庭在其编著的《〈全国法院民商事审判工作会议纪要〉理解与使用》中明确指出:"虽然公司法中明确要求有限责任公司应当置备股东名册,但是目前实践中部分公司管理不规范,存在股东名册形同虚设甚至不设股东名册的情况。针对这一现实情况,考虑到股东名册记载变更的目的归根结底是公司正式认可股权转让的事实,审判实践中可以根据案件实际审理情况,认定股东名册是否变更。在不存在规范股东名册的情况下,有关的公司文件,如公司章程、会议纪要等,只要能够证明公司认可受让人为新股东的,都可以产生相应的效力。"

四、案例评析

M公司、F银行股东名册记载纠纷案[最高人民法院(2020)最高法民终642号]

基本案情: M公司原为F银行股东,于2012年向Y公司及Z公司(以下简称两受让公司)转让全部F银行的股权(以下简称标的股权)。该股权转让已通过银保监局批准,两受让公司亦记载于F银行的股东名册。但由于标的股权于《股权转让合同》签订前已在另案中被司法查封,一直未能完成相应的变更登记。两受让公司后于2017年10月以未能办理变更登记为由起诉M公司主张解除《股权转让合同》,并要求其返还股权转让款。相关主要诉请均得到法院支持。M公司于2017年作为原告提起本案,请求法院判令将标的股权变更至其名下、F银行赔偿2012年至2018年的股权分红款及利息、两受让公司对此款项承担连带责任。

---

① 现为第55条。
② 现为第56条。

裁判情况：M公司的诉讼请求被一审法院驳回；M公司提起上诉，最高人民法院判决维持原判。法院认为，两受让公司经履行股权转让协议并经行政机关审批作为股东记载于F银行股东名册之时，即成为F银行股东，M公司同时丧失F银行股东身份。F银行是否在原工商行政管理部门办理变更登记，不影响案涉股权转让的效力。股权转让合同的解除通常仅对将来发生效力，并非溯及既往地导致合同根本消灭，M公司并不能自然恢复股东资格，而需要通过重新办理股权变更程序才能再次成为F银行的股东。M公司因不符合商业银行股东条件虽不能重新取得银行股东身份，但其在该股权中的财产性权益应依法予以保护，其可通过申请拍卖案涉股份而以其价款折价补偿。

评析：股东名册记载纠纷常与股东资格确认纠纷、请求变更公司登记纠纷一并提起诉讼。股权受让人作为股东记载于公司股东名册之时，即成为公司股东，股权出让人同时丧失公司股东身份。股权转让协议解除后，转让方的股东资格并非自然恢复，特定情形下股权的财产权可与身份权相分离。本案中，M公司因外部条件限制不能恢复股东身份，但并未丧失对标的股权的所有权。

五、律师实务指引

（一）股东名册是股东向公司主张行使股东权利的依据

司法实践中，涉及外部交易关系时，对公司股权纠纷的处理需要首先考虑主体资格，即股东资格的确认问题。由于股权作为一种相对性的权利，需要向公司或其他股东主张，应当经过公司及全体股东的知晓或确认环节，受让人才能完整获得股东成员资格，才能完整行使股权权利并承担股东义务。[①] 人民法院在确定股东资格的争议中，会结合公司登记机关的登记情况、股东名册、公司章程、股东的出资证明书等文件对股东是否有真实出资的基础法律关系进行审查。实务中的判断标准为：（1）股东名册发生变更的，以股东名册变更的时点为准；（2）没有股东名册的公司，从公司章程、股东会决议、实际出资、出资证明书、出资人是否行使股东权利和/或履行股东义务等方面，就受让方是否已经实际取得公司对其股东身份的认可进行综合判断。

因此，一般认为，在股权转让合同生效后，股东向公司主张行使股东权利的依

---

① 参见广西壮族自治区高级人民法院民二庭《关于审理公司纠纷案件若干问题的裁判指引》。

据为股东名册。股东记载于股东名册后,可以对内向公司主张权利;经公司登记机关登记后,可以对外对抗善意相对人。

(二)公司应当及时更新、置备股东名册

随着新《公司法》第57条将股东知情权的范围扩展至股东名册,有限责任公司股东有权查阅、复制股东名册,公司拒绝提供查阅的,股东可以向人民法院提起诉讼。第86条第1款新增股东名册变更请求权,"股东转让股权的,应当书面通知公司,请求变更股东名册;需要办理变更登记的,并请求公司向公司登记机关办理变更登记。公司拒绝或者在合理期限内不予答复的,转让人、受让人可以依法向人民法院提起诉讼"。若股权变更时间迟延等导致受让股权收益受损,股东可以提起直接诉讼甚至派生诉讼,要求公司承担损害赔偿责任,也可能产生董事赔偿责任问题。因此,公司应当及时更新、置备股东名册,并根据股权变动情况,依法定程序及时变更股东名册记载内容,从而保护股东权益,避免不必要的法律纠纷。

(三)股东名册参考格式

××公司股东名册

股东姓名/名称	住所	证件名称	证件号码	认缴出资额	实缴出资额	出资方式	出资日期	出资证明书编号	取得股东资格的日期	丧失股东资格的日期

关联法条

《市场主体登记管理条例》第24条

第五十七条 【股东查阅、复制权】

> 第五十七条　股东有权查阅、复制公司章程、股东名册、股东会会议记录、董事会会议决议、监事会会议决议和财务会计报告。
>
> 股东可以要求查阅公司会计账簿、会计凭证。股东要求查阅公司会计账簿、会计凭证的，应当向公司提出书面请求，说明目的。公司有合理根据认为股东查阅会计账簿、会计凭证有不正当目的，可能损害公司合法利益的，可以拒绝提供查阅，并应当自股东提出书面请求之日起十五日内书面答复股东并说明理由。公司拒绝提供查阅的，股东可以向人民法院提起诉讼。
>
> 股东查阅前款规定的材料，可以委托会计师事务所、律师事务所等中介机构进行。
>
> 股东及其委托的会计师事务所、律师事务所等中介机构查阅、复制有关材料，应当遵守有关保护国家秘密、商业秘密、个人隐私、个人信息等法律、行政法规的规定。
>
> 股东要求查阅、复制公司全资子公司相关材料的，适用前四款的规定。

一、修订情况

本条主要规定了有限责任公司的股东知情权。股东知情权是提升公司治理水平与加强中小股东保护的重要基础，为了更好地保护有限责任公司的股东知情权，本条的修订要点有：

1. 增加股东名册和会计凭证为可查阅事项；

2. 要求查阅公司的会计账簿、会计凭证的，应当有书面请求，并说明目的；

3. 查阅公司的会计账簿、会计凭证，可以委托会计师事务所、律师事务所等中介机构作为辅助人；

4. 明确股东可以要求查阅、复制公司全资子公司相关材料；

5. 公司有合理根据认为股东查阅会计账簿、会计凭证有不正当目的，可能损害公司合法利益的,可以拒绝股东的查阅请求,但股东对公司拒绝其查阅的行为可以向人民法院提起诉讼。通过完善文字表述,将"股东可以请求人民法院要求公司提供查阅"修改为"股东可以向人民法院提起诉讼",提高法律规则的可操作性。

二、理论基础

股东知情权是股东固有的、法定的基础性权利。从立法价值取向上看,其关键在于保护中小股东合法权益。由于现代公司制度中所有权和管理权通常是分离的,股东不参与公司日常的经营管理,股东知情权是股东享有对公司经营管理等重要情况或信息真实了解和掌握的权利,是股东依法行使资产收益、参与重大决策和选择管理者等权利的基础性权利。股东知情权应当符合一定的条件并受到一定的限制,其边界在于防止小股东滥用知情权干扰公司正常经营活动、保护公司商业秘密等公司合法权益。股东知情权需要在股东利益与公司利益之间保持一个适当的平衡。

本条从法律层面扩展了股东知情权的范围与股东行使知情权的方式。股东知情权的范围新增了查阅、复制股东名册与查阅会计凭证。在股东知情权的行使方式上,股东可自行查阅,亦可委托会计师事务所、律师事务所等中介机构辅助查阅,增加股东获取信息的有效性、信息整理和分析的专业性,帮助股东作出合理决策。

三、制度演变

1993年《公司法》借鉴国外经验引入了股东知情权制度,于第32条规定"股东有权查阅股东会会议记录和公司财务会计报告"。但相关规定非常简短和笼统,知情权的范围仅限于股东会会议记录和公司财务会计报告。

2005年全面修订《公司法》,股东知情权制度臻于成形。其第34条规定"股东有权查阅、复制公司章程、股东会会议记录、董事会会议决议、监事会会议决议和财务会计报告。股东可以要求查阅公司会计账簿。股东要求查阅公司会计账簿的,应当向公司提出书面请求,说明目的……",并规定了公司对股东知情权可能滥用的情况下的否定与救济。

2017年《公司法司法解释四》对知情权制度进行了更详细的规定,明确股东在知情权判决胜诉后,在股东在场的情况下,可以由会计师、律师等依法或者依据执业行为规范负有保密义务的中介机构执业人员辅助进行查账,并对如何提起知情权诉讼和审理案件等问题提供了重要的司法指导。但《公司法司法解释四》回避了记账凭证或者原始凭证的查阅问题,删除了征求意见稿中关于股东可以查阅原始会计凭证的规定,而留待司法实践继续探索。①

近年来,为应对司法实践中出现的大量股东知情权之诉,北京、江苏等地方法院纷纷出台司法指导意见,②试图实现适法统一。

四、案例评析

李某等四人诉J公司股东知情权纠纷案[江苏省宿迁市中级人民法院(2009)宿中民二终字第319号]

基本案情: 原告李某、吴某等四人均为被告J公司合法股东。四人认为J公司在经营形势大好的情况下却拖欠大量债务,其作为股东对J公司的情况有权知悉,要求查阅、复制J公司的会计账簿、议事录、契约书、通信、纳税申报书等(含会计原始凭证、传票、电传、书信、电话记录、电文等)所有公司资料。但J公司认为四原告查阅会计账簿的目的是收集另案中对J公司不利的证据,损害J公司及其他股东的合法利益。其主要证据是四原告提交的申请书、诉状及授权委托书中均有张某林代李某签名,而张某林的身份系另案利害关系人。因此J公司认为四原告具有不正当目的,拒绝查阅。

裁判情况: 法院认为股东知情权是股东固有的、法定的基础性权利,无合理根据证明股东具有不正当目的,则不应限制其行使。公司的具体经营活动只有通过查阅原始凭证才能知晓,不查阅原始凭证,中小股东可能无法准确了解公司真正的经营状况。法院判决J公司提供自公司成立以来的公司会计账簿(含总账、明细账、日记账、其他辅助性账簿)和会计凭证(含记账凭证、相关原始凭证及作为原始凭证附件入账备查的有关资料)供李某等四人查阅。

评析: 本案是最高人民法院公报案例,对会计凭证能否作为查阅对象的问题作

---

① 最高人民法院《关于适用〈中华人民共和国公司法〉若干问题的规定(四)征求意见稿》第16条规定:"有限责任公司的股东起诉请求查阅公司会计账簿及与会计账簿记载内容有关的记账凭证或者原始凭证等材料的,应当依法受理。公司提供证据证明股东查阅记账凭证或者原始凭证等有不正当目的,可能损害公司合法利益的,应当驳回诉讼请求。"

② 如北京市高级人民法院《关于审理公司纠纷案件若干问题的指导意见》、江苏省高级人民法院《关于审理适用公司法案件若干问题的意见(试行)》(已失效)、郑州市中级人民法院《股东知情权纠纷审判指引》。

出了鲜明表态,由于公报案例具有较强的权威性和指导性,尽管仍有不同观点和判决,但此后司法实践对于此问题的认识基本趋于统一。本案例已经成为此类案件的主要裁判标准。

五、律师实务指引

(一)中介机构辅助查阅制度

新《公司法》第 57 条第 3 款规定,股东可以委托会计师事务所、律师事务所等依据执业行为规范负有保密义务的中介机构进行查阅,帮助股东了解公司信息,辅助股东知情权的实现。其取消《公司法司法解释四》中规定的"依据人民法院生效判决"与"在该股东在场的情况下"两项前提条件,为中介机构辅助查阅的开展提供法律指引。

查阅辅助人的资质极为重要,需要具备专业知识、解读极具专业性的公司信息,从而判断公司经管的实际情况以及公司运行过程的合规性。查阅辅助人对知悉的公司信息作出客观、准确的分析与评判,通过查阅报告等形式呈现给委托人,并对报告的真实性和合法性负责。查阅辅助人对公司负有保密义务,应遵守职业道德和职业纪律。对查阅辅助人在查阅过程中获悉的公司信息特别是商业秘密,除非法律有特殊规定,查阅辅助人不得泄露或者以此获取非法利益。

(二)股东知情权诉讼的重要功能

为后续诉讼提供信息是股东知情权之诉的重要功能。大量的司法判例证明,股东知情权纠纷往往不是单独出现的,经常与公司决议纠纷、公司盈余分配纠纷、损害公司利益责任纠纷等相互关联,多数情况下股东知情权纠纷成为其他纠纷的"前哨",股东通常在获得必要信息后采取进一步法律行动。

2022 年 1 月 22 日,最高人民法院《关于审理证券市场虚假陈述侵权民事赔偿案件的若干规定》取消了虚假陈述民事赔偿诉讼的前置程序,即虚假陈述行为无须在已经受到了相关行政处罚或刑事处罚后,投资者即可提起民事赔偿诉讼。前置程序的取消给投资者带来了举证困难问题,知情权诉讼可能会成为一个投资者获取信息的重要途径。未来知情权诉讼将发挥更大的作用,需要重视其制度的建设和完善。但知情权诉讼也可能催生"钓鱼式取证"问题,需要关注与防范可能存在的恶意股东知情权诉讼。

(三)股东能够行使间接知情权

随着公司制度与商业环境的不断发展变化,出于母子公司风险隔离、融资结构或者母公司对于不同业务的子公司进行分类管理的需要,实践中出现许多集团公司将母公司作为控股平台而将业务下沉至子公司开展。母公司与子公司之间可能通过利益输送和转移价格等行为隐瞒重要情况。由于此类结构的实际经营和核心利益主体都为子公司,如果无法行使股东间接知情权,将对母公司少数股东的权益造成损害。因此,母公司股东对于子公司能否行使股东知情权成为实践中的新问题,司法裁判观点不一。

新《公司法》第57条第5款明确规定:"股东要求查阅、复制公司全资子公司相关材料的,适用前四款的规定。"允许母公司股东对全资子公司行使间接知情权。该规定有助于母公司少数股东维护自身权益。

(四)恶意股东知情权诉讼中公司的防守与应对

部分知情权之诉中存在股东滥用知情权以实现不正当目的的情形,以知情权之名行窃取公司商业机密、开展竞争性业务及其他不当活动之实。该等股东知情权的滥用一定程度上造成了股东权利与公司利益之间的失衡。为应对上述情形,处于被动地位的公司需要采取适当的防守策略和应对措施,以维护公司合法权益。

在产生争议之前,公司可以通过完善和优化内部文件对知情权进行合理限制。尽管股东的知情权不能被实质性剥夺,但是公司可以事先通过公司章程、股东会决议等对股东知情权的范围、行使时间、地点、方式等予以适当限制,约束股东的不正当行权行为,避免股东因行使知情权影响公司的正常经营活动。

在诉前阶段,公司应着重审查股东是否具备实质上的股东资格。对于未依法实缴出资的股东,公司可考虑采取催告出资+除名措施将股东除名。股东若在起诉前被公司除名,除非其举证证明在持股期间其合法权益受到损害,否则将不再享有知情权。但新《公司法》第52条明确规定催告期限不少于60日,应注意股东知情权诉讼与除名程序的时间限制。

在诉中阶段,公司应关注股东行权是否为不正当目的并承担举证责任。根据《公司法司法解释四》对于不正当目的的列举,司法实践中,公司往往通过论证股东自营或者为他人经营与公司主营业务有实质性竞争关系的业务进行抗辩。但仅由经营范围和主营业务的重合论证稍显不足,需补充对经营地域、客户群体、业务模式等实质要素重合的论证,进而论证与作为企业主要收入来源的主营业务存在竞争关系以证明股东存在不正当目的。

此外,公司应当特别注意保存全流程记录和行权记录,以应对股东行权后可能提出的异议。

关联法条

1.《会计法》第13条、第14条
2.《企业财务会计报告条例》第7条、第21条

第五十九条 【股东会职权】

> 第五十九条 股东会行使下列职权：
> (一)选举和更换董事、监事,决定有关董事、监事的报酬事项;
> (二)审议批准董事会的报告;
> (三)审议批准监事会的报告;
> (四)审议批准公司的利润分配方案和弥补亏损方案;
> (五)对公司增加或者减少注册资本作出决议;
> (六)对发行公司债券作出决议;
> (七)对公司合并、分立、解散、清算或者变更公司形式作出决议;
> (八)修改公司章程;
> (九)公司章程规定的其他职权。
> 股东会可以授权董事会对发行公司债券作出决议。
> 对本条第一款所列事项股东以书面形式一致表示同意的,可以不召开股东会会议,直接作出决定,并由全体股东在决定文件上签名或者盖章。

一、修订情况

相较于2018年《公司法》第37条,本条存在以下变化:

1.本条删除了2018年《公司法》第37条第1款第1项"决定公司的经营方针和投资计划"及第5项"审议批准公司的年度财务预算方案、决算方案"。

2.2018年《公司法》第37条第1款第2项"选举和更换非由职工代表担任的董事、监事"在本条中被修改为"选举和更换董事、监事",删去了"非由职工代表担任"的限定。

3.2018年《公司法》第37条第1款第4项"审议批准监事会或者监事的报告"在本条中被修改为"审议批准监事会的报告"。

4.本条增设第2款"股东会可以授权董事会对发行公司债券作出决议",新增了可以授权董事会发行债券的情形。

5.2018年《公司法》第37条共有2款,第2款开头使用的表述为"对前款所列……"而如前所述,新《公司法》新增了第2款,共有3款,因此第3款开头的表述亦修改为"对本条第一款所列……"

6.2018年《公司法》第37条第2款中"由全体股东在决定文件上签名、盖章"在新《公司法》中被修改为"签名或者盖章"。

二、理论基础

股东会职权制度所蕴含的是公司治理的分权理论。公司治理主要呈现为"三会一层"的结构。其中,"三会"是指股东会、董事会、监事会,"一层"是指公司执行机构,具体是指总经理等高级管理层。综合上述情况,股东是公司的出资人,对公司拥有所有权;董事会负责公司的日常经营决策;高级管理人员有执行权,后两者合称"经营权"。这便是公司所有权与经营权的分离,亦为现代公司治理的一项核心制度。对于公司来说,如果治理结构设计不当,很容易造成内部机构职权混乱、引发内部冲突、影响公司运营,其中存在的突出问题即为股东会与董事会的职权划分问题。此问题长期纠缠不清,多年来饱受学界及实务界关注,并对此作了不少研究。从股东会与董事会职权界分的法理基础来看,股东会与董事会作为不同公司机关分立系为使公司法人能够实现其行为能力,使公司作为法律主体从事法律行为、准法律行为和事实行为成为可能。[1] 其中,股东会是法定的权力机关,担负着形成公司法人意思的职责;而董事会是法定的执行机关,担负着对内对外表达公司法人意思的职责。将董事会规定为公司法定的执行机关,是立法基于法人法定主义原则,为保障法人内部治理机制正常运行、保护少数成员和法人债权人利益对公司法人内部组织结构的强制性规定。除此之外,立法赋予董事会公司经营管理职权还有基于降低交易成本、实现均衡的公司治理结构及减少公司治理的外部性等考量。

关于在公司治理中是应侧重于股东会职权还是董事会职权的问题,实际上是股东会中心主义与董事会中心主义的博弈。现阶段公司治理的大方向是解决"委托—代理"公司结构的相关问题。股东是委托人,管理层是股东的代理人,管理层

---

[1] 参见史尚宽:《民法总论》,中国政法大学出版社2000年版,第158页。

对股东负有使其剩余索取价值最大化的契约义务,①但也会追求自己利益。处理好该代理关系,确保委托人的股东利益得到保护,就实现了公司治理目的。围绕股东利益到底是由股东会还是董事会来代表,进而由谁获得公司控制权,产生了股东会中心主义与董事会中心主义。② 起初,人们普遍认为股东会是公司的中心机构和最高权力机关,股东会与董事会之间是垂直的上下关系,股东会有权选任和解任董事会,董事会居于股东会之下,受其支配并对其负责。20世纪以来,由于公司契约理论及实践中公司治理新变化的出现,许多国家将职权分配的重心转向了董事会,从股东会中心主义走向了董事会中心主义,董事会享有广泛的经营管理权,而股东会仅保留重大事项决定权。例如,美国《特拉华州普通公司法》明确规定董事会享有公司的经营管理权,股东会不得干涉;③《德国股份公司法》也规定,由董事会负责经营公司,其代表权不得被限制,并且仅有义务执行股东大会在其职权范围内作出的决议。④ 在将董事会中心主义作为公司机关权力分配的立法原则的世界趋势下,我国公司法学者多认同董事会中心主义应为我国公司法改革之方向。例如,有学者认为,我国以股东会为中心的权力分配模式已在实践中造成了董事会职权被侵蚀、董事会成为股东会"替罪羔羊"等诸多问题,故应当建立起以董事会为中心的规则体系。⑤ 还有学者认为,董事会是公司的中枢,相关制度的设计应体现出其应有的权利、义务与责任。而我国公司法中董事会地位模糊,使得公司人格没有很好地体现和实现。⑥ 但反对的观点亦不容忽视。例如,有学者认为,董事会职权既非天授神赐,也非立法者恩典,而是股东委托授权的结果。没有股东主权与终极控制权,董事会职权将沦为无本之木。股东与董事争论孰为公司最高权力中心,如同业主与保姆辩论谁决定物业的占有、使用、处分与收益一样不言自明。可见,

---

① See Stephen M. Bainbridge, *Directors Primacy: The Means and Ends of Corporate Governance*, Northwestern University Law Review, Vol.97:2, p.548(2003).
② 参见陈克:《处理好公司法修订中的十二组关系——制度运行视角下公司法修订审视(上)|民商辛说》,载微信公众号"天同诉讼圈"2023年8月15日,https://mp.weixin.qq.com/s/ZUAtzlzs8wae0lpgDwrmBA。
③ 参见《特拉华普通公司法》,徐文彬等译,中国法制出版社2010年版,第38页。
④ 参见《德国商事公司法》,胡晓静、杨代雄译,法律出版社2014年版,第124~127页。
⑤ 参见邓峰:《中国法上董事会的角色、职能及思想渊源:实证法的考察》,载《中国法学》2013年第3期。
⑥ 参见徐强胜:《我国公司人格的基本制度再造——以公司资本制度与董事会地位为核心》,载《环球法律评论》2020年第3期。

董事会中心主义理据不足,不宜成为公司法的选项。① 还有学者认为,赋予董事会更大权力时应考虑到股东难以真正监督董事,以保证他们不会逃避责任或进行自我交易,实践中股东很少对董事提起诉讼,因为监督董事的成本非常高昂。②

本次修法亦呈现出股东会中心主义和董事会中心主义的博弈。相较于2018年《公司法》,新《公司法》第59条通过删减股东会法定职权及允许股东会直接授权董事会的方式赋予了公司更高的自主权。因此,《公司法》修订和公司治理模式的优化并不必然是对股东会中心主义或董事会中心主义等模式的多选一,而是回应公司客观需要进行的适当性或适配性安排,在设计和肯定多种治理模式的基础上,允许公司当事人根据自身需求进行自主决定。③ 我国不应过度追求其中一种模式的绝对中心地位,只有同时肯定并且尊重多种模式在公司治理中的作用,让其各司其职才符合现代公司发展规律。④

综上所述,新《公司法》第59条关于股东会职权修订的主要理论基础是公司治理中股东会与董事会的分权理论,二者职权的划分及博弈即为本条所蕴含的核心问题。新《公司法》以公司自治为基础,对股东会和董事会在公司的治理结构中的地位进行了合理定位,为构造以董事会为中心的公司治理结构奠定了基础。

三、制度演变

新《公司法》第59条涉及的主要是股东会职权的制度。从立法沿革角度看,该条自1993年《公司法》诞生起即存在,后经过2005年的一次正式修订,新《公司法》修订过程中的《公司法(修订草案)》《公司法(修订草案)(二次审议稿)》中均对此条款进行了修改。

具体而言,1993年《公司法》第38条规定股东会行使12项职权:(1)决定公司的经营方针和投资计划;(2)选举和更换董事,决定有关董事的报酬事项;(3)选举

---

① 参见刘俊海:《董事会中心主义神话破灭后的董事会角色定位:兼评〈公司法(修订草案二审稿)〉》,载《财经法学》2023年第4期。

② 参见王涌、周晓冬:《论公司法修订中公司治理的目标迁移及范式重塑》,载《财经理论与实践》2023年第1期。

③ 参见赵旭东:《股东会中心主义抑或董事会中心主义?——公司治理模式的界定、评判与选择》,载《法学评论》2021年第3期。

④ 参见赵渊:《"董事会中心说"与"股东中心说":现代美国公司治理学说之辩》,载《比较法研究》2009年第4期。

和更换由股东代表出任的监事,决定有关监事的报酬事项;(4)审议批准董事会的报告;(5)审议批准监事会或者监事的报告;(6)审议批准公司的年度财务预算方案、决算方案;(7)审议批准公司的利润分配方案和弥补亏损方案;(8)对公司增加或者减少注册资本作出决议;(9)对发行公司债券作出决议;(10)对股东向股东以外的人转让出资作出决议;(11)对公司合并、分立、变更公司形式、解散和清算等事项作出决议;(12)修改公司章程。根据此条的规定,股东会职权可以归纳概括为几个方面的内容:(1)投资经营决定权;(2)人事决定权;(3)重大事项审批权;(4)重大事项决议权;(5)公司章程修改权。① 1999 年、2004 年修正的《公司法》继续沿用相关条款,未再作调整。

2005 年《公司法》对该条款进行了五处改动。第一处是将原分为两项的选举和更换董事、监事,决定有关董事、监事的报酬事项的职权合并为一项,删去监事前面原有的"由股东代表出任"的限定,并统一加上"非由职工代表担任"的限定。第二处是删去了原规定中股东会职权第 10 项"对股东向股东以外的人转让出资作出决议"。第三处是新增了兜底性规定,即"公司章程规定的其他职权"。第四处是将"对公司合并、分立、变更公司形式、解散和清算等事项作出决议"的表述修改为"对公司合并、分立、解散、清算或者变更公司形式作出决议"。第五处是增加了第 2 款"对前款所列事项股东以书面形式一致表示同意的,可以不召开股东会会议,直接作出决定,并由全体股东在决定文件上签名、盖章"。2005 年《公司法》第 38 条的兜底性规定,赋予公司通过章程划分股东会职权的权力,对股东会职权的规定更加完备。据此,上述归纳的股东会职权增加了第 6 项"其他职权"。同时,2005 年《公司法》将对外转让出资的决策权剔除出股东会法定职权,还新增了书面作出股东会决议的形式,一定程度上提高了公司决策的灵活性和自由度。

2013 年、2018 年《公司法》未再修改此条款。但在 2015 年,最高人民法院在《关于当前商事审判工作中的若干具体问题》中提到"在公司资本纠纷中,尤其不能因为新《公司法》将出资事宜交由股东灵活决定,就无视注册资本法律规则,放纵投资者背信行为"。据此,最高人民法院明确指出,股东会不得滥用其享有的关于出资的决议权。

---

① 参见中国法制出版社编:《中华人民共和国公司法配套解读与案例注释》,中国法制出版社 2015 年版,第 106 页。

在新《公司法》修订过程中,《公司法(修订草案)》与《公司法(修订草案)(二次审议稿)》均对此条款进行了调整。《公司法(修订草案)(三次审议稿)》及新《公司法》并未对此条款再进行修改。

四、案例评析

袁某、潘某、彭某、姜某与雅安某商贸公司等损害公司利益责任纠纷案

[最高人民法院(2017)最高法民申1794号]

基本案情：2001年,雅安某商贸公司成立,袁某、潘某、彭某、姜某为实际出资股东。2004年,雅安某商贸公司董事会决议通过在石棉县投资建设黄磷生产厂。之后,雅安某商贸公司出资建设黄磷生产线,并登记设立某石棉磷化分公司。四股东认为董事会违反《公司法》(2013年)和《公司章程》,私下设立某石棉磷化分公司并挪用资金,故提起诉讼。

裁判情况：一审、二审法院均驳回诉讼请求,认定董事会依法行使职权。最高人民法院再审时指出,《公司法》(2013年)第37条、第46条并非效力性强制性规定。《公司法》(2013年)并未禁止有限责任公司股东会自主地将一部分决定公司经营方针和投资计划的权力赋予董事会。故《公司章程》第27条允许董事会自主决策开发公司资产并向股东会报告的规定,并非无效。《公司章程》为股东共同制定,对公司及其股东、董事等具有约束力。最终,四股东再审申请被驳回。

评析：最高人民法院强调《公司法》(2013年)第37条、第46条赋予公司章程一定自主权,公司可通过章程授权董事会行使职权。值得注意的是,最高人民法院《关于适用〈中华人民共和国民法典〉合同编通则若干问题的解释》不再采取区分效力性强制性规定和管理性强制性规定的做法,而是采取了直接对《民法典》第153条第1款"但书"进行解释的思路,即便违反强制性规定,也不一定影响合同效力,而要考虑强制性规定立法目的以及具体情况决定。另外,尽管2018年《公司法》第37条将"决定公司的经营方针和投资计划"规定为股东会法定职权,但实务中许多公司将此职权赋予董事会。新《公司法》第67条第2款第3项"决定公司的经营计划和投资方案"权利由董事会行使,因此解决了实务争议,也与最高人民法院审判实践保持一致。

五、律师实务指引

新《公司法》对股东会职权规定的变化对律师的实务工作产生了一定影响。首先,"股东会可以授权董事会对发行公司债券作出决议"的新增,使得公司治理更具有灵活性。从2018年《公司法》的规定来看,股东会如需将其职权授予董事会行使,需要对章程中规定的职权进行修改,修改章程属于重大事项,必须经代表2/3以上表决权的股东通过。而根据新《公司法》的规定,股东会可以无须通过修改章程的决议,直接由股东会作出将其职权授权董事会的决议,仅需股东会过半数表决通过即可,在一定程度上提高了授权的效率和便捷性,使得公司治理更具有灵活性。这样的规定实际上也更能匹配中小公司股东、董事重合现象普遍的现状。其次,将"决定公司的经营方针和投资计划"和"审议批准公司的年度财务预算方案、决算方案"两个事项从股东会的法定职权中删除,使得"是否能将该两项事项的决策权下放给董事会"变得不再具有争议性,减少了实务中对此理解不一致导致冲突的情况。

但同时,本次修订《公司法》也引起了一些讨论。

(一)新《公司法》列举的除"发行公司债券"之外的其他八项股东会职权是否属于法定职权而不得授予董事会?

新《公司法》第59条第2款规定股东会可以授权董事会对发行债券作出决议,有实务观点将此理解为其余的法定职权不能授权董事会决定。在此前的司法实践中,股东会将《公司法》明确赋予其自身的职权授予董事会的情形并不少见。这种授权是否有效呢?从2018年《公司法》第43条可知,修改公司章程、增加或者减少注册资本的决议,以及公司合并、分立、解散或者变更公司形式的决议,属于股东会的基础决策权,且这几项决议内容是决定公司根本性问题的重大议题,在我国偏向以股东会职权为中心的公司治理方式下,由股东会掌握为宜。而2018年《公司法》第37条中规定的其他股东会职权是否可以授予董事会,司法实践的限度有所放宽,但也并非完全支持该类授权。司法实践中,有的法院认定股东会职权的条款本身并非强制性规范,而应为管理型规范,《公司法》并未禁止有限责任公司股东会自主地将一部分权力通过公司章程的方式赋予董事会,股东会的一部分权力可以委托董事会行使;亦有少部分法院认定授权给董事会限制了股东会权利,违反法律强制性规定,故该授权无效。虽然2023年颁布的最高人民法院《关于适用〈中华人民共和国民法典〉合同编通则若干问题的解释》规定不再区分效力性强制性规定和管理性强制性规定，但我们仍可发现司法实践对股东会授予董事会权利的定性存在一定的争议。

笔者认为，从文义解释来看，新《公司法》实质上明确了可授予董事会行使的职权仅有发行公司债券这一项，新《公司法》第59条中"发行公司债券"之外的职权，一般不可授予董事会行使。因此，在实务中律师应充分向公司提示风险，告知其除发行公司债券之外的其他股东会法定职权授予董事会存在较大的无效可能性，应尽量避免作出此种设置。

与此相关的，新《公司法》在股份有限公司的有关规定中还引入了授权资本制，授权资本制的核心在于公司可以自主决定资本的发行，在公司设立时可以仅发行章程规定的资本总额的一部分，其余授权董事会分次发行。这样的制度设计减轻了发起人的资金压力，提高了公司资本的利用效率，避免公司资金冗积；同时将公司融资自主权交由专业的董事和经理等管理层，根据市场行情进行判断，提升了融资的科学性与有效性。授权资本制因此具有法定资本制或认缴制无法替代的优势。[①] 事实上，新《公司法》引入"授权资本制"在内的董事会制度和职责，以及有限责任公司下的"授权董事会发行债券""设置审计委员会"等规定，无不体现立法者强化董事会权利，使新《公司法》进一步向董事会中心主义过渡的立法理念，进而实现以更现代的公司治理制度激发市场主体活力，优化营商环境和推动企业高质量发展的目标。

（二）法律和章程均未列明，亦无股东会明确授权的职权由谁享有？

之所以会出现这一争议，是因为我国2018年《公司法》对于股东会职权和董事会职权均采取"列举加公司章程兜底"的立法模式，没有确立一般性的分配原则。《公司法（修订草案）》第62条规定董事会"行使本法和公司章程规定属于股东会职权之外的职权"，在新《公司法》中董事会职权又变成了"列举加公司章程和股东会授权兜底"的立法模式。这样的立法沿革导致在法律和章程对职权客观上穷尽不能，亦不存在股东会授权的情况下，实务界对于这些未列明的权力应归谁享有产生了巨大的分歧。在实务中有的法院认为，股东会作为权力机构自然可以享有有关公司的一切权力，无论《公司法》和公司章程是否有明确列明；而有的法院

---

① 参见冯果：《论授权资本制下认缴制的去与留》，载《政法论坛》2022年第6期。

则认为应当根据该职权所针对的事项是有关股东权益的重大事项还是有关公司的日常经营管理进行判断。关于此问题的分析,首先,从立法目的来看,从《公司法(修订草案)》及新《公司法》中规定的变化可窥见立法者曾考虑将该部分职权全部授予董事会,只是最后立法者认为该职权划分的安排并不符合中国的国情,故退而选择了更为保守的立法模式。可见,立法者亦有意让我国立法往董事会中心主义的方向逐步发展,因其既能体现公司专业化经营优势,又是追求效率的必然选择,还有利于对债权人和中小股东的保护,①此为未来发展的趋势。股东作为剩余价值索取权人仅保留任免董事会成员、兼并等核心基础架构同意权之后,其他经营和控制权利授权董事会,董事会再将决策控制经营权利授予经理等其他内部代理人,保留对其最终控制权,包括认可和监督决策,以及相应雇佣与解聘的权力。公司决策经营权的层层下放产生相互制约,也使得控制权在不同群体间彼此串通损害公司所有权更为困难。② 其次,从实务情况来看,在实际公司经营过程中,需要决策的事项众多且繁杂,而股东会的决策通常需遵守较为严格的程序规范。如果剩余的所有职权都由股东会行使,那么公司决策的成本将会过高,不利于提高决策效率,影响公司的效益。因此,对于法律和章程均未列明,亦无股东会明确授权的职权,如均交由股东会行使,可能导致实务中公司运作的困境。对此类职权,应对个案进行具体情况具体分析,区分不同类型的职权进行划分,如涉及股东权益或公司根本利益,应由股东会行使,如仅涉及公司日常经营管理中的一般事务,则可由董事会行使。

综上所述,可见章程在股东会、董事会职权分配中起到的关键作用。鉴于此,建议律师实务中提高对章程设置的关注度,可针对公司的实际情况对章程进行个性化设置,在章程中明确划分股东会、董事会的职权,尤其应注意在新《公司法》规定之外的其他公司管理职权的归属,避免公司在实际经营中产生不必要的争议,也有利于提高公司决策效率。

---

① 参见叶敏、周俊鹏:《从股东会中心主义到董事会中心主义——现代公司法人治理结构的发展与变化》,载《商业经济与管理》2008 年第 1 期。
② 参见陈克:《处理好公司法修订中的十二组关系——制度运行视角下公司法修订审视(上)|民商辛说》,载微信公众号"天同诉讼圈"2023 年 8 月 15 日,https://mp.weixin.qq.com/s/ZUAtzlzs8wae0lpgDwrmBA。

关联法条

1.《民法典》第 80 条
2.《上市公司章程指引》第 41 条

第六十六条 【股东会的议事方式和表决程序】

> 第六十六条 股东会的议事方式和表决程序,除本法有规定的外,由公司章程规定。
> 股东会作出决议,应当经代表过半数表决权的股东通过。
> 股东会作出修改公司章程、增加或者减少注册资本的决议,以及公司合并、分立、解散或者变更公司形式的决议,应当经代表三分之二以上表决权的股东通过。

一、修订情况

相较于2018年《公司法》第43条,本条存在以下变化:

1. 增加了第2款"股东会作出决议,应当经代表过半数表决权的股东通过",首次明确了有限责任公司通过普通决议的表决权比例。

2. 修改了2018年《公司法》第43条第2款中的部分表述,包括将"股东会会议"改为"股东会","必须"改为"应当"。

二、理论基础

股东会决议是股东行使表决权的结果,是股东会意思表示的唯一法定形式。对法律和章程规定的事项进行表决是股东的重要权利。

股东行使表决权主要基于两项原则,即"一股一票"和"资本多数决"原则。资本是公司生存的基础,一般情况下,股东的权利源于资本,以资本来分配股东的权利,是资本平等的体现。"一股一票"实质上是指一个资本单位一票。在股份有限公司中,资本的计量单位是股份;在有限责任公司中,则按出资比例对资本进行计量。同等资本计量单位享有同等的表决权份额。[①]

---

① 参见范健、王建文:《公司法》(第5版),法律出版社2018年版,第335页。

"资本多数决"是适用"一股一票"原则的必然结果。"资本多数决"是为了使表决结果符合多数资本持有人的意愿。"资本多数决"会出现小股东受压制的情形,有些国家和地区会设立一些股东表决权行使的限制性规定,我国新《公司法》也作出此类规定,例如,第15条规定了公司为公司股东或者实际控制人提供担保的,应当经股东会决议;被担保的股东或者受前款规定的实际控制人支配的股东,不得参加该事项的表决。

根据股东会决议事项的重要程度,股东会决议分为普通决议和特别决议。通过不同决议所需要达到的法定多数也不相同。《公司法》和公司章程均会对股东会职权作出规定。对一般事项进行表决时,只需要"简单多数"通过即可,即经代表过半数表决权的股东通过即可;对于重要的、特别的事项的表决,则需要达到"绝对多数"。各国对"绝对多数"的规定不同,我国《公司法》规定"绝对多数"是指代表2/3以上表决权,需要"绝对多数"表决通过的事项即被认为是特别事项。①北京市高级人民法院认为对某些事项的决议需要全体股东一致表决通过方能生效。《公司法》和公司章程会对需要"绝对多数"表决通过的事项作出规定,如增加或者减少注册资本的决议,以及公司合并、分立、解散或者变更公司形式的决议等。公司章程可以对股东会的议事方式和表决程序进行自由约定,即股东可以自行决定哪些事项需要特别表决、通过表决所需要的表决权比例、表决程序等内容。

三、制度演变

2013年、2018年《公司法》第43条的内容相同,新《公司法》第66条虽然进行了修订,但结合2018年《公司法》第43条的规定及生活常理,该修订内容在实践中早已被广泛适用。

四、案例评析

辜某诉北京某工程咨询有限公司、赵某某公司决议效力确认纠纷案[北京市第三中级人民法院(2015)三中民(商)终字第10163号]

基本案情: 辜某与赵某某于2010年成立北京某工程咨询有限公司。由于赵某某未缴纳第二次出资款,辜某决定召开临时股东会。后为处理赵某某股东资格解

---

① 参见范健、王建文:《公司法》(第5版),法律出版社2018年版,第339页。

除后的相关事宜,辜某诉至一审法院,要求确认北京某工程咨询有限公司作出的解除赵某某股东资格的股东会决议有效。

裁判情况:一审法院驳回辜某的诉讼请求,二审法院驳回上诉,维持原判。

法院认为:根据2014年《公司法司法解释三》第17条第1款的规定,公司以股东会决议解除未履行出资义务或者抽逃出资股东的股东资格,应当符合下列条件和程序:首先,解除股东资格这种严厉的措施只适用于严重违反出资义务的情形,即未履行出资义务和抽逃全部出资,未完全履行出资义务和抽逃部分出资不应包括在内。其次,公司对未履行出资义务或者抽逃全部出资的股东除名前,应给该股东补正的机会,即应当催告该股东在合理期间内缴纳或者返还出资。最后,解除未履行出资义务或者抽逃全部出资股东的股东资格,应当依法召开股东会,作出股东会决议,如果章程没有特别规定,经代表1/2以上表决权的股东通过即可。

评析:本案明确了两点:一是解除未履行出资义务或者抽逃全部出资股东的股东资格,应当依法召开股东会,作出股东会决议;二是如果公司章程没有就解除股东资格作出特别规定,该事项作为普通事项进行表决,经代表1/2以上表决权的股东通过即可。

五、律师实务指引

实践中存在以下情形:由于股权架构的缺陷,股东内耗严重,公司陷入僵局;股东设立公司有特别的关注事项;股东之间缺乏信任,相互猜忌,无法对重要事项达成一致;等等。前述情形皆是因为没有充分利用新《公司法》第66条第1款的规定,即股东在订立章程时,没有进行很好的设计。建议律师指导委托人拟订股东会表决规则时,考虑以下问题:

1. **增设更为灵活的议事方式**:为了提高议事效率,除了线下会议以外,线上会议、书面表决、微信群表决等都是可以考虑的议事方式。

2. **调整股东会职权范围**:股东应当充分评估公司设立后可能出现的经营管理风险、拓宽或缩减股东会职权范围。需要注意的是,股东可以拓宽特别表决的事项范围,但不能缩减新《公司法》规定的特别表决的事项范围。

3. **可以对股东行使表决权作出特别规定**:公司章程可以对股东行使表决权作出某些特制的制度安排,从而避免因践行"一股一票"和"资本多数决"原则,出现的小股东的意志无法得到体现、权利无法受到保护的问题。律师可以指导委托人,参照一些国家和地区法律对股东行使表决权的限制性规定拟订符合公司自身情况的特别表决规定,例如,(1)对表决权量上的限制。当某个股东的所持股权超过一定比例,超过部分在表决时打一定折扣,如20%以上的股权打8折。(2)表决回避。新《公司法》第15条即属于此种情形,该规则可适用关联交易。(3)类别表决。股东会对某些特定事项进行表决时,必须经特定类别股东的同意方能通过。在一些混合所有制公司中,可以设置此类表决机制。[①] (4)调整通过股东决议所需的表决权比例。为了防止大股东滥用权利,很多公司都会提高特别表决事项的表决权比例,但公司章程不能调低公司法规定的特别表决事项的表决权比例。另外,应注意某些部门法或地方法院的特殊规定,如北京市高级人民法院《关于审理公司纠纷案件若干问题的指导意见》第12条规定,股东会决议或章程修改利润分配方式和表决权行使方式,需经全体股东一致同意。

4. 如果公司有可能出现僵局,应当设置配套的规则加以避免。

5. 制定保护小股东权益的其他规则,如出现某种情形下,对小股东的股权进行回购或收购。

[①] 参见范健、王建文:《公司法》(第5版),法律出版社2018年版,第335~336页。

第六十七条 【董事会职权】

> 第六十七条 有限责任公司设董事会，本法第七十五条另有规定的除外。董事会行使下列职权：
> （一）召集股东会会议，并向股东会报告工作；
> （二）执行股东会的决议；
> （三）决定公司的经营计划和投资方案；
> （四）制订公司的利润分配方案和弥补亏损方案；
> （五）制订公司增加或者减少注册资本以及发行公司债券的方案；
> （六）制订公司合并、分立、解散或者变更公司形式的方案；
> （七）决定公司内部管理机构的设置；
> （八）决定聘任或者解聘公司经理及其报酬事项，并根据经理的提名决定聘任或者解聘公司副经理、财务负责人及其报酬事项；
> （九）制定公司的基本管理制度；
> （十）公司章程规定或者股东会授予的其他职权。
> 公司章程对董事会职权的限制不得对抗善意相对人。

一、修订情况

本条是关于有限责任公司董事会职权的规定。本条在赋予公司董事会职权调整弹性空间的同时，注重保护善意相对人的利益。相较于2018年《公司法》第46条，本条存在以下变化：

1. 本条第1款"有限责任公司设董事会，本法第七十五条另有规定的除外"为新增条款。

2. 删除了"董事会对股东会负责"的规定。

3. 删除了"制订公司的年度财务预算方案、决算方案"。

4. 将"公司章程规定的其他职权"修改为"公司章程规定或者股东会授予的其

他职权"。

5. 新增第 3 款"公司章程对董事会职权的限制不得对抗善意相对人"。

二、理论基础

有限责任公司的人合性源于商事合伙。① 而合伙的人合性是指合伙人之间强烈的信任关系。有限责任公司正是由于吸收了商事合伙的人合性特征,才弥补了股份有限公司资合性的部分弊端,从而为广大中小企业股东所青睐,成为重要的商事主体。尊重人合性,则意味着公司法应更多地满足有限责任公司的自治要求,这恰恰也是诸多国家和地区公司立法的普遍做法。有限责任公司制度源于德国。为了增强市场竞争力,德国于 2008 年对《德国有限责任公司法》进行了 19 世纪以来最重要的改革,德国有限责任公司拥有充分自治空间。虽然公司应当设置董事或者董事会,但董事会与股东会的权限划分可以由公司章程或者股东会决议加以规定。同时法律并非简单地赋予公司股东以选择权,而是采用了补充性任意性规范——"章程无特别规定者,适用第 46 条至第 51 条的规定"。《德国有限责任公司法》第 46 条至第 51 条对股东会的职权、股东表决权、股东会的召集等问题作了较为详细的规定,为股东选择提供了指引。根据 2006 年《英国公司法》的规定,股东会和董事会是封闭公司的组织机构。一般而言,公司成立之时,公司章程约定股东会和董事会之间的权力分配,股东会和董事会在各自职权范围内行事。② 有限责任公司的上述特点,也是吸引发达资本市场部分上市公司自主选择退市的重要原因之一。由此可见,无论是大陆法系还是英美法系国家和地区,有限责任公司(封闭公司)的股东会和董事会(董事)的职权划分原则上由公司章程规定。

三、制度演变

人合性有利于降低有限责任公司的经营成本,提升公司自治。我国《公司法》历经多次修正及修订,以更多的任意性规范调整有限责任公司,彰显了有限责任公司的人合性。1993 年《公司法》第 46 条就有限责任公司董事会的 10 项职权作出

---

① 参见[德]罗伯特·霍恩等:《德国民商法导论》,楚建译,中国大百科全书出版社 1996 年版,第 280 页。

② 参见吴高臣:《人合性视角下有限责任公司权力配置研究》,载《烟台大学学报(哲学社会科学版)》2020 年第 6 期。

明确规定,即"董事会对股东会负责,行使下列职权:(一)负责召集股东会,并向股东会报告工作;(二)执行股东会的决议;(三)决定公司的经营计划和投资方案;(四)制订公司的年度财务预算方案、决算方案;(五)制订公司的利润分配方案和弥补亏损方案;(六)制订公司增加或者减少注册资本的方案;(七)拟订公司合并、分立、变更公司形式、解散的方案;(八)决定公司内部管理机构的设置;(九)聘任或者解聘公司经理(总经理)(以下简称经理),根据经理的提名,聘任或者解聘公司副经理、财务负责人,决定其报酬事项;(十)制定公司的基本管理制度"。1999年《公司法》、2004年《公司法》该条文无变化。2005年《公司法》该条变更为第47条,除了文字表述有所调整外,还在第6项职权中增加了制订"发行公司债券"的方案,并增加了董事会一项职权,即第11项"公司章程规定的其他职权"。2013年《公司法》将该条文序号调整为第46条,内容无变化。2018年《公司法》该条文无变化。我国2018年《公司法》第37条、第46条分别就股东会、董事会的职权作出了相对明确的规定。实践中,不少有限责任公司通过公司章程重新配置股东会、董事会职权,引发股东会和董事会法定职权之争。从公司法的体系性解释出发,该等规则为强行性规范。2018年《公司法》第36条明确指出,"股东会是公司的权力机构,依照本法行使职权"。这就明确划定了股东会的职权范围,而第37条只是进一步落实了该规定而已。而且并无条款对第37条的股东会职权作出限制,则该等法定职权当然应由股东会行使,而不得任意扩张或者缩减。因而2018年《公司法》第37条关于股东会法定职权的规定属于强行性规范,同理,第46条关于董事会法定职权的规定也属于强行性规范。但从学理分析,该等权力配置规则宜为任意性规范。因为所有权和经营权分离程度低,股东基本参与经营管理,所有者和经营者的一致性需要赋予有限责任公司治理更多的自治空间,可以借助股东协议和公司章程等就股东会和董事会权限划分作出特别约定。此次《公司法》修订,股东会和董事会的职权划分再次成为争议焦点。由于新《公司法》第67条第3款规定"公司章程对董事会职权的限制不得对抗善意相对人",董事会的职权规定属于任意性规范。新《公司法》继续采取"列举+兜底"式规定董事会职权,删除了"制订公司的年度财务预算方案、决算方案"的职权,补充了股东会授予的其他职权。运用体系化思维考量股东会和董事会职权的修改,可以发现,此次修法缩小了股东会和董事会法定职权范围,增加了剩余权力空间,公司可以根据自身情况通过公司章程实施授权。该等剩余权力既可以归于股东会,也可以归于董事会,还可以归于公司其他经营机构。

（一）有限责任公司董事会的法定职权

新《公司法》第 67 条第 2 款在规定董事会具体职权时，删除了"对股东会负责"的字样，究其原因是职工董事并不需要对股东会负责。至于该修改是否提高了董事会的独立性，则存在疑问。就立法观察，新《公司法》第 59 条依然保留了股东会"审议批准董事会的报告"的职权，从这种意义上说，董事会仍对股东会承担一定的职责。就学理分析，董事会独立性是指董事会作为一个独立的行为主体，在决策过程中所体现出来的公正、不偏颇于任何一方利益的价值取向，它既独立于股东个体又独立于经理人，旨在实现全体股东价值增值，并保护全体股东权益。[1] 董事会独立性一般通过两方面体现：一是独立董事的比例，二是董事长与总经理两职设置情况。[2] 随着法定代表人责任的加重，董事长与总经理分设的情况较为常见，董事会独立性多讨论独立董事的作用。这意味着"董事会对股东会负责"并不涉及董事会独立性。新《公司法》第 67 条第 2 款前 9 项规定为公司董事会的法定职权。值得注意的是，此次修法关于公司董事会法定职权的规定，与《民法典》保持一致。《民法典》第 81 条规定，营利法人执行机构拥有决定法人的经营计划和投资方案等职权。究其原因是，《民法典》法人制度源于 2018 年《公司法》第 46 条。

（二）有限责任公司董事会法定职权的限制

新《公司法》第 67 条第 3 款规定，"公司章程对董事会职权的限制不得对抗善意相对人"，这是对公司章程对外效力的适当限制，以保护善意相对人的合法权益。公司章程并非法定的公示文件，查询其他公司章程并非举手之劳，公司交易相对人未必能够获得公司章程。如果公司章程的规定与董事会法定职权范围不一致，善意相对人有权合理信赖公司董事会职权并无特殊规定。善意相对人的理解应当与《民法典》保持一致。公司章程对董事会职权作出了限制，董事会超越权限实施了民事法律行为，相对人不知道或者不应当知道该限制规定的，公司不得以公司章程的限制主张不承担或者免除其应承担的法律责任。

虽然新《公司法》第 67 条未明确规定公司章程可以对董事会法定职权作出限制，但该条第 3 款规定，公司章程对董事会职权的限制不得对抗善意相对人。如果

---

[1] 参见王斌：《论董事会独立性：对中国实践的思考》，载《会计研究》2006 年第 5 期。

[2] 参见陈胜蓝、魏明海：《董事会独立性、盈余稳健性与投资者保护》，载《中山大学学报（社会科学版）》2007 年第 2 期。

法律不允许公司章程对董事会职权作出限制,就没必要作出该规定。据此,公司章程可以对董事会职权包括法定职权作出限制。问题在于除了公司章程,股东会决议和股东协议能否对董事会职权作出限制。

就产生过程分析,公司章程属于股东会决议,但并非普通决议而是特别决议。新《公司法》第 67 条第 3 款之所以规定以公司章程限制董事会权力,就是要求股东审慎行事,维护全体股东利益平衡。从这种意义上说,股东会特别决议可以对董事会权力作出限制,并产生与公司章程限制类似的效果。这里之所以说类似效果,是因为该股东会特别决议并不需要公示,也不需要公司登记机关备案,其公示效果远低于公司章程。就公司内部而言,股东会特别决议对董事会权力的限制与公司章程限制效力无二;就公司外部而言,公司通常需要向相对人提示该股东会特别决议才能对该相对人产生效力。

实践中,有限责任公司股东往往以协议形式创设或者变更既定的股东权利义务关系,排除《公司法》或者公司章程相关规定的适用。股东协议的性质决定了其能否对董事会权力作出限制。在德国,有限责任公司股东协议是一种具有债权性质的附属协议,且原则上是合法的。在英国,股东协议属于合同,法官很少将股东协议认定为有名合同,股东协议受合同普通法调整。这与公司章程不同,公司章程系法定合同,受公司法规制。我国司法实践也通常将股东协议界定为合同行为。因为合同的本质是合意,而对立意思表示及对立利益的有无似乎并非判断是否为合同的标准。《民法典》第 464 条规定:"合同是民事主体之间设立、变更、终止民事法律关系的协议。婚姻、收养、监护等有关身份关系的协议,适用有关该身份关系的法律规定;没有规定的,可以根据其性质参照适用本编规定。"据此,除了身份关系的协议外,其他涉及平等主体之间的民事权利义务关系的协议均属于合同。股东权利义务关系属于平等主体之间的民事法律关系,因而股东协议应认定为合同。只是该合同涉及股东权利义务,除了适用合同制度,还应适用《公司法》,而且遵循特别法优于普通法的原则,股东协议还应当优先适用公司法。那么,股东可以通过股东协议限制董事会权力吗?答案是肯定的,只要这一约定不违反《公司法》《民法典》的强制性规定即可。问题在于股东协议限制董事会权力的约定虽然有效,但恐怕无法达到限制董事会权力的目的与效果。根据合同相对性原理,合同仅约束双方当事人,股东协议仅约束缔约股东,对未缔约股东、公司、董事、监事、高级管理人员乃至相对人并无约束力。质言之,股东协议的效力不受公司章程的影响,它们在各自的领域内发生效力。股东协议关于董事会权力限制的约定在缔约股东之间依然有效,缔约股东无权以违反公司章程为由主张该约定无效;一旦该约定无法实施,违反股东协议的缔约股东应当承担违约责任。缔约股东不能以公司相对人知晓股东协议关于董事会权力限制的约定而主张相对人与公司之间的合同效力瑕疵,公司亦不能以公司相对人知晓股东协议关于董事会权力限制的约定而主张相对人与公司之间的合同效力瑕疵。

(三)有限责任公司董事会的非法定职权

根据新《公司法》第67条的规定,通过公司章程或者股东会授权,董事会可以拥有非法定职权,包括制订公司的年度财务预算方案和决算方案及其他职权。通过董事会非法定职权的行使,公司与相对人之间形成了民事法律关系,公司不能以董事会违反公司章程或者股东会授权为由对抗善意第三人。

四、律师实务指引

公司投资者、股东必须关注董事会非法定职权的归属。新《公司法》第67条删除了"制订公司的年度财务预算方案、决算方案"的职权,该权力可以通过公司章程规定或者股东会授权而成为董事会的非法定职权。除此之外,其他剩余权力也可以通过公司章程规定或者股东会授权而成为董事会的非法定职权。这就赋予了公司更多的自治空间,有利于公司因地制宜构建独具特色的治理机制。从实践角度观察,有限责任公司多为控股股东或者管理层所控制,董事会非法定职权归属影响少数股东权益保护。为了避免日后董事会职权划分不清而导致公司治理混乱,律师应区分不同业务领域提供相应的对策。

(一)合理确定董事会职权范围

律师应在准确把握董事会法定职权和非法定职权划分基础上,事先向投资者清晰阐明董事会权力限制及非法定职权归属对公司治理结构的影响,继而根据投资者的实际情况提供不同的对策方案。具体而言,在新设公司的情形下,律师可以建议投资者加入公司之前就董事会非法定职权归属作出明确约定,该等约定应列入股东协议和公司章程。投资者可以考虑要求公司章程将董事会非法定职权归属条款作为特别决议事项处理,其设立、修改、删除,要么经代表2/3以上表决权的股东通过,要么全体股东一致同意,要么赋予投资者一票否决权。在增资入股或者股权转让的情形下,投资者需要详细了解公司章程和股东会授权事宜,把握公司董事会非法定职权配置。如果董事会非法定职权配置不合理,应当及时采取措施。

公司其他股东应当充分意识到董事会非法定职权的重要性,避免在章程中不受限制地进行董事会职权的授予。股东应当综合考虑经营管理效率、公司控制权等因素,在董事会法定职权基础上,合理分配和授予董事会非法定职权,以实现公司所有者与经营者两方之间的权力平衡。

就公司的交易相对人而言,董事会权力配置涉及交易双方当事人的权益,应当事先加以明确。公司应当向相对人提供公司章程和股东会授权文件,清晰明了地提示本公司董事会权力配置规则;相对人亦应当进行必要合理的调查,获取公司章程和股东会授权文件。

(二)明晰公司章程对董事会权力限制的效力

新《公司法》第67条第3款规定,"公司章程对董事会职权的限制不得对抗善意相对人",该条款坚持了团体法的区分原则。[①] 就公司内部关系而言,该限制对公司、股东、董事、监事、高级管理人员具有约束力;就公司外部关系而言,该限制对善意第三人不具有约束力。究其原因是,公司章程并非公司法定的公示文件,一旦董事会超越公司章程的权力限制实施了民事法律行为,应保护善意相对人的利益。

关联法条

《民法典》第81条

[①] 关于区分原则的详细论述,参见吴高臣:《团体法的基本原则研究》,载《法学杂志》2017年第1期。

第六十八条 【董事会的组成】

> 第六十八条 有限责任公司董事会成员为三人以上,其成员中可以有公司职工代表。职工人数三百人以上的有限责任公司,除依法设监事会并有公司职工代表的外,其董事会成员中应当有公司职工代表。董事会中的职工代表由公司职工通过职工代表大会、职工大会或者其他形式民主选举产生。
>
> 董事会设董事长一人,可以设副董事长。董事长、副董事长的产生办法由公司章程规定。

一、修订情况

本条是关于有限责任公司董事会组成的规定。相较于2018年《公司法》第44条,本条存在以下变化:

1. 删除了董事会人数的上限,即"有限责任公司设董事会,其成员为三人至十三人;但是,本法第五十条另有规定的除外"被修改为"有限责任公司董事会成员为三人以上"。

2. 强化了职工董事地位,即删除"其他有限责任公司董事会成员中可以有公司职工代表",明确规定所有类型的有限责任公司董事会"其成员中可以有公司职工代表"。

3. 扩大了强制设置职工董事的适用范围,即将"两个以上的国有企业或者两个以上的其他国有投资主体投资设立的有限责任公司"修改为"职工人数三百人以上的有限责任公司,除依法设监事会并有公司职工代表的外"。

二、理论基础

世界各个国家和地区的公司法多对董事会的组成作出明确规定。至于董事会人数的具体限额则有所不同。董事会成员的多少涉及董事会的规模、结构。法律之所以规定董事会人数的限额,是因为董事会的构成影响其民主决策的效率。①董事会成员人数过少,代表性不足,容易形成控股股东或者内部人控制董事会决策的局面;董事会成员人数过多,代表性过于丰富,容易造成机构臃肿,议而不决,效率低下。因此,多数国家和地区的公司法规定董事会规模的弹性空间,由公司根据自身情况设定董事会具体人数。除了董事会成员人数,成员结构也是董事会组成的重要问题。职工参与是现代公司治理的常见模式,但始终面临股东中心主义的质疑。股东中心主义认为职工参与公司治理会减损股东利益,职工利益保护应通过劳动法实现。② 利害关系人理论虽然为职工董事制度提供了合理的辩护,但多为公司伦理层面。③ 近年来ESG理论蓬勃发展,职工利益保护和人力资本管理成为ESG治理关键议题,职工利用其身份和信息优势,能够在这两方面发挥独特价值。④ 因此,加强和完善职工董事也就成为现代公司治理的共同选择。

三、制度演变

1993年《公司法》第45条规定:"有限责任公司设董事会,其成员为三人至十三人。两个以上的国有企业或者其他两个以上的国有投资主体投资设立的有限责任公司,其董事会成员中应当有公司职工代表。董事会中的职工代表由公司职工民主选举产生。董事会设董事长一人,可以设副董事长一至二人。董事长、副董事长的产生办法由公司章程规定。董事长为公司的法定代表人。"1999年《公司法》、2004年《公司法》中该条款无变化。2005年《公司法》对该条款作出较大修改:一是第1款增加了"但书",即"本法第五十一条另有规定的除外",允许股东人数较少或者规模较小的有限责任公司不设董事会;二是第2款增加了"其他有限责任公司董事会成员中可以有公司职工代表"的规定,明确肯定了非国有有限责任公司自主设立职工董事的选择权;三是第2款修改完善了职工董事产生方式,"董事会中的职工代表由公司职工通过职工代表大会、职工大会或者其他形式民主选举产

---

① 参见李建伟:《公司法学》,中国人民大学出版社2008年版,第386页。
② 参见张舫:《职工参与公司控制质疑——对"共决制"的理论与制度分析》,载《现代法学》2004年第2期。
③ 参见施天涛:《〈公司法〉第5条的理想与现实:公司社会责任何以实施?》,载《清华法学》2019年第5期。
④ 参见刘东辉:《ESG视角下上市公司职工董事的制度定位与职能重构》,载《云南社会科学》2023年第6期。

生";四是删除了第4款"董事长为公司的法定代表人"的规定。2013年《公司法》将该条款的序号调整为第44条,第1款援引的条款序号也相应调整,内容无变化。2018年《公司法》与2013年《公司法》保持一致。与2018年《公司法》相比,新《公司法》第68条规定删除了有限责任公司董事会人数的上限,扩大了职工董事的适用范围。新《公司法》第68条规定是立法机构根据我国公司治理现状作出的理性选择。

（一）董事会的人数

2018年《公司法》第44条规定,有限责任公司董事会由3至13人组成。实践中绝大多数有限责任公司的董事会成员并不多,即使删除董事会组成人员上限,股东基于董事会决策效率和成本控制考虑,也不会导致董事会规模不适当扩张。因此,新《公司法》第68条删除董事会组成人数上限,仅保留下限。根据《民法典》第1259条的规定,民法所称的"以上""以下""以内""届满",包括本数。因此,我国有限责任公司董事会成员的人数下限为3人。如果公司设立过程中首次股东会选举产生的董事会成员不足3人,则因组成人数未达到法定最低限额而无法组成董事会,应当及时补选,否则公司设立失败。如果公司存续期间董事会成员人数因故不足3人,则该董事会无法正常行使职权,应当及时补充选任。值得注意的是,新《公司法》第68条规定存在例外情形,即第75条规定,"规模较小或者股东人数较少的有限责任公司,可以不设董事会,设一名董事"。

（二）董事会的人员构成

董事通常由股东代表担任,但是一股独大、家族控制等问题影响公司利益。随着公司社会责任的兴起,人们逐渐认识到公司不仅是追求股东利益最大化的经济组织,还是维护利害关系人利益的社会组织。公司是包括股东、债权人、员工、消费者甚至政府、社区居民在内的各利害关系人共同"投资"的结果:股东投入的是股权资本、债权人投入的是债权资本、员工投入的是人力资本、消费者投入的是市场资本、政府投入的是公共环境资本、社区居民投入的是经营环境资本。换言之,股东以物质资本投入,其他利害关系人更多地以非物质资本投入。因而不仅是股东,其他利害关系人均有权要求从公司获得相应的利益。公司治理理念也随之发生变化。吸收利害关系人代表加入公司董事会成为一项重要举措。

职工参与经营管理是我国公司治理的重要经验。职工代表进入董事会,既丰富了董事会的人员构成,又有助于提高董事会决策的科学性,有助于公司利益以及职工利益的保护。《中共中央、国务院关于构建和谐劳动关系的意见》第13条指出:"推行职工董事、职工监事制度。按照公司法规定,在公司制企业建立职工董事、职工监事制度。依法规范职工董事、职工监事履职规则。在董事会、监事会研究决定公司重大问题时,职工董事、职工监事应充分发表意见,反映职工合理诉求,维护职工和公司合法权益。"值得注意的是,2021年5月25日万科企业股份有限公司发布公告,修改公司章程的内容。修订后的《万科企业股份有限公司章程A+H》第133条规定:"董事会由十一名董事组成,设董事会主席一人,可以设副主席一至二人。董事会成员中应当至少包括三分之一独立董事,且至少应有一名独立董事是会计专业人士。董事会设职工代表担任的董事1名,担任董事的职工代表须为在公司连续工作满三年以上的职工,经职工代表大会民主选举产生后直接进入董事会。"这是我国A股上市公司首次在董事会中设立职工代表董事。这一举措体现了公司对利害关系人利益的关切,有助于公司ESG体系的完善。本次《公司法》修订回应了公司治理理念的变化。新《公司法》第68条扩大了职工董事的适用范围,即任何有限责任公司董事会都可以设置职工董事,职工人数300人以上的有限责任公司除依法设监事会并有公司职工代表的外,应当设置职工董事。

(三)董事的选任

董事应当选举产生,但董事的选任因董事类别的不同而不同。一般而言,非职工代表董事由股东会选举产生,职工代表董事由公司职工通过职工代表大会、职工大会或者其他形式民主选举产生。国有独资公司董事会成员中的职工代表董事由公司职工代表大会选举产生;其他董事由国有资产监督管理机构委派。

(四)董事长的选任

有限责任公司董事会必设董事长,可以自行决定是否设置副董事长及设置几名副董事长。董事长、副董事长的产生办法由公司章程规定。这意味着有限责任公司的董事长、副董事长可以由董事会、股东会选举产生,也可以采取其他方式(如第一大股东委派)产生。国有独资公司的董事长、副董事长由国有资产监督管理机构从董事会成员中指定。

四、案例评析

张某某与北京某有限公司公司决议效力确认纠纷案[北京市第一中级人民法院(2017)京01民终7398号]

基本案情: 北京某有限公司股东为某实业发展公司、北京某投资发展有限公司、张某某、李某。其中,某实业发展公司和北京某投资发展有限公司系国有性质的股东。北京某有限公司章程第8条载明,股东会"选举和更换非由职工代表担任的董事"。2015年8月3日,北京某有限公司召开临时股东会选举产生了新一届董事会,其中无职工董事。张某某以董事会成员中无职工董事为由诉诸法院,请求确认股东会决议无效。

裁判情况:2018年《公司法》第44条第2款规定,"两个以上的国有企业或者两个以上的其他国有投资主体投资设立的有限责任公司,其董事会成员中应当有公司职工代表"。法院认为,北京某有限公司不适用该条款,张某某的主张于法无据。

评析:本案争议的焦点是职工董事的适用范围。从相关规定来看,2018年《公司法》第44条第2款的本意是指仅两个以上的国有企业或者两个以上的其他国有投资主体投资设立的有限责任公司必须设置职工董事。北京某有限公司不设置职工董事既不违法也不违反公司章程。根据新《公司法》第168条的引致规定,国有控股公司的职工董事设置应当适用新《公司法》第68条,即以职工人数确定是否必须设置职工董事。当然,如果国有公司相关立法对职工董事作出了与此不同的规定,根据特别法优于普通法的原则,应当适用国有公司相关立法的特别规定。

五、律师实务指引

围绕有限责任公司董事会的基本结构,律师应当全面把握职工董事相关法律法规,就职工董事任职资格和职权、独立董事和董事会秘书设置等问题为客户提供服务。

(一)职工董事的任职资格和职权

新《公司法》第68条规定所有有限责任公司均可以设置职工董事,职工人数300人以上的有限责任公司应当设置职工董事。关于职工董事的任职资格和职权,应结合相关立法加以明确。

顾名思义,职工董事应当满足"职工"+"董事"两个方面的任职资格要求。关于董事的任职资格此处不再赘述。关于职工身份方面的要求,相关规范性文件作出了较为细致的规定。《国有独资公司董事会试点企业职工董事管理办法(试行)》就国有独资公司职工董事任职作出了详细具体的规定。该办法第5条规定了职工董事的积极条件,"担任职工董事应当具备下列条件:(一)经公司职工民主选举产生;(二)具有良好的品行和较好的群众基础;(三)具备相关的法律知识,遵守法律、行政法规和公司章程,保守公司秘密;(四)熟悉本公司经营管理情况,具有相关知识和工作经验,有较强的参与经营决策和协调沟通能力;(五)《公司法》等法律法规规定的其他条件"。第6条规定职工董事的消极条件,"下列人员不得担任公司职工董事:(一)公司党委(党组)书记和未兼任工会主席的党委副书记、纪委书记(纪检组组长);(二)公司总经理、副总经理、总会计师"。中华全国总工会《关于加强公司制企业职工董事制度、职工监事制度建设的意见》突破了所有制限制,依法分类指导和推动所有建立董事会的公司制企业建立职工董事制度,从源头保障了职工董事、职工监事的地位和作用。该意见指出,"职工董事、职工监事候选人应符合以下基本条件:与公司存在劳动关系;能够代表和反映职工合理诉求,维护职工和公司合法权益,为职工群众信赖和拥护;熟悉公司经营管理或具有相关的工作经验,熟知劳动法律法规,有较强的协调沟通能力;遵纪守法,品行端正,秉公办事,廉洁自律;符合法律法规和公司章程规定的其他条件。遵循职工董事、职工监事任职回避原则,坚持公司高级管理人员和监事不得兼任职工董事,公司高级管理人员和董事不得兼任职工监事。公司高管的近亲属,不宜担(兼)任职工董事、职工监事"。同时该意见建议,公司工会主席、副主席一般应当作为职工董事、职工监事候选人人选。综上所述,职工董事"职工身份"方面的积极条件基本一致,消极条件可以概括为公司高级管理人员和监事不得兼任职工董事。

除董事权利外,职工董事还需要行使下列职权:参加董事会会议,行使董事的发言权和表决权;在董事会研究决定公司重大问题时充分发表意见,确定公司高级管理人员的聘任、解聘时,如实反映职工代表大会民主评议高级管理人员情况;对涉及职工合法权益或大多数职工切身利益的董事会议案、方案提出意见和建议;就涉及职工切身利益的规章制度或者重大事项,提出董事会议题,依法提请召开董事会会议,反映职工合理要求,维护职工合法权益;列席与其职责相关的公司行政办公会议和有关生产经营工作的重要会议;要求公司工会、公司有关部门通报相关情况,提供相关资料;向公司工会、上级工会或有关部门如实反映情况;法律法规和公司章程规定的其他权力。

(二)董事会人数的奇偶性问题

新《公司法》第68条仅规定了有限责任公司董事会成员的人数下限,并不要求董事的人数必须为奇数或者偶数。实践中多数有限责任公司的董事人数为奇数,少数有限责任公司的董事会人数为偶数。新《公司法》第73条第3款规定,董事会决议的表决,应当一人一票。因此,董事会成员人数为偶数,容易形成表决平票。实践中有的公司章程规定,董事会表决平票时,董事长一票算作两票。这虽然可以解决表决权平票问题,但违反了新《公司法》第73条第3款的强制性规定,应属无效。因此,建议有限责任公司董事会人数为奇数。

(三)独立董事和董事会秘书的设置

《公司法》并不要求有限责任公司设置独立董事和董事会秘书,有限责任公司可以自行决定是否设立。如果有限责任公司意欲设立,应当通过公司章程予以明确。上市公司董事会秘书属于高级管理人员,有限责任公司董事会秘书的法律地位也应当由公司章程规定。

关联法条

1.《工会法》第40条

2.《国有独资公司董事会试点企业职工董事管理办法(试行)》第6条

3.中华全国总工会《关于加强公司制企业职工董事制度、职工监事制度建设的意见》

第六十九条 【审计委员会】

> 第六十九条 有限责任公司可以按照公司章程的规定在董事会中设置由董事组成的审计委员会,行使本法规定的监事会的职权,不设监事会或者监事。公司董事会成员中的职工代表可以成为审计委员会成员。

一、修订情况

本条是关于有限责任公司设置审计委员会的规定,是新增的内容,旨在解决公司监督机制不力的客观现实问题,在监事会之外给公司提供了另一个选择。

二、理论基础

尽管不同国家和地区公司内部组织机构的设置并不存在统一的模式,不过分权制衡是其共同遵循的基本原则。根据所有权和经营权分离程度,设置公司内部组织机构。两权分离程度低的公司,股东大多或者全部参与经营管理,原则上自由设置组织机构;两权分离程度高的公司,就产生了不参与经营管理的股东监督管理层的客观需求,普遍设立权力机构、执行机构和监督机构。大陆法系公司组织机构的设置一般采用双层委员会模式,股东会之下分设董事会和监事会。其中,由全体股东组成的股东会是公司的权力机关,行使公司决策权;由股东会选举产生的董事会是公司的执行机关,行使经营管理权;监事会是公司的内部监督机构,代表股东对管理层进行监督。英美法系公司组织机构的设置一般采用单层委员会模式,股东会之下只设董事会而不设监事会。为了实现分权制衡,董事会内部设置监督机构,比较典型的做法就是设置独立董事或者审计委员会。虽然英美法系公司不设监事会,但其借助董事会内部监督实现权力制衡。英美法系在公司董事会内部设置监督机构的经验表明,只要保持监督机构的独立性,无论该监督机构采取何种形式,都可以较好地发挥监督作用。因此,无论是大陆法系还是英美法系,公司内部组织机构的设置都体现了以"权力制约权力"的分权制衡原理。

长期以来,我国公司法秉承大陆法系传统,设置监事会作为公司内部监督机构。21世纪以来,大陆法系国家和地区的公司法改革值得关注。2003年意大利推出有限责任公司制度改革。改革之前,在公司机关设置及其权限划分、公司监督等方面,有限责任公司与股份有限公司并无二致。这些适应资合性的法律制度僵化刻板、缺乏灵活性,无法适应有限责任公司股东的投资和经营需求。为此,意大利对有限责任公司制度进行了大刀阔斧的改革,在保留原有的偏重资合性的有限责任公司制度的同时,增加偏重人合性的有限责任公司制度,形成了两种可供选择的有限责任公司模式:源于德国的二元制和美国的单一制。① 投资人可以自由决定其投资设立的有限责任公司人合性色彩和资合性色彩的多少。人合性赋予股东充分的自治空间,由股东自由创设符合自身需要、具有自身管理特色的有限责任公司。2008年德国对其有限责任公司法进行改革。监事或者监事会是公司可以自行决定的选择项,但是依据相关法律,职工人数较多的有限责任公司应当设立监事会。当然,这并不意味着有限责任公司的经营管理缺乏日常监督,依据《德国有限责任公司法》第51条之一第1款的规定,"任一股东对公司事务有所询问时,董事应立即答复,并允许其审查账册与文件"。由此可见,在大陆法系国家和地区,类似监事角色的监察人不是公司必设机构,公司可以通过内部机构也可以借助董事行使监察权。

三、制度演变

2005年《公司法》充实监事会职权,增加授权监事会聘请会计师事务所协助调查公司经营情况这一强有力的监督手段,设定了职工监事法定最低比例。2013年与2018年《公司法》的修改未涉及公司监督制度。此次修法推出了监事会与审计委员会的选择模式,既回应了我国公司监督的实践需求,也顺应了尊重公司自治的全球改革趋势。

(一)公司可以选择设立审计委员会或者监事会

公司监督机制改革始终是我国公司法领域的热点问题。《民法典》第82条规定:"营利法人设监事会或者监事等监督机构的,监督机构依法行使检查法人财

---

① 参见[意]弗朗切斯·卡尔卡诺:《2004年〈意大利民法典〉公司法编之特点》,丁玫译,载《比较法研究》2005年第4期。

务,监督执行机构成员、高级管理人员执行法人职务的行为,以及法人章程规定的其他职权。"这源于对 2018 年《公司法》监事会制度的概括。不过相比《民法典》第 81 条第 1 款"营利法人应当设执行机构"的表述,第 82 条缺少了"应当"字眼,这是不是意味着营利法人可以不设监督机构呢?值得注意的是,党的十八大以来,我国日益注重协同监督,充分发挥党委会、工会、职工代表大会的作用。社会信用体系建设不断推进,政府部门加强对包括公司在内的企业信用监管。检察机关"2020 年起探索涉案企业合规改革试点;对依法可不捕、不诉的,责成涉案企业作出合规承诺、切实整改;会同国务院国资委、全国工商联等 12 部门共建第三方监督评估机制,强化监管落实"。① 这些举措在一定程度上减轻了控股股东或者管理层损害股东利益的现象,客观上为公司监督机构改革提供了外部制度支持。监事会不是公司内部机构设置的必选项。

新《公司法》第 69 条使用了"可以"字样,公司拥有选择设立审计委员会和监事会的自由。具体而言,公司可以根据自身情况决定是否设置监督机构、设置何种监督机构。一是根据新《公司法》第 69 条的规定,公司只设立审计委员会。二是根据新《公司法》第 76 条的规定,公司只设立监事会。三是根据新《公司法》第 83 条的规定,规模较小或者股东人数较少的有限责任公司,可以不设监事会,设一名监事,行使本法规定的监事会的职权;经全体股东一致同意,也可以不设监事。根据新《公司法》第 69 条的规定,公司可以不设审计委员会。公司可以依据规定不设立任何监督机构,那么,公司能否同时设立审计委员会和监事会呢?将新《公司法》第 69 条、第 121 条和第 176 条作为一个整体进行分析,立法机关倾向于设立单一的公司内部监督机构,而不是叠床架屋。当然从新《公司法》第 69 条和第 121 条皆为任意性规范角度观察,公司可以设置不行使监事会职权的审计委员会。

(二)审计委员会的职权

新《公司法》第 69 条规定审计委员会行使监事会职权。新《公司法》第 78 条规定:"监事会行使下列职权:(一)检查公司财务;(二)对董事、高级管理人员执行职务的行为进行监督,对违反法律、行政法规、公司章程或者股东会决议的董事、高级管理人员提出解任的建议;(三)当董事、高级管理人员的行为损害公司的利益

---

① 张军:《最高人民检察院工作报告——2023 年 3 月 7 日在第十四届全国人民代表大会第一次会议上》,载最高人民检察院网,https://www.spp.gov.cn//gzbg/202303/t20230317_608767.shtml。

时,要求董事、高级管理人员予以纠正;(四)提议召开临时股东会会议,在董事会不履行本法规定的召集和主持股东会会议职责时召集和主持股东会会议;(五)向股东会会议提出提案;(六)依照本法第一百八十九条的规定,对董事、高级管理人员提起诉讼;(七)公司章程规定的其他职权。"

值得注意的是,除了承担监事会职权外,法律法规或者公司章程还可以赋予审计委员会其他职权。根据《中央企业内部审计管理暂行办法》第8条的规定,国有控股公司和国有独资公司审计委员会"应当履行以下主要职责:(一)审议企业年度内部审计工作计划;(二)监督企业内部审计质量与财务信息披露;(三)监督企业内部审计机构负责人的任免,提出有关意见;(四)监督企业社会中介审计等机构的聘用、更换和报酬支付;(五)审查企业内部控制程序的有效性,并接受有关方面的投诉;(六)其他重要审计事项"。根据《上市公司治理准则》第39条的规定,"上市公司审计委员会的主要职责包括:(一)监督及评估外部审计工作,提议聘请或者更换外部审计机构;(二)监督及评估内部审计工作,负责内部审计与外部审计的协调;(三)审核公司的财务信息及其披露;(四)监督及评估公司的内部控制;(五)负责法律法规、公司章程和董事会授权的其他事项"。

(三)审计委员会委员的任职资格与权利义务

新《公司法》第69条未说明审计委员会委员的任职资格与权利义务。从审计委员会的历史沿革及新《公司法》本条的规定分析,审计委员会委员为董事。据此,审计委员会委员的任职资格即董事的任职资格,其权利义务适用董事的权利义务。这只是审计委员会委员基本的任职资格和权利义务。审计委员会委员还应满足其他任职资格要求。审计委员会的主要职责是审计,从这一角度出发,审计委员会委员除了满足董事任职资格的消极条件外,还需要有具备财务知识或者会计实务经验等专业性的任职条件。审计本身就是对董事会的监督,从这一角度出发,审计委员会委员应当保持独立性,不能与公司及其管理层存在影响独立判断的任何特殊关系。与其任职资格相一致,审计委员会委员还应承担董事权利义务以外的其他义务。如果法律法规和公司章程对审计委员会委员的权利义务作出了其他规定,审计委员会委员亦应遵守该等规定。

四、律师实务指引

新《公司法》的一个重要变化是新增"审计委员会",审计委员会可以取代监事会的作用。审计委员会这个概念由来已久。在我国,审计委员会最早出现在国有企业和上市公司中,在董事会下设立独立的审计委员会,是为了响应完善公司治理结构和完备内部控制机制的要求。作为公司董事会中的一个专业委员会,审计委员会是一个内部监督机构,主要负责公司有关财务报表披露和内部控制过程的监督。通过建立审计委员会,从公司董事会内部对公司的信息披露、会计信息质量、内部审计及外部独立审计建立起一个控制和监督的职能机制。新《公司法》引入单层制公司治理架构,为公司治理结构提供可选方案,进一步完善了公司治理监督机制,丰富了公司治理模式的多样性,对市场主体自行设计符合其发展的治理架构具有重大意义。围绕公司内部监督机构的设置,在律师实务中需要关注以下问题。

(一)股东在设立公司过程中必须行使公司监督机构的选择权

股东既可以选择设置传统的监事会,也可以按新《公司法》第69条规定选择设置审计委员会,还可以按新《公司法》第83条的规定选择不设置任何监督机构。律师应当提醒股东上述不同选择的利弊。对于监事会,无论是股东还是法律工作者都比较熟悉,也有比较成熟的经验,职工监事参与监事会也是实践中股东较为关注的问题。对于审计委员会,从实际运作看,法律法规或者自治规则往往对其成员的专业背景存在一定要求,公司董事是否具备该特定专业背景就成为是否选择设立审计委员会的关键。如果股东选择不设立监督机构,则可以约定赋予不参与经营管理的股东监督权。具体而言,可以根据公司实际情况,在公司章程中对不参与经营管理的股东拥有何种监督权、如何行使监督权作出细致规定。

(二)事先考虑审计委员会的组成

职工董事成为审计委员会成员有利于提高审计委员会的独立性。从审计委员会的职责出发,审计委员会成员应当具备财务知识或者会计实务经验等专业性的任职条件。普通职工比较难以达到该要求。因此,职工代表大会、职工大会等机构选举产生职工董事过程中应充分考虑职工代表的资质,为当选代表进入审计委员会事先有所考虑。

(三)审计委员会的独立性

就拟担任审计委员会委员的人士而言,必须明确委员的职责和审计委员会职责。作为个体,审计委员会委员身兼二职,既是董事,又是"监事",承担着董事和监事的双重工作。如何确保审计委员会独立履职,避免利益冲突,也是公司设置审计委员会时需要思考的问题。作为组织,审计委员会既是董事会下设机构,对董事会负责;又是"监事会",承担监督管理层的职责。如何平衡双重职责的关系也是必须关注的问题。

此外需要注意的是,第一,目前上市公司的审计委员会并未行使监事会职权,其职责更多的是财务会计的审计权利;第二,股份有限公司的审计委员会对于成员组成、任职条件、决议程序等有更严格的要求;第三,对于国有独资公司来说,设立了审计委员会,就不再设监事会或者监事。

关联法条

　　1.《民法典》第 82 条

　　2.《上市公司治理准则》第 39 条

　　3.《中央企业内部审计管理暂行办法》第 7 条、第 8 条

　　4.《企业集团财务公司管理办法》第 26 条

第七十条 【董事任期及辞任】

> 第七十条　董事任期由公司章程规定,但每届任期不得超过三年。董事任期届满,连选可以连任。
>
> 董事任期届满未及时改选,或者董事在任期内辞任导致董事会成员低于法定人数的,在改选出的董事就任前,原董事仍应当依照法律、行政法规和公司章程的规定,履行董事职务。
>
> 董事辞任的,应当以书面形式通知公司,公司收到通知之日辞任生效,但存在前款规定情形的,董事应当继续履行职务。

一、修订情况

本条是关于有限责任公司董事任职期限与辞任的规定。与2018年《公司法》第45条相比,本条新增"董事辞任的,应当以书面形式通知公司,公司收到通知之日辞任生效,但存在前款规定情形的,董事应当继续履行职务"作为第3款。

二、理论基础

大陆法系与英美法系对董事和公司的关系的性质存在不同认定。英美法系通说认为,董事与公司之间是信托关系,公司对董事产生法律上或事实上的信任并有所依赖,董事因接受公司的信任而负有诚实信用、谨慎、勤勉义务。但亦有学者认为,"董事与公司之间的关系是一种特别的关系,不能用其他种类的信托关系的标准来分析这种关系"①。大陆法系通说认为,董事和公司之间是民法上的委任关系,股东的选任行为与董事的承诺表示构成两者之间的委任关系,董事处于受任人的地位,对公司负有忠实义务和勤勉义务。我国理论界与实务界亦认为董事与公

---

① [美]罗伯特·W.汉密尔顿:《公司法概要》,李存捧译,中国社会科学出版社1999年版,第249页。

司之间系委托合同关系,应当依照委托合同制度处理董事与公司的关系。叶林教授认为,将董事纳入信托或者委任主要是从立法技术考虑,具有法律适用上的终极意义。这不意味着董事是受托人或者受委任人。就观念层面而言,董事获得选任,自是受公司和股东之托,当然要忠于公司和股东之事。就规则层面而言,董事职责具有多样性、多变性和复杂性,无法照搬信托或者委托规则。董事制度既延续了信托和委任法理,又发展了信托和委任理论,不受传统信托和委任规则的约束。① 作为"受托人"的董事,应当依照法律、公司章程等规定履行义务,同时有权随时辞去董事职务;作为"委托人"的公司,亦有权依照法律、公司章程等规定解除董事职务。

三、制度演变

1993年《公司法》第47条就董事任期和解职作出规定:"董事任期由公司章程规定,但每届任期不得超过三年。董事任期届满,连选可以连任。董事在任期届满前,股东会不得无故解除其职务。"1999年《公司法》、2004年《公司法》保持不变。2005年《公司法》第46条就董事解职和辞任作出重大修改,删除了"董事在任期届满前,股东会不得无故解除其职务"的规定,增加了留守董事的规定,即"董事任期届满未及时改选,或者董事在任期内辞职导致董事会成员低于法定人数的,在改选出的董事就任前,原董事仍应当依照法律、行政法规和公司章程的规定,履行董事职务"。2013年《公司法》、2018年《公司法》除了序号有变化外,条款内容并无变化。《公司法司法解释五》第3条就董事解除及其补偿作出规范,"董事任期届满前被股东会或者股东大会有效决议解除职务,其主张解除不发生法律效力的,人民法院不予支持。董事职务被解除后,因补偿与公司发生纠纷提起诉讼的,人民法院应当依据法律、行政法规、公司章程的规定或者合同的约定,综合考虑解除的原因、剩余任期、董事薪酬等因素,确定是否补偿以及补偿的合理数额"。总体而言,我国2018年《公司法》第45条就董事任期作出了较为概括的规定。实践中,董事辞职引发的纠纷并不少见,为了妥善解决该等纠纷,新《公司法》第70条增加了关于董事辞任程序、效力,形成了更为完善的董事任期规则。

(一)董事辞职的程序

2018年《公司法》缺乏董事辞任程序的具体规定,导致实践中董事辞任存在一

---

① 参见叶林:《公司治理制度:理念、规则和实践》,中国人民大学出版社2021年版,第152~153页。

定的随意性。新《公司法》第70条第3款明确规定,董事辞任应当采取书面形式,不得采取口头形式或者其他形式。至于何为书面形式,应当依据《民法典》相关规定加以确认。所谓书面形式就是可以有形地表现所载明内容的形式。书面形式不仅包括传统的纸质信件、电报、电传、传真,还包括以电子数据交换、电子邮件等方式能够有形地表现所载内容并且可以随时调取查用的数据电文。书面形式明确肯定,有据可查,能够有效防止争议。

(二)董事辞任的生效时间

董事辞任何时生效也是实践中争议的问题之一。根据新《公司法》第70条第3款的规定,董事辞任自公司收到书面通知之日起生效。这就明确了董事离职的时间,对于判断董事是否尽职履职具有重要意义。新《公司法》要求董事采取特定行为模式辞任,符合强制性规范。一般而言,违反强制性规定并不会导致法律行为的无效。据此,董事违反新《公司法》第70条规定采取其他形式辞任,不发生效力。但是也有例外。《民法典》第490条第2款规定:"法律、行政法规规定或者当事人约定合同应当采用书面形式订立,当事人未采用书面形式但是一方已经履行主要义务,对方接受时,该合同成立。"董事未采用书面形式辞任,但向公司办妥所有移交手续,构成公司接受其辞职,自董事办妥所有移交手续之日起辞任生效。

值得注意的是,即使董事辞任符合上述生效条件的要求,出于维护公司及债权人利益的考虑,法律亦要求董事在特定条件下留任,直至完成董事补选。新《公司法》第70条第2款规定,董事在任期内辞任导致董事会成员低于法定人数的,在改选出的董事就任前,原董事仍应当依照法律、行政法规和公司章程的规定,履行董事职务。

(三)董事辞任的效力

一般而言,董事辞任发生效力,董事即丧失了董事身份,不能也不应当再以公司董事的身份行事。当第三人误以为其仍为公司董事时,该辞任董事应当明确表示自己不再担任公司董事。实践中,某董事可能担任董事长,继而担任公司法定代表人。该董事辞任,应当视为其同时辞任董事长和法定代表人的事实。原因是董事身份是其担任董事长的前提条件,其法定代表人的身份则源于其担任董事长。当然,实践中某董事可能兼任经理,继而担任法定代表人。该董事辞任,不应当视为辞去经理和法定代表人。因为董事身份并非其担任经理的前提条件,其法定代表人身份源于其担任经理的事实。

四、案例评析

孙某某与吉林某合金有限公司劳动争议纠纷案[最高人民法院(2020)最高法民再50号]

基本案情:2017年,某控股有限公司将孙某某调任全资子公司吉林某合金有限公司董事长兼法定代表人。次年,孙某某被某控股有限公司免职,交接完毕后,孙某某未被安排工作,工资未发放。此后,孙某某申请仲裁,当地仲裁院以不属于劳动争议范围为由不予受理。孙某某遂起诉要求吉林某合金有限公司补发免职后的工资,返还代垫五险一金、签订无固定期限劳动合同等。

裁判情况:一审法院认为双方存在劳动关系,判决支持孙某某大部分诉讼请求。吉林某合金有限公司提起上诉。二审法院认为,孙某某并非吉林某合金有限公司招用的劳动者,驳回其诉讼请求。孙某某申请再审。最高人民法院认为双方间存在事实上的劳动合同关系,孙某某再审请求部分成立。

评析:本案争议焦点为董事长和法定代表人与公司之间是否存在劳动合同关系。孙某某既作为董事长参加董事会,同时作为法定代表人管理公司。孙某某被任命为董事长与公司形成委托合同关系,同时担任公司法定代表人受公司管理。虽然未签订书面劳动合同,但公司按月支付工资并代缴社保费用,符合劳动关系的构成要素,应认定为事实劳动合同关系。本案认定董事与公司间为委托合同关系,董事可能以非董事身份与公司建立劳动合同关系,关乎新《公司法》第70条的法理基础。

五、律师实务指引

董事与公司之间属于委托合同关系。这是新《公司法》第70条规范董事任职期限及辞任问题的理论基础。董事与公司之间的委托合同关系,属于"身份"合同,董事因其董事身份与公司产生关系而建立了委任关系。当董事非以董事身份与公司产生关系时就可能与公司建立其他法律关系。因此,董事可能与公司之间存在多种法律关系。在处理这些法律关系的过程中,必须始终关注作为一方当事人的董事到底是以何种身份与公司建立关系的,必须审慎处理董事与公司之间的法律关系。

(一)公司与董事之间是否存在劳动合同关系

董事作为管理层成员,其并非劳动法意义上的劳动者。一般而言,公司与董事之间是委任关系,即委托合同关系,不存在劳动合同关系。《劳动法》第2条第1款规定:"在中华人民共和国境内的企业、个体经济组织(以下统称用人单位)和与之形成劳动关系的劳动者,适用本法。"董事作为用人单位代表,其与公司之间并非劳动关系。《公司法司法解释五》第3条亦坚持这一立场,即"董事任期届满前被股东会或者股东大会有效决议解除职务,其主张解除不发生法律效力的,人民法院不予支持。董事职务被解除后,因补偿与公司发生纠纷提起诉讼的,人民法院应当依据法律、行政法规、公司章程的规定或者合同的约定,综合考虑解除的原因、剩余任期、董事薪酬等因素,确定是否补偿以及补偿的合理数额"。这表明董事解职按照委托合同关系处理,至于解职后是否补偿以及如何补偿则参照劳动合同关系处理。随着董事类型的多样化,其与公司之间的法律关系需要进一步分析。职工代表董事先是与公司建立了劳动合同关系的职工,其当选董事后,与公司之间同时存在委任关系和劳动合同关系。董事担任董事以外的其他职务,可能形成劳动合同关系。兼任公司法定代表人、总经理或者其他职务的董事,从事了董事委任职责以外的其他业务活动,获取了工资收入,有可能被认定与公司之间存在劳动合同关系。

(二)董事辞任报告的内容

董事辞任解决的是其董事职务去留问题,因此应当以委托合同关系处理该事务。虽然新《公司法》第70条并未规定董事辞任报告的内容,但从勤勉义务和忠实义务出发,董事应当详细告知公司其辞任的详细情况。据此,公司可以自行约定董事辞任报告的内容,包括:(1)辞任职务,辞任董事还是仅辞任董事长。(2)辞任原因,因何种事由辞去职务。(3)辞任时间,自何时起辞任。虽然新《公司法》第70条规定自公司收到董事书面通知之日起辞任生效,但并不否定董事在慎重考虑的基础上而选定辞任具体时间。(4)辞任对公司治理结构的影响。新《公司法》第70条第2款对辞任董事的暂时留任作出了规定,因此辞任报告应当说明董事辞任是否影响公司治理结构;而职工代表董事应当说明其辞职是否影响职工参与公司治理。(5)辞任后在公司(包括关联公司)其他任职情况。(6)移交工作清单。

(三)董事辞任的效力

在董事担任董事长和/或经理继而兼任公司法定代表人的情形下,该董事辞职是否影响其他职务呢？担任董事长的前提条件就是拥有董事身份，因此辞去董事职务，同时也就辞去了董事长职务。如果因为担任董事长而成为公司法定代表人，则董事辞任的效果及于法定代表人，即视为同时辞去法定代表人职务。受聘经理并不需要董事身份，因此在董事担任经理兼任法定代表人情形下，辞去董事职务的效力不及于经理和法定代表人职务，即辞任董事并不意味着辞去经理和法定代表人职务。

（四）类别董事辞任的补选

董事会的成员类型属于公司重要事项，必须符合法律和公司章程规定。因此，某一类别的董事辞任应当补选相同类别的董事。职工董事辞任，应当通过职工代表大会、职工大会或者其他形式民主补选职工董事；非职工董事辞任，应当通过股东会选举补选非职工董事。

关联法条

《民法典》第469条、第490条、第933条

第七十一条 【董事的解任】

> 第七十一条　股东会可以决议解任董事,决议作出之日解任生效。无正当理由,在任期届满前解任董事的,该董事可以要求公司予以赔偿。

一、修订情况

本条是新增内容。

二、理论基础

(一)公司董事"有因解任"与"无因解任"两种立法模式

对于股东会能否通过决议在董事职务期届满前解任董事,域外公司法理论上存在有因解任和无因解任两种模式,二者区别在于公司解任董事是否须有正当理由(without cause)。目前,大多数国家和地区公司法对于董事解任的规范立场从有因解任转向无因解任,虽然无须公司说明理由,但董事可请求公司赔偿其损害。例如,《美国示范商业公司法》第8.08条、《英国公司法》第168条、《德国股份公司法》第84条、《波兰商事公司法》第203条、《日本公司法》第339条第2款、《韩国商法》第385条第1款等。值得说明的是,我国《公司法司法解释五》使用的是"补偿",新《公司法》则使用了"赔偿",虽然二者性质上并无本质差异,但足以窥见立法者对董事解任救济的审慎态度。

(二)董事无因解任制度的法理基础

在学理上,董事与公司之间的关系一般分为代理关系学说、信托关系学说和委任关系学说。我国主流观点认为,2018年《公司法》第46条规定了董事按照股东会的授权权限范围或意愿履行职权,因此,我国现行法律体系下,董事与公司属于委任关系。主流观点在学理上的论证路径通常为,公司与董事之间有委派与接受委派、聘任与接受聘任的合意,二者之间存在委托合同关系,所以可以类比参照适用《民法典》中的委托合同关系,这是董事无因解除制度的法理基础。考虑到委托合同中双方均有任意解除权,因而公司可以随时解除董事职务,无论任期是否届满,董事也可以随时辞职,但为平衡双方利益,公司解除董事职务应合理补偿或赔偿。基于上述理论分析,司法实践中,裁判观点同样认为:公司与董事之间实为委托关系,依股东会的选任决议和董事同意任职而成立合同法上的委托合同;合同双方均有任意解除权,即公司可以随时解除董事职务,无论任期是否届满,董事也可以随时辞职。

但是,也有反对观点认为,不应依赖委托合同的规范结构去解读董事解任制度。理由是股东解任权的行使受到程序化要件的约束,如决议的召集、表决等,并非如任意解除权一样仅需通知受托人,尤其在商事领域,委托人的任意解除权更应受到严格的限制或排除适用。因此,通过任意解除权来论证公司解任的无因性,其法理基础并不充分。而且,虽然大陆法系国家或地区一些立法例明确规定"公司与董事之间的关系适用委托合同",但细致考察后不难发现,上述立法要么借助于"准用"的立法技术,要么添加"除外条款",均顾及董事解任的特殊性。

(三)解任董事赔偿请求权的法理基础

参照委托合同任意解除权制度中相应的赔偿请求权规则,董事无因解任制度也应配套相应的赔偿请求权制度,这不仅从根本上担负起董事被解任后的救济功能,维护董事、股东与公司之间的权力制衡关系,而且赔偿的范围还将反作用于股东会的决议,以及股东的解任意愿,对公司和股东利益产生影响。

新《公司法》之所以直接把《公司法司法解释五》第3条第3款及《公司法(修订草案)》中的"补偿"改为"赔偿",除了是为了与《民法典》中委托合同任意解除制度的"赔偿"用词保持一致外,大概率也可能是参考了比较法的做法。例如,《日本公司法》第339条第2款规定:"公司负责人及会计监察人已被解任者,就该解任有正当理由的情形外,可请求股份公司赔偿因解任所遭受的损害。"《韩国商法》第385条第1款亦规定:"股东大会随时都可以解任董事。但是,在已定董事任期的情形下,无正当理由在其任期届满前解任时,该董事可以请求公司因解任而产生的损害赔偿。"《瑞士公司法》第705条规定:"股东大会有权罢免董事会成员和审计师以及选出的任何授权人员和代表。被解任者有权要求赔偿。"

当然,到底是"赔偿"还是"补偿",仍然存在较大争议的。这主要是源于对董事解任制度的法理基础以及赔偿(补偿)请求权的性质认识差异。

有观点认为,"赔偿"的前提是公司存在过错。但是,董事被无因解任时的补偿请求权,是公司法特有的法定责任形式,是董事独有的救济方式。作为对董事的核心救济,补偿请求权系公司法平衡股东与董事利益冲突的当然选择。而且,董事与公司之间的这一法律关系应为公司治理结构所普遍涵盖,并非实践中个别公司与董事之间就补偿事项所作出的个别约定。从补偿请求权的性质来看,一方面,董事的补偿请求并非公司所要承担的侵权责任,而是公司在"无正当理由"的情况下解任董事所要承担的一种法定责任,不需要故意或者过错等构成要件;另一方面,董事的补偿请求也并非公司所要承担的违约责任,并非只要解任就必然要承担的责任。只有在"无正当理由"情形下发生的解任,才会产生的补偿义务乃法定责任,无须考虑公司主观是否可归责。

另有观点认为,不应依赖委托合同的规范结构去解读董事解任制度,所以,被解任董事的补偿请求权,也没有必要与委托合同任意解除制度中"赔偿"用词保持一致。公司法中的董事报酬、解任等是另设的规定,不适用民法有关委托合同的规定;在公司法对董事解任与补偿问题进行特别规定的情况下,法律适用更不能轻易向民法上委托合同的一般规则逃逸。若完全套用委托合同的结构,将完全背离董事补偿请求权的运作机理。例如,依《民法典》第 933 条的思路,董事有无赔偿请求权,取决于其是否遭受损失,若无损失,亦无赔偿;合同有特别约定的,从其约定。然而,董事补偿请求权的成立,着眼点并不在于董事的损失,而仅关注公司的解任是否具有正当理由。换言之,即便董事因职务任期届满前被解任存在损失,若公司基于正当理由而行使任意解任权,董事也不得寻求救济。

三、制度演变

我国公司法关于董事解任的规制经历了从有因到无因的转变过程。董事解任制度在 1993 年《公司法》中就有规定,后在 2005 年修订时删除了该制度,直到本次修法又新增该条款。具体演变情况如下:

1993 年《公司法》对董事职务的期前解除采取"有因"立场,在第 47 第 2 款规定:"董事在任期届满前,股东会不得无故解除其职务。"由此建立了股东会对董事的有因解任制度。此种立场的形成,一方面,来自对全国人大和全国人大常委会关系的政治制度的模仿;另一方面,来自国有企业"以厂长为首的生产管理经营系统"被改造为"董事会"时,厂长职务有因解除的习惯保留。

2005 年《公司法》删除了上述规定,形式上看是改采了无因立场,但对于解任董事是否需要原因未作出任何说明。从立法角度看,系由于股东与董事之间是委托关系,股东会应有权随时解除董事的职务。

2005年《公司法》施行后至2019年《公司法司法解释五》出台前,是一个理论与实践有分歧的时期。从当时的立法资料可以看出,上海证券交易所①坚持从严解任董事,不仅需要正当理由,还需要履行严格的提议、审议程序,甚至需要公司监事会同意;而中国商法学会②则主张可以随时解任董事,但是得以特别决议审议并有合理补偿。在修订《公司法》的过程中,各方对该问题存在分歧,因此最终通过的《公司法》对此问题进行了淡化处理,没有直接就这一问题作出规定,但也没有沿袭1993年《公司法》的规定。在实践中坚持有因论者为多数,尤其是在上市公司体系,与2005年《公司法》修订时上海证券交易所建议稿中的部分观点接近,上市公司的公司章程基本上规定了"董事在任期届满前股东大会不得无故解除其职务"。

2019年《公司法司法解释五》出台,在第3条第1款明确规定了可以无因解除任期届满前董事的职务,基本统一了各界观点,与国际通行立法并轨。至此,完成了董事无因解任制度的转变,董事对其在职务期届满前被解任并不享有法定的抗辩权利,而仅能在特定情形下请求公司予以补偿。2019年《公司法司法解释五》明确了董事职务无因解除后补偿请求权的合法性,列举了董事职务被解除后请求补偿的具体依据,不仅要考虑法律、行政法规、公司章程的规定以及合同的约定,还要综合考虑解除的原因、剩余任期、董事薪酬等因素,最终确定是否补偿以及补偿的合理数额。

在本次修法过程中,历次草案审议稿也逐步完善相关规则:《公司法(修订草案)》新增董事无因解任的制度规定,《公司法(修订草案)(二次审议稿)》在实操性上进行了优化,进一步明确了公司董事解任的生效时间,即"决议作出之日解任生效",另外,还将任期未届满前公司无因解任董事的权利救济用词从"补偿"改为"赔偿",从《公司法(修订草案)(三次审议稿)》到新《公司法》都延续了《公司法

---

① 上海证券交易所(建议稿)提出:董事在任期届满前股东大会不得无故解除其职务。但公司董事严重违反法律、行政法规、公司章程和股东大会决议的规定,分割公司利益,造成严重后果,经直接或间接持有3%以上公司股份的股东或1/2以上董事或1/2以上独立董事的提议,并经监事会同意,可以提前中止负有责任董事的职权。

② 中国商法学会(建议稿)提出:股东大会可随时以特别决议的程序决定解任董事。但对于有确定任期的董事,如无正当理由而于任期届满前将其解任,该董事可向公司请求赔偿因此所受之损害。

（修订草案）（二次审议稿）》的内容。

四、案例评析

案例一：刘某某、王某某诉攀枝花某实业有限公司等公司决议纠纷案［四川省攀枝花市中级人民法院（2021）川 04 民终 266 号］

基本案情： 上诉人刘某某、王某某主张撤销某日《攀枝花某实业有限公司股东会决议》，理由是：董事、监事在任期届满前，股东会不得无故解除其职务，公司章程是各股东意思一致的表现，应当得到遵守和执行。一审法院认为，解任董事、监事所依据的事实是否属实、理由是否成立，不属于司法审查范围，但又引用原《合同法》第 410 条"委托人或者受托人可以随时解除委托合同"的规定，认为股东可以解任董事、监事，是采用双重标准。

裁判情况： 二审法院认为，《公司法司法解释五》规定，董事、监事任期届满前公司可以解除其职务。公司与董事之间实为委托关系，依股东会的选任决议和董事同意任职而成立合同法上的委托合同，合同双方均有任意解除权，即公司可以随时解除董事职务，无论任期是否届满，董事也可以随时辞职。

评析： 无因解任董事制度来自委托合同制度中的任意解除权，合同双方均享有任意解除权，公司可以在董事任期届满前随时通过股东决议解除董事职务，董事也可以随时辞职。股东会决议解除董事职务所依据的事实是否属实、理由是否成立，不属于司法审查的范围，恰恰与委托合同制度中的任意解除权相吻合，任意解除权本身就意味着无须考虑解除所依据的事实、理由是否成立。两者之间是一脉相承的，并非双重标准。

案例二：欧阳某某与深圳某创意有限公司等公司决议纠纷案［广东省深圳市中级人民法院（2019）粤 03 民终 29605 号］

基本案情： 上诉人欧阳某某主张，大股东利用占据董事会多数席位的优势，强行召开董事会、临时股东会并通过有关决议，无故解除欧阳某某董事长职务，系滥用"资本多数决"，侵害了欧阳某某的权益，该决议不能成立。

裁判情况： 法院认为，《公司法》2005 年修订时删除了"董事在任期届满前，股东会不得无故解除其职务"。后 2019 年《公司法司法解释五》明确了公司可以随时解除董事职务。董事长的职务，依股东会的选任决议和董事同意任职而成立合同法上的委托合同,合同双方均有任意解除权,即公司可以随时解除董事长的职务,董事长也可以随时辞职。欧阳某某关于对方滥用"资本多数决"侵害欧阳某某权益的公司决议不能成立的主张,法院不予支持。欧阳某某可另循法律途径主张赔偿。

评析: 董事离职是不再担任《公司法》上的董事职务,与《劳动法》上的离职不同,董事不可基于《劳动法》主张离职的经济补偿金。但参照委托合同制度中解除方对被解除方的损失赔偿的规定,董事享有对公司的赔偿请求权,但该请求权的成立前提必须是解除"无正当理由"。"无正当理由"不影响解任董事的决议效力,只是影响到被解任董事是否有权要求公司给予赔偿。

五、律师实务指引

1.公司可能会滥用任意解除权,给董事的合法权益造成侵害。为防止和弥补公司滥用任意解除权造成的侵害,在立法没有明确具体规定的情况下,律师可以在公司治理的实务中,通过公司章程或规章制度,对董事的解任条件、解任程序、解任决议的特殊要求、解任决议的通知方式等作出相应的规定。

另外,我国公司立法及相关司法解释在董事权利救济问题上,并未明确规定具体的赔偿范围和标准,可以考虑解任董事丧失剩余任期的可得利益,包括酬金、可分得的利润及其他各种报酬等,同时通过计算该董事剩余任期长度、董事薪酬水平、是否另行就职等要素,对赔偿总额予以限制。也有观点认为,从公司与董事之间的委托合同关系角度来看,根据《民法典》第933条有关委托合同解除的规定,有偿委托合同的解除方应当赔偿的损失范围包括直接损失和合同履行后可以获得的利益。对于这个问题,律师既可以从公司治理的角度介入该项业务,通过公司章程、规章制度等途径对公司无正当理由提前解任董事所需要赔偿或补偿的损失考虑因素、具体计算方法等作出规定,也可以在出现纠纷时,参照相关司法解释的规定及相关判例就此问题提出具体的主张。

2.董事无因解任中"无正当理由"的举证责任分配规则尚不够明确。从《民法典》第933条关于委托合同解除的规定来看,"除不可归责于该当事人的事由外"意味着,原则上解除方需要赔偿相对方的损失,除非因为不可归责于解除方的事由而解除合同。所以,解除方可以从"不可归责于自身原因"的角度主张不需要赔偿相对方的损失,当然此事由的举证责任在解除方。但是,从新《公司法》的规定来看,"无正当理由"解任董事,是董事可以要求公司予以赔偿的构成要件,似乎对该构成要件的举证责任在董事一方,表面上看似乎与《民法典》第 933 条的规定存在不同,但就实际操作层面而言,是否存在正当事由,必然是由解任董事的公司来说明的,但说明义务与举证责任还是存在差异的,对于公司说明的解任事由是否具有正当性,仍然应由被解任的董事一方来举证和说明。由此可见,虽然董事无因解任制度可以参照适用民法上委托合同的任意解除权制度,但在实务中还是存在举证责任分配的差异的。

3."正当理由"是很不确定的规范概念,会增加司法判断的不确定性。实际上,公司解任董事的"正当理由",旨在强调董事客观上不再满足特定的行为标准。其中,正当理由并不一定限于董事,特别是没有必要要求董事具有过错。公司可以免责解任董事职务的情形,通常聚焦于董事严重地违反信义义务或者丧失任职资格。即便如此,对于实践中发生的因控股股东变更而调整战略、董事业绩未达到预期标准、股东与董事之间在经营政策或者其他问题上具有不可调和的矛盾等情形,是否属于解任的"正当理由",实际上仍然不容易作出回答。

在现有立法尚未归纳"正当理由"的共同法律特征、尚未厘清司法评价界限的情况下,律师实务存在较大的发挥空间。例如,律师在代理此类案件时,可以根据个案的具体情况,结合学理观点和类似案例,对是否构成"正当理由"进行充分的说理和辩论。学理上,日本学者认为决议解任的正当理由是指"被解任董事实施了不当行为或违反法令或章程的行为、生病以及因其他事由不能履行董事职务等的情况";韩国学者则进一步认为:"股东和董事之间的不和等主观信赖关系的丧失是完全不够的,还要求董事作出了违背法令或章程的行为或出现精神上、身体上难以担当经营人职务的情况,抑或公司重要的事业计划的树立或推进失败,因此丧失对董事经营能力的根本信赖关系。"对此,我国也有学者指出:"当董事出现资格、能力欠缺,或违反信义义务,导致无法相信其能正确履职时,应认为正当事由出现。"

又如,律师在开展公司治理类非诉业务时,可以在公司章程或内部规章制度中对"正当理由"的具体类型作出规定,某种程度上也会降低发生纠纷时司法判断的不确定性。具体而言,可以参考域外立法的一些规定:2016 年《美国示范商业公司法》第 8.09 条规定了董事如果对公司或其股东有欺诈行为、严重滥用董事职位或故意对公司造成伤害,则应同时考虑该董事的行为方式和其他可用补救措施,进而决定是否启动司法解任程序;《德国股份公司法》第84条第3款列举的正当理由则包括重大的违反义务行为、不具备正常的管理能力、股东大会宣布不信任。

关联法条

《民法典》第928条第2款、第933条

第七十三条 【董事会的议事方式和表决程序】

> 第七十三条　董事会的议事方式和表决程序,除本法有规定的外,由公司章程规定。
>
> 董事会会议应当有过半数的董事出席方可举行。董事会作出决议,应当经全体董事的过半数通过。
>
> 董事会决议的表决,应当一人一票。
>
> 董事会应当对所议事项的决定作成会议记录,出席会议的董事应当在会议记录上签名。

一、修订情况

相较于2018年《公司法》第48条,本条的变化有两方面:一是增设第2款"董事会会议应当有过半数的董事出席方可举行。董事会作出决议,应当经全体董事的过半数通过",二是关于董事会决议表决方式的规定从原来的"实行"一人一票修改为"应当"一人一票。

二、理论基础

对于有限责任公司的董事会议事规则和表决程序,2018年《公司法》第48条第1款规定"除本法有规定的外,由公司章程规定",这意味着2018年《公司法》关于有限责任公司的董事会议事规则属于任意性规范,并未对有限责任公司董事会表决方式作出明确规定。在"除本法有规定的外"的立法保留基础上,更多的是授权公司股东自行约定董事会的议事方式和表决程序,赋予了公司通过公司章程自由规定的权利。

相较于有限责任公司,2018年《公司法》第111条第1款规定,股份有限公司董事会会议应有过半数的董事出席方可举行,董事会作出决议,必须经全体董事的过半数通过。实践中,设有董事会的、规模较大的有限责任公司章程通常会参照

2018年《公司法》第111条作出规定,但因2018年《公司法》并未作此强制性规定,仍有大量的有限责任公司董事会会议议事方式及表决程序缺乏明确操作依据,从而造成董事会会议决策效率和能力的低下。

从职能来看,董事会是公司经营决策机构,也是股东会的常设决策机构,代表股东会行使日常经营决策事项。作为股东会的日常经营决策机构,其决议是否能够正常通过并能够最终贯彻执行,对公司能否顺利开展经营活动极为重要。若董事会经常议而不决,公司的日常经营方针不能及时通过决议得到实施,会对公司的经营活动产生极大的不利影响。

本次修订将2018年《公司法》第111条第1款规定照搬至有限责任公司,回应了公司实践中出现的上述需求,解决了有限责任公司董事会无法及时作出有效决议、公司经营决策受到严重影响的问题,有利于保护公司、股东和债权人的合法权益。

从新《公司法》有关有限责任公司董事会的其他修订内容来看,对于董事会的职权和议事方式及表决程序的规定,体现出了"一松一紧"的特征,扩大了董事会职权范围,同时,又进一步规范了有限责任公司董事会议事方式及表决程序,对设董事会的有限责任公司,要求其董事会议事方式及表决程序向股份有限公司看齐。如此一来,今后设董事会的有限责任公司可以不再另行在章程中规定与立法条文一致的内容,董事会会议的议事方式和表决程序更加确定。但应注意的是,新《公司法》关于董事会议事方式及表决程序可由章程规定的兜底条款仍然存在,对于过半数通过的决议内容及具体的通过比例,公司章程仍可进行细化。

三、制度演变

1993年《公司法》及后续数次修订、修正的《公司法》仅在股份有限公司中对董事会会议法定人数及表决比例作出规定,并未对有限责任公司董事会的出席作出详细规定,有限责任公司董事会的表决程序需要通过公司章程进行约定。

2018年《公司法》第111条第1款规定,股份有限公司董事会会议应有过半数的董事出席方可举行。董事会作出决议,必须经全体董事的过半数通过。但对有限责任公司董事会的议事方式和表决程序没有进行过多规定,仅在第48条第3款明确"董事会决议的表决,实行一人一票"。

本次修订将2018年《公司法》第111条第1款的规定照搬至有限责任公司,新增了对董事会的最低出席人数和最低决议通过人数的规定,完善了有限责任公司董事会的议事规则,弥补了有限责任公司董事会会议法定人数及表决比例的缺失;同时,表决方式也从原来"实行"一人一票的表述修改为"应当"一人一票,意思更加确定。本次修订的历次草案审议稿也均延续了上述表述,仅在用词上略有调整,将"董事会会议应有过半数董事出席"改为"董事会会议应当有过半数董事出席",将"董事会作出决议,必须经全体董事的过半数通过"改为"应当经全体董事的过半数通过"。

四、案例评析

案例一:北京某发展有限公司等公司决议撤销纠纷案[北京市第三中级人民法院(2017)京03民终3499号]

基本案情:北京某发展有限公司的董事会成员为王某、马某、刘某、李某、刘某某(王某任董事长,马某任总经理)。某日,北京某发展有限公司召开董事会,形成决议(仅有王某、李某两人签名同意)。因对该决议的效力产生争议,许某诉至法院。北京某发展有限公司、王某、李某主张公司法、公司章程均未对有限责任公司形成董事会决议的表决票数进行规定,签字人员代表的股权比例已经过半,案涉董事会表决方式合法有效。

裁判情况:法院认为,《公司法》及北京某发展有限公司章程均规定了董事会决议的表决实行一人一票。除公司章程另有规定外,董事会一般议事规则应是董事人数多数决原则,区别于股东资本多数决。在多数董事未在董事会决议及董事会会议记录上签字的情况下,法院难以认定该董事会决议的表决达成了董事人数多数决。

评析:新《公司法》实施之前,《公司法》仅规定董事会实行一人一票,有限责任公司董事会的议事方式和表决程序主要由公司章程规定,而很多公司章程未作出具体规定,导致司法实践中对于董事会决议通过的判断标准不明。因缺少明确的法律依据,说服力不强,导致本案当事人主张有限责任公司董事会也可以按照资本多数决作出。新《公司法》弥补了这个漏洞,有限责任公司董事会决议采用人数多数决规则不再有争议。

案例二:南安市某工程有限责任公司、南安市某设计有限公司诉某水电有限公司公司决议效力纠纷案[福建省福州市中级人民法院(2018)闽01民终1320号]

基本案情:某日,某水电有限公司召开董事会讨论"关于解聘、聘任某水电有限公司管理层的议案"。表决结果为:赞成3票,反对2票,故董事会以多数通过为由形成决议,与会董事均在决议上签字。《某水电有限公司章程》第29条规定:"公司董事会实行集体决策,表决实行一人一票和多数通过的原则。董事会决议须经全体董事通过,并形成会议记录,出席会议的董事应当在会议记录上签名。"南安市某工程有限责任公司、南安市某设计有限公司认为该决议未达到公司章程规定的通过比例,故起诉请求确认该董事会决议不成立。

裁判情况:二审法院认为,《公司法》并未就有限责任公司的具体议事方式和表决程序作强制性限制规定。《某水电有限公司章程》第29条规定董事会决议须经全体董事通过,并不违反法律规定,其相较多数通过只是在具体通过比例上要求更加严苛,亦符合董事会集体决策和多数通过的原则规定。《某水电有限公司章程》的此种规定为某水电有限公司各方股东的自愿约定,基于尊重公司内部治理意思自治原则,法院无权干预。本案争议的董事会决议未达到公司章程规定的全体董事通过的表决比例,符合董事会决议不能成立的情形。

评析:实践中,一些公司章程对董事会决议的表决权通过比例作出了非常严格的限制,如该案"董事会决议须经全体董事通过"的规定,实际上赋予了每名董事一票否决权。这虽然可能陷入董事会决议无法通过的僵局,但系公司股东的自愿约定。为避免对公司内部事务的不当干涉,法院对公司决议瑕疵的介入应以谦抑性为原则,在章程未违反法律强制性规定的情况下,应遵守公司章程规定。

五、律师实务指引

新《公司法》虽然进一步细化了董事会的议事规则,但同样规定"除本法有规定的外,由公司章程规定"。为了使董事会能正常召开并顺利作出决议,避免发生争议,建议在章程中规定具体、明确且具有可操作性的表决方式和程序。这也是律师实务可以发挥的地方。

1.新《公司法》规定,董事会决议应当经"全体董事"而非"出席董事"的过半数通过,因此过半数的董事出席是必然要求,否则根本无法形成有效决议。在此情况下,如果能在章程中明确"出席"的具体方式,某种程度上更有利于董事会会议的召开。比如,通过电子通信工具或通信软件参与会议,是否属于出席会议,可以通过公司章程条款予以明确。

2. 新《公司法》规定,有限责任公司股东以书面形式一致表示同意的,可以不召开股东会会议,直接作出决议,并由全体股东在决定文件上签名或者盖章。但对于董事会决议,法律并未规定可以不召开董事会会议而直接以书面形式作出。如果在公司章程中对此问题作出规定,可以进一步提高董事会会议召开的便捷性。

3. 有关有限责任公司董事对董事会决议的责任承担问题,可以参考《公司法(修订草案)(三次审议稿)》有关股份有限公司的规定,在公司章程中明确规定:"董事应当对董事会的决议承担责任。董事会的决议违反法律、行政法规或者公司章程、股东会决议,给公司造成严重损失的,参与决议的董事对公司负赔偿责任;经证明在表决时曾表明异议并记载于会议记录的,该董事可以免除责任。"

4. 关于董事会的"一票否决权"问题。新《公司法》对于董事能否在一票一权外特别设置一票否决权,并未明确规定,实践中尚有争议。主流的观点认为,有限责任公司可以在章程中自主约定董事会表决程序,包含通过决议所需的董事投票要求,所以章程当然可以对一票否决权的适用问题作出规定。但是,也有观点认为,表决程序和表决权是不同的概念,新《公司法》只是允许议事方式和表决程序由公司章程自主约定,但前提是"本法有规定的外",即章程的规定也不能与新《公司法》的规定发生冲突,董事会表决权应符合《公司法》明确规定的"一人一票"规则,一票否决权实际上突破了"一人一票"表决权的规定,应属无效。面对这样的争议,实践中,一些公司章程对董事会决议的表决权通过比例作出了更为严格的限制,例如在公司章程中规定"董事会决议须经全体董事通过",实际上赋予了每名董事"一票否决权",但这可能陷入公司的每一项董事会决议都面临无法通过的僵局。所以,律师实务中,对于个别董事一票否决权规则的表述方式,应尤其谨慎。

关联法条

1.《企业国有资产法》第46条第2款

2. 国务院办公厅《关于进一步完善国有企业法人治理结构的指导意见》"二、规范主体权责"

3.《董事会试点中央企业董事会规范运作暂行办法》第107条

第七十四条 【经理的设立与职权】

> 第七十四条　有限责任公司可以设经理,由董事会决定聘任或者解聘。
> 经理对董事会负责,根据公司章程的规定或者董事会的授权行使职权。经理列席董事会会议。

一、修订情况

相较于2018年《公司法》第49条,本条取消了经理职权的法定罗列式规定,由原来"法定职权+章定职权"的方式,改为"章定职权+授予职权"的方式,概括表述为"根据公司章程的规定或者董事会的授权行使职权"。

二、理论基础

(一)关于公司组织机构规范的强制性与任意性

公司法的强制性与任意性,是公司法理论和实践最基本和最重要的问题。我国《公司法》对此问题的探索,经历了从介绍境外学说到分析现实问题、从学理探究到立法设计的交互过程,最终无论是理论上还是实践上都达成了共识,即公司法不仅应具有强制性,还应具有任意性。

但是,对于公司法强制性规范与任意性规范的具体界定和分布,即究竟哪些规范属于强制性规范、哪些属于任意性规范,仍然是公司法始终未能明确规定的问题。公司法学者对此问题最基本的破解思路是,首先对公司法规范进行类型划分,再进一步界定不同类型公司法规范的强制性和任意性。无论学者对公司法规范的分类角度有何不同,殊途同归的是对公司组织机构规范强制性和任意性的定性,即公司立法应充分尊重公司自治,公司组织机构规范的基本属性是任意性,应以任意性规范为主,以强制性规范为辅。但是,真正困难的问题在于任意性的限度在何处,公司组织机构的哪些职权属于强制性,哪些职权属于任意性。这些虽不妨碍制度大局,却是陷入组织机构职权纷争的公司的利益冲突和争议的全部,将对股东会或董事会决议或行为的效力产生决定性影响,对当事人可能导致巨大权益的得失。

(二)关于经理设置的任意性与必要性

经理机构到底是否必须设立,在本次《公司法》修订过程中曾有反复,这与理论界持有不同观点有关。

经理机构的代理人说认为,经理属于公司的代理人,而代理人完全是契约关系的当事人,是否成立契约及由此确定委托代理人自然属于意思自治的领域,经理因此成为任意设定的机构。持反对观点的学者认为,经理应当是必设机关,即执行机关执行具体事务、对公司日常经营事项进行管理。

从比较法来看,日本立法中,经理并非必设机关,日本将经理规定为任意机构,其重要原因在于经理并非业务执行机关,业务执行机关是董事会,经理只是得到授权才执行业务的辅助执行机关,并不是必设机关。

(三)关于公司经理职权的法律性质及其规范方式

域外法中,经理权的范围可以通过三种方式确定:第一种是法定模式,即由法律明确规定经理权范围,典型代表是日本、韩国、意大利。其本质是以强制性规范对公司经理的设置与职权范围进行规制,减少公司自治空间。第二种是意定模式,即经理职权的范围等内容允许公司以章程、董事会授权或委托契约等形式确定。其本质是经理作为公司高级职员的特殊身份,在公司治理结构中被视为公司自治的产物,法律没有强制设立的必要。但是,这种模式会出现董事会和经理职权界限不清的情形,两个机构一旦发生职权纷争,对公司发展将造成不利影响。第三种是混合模式,即经理职权可以由法律规定,也可以通过协商的方式确定,典型代表是法国。

我国2018年《公司法》采用的是混合模式,既通过法定方式明确具体职权,又明确章程可以对经理职权作出另外规定,这使得不同公司可以根据自身情况对法定职权进行修正和补充。对此,我国公司法学界存在两种不同的观点:

一种观点认为,经理职权主要应当由公司自行安排设置,立法应尽早取消法律直接赋予经理职权的规定。经理拥有广泛的业务执行权,甚至对外代表公司;经理作为公司独立的业务执行机关已经是现今公司治理的普遍情况,因此有必要将业务执行权以法律明定方式(而非董事会授权方式)赋予专职之经理行使从而使经理获得独立之业务执行机关的地位。①

另一种观点认为,经理机构的职权规范应是强制性的,机构职权应当是该机构的具有专有属性的职权。也就是说,某项职权必然专属于某个机构,否则该机构就会失去其应有的功能。例如,赵旭东教授认为,任何公司都离不开日常管理,经理机构设置的必要性显而易见,因而关于经理机关设置及其职权的法律规范应具有一定的强制性。② 经理机构的职权实质上是一种事实上的权力,这种权力并非来自法律的赋予,而是来自客观存在的公司经营管理的逻辑结构,即谁事实上行使经营者权力,谁就是事实上的经理机构,谁就享有经理机构的职权,法律对此项职权的规定顺应了这种客观现实,因此,这种规范应属于强制性规范。

上述两种学术观点争论已久,本次《公司法》修订摒弃了罗列法定职权的规范方式,更多地尊重公司理性和公司自治。

三、制度演变

2018 年《公司法》第 49 条规定,经理是有限责任公司任意设置的机构,本次《公司法》修订过程中的草案审议稿曾将"可以"两字删除,但最后出台的新《公司法》恢复了"可以"的表述,仅对经理职权的确定方式作出了修改。

在 2005 年《公司法》修改时,学者对公司经理职权的确定方式存在一定的争议。很多学者指出,应当通过意定的方式来确定职权。根据学者提出的意见,2005 年《公司法》在经理职权部分的规定中强调"公司章程对经理职权另有规定的,从其规定";同时,2018 年《公司法》第 37 条、第 46 条和第 53 条在对股东会、董事会和监事会的职权进行逐项列举规定之后,都有一个兜底性的条款,即"公司章程规定的其他职权",由此形成了公司机构"法定职权+章定职权"的特定结构。对于经理机构的职权,2018 年《公司法》在逐项列举之后,还以"董事会授予的其他职权"兜底,形成了"法定职权+授予职权"的特殊结构。

新《公司法》有关经理职权的规定方式与股东会、董事会等其他机构完全不同,更多地体现公司自治,概括表述为:"根据公司章程的规定或者董事会的授权

---

① 韩长印、吴泽勇:《公司业务执行权之主体归属——兼论公司经理的法律地位》,载《法学研究》1999 年第 4 期。
② 赵旭东:《再思公司经理的法律定位与制度设计》,载《法律科学(西北政法大学学报)》2021 年第 3 期。

行使职权",形成了"章定职权+授予职权"的新结构。

四、案例评析

徐工集团工程机械股份有限公司诉成都川交工贸有限责任公司等买卖合同纠纷案[江苏省高级人民法院(2011)苏商终字第0107号]

基本案情:徐工集团工程机械股份有限公司(以下简称徐工机械公司)一审诉称:成都川交工贸有限责任公司(以下简称川交工贸公司)、四川瑞路建设工程有限公司(以下简称瑞路公司)、成都川交工程机械有限责任公司(以下简称川交机械公司)三公司业务、债务、资产混同,瑞路公司、川交机械公司应对川交工贸公司的债务承担连带清偿责任。此外,上述三公司销售回款资金大部分进入王某礼、过某利等股东及会计卢某的个人账户,故王某礼、过某利、卢某等个人的资产与公司资产亦混同,且滥用公司法人独立地位和有限责任,均应对公司债务承担连带清偿责任。

川交工贸公司辩称:尽管川交工贸公司与瑞路公司、川交机械公司有一定的历史渊源及关联关系,但业务及资产完全独立,绝无混同情形。

裁判情况:二审法院查明,川交工贸公司章程载明,公司股东会聘任非股东人员王某礼任经理;经理对股东会负责,主持公司日常经营管理工作,行使主持公司生产经营管理工作、组织实施股东会决议等职权,并列席股东会会议。根据公司章程,三公司行使主持生产经营管理工作等职权的均为经理,且三公司聘任的经理均为王某礼。因此,二审法院认定三公司的股东、法定代表人或相同或具有密切关联,三公司主持生产经营管理的经理均为王某礼,在人事任免上存在统一调配使用的情形,其他高级管理人员存在交叉任职,且重要部门任职人员相同,构成人员混同。

评析:经理在我国公司实践中是主要的业务执行机关,这决定了经理的任职人员对于公司各项业务的开展发挥着重要作用,也可能因为经理任职人员的同一,而在不同公司业务开展、人事任免等方面产生混同。因此,不同的公司在各自章程中对经理的设置及相关高级管理人员的具体职权作出明确规定,对避免发生公司法人人格混同也有重要的意义。

五、律师实务指引

1. 通过公司章程规定或董事会授权方式确定经理职权，这给律师实务提供了操作空间。将 2018 年《公司法》中的经理职权事项以罗列方式写进公司章程或者董事会决议尚且不够，律师实务中还应特别注重在授予经理职权的同时，对经理的职权范围作出应有的限制，避免因经理滥用职权给公司造成损害。

需要指出的是，公司所有权与经营权相分离的情况下，经理职权滥用的情形时有发生，再加上经理和股东的目的不完全相同，可能会发生经理牺牲股东利益而追求个人利益的情况。新《公司法》给予公司更多自治权，允许公司通过公司章程或董事会授权的方式对经理的职权范围作出规定，客观实践中经理在公司治理结构中所处的地位与作用远超法律对其的定位，职权意定的方式会大大增加经理所掌握的权力，因此限权极具必要性。

2. 公司章程或董事会决议在拟定经理职权时，由于成文条款的局限性，不可能对经理的职权进行一一列举，因此可以对经理的职权作总括性的规定，明确经理的最低职权，即经理可以开展的职权事项，同时有必要明确经理不可以开展的事项，比如一般情形下，经理不得处分公司的不动产，或者行使特定职权必须得到董事会的特别授权等。此外，建议在章程中明确董事会对经理职权的授予方式是否必须采取明示方式，是否可以通过默示方式授权。

3. 公司法上的"经理"用语与实践中的"总经理""总裁"等并不一致，为了避免产生法律上的分歧，可以在公司章程条款中明确说明本公司哪些特定岗位实际上就是《公司法》的经理职务。此外，根据公司实际情况，有些公司可以设置共同经理制度，即公司的经理职权实际上由两个以上经理共同行使，从而达到间接限制或相互制衡的作用，此时更有必要在公司章程中明确规定哪些岗位实际上就是《公司法》中的经理职务。

4. 经理越权行为引发的纠纷，可能会成为一类常见的公司纠纷。依照新《公司法》的规定，经理的职权不再来自《公司法》的统一规定，而是来自公司章程的规定或者董事会的授权，而授予职权往往具有不确定性、变动性和私密性。此时，在某一特定事项上，经理是否享有对外代理权，将成为不太确定的事实。如果公司章程对此没有规定或董事会未予授权，经理就不能对外代表公司行使该项职权；其一旦行使，就产生了越权行为，从而引发无权代理或无权代表的问题。

交易相对人与公司进行民商事行为时,应当审查公司章程或董事会的授权文件,以免落入无权代理或无权代表的纷争。相较于2018年《公司法》,新《公司法》增加了交易相对人的章程或文件审查义务。当然,这种审查义务更多的是形式审查,如果经理提供了虚假的章程文件或者董事会授权文件,善意相对人的利益理应得到法律保护,但是相对人知道或根据法律规定应当知道经理不具有某项职权的除外。在交易实务中,相对人更多地应从是否能够成立表见代理或者表见代表的角度,判断自身是否已经尽到合理的注意义务。

值得提出的是,经理可能担任公司法定代表人,新《公司法》第11条第2款规定,"公司章程或者股东会对法定代表人职权的限制,不得对抗善意相对人",这主要是基于当前公司章程尚未全面开放查阅的现状。但是,如果交易相对人客观上知道或应当知道公司章程的规定,则很难成为"善意相对人",从而影响交易相对人能否主张成立表见代表。

关联法条

1.《民法典》第81条、第170条

2.《企业国有资产法》第22条、第25条第2款

3. 国务院《关于推进国有资本投资、运营公司改革试点的实施意见》"二、试点内容""(四)治理结构"

4.《董事会试点中央企业董事会规范运作暂行办法》第87~91条

第七十五条 【不设董事会的情形】

> 第七十五条 规模较小或者股东人数较少的有限责任公司,可以不设董事会,设一名董事,行使本法规定的董事会的职权。该董事可以兼任公司经理。

一、修订情况

相较于2018年《公司法》第50条,本条主要有两方面变化:一是不再使用"执行董事"的表述,直接称为"董事";二是将"执行董事的职权由公司章程规定"修改为"行使本法规定的董事会的职权",即将"章定职权"改为了"法定职权",实现了董事会和不设董事会的公司董事的职权统一。

二、理论基础

机械地以立法形式打造具有"普适性"的公司内部治理制度是不现实的,在经济社会飞速发展的现在,给公司自治权松绑,才符合我国市场经济充分发展的现实需求。为了满足公司多层次治理的需要,本次《公司法》修订对不同类型董事的构成和职责进行了一定程度的调整。

《民法典》第81条第3款规定,"未设董事会或者执行董事的,法人章程规定的主要负责人为其执行机构和法定代表人"。本次修订回应了《民法典》中关于公司"未设董事会或执行董事"的规定,明确了什么样的公司可以不设董事会,进一步加强了我国法律体系的完整性。本条修订中有以下几个方面问题值得关注。

(一)关于可以不设董事会的公司类型

允许规模较小或者股东人数较少的有限责任公司不设董事会,只设1名董事,该董事可以兼任公司经理,主要是考虑到董事会成员的法定最低人数为3人,而这类公司本来规模就较小或者股东人数就少,职工人数也不多,内部组织机构应更为精干、灵活,不强制要求设立董事会。以董事和经理层代替董事会实行精英化管理不过是还原管理真相,原先大部分董事会所履行的责任被自动转交给执行董事和经理层,并没有因此而加重股东会特殊负担。① 其中,对于"规模较小"的公司可以不设立董事会,没有争议,但是对于"股东人数较少"的公司是否也可以不设立董事会,在《公司法》立法和修订过程中发生过争论和反复。

1993年12月20日原全国人大法律委员会《关于〈中华人民共和国公司法(草案)〉审议结果的报告》指出:"对于其他有限责任公司,考虑到其股东较少,有些规模较小,其内部组织机构可以更精干些,可以不设董事会,设一名执行董事;可以设监事,也可以不设监事。"这也是2018年《公司法》中不设董事会的有限责任公司包括两种类型的原因。本次修订时,最初的审议稿曾将"股东人数较少"这一类型删去,后来又加上了。

曾有观点认为,股东人数较少并不意味着公司规模小,一些公司虽然股东人数少,但其治理难度较大,依然有设立董事会的必要。实践中也不乏股东人数很少但注册资本很高的有限责任公司,如华为投资控股有限公司仅有2位股东(华为投资控股有限公司工会委员会和任正非),注册资本却高达514亿元。如果允许"股东人数较少"的公司不设立董事会,那么通过员工持股平台减少股东数量的公司也可以不设立董事会和监事会,但客观存在的巨大的运营成本可能引发较大的公司治理风险和股东的道德风险,埋下公司股东谋求非法个人私益的制度隐患。

从文义解释的角度来看,"规模"的内涵应更为宏大,包括公司注册资本、股东人数、职工人数、公司总资产等方面。现代各国针对不同规模的公司的分类治理陆续进行了深入的立法探索,而在和公司类型相关的立法中,一种普遍的做法为根据公司的规模大小实行差异规范。英国公司法长期以来一直从大中型开放性公司入手进行制度设计,规模较小公司采用例外适用方式:英国在2006年11月对施行近10年的公司法进行了改革,其中一大重点就是"Think Small First",即"首先考虑小公司"战略。② 从立法定位上,"股东人数"即蕴含规模属性。"股东人数较少"仅是"规模较小"的一个表征,这是我国本次《公司法》修订中最初审议稿不重复表述"股东人数较少"这一类型的原因之一。但是,后来的审议稿又重新将二者置于并列的位置,实则提升了"股东人数较少"这一因素在判断董事会、监事会设立时的地位。虽然股东人数少的公司也可能规模很大,但实践中更常见的是股东人数少

---

① 参见石宏川:《规模较小公司治理制度差异化安排研究》,江西财经大学2023年硕士学位论文。
② 参见仇睿:《优先考虑小型公司——英国〈2006年公司法〉小型公司法律改革述评》,华东政法大学2019年硕士学位论文。

的公司往往规模也不大。尽管也有股东人数少但规模较大的公司,但此类公司也并非不能设立董事会,所以就立法角度而言,考虑相对常见的情形,仍然允许"股东人数较少"的公司不设立董事会而只设立1名董事,更能满足和适应现实需求。此外,规模较小或者公司股东人数较少的有限责任公司和股份有限公司,其股东一般也是公司的决策人员和经营管理人员,其所有权和经营权归于一人,减少监事会(监事)或者董事会这样的监督机构或者执行机构,降低代理成本,是对公司自治的尊重,具有现实意义。①

(二)关于不再使用"执行董事"称谓

新《公司法》不再保留"执行董事"称谓的原因在于不设董事会的公司,只有1名董事,并不需要冠以"执行董事"的头衔与其他董事相区分。实践中,规模较小或股东人数较少的有限责任公司执行董事与经理通常为同一人,同时,由于公司业务体量较小,组织结构简单,人员相对精简,董事与经理的职权存在高度交叉甚至重合,2018年《公司法》关于执行董事与经理分设的规定对于规模较小或股东人数较少的有限责任公司而言则显得冗余。根据新《公司法》的规定,规模较小或股东人数较少的公司得以根据自身的具体状况、经营需求自行决定内部制度的设计。此外,执行董事制度也存在制度缺陷。按照2018年《公司法》的规定,股东人数较少的公司不设董事会,只设1名执行董事兼公司经理。此时执行董事既是公司股东,能够行使股东权,代表自己的利益参加股东会,又是公司意志的执行者,对外代表公司,执行股东会决议,具有双重身份,这一"双重性"也决定了执行董事股东与非执行董事股东之间矛盾的易发性。②

值得一提的是,《公司法(修订草案)》第124条曾规定股份有限公司的董事会成员可以分为"执行董事"和"非执行董事",之后的审议稿则取消了股份有限公司董事会中"执行董事"和"非执行董事"的规定。需要指出的是,此处的"执行董事"与2018年《公司法》中有限责任公司"执行董事"并非同一概念,是与"非执行董事"相对应的。在学理上,可以根据董事是否在公司经理层担任一定职务,把董事划分为执行董事和非执行董事。③ 大型公司、上市公司使用"执行董事""非执行董

---

① 参见李强:《新公司法重建公司治理结构》,载《法人》2024年第1期。
② 参见胡鹏翔:《论自然人公司执行董事制度之完善》,载《暨南学报(哲学社会科学版)》2003年第1期。
③ 参见黄一松:《非执行董事在公司治理中的职能发挥》,载《南昌教育学院学报》2015年第5期。

事"的比较多。具体而言,"执行董事",是指公司内部管理人员,除担任董事职务外,还在公司里从事经营管理工作,如担任经理层职务,所以执行董事作为公司内部管理人员,在公司内部从事经营管理工作,也称为"全职董事""常务董事""内部董事"。而"非执行董事",不在公司内从事经营管理的工作,除了在公司担任董事外,还有其他的身份、工作,担任公司的董事只是兼职。非执行董事也被称为"非常务董事""外部董事"。非执行董事又可以进一步分为"独立非执行董事""非独立执行董事"两类。

(三)关于董事会职权的立法模式

对于董事会职权的立法模式,大致可以分为两类:

一种是强制主义模式,由法律强制规定和设计董事会的各种职权。2018年《公司法》关于公司董事会的设立及职权,整体上是倾向于强制性的。2018年《公司法》第46条采用了列举方式界定了董事会职权,第36条明确表述"股东会是公司的权力机构",允许章程自行规定股东会和董事会的职权;许多行政规章会较为任意地改动股东和董事之间的分权界限,比如中国证券监督管理委员会的《上市公司章程指引》,将许多战略管理的权力给了股东会。[1] 本次《公司法》修订也展现了强制性的倾向,并且将不设董事会的董事职权与董事会职权的规定统一起来。

另一种是自由主义模式,由投资人、管理人自行决定,法律不强制设计董事会的各种职权,甚至公司是否设立董事会,都可交由投资人完全自决。支持自由主义模式的理由是:有利于股东会根据公司实际灵活配置公司权力,鉴于股东利益的多样化,法律难以在仅提供一套所谓的标准规则之基础上对不同的投资格局及治理模式予以很好的制度回应;而且,在法律强制规定下,董事会职权和股东会职权边界模糊不清,实践中会存在一些职权既不属于股东会法定职权也不属于董事会法定职权的情况,章程又未对该职权规定,最后只得诉请法院判决,其实这些问题可以通过股东自治的方式解决。从具体权力上看,在股东会、董事会和经理的职权混乱冲突规定,加剧了对角色定位的依赖。[2] 另外,在董事会形式化日趋严重的情况下,除了走向"董事会中心主义"外,也存在走向"经理层中心主义"的可

---

[1] 参见邓峰:《董事会制度的起源、演进与中国的学习》,载《中国社会科学》2011年第1期。
[2] 参见邓峰:《中国法上董事会的角色、职能及思想渊源:实证法的考察》,载《中国法学》2013年第3期。

能,在立法中删除董事会职权的规定更契合中国实践的公司组织机构构造方向。

三、制度演变

1999年《公司法》的表述是"有限责任公司,股东人数较少和规模较小的,可以设一名执行董事,不设立董事会。执行董事可以兼任公司经理。执行董事的职权,应当参照本法第四十六条规定,由公司章程规定。有限责任公司不设董事会的,执行董事为公司的法定代表人"。2005年《公司法》修订时,将不设董事会的有限责任公司的标准降低,"股东人数较少""规模较小"两个条件的连词由"和"改为"或者",执行董事也不再必然担任公司法定代表人,表述修订为"股东人数较少或者规模较小的有限责任公司,可以设一名执行董事,不设董事会。执行董事可以兼任公司经理。执行董事的职权由公司章程规定"。该表述一直沿用至本次《公司法》修订之前。本次修订则在有限责任公司中取消了"执行董事"的概念,直接称为"董事"。

关于可以不设董事会的公司范围,在本次《公司法》修订过程中亦发生过反复和变化。2018年《公司法》第50条第1款规定的有"股东人数较少或者规模较小的有限责任公司"两种类型;本次《公司法(修订草案)》第70条和《公司法(修订草案)(二次审议稿)》第75条删除了"股东人数较少"这种类型,可以不设董事会的公司只有"规模较小"这一种类型,当时的解读是说只要公司规模较大,无论股东人数多少,都应当设置董事会;从《公司法(修订草案)(三次审议稿)》到新《公司法》又增加了"股东人数较少"的类型,与修订前一致,也就是说只要股东人数少,即便公司规模较大,也可以不设立董事会。

此外,《公司法(修订草案)》第70条曾规定不设董事会的公司"设一名董事或者经理,行使本法规定的董事会的职权"。由于后来的审议稿第74条改变了2018年《公司法》和《公司法(修订草案)》的规定,将经理列为必选项,所以第75条也相应将"设一名董事或者经理"的表述改为"设一名董事","该董事可以兼任公司经理",相较于《公司法(修订草案)》可在董事和经理间二选一,二审稿之后以及正式通过的《公司法》都明确了不设董事会也至少需要设1名董事,不存在只有经理而没有董事的公司。

四、案例评析

宫某与孙某、赵某、李某、第三人安徽某科技有限公司损害公司利益责任纠

纷案[安徽省合肥市中级人民法院(2017)皖01民终7360号]

基本案情: 安徽某科技有限公司章程规定了执行董事的职权。某日,执行董事宫某在报纸上刊登遗失声明,声明安徽某科技有限公司印章、证照等遗失。其后,宫某进行补办。股东孙某、赵某、李某认为,根据公司相关规定,证照、印章由部门专人保管,使用也必须通过相应程序。宫某擅自公告声明印章证照作废,违反对安徽某科技有限公司的忠实义务和勤勉义务,造成安徽某科技有限公司无法正常经营,其行为无效。

裁判情况: 二审法院认为,根据公司法规定,执行董事享有的职权等于董事会享有的职权范围。宫某作为安徽某科技有限公司执行董事、法定代表人,有权依据公司法及公司章程的相关规定行使其法定职责内的职权。公司印章、证照的保管、使用系公司内部基本事务的管理范畴。宣告公司印章及证照遗失并补办是管理过程中产生的具体事务,属于执行董事的职权范围。

评析: 从法律规定来看,在公司章程没有特别规定的情况下,执行董事享有董事会享有的职权。与董事会集体决策、集体行使职权不同,执行董事是一人行使职权,加之执行董事可以兼任公司经理,并任公司法定代表人,所以,从平衡权利义务的角度来看,建议根据公司的实际情况,在公司章程中对于股东会和执行董事的职权范围作出较为清晰的划分,理顺股东会和执行董事的职权分工,才能防止出现执行董事行使职权引发的争议。

五、律师实务指引

1. 新《公司法》取消了有限责任公司原有的"执行董事"称谓,律师实务中应注意"执行董事"的使用场合。"执行董事"一般适用于大型公司、股份有限公司尤其是上市公司。"执行董事"是相对于"非执行董事"而言的。"非执行董事"的概念产生于英美法系的一元制公司治理结构。一元制公司治理结构中董事会承担监督功能,为了强化董事会的监督功能,"非执行董事"构成的董事会内设委员会,借助非执行董事客观、中立的优点,来防止执行董事懈怠工作或者滥用权力以至于损害公司的利益,起到有效监督执行董事履职的效果。所以,今后,"执行董事"将是进一步与比较法接轨的概念,不再是有限责任公司不设董事会的标志。

2. 律师在给设立中公司提供法律服务时,应注意判断是否应当设立董事会,只有在公司规模较小或者股东人数较少的情形下才可以不设董事会。对于如何判断公司规模较小或者股东人数较少，律师可以结合对实务的调研或案例的研究，给相关公司提供判断标准和法律意见。

3. 不设董事会的公司的董事职权范围，已经不再是根据章程确定，而是使用新《公司法》规定的董事会的职权。所以，在公司章程中规定董事职权时，应当根据新《公司法》有关董事会职权的规定去设置。

4. 在不设立董事会的公司，仅有的1名董事可以兼任公司经理，并任公司法定代表人，这意味着公司治理机构中的执行权力相对集中。从平衡权利义务的角度来看，建议根据公司的实际情况，在公司章程中理顺股东会和董事的职权范围，防止出现董事行使职权是否越权的争议。

5. 新《公司法》第67条对董事会的法定职权进行了精简，删除了董事会"制订公司的年度财务预算方案、决算方案"的职权，这主要是因为公司实践中有很多公司不会去制定财务预算和决算方案，但对于有这方面需求的公司而言，仍然可以通过公司章程规定或股东会授权的方式明确由董事会或董事来行使这一职权。

6. 新《公司法》第67条对董事会职权设定了兜底条款，即"公司章程规定或者股东会授予的其他职权"。从这一条扩大了章程和股东会对董事会职权规定的自由度也可以看出，我国《公司法》并不能完全理解为单一的董事会中心主义、股东会中心主义。法人治理模式并非一成不变，公司在发展的不同阶段，股东利益的实现方式不同，法人治理模式也存在阶段化的差异。新《公司法》赋予公司选择治理规范更大的自由度，既是对公司自治的尊重和倡导，也是为公司治理提出了更高的专业要求，即公司治理需要高度重视公司章程这一公司自治的纲领性文件，"模板"式章程规定已不再适应新的法律和市场环境。因此，律师提供公司治理类法律服务时，应注意不同公司的特点及其所处的发展阶段，充分运用上述兜底条款，通过公司章程规定或者股东会授予董事会相关职权的方式，让公司董事会或董事在行使职权时能够适应公司自身特点和管理需要。当然，通过章程或股东会决议增加董事会或董事职权时，应处理好与法定职权之间的关系，避免产生职权之间的交叉、冲突甚至引发相关职权授予行为的效力争议。另外，为防止权力滥用，还有必要通过公司章程对董事会或董事的职权作出一定限制。

关联法条

1.《民法典》第81条

2.国务院办公厅《关于进一步完善国有企业法人治理结构的指导意见》"二、规范主体权责"

3.国务院《关于推进国有资本投资、运营公司改革试点的实施意见》"二、试点内容""(四)治理结构"

第七十六条 【监事会的设立与组成】

> 第七十六条 有限责任公司设监事会,本法第六十九条、第八十三条另有规定的除外。
> 监事会成员为三人以上。监事会成员应当包括股东代表和适当比例的公司职工代表,其中职工代表的比例不得低于三分之一,具体比例由公司章程规定。监事会中的职工代表由公司职工通过职工代表大会、职工大会或者其他形式民主选举产生。
> 监事会设主席一人,由全体监事过半数选举产生。监事会主席召集和主持监事会会议;监事会主席不能履行职务或者不履行职务的,由过半数的监事共同推举一名监事召集和主持监事会会议。
> 董事、高级管理人员不得兼任监事。

一、修订情况

相较于2018年《公司法》第51条,本条存在以下变化:

1. 本条在有限责任公司应当设立监事会的原则外,确立了无须设立监事会的两种例外情形,打破了长期以来"三会一层"的有限责任公司治理模式,探索更具弹性的公司监督制度和治理结构。

2. 将"其成员不得少于三人"的表述修改为"监事会成员为三人以上",该修改仅为表述上的修改。

3. 将"监事会应当包括"改为"监事会成员应当包括",该修改也仅为表述上的修改。

4. 将第3款中"半数以上监事共同推举"改为"过半数的监事共同推举",该修改也仅为表述上的修改。

二、理论基础

公司治理结构主流观点下,监事会制度的形成和发展以代理成本、分权制衡和私法自治为理论基础。首先,委托代理理论认为公司治理结构的产权基础是公司所有权与经营权的分离,而作为所有权人的委托人与作为经营者的代理人间的利益不可能完全一致。因此,建立监事会制度是为了在代理人行使经营权的情形下最大限度保障委托人的利益,减少代理成本和代理风险。其次,公司内部存在决策权、执行权和监督权三种权能,这三种权能只有相互依存、互相制约才能实现公司治理结构的整体平衡。设置监事会制度主要是为了制约公司董事会和高级管理人员行使的执行权。最后,公司作为市场经济中重要的私法主体,为实现其长期、健康的发展,需要以独立于经营者的监督机构形成对公司经营权力的制衡,以达到公司内部自我约束和监督的效果。①

从以往版本《公司法》条文来看,监事会作为中国公司治理结构"三驾马车"之一已经被赋予了较为全面的监督职能,但在现实当中,公司监事会职能遭到架空的现象屡见不鲜,关于监事会的负面评价也不绝于耳。② 关于监事会处境尴尬的原因学界和业界都有多次讨论,归结起来主要有以下几点:

1. 监事会资源匮乏,监管功能无法坐实。有调查证实,在深圳证券交易所中小板上市的私营企业中,多数公司未设立监事会办公室,过半的公司认为监事会只是临时机构。③ 上市公司都是如此心态,遑论非上市公司?未全职入场的监事会只如同局外人,难以获取公司的一手信息与资源,更谈不上以此为基础展开的监督活动。

2. 职工监事制度徒有其表,难以发挥作用。监事和公司监管层的隶属关系导致职工监事的职能实际不能实现。《公司法》虽然明确实行职工监事制度,但对职工代表的特殊赋权、兼职或全职要求、薪酬发放等均无规定,职工监事的独立性得不到实质保障,其在履行本职工作时受董事和高级管理人员领导,薪酬与晋升亦由后者决定,形成了监督者反成事实上的被监督者的悖论。④ 此外,有学者提出职工监事的作用发挥还受其党内地位高低的影响,这一因素的权重在国有控股公司中

---

① 参见吴勇文:《国有商业银行监事会制度的理论基础与国际经验》,载《新金融》2011 年第 3 期。
② 参见朱锦清:《公司法学》,清华大学出版社 2019 年版,第 273 页;赵旭东主编:《商法学》,高等教育出版社 2019 年版,第 224~225 页。
③ 参见郭雳:《中国式监事会:安于何处,去向何方?——国际比较视野下的再审思》,载《比较法研究》2016 年第 2 期。
④ James H. Feinerman, *New Hope for Corporate Governance in China*?, The China Quarterly, Vol. 191, p. 590 – 612(2007)。

尤甚。①

3. 监事缺乏考核、激励和惩罚机制,先天履职动力不足。首先,实务中多数公司监事都非全职,公司并未给监事的工作配发相应工资,职位的虚化使得监事的工作常流于表面。其次,监事履职的考核标准难以量化,监督的质量难以评估,不能粗暴地将纠错数量与绩效挂钩,激励机制的匮乏自然让监事缺乏勤勉尽职的动力。另外,学界普遍认为问责机制的规定模糊也是我国监事会预期功能无法实现的重要原因。②

4. 监事会受制于大股东,造成监督机制失灵。我国《公司法》规定的监事会成员一部分是由公司职工选举产生的职工代表监事,更大部分是由股东会选举的股东代表监事。然而,受资本多数决的限制,大小股东在股东会中的话语权往往严重失衡,导致选举的股东代表实际上是大股东利益代言人,股东代表与同为股东会选出的董事形成大股东利益共同体,最终使前者对后者的监督有名无实。

5. 立法设计缺乏连贯性,有关监事会的规定可操作性差。监事会职权的实现缺乏法律基础,致使其权力不具有实质性。以监事会的财务监督权为例。首先,立法虽然规定监事会有权检查公司的财务,但对于监事如何检查、是否有查账权、谁负责提供会计信息等均无规定。其次,监事会常需借助外部会计、审计等专业人士的帮助实现对公司财务的监督,然而立法并未赋予监事会聘请第三方机构的财务支配权,致使监事会的监督工作无法独立展开。最后,针对公司经营状况异常监事会是否有权提起知情权诉讼仍无定论,③监事会财务监督权的行使缺乏威慑力。

因此,早些年就有学者认为监事会制度和中国公司治理的内在逻辑先天不匹配,建议直接取消监事会,否则只会徒增公司治理成本,妨碍公司高效运作。④ 然而,尽管监事会制度一直饱受诟病,自 1993 年《公司法》颁布以来,历次《公司法》修改始终肯定监事(会)存在的必要性,立法未曾给予有限责任公司任何变通的余地。

---

① 参见郭雳:《中国式监事会:安于何处,去向何方?——国际比较视野下的再审思》,载《比较法研究》2016 年第 2 期。

② 参见马更新:《〈公司法〉修订语境下的监事会制度架构变革探析》,载《上海政法学院学报(法治论丛)》2021 年第 3 期;张宝羊、孙娜娜:《我国监事会制度虚化的根源与改进措施》,载《经济论坛》2005 年第 8 期。

③ 参见朱锦清:《公司法学》,清华大学出版社 2019 年版,第 272 页。

④ 参见赵旭东:《公司法修订中的公司治理制度革新》,载《中国法律评论》2020 年第 3 期。

新《公司法》第76条等相关条文的出现,第一次突破了有限责任公司"三会一层"的固有架构,在一定限度内给予了公司设立监事(会)的自主权,系首次以立法形式回应关于监事(会)存废问题的争论,也是一次具有折中性质的制度改革。

三、制度演变

中国的监事会制度自1949年中华人民共和国成立至今,经历了职能逐渐增强到逐渐削弱的转变。

1992年,在国有企业改革的历史背景下,《有限责任公司规范意见》(已失效)和《股份有限责任公司规范意见》(已失效)中首次使用监事会字样,而后1993年《公司法》在立法层面上正式构造了由股东代表和职工代表组成、与董事会平级的监事会制度。

1999年《公司法》强化了监事会的制度设置:增加了对国有独资公司监事会的阐述,明确国有独资公司监事会实行委派及职工代表制;新增"监事列席董事会会议""董事、经理及财务负责人不得兼任监事"的条款。

2000年3月15日,为了健全国有企业监督机制,加强对国有企业的监督,国务院发布《国有企业监事会暂行条例》(已失效)和《国有重点金融机构监事会暂行条例》,分别规定国有重点大型企业监事会及国有政策性银行、商业银行、金融资产管理公司、证券公司、保险公司等监事会由国务院派出,对国务院负责,强化了监事会对国有重点大型企业及国有重点金融机构经营的监督作用。

2005年《公司法》赋予了监事会更大的监督权力和职责。新增了监事会可以对董事、高级管理人员提出罢免的建议、向股东会会议提出提案、聘请会计师事务所等协助调查以及代表公司提起诉讼等规定,要求监事会履行完善会议记录、在董事会不履行主持召开股东会会议时代其履行该职责等义务,同时对监事会会议次数、不可担任监事情形、监事持股处理和职工监事比例作了更详细规定。

2014年《公司法司法解释二》确定监事可以作为清算组成员,进一步扩充了监事的职能。

2015年3月21日《中共中央、国务院关于构建和谐劳动关系的意见》明确提出:"在公司制企业建立职工董事、职工监事制度。""在董事会、监事会研究决定公司重大问题时,职工董事、职工监事应充分发表意见。"

2019年3月,中国上市公司协会发布《上市公司监事会工作指引》,意在"规范上市公司监事会的组织和行为，充分发挥监事会在上市公司治理中的作用，为上市公司监事会有效履职提供指导"。

2017年《公司法司法解释四》进一步扩大监事会和监事的职能，增加了监事会或监事提起股东会、董事会决议效力确认之诉，以及代表公司对董事、高级管理人员提起诉讼的条款。在立法层面，针对监事会及监事的监督职能有了更多实操设置，监事会制度的内涵得到了全面的充实和提升。

2018年3月17日十三届全国人大一次会议审议通过了《国务院机构改革方案》，其中第一部分第11项"优化审计署职责"明确："将国家发展和改革委员会的重大项目稽察、财政部的中央预算执行情况和其他财政收支情况的监督检查、国务院国有资产监督管理委员会的国有企业领导干部经济责任审计和国有重点大型企业监事会的职责划入审计署，构建统一高效审计监督体系。不再设立国有重点大型企业监事会。"这是我国从国有企业改革切入率先取消监事会，首次尝试以审计署来行使监事会监督职能的替代性方案。

2018年9月13日，中共中央办公厅、国务院办公厅发布《关于调整国务院国有资产监督管理委员会职责机构编制的通知》，将"国务院国有资产监督管理委员会国有企业领导干部经济责任审计职责和国有重点大型企业监事会职责划入审计署，不再保留监督一局（国有企业监事会工作办公室）"，"不再设立国有重点大型企业监事会和国有重点大型企业监事会主席"。

2021年12月24日《公司法（修订草案）》首次提出：在董事会中设审计委员会的有限责任公司以及设审计委员会且其成员过半数为非执行董事的股份有限公司，可以不设监事会或者监事。

2022年5月1日《国有企业监事会暂行条例》废止，随着2018年《国务院机构改革方案》的施行，审计署行使监督职能，国有企业监事会改革完成。

2023年12月29日，新《公司法》确认了《公司法（修订草案）》中关于审计委员会代替监事（会）的内容，同时针对规模较小的有限责任公司，创设了在全体股东一致同意的条件下，可以不设置监事（会）的条款。

四、案例评析

案例一：某银行股份有限公司破产清算案［北京市第一中级人民法院(2020)京01破270号］

基本案情: 某银行股份有限公司(以下简称某银行)于1998年成立,其后"某系"入股了某银行成为第一大股东,形成了对某银行的绝对控制。当2017年5月专案组介入"某系"案件后发现,某银行自2005年以来仅大股东占款就累计高达1500亿元,且每年的利息就多达百亿元,长期无法还本付息,资不抵债。"大股东控制"和"内部人控制"两大公司治理顽症同时出现。某银行的7名监事中,4名职工监事均为某银行中高层管理者,双重身份导致职工监事很大程度上必须听命于董事会或者管理层。部分监事缺乏必要的专业知识,导致监事会俯首听命于大股东、董事会或者管理层。

裁判情况: 2019年5月24日,某银行因出现严重信用风险,被中国人民银行、中国银保监会联合接管。接管组全面行使某银行的经营管理权,并委托建设银行托管某银行的业务。2020年11月23日,中国银保监会公布《关于某银行股份有限公司破产的批复》称,原则同意某银行进入破产程序。2020年11月23日,北京市第一中级人民法院正式受理某银行破产申请。

评析: 该银行信用风险案被认为是中国监事会运行效率低下的剪影。某银行接管组组长事后在相关刊物发表的文章中点明了这一危机事件中的核心问题,即此次银行的风险实质是根源于其公司治理全面失灵,不仅在于大股东操纵股东大会、董事会形同虚设等民主决策作用无法发挥,"监事会监督职能弱化""管理层凌驾于制度之上""监管失效,内部人内外勾结"也促成了某银行的信用风险事件。该案件也再次提示了广大市场参与主体,有效制衡的监督机构与信息披露机制对于公司长期平稳运营、构建全面可靠风险管理体系的重要意义。

案例二:某财产保险有限公司受罚事件

基本案情: 某财产保险有限公司(以下简称某财险)自2011年起存在以下违法行为:股东会的议事事项未包含经营方针、投资计划、审议年度财务预决算方案等议案,股东会资料不完整;监事会人数不符合公司规定,2011年以来未召开监事会会议;2011年11月以来多名高级管理人员离任未审计;支付有关大额预付购房款和设备采购款未经董事会或股东会批准等。

处罚情况: 2014年2月11日,原中国保险监督管理委员会依据《保险法》的有关规定对某财险涉嫌违法一案进行了调查、审理,作出保监罚〔2014〕×号行政处罚决定书,认为某财险内部管控不严格的行为,违反了《保险公司管理规定》第55

条"保险公司应当建立健全公司治理结构,加强内部管理,建立严格的内部控制制度"的要求,并基于该规定第69条,作出对某财险警告并罚款1万元的行政处罚决定。

评析:鉴于监事会的表现不尽如人意,关于监事会的去留问题也长期充满争议。有学者基于监事会与董事制度制衡与互补的理论、我国监事会制度的历史路径依赖性、对以独立董事为例的外来制度水土不服的怀疑等理由坚持保留监事会;但绝大多数观点并不认为监事会在公司治理结构中有不可割舍的地位。我们注意到,在某财险受罚事件中,原中国保险监督管理委员会的处罚依据并未引用公司法有关监事会职责的规定,监事会失位只是其认定某财险内部控制制度不健全的事实依据之一。当今,特别是对于绝大多数非上市公司而言,公司所有权和经营权相分离的风险早已因公司股东和管理层人员高度重合而降低,作为监事会形成源头的委托—代理问题已经不严重甚至不存在,因此,《公司法》另辟蹊径,作出"附条件三选一"的制度安排,实际公司在内部监督机制的选择上仍有很大的自治空间。

五、律师实务指引

审查有限责任公司章程是非诉律师一项常见的工作内容。监事会作为"三会一层"的重要组成部分,根据我国2018年《公司法》的规定,有限责任公司监事会成员不得少于3人,但是股东人数较少或者规模较小的有限责任公司可以设立1至2名监事而不设立监事会。在公司必须设置监事(会)的旧规下,监事(会)勤勉高效履职是公司正常运转的重要保证。尽管此次《公司法(修订草案)(三次审议稿)》向公司提供了某些条件下不设置监事(会)的选择权,但在实践中,对于某些特殊行业应予以重点关注。例如,在金融行业规范中,存在《国有重点金融机构监事会暂行条例》等特殊规定的要求,若存在监事会人数不符合公司规定、未召开监事会会议、监事会不按规定履职等情形可能导致企业面临行政处罚。因此,律师在审查有限责任公司章程时,若仅注意《公司法》的有关条文,而忽略行业监管部门的法规、部门规章等的要求,可能导致企业因为没有设立监事会而受到行政处罚。

一方面,新《公司法》第76条规定以有限责任公司设立监事(会)为原则。在实践中,我国公司中的监事会普遍存在难以行使监督权的现象。特别是在大股东既控制董事会又控制监事会的情况下,监事会难以履行监督董事会的职权,监事会制度容易形同虚设。本次修订就对监事制度作了完善和创新。除了新《公司法》

第 69 条、第 83 条为公司治理结构提供可选方案外,还在以下方面作了制度优化:

1. 扩大监事会权限范围,增加监事履职主动性。新《公司法》第 80 条将董事、高级管理人员提交相关资料由主动提交修改为"监事会可以要求"提交,提交的内容由"有关情况和资料"修改为"执行职务的报告",并增加"董事、高级管理人员应当如实向监事会提供有关情况和资料"的义务。这一规定扩大了监事会的职权范围,并增加了董事、高级管理人员对履职报告真实性的保证义务。

2. 进一步完善监事会履职规则。新《公司法》第 81 条,第 132 条第 3 款、第 4 款规定:"监事会决议应当经全体监事的过半数通过。监事会决议的表决,应当一人一票。"新《公司法》将"监事会决议应当经半数以上监事通过"修改为"全体监事的过半数通过",增加"监事会决议的表决,应当一人一票"的规定,强调了监事会决策的程序性要求,更好地落实监事会的民主管理。

3. 提高监事的履职要求,扩张监事的责任范围。新《公司法》第 53 条将监事纳入股东抽逃出资的责任主体范围,规定因股东抽逃出资给公司造成损失的,负有责任的监事也要承担连带赔偿责任;第 182 条增加监事作为关联交易程序的适用主体;第 183 条、第 184 条将不当谋取交易机会、违反竞业禁止义务等违背忠实义务的法定主体扩张至监事。

新《公司法》的这些变化,反映出公司法对监事履职要求的提升,也可能会督促监事依法积极履职,促进监事地位的提高。

另一方面,新《公司法》第 76 条规定设置监事(会)的两种例外,即符合《公司法》第 69 条、第 83 条规定的有限责任公司,可以不设立监事会。但新《公司法》在设立审计委员会替代监事会的有限责任公司特别是人数较少的有限责任公司方面,规定了审计委员会为董事会中由董事组成的下设机构,审计委员的成员具有的公司董事和审计委员会成员的"双重身份"之间可能存在利益冲突,董事会能否中立地处理诉讼事宜,能否履行非财务事项相关的监督职能还需观察。与之相比,新《公司法》规定监事会成员应当包括股东代表和适当比例的公司职工代表,其中职工代表的比例不得低于 1/3,在人员构成上不存在"双重身份"的问题,股东也可选派具有法律背景、技术背景等的代表对非财务事项进行监督。故监事会在新《公司法》下仍然有其优势,特别是对于初创公司来说,股权融资时财务投资人往往要求向公司委派监督代表,此种情形下,建议公司仍然设立监事会,向投资人提供委派监事机会从而将公司主营业务与财务投资人作适度隔离,避免投资人特别是投资人参与投资同行业其他公司的情况下,通过委派董事的方式取得审计委员会席位,又利用董事身份过度参与公司经营。

综上,建议律师承办有限责任公司章程审查时,既要特别注意有限责任公司是否为特殊行业企业,是否需要按照特别法或监管部门行政规定设立监事会,又要特别关注在公司章程或审计委员会规则等公司规范性文件中对于审计委员会的职能、人员产生、组成机制、常设机构、日常工作等进行明确约定,避免对公司的监督权力和职责落空。

关联法条

1.《民法典》第82条
2.《商业银行法》第18条

第八十条 【董事、高级管理人员对监事会的义务】

> 第八十条 监事会可以要求董事、高级管理人员提交执行职务的报告。
> 董事、高级管理人员应当如实向监事会提供有关情况和资料,不得妨碍监事会或者监事行使职权。

一、修订情况

相较于2018年《公司法》,本条存在以下变化:

1. 新增"监事会可以要求董事、高级管理人员提交执行职务的报告"作为第1款。

2. 将2018年《公司法》第150条第2款移作本条第2款,完善了监事会履职监督的法律保障。

二、理论基础

虽然我国1993年《公司法》已经确立了监事会制度,但现实经济生活中,观念桎梏、制度缺陷、立法漏洞等多重因素导致监事会虚化现象严重,无法发挥作用。除一部分学者建议直接取消设置监事会外,[①]另有一部分学者则是呼吁通过完善公司法立法加强监事会监督职能,扩大监督权限。

立法方面,虽然《公司法》对监事会职权有所规定,但类似规定长期以来过于模糊,无法构建起监事会职权有效行使的法律保障。例如,2018年《公司法》第53条规定:监事会有"检查公司财务"的职权,但未进一步规定具体的检查方式、检查范围;规定监事会"对董事、高级管理人员执行公司职务的行为进行监督,对违反法律、行政法规、公司章程或者股东会决议的董事、高级管理人员提出罢免的建议",但对于如何监督、董事和高级管理人员应怎样配合等未作明确。第54条第2

[①] 参见赵旭东:《公司法修订中的公司治理制度革新》,载《中国法律评论》2020年第3期。

款规定"监事会、不设监事会的公司的监事发现公司经营情况异常,可以进行调查",但对于专事监督而不参与经营的监事,如何发现并判断公司经营情况是否正常,也缺乏相应的立法保障。①

在监事会监督权限方面,西方学者认为监事会权力过大会导致监督权干预、妨碍公司经营管理权的情况出现,对董事会和经理等的经营管理活动产生掣肘,使代理成本上升。然而有学者提出,我国企业公司化改造的实际情况并不是监事会权限大了,而是太小了,并且其监督权的实施缺乏法律保障,造成了监事会虚化现象。董事会和经理等的权力则过于庞大并缺少有效的监督制约。基于此,在我国完善公司立法过程中应当扩大监事会的监督权限,宁可企业公司化改造发展慢一些、稳一些也不可急于求成。②

回顾此次《公司法》修订历程,第 80 条的内容一直被完整保留,或表明立法机关对于一定程度上扩张监事会的权限范围、增强监事会履职主动性的观点表达了肯定态度。

三、制度演变

关于董事、高级管理人员应如实向监事会提供有关情况和资料的规定始见于 2005 年《公司法》第 151 条第 2 款,规定于"公司董事、监事、高级管理人员的资格和义务"一章。相关规定一方面要求董事、监事、高级管理人员履行列席股东会并接受质询的义务;另一方面确立的是董事、高级管理人员向监事(会)如实提供有关情况和资料的义务。

2013 年《公司法》、2018 年《公司法》一直延续 2005 年《公司法》的这一规定,未作任何调整或变动。

新《公司法》第 80 条的规定,是 2005 年《公司法》修订以来首次确立监事会有权主动要求董事、高级管理人员提交执行职务报告,也是首次将董事、高级管理人员向监事会提供有关情况和资料的义务移至监事会职权部分,在立法体例上彰显了对监事会知情权的重视。

---

① 参见李东方、杨琴:《公司监事会职权行使障碍及其解决对策》,载《暨南学报(哲学社会科学版)》2008 年第 1 期。

② 参见常健、饶常林:《完善我国公司监事会制度的法律思考》,载《上海社会科学院学术季刊》2001 年第 3 期。

四、案例评析

某投资有限公司与李某等损害公司利益责任纠纷案[北京市第四中级人民法院(2020)京04民初348号]

基本案情：李某为某投资有限公司执行董事,刘某为公司股东同时系高级管理人员。公司监事王某于2019年8月5日向刘某、李某送达了《关于监事开展监督检查的通知》,通知其配合监事行使职权,对公司开展财务专项及相关检查。而后因二人未提供监事索要的相关资料,经小股东书面请求,王某于2020年向法院提起诉讼,诉请李某和刘某向公司承担损失(监事为行使职权支付的会计师、律师费用),并如实提供监事履行职权所需资料。

裁判情况：关于李某、刘某应否承担如实提供监事履行职权所需资料的责任,法院认为公司监事可以在公司法规定及公司章程约定范围内行使职权。而本案王某系应其他股东的书面请求,作为监事以公司名义提起的损害公司利益责任纠纷,调整的是他人侵害公司利益给公司造成损失这一法律关系,并不解决监事如何行使监事职责的公司治理问题,故法院未支持该诉讼请求,告知王某可通过其他合法途径另行解决该争议。

评析：本案反映了监事履职的司法保障难题。虽然《公司法》规定了董事、高级管理人员如实向监事会提供有关情况和资料的义务,但没有明确该义务的遵守标准,也未配套规定法律责任,因此监事会通常只能以其他股东书面请求为前提提起损害公司利益责任纠纷之诉。正如本案所呈现的,因监事未能证明董事与高级管理人员违反忠实义务、勤勉义务并因此造成公司损失,故未支持赔偿公司损失之诉求;同时,对于二被告向监事提供履行职权所需资料的责任,法院认为属于公司内部治理问题,不在损害公司利益责任纠纷中解决。新《公司法》第80条新增监事会要求董事、高级管理人员提交执行职务报告的权利,但仍未确立董事、高级管理人员的相应责任,监事履职仍可能面临困境。

五、律师实务指引

新《公司法》第80条以立法的形式回应了长期以来有关监事会如何切实履行监督职能的争论,监事会职权的实现具备了法律基础,在一定程度上充实了监事会的履职权限,提升监事会的履职主动性。但是在实务层面,新规的落地应用还缺乏解释指导和经验参考。一方面，监事会为履行监督职能需要的材料包括但不限于行政管理、财务、审计、风控合规等多种类型，远超董事、高级管理人员职务报告的范畴，然而第80条第2款规定的董事和高级管理人员应提供"有关情况和资料"是否仅限于其执行职务的报告范围仍存在解释空间；另一方面，第80条对于董事、高级管理人员资料提供的时效性没有作明确规定，如果监事会不能及时获取履职所需情况和资料，将直接影响其向相关会议提出议案、发表意见和建议、提出质询、及时纠正董事、高级管理人员违规行为，以及法律规定的其他职权的行使。

律师需关注公司的实际需求，可以通过公司章程、监事会相关制度和细则的具体条款设计进一步保障监事会行权履职。例如，在内部规章制度中保障监事会知情权，确立监事会履职所需材料提供和报送制度，明确资料报送的第一时效原则、列举划分报送材料的类型。

另外，就国有企业而言，根据《中央企业合规管理办法》的规定以及《公司法》第177条"国家出资公司应当依法建立健全内部监督管理和风险控制制度，加强内部合规管理"的规定，目前加强合规管理是国企改革的重要工作之一，未来各国有企业将利用当前加强合规管理的时机，积极探索符合自身情况的"强内控、防风险、促合规"模式。律师在为国有企业提供合规法律服务时，可以考虑结合监事会的职权设置，在构建国有企业内控合规监督体系中最大化监事会合规监督的价值。

关联法条

1.《中央企业合规管理办法》第5条
2.《银行保险机构董事监事履职评价办法（试行）》第20条

第八十一条 【监事会的会议制度】

> 第八十一条 监事会每年度至少召开一次会议,监事可以提议召开临时监事会会议。
> 监事会的议事方式和表决程序,除本法有规定的外,由公司章程规定。
> 监事会决议应当经全体监事的过半数通过。
> 监事会决议的表决,应当一人一票。
> 监事会应当对所议事项的决定作成会议记录,出席会议的监事应当在会议记录上签名。

一、修订情况

相较于2018年《公司法》第55条,本条存在以下变化:

1. 将2018年《公司法》第55条中的监事会决议应当"经半数以上监事通过"修改为"经全体监事过半数通过",提高了要求。

2. 新增监事会一人一票的表决方式。

二、理论基础

规范、专业、高效的监事会自我组织,是在监事会的监督任务日益繁重的当下保证监督人员对公司监督事务的投入、提高监督效率、维护监事会的权利及公正性的必要条件,而这正需要法律法规进一步明确相关监事会议事规则。在新《公司法》第81条的修订中,我们可以看到立法者对此问题作出的积极回应。

监事会的自我组织和专业化法律制度安排的一大重要内容即为监事会的议事规则。这些规则涉及公司监督机构在何时召开例会、在何种特殊情况下能够临时召集会议、如何进行表决以及是否允许召开电视电话会议进行表决等。此外,这些规定还包括监事会召集会议时对股东代表监事和职工代表监事出席比例的要求,以及监事会决议出现瑕疵时的处理方式等。这些规定的变化直接影响着公司监督机构对公司经营管理活动的监督能力，同时决定了公司监督机构的监督决策是否受公司管理层、大股东或控股股东的不当干预。

目前，我国《公司法》关于监事会议事规则的规定过于简单，只是对监事会决议应经简单多数通过，监事会会议决定事项须作成会议记录，出席会议的监事应该在会议记录上签名等内容作出简单规定。其余内容均交由公司章程规定。这种简单的规定，缺少关于决策主体、决策内容、决议分歧、决策档案留存的详细规定，导致监事会决议流于形式化或容易受到控股股东等的不当干涉。所以，监事会的议事规则设计应该以排除控股股东控制、监督对象干扰为目标，通过程序规则的设定规范监事的履职行为和监事会的决议行为，保证监事独立履职、监事会独立地形成决议，以保证公司职工监事的权利和监事会决议的公正性。

三、制度演变

新《公司法》第 81 条的修改是 2005 年《公司法》修订以来首次针对有限责任公司监事会会议制度作出修改，即本次《公司法》修订前，一直维持的是"监事会决议应当经半数以上监事通过"的决议规则，也并未对监事会表决制度作出过规定。

四、律师实务指引

新《公司法》施行后，律师在为有限责任公司拟订或审查公司章程时对监事会的会议制度应予以特别关注。此前根据 2018 年《公司法》第 55 条第 2 款的规定，有关监事会的议事方式和表决程序的内容有很大空间交公司章程灵活约定，新《公司法》第 81 条的修改，较为明显地限缩了这一约定空间。一是对于监事会决议通过比例界定更清晰。2018 年《公司法》第 55 条第 3 款要求"监事会决议应当经半数以上监事通过"，但并未明确此处的"监事"指全体监事还是出席会议的监事，且根据全国人大常委会法制工作委员会制定的《立法技术规范（试行）（一）》第 24 条规定，"规范年龄、期限、尺度、重量等数量关系，涉及以上、以下、以内、不满、超过的规定时，'以上、以下、以内'均含本数，'不满、超过'均不含本数"。考虑到公司监事数量为偶数的可能情形，"过半数"的规定也比"半数以上"更合理。二是通过立法确立监事会必须采取一人一票的表决制度，既增强了监事会会议的民主性，也与董事会一人一票的表决制度相对应，体现了立法部门有意强化公司治理的目的。

同时还应注意到,新《公司法》第 81 条第 2 款"监事会的议事方式和表决程序,除本法有规定的外,由公司章程规定",仍给公司章程留足了规定权限,也带来了实操中相关条款的潜在争议性。例如,即使《公司法》已经明确了一人一票的监事表决权,但公司章程中仍可能出现监事一票否决制的条款设计。正如董事会设置一票否决权的合法性问题长期没有定论,司法案例中有的法院认为赋予董事一票否决权属股东的真实意思表示,未违反法律强制性规定,符合公司股东意思自治精神,其效力应得到认可;也有法院认为董事享有的一票否决权可能影响公司控制关系,因此不认可一票否决权的合法性。有关监事的一票否决权,部分观点认为有限责任公司可以在章程中自主约定监事会的议事方式,进而可以约定特定监事在监事会上享有一票否决权,同时这种约定符合有限责任公司人合性特征;另一部分的反对理由可能是一票否决权架空监事会作为一个整体的监督职能。对于这些潜在的争议,还有待从业人员在实操中结合不同情况进一步辨别论证。笔者认为,设立监事会本来就应当体现民主监督,且监事会的人员组成明确要求有职工监事,在监事会中设立一票否决权存在实质上架空职工监事、破坏监事会民主监督的功能,从新《公司法》扩充了监事的赔偿义务考虑,不设定一票否决权更利于全体监事的履职安全。

关联法条

《中国上市公司协会监事会会议议事规则》第 5 条

第八十三条 【不设监事会及监事的情形】

> 第八十三条 规模较小或者股东人数较少的有限责任公司,可以不设监事会,设一名监事,行使本法规定的监事会的职权;经全体股东一致同意,也可以不设监事。

一、修订情况

相较于2018年《公司法》第51条第1款,本条存在以下变化:

1. 删去"有限责任公司设监事会,其成员不得少于三人"的表述。

2. 将"股东人数较少或者规模较小"的表述调整为"规模较小或者股东人数较少"。

3. 将"可以设一至二名监事,不设监事会"修改为"可以不设监事会,设一名监事,行使本法规定的监事会的职权"。

4. 增加规定规模较小或者股东人数较少的有限责任公司经全体股东一致同意可以不设监事,明确小规模有限责任公司可自主简化组织机构,进一步提高公司治理的灵活性。

二、理论基础

现代公司治理的结构有"一元"模式与"二元"模式之分。英美法系国家一般采用"一元"模式,或称单一董事会制度,即不设置独立于董事会的内部监督机构,而是通过强调独立董事的角色和董事、高级管理人员的诚信义务,强化了董事会的监督职能。而在大陆法系国家公司法普遍采用的"二元"模式下,公司内部董事会与监事会分立并存,以专设的公司内部监督机构对公司财务与业务活动行使监察权。我国《公司法》多次修正及修订均秉承大陆法系传统,设置监事(会)作为公司内部监督机构。

《公司法》此次修订的亮点之一是以第69条首次引入单一董事会制度的同

时,以第 83 条明确监事非有限责任公司法定必设机构,即新增"规模较小或者股东人数较少的有限责任公司""经全体股东一致同意,也可以不设监事",第 83 条的规定也与第 75 条关于只设 1 名董事的公司类型的规定相呼应,体现了公司法体系的连贯性与完整性。此条新增规定的理论依据,或可从以下方面考虑:

(一)关于不设置监事的条件方面

首先,需满足"规模较小或者股东人数较少的有限责任公司"的公司类型条件。从世界普遍的立法趋势上看,越来越多的国家和地区在公司法修改中将"股东利益"置于公司目标的位置,并规定公司董事和管理层履职需以股东及公司利益为导向,不同国家和地区的公司法也有逐渐融合的趋势。[①] 规模较小或股东人数较少的有限责任公司本身具有强烈的人合性色彩,赋予股东充分的自治空间,由股东自由创设符合自身需要、具有自身管理特色的有限责任公司是人合性的应有之义。同时,该类型公司通常治理难度不大,相应的监督难度与成本也不高,专门内设监督机关可能反而增加公司治理成本,影响股东间的凝聚力。

其次,需满足"经全体股东一致同意"的条件。该条件更彰显新《公司法》对小规模有限责任公司人合性的维护,也巧妙平衡了监事存废的立法干预难题,即交由股东作谨慎自主选择,更能适应特定有限责任公司的实际需求。

(二)关于不设置监事的可行性方面

第一,公司治理结构中引入监察权的理由是,在资本所有权与经营权分离的条件下,作为所有权人的股东(委托人)与作为经营者的管理人员(代理人)间的利益不可能完全一致。因此,建立监事会制度是为了在代理人行使经营权的情形下最大程度保障委托人的利益,减少代理成本和代理风险。而在规模较小或者股东人数较少的有限责任公司中,常见情形是大股东担任公司唯一董事,并兼任公司经理,即大股东与代理人一致的情形,需考虑的是小股东利益保护的问题。

然而一方面,该特定类型公司的人合性意味着各股东之间建立了充分的信任和默契,且实操中不乏股东会由家庭成员组成的情形,大大降低了小股东利益受损的可能性;另一方面,从监事的产生机制、法定权限和履职保障来看,监事虚化的风险可能不减反增,监事的存在并不能降低小股东利益受损的可能性。

[①] 参见龙卫球、李清池:《公司内部治理机制的改进:"董事会—监事会"二元结构模式的调整》,载《比较法研究》2005 年第 6 期。

第二,需"经全体股东一致同意"的条件也为监事职位设置了一把安全锁,赋予公司灵活选择便利的同时增加了小股东在该事项以及相关自身利益维护事项上的话语权。

三、制度演变

在《公司法》的多次修正及修订中,关于有限责任公司监事会的规定逐渐完善,反映了对优化公司治理结构和监事会职能的不断探索。1993年《公司法》规定经营规模较大的有限责任公司,监事会成员不得少于3人,而股东人数较少和规模较小的有限责任公司,可设1至2名监事。这些规定在随后的1999年及2004年《公司法》的两次修正中都得到了保留。2005年《公司法》修订,进一步强调了监事会的独立性,包括但不限于限定职工监事的比例、细化了监事会内部成员的选举方式,明确了董事、高级管理人员不能兼任监事,进一步巩固了监事会的独立性原则。这些规定一直保持至2018年《公司法》。值得注意的是,尽管监事会制度经历了由盛到衰的变迁,但是直到2022年12月30日,全国人大常委会发布的《公司法(修订草案)(二次审议稿)》中才第一次提出有限责任公司可以不设置监事会或监事(也无须设置审计委员会)的构想,即经全体股东一致同意,规模较小的有限责任公司可以不设监事会或监事。而后《公司法(修订草案)(三次审议稿)》及新《公司法》将股东人数较少的有限责任公司也纳入享有该选择权的主体范围内。这些变化反映了在法律层面上对公司治理结构不断优化的重视,其旨在建立更为健全的企业治理机制。但监事会在我国公司治理中发挥的作用仍然有限。实践中,公司治理困局屡见不鲜,却较少见监事会的有效作为。对此,理论与实务界常有改革乃至于取消监事会的呼声。[①]本次《公司法》修订,也许能成为我国公司监事会制度革新的重要窗口。

四、案例评析

周某某与某投资有限公司、李某某损害公司利益责任纠纷案[最高人民法院(2019)最高法民终1679号]

基本案情:2017年,湖南某公司股东周某某提起股东代表诉讼,主张某投资有

---

① 参见石少侠:《我国新〈公司法〉中的公司治理结构》,载《当代法学》2007年第6期。

限公司(湖南某公司实际控制人)、李某某、彭某某作为湖南某公司的实际控制人和高级管理人员,实施损害湖南某公司财产及其他利益的行为,应向公司承担赔偿责任。庭审中,周某某主张湖南某公司任命周某科为湖南某公司监事,在二审询问中,湖南某公司明确表示该公司没有工商登记的监事和监事会。

裁判情况:一审法院裁定周某某提起的股东代表诉讼不当,要求其先履行2013年《公司法》第151条的前置程序。对周某某主张的对决议鉴定的申请不予准许,且周某某未提交其他证据证明周某科为湖南某公司监事。因此,周某某主张书面向周某科请求提起本案诉讼被拒即履行了股东代表诉讼前置程序的理由不能成立。2013年《公司法》第151条第3款规定,周某某也可书面请求董事会提起诉讼,若董事会拒绝或30日内未提起,方可提起股东代表诉讼。故对于周某某直接提起股东代表诉讼不予支持。同时本案也不具备"情况紧急、损失难以弥补"的法定情形,周某某无权提出股东代表诉讼,最终驳回周某某的起诉。

二审法院认为,本案的争议焦点为一审法院裁定驳回周某某的起诉是否正确。根据2013年《公司法》第151条的规定,股东没有履行前置程序的,应当驳回起诉。但此前置程序仅针对一般情况,若不存在公司机关起诉的可能性,则不应因此驳回起诉。在本案中,周某某应先请求监事或监事会提起,但公司明确表示没有监事和监事会。法院认为本案证据无法证明湖南某公司设立了监事会或监事,前置程序客观上无法完成。此外,因湖南某公司董事会成员均与某投资有限公司具有利害关系,不存在经湖南某公司董事会对某投资有限公司提起诉讼的可能性。二审法院支持周某某主张可不经前置程序直接提起诉讼,裁定撤销一审裁定,指令重新审理。

评析:《公司法》允许小规模有限责任公司不设监事(会),但对股东代表诉讼前置程序缺乏明确规定。在公司治理不完善、原告身份复杂、被告兼董事和监事或公司进入清算阶段等"非紧急"情况下,法官应灵活掌握股东派生诉讼前置程序规则,豁免原告履行前置程序义务,以保护中小股东和公司利益。在公司只有董事(会)没有监事(会)的情况下,如果股东起诉不具有董事资格的其他股东,法院应要求原告股东对董事会履行前置程序。

五、律师实务指引

(一)公司不设监事时的小股东权益保障

规模较小或者股东人数较少的有限责任公司,经全体股东一致同意,也可以不设监事,是新《公司法》对于监事制度的一项重要创新。一方面,体现了对公司自治的尊重,有利于实现灵活化、低成本的公司治理;另一方面,以全体股东一致同意为条件,也有利于保护少数股东的利益。但是,不设监事毕竟会降低对公司经营管理的监督力度,不利于对小股东的权益保障。若公司不设监事,我们建议在公司章程中设置股东的监督权,完善知情权行使规则,以充分保障小股权的权益。

（二）与股东代表诉讼的制度衔接

根据新《公司法》第 189 条股东代表诉讼的规定,若董事、监事、高级管理人员执行职务违反法律、行政法规或公司章程给公司造成损害,股东应先书面请求监事会或董事会向人民法院提起诉讼,是股东提起代表诉讼的前置程序。一般情况下,股东没有履行前置程序的,应当驳回起诉。但是,该项前置程序针对的是公司治理的一般情况,即在股东向公司有关机关提出书面申请之时,存在公司有关机关提起诉讼的可能性,则应由监事会或董事会提起诉讼。若公司未设立监事会和监事,在董事和高级管理人员履职不当时,要求监事会或监事提起股东代表诉讼的前置程序客观上无法完成,要求完成对公司提起股东代表诉讼的前置程序已无必要。当然,此次《公司法》修订未就该问题进行细化规定,公司监事制度的变化与股东代表诉讼前置程序等制度上如何进行有效协调,尚需进一步关注。

第四章 有限责任公司的股权转让

修订概述

新《公司法》第四章与2018年《公司法》第三章对应,2018年《公司法》第三章原有5个条款,新《公司法》第四章变更为7个条款。具体而言,新《公司法》第四章新增2个条款:原有的5个条款中,实质修改2条,形式修改1条,保留原文2条。新《公司法》对有限责任公司股权转让若干条款进行了修订,简化了股权转让程序,使得股权交易更为安全、规范、便捷,提升了商事交易的效率并增强股权的流通性。

主要修订内容如下:(1)新《公司法》第84条,相较于2018年《公司法》第71条,删去了股东向股东以外的人转让股权"应当经其他股东过半数同意"的规定,精简了股权转让的程序,明确了向其他股东通知的具体内容,将行使优先购买权的"同等条件"具象化;(2)增加了第86条,明确了股东转让股权有权请求公司办理变更登记以及变更登记请求遭到公司拒绝可提起诉讼作为救济措施,并且进一步强调股东自记载于股东名册时起可以向公司主张股东权利;(3)增加了第88条,在《公司法司法解释三》第18条的基础上,明确了瑕疵股权转让时转让方和受让方的责任;(4)修改了第89条,完善了异议股东请求回购权的规定,进一步限制控股股东滥用权利,保障中小股东的权益。

第八十四条 【股权转让】

> 第八十四条 有限责任公司的股东之间可以相互转让其全部或者部分股权。
> 股东向股东以外的人转让股权的,应当将股权转让的数量、价格、支付方式和期限等事项书面通知其他股东,其他股东在同等条件下有优先购买权。股东自接到书面通知之日起三十日内未答复的,视为放弃优先购买权。两个以上股东行使优先购买权的,协商确定各自的购买比例;协商不成的,按照转让时各自的出资比例行使优先购买权。
> 公司章程对股权转让另有规定的,从其规定。

一、修订情况

相较于2018年《公司法》第71条,本条作出以下修订:股东向股东以外的人转让股权,不再需要经其他股东过半数同意;股东只需要书面将股权转让的数量、价格、支付方式和期限等事项书面通知其他股东,其他股东在同等条件下有优先购买权;其他股东自接到书面通知之日起30日内未答复的,视为放弃优先购买权。

本条简化了股权转让和其他股东行使优先购买权的程序,并采纳了《公司法司法解释四》第18条的规定,明确了"同等条件"所包含的内容,将减少股东行使优先购买权的争议,可操作性更强。这在简化股权转让和其他股东行使优先购买权程序的基础上,细化了向其他股东书面通知的要求,使得股权转让的规则体系更加清晰、严谨。

二、理论基础

有限责任公司兼具资合性和人合性的特征。有限责任公司的创始股东一般相互认识,具有一定的了解和信任基础,甚至某些公司的设立完全是基于对某些股东的特别信赖。股权转让即股东发生变更,原有的人合基础被动摇,公司可能因此动荡;但股权是股东重要的资产,如果不允许流通,不仅使股权价值减损,也会加大股东的投资风险,不利于社会财富的流通和投资创业。有限责任公司的股权转让是必须被允许的,但同时应当有适当限制,以呼应有限责任公司的资合性和人合性。

世界各国(地区)对有限责任公司股东之间的股权转让一般不作限制,我国亦是如此。但对于股东向股东以外的人转让股权,各国(地区)均作出不同程度的限制。我国2005年、2013年和2018年《公司法》规定股东向股东以外的人转让股权需要两个条件,一是应当经其他股东过半数同意;二是其他股东有优先购买权。如果对第一个条件不加限制,股权的自由流通将面临根本性障碍,因此在规定股东行使优先购买权时,对于"股东同意"作出了补充规定,即"股东应就其股权转让事项书面通知其他股东征求同意,其他股东自接到书面通知之日起满三十日未答复的,视为同意转让。其他股东半数以上不同意转让的,不同意的股东应当购买该转让的股权;不购买的,视为同意转让"。通过将股东"行使优先购买权"与"是否同意股权转让"结合起来,事实上达到了"股东不得不同意"的效果,即消除了原本可能出现的股权转让的障碍。这样一种表述方式虽然取巧,但不免让人疑惑。并且,实践中对于"经其他股东过半数同意"也存在争议,有的认为"过半数"是指"人数过半数",有的认为是"出资份额过半数"。本次修订取消了股权转让"应当经其他股东过半数同意"的规定,消除了原规定存在的瑕疵和争议,逻辑更为清晰,操作起来更为便捷,提高了交易的效率。

股权的可流通性得到满足的同时,有限责任公司的人合性也是需要保障的。在股东对外转让股权时,设立股东优先购买权制度是一个兼顾资合性和人合性折中处理的办法。优先购买权必须建立在一定基础之上,"同等条件"便是应当参照的要件。

何为"同等条件"?交易条件是绝对相同还是大体一致即可?实践及理论界一直存在"绝对同等说"和"相对同等说"两种意见。交易条件受到各种因素影响,如交易主体的资信能力、交易双方之间的关系等,不同主体间的交易条件要做到绝对一致,是非常困难的,而且会出现拟交易的双方通过设立某些特殊的交易事项阻却其他股东行使优先购买权,从而架空股东的优先购买权。因此,"相对同等"较为合理,更具有可操作性。

"相对同等"应当基于何种标准,包含哪些交易条件,是值得探究的。应当回归到签订合同的基本要素来考虑这一问题。从合同法的原理来看,在标的物明确的情况下,约定了数量,合同就可以成立。除此之外,价格几乎是每一宗交易的核心问题,而支付方式和期限往往也是交易谈判的重点。因此,数量、价格、支付方式和期限作为交易的基础条件,应当成为判断交易条件"同等"与否的内容。《公司法司法解释四》第18条将该四项交易内容列为判断"同等条件"的要件,经受了实践的考验。《公司法(修订草案)(三次审议稿)》和新《公司法》采纳了前述规定,较前两次审议稿的规定更为具体、清晰。

三、制度演变

1993年、1999年和2004年《公司法》都是以第35条对股东转让出资作出相同的规定:股东向股东以外的人转让其出资时,必须经全体股东过半数同意;不同意转让的股东应当购买该转让的出资,如果不购买该转让的出资,视为同意转让。经股东同意转让的出资,在同等条件下,其他股东对该出资有优先购买权。

2005年《公司法》设立了"有限责任公司的股权转让"专章,之前三部《公司法》第35条被调整到了第72条,在内容上也作出了较大的修改:(1)将"出资"修改为"股权"。出资可以理解为出资人或股东向公司交付出资款(物)的行为,也可以理解为出资人或股东向公司交付的出资款(物)。公司成立后,出资人的出资转化为公司法人的财产,出资人获得股东的权利。股东能转让的应该是股东权利而非出资款(物),因此,2005年《公司法》修订将"出资"修改为"股权"在法律概念上更为准确。(2)2005年《公司法》第72条第2款规定,"股东向股东以外的人转让股权,应当经其他股东过半数同意",而前三部《公司法》规定的是:"必须经全体股东过半数同意。"2005年《公司法》排除了转让股东参与表决的权利,程序设置上更为合理。(3)2005年《公司法》第72条第2款增加了书面征求意见和答复期限的内容,规定"股东应就其股权转让事项书面通知其他股东征求同意,其他股东自接到书面通知之日起满三十日未答复的,视为同意转让",明确了股权转让的通知程序。(4)2005年《公司法》通过第72条第3款增加了"两个以上股东主张行使优先购买权的,协商确定各自的购买比例;协商不成的,按照转让时各自的出资比例行使优先购买权"的规定,明确了两个以上股东行使优先购买权的规则。(5)2005年《公司法》通过第72条第4款增加了"公司章程对股权转让另有规定的,从其规定"的规定,明确股东可以通过自由协商,在公司章程中对股权转让作出有别于《公司法》的规定,体现了公司治理的自主原则。

2013年、2018年《公司法》将2005年第72条调整为第71条,内容未再作调整。2020年《公司法司法解释四》第16～22条从自然人继承、优先购买权的通知效力、同等条件、优先购买权损害后的救济等方面进一步细化优先购买权的行使规则。

四、案例评析

案例一:中静实业(集团)有限公司诉上海电力实业有限公司等股权转让纠纷案[上海市第二中级人民法院(2014)沪二中民四(商)终字第1566号]

基本案情:中静实业(集团)有限公司(以下简称中静公司)、上海电力实业有限公司(以下简称电力公司)系上海新能源环保工程有限公司(以下简称新能源公司)的股东。电力公司转让其所持股份,中静公司明确表示不放弃优先购买权。股权转让在某产权交易所进行。产权交易所公告了电力公司所持新能源公司股权转让的信息。中静公司向产权交易所主张其享有优先购买权,请求产权交易所暂停挂牌交易,重新披露信息。中国水利电力物资有限公司(以下简称水利公司)与电力公司通过产权交易所签订了股权交易合同。新能源公司向水利公司出具出资证明书,并将其列入公司股东名册,但未能办理工商变更登记。中静公司诉至法院,认为电力公司擅自转让股份侵害了其优先购买权,请求判令中静公司对电力公司转让给水利公司的新能源公司61.8%的股权享有优先购买权,并以转让价行使优先购买权。

裁判情况:上海市黄浦区人民法院一审认为,股东优先购买权是股东的法定权利。中静公司在股权交易前向产权交易所提出了异议,产权交易所对中静公司的异议不予理会,直接将电力公司股权拍卖给水利公司,侵害了中静公司的优先购买权,电力公司与水利公司的股权转让合同不发生效力。一审法院判决:中静公司对电力公司转让给水利公司的新能源公司61.8%的股权享有优先购买权。电力公司、水利公司上诉后,上海市第二中级人民法院判决驳回上诉,维持原判。

评析:虽然国有产权转让应当进产权交易所进行公开交易,但因产权交易所并不具有判断交易一方是否丧失优先购买权这类法律事项的权利,在法律无明文规定且股东未明示放弃优先购买权的情况下,享有优先购买权的股东未进场交易,并不能根据交易所自行制定的"未进场则视为放弃优先购买权"的交易规则,得出其优先购买权已经丧失的结论。

案例二:赵某某、温某等股权转让纠纷案[山东省高级人民法院(2022)鲁民终370号]

基本案情:泰某某公司的股东是贾某(出资1200万元,持股比例为40%)、赵某某(出资1530万元,持股比例为51%)、温某(出资270万元,持股比例为9%)。赵某某与温某系夫妻。赵某某、温某与邦某公司签订《股权转让协议书》,拟将其持有的泰某某公司60%的股权转让给邦某公司。赵某某、温某起诉请求判令邦某公司按照《股权转让协议》等约定协助赵某某、温某办理股权变更登记手续,即将赵某某、温某名下泰某某公司60%的股权变更至邦某公司名下。

赵某某、温某向泰某某公司另一股东贾某发送《股权转让通知函》,函件记载的股权转让条件与二人与邦某公司签订《股权转让协议书》并不相同。贾某复函指出二人隐瞒主要事实,此前早已将《股权转让通知函》中的股权实际转让给了邦某公司;二人在庭审中提出股权转让并向贾某送达《股权转让通知函》,故意隐瞒股权已经实际转让的事实、虚高股权转让价格。贾某提出,如二人坚持转让泰某某公司60%的股权,其主张对二人拟转让的泰某某公司股权中11%的股权(对应注册资本330万元,转让价格为1100万元)行使优先购买权。

裁判情况:一审法院认为,根据2018年《公司法》第71条和2020年《公司法司法解释四》第17条的规定,涉案股权转让事先并未书面通知并征得泰某某公司另一股东贾某的同意,赵某某、温某向贾某发送的《股权转让通知函》中告知的股权转让价格与《股权转让协议书》的约定不一致,贾某明确表示对赵某某、温某的转让股权在同等条件下主张优先购买权。故涉案《股权转让协议书》虽合法有效,但因股权转让未征得泰某某公司其他股东同意,侵犯了其他股东的优先购买权,赵某某、温某要求变更股权登记的请求,于法无据,一审法院不予支持。一审法院判决:驳回赵某某、温某的诉讼请求。

二审法院认为,涉案《股权转让协议书》及相应的补充协议系当事人真实意思表示,协议内容不违反法律法规规定,合法有效。但是,根据2018年《公司法》第71条第2款的规定,上述合同存在阻却情形,尚不具备履行条件。二审法院依照2022年最高人民法院《关于适用〈中华人民共和国民事诉讼法〉的解释》第328条的规定,裁定维持一审判决,驳回赵某某、温某的起诉。

评析:股东在向股东以外的人转让股权时,应将股权转让的条件如实地通知其他股东,否则视为未通知其他股东,侵犯了其他股东优先购买权,其股权不具备办理变更登记手续的条件。

五、律师实务指引

股权转让是最为常见的商事法律行为,涉及股权转让方、股权收购方、其他股东及公司等各方权益,既需要维护公司的人合需要,又需要提高股权流转效率,使股权作为一项财产的价值得到有效体现,维护投资人利益,增加投资信心。律师实务中,针对新《公司法》第84条,可从以下几个层面向委托人提出指导意见:

(一)通知其他股东的义务

股权转让所涉各方当事人均应严格执行新《公司法》等相关法律法规、司法解释的规定,保护其他股东的优先购买权,合法有效地进行股权转让。转让股权最核心的问题是股权转让方应当诚信地履行通知其他股东的义务。

1.通知的时间。法律没有规定股权转让方应当何时通知其他股东,只规定了其他股东回复的时间。发出通知的时间应当根据股权转让的具体情况来定。考虑到股权转让通常涉及复杂尽职调查和商务谈判,会耗费较多的时间、费用和人力,如在启动股权转让前初步通知其他股东,则既可了解股东行使优先购买权的意愿,也可将股东是否行使优先购买权作为股权转让的重要信息披露给收购方,如此有利于其他股东和收购方及早做好商务筹划,提高股权转让的成功率。在双方确定好交易条件后,应当尽快通知其他股东,避免股权转让合同无法履行甚至陷入法律纠纷。

2.通知的内容应当真实。从赵某某、温某等股权转让纠纷一案中可知,如果股权转让方发出的股权转让通知与真实的股权转让条件不符,是不发生通知的法律效力的,其他股东仍然有权就真实的股权转让条件行使优先购买权。

3.通知的内容应当齐备。"同等条件"应当包括转让股权的数量、价格、支付方式及期限等因素,甚至包括股权转让所附设的一些特殊条件,如股权转让方与受让人约定的投资、业务合作、债务承担等条件。上海市高级人民法院民二庭《关于审理涉及有限责任公司股东优先购买权案件若干问题的意见》规定,通知中主要转让条件不明确,无法通过合同解释和补充方法予以明确的,视为未发出过书面通知。

4.通知的形式应当是书面的,且应当有便于固定和收集的送达凭据。

(二)公司章程的设计,使股权转让符合股东的预期

上述实务要点都是基于公司章程没有对股权转让作出特别约定的情形,操作起来仍不免存在争议或难以满足股东的实际需求。公司设立时,股东可就股权变动的各种情况进行充分讨论,有针对性地制定公司章程。

1.公司章程可以约定限制或排除其他股东的优先购买权或者规定更为宽松的股权转让条件,但不得实质性地限制、禁止股东转让股权。

2.公司章程可以对股东财产分割、继承等特殊的股权变动作出约定,如是否同意股东离异时将股权进行分割,是否同意股权直接继承,在此类股权变动时,其他股东有无优先购买权等。

3.公司章程可以对股东行使优先权的程序作出比法律规定更为宽松或严格的规定,如其他股东收到股权转让通知回复的时间可以长于或短于新《公司法》规定的30日。

4.公司章程可约定便于股权转让管理的其他事项。

关联法条

《企业国有资产交易监督管理办法》第7~33条

第八十六条 【股权转让的变更登记】

> 第八十六条 股东转让股权的,应当书面通知公司,请求变更股东名册;需要办理变更登记的,并请求公司向公司登记机关办理变更登记。公司拒绝或者在合理期限内不予答复的,转让人、受让人可以依法向人民法院提起诉讼。
>
> 股权转让的,受让人自记载于股东名册时起可以向公司主张行使股东权利。

一、修订情况

相较于2018年《公司法》,本条为新增条款:

新增股权转让后公司不仅负有变更股东名册的义务,还应依法办理变更登记,并赋予转让人和受让人对公司不履行该义务的诉权。

明确股权转让后受让人以记载于股东名册时作为向公司主张行使股东权利的开始时间。

二、理论基础

公司作为法律拟制主体,其重要事项往往需要一定的形式加以固定并对外公布,实践中采取的方式一般通过簿记的方式进行登记或公告等。公司股权状况发生变更的应当办理变更登记,包括股权转让发生的变更,增资减资引发的变更,以及遗产继承或离婚财产分割、司法强制执行等引发的变更。有限公司股权的初始登记及变更登记均属于公司的重要信息,对公司、股东以及公司外的第三人均具有非常重要的意义。

新《公司法》修订重点之一,就是从契约自由、公司确认与登记公示三重维度,反思和重塑股权转让时的股权变动规则,这有助于加速股权流转,维护交易安全,明晰股权结构,完善公司治理。从契约自由的维度看,股权转让合同原则上自合同成立之日起生效,但依据法律法规需要履行批准或登记的生效手续、当事人另有附期限或附条件等特别约定的除外。从公司确认的维度看,股权转让符合法定条件和公司章程约定的,或通过公司决议程序确认的,股权自股权转让双方通知公司之时(至迟在股东名册更新之时)起发生移转,视为股权转让取得公司的认可。从登记公示的维度看,公司协助股权转让双方前往登记机关办理股权转让及股东变更登记之时,产生保护善意相对人合理信赖与对抗非善意相对人的公示公信效力。在公司确认的股东信息与登记机关登记的股东信息相互冲突时,立法者、登记者与裁判者应恪守"别内外,论阴阳,分善恶"的理念,在公司内部关系中坚持源泉证据优位,在涉及善意相对人的外部关系中应坚持对抗证据优位。

股权转让使股东通过继受方式取得股东资格。股权变更登记分为内部登记和外部登记,其主要作用在于将仅在股权转让双方内部之间发生的股东变动,通过记载、公告等方式,使公司及公司以外的第三人获知,进而实现静态保护(权利人对股权的保有利益)和动态安全(公司与公司以外第三人在与股东发生相关法律行为时的利益保护)的双重安全。股权变更登记因内部登记和外部登记牵涉的利益或利害关系人不同而有所不同,分为股权的内部登记和外部登记,不同登记方式对股权变动的影响也有所不同。

股东名册的登记属于公司内部登记,股权的变动只有详细记载于股东名册,才能成为公司确定股东身份、有效处理公司与股东之间关系的依据。股东名册登记具有自治性和法定性两个特征,自治性表现在股东名册属于股东之间以及股东与公司之间的一种契约性安排,强调公司的一般自治管理,它包括法定记载事项和任意记载事项。法定性则表现在公司负有置备股东名册的义务,其制备和必要记载事项是法定的。因此,股东在依法转让股权后,公司应当及时修改公司章程和股东名册中有关股东及其出资额的记载,这是公司负有的法定义务,也是避免争议的有效良策。基于股东名册的上述特性,对股权转让而言,股东名册又具有推定效力,即股东名册的记载可以作为股权归属的表面证据。只要股东名册上有记载,股东向公司主张行使股东权利时,无须提交其他证明材料。但是,股东名册的记载并不是确定真正股东的源泉证据,而只是推定取得股东权利的形式根据,具有推定效力,但可为举证所推翻。

股权外部登记的效力,是指股权变动通过法定登记并公示之后,即产生两种法律效力,即公信力和对抗力。通过赋予登记的对抗力来保护登记人的合法权益,通过赋予登记的公信力来保护善意第三人,从而维护交易安全。在我国的公司法律制度中,强制公司进行股权外部登记,是国家对私人行为的干预,股权外部登记更多体现了股东与公司外第三人的权利义务关系的协调或平衡。外部登记具有强制性、公示性、要式性的特点。因此,股权变动经工商变更外部登记后即产生对抗力和公信力。此前,《公司登记管理条例》(已失效)和《市场主体登记管理条例》对有限责任公司的登记做了非常详细的规定,但对股份有限责任公司的规定不是很详细。比如,对股份公司发起人转让股份未要求外部登记,仅规定当发起人的名称或姓名变更时应要求工商机关予以变更登记,这是基于股份公司资合性大于人合性的特点,有利于股份公司的股权流转。因此,在实践中对股份公司的股权变动只按法律明确规定进行公示或变更。

实践中,由于《公司法》只规定了设立、变更股东名册的义务,并未规定不履行此义务时的法律责任,因此很多公司不依法设置股东名册。此情况下如果内部登记与外部登记不一致,第三人基于诚实信用而相信外部登记机关的公示与之进行法律行为的,应优先保护善意第三人的利益,维护交易秩序。就对内而言,如果登记与事实不符,则应按照内外有别原则保护真正权利人的权益。

基于上述内容,股权转让后,公司应将股东记载于股东名册,这意味着公司对股权转让的确认及对受让股东身份的认可,是股东资格取得的实质性要件,即便未办理工商登记变更,股东也已取得股东资格及身份,当然享有股东权益,其主张工商登记变更,或主张股权权益,均受法律保护。工商登记记载及变更,是股东身份取得的形式要件,具有公示效力,可以对抗善意相对人,是实务中对股东资格对外效力的确认,尤其是股权代持还原或隐名股东显名化认定的核心要素。

新《公司法》的另一大变化就是首次以专章形式规范公司登记行为(单独设立第二章"公司登记"),明确公司设立登记、变更登记、解散登记等事项,并在多处规定公司须在全国信息公示系统同步变更并公示。其目的是既在一定程度上保障"善意相对人"的知情权,便于相对人通过相关公示渠道了解公司真实情况,也使得公司登记更加有效。需要注意的是,新《公司法》对"公司登记事项"和"公司公示事项"包括义务主体的规定有所区别,例如,第32条规定的是公司登记事项,公示义务主体是公司登记机关,当然申请登记及变更登记的主体仍然是公司;第40条规定的则是公示事项,公示义务主体是公司。这两条规定的内涵不同,例如,有限责任公司股东姓名或者名称属于登记事项,有限责任公司股东认缴和实缴的出资额、出资方式和出资日期则属于公示事项,只有登记事项发生变更才存在变更登记的程序和义务。换言之,如果是股东内部持股比例及出资额变动,在不涉及股东增加、减少或股东变更、名称变动的情况下,不需要办理变更登记,但需要办理公示。因此,针对不同的登记或公示事项,才有针对性地增加"需要办理变更登记"的规定及限制。

三、制度演变

1993年《公司法》第36条只规定"股东依法转让其出资后,由公司将受让人的姓名或者名称、住所以及受让的出资额记载于股东名册",并没有规定公司针对股权转让的变更登记义务及股东何时可以享有股东权利的时点。1999年、2004年《公司法》对此部分未作修订、增补。

2005年《公司法》第33条在明确有限责任公司应当置备股东名册、记载股东姓名或者名称及住所、股东的出资额、出资证明书编号的基础上,新增记载于股东名册的股东,可以依股东名册主张行使股东权利,并且规定公司应当将股东的姓名或者名称及其出资额向公司登记机关登记,登记事项发生变更的,应当办理变更登记,未经登记或者变更登记的,不得对抗第三人。2013年《公司法》全面取消实缴制,改为认缴制,将该条"公司应当将股东的姓名或者名称及其出资额向公司登记机关登记"修改并删去了"及其出资额",其他未作变动。2018年《公司法》对此条规定未作调整。

《公司法司法解释三》第23条规定,发生股权转让后,公司未签发出资证明书、记载于股东名册并办理公司登记机关登记的,当事人有权诉请公司履行前述义务。

《全国法院民商事审判工作会议纪要》第8条提出指导意见,"当事人之间转让有限责任公司股权,受让人以其姓名或者名称已记载于股东名册为由主张其已经取得股权的,人民法院依法予以支持,但法律、行政法规规定应当办理批准手续生效的股权转让除外。未向公司登记机关办理股权变更登记的,不得对抗善意相对人"。新《公司法》第34条将2018年《公司法》第32条第3款的"不得对抗第三人"修改为"不得对抗善意相对人",将对抗效力的范围做了限缩。

实务中一般认为,股权转让后受让方何时取得股东资格以载明于股东名册为标准,工商登记变更仅为公示对抗善意相对人,不具有设权效力,但股权发生变动后公司何时履行变更登记义务并无法律明确规定,而是规定在《市场主体登记管理条例》这类行政法规中。实务中较为常见的问题是,股权转让后因未办理变更登记,原股东将仍登记于其名下的股权转让、质押或者以其他方式处分,由此产生如何认定股东资格及排除执行行为、如何认定处分股权行为的效力及善意相对人权益保护等问题。《公司法司法解释三》第27条第1款就规定,股权转让后尚未向公司登记机关办理变更登记,原股东将仍登记于其名下的股权转让、质押或者以其他方式处分,受让股东以其对于股权享有实际权利为由,请求认定处分股权行为无效的,人民法院可以参照《民法典》第311条关于善意取得的规定进行处理,因此给实际股东造成损害的,其只能向无处分权的登记股东请求损害赔偿。尤其是,最高人民法院《关于人民法院办理执行异议和复议案件若干问题的规定》第25条规定,针对股权的执行异议,人民法院按照"工商行政管理机关的登记和企业信用信息公示系统公示的信息判断"其是否系权利人,但权利外观的认定或排除,与权利内核尚存在出入,不利于此类争议解决。

本条新增是对前述股权变动中各方义务节点及受让方何时取得股东资格及权益等争议问题的立法回应和明确界定,明确以股东名册作为受让人向公司主张股权的依据,实际上是以股东名册作为取得股东资格的实质性判断标准,有助于解决理论界和实务界长久以来的争议。

四、案例评析

案例一:云南某新能源投资有限公司、上海某新能源有限公司等执行异议之诉案[最高人民法院(2022)最高法民再117号]

基本案情:某路集团与云南某新能源投资有限公司(以下简称云南公司)签订《股权转让协议》,转让其持有的标的公司24%的股权,转让价格为2400万元,转让完成后,云南公司成为标的公司唯一股东。

因某路集团未配合办理股权变更手续,云南公司诉至法院,法院判定双方《股权转让协议》合法有效,某路集团配合云南公司办理股权变更登记,但某路集团未能办理。

上海某新能源有限公司(以下简称上海公司)因与某路集团等发生民间借贷纠纷,提起强制执行,法院裁定冻结某路集团持有的标的公司全部股权,停止办理上述股权的过户、质押等一切手续并协助予以公示。此后,云南公司提起案外人执行异议。

裁判情况:一审法院认为,生效判决已经确认涉案股权的所有人为云南公司,上海公司系基于其对某路集团享有的债权而申请执行并冻结涉案股权,并非基于其对涉案股权登记的信赖而与某路集团或云南公司发生交易行为,故上海公司并非商事外观主义原则中的善意第三人,判决停止针对云南公司所持但登记于某路集团名下标的公司股权的执行。二审法院认为,根据最高人民法院《关于人民法院办理执行异议和复议案件若干问题的规定》第26条第1款第2项的规定,金钱债权执行中,案外人依据执行标的被查封、扣押、冻结前作出的另案生效法律文书提出排除执行异议,若该法律文书系就案外人与被执行人之间除权属纠纷以及租赁、借用、保管等不以转移财产权属为目的的合同纠纷之外的债权纠纷,判决、裁决执行标的归属于案外人或者向其交付、返还执行标的的,人民法院对排除执行异议不予支持。这类法律文书确定的权益系基于债权请求权,权利基础在于债权,依据债权平等原则,基于一般债权的请求权不能对抗人民法院在金钱债权执行中采取的查封、冻结等强制执行行为。据此撤销一审判决,驳回云南公司诉讼请求。云南公司向最高人民法院提起再审。

最高人民法院认为,股权转让是股权继受取得的方式之一,作为一种法律行为,通过当事人之间达成合法有效的转让协议后履行即可取得相应股权。向公司登记机关进行股权变更登记是公司履行股权转让协议的行为,仅发生对抗交易第三人的法律效力,而非股权取得的法定要件。股权受让方是否实际取得股权,应当以公司是否修改章程或将受让方登记于股东名册,股权受让方是否实际行使股东权利为判断依据。在上海公司申请股权强制执行措施之前,涉案股权已实际归属云南公司所有。《公司法》(2018年)第32条第3款中的变更登记作为对抗要件,所针对的"第三人"仅限于与名义股东存在交易的第三人。上海公司在本案中对涉案股权主张执行,并不是基于涉案股权为标的的交易行为,而是基于与案涉其他公司之间的民间借贷纠纷,以民事调解书确定的普通债权而申请查封并执行,其权利基础系普通债权。上海公司不属于商事外观主义保护的第三人,并无信赖利益保护的需要。据此判令云南公司就涉案股权享有的民事权益,足以排除上海公司申请的强制执行,撤销二审判决,维持一审判决。

评析: 有限责任公司股权的工商登记是证权登记,而非设权登记,即股东取得股权不以工商登记为生效要件,公司的实际股东需要以股东会决议及股东名册记载为准。因此,签订股权转让协议后,公司作出了股东会决议,变更了股东名册,就产生了股权变更的法律后果,股权工商登记仅产生对抗第三人的效力。因股权的工商登记具有公示的效力,对显名股东所为的侵害隐名股东权利的行为,应参照善意取得的相关规定处理。新《公司法》第 34 条已将"不得对抗第三人"修改为"不得对抗善意相对人",与该案主旨一致,旨在明确变更登记对抗所针对的"第三人"应仅限于与名义股东存在交易的相对人,并不包括基于民间借贷纠纷等普通债权的相对方,强调外观保护的交易关系和交易安全范围;普通债权不属于商事外观主义保护的第三人,并无信赖利益保护的需要。

案例二:深圳市标榜投资发展有限公司与鞍山市财政局股权转让纠纷案
[最高人民法院(2016)最高法民终 802 号]

基本案情:2011 年 11 月,鞍山市财政局与沈交所签订协议,委托沈交所登记挂牌鞍山银行 69,300 万股国有股权。2012 年 2 月,宏运集团支付 4848 万元保证金,次月,深圳市标榜投资发展有限公司(以下简称标榜公司)向沈交所交纳保证金 1650 万元。鞍山市财政局与受让方标榜公司签订合同。摘牌公司受理,签订股权转让合同。但监管部门获悉后作出终止股权受让的决定。2013 年 12 月,鞍山市财政局在北京金融资产交易所将上述股权重新挂牌转让。2014 年 1 月 16 日,标榜公司起诉请求判令鞍山市财政局赔偿交易损失、可得利益损失。同年鞍山市财政局将案涉股权 5 亿股以每股高于协议 0.5 元的价格转让给了中国华阳投资有限公司。

裁判情况:《商业银行法》第 28 条规定,任何单位和个人购买商业银行股份总额 5% 以上的,应当事先经过国务院银行业监督管理机构批准。涉案《股份转让合同书》的转让标的为鞍山市财政局持有的鞍山银行 9.9986% 即 22,500 万股股份,系金融企业国有资产,转让股份总额已经超过鞍山银行股份总额的 5%。依据上述规定,该合同应经有批准权的政府及金融行业监督管理部门批准方产生法律效力。由此,该案的《股份转让合同书》虽已经成立,但因未经有权机关批准,应认定其效力为未生效。故支持了标榜公司关于交易费用及损失、保证金损失等诉请。

评析:本次《公司法》修订过程中,二审稿曾在该条中增加"公司无正当理由不得拒绝",后三审稿删除。实务中,如果股权转让必须符合特定条件但未满足的,公司有权拒绝配合办理变更登记。该案中所涉国有股权转让,应当经履行出资人职责的机构(国资委或财政部门)或本级人民政府批准,进行评估备案或核准后才能进场交易。国有股权转让未经批准的,转让协议未生效;未进场交易的,也存在转让无效风险。因此，股权转让中双方应当先考虑股权转让协议的效力规则，并在合同中对合同生效及相关权利义务作出提前安排，以确保一旦不符合监管或其他非自身可控原因导致股权转让无法交付实现时，便于法院审查认定，最大程度减少己方的损失。

五、律师实务指引

1.有限责任公司应当依法置备股东名册，将股东的姓名或者名称、出资额等载明于股东名册及公司章程，发生股权转让的，应当及时变更。股东名册是公司认可股东身份的最直接凭证，直接关系到股东资格的确认与股权的行使，与股东利益密切相关，因此，有必要对股东变动后，股东应当履行通知、公司应当配合办理变更等此类义务予以明确，以明晰股东资格及股东权益行使。但是实务中，部分公司并未依法设立股东名册；如果没有股东名册且未办理变更登记，极有可能发生争议，股权转让各方还须对股权转让协议效力，以及受让方股东是否实际参与公司管理、其他股东是否明知股权转让等进行举证，甚至对谁是股东发生争议。

2.有限责任公司应当将股东的姓名或者名称向公司登记机关登记，登记事项发生变更的，应当办理变更登记；向公司登记机关登记备案具有公示效力，未经登记或者变更登记的，不得对抗第三人，进而将影响相应股东的利益。当股东转让股权时，公司负有向登记机关办理变更登记的义务，否则可能发生请求变更公司登记纠纷或股东资格确认纠纷。需要注意的是，根据新《公司法》第32条及《市场主体登记管理条例》第8条的规定，公司的登记事项包括"有限责任公司股东、股份有限公司发起人的姓名或者名称"，对于股份公司非公司发起人股东及发起人之后的股份转让，不必须办理变更登记。

3.一般而言，除非公司章程另有规定，股东之间可以相互转让其全部或者部分股权，且不需要征得其他股东和公司同意，也不需要召开股东会决议，但是这种情况下，公司对股东之间的股权转让可能不知情。因此，股东应当就其股权转让及变动情况，书面告知公司，要求公司及时办理股东名册变更并向公司登记机关办理变更登记，公司无正当理由不得拒绝。股东向股东以外的人转让股权的，其他股东在同等条件下有优先购买权，此种情况下，转让方就股权转让事项通知公司，为了防止股东私自对外转让股权进而影响其他股东行使优先购买权，或在股权转让后迟迟未能变更备案进而影响受让股东合法行使股东权利，法律规定股东有就股权转让事项书面通知公司的义务,便于公司判断其转让程序是否符合法律及公司章程的规定,并及时配合办理相关登记及变更备案。

公司对符合法律及公司章程规定的股权转让无实质否定权,因此,新《公司法》删除了修订草案二次审议稿中"公司无正当理由不得拒绝"的规定。但是,公司如有正当理由,认为股东变动存在重大程序瑕疵或实体违法,或不符合监管规定,应当在合理期限内书面答复转让人、受让人,并允许各方补正,否则就必须配合办理相关登记及变更备案。实务中,股权变动存在重大瑕疵、不符合变更要求的情形主要包括:股东会程序瑕疵,或未经股东会决议对外转让股权损害其他股东优先购买权,以及监管机构认为不符合变更登记的其他事由,包括违反证券交易规则或金融监管规则的股权转让、违反限售期的股权转让、违反国有资产监管的股权转让、违反外商投资监管规定的股权转让等。

公司向公司登记机关办理变更登记是公司负有的义务,意味着公司对股权转让及受让股东身份的认可,如果公司认为股权转让程序存在问题,或者不符合股权转让及变动的条件,应当告知股东予以完善或补救。关于公司办理变更登记的期限,新《公司法》未作规定,参照《市场主体登记管理条例》第 24 条的规定,公司理应从股权转让协议签订之日起 30 日内(股东之间),或股东会决议作出同意股东对外转让股权之日起 30 日内,向公司登记机关申请办理变更登记。在股东内部转让股权、公司不知情的情形下,公司应从收到股东书面通知之日起 30 日内办理变更。股东履行书面通知义务,不是公司向公司登记机关办理变更登记的前提条件,故公司不能以股东未向公司发出书面通知而拒绝办理变更登记。如公司在上述期限内未予变更,也未答复或说明理由,则可视为公司拒绝履行,此时,出让人、受让人均可依法提起变更公司登记之诉。

关于发出转让通知的主体,新《公司法》第 86 条字面理解仅指转让人(原股东),但是实务中,如转让人(原股东)怠于行使通知义务,将使新股东取得权利陷入不确定或不稳定的状态,进而影响受让股东身份的确认或股东权利的行使,因此,转让人(原股东)、受让人(新股东)均有权向公司发出转让通知。

4. 公司拒不配合办理变更登记而引发的变更公司登记纠纷的案件中,对工商登记存在异议的一方为原告,公司为被告,如因原法定代表人或者股东拒不配合导致无法变更公司登记,也可以将其作为协助义务主体列为共同被告,但其不宜单独作为被告。根据《民事诉讼法》第 27 条、最高人民法院《关于适用〈中华人民共和国民事诉讼法〉的解释》第 22 条的规定可知，当事人在变更公司登记方面存在纠纷时应向公司住所地人民法院提起诉讼。变更公司登记涉及的是身份性的权利，并不属于债权请求权的范畴，因此，请求变更公司登记纠纷案件不适用诉讼时效的有关规定。

关联法条

1.《民法典》第 64～66 条、第 125 条
2.《市场主体登记管理条例》第 24 条、第 29 条

第八十八条 【转让未届出资期限或瑕疵出资股权的责任承担】

> 第八十八条 股东转让已认缴出资但未届出资期限的股权的,由受让人承担缴纳该出资的义务;受让人未按期足额缴纳出资的,转让人对受让人未按期缴纳的出资承担补充责任。
>
> 未按照公司章程规定的出资日期缴纳出资或者作为出资的非货币财产的实际价额显著低于所认缴的出资额的股东转让股权的,转让人与受让人在出资不足的范围内承担连带责任;受让人不知道且不应当知道存在上述情形的,由转让人承担责任。

一、修订情况

相较于2018年《公司法》,本条为新增条款,共两款,第1款是针对已认缴但未届出资期限的股权转让后,转让人、受让人的出资责任界定;第2款是针对瑕疵出资股权转让后,转让人、受让人承担的出资责任界定。

第1款针对已认缴但未届满出资期限的股权转让,明确由受让人承担出资义务,受让人未按期足额缴纳出资的,转让人对受让人未按期缴纳的出资承担补充责任。

第2款对瑕疵出资的股权转让,相较于《公司法司法解释三》第18条有较大调整,首先,对瑕疵出资情形限缩明确为两种,一种是未按章程规定期限缴纳出资,尊重章程对股东出资的约定,另一种是"作为出资的非货币财产的实际价额显著低于所认缴的出资额";其次,明确瑕疵出资情形首先由转让人与受让人在出资不足的范围内承担连带责任,例外情形是受让人不知道且不应当知道瑕疵出资情形,由转让人承担任,此情形下,受让人对自己不知情的情况负有举证责任。

二、理论基础

《公司法》在2013年修正时确立了注册资本认缴制度,其目的在于减轻投资者一次性投资的压力,从而有利于公司经营,激发市场活力。根据2018年《公司法》第28条"股东应当按期足额缴纳公司章程中规定的各自所认缴的出资额",以及2018年《公司法》第3条"有限责任公司的股东以其认缴的出资额为限对公司承担责任"之本意,在认缴期限届满前,股东享有期限利益,不需要履行出资义务。

然而,全面认缴制的推出,似乎给了出资人(股东)更大的利益空间。若缺乏相应的约束机制,不良出资人不仅会将出资优惠政策用到极致,不兑现出资承诺,还可能会竭尽全力利用股东的控制权对公司利益(财产)进行腾挪,将公司掏空,最终损害公司和债权人利益。投资者滥用期限利益损害公司权益及公司债权人利益的情形比比皆是,如巨额注册资本公司纷纷诞生,超长认缴期限如百年后缴资的承诺也不少见,最终通过股权转让逃之夭夭的出资人更是不在少数,甚至还出现利用各种关联交易制造的空壳公司。司法实践中因公司出资而引发的纠纷更是数量激增,加大了债权人的交易风险。我们不得不反思,公司资本制度作为公司独立人格的要素之一应当如何确立,股东出资义务之法定性的真正含义为何,股东出资义务之约定可否推翻法定性义务,未缴资等瑕疵股权转让可否缺失公司的同意,以及公司在维护财产及交易安全中的地位如何,等等。

公司成立与正常经营,一般通过股权融资和债权融资两个渠道获得财产,股东出资是股东对公司的义务,股东出资的财产属于公司,也是公司对外承担责任的基础。除非公司解体,公司股本不得收回。股东基于对公司的出资,享有公司重大事项的决策权。如果公司获利,股东享有分红权,在公司清算时,只有通过外部债权融资的债权人获得全部清偿后,股东才能收回投资。若公司亏损,不能清偿全部债务,股东将承担损失,但股东承担的损失是有限的,以其对公司的出资范围为限。当股东的股本全部消耗完毕,甚至公司负债累累,股东基于有限责任投入公司的资本自然已消耗殆尽,但超出部分的负债最终将由债权人买单。可见,只要股东出资期限未届满,就有必要对其股权转让前后及瑕疵出资等进行规制,以平衡公司、股东与外部债权人的利益,确保公司资本能有效形成并能防止被股东不当侵蚀,这也是对股东出资义务法定性与约定性的双元融合,法定性是根基,始终不能动摇。

2018年《公司法》规定,除了法律和行政法规明确规定不能作为公司出资的财产外,形式各样的财产都可以作为股东的出资。最常见的股东出资方式是货币出资,其次是非货币类出资,主要有:(1)拥有所有权的财物;(2)土地使用权;(3)商标权、著作权、专利权等知识产权。新《公司法》又明确将"股权"和"债权"纳入股东出资范围,扩大了出资范围,为企业家有效盘活自身资源、开办企业、扩大生产规模提供了良好的制度环境。出资形式的多样化,尤其是非货币财产出资的复杂化,带来各种瑕疵出资及不规范出资问题,除必要的评估作价及履行流转手续外,还应对出资责任进行细化及作出更为严谨的规定,以符合社会发展的实际需要。

有学者认为,股东对公司的出资责任,为公司对股东的带有身份属性的债权,股东对外转让其股权时须征得债权人即公司的同意,且该债权不因股权转让而当然失去,在特定情形下,原股东仍应当对公司承担出资责任。因此,无论已认缴未届出资期限的股权转让,还是未按期足额出资的股权转让,抑或是已出资但作为出资的非货币财产的实际价额显著低于所认缴的出资额的股权转让,原股东或出让人的出资责任并不当然免除。究其原理,主要基于以下考虑:

首先,股东出资的法定性。股东的认缴出资系公司的责任财产,公司以全部财产对公司债务承担责任,股东以认缴出资额或认购的股份为限对公司承担责任,因此,股东对公司的出资责任与其认缴出资的时间无关。从公司角度来看,股东认缴但未届期限的出资,属于公司的未到期债权,是公司责任财产的一部分。公司不能对外清偿到期债务,意味着公司资产已经不能满足公司的正常经营需要,则公司应有权要求股东提前缴纳出资,用于弥补公司经营的资产缺口。根据2018年《公司法》第3条的规定,有限责任公司的股东对公司债务的承担以其认缴的出资额为限,不应区分已缴出资、未缴出资,股东未出资部分亦属于公司财产。

其次,股东出资期限是股东内部约定,约定不能对抗法定,股东出资约定仅能在股东之间发生法律效力,不能对抗善意第三人,也不能突破法定性的边界。股东通过协议或公司章程的规定对认缴出资时间的约定,是公司股东之间以及公司内部管理和经营安排的约定,并不直接对抗第三人(如公司债权人)。公司章程关于出资期限的约定仅是对股东法定义务作出的具体安排,其本身不能违反公司法规定的法定出资义务即资本充实责任。

从债权人角度来看,股东认缴的出资全部计入公司的注册资本并对外公示,债权人对此拥有合理的信赖利益。当公司不能清偿到期债务时,应当首先保护债权人的信赖利益,股东出资的期限利益应让位于已到期债权人的利益。

因此,在注册资本认缴制下,原股东认缴的出资构成公司对外承担民事责任的基础,原股东虽然享有认缴出资期限利益,但对此不得滥用且仍然负有履行出资的法定义务,其个人偿付能力与该民事责任密切相关。

最后,股东转让股权系其享有的法定权利,但权利的行使应当遵循诚信原则,不得滥用;因此,股东转让股权不得滥用认缴期限利益。《民法典》第132条规定,民事主体不得滥用民事权利损害国家利益、社会公共利益或者他人合法权益。禁止权利滥用,本质上是法律对私权行使的一种限制,体现了法律追求"矫正正义"和"分配正义"的目标,常见的权利滥用情形是恶意行使权利,权利滥用的法律后果有行为不能产生相应法律效果、承担民事赔偿责任、限制权利行使等。在公司法领域,股东基于注册资本认缴制享有的期限利益,也应遵循诚信原则,不得滥用从而恶意逃避认缴出资义务,损害公司债权人的合法利益。

因此,在注册资本认缴制下,股东虽依法享有期限利益,但股东不得滥用认缴出资期限利益,损害公司或债权人的利益。无论是对未届出资期限的股权转让,转让人补足出资责任,还是瑕疵出资股权转让中受让人的连带责任,均是从公司利益维护及债权人利益保护角度出发。

三、制度演变

2013年《公司法》修正将实缴制改为认缴制后,在认缴期限届满前,股东享有期限利益。2018年《公司法》第28条、新《公司法》第49条均规定,股东应当按期足额缴纳公司章程规定的各自所认缴的出资额。股东以货币出资的,应当将货币出资足额存入有限责任公司在银行开设的账户;以非货币财产出资的,应当依法办理其财产权的转移手续。

公司不能清偿到期债务时,未履行或者未全面履行出资义务的股东须对债权人承担补充赔偿责任,因此,《公司法司法解释三》第13条第2款规定,公司债权人请求未履行或者未全面履行出资义务的股东在未出资本息范围内对公司债务不能清偿的部分承担补充赔偿责任的,人民法院应予支持;第3款又规定,股东在公司设立时未履行或者未全面履行出资义务,公司或者其他股东、公司债权人请求公司的发起人与被告股东承担连带责任的,人民法院应予支持。上述法律规定均基于股东构成"未履行或者未全面履行出资义务"的前提。

针对瑕疵出资股权转让,《公司法司法解释三》第18条第1款规定,有限责任公司的股东未履行或者未全面履行出资义务即转让股权,受让人对此知道或者应当知道,公司请求该股东履行出资义务、受让人对此承担连带责任的,人民法院应予支持;公司债权人依照本规定第13条第2款向该股东提起诉讼,同时请求前述受让人对此承担连带责任的,人民法院应予支持。最高人民法院《关于民事执行中变更、追加当事人若干问题的规定》第19条则规定:"作为被执行人的公司,财产不足以清偿生效法律文书确定的债务,其股东未依法履行出资义务即转让股权,申请执行人申请变更、追加该原股东或依公司法规定对该出资承担连带责任的发起人为被执行人,在未依法出资的范围内承担责任的,人民法院应予支持。"前述规定均以"未履行或者未全面履行出资义务即转让股权"为前提。

基于上述内容,在2018年《公司法》语境下一般认为,股东在认缴期限内未缴纳或未全部缴纳出资不属于未履行或未完全履行出资义务,在认缴期限届满前转让股权的股东无须在未出资本息范围内对公司不能清偿的债务承担连带责任,除非该股东具有转让股权以逃废出资义务的恶意,或存在在注册资本不高的情况下零实缴出资并设定超长认缴期等例外情形。因此,如股东在认缴期限届满前转让股权,受让人股东仍然享有未届出资期限的期限利益,出资期限届满时由受让人承担对公司的出资义务,转让人不承担出资责任。本条新增第1款的变化在于,增加了转让人的补充出资责任,即对于未届出资期限的股权转让,在受让人未按期足额缴纳出资时,转让人须对受让人未按期缴纳的出资承担补充责任,转让人对公司的出资责任并不因股权转让而当然解除。

已届出资期限未出资,或虽已实际出资,但作为出资的非货币财产的实际价额显著低于所认缴的出资额的,均视为瑕疵出资。关于非货币财产出资,2018年《公司法》第27条明确规定,"对作为出资的非货币财产应当评估作价,核实财产,不得高估或者低估作价。法律、行政法规对评估作价有规定的,从其规定"。《公司法司法解释三》第9条、第15条则从相反情况规定了例外情形,"以非货币财产出资,未依法评估作价"的,如公司、其他股东或者公司债权人请求认定出资人未履行出资义务的,人民法院应当委托具有合法资格的评估机构对该财产评估作价,评估确定的价额显著低于公司章程所定价额的,人民法院应当认定出资人未依法全面履行出资义务。如果非货币财产出资后,由于市场变化或者其他客观因素导致出资财产贬值,公司、其他股东或者公司债权人不能请求该出资人承担补足出资责任,除非当事人另有约定。针对瑕疵出资的股权转让,根据《公司法司法解释三》第18条第1款的规定,受让人知道或应当知道出让人股东未履行或者未全面履行出资义务即转让股权的,公司请求该股东履行出资义务、受让人对此承担连带责任的,人民法院应予支持。新《公司法》第88条第2款最大的变化在于,首先,将未履行或未全面履行区分为已届出资期限未出资,或虽已实际出资,但作为出资的非货币财产的实际价额显著低于所认缴的出资额两种情形,其内涵及外延表述更为准确;其次,将瑕疵出资股权转让后,原则上转让人承担责任、例外情形下受让人承担补足出资责任(需证明受让人对此知道或者应当知道),调整为原则上转让人与受让人在出资不足的范围内承担连带责任,受让人能够证明其不知道且不应当知道的,才仅由转让人承担责任。

四、案例评析

案例一:扬州某种业有限公司、戴某梅、杨某银与江苏某种业有限公司、柏某基侵害植物新品种权纠纷案[最高人民法院(2021)最高法知民终884号]

基本案情:江苏某种业有限公司(以下简称江苏种业公司)为小麦"扬辐麦4号"的植物新品种权人。扬州某种业有限公司(以下简称扬州种业公司)未经品种权人许可,生产、销售"扬辐麦4号"侵权种子。戴某梅、杨某银系扬州种业公司原股东,未足额缴纳其所认缴出资额,并在侵权行为发生后以零元对价将股权转让给明显无经营能力的柏某基,转让后扬州种业公司将注册资本由680万元变更为10万元。江苏种业公司诉请判令扬州种业公司停止侵害并赔偿经济损失200万元,戴某梅、杨某银在认缴的出资范围内对扬州种业公司债务承担补充赔偿责任,柏某基对扬州种业公司债务承担连带赔偿责任。

裁判情况:最高人民法院二审认为,扬州种业公司原股东恶意转让未届出资期限的股权,属于滥用其出资期限利益逃避债务。扬州种业公司减资后已不能偿付公司减资前产生的侵权之债,原股东就公司不能清偿的部分应承担补充赔偿责任。柏某基对于原股东恶意转让股权的事实应当知道,且变更后柏某基作为扬州种业公司的唯一股东,无证据证明公司财产与股东个人财产相分离,应对扬州种业公司的债务承担连带赔偿责任。

评析:该案转让人股东在控制或持股公司期间实施了一系列损害公司利益的行为,又通过恶意转让公司股权、虚构债务等手段逃避责任,致使公司成为空壳或继受股东没有足够出资能力,最终损害公司债权人的利益。最高人民法院判决认定滥用权利逃避债务的原股东对于公司转让之前的侵权之债应当在公司不能清偿的部分承担补充赔偿责任,具有参考意义。

案例二：彭某、天津某贸易有限公司、第三人甘肃某锰业有限公司案外人执行异议之诉案［最高人民法院（2019）最高法民申3848号］

基本案情： 甘肃某锰业有限公司（以下简称甘肃公司）由投资公司等三股东组成，其中，原股东投资公司在未足额出资的情况下，将股权转让至天津某贸易有限公司（以下简称天津公司）。在彭某与甘肃公司民间借贷纠纷案中，彭某依据生效民事调解书向甘肃省某中级人民法院申请执行。因甘肃公司股东未足额出资，彭某申请追加天津公司等股东为被执行人，请求前述受让人股东承担连带责任。甘肃省某中级人民法院裁定追加甘肃公司股东天津公司等为被执行人。天津公司认为追加其为被执行人错误，提起执行异议之诉。

裁判情况： 一审法院认为，天津公司受让时应核实股权是否存在出资瑕疵情况，不能以不知情为由对抗公司债权人，驳回诉讼请求。天津公司提起上诉。二审法院认为，彭某作为申请执行人，应证明天津公司作为股权受让人，对甘肃公司原股东瑕疵出资的事实知情，并以此主张天津公司承担相应的责任；而彭某无法举证证明天津公司在受让股权时知晓原股东瑕疵出资事实，仅有权追加原股东投资公司为被执行人，因而判决撤销一审判决，不得追加天津公司为被执行人。彭某向最高人民法院申请再审。

最高人民法院认为，瑕疵出资股东转让股权后的责任问题应适用最高人民法院《关于民事执行中变更、追加当事人若干问题的规定》（2016年）第19条的规定。故一审法院适用法律错误，二审纠正并无不当。关于彭某再审申请中提出天津公司在受让股权时知道或者应当知道投资公司对甘肃公司未履行足额出资义务，并应承担相应责任。《投资公司资产清查审计报告》仅能证明投资公司瑕疵出资，无法证明天津公司对投资公司的出资存在瑕疵知情，彭某亦未提交其他证据证明，故彭某该项再审理由缺乏事实和法律依据，裁定驳回其再审申请。

评析： 公司作为被执行人，其财产不足以清偿生效法律文书确定的债务的，如果瑕疵出资的原始股东转让股权，可以追加受让人为被执行人。该案一审、二审及再审变化的焦点在于对受让人股东是否知道或应当知道转让人股东瑕疵出资的举证责任应由谁承担。根据《公司法司法解释三》第18条规定的文义解释，该举证责任应由债权人承担，但对债权人而言，转让人是否存在瑕疵出资，属于公司内部事项，债权人难以举证。按新《公司法》第88条的规定，该举证责任应当由受让人承担；受让人股东无法完成举证的，应当承担连带责任。这更有利于债权人利益保护,也符合公平原则。

五、律师实务指引

1. 在认缴期限届满前发生股权转让的,股东享有的出资期限利益仍存在,一般情况下,受让人股东和转让人股东对公司不负有出资义务。

2. 关于股东转让已认缴出资但未届缴资期限股权后的责任承担问题,本质是股东的期限利益、公司利益、债权人利益的平衡保护问题,在不危及公司及债权人利益的情况下应尊重股东享有的期限利益和交易自由。但近年来,公司原股东通过转让未届出资期限的股权逃避其认缴出资义务,进而损害公司债权人利益的问题越来越突出。如何平衡和规制是这类案件的难点,尤其是对于是否未届出资期限或视为加速到期的认定,是实务中的常见争议焦点。在新《公司法》修订过程中,立法机关已经明确地积极回应司法实践的需求,从此前规定的绝对划分责任,向相对划分责任转变,对于股东转让已认缴出资但未届出资期限的股权的,明确受让人未按期足额缴纳出资的,出让人对受让人未按期缴纳的出资承担补充责任。出让人与受让人的责任划分不再要求具体过错方,只要符合条件,公司均可要求相关方承担出资或补充(连带)出资责任,这可起到保护公司及债权人利益的作用。

3. 根据实务裁判,若股东滥用期限利益损害公司权益及公司债权人利益,即使认缴期限未届满,也可以突破认定出资加速到期,进而要求该股东提前缴纳出资,或对公司未能清偿的债务承担赔偿责任。此种情况下如果该股东转让股权,则适用新《公司法》第88条第2款的规定,原则上受让人与转让人承担连带责任。

4. 新《公司法》第88条争议较大的问题是,股东出资或补充(连带)出资责任是否适用入库规则。根据现行《公司法司法解释三》第13条及第18条的规定,公司债权人可以请求未履行或者未全面履行出资义务的股东在未出资本息范围内对公司债务不能清偿的部分承担补充赔偿责任,还可以请求知道或者应当知道股东未履行或者未全面履行出资义务即转让股权的受让人对此承担连带责任。新《公司法》第88条从字面意思来看,只规定了股权转让的出资义务,并没有规定债权人可以直接向转让人股东或受让人股东提起索偿主张。由于新《公司法》颁布后现行公司法解释均将清理和统一,实务中主要存在两种观点,一种观点认为延续现行《公司法司法解释三》的规定,在后续司法解释中作扩展解释,允许债权人直接向瑕疵出资股东(受让人、转让人)提起清偿之诉;另一种观点则认为既然没有明确债权人的诉权,就应当参照新《公司法》第54条的入库规则,债权人只能要求瑕疵出资的转让人、受让人向公司履行出资或补充(连带)出资义务,而不能直接要求向其清偿,在公司足额取得出资后,再以公司财产清偿债权人。股权转让情形下的出资责任,其本意是保障公司自有财产足以满足公司经营及对外清偿的需求,应当对债权人提起出资补足的请求予以肯定和鼓励;如果适用入库规则,则需要考虑债权本诉与股东出资入库规则下的程序衔接和切入,如何优先保障提起诉请的债权人的利益,有待司法解释或实务判例进行明确指导。

5.需要注意的是,根据新《公司法》第54条的规定,只要"公司不能清偿到期债务",无须"明显缺乏清偿能力"等实质破产要件或恶意逃债情形,公司或者已到期债权的债权人就有权要求已认缴出资但未届缴资期限的股东提前缴纳出资。新《公司法》首次将股东出资加速到期作为一般原则纳入公司法体系,是对现行《企业破产法》第35条、《公司法司法解释二》第22条、《全国法院民商事审判工作会议纪要》第6条等确定的"加速到期例外情形"规则的突破,抽象出股东出资期限可以加速到期的一般情形,改变了原有法律框架下"原则上不加速到期,例外加速到期"的规范立场。

此外,新《公司法》第47条第1款增加规定了有限责任公司全体股东认缴的出资额由股东按照公司章程的规定自公司成立之日起5年内缴足,实际上是对资本认缴制进行修正。相较于瑕疵股权转让的弊端,以及股权变动后前手后手的责任界定及司法难点、诉讼成本,5年出资期限的规定被认为是强化债权人利益保护的措施,让股东出资回归理性,倡导诚信、鼓励理性认缴。

关联法条

1.《民法典》第83条

2.最高人民法院《关于民事执行中变更、追加当事人若干问题的规定》第17~19条

3.《企业破产法》第35条

第八十九条 【异议股东股权回购请求权】

> 第八十九条 有下列情形之一的,对股东会该项决议投反对票的股东可以请求公司按照合理的价格收购其股权:
> (一)公司连续五年不向股东分配利润,而公司该五年连续盈利,并且符合本法规定的分配利润条件;
> (二)公司合并、分立、转让主要财产;
> (三)公司章程规定的营业期限届满或者章程规定的其他解散事由出现,股东会通过决议修改章程使公司存续。
> 自股东会决议作出之日起六十日内,股东与公司不能达成股权收购协议的,股东可以自股东会决议作出之日起九十日内向人民法院提起诉讼。
> 公司的控股股东滥用股东权利,严重损害公司或者其他股东利益的,其他股东有权请求公司按照合理的价格收购其股权。
> 公司因本条第一款、第三款规定的情形收购的本公司股权,应当在六个月内依法转让或者注销。

一、修订情况

相较于2018年《公司法》第74条,本条存在以下变化:

本条第1款、第2款均为2018年《公司法》原文,个别文字调整;第3款、第4款为新增条款。

第3款在回购请求权法定情形基础上,增加了"公司的控股股东滥用股东权利,严重损害公司或者其他股东利益的,其他股东有权请求公司按照合理的价格收购其股权"。

第4款规定的是回购期限,中小股东基于本条事由提出回购请求的,公司应当在6个月内依法转让或者注销收购该股权。

二、理论基础

公司股东会决议采取的是"资本多数决"规则,严守"股权平等原则",则意味着股东持股数额的不同将导致其利益实现的状况差异悬殊。大股东持股数额大,在股东会议享有多数表决权,最终通过的决议更容易与其利益相一致,其权利一般能够获得充分保障;而小股东对公司的决策往往无法左右,其利益容易被忽视,因此,法律有必要给予特别关注和保护,以有效地矫正其间失衡的利益关系。

异议股东股权(股份)回购请求权制度就是一种矫正性的机制。异议股东股权(股份)回购请求权,又称异议评估权、股权(股份)评估收购请求权,是指当股东大会基于多数表决,就有关公司重大事项作出决议时,持反对意见的股东可以选择要求公司以合理、公平的价格收回其股份的权利,其获得合理补偿进而离开公司。回购请求权制度的价值初衷主要在于保护中小股东的利益,实现大股东和中小股东的利益制衡。该制度的创立,使得异议股东可以选择离开公司而不再受多数决形成的决议的约束,又能够通过要求公司回购股权(股份)而获得合理公平的补偿。并且,异议股东股份回购请求权制度还能有效防止股东用脚投票;在股东会议形成决议时,公司往往会尽可能多地考虑处于弱势地位的中小股东的利益、适当约束大股东的恣意行为,也有助于督促公司本身提升决策水平、改进经营管理。

异议股东股权(股份)回购请求权的理论基础是 2018 年《公司法》第 20 条和新《公司法》第 21 条,即公司股东应当遵守法律、行政法规和公司章程,依法行使股东权利,不得滥用股东权利损害公司或者其他股东的利益,因此给公司或者其他股东造成损失的,应当承担赔偿责任。前述情形均以给公司或其他股东造成实际损失为前提,并由此产生侵权赔偿责任。新《公司法》第 192 条增加规定了公司的控股股东、实际控制人指示董事、高级管理人员从事损害公司或者股东利益的行为的,与该董事、高级管理人员承担连带责任,这是从忠实勤勉义务角度,对控股股东、实际控制人损害其他股东利益的赔偿责任进行了增补。

2018 年《公司法》规定的三种法定回购情形,局限于利润分配、公司合并分立及转让主要财产,以及营业期限届满或者解散事由出现,股东会会议通过决议修改章程使公司存续的情形,并不能涵盖大股东压制小股东的所有情形。新《公司法》在本条增加了控股股东损害公司及其他股东利益的一般性兜底回购条款,可以从根本上化解控股股东、实际控制人与中小股东的矛盾,至少中小股东可以通过回购股权这一路径，以合理且公平的价格退出公司，而不是局限于 2018 年《公司法》规定的只能或必须通过提请确认决议无效、解散公司、损害公司利益或损害股东利益等诉讼等来解决表象问题，无法实现效率、公平，且对损害情形及损失后果的举证颇为艰难。

三、制度演变

1993 年、1999 年、2004 年《公司法》均未规定有限公司股东的法定回购请求权，只对股份公司收购本公司的股票作出例外情形规定。2005 年《公司法》修订后第一次规定了有限公司股东行使异议回购请求权的三种法定情形，即(1)公司连续 5 年不向股东分配利润，而公司该 5 年连续盈利，并且符合《公司法》规定的分配利润条件的；(2)公司合并、分立、转让主要财产的；(3)公司章程规定的营业期限届满或者章程规定的其他解散事由出现，股东会会议通过决议修改章程使公司存续的。2018 年《公司法》对此未作修改。

控股股东、实际控制人滥用控制地位侵害公司及中小股东权益的问题日益突出，大股东压制小股东甚至损害中小股东利益的情形也越来越复杂和隐蔽，现有法定回购情形已不能涵盖或避免此类问题的发生和解决，《公司法》的聚焦之一，就是加强产权平等保护，强化对控股股东和实际控制人的规范，进一步完善中小股东权利保护。新《公司法》第 89 条也是针对前述问题的立法回应，其在前述三种法定回购情形基础上增加了开放性的兜底条款，即控股股东损害公司及其他股东利益的，中小股东也有权行使回购请求权。其目的在于保障中小股东的利益，为中小股东在面对大股东压迫或因大股东滥用控制权导致损失时提供退出公司的可能性。另外，本条明确了回购期限及诉权。

新《公司法》除第 89 条外，第 161 条、第 162 条规定了股份有限公司的异议股东股份回购请求权。相较于有限公司的回购情形，股份有限公司的资合性决定了其股份转让较为自由，股东向股东以外的第三方转让股份，不需要其他股东同意，尤其是公开上市公司的异议股东，可以随时通过证券市场卖出其股份，所以新《公司法》第 162 条规定的"减少公司注册资本""与持有本公司股份的其他公司合并""将股份用于员工持股计划或者股权激励""将股份用于转换公司发行的可转换为股票的公司债券""上市公司为维护公司价值及股东权益所必需"五种回购情形并不以针对公司该项决议投反对票为前提。此外，股份公司在回购及注销时间、表决方式、交易方式等方面也有特别要求。

四、案例评析

案例一：宋某某诉西安市大华餐饮有限责任公司股东资格确认纠纷案

[陕西省高级人民法院(2014)陕民二申字第00215号]

基本案情： 2004年，西安市大华餐饮有限责任公司(以下简称大华公司)改制为有限责任公司，员工宋某某出资2万元成为自然人股东。其章程规定股权不得外售，可在公司内部赠与、转让和继承。章程经全体股东签名通过。2006年，宋某某提出解除劳动合同并申请退出2万元股份，公司同意。2007年，公司股东大会决议将宋某某等三位股东的股金暂由公司收购保管，不参与分红。后宋某某以大华公司的回购行为违反法律规定，未履行法定程序且《公司法》(2013年)规定股东不得抽逃出资等，请求依法确认其具有大华公司的股东资格。

裁判情况： 一审法院驳回宋某某的诉讼请求。宋某某提出上诉。二审法院驳回其上诉，维持原判。宋某某申请再审，再审法院裁定驳回其再审申请。

再审生效裁判认为：关于大华公司章程中"人走股留"的规定，是否违反《公司法》的禁止性规定：首先，宋某某在公司章程上签名的行为，应视为其对章程规定的同意，该章程对大华公司及宋某某均产生约束力。其次，基于有限责任公司的封闭性和人合性，由章程对公司股东转让股权作出限制性规定系公司自治，不违反《公司法》的禁止性规定。最后，大华公司章程关于股权转让的规定，属于限制性规定而非禁止性规定，宋某某依法转让股权的权利没有被公司章程禁止，大华公司章程不存在侵害宋某某股权转让权利的情形。

关于大华公司回购股权是否违反《公司法》的相关规定，构成抽逃出资的问题：《公司法》(2013年)第74条的异议股东回购请求权是基于法定条件，而该案属于大华公司是否有权基于章程约定回购宋某某股权，二者性质不同，《公司法》(2013年)第74条不能适用。该案中，宋某某的《退股申请》应视为其真实意思表示。大华公司依照公司章程的规定回购股权并无不当。另外，《公司法》规定的抽逃出资专指股东抽逃行为，公司不能构成抽逃出资的主体。综上，裁定驳回再审申请人宋某某的再审申请。

评析： 有限责任公司基于封闭性和人合性，在初始章程中对股权转让进行限制，明确约定公司回购条款，并取得全体股东同意，只要不违反《公司法》等法律强制性规定,可认定为有效。该等情形属于《公司法》(2013年)第74条所规定的法定回购情形之外的意定回购,有限责任公司可以按照初始章程约定回购股东股权,并通过转让给其他股东等方式进行合理处置。

案例二:袁某某与长江置业(湖南)发展有限公司请求公司收购股份纠纷案[最高人民法院(2014)民申字第2154号]

基本案情:2010年,长江置业(湖南)发展有限公司(以下简称长江置业公司)未得到股东袁某某同意,未经通知,擅自销售案涉二期资产。袁某某反对资产转让,要求立即停止转让并召开股东会。公司驳回了申请并继续转让二期资产,并在没有通知袁某某参与的情况下作出股东会决议取消袁某某的经费开支。长江置业公司章程中规定,股东权利受公司侵犯,股东可请求公司限期停止侵权活动,并补偿损失。如公司未终止侵权活动,被侵权的股东可退股,其股份由其他股东协议摊派或认购。袁某某诉请长江置业公司收购其股权,二审法院支持袁某某诉请,长江置业公司向最高人民法院申请再审。最高人民法院裁定驳回长江置业公司的再审申请。

裁判情况:最高人民法院再审认为,《公司法》(2013年)第74条的立法精神在于保护异议股东的合法权益。袁某某未被通知参加股东会,无法了解决议情况并投下反对票,且袁某某已申请召开临时股东会,反对资产转让。公司未通知的股东会决议侵犯了袁某某的权益,符合公司章程规定的"股东权利受到公司侵犯"的情形。因此,袁某某有权请求公司收购其股权,让其退出公司。这有利于解决股东间的冲突,保障公司和各股东利益。如果公司能证明袁某某有侵占公司资产行为,可另行主张。袁某某请求公司收购其20%股权符合法律及公司章程的规定。

评析:《公司法》(2013年)第74条的立法精神在于保护异议股东的合法权益,意在要求异议股东将反对意见明示。该权利不得剥夺。该案中,最高人民法院对《公司法》(2013年)第74条基于立法目的的解释,即主张在股东会作出决议未通知股东,股东无法发表反对意见时,仍应保护其请求公司收购股份的权利。因此,非因本人原因未能参加股东会的股东,对公司转让主要财产明确反对的,有权要求公司收购其股权。此外,最高人民法院援引章程"股东权利受到公司侵犯,被侵权的股东可根据自己的意愿退股"作为裁判理由,使其他约定于公司章程的股东退股事由在公司内部对于公司及股东具有约束力。

五、律师实务指引

1. 公司和股东之间股权回购，可分为法定股权回购和意定股权回购，前者包括异议股东股权回购请求权和法院强制执行股权，后者包括依据公司章程约定事由回购和依据当事人合意回购。两者的规范目的完全不同，公司与股东之间的合意回购是当事人间合意的结果，而异议股东股权回购请求权则是在法定事由下，异议股东强制要求公司回购其股权。

2. 关于有限责任公司是否可以意定股权回购，理论界与实务界争议都很大。反对意见的主要理论依据是违反资本维持原则。公司以自有资金回购股权，可能造成变相偿还股东投资，有违"公司资本维持"原则，事实上减少公司资本，也有损债权人利益，或可能诱发不公平交易。

从近几年最高人民法院的判例立场来看，持肯定观点的裁判越来越多。在杨某、山东某水产有限公司请求公司收购股份纠纷申请再审案[最高人民法院(2015)民申字第2819号]中，最高人民法院认为：有限责任公司可以与股东约定2013年《公司法》第74条规定之外的其他回购情形；2013年《公司法》第74条并未禁止有限责任公司与股东达成股权回购的约定。在蓝某、某特种渔业有限公司、湖北某有限公司与苏州某投资中心（有限合伙）投资合同纠纷案[最高人民法院(2014)民二终字第111号]中，最高人民法院认为：从2013年《公司法》第71条有关有限责任公司股权转让的一般规定看，是允许有限责任公司购买本公司股份的，故该案中回购约定并没有法律障碍。较为详细的说理认定，是在叶某诉沛县某房地产开发有限公司股权转让案[最高人民法院(2009)民申字第453号]中，最高人民法院认为："《公司法》第75条规定的股东回购请求权是法定的股东回购请求权，根据该条规定的情形，股东可以请求公司按照合理价格收购其股权，股东与公司不能达成协议的，股东可在法定期限内向人民法院提起诉讼。除该条规定的情形股东可行使法定的回购请求权外，《公司法》上仍有股东与公司基于其他情形通过协议而由公司回购股东股权的余地。我院《关于适用〈中华人民共和国公司法〉若干问题的规定（二）》第5条规定，人民法院审理解散公司诉讼案件，当事人协商同意由公司或者股东收购股份，或者以减资等方式使公司存续，且不违反法律、行政法规强制性规定的，人民法院应予支持。显然，股东通过公司回购股份退出公司，并不仅限于《公司法》第75条规定的情形。公司的成立本身就是股东意思表示一致的结果，公司存在的意义不在于将股东困于公司中不得脱身，而在于谋求股东利益最大化。在股东之间就公司的经营发生分歧，或者股东因其自身原因不能正常行使股东权利时，股东与公司达成协议由公司回购股东的股权，既符合有限责任公司封闭性和人合性特点，又可打破公司僵局、避免公司解散的最坏结局，使得公司、股东、公司债权人的利益得到平等保护。《公司法》允许公司与股东在公司解散诉讼案件中，协商由公司回购股东股份，以打破公司僵局，使公司保持存续而免遭解散，那么允许公司与股东在公司僵局形成之初、股东提请解散公司之前，即协商由公司回购股份以打破公司僵局、避免走向公司解散诉讼，符合《公司法》立法原意。通过公司回购股东股份，使公司继续存续，可以保持公司的营运价值，并不必然导致公司债权人利益受损。而公司回购股东股份之后，我院《关于适用〈中华人民共和国公司法〉若干问题的规定（二）》第 5 条规定，或者转让，或者将该股份通过减资程序注销。无论注销或转让，均应符合《公司法》关于保护公司债权人的相关规定，即'股份转让或者注销之前，原告不得以公司收购其股份为由对抗公司债权人'。申请再审人舜天公司提出适用上述第 5 条前提只有在解散公司的诉讼中，才能提出，其申请再审的理由，不符合《公司法》第 75 条的立法原意和目的。因此，二审判决认定股东会决议和公司与叶某签订的《股权转让协议》有效是正确的。"

3. 在最高人民法院第 96 号指导案例的裁判理由中，人民法院就有意区分公司与股东意定回购股权和异议股东股权回购请求权，认为异议股东有权要求公司回购其股权，对应的是公司是否应当履行回购异议股东股权的法定义务，二者性质不同。

2018 年《公司法》第 74 条规定了三种法定回购情形。对于这种回购方式，只要符合条件，股东单方可以强制要求公司回购，公司不得拒绝，此时属于资本合法退出公司，股东不再承担任何责任。法院强制执行股权是在公司某一股东作为被执行人，在执行其有财产价值的股权时，公司其他股东和外部第三人均无购买意向，并且被执行股东无法与公司达成股权回购协议，此时由法院强制公司进行股权回购。该种情形《公司法》并无规定，但实务中有相关判决。

法定回购并不排斥意定回购。公司或股东可以根据章程约定进行回购，这是从公司或股东单方角度来看，在发生回购条款约定事由时，公司或股东即可单方提出股权回购请求。需注意的是，章程中的回购内容须经过股东的同意，不管是初始同意还是后续同意。初始同意容易理解,章程是经全体股东一致同意后签订的;后续同意指的是后加入公司的股东,在后续章程修改时如增加或改变章程中的回购内容,需该股东同意,如其同意该章程修改,则可按章程约定执行,不同意则不应适用。

最高人民法院第 96 号指导案例即属于章程内容规定回购条款,全体股东一致同意后在章程上签字。公司和股东也可以在没有章程规定情形下,合意达成回购。

需要说明的是,不管是法定股权回购还是意定股权回购,主要适用于有限责任公司(更准确地说是封闭公司)。股份有限公司(更准确地说是上市公司)除了法律规定的情形外,原则上不得进行任何意定股权回购。

4. 有限责任公司以股东人合性为基础,但是可以为了其他股东的共同利益打破股东会的人合性,个别股东有权要求公司以合理的价格收购自己的股权。法律并没有赋予小股东单方面退出公司的权利,因为这与股东投资的原则相违背,股本被视为股东对公司出资的财产,直到公司解散,股东处分股权的通常办法是转让股权。在法律规定的特殊情形下,小股东才享有退出公司的权利,但并非单方面的;只有多数股东作出决议涉及法定事项,才会触发小股东的退出权。

5. 新《公司法》第 89 条规定的股东请求公司回购股权,除了符合法定情形之外,还须满足必要的程序要件:

首先,针对第 1 款规定的三项回购情形,因该等事项需要经过股东会决议审议的,股东行使股权回购请求权之前,须在相关股东会上投出反对票。如果股东表示异议但未在股东会上投出反对票,如弃权或者同意票,一般不得再主张异议股东股权回购。

也有例外,如前述公报案例袁某某与长江置业(湖南)发展有限公司请求公司收购股份纠纷案[最高人民法院(2014)民申字第 2154 号]中,最高人民法院认为:非因自身过错未能参加股东会的股东,虽未对股东会决议投反对票,但对公司转让主要财产明确提出反对意见的,其请求公司以公平价格收购其股权,法院应予支持。

关于股东回购退股权,有限公司与股份公司做了差异性规定:有限公司股东中,只有对股东会决议投反对票的股东才能请求公司收购其所有的股权,股份有限公司股东则不受此限制,只要对决议持异议即可。前述规定实际上就是在充分考虑股份公司特别是上市公司具有开放性,股东数量众多且分散,如果强制性要求股份公司的股东投反对票,将使该项权利流于形式;而有限公司具有人合性和封闭性,股东投票容易实现,如果股东不能亲自参会亦可委托代理人代为投票。如果允许股东不去阻止公司的行为而直接选择回购方式退出公司,就会畸重保护股东利益而损害公司利益,不应鼓励。

其次,针对第1款规定的三项回购情形,异议股东须在股东会决议作出后60日内与公司进行协商,不能达成股权收购协议的,股东须自股东会决议作出之日起90日内向人民法院提起诉讼。第3款规定的控股股东滥用股东权利,严重损害公司或者其他股东利益导致的回购,则不受前述期限限制。实践中,股东可能未按照上述规定与公司在决议作出后60日内进行协商,而是直接向法院提起诉讼,对此前置条件,学界尚未统一认识。有学者就认为,股东与公司启动股权收购协议的谈判程序并非法定的强制性必要前置程序,而是倡导性规定。从法理上看,股东退股的方案包括公司向股东支付的退股对价属于契约自由范畴,因此,法律对股东与公司之间的契约自由采取乐见其成的态度,倘若股东跨越协商程序,径行向法院提起诉讼,亦无不可。法院不宜以原告股东尚未与公司协商谈判为由拒绝立案。

6. 目前的主流观点认为,回购权本质为债权请求权,也有部分观点认为其本质是形成权。这两种定性将影响权利主体的行权条件、行权期限以及权利行使效果。本条第2款针对第1款规定的三种回购情形,明确规定异议股东应在股东会决议作出之日起90日内向人民法院提起诉讼,其性质上应属于形成权,受该除斥期间的限制。因此,超过法定期间起诉的,法院应裁定驳回。但法律并未规定该期间是否可以中止、中断或延长,需要后续司法解释或指导案例予以指引。

第3款控股股东滥用权利导致的回购情形,因其诉请事由必须是"严重损害公司或者其他股东利益的",其本质应为侵权导致的特定债权请求权或附条件的债权请求权(债权数额不以侵权损害后果为计算依据),其行权期限有约定的按照约定,无约定的应当参照《民法典》第188条的规定,其向人民法院请求保护民事权利的诉讼时效期间为3年,适用诉讼时效的相关规定。

7. 关于有限公司法定股权回购情形的认定难点:

(1)关于如何判定公司"连续五年盈利、符合分配利润条件但连续五年不向股东分配利润"。

异议股东应充分举证证实公司存在载明具体分配方案的股东会或者股东大会的有效决议,不能举证证明公司存在违反法律规定滥用股东权利不向其分配利润的情形,法院不支持异议股东回购请求权。

需要注意的是,利润分配请求权是股东基于其股东身份依法享有的请求公司按照自己的持股比例或公司章程约定分配红利的权利。但股东主张分配公司利润,必须同时满足实质要件和形式要件。实质要件为公司必须有实际可供分配的利润,若公司没有利润甚至处于亏损状态,则股东不能主张分配。实务中,往往小股东不参与公司经营管理,该等举证较难。形式要件则需要根据《公司法司法解释四》第14条、第15条的规定来认定,应当经股东(大)会决议通过具体的利润分配方案,如公司股东(大)会尚未形成利润分配决议,则股东不能主张分配。当然,如果公司不满足连续五年盈利且不分红,或者虽有利润但公司通过决议不分红,也不能提出。因为新《公司法》增加了兜底条款,如控股股东滥用控制及表决权,恶意阻碍公司形成分配决议,或通过关联交易等方式侵占公司利润等,严重损害公司或其他股东合法利益,也符合股东回购的情形,对其滥用行为及不分红的必要性、损害股东利益的行为及因果关系等仍须举证,需要结合具体情况具体分析。

(2)关于如何判定公司"转让主要财产"。

公司"转让主要财产"的认定,应综合考虑公司转让财产价值占公司资产的比重、转让财产对公司正常经营和盈利的影响以及转让财产是否导致公司发生根本性变化等。

一般认为,公司转让的财产是否为其主要财产,取决于公司转让该财产是否影响了公司的正常经营和盈利,导致公司发生了根本性变化;至于公司转让的财产占公司相关财务指标的比重,如占公司资产总额、营业收入、净利润等的比重,仅是衡量相关财产的价值的标准之一,不是判断相关财产为公司的主要财产的主要依据。

在上海某实业发展(集团)有限公司与上海某房地产开发有限公司请求公司收购股份纠纷案[上海市第二中级人民法院(2020)沪02民终2746号]中,二审法院认为,关于上海某房地产开发有限公司转让涉案房产的问题,一审从"转让财产价值占公司资产的比重、转让财产对公司正常经营和盈利的影响以及转让财产是否导致公司发生根本性变化"等多角度充分予以阐述,并由此认定上海某房地产开发有限公司转让房产的行为并不足以构成公司法意义上的"转让主要财产"。上述论证充分、合理。此外,上海某房地产开发有限公司将其名下房产用于出售,并不违反法律规定。相关房产出售价值亦在公司账面上予以反映,2018年资产评估报告显示所有者权益265,554,000元,涉案房产转让行为并未损害兴盛公司的股东权益。且上海某房地产开发有限公司的经营范围包括房地产开发经营、建筑装潢材料等,二审中,上海某房地产开发有限公司称转让涉案房产系为了投资更加优质的房产,故该转让行为与公司经营范围并不矛盾。故此,上海某实业发展(集团)有限公司对其上海某房地产开发有限公司转让涉案房产构成公司法意义上的"转让主要财产"的主张,缺乏相应依据,依法不能成立。一审关于上海某实业发展(集团)有限公司不得要求上海某房地产开发有限公司收购其股权之认定,并无不当。

在郭某与北京某置业有限公司请求权纠纷案[北京市第一中级人民法院(2008)一中民初字第02959号]中,北京市第一中级人民法院认为:被转让的资产占公司总资产的80%,又是公司开展核心业务、取得主要经营收入的来源,故股东会决议转让的厂房是公司主要财产。在该案中,法院是从被转让资产的数量和价值角度来判断是否构成主要财产。

(3)关于如何确定公司收购的"合理价格"。

"合理价格"必将是股权回购争议处理的难点之一。新《公司法》第89条仅原则性地规定了"按照合理的价格收购其股权",并没有对"合理价格"的确定标准作出具体的规定。对于如何确定合理价格,实务中并无统一标准,一般通过当事人协商、委托评估或审计、司法鉴定等方式确定。

在前述袁某某与长江置业(湖南)发展有限公司请求公司收购股份纠纷案[最高人民法院(2014)民申字第2154号]中,法院认为,关于股权回购价格应如何确定的问题,长江置业公司在二审中提交了九组证据,拟证明《审计报告》中长江置业公司净资产的结论可据此调整,二审法院组织双方当事人对该九组证据进行了质证。经审查,上述证据所证明的款项均已纳入审计范围,不能达到长江置业公司所要证明的目的,不属于《审计报告》第5项"如出现新的证据或资料,由法院经过司法程序查证属实后,可据实调整审计结果"的情形。

根据实务判例及一般经验规则,公司收购异议股东股权的"合理的价格",可以采用以下方式确定:

①有约定的按约定,没有约定的,允许异议股东与公司协商后确定;

②以异议股东与公司均认可的第三方机构对当时的资产负债情况进行审计、评估或估值后出具的报告载明的净资产值为参考,在此基础上由双方协商后确定;

③双方可以按照"净资产/股权数"的比例来确定公司收购股权的价格。

确定"合理的价格"并没有统一的标准,但需要注意的是,这里所说的"合理的价格"的确定方式不能采用《民法典》第510条规定的"按照交易习惯"和第511条第2项规定的"履行地的市场价格"来确定,主要原因是,公司股权的价值受多种因素影响,其价值不可能按照交易习惯和订立合同时的履行地的市场价格来确定。市场价格法的缺陷是封闭公司不存在公开的交易市场,公司股权的市场价格也很难确定,即使对公众公司来说,公开市场的价格偏离公司股份价值也是经济生活的常态。

8.关于控股股东滥用股东权利的认定及难点。

(1)复杂多变的商事交易模式带来的商事案件法律关系更为错综复杂,加之隐蔽性的交易、复合性的权益侵害、对冲式的安排、市值的实时变动等,导致商事关系利益主体间的利益冲突更加综合化。如何鉴别商业判断规则与不公平对待原则,是判定控股股东是否构成滥用股东权利的前提和基础,这也将是实务中的一大难点。

实务中,控股股东滥用权利表现形式多样,其实质是正在执行或已经执行的公司事务对全体或部分股东利益造成不公平损害,或不等比例受益,侧重于不公平性。不公平损害的认定难点往往在于不公平性而非损害,不公平的认定更加困难。比较常见的有:一是关联交易。法律法规并不禁止关联交易,但若控股股东利用自身的控制地位将公司的资源或义务非法转移,包括低价购买或出售产品、无偿提供资金或担保、无故实施重大投资等,则均可划入滥用股东权利的范围。二是表决权滥用,即控股股东违反法定程序或未违反法定程序但滥用资本多数决行使表决权,以此为自身谋取更多利益,损害了公司或非控股股东利益。三是恶意操纵,即控股股东通过其控制地位欺骗或压榨其他非控股股东的利益,如强制稀释股权、不分配利润、怠于提起针对董事不当行为的诉讼、排斥管理等。

本条兜底回购条款的理论基础是新《公司法》第21条,即公司股东不得滥用股东权利损害公司或者其他股东的利益,因此给公司或者其他股东造成损失的,应当承担赔偿责任。因此,关于滥用权利的认定,属于侵权认定,须由诉请回购的股东承担相应举证责任,当然举证责任的范围和程度,需结合实际情况判断,人民法院也可以根据公平原则和诚实信用原则,综合当事人举证能力等因素确定举证责任的承担。鉴于新《公司法》并未对此作出明确规定,有待司法解释和指导案例作出指引。当然,此前针对关联交易、自我交易、损害公司利益、损害股东利益、损害公司分配利润、强制解散等法律规定或认定、举证规则,均可以作为认定控股股东滥用股东权利的参考。

（2）新《公司法》第89条第3款只规定了控股股东滥用股东权利，严重损害公司或者其他股东利益的，其他股东有权请求公司按照合理的价格收购其股权，并未规定实际控制人滥用权利损害公司或其他股东利益的，能否适用回购条款。实际控制人虽不是公司股东或控股股东，但其对公司的作用不亚于控股股东，新《公司法》第265条关于实际控制人的规定，相较于2018年《公司法》第216条，删去了"虽不是公司的股东"，其实质判断标准是"通过投资关系、协议或者其他安排，能够实际支配公司行为的人"，实际控制人与控股股东的边界越来越模糊。实务中，对实际控制人参照控股股东规则认定的判例并不鲜见，我们认为，如实际控制人存在滥用权利损害公司或其他股东利益的情形，也可以适用本条回购条款，当然，由于新《公司法》对此并未明确，给后续司法解释及实务裁判留有空间。

（3）控股股东或实际控制人参与公司管理的方式一般只有两种，或通过股东会，或担任董事、监事、高级管理人员，董事、监事、高级管理人员本身就负有对公司的忠实义务和勤勉义务。新《公司法》第180条第3款就新增规定，公司的控股股东、实际控制人不担任公司董事但实际执行公司事务的，也需要承担董、监、高的信义义务。第192条还增加规定了公司的控股股东、实际控制人指示董事、高级管理人员从事损害公司或者股东利益的行为的，应当与该董事、高级管理人员承担连带责任。因此，在控股股东和实际控制人兼具董、监、高的身份时，有关董事、监事、高级管理人员的义务和责任也可以作为判断控股股东、实际控制人是否构成损害公司或其他股东利益的标准。

（4）构成滥用权利，还应当符合"严重损害公司或者其他股东利益"。需要注意的是，此处只要损害公司或其他股东利益二者之一就符合条件；损害公司利益，中小股东也可以提出回购请求。此外我们认为，滥用权利导致的股权回购，其前提应当是构成严重损害公司或其他股东的合法权益（不以实际造成损失为前提，存在可能及威胁也构成损害），并且该种损害还应当叠加公司陷入僵局（不仅包括或限于经营僵局，还应包括管理僵局），中小股东无法正常行使股东权利。换言之，公司实质上已经满足解散的条件，只是不采取解散而已，方可启动该条回购程序，否则，该条设置反而可能成为中小股东滥用权利、反制控股股东的工具。资本多数决本身是符合公平和效率要求的，只有构成不公平损害时才属于股东压迫，否则任何权利的滥用均可能导致市场主体的不稳定性和不确定性，并不一定利于对企业利益的保护和经济发展。对此，有待司法解释及实务判例作出更多指引。

9.股东异议回购权的行使,还应结合诉讼策略及法律效果进行判断,如前述袁某某与长江置业(湖南)发展有限公司请求公司收购股份纠纷案[最高人民法院(2014)民申字第2154号]中,最高人民法院认为,由于长江置业公司与袁某某之间发生多起诉讼,长江置业公司人合性已经破裂,完全符合2013年《公司法》第182条提起公司解散诉讼的条件。由于该案并非公司解散案件,因此法院并未援引《公司法司法解释二》第5条的规定,但通过使袁某某退出长江置业公司,从而保持长江置业公司的存续,无疑是法院追求的目标。因此,在请求公司收购股份纠纷案件中,如果法院驳回原告股东的诉讼请求,原告股东是否会转而寻求公司解散的救济途径,应当是代理律师及承办法官考虑的因素。换句话说,律师在代理案件过程中,是提起请求公司收购股份纠纷的诉讼,还是提起公司解散诉讼、由法院在解散诉讼中通过调解进而达到退出公司的目的,是一个值得考虑的问题。甚至可以先提起请求公司收购股份纠纷的诉讼;如诉请无法得到主张,再提起公司解散诉讼,寻求调解或者直接达到清算退出的目的。

10.无论是意定回购,还是异议股东基于法定情形行使回购权被人民法院支持后,操作中还有很多程序和细节问题需要注意。实务中,该部分回购股权或通过减资注销,或处置给其他股东,或由公司其他股东暂时代持。对公司来说需要注意的是,如果公司回购本公司股份之后会以减资方式处置,需要召开股东会通过减资决议、编制资产负债表及财产清单、通知债权人并进行公告、变更登记等;若减资不当,或导致公司债权人提请相关诉讼。对被回购方来说,如果出现公司不愿意回购的特殊情况,能否强制回购或强制减资,法律并无规定,实务中可能有多种情况和变化,将严重影响退出股东的时间、精力甚或变现估值。

这正是《公司法司法解释五》第5条规定此类案件侧重于调解解决的原因,还需要兼顾公司正常持续经营,避免公司解散。因此,对于控股股东滥用股东权利导致的回购,以及包括实际控制人介入公司导致损害中小股东利益的情形,是否可以在现有规定基础上增加一种更为公允的解决方式,要求控股股东或实际控制人回购股份。当然,对于实际控制人能否进入公司,还需要考虑其他股东对其是否认可及尊重其他股东的优先购买权等问题,这样既可以避免公司减资问题上的麻烦,也能防止股东在主动要求回购时处于弱势地位。

11.关于"对赌协议"模式下公司回购投资方股东股权的效力认定及履行问题,严格来讲不属于本条约定的回购情形,但其中确也涉及公司与投资方股东签署对赌协议后股东主张公司回购的问题,其效力认定可以参照《全国法院民商事审判工作会议纪要》及其他规定,但投资方主张实际履行的,人民法院应当结合"股东不得抽逃出资"及股份回购的强制性规定,判决是否支持其诉讼请求。此处不再赘述。

关联法条

《民法典》第83条

第五章　股份有限公司的设立和组织机构

修订概述

本章规定了股份有限公司的设立和组织机构，共51条，分为5节。

第一节名为"设立"，共20个条文，涵盖有关股份有限公司设立及股东出资等方面的法律规定。本次《公司法》修订，在股份有限公司层面进行了大量制度创新，包括授权资本制、类别股制度、无面额股制度等一系列改革措施，既方便股份有限公司的设立，也适应不同投资者的投资需求，使得股份有限公司在利润和剩余财产分配、表决权、转让限制等方面，有了更加灵活多样的选择。本节规定了股份有限公司的设立，总体而言为落实授权资本制、类别股制度、无面额股制度进行总体铺垫。条文逻辑更加清晰、设置更加科学合理。本节涉及实质修改的重点条款共9条，即第92条、第95条、第96条、第97条、第98条、第99条、第102条、第103条、第110条。

出于体系协调、避免重复的考虑，本节删除了两个条款。其一，删除了2018年《公司法》第76条关于股份有限公司设立条件的规定，该内容调成由新《公司法》第32条规定公司登记事项、第92条规定发起人的限制、第95条规定公司章程应载明事项、第98条规定发起人的出资构成。其二，删除了2018年《公司法》第94条关于发起人责任的规定，由第99条规定发起人的出资责任；另外，第44条规定了有限责任公司设立行为的法律后果并由第107条转致适用于股份有限公司。

第二节名为"股东会"，共9个条文，涵盖有关股份有限公司股东职权及股东会会议召开等方面的法律规定。股份有限公司的股东会是公司的最高权力机关，明确其组成、权力范围及权力内容对于公司的经营发展至关重要，它也是公司治理的核心。本次《公司法》修订，旨在严密《公司法》的立法逻辑，一方面，将股份有限公司与有限责任公司的基本治理框架趋同化；另一方面，则结合股份有限公司"资合性"特点,对股份有限公司股东会进行严格限制。本节涉及实质修改的重点条款共3条,第112条明确一人股份有限公司不设股东会、第115条完善股东临时提案权、第118条增加关于委托书内容的规定。本节删除了2018年《公司法》第104条关于对外担保等重要事项的股东大会决议权,公司对外担保制度体现在新《公司法》第15条、第135条。

第三节名为"董事会、经理",共10个条文,涵盖有关股份有限公司董事会、经理职权方面的法律规定。股份有限公司的董事会及经理是公司治理过程中的重要治理主体,明确规范上述主体的权责是开展我国公司治理现代化的基本出发点。本次《公司法》修订,旨在明晰董事会与经理的法定职权边界与分层,完善董事会构成,赋予董事会在公司治理相关方面更大的自主权,并突出公司章程在公司治理中的作用,给予治理主体更大的灵活操作空间。本节涉及实质修改的重点条款共4条,即第120条引致有限责任公司关于董事会的组成、任期、职权及董事的解任等方面的规定,第121条引入审计委员会制度,第126条明确股份有限公司的经理职权由公司章程或董事会授予,第128条新增小规模公司不设董事会的情形。本节删除了2018年《公司法》第115条关于禁止公司向董、监、高提供借款的规定,将该行为的规范模式纳入董、监、高的自我交易规制体系,详见新《公司法》第181条、第182条、第183条、第184条关于忠实义务的规定。

第四节名为"监事会",共4个条文,涵盖股份有限公司监事会的设置、组成、职权,以及监事会会议召开等方面的法律规定。司法实践中监事会的监督效果并不理想。本次《公司法》修订,旨在建立行之有效的监督机构,完善公司治理架构。一方面,第131条通过对监事会职权的调整,扩大监事会监督范围、提升监事会监督效果;另一方面,第133条新增一定条件下可不设监事会的例外情形,在监督职能可以被有效行使的前提下为公司治理架构提供了更丰富的选择。

第五节名为"上市公司组织机构的特别规定",共8个条文。本次《公司法》修订重点在于优化上市公司治理结构、加强监督和问责机制,以提升公司治理效率和透明度。本节的一系列特别规定,实现了上市公司组织机构的合理设置和有效运行,有利于确保上市公司治理的稳健性和有效性。本节涉及实质修改的重点条款共4条,即第136条明确由国务院证券监督管理机构出台关于独立董事的具体管理办法并新增上市公司章程应载明的法定记载事项,第137条新增应由审计委员会事前通过的事项,第140条新增信息披露义务及禁止违法代持,第141条明确禁止交叉持股的情形。

第九十二条 【发起人的限制】

> 第九十二条 设立股份有限公司,应当有一人以上二百人以下为发起人,其中应当有半数以上的发起人在中华人民共和国境内有住所。

一、修订情况

相较于2018年《公司法》第78条,本条修订之处主要在于:允许一个自然人或者一个法人作为发起人发起设立股份有限公司。

本条的修订目的主要在于:认可股份有限公司作为一种公司形式,具有一些其他形式公司、企业所不具有的优势,能够增强企业经济活力,提升企业决策效率,为灵活采用"一人公司"类型提供更大的制度空间。

二、理论基础

自1993年《公司法》实施以来,"一人公司"首先是以国有独资公司的形式出现。2005年《公司法》删除了"国有企业改建为股份有限公司"的特殊规范,这意味着我国国有企业改制取得了阶段性成果,开始了由改革向发展的转变。自此,非国有独资的一人有限责任公司开始走上我国公司法历史舞台。直至新《公司法》确认了一人股份有限公司的合法性。安晋城在《论股份公司的差异化规范——基于德国股份公司法改革》一文中提出,适应不同企业类型的客观需求,缓解非上市公司过度规制的局面,应允许非上市股份公司以一人公司的形式设立。事实上,只要一人股东拥有足够的经济实力,完全可以保障公司拥有充足的经营资本;而严格限制一人公司只能选择有限责任公司,严重限制了当事人的营业形式自由。

三、制度演变

1993年《公司法》第75条规定,设立股份有限公司,应当有5人以上为发起人,其中须有过半数的发起人在中国境内有住所;国有企业改建为股份有限公司的,发起人可以少于 5 人,但应当采取募集设立方式。1999 年、2004 年《公司法》未作调整。2005 年《公司法》第 79 条将股份公司设立调整为设立股份有限公司,应当有 2 人以上 200 人以下为发起人,其中须有半数以上的发起人在中国境内有住所。此后 2013 年、2018 年《公司法》未作调整。

四、律师实务指引

(一)一人有限公司和一人股份公司制度区别

1. 设立条件

一人股份公司要求发起人在境内有住所,无境内住所的境外发起人股东无法设立股份公司,一人有限公司无此限制。

2. 出资及注册资本

一人有限公司要求股东自公司成立之日起 5 年内缴足认缴出资额,而发起设立一人股份公司要求股东在公司成立前按照认购的股份全额缴纳股款。

3. 审计委员会的组成及职责

一人股份公司设立审计委员会的,新《公司法》对审计委员会人数、人员安排、议事规则等做了较多规定,一人有限公司设立审计委员会则规制较少。

4. 工商登记

一人股份公司设立后股东发生变化的,工商登记显示的发起人并不发生变化,且后期取得股权的股东并非登记事项。一人有限公司后期股东发生变化的,后期取得股权的股东是登记事项。

(二)股份制改造实务要点

相较于发起设立股份有限公司,有限责任公司通过股份制改革(俗称"股改")方式改制成股份有限公司在实务中较为常见,以股改方式设立股份公司的要点包括:

1. 净资产折股

原有企业净资产折股是指原有企业在改组为股份公司时,须将原有企业全部资产投入公司,原有企业的债权、债务由改组后的公司承担,原有企业的净资产应折价入股。

新《公司法》第 108 条规定,有限责任公司变更为股份有限公司时,折合的实收股本总额不得高于公司净资产额。通行的做法是将有限公司股改(审计)基准日的经审计的净资产按一定比例折为股本投入股份公司,其余作为股份公司资本公积。

2.税务问题

税务不规范是很多企业普遍存在的一个问题,也是未来发行上市的重点问题。企业改制及发行上市过程中,必须规范不合规的税务行为。

一般而言,改制时解决税务问题有以下几种方式:

其一,补缴税金。有欠税情况的,应适当进行税务调整,原则上应补清税款。

其二,在有限责任公司状态下解决税务问题。这是很重要的一步,在不影响上市的前提下,应设计税务成本较小的改制方案,尽量在改制设立股份有限公司之前解决问题。

其三,寻求地方政府和税务部门的支持。尽量取得税务部门的税务证明或者不予追究延期纳税责任的函,解除行政处罚的风险。

3.有限责任公司股改期间新股东引入时的工商登记问题

(1)关于新股东能否工商登记为发起人的问题

有限责任公司整体变更设立为股份有限公司是以股改基准日的账面净资产值进行折股,基于此,一般理解下,可能会认为股份有限公司的发起人应该是股改基准日登记在册的股东,但是实际操作中,股改期间新增股东一般亦会作为发起人,在股份有限公司创立大会上全体股东对新增股东作为发起人身份的事项进行确认,并在办理股改工商登记时,新老股东均作为发起人进行登记。

(2)股改期间通过增资的方式引入新股东的工商登记节点

对于股改期间通过增资的方式引入新股东,股改同时增资的情形,目前可供参考的适用案例较为缺乏,且从各地市场监督管理机构的回复意见、业绩连续计算等方面考虑,应避免作出在股改期间同步增资的安排。公司若在股改"同时"有新增股东增资需求,可行的增资方案为分步实施,即先股改、再增资,或先增资、再股改,或者根据与当地市场监督管理机构的沟通结果,同步申请、先后分步办理。但由于缺乏具体的法律规定及可供借鉴的案例,为稳妥起见,原则上不建议采取股改期间转让股权或增资引入新股东等特殊操作安排。

关联法条

《民法典》第58条第2款、第63条

第九十五条 【股份公司章程内容】

> 第九十五条 股份有限公司章程应当载明下列事项：
> （一）公司名称和住所；
> （二）公司经营范围；
> （三）公司设立方式；
> （四）公司注册资本、已发行的股份数和设立时发行的股份数，面额股的每股金额；
> （五）发行类别股的，每一类别股的股份数及其权利和义务；
> （六）发起人的姓名或者名称、认购的股份数、出资方式；
> （七）董事会的组成、职权和议事规则；
> （八）公司法定代表人的产生、变更办法；
> （九）监事会的组成、职权和议事规则；
> （十）公司利润分配办法；
> （十一）公司的解散事由与清算办法；
> （十二）公司的通知和公告办法；
> （十三）股东会认为需要规定的其他事项。

一、修订情况

相较于2018年《公司法》第81条，本条存在如下变化：

1.股份有限公司章程应当载明事项由12项变更为13项，增加项目为关于类别股的表述，其余均为对原条文增减、修改。

2.将"公司股份总数、每股金额和注册资本"变更为"公司注册资本、已发行的股份数和设立时发行的股份数，面额股的每股金额"。

3.增加关于类别股的表述，"发行类别股的，每一类别股的股份数及其权利和义务"。

4. 删除"发起人的姓名或者名称、认购的股份数、出资方式和出资时间"中的"出资时间",鉴于股份公司的出资应在设立时足额缴纳,无须记载出资时间。

5. 将"公司法定代表人"修改为"公司法定代表人的产生、变更办法"。

二、理论基础

本条对股份公司章程应载明事项的修改,是对股份有限公司授权资本制、无面额股、类别股等制度的呼应。

将公司章程应载明事项的"公司法定代表人"修改为"公司法定代表人的产生、变更办法"有助于解决法定代表人产生、变更制度、机制缺失问题,使得股份有限公司变更法定代表人是否需要修改公司章程的问题明晰,亦有助于解决实践中难以变更法定代表人的困境。在以往的法律实践中,通常做法是将认定法定代表人的方式简要写在章程中,如"公司的法定代表人由董事长/总经理担任";也有将法定代表人的人名直接写进公司章程的做法。

三、制度演变

1993年《公司法》规定股份有限公司章程应当载明下列事项:(1)公司名称和住所;(2)公司经营范围;(3)公司设立方式;(4)公司股份总数、每股金额和注册资本;(5)发起人的姓名或者名称、认购的股份数;(6)股东的权利和义务;(7)董事会的组成、职权、任期和议事规则;(8)公司法定代表人;(9)监事会的组成、职权、任期和议事规则;(10)公司利润分配办法;(11)公司的解散事由与清算办法;(12)公司的通知和公告办法;(13)股东大会认为需要规定的其他事项。1999年、2004年《公司法》未作调整。

2005年《公司法》删除了"(六)股东的权利和义务"的规定,新增"出资方式和出资时间"的规定。2013年、2018年《公司法》延续2005年《公司法》的规定。

四、案例评析

柳州市壶东泽宇餐饮管理有限公司、梁某、陈某与柳州市行政审批局行政管理范围纠纷案

基本案情:2018年10月,柳州市行政审批局作出《1号登记驳回通知书》,对壶东泽宇餐饮管理有限公司(以下简称壶东泽宇公司)提交的法定代表人变更、执行

董事及监事备案登记申请,决定不予登记。其理由是《壶东泽宇公司章程》记载了公司执行董事及监事姓名,在此次变更登记中应就变更事项作章程修改。而对《壶东泽宇公司章程》的修改须代表 2/3 以上表决权股东同意,并记载于公司股东会决议上。梁某、陈某不服《1 号登记驳回通知书》决定,故向柳州铁路法院提起诉讼。

处理结果:在公司章程没有特别约定的情况下,公司法定代表人的变更属于一般事项。该案中,梁某、陈某作为出资比例已超过 50% 的公司股东行使表决权通过的《会议纪要》没有违反法律法规的规定,通过该股东会决议可以变更该公司的法定代表人。《壶东泽宇公司章程》中记载的事项包括描述性事项和效力性事项,壶东泽宇公司申请变更法定代表人属于描述性事项,不属于 2013 年《公司法》第 43 条和《壶东泽宇公司章程》第 13 条中规定的"修改公司章程"。因此,市行政审批局作出《1 号登记驳回通知书》,属于适用法律错误。

评析:随着新《公司法》将股份有限公司章程应当载明事项,由"公司法定代表人"修改为"公司法定代表人的产生、变更办法",公司法定代表人变更将与公司章程变更无关。公司可以直接根据内部决议程序及决议文件,申请法定代表人变更,且无论是有限责任公司还是股份有限公司,法定代表人个人名字都将无须体现在公司章程里。当然,法律并没有对写入自然人姓名进行禁止性规定,不过无论是通过援引案例还是基于对立法修改目的进行考量,这些结果无疑都为公司法定代表人变更的删繁就简、定分止争做了一次背书。

五、律师实务指引

(一)对章程规定事项的体系化理解

新《公司法》对股份公司章程规定事项的调整,在纵向上与授权资本制、类别股和面额股制度相互呼应。

横向层面,与新《公司法》第 46 条所规定的有限公司章程应载明事项比较,股份公司章程还要求记载公司设立方式、授权资本、类别股和面额股制度相配套的基础登记事项,以及公司利润分配、解散清算、通知公告事项。

(二)关注公司登记、备案及公示事项的区别与联系

结合《市场主体登记管理条例》,新《公司法》明确公司登记事项包括名称、住所、注册资本、经营范围、法定代表人的姓名、公司股东/发起人的姓名和名称,同时要求公司登记机关将规定的公司登记事项通过国家企业信用信息公示系统向社会公示。新《公司法》进一步明确要求公司在国家企业信用信息公示系统公示有限责任公司股东认缴和实缴的出资额、出资方式和出资日期与股份有限公司发起人认购的股份数,公司出资信息与债务承担能力进一步对外呈现,对注册资本实缴的充分公示将增强交易双方的相互了解程度,从而增加交易安全。

《市场主体登记管理条例》仅规定有限责任公司股东或者股份有限公司发起人认缴的出资数额属于备案事项,实缴资本并非备案事项,随着新《公司法》的修订,实缴资本也须由公司申报并纳入公示。

在法律效力层面,新《公司法》完善了登记效力条款。其第34条将2018年《公司法》第32条规定的公司登记事项未经登记或者未经变更登记"不得对抗第三人"修改为"不得对抗善意相对人"。登记事项经登记公示,便对外具有公信力,所以法律赋予善意相对人对公示的登记信息具有信赖的利益。

(三)注重股份公司章程个性化条款设置

就股份公司而言,公司控制权的掌握、董事会的控制、管理层的授权等重大事宜,均与公司章程的个性化设计息息相关。对章程条款作个性化设计,既是关乎公司治理尤其是规则之治的核心内容,更是面对控制权争夺时规则的较量,意义重大。

实务中,可以通过制度设计使公司章程更契合实际,更具有可操作性。

具体建议包括:

1. 对强制性规范进一步明确,使其更具可操作性。

例如,新《公司法》规定股份公司会议通知事项,可以进一步明确通知的方式(如书面方式或公告方式)和通知包含的必备内容(如董事、监事候选人资料),进而维护股东权益。

2. 通过条款设计明确控制权。

如万科公司《公司章程》规定:控股股东是具备以下条件之一的人:(1)该人单独或与他人一致行动时,可以选出半数以上的董事;(2)该人单独或与他人一致行动时,可以行使公司30%以上(含30%)的表决权或可以控制公司的30%以上(含30%)表决权的行使;(3)该人单独或与他人一致行动时,持有公司发行在外30%以上(含30%)的股份;(4)该人单独或与他人一致行动时,以其他方式在事实上控制公司。

上述规定不仅明确了控股股东的认定依据,也明确了公司控制权的认定安排。

关联法条

1.《民法典》第 61 条
2.《市场主体登记管理条例》第 8 条

第九十六条 【注册资本】

> 第九十六条　股份有限公司的注册资本为在公司登记机关登记的已发行股份的股本总额。在发起人认购的股份缴足前,不得向他人募集股份。
>
> 法律、行政法规以及国务院决定对股份有限公司注册资本最低限额另有规定的,从其规定。

一、修订情况

相较于2018年《公司法》第80条,本条存在如下变化:

1. 明确如何认定股份有限公司的注册资本,即认定公司在登记机关登记的已发行股份的股本总额为注册资本。

2. 不再以公司发起设立或募集设立方式的不同对注册资本的缴付方式进行区分,而将注册资本定义为在公司登记机关登记的已发行股份的股本总额。

二、理论基础

新《公司法》的出台标志着我国将完成由法定资本制向授权资本制的跨越。授权资本制是指章程规定资本总额,且资本总额在公司设立时不必全部发行,只要发行并认足部分即可成立公司,其余部分由董事会决定发行的时间和次数的公司资本制度。

本条款修订的理论基础在于缓解法定资本制下法律对于公司创始初期严苛的规制。首先,法定资本制下,公司设立时应一次发行并认足章程规定的资本总额,这一模式无疑会增大创始初期发起人的资金压力,抬高公司设立门槛、扩大发起人的责任范围。其次,公司设立之初业务规模较小,资金需求量较少,此时向公司实缴过量的出资会降低公司资金利用效率,造成资金冗积。另外,公司资本总额既已规定在章程之中,非经股东会决议和工商变更登记等法定程序不得修改。这导致公司在经营过程中,通过发行新股筹集资金时融资效率降低。

"在发起人认购的股份缴足前,不得向他人募集股份"的规定,则属于强制性规定中的禁止性规定,旨在保护其他新投资者的利益,防止发起人在没有将认购股份缴足前即对外募集资金,从而加大他人投资风险。

三、制度演变

1993年《公司法》第78条规定:"股份有限公司的注册资本为在公司登记机关登记的实收股本总额。股份有限公司注册资本的最低限额为人民币一千万元。股份有限公司注册资本最低限额需高于上述所定限额的,由法律、行政法规另行规定。"1999年、2004年《公司法》未作调整。

2005年《公司法》对该条调整较多,分别明确了发起设立和募集设立股份公司的注册资本要求及发起设立股份公司资本缴纳时间,并将注册资本最低金额调整为500万元。2013年《公司法》则以认缴资本制取消了发起设立股份公司资本缴纳时间限制,2018年《公司法》未再修改。

四、律师实务指引

(一)投资者应当对公司股份实缴情况审慎核查

投资者在对股份有限公司进行投资时,首先要清楚该公司的发起人是否已经缴足所认购的股份,对于认购股份实缴的问题可以结合双方协议、款项往来记录及企业公示信息综合判断。如果发起人并没有缴足,就应该更加审慎地对该股份有限公司进行投资。

(二)股份有限公司注册时应当注意关于最低注册资本的要求

对于股份有限公司的最低注册资本进行特别规定,是因为考虑到公司在从事经营活动时,应当具有与其活动能力相匹配的责任能力,以保证其能够履行相应的财产义务。这体现了民商法权责一致、利益与风险相一致原则。公司的注册资本既是公司赖以经营的物质条件,又在一定程度上是公司债权人利益的担保,所以,对股份有限公司注册资本最低限额作出规定,对于保证公司经营、保护债权人的利益和社会交易的安全稳定是有必要的。为此,本条对股份有限公司注册资本的最低限额做了规定。

有一些部门规章对最低出资资本有明确规定。例如,《中国银保监会农村中小银行机构行政许可事项实施办法》第50条第2款第3项规定,农村商业银行在注册地辖区外设立支行,申请人注册资本不低于5亿元人民币;《期货公司监督管理办法》第6条规定,申请设立期货公司,注册资本不低于人民币1亿元;《融资性担保公司管理暂行办法》第20条第2款规定,从事再担保业务的融资性担保公司注册资本应当不低于人民币1亿元,并连续营业两年以上。

关联法条

《企业信息公示暂行条例》第8条、第9条第1款第4项

第九十七条 【股份认购】
第九十八条 【发起人的出资】

> 第九十七条 以发起设立方式设立股份有限公司的,发起人应当认足公司章程规定的公司设立时应发行的股份。
> 以募集设立方式设立股份有限公司的,发起人认购的股份不得少于公司章程规定的公司设立时应发行股份总数的百分之三十五;但是,法律、行政法规另有规定的,从其规定。
> 第九十八条 发起人应当在公司成立前按照其认购的股份全额缴纳股款。
> 发起人的出资,适用本法第四十八条、第四十九条第二款关于有限责任公司股东出资的规定。

一、修订情况

新《公司法》第97条"股份认购"与第98条"发起人的出资"的修改,均系为股份有限公司授权资本制的引入提供配套的规则供给,将股份有限公司的出资方式由认缴制改为实缴制。因此,本书将两条合并进行解读。

(一)《公司法》第97条

新《公司法》第97条将2018年《公司法》第83条第1款的部分内容与第84条合并为一条,并对部分表述进行了调整,包括以下几个方面:

1.将公司章程规定"其认购的股份",改为公司章程规定的"公司设立时应发行的股份"。将2018年《公司法》第84条中"公司股份总数",改为"公司章程规定的公司设立时应发行股份总数"。这两处增加"公司设立时应发行的股份"的限定,是为了适应本次《公司法》修订引入授权资本制的变化,以区分授权资本制下设立时应发行股份、设立后新发行股份、未发行的股份的不同含义。

2.将2018年《公司法》第83条第1款后半段,即"并按照公司章程规定缴纳出资。以非货币财产出资的,应当依法办理其财产权的转移手续"的规定,以及本条第 2 款、第 3 款移出,并对其所规定出资责任和出资形式内容进行分款细化,在第 99 条、第 106 条中另行规定。

3. 将 2018 年《公司法》第 83 条第 1 款中的"书面认足"修改为"认足",使表述更加精简。

(二)新《公司法》第 98 条

1. 新增第 1 款"发起人应当在公司成立前按照其认购的股份全额缴纳股款",为股份公司授权资本制配套了实缴制的资本缴纳模式。

2. 相较于 2018 年《公司法》,本条第 2 款引致了有限责任公司股东出资的相关法律规定,明确股份公司可以用股权、债权作为发起人的出资。

二、理论基础

1993 年《公司法》确定了最严格的法定资本制度,主要体现在较高的最低资本门槛、一次性足额缴纳出资、仅限于 5 种出资方式等方面,2005 年及 2013 年《公司法》的修改,既取消了设立普通公司的最低资本限额,也取消了公司设立时首次缴纳资本的比例和缴足期限的限制,我国资本制度由严格的法定资本制度逐渐演变为完全的认缴资本制。本次《公司法》修订创新性地引入了"授权资本制",核心特征在于,未认购部分股本可由股东会或章程授权董事会根据公司生产经营情况分次发行,即在授权资本制之下,公司可以自由考量决定股份发行的数额及股份发行的次序。在授权资本制下,公司在章程中确定的股份总额,既包括设立时应发行股份,也包括已发行股份和未发行股份。

三、制度演变

(一)第 97 条立法变化

本条第 1 款股份有限公司发起设立认购公司股份的规定,自 1993 年作为第 82 条写入《公司法》,于 2005 年《公司法》修订时条文序号变更为第 84 条,后于 2013 年《公司法》修正时条文序号变更为第 83 条,2018 年《公司法》修正时未再修改。

本条第 2 款股份有限公司募集设立认购公司股份的法定最低限额的规定,自 1993 年作为第 83 条写入《公司法》,2005 年《公司法》修订时,将本条序号变更为第 85 条,并增加"但是,法律、行政法规另有规定的,从其规定",2013 年《公司法》

修正时将本条序号变更为第 84 条,2018 年《公司法》修正时未再修改。

(二)第 98 条立法变化

1. 关于发起人的出资履行义务

1993 年《公司法》采用的是资本实缴制度,在发起人认购股份后,即须缴纳股款。第 82 条规定:"以发起设立方式设立股份有限公司的,发起人以书面认足公司章程规定发行的股份后,应即缴纳全部股款;以实物、工业产权、非专利技术或者土地使用权抵作股款的,应当依法办理其财产权的转移手续。发起人交付全部出资后,应当选举董事会和监事会,由董事会向公司登记机关报送设立公司的批准文件、公司章程、验资证明等文件,申请设立登记。"缴纳股款作为公司成立的前置条件,就不存在对发起人出资履行义务强调的空间。

2005 年《公司法》在规定发起人的出资履行义务时有所松动,第 81 条规定,"股份有限公司采取发起设立方式设立的,注册资本为在公司登记机关登记的全体发起人认购的股本总额。公司全体发起人的首次出资额不得低于注册资本的百分之二十,其余部分由发起人自公司成立之日起两年内缴足;其中,投资公司可以在五年内缴足。在缴足前,不得向他人募集股份。股份有限公司采取募集方式设立的,注册资本为在公司登记机关登记的实收股本总额"。第 84 条规定,"以发起设立方式设立股份有限公司的,发起人应当书面认足公司章程规定其认购的股份;一次缴纳的,应即缴纳全部出资;分期缴纳的,应即缴纳首期出资。以非货币财产出资的,应当依法办理其财产权的转移手续"。"发起人首次缴纳出资后,应当选举董事会和监事会,由董事会向公司登记机关报送公司章程、由依法设定的验资机构出具的验资证明以及法律、行政法规规定的其他文件,申请设立登记"。此次法定设置了发起人首次出资的最低限额,以及缴足资金的期限,本质上是资本实缴制的一种变形,即资本分期缴纳制。

2013 年《公司法》修正意味着,我国正式实行资本认缴制。第 80 条规定:"股份有限公司采取发起设立方式设立的,注册资本为在公司登记机关登记的全体发起人认购的股本总额。在发起人认购的股份缴足前,不得向他人募集股份。股份有限公司采取募集方式设立的,注册资本为在公司登记机关登记的实收股本总额。法律、行政法规以及国务院决定对股份有限公司注册资本实缴、注册资本最低限额另有规定的,从其规定。"第 83 条规定,"以发起设立方式设立股份有限公司的,发起人应当书面认足公司章程规定其认购的股份,并按照公司章程规定缴纳出资。以非货币财产出资的,应当依法办理其财产权的转移手续"。发起人的出资时间不再由法律明确规定,而是依章程由当事人意思自治。2018年《公司法》沿用上述规定。

2. 关于发起人的出资方式

1993年《公司法》第80条规定:"发起人可以用货币出资,也可以用实物、工业产权、非专利技术、土地使用权作价出资。对作为出资的实物、工业产权、非专利技术或者土地使用权,必须进行评估作价,核实财产,并折合为股份。不得高估或者低估作价。土地使用权的评估作价,依照法律、行政法规的规定办理。发起人以工业产权、非专利技术作价出资的金额不得超过股份有限公司注册资本的百分之二十。"

2005年《公司法》第83条规定:"发起人的出资方式,适用本法第二十七条的规定。"第27条规定,"股东可以用货币出资,也可以用实物、知识产权、土地使用权等可以用货币估价并可以依法转让的非货币财产作价出资;但是,法律、行政法规规定不得作为出资的财产除外。对作为出资的非货币财产应当评估作价,核实财产,不得高估或者低估作价。法律、行政法规对评估作价有规定的,从其规定"。

2013年《公司法》第83条规定:"以发起设立方式设立股份有限公司的,发起人应当书面认足公司章程规定其认购的股份,并按照公司章程规定缴纳出资。以非货币财产出资的,应当依法办理其财产权的转移手续。发起人不依照前款规定缴纳出资的,应当按照发起人协议承担违约责任。发起人认足公司章程规定的出资后,应当选举董事会和监事会,由董事会向公司登记机关报送公司章程以及法律、行政法规规定的其他文件,申请设立登记。"2018年《公司法》沿用上述规定。

四、案例评析

温某、王某与河北华正公路投资发展股份有限公司股东知情权纠纷案
[河北省石家庄市中级人民法院(2015)石民四终字第00968号]

基本案情: 1997年1月22日,华正集团作为发起人,河北华正公路投资发展股份有限公司(以下简称华正公司)作为发行人,作出《华正公司(筹)内部职工入股说明书》,公司拟定注册资本金8850万元,人民币普通股,每股人民币1元,折合8850万股,其股本份额构成为:华正集团1132.8万股,占总股份12.8%;华正公路991.2万股,占总股份11.2%;华正集团工会6018万股,占总股份68%;华正装饰336.3万股,占总股份3.8%;华正物资371.7万股,占总股份4.2%。发行期为:1997年1月29日至2月28日。后温某、王某分别购买了华正公司的股份。1997

年4月21日,华正公司被批准成立,公司类型为股份有限公司。1998年6月17日,河北省股权托管中心向王某出具股权证托管收据。

2014年8月8日和11月19日,温某、王某向华正公司提出书面申请,请求查阅股东名册、资产负债表、董事会决议等文件,行使股东知情权,华正公司马某某签收。

裁判情况: 法院认为,证券募集是证券募集人向投资者出售股份的合同行为,应当适用募集行为和公司设立行为发生时的法律即原《经济合同法》和1993年《公司法》。原《经济合同法》第7条规定违反法律和行政法规的合同无效。1993年《公司法》第84条第2款规定:"未经国务院证券管理部门批准,发起人不得向社会公开募集股份。"该案华正公司的发起人未经国务院证券管理部门批准,擅自向内部职工之外的自然人温某、王某等公开募集股份,违反了1993年《公司法》第84条第2款的禁止性规定,依据原《经济合同法》第7条的规定,应当认定募集行为无效。温某、王某因发起人募集行为无效而不应当成为华正公司的股东,基于此也不应当享有股东所享有的知情权。

评析: 1993年《公司法》规定,以募集方式设立股份有限公司的,发起人认购的股份不得少于公司股份总数的35%,明确了发起人所应认购股份的法定最低限额。该案华正公司采用募集方式设立,发起人认购股份仅占公司股份的12.8%,未达到募集设立认购35%的限额,同时其存在未经国务院证券管理部门批准,擅自向社会公开募集股份的违法行为,其设立程序不符合法定条件,最终募集行为被依法确认无效。对此,中小投资者可依据募集行为无效的法律后果向发起人主张返还投资款及赔偿损失,以维护自身权益。

五、律师实务指引

在实务中,律师应当注意采取授权资本制不等于认缴制。发起人应当在公司成立前按照其认购的股份全额缴纳股款,即便采取授权资本制,也不应混淆认为股份公司出资方式为认缴制。

关联法条

1.《证券法》第11条

2.《市场主体登记管理条例》第13条

第九十九条 【其他发起人的连带责任】

> 第九十九条 发起人不按照其认购的股份缴纳股款,或者作为出资的非货币财产的实际价额显著低于所认购的股份的,其他发起人与该发起人在出资不足的范围内承担连带责任。

一、修订情况

相较于2018年《公司法》第93条,本条存在以下变化:

1. 将发起人"未按照公司章程的规定缴足出资"修改为"不按照其认购的股份缴纳股款",将非货币财产的实际价额显著低于"公司章程所定价额"修改为"所认购的股份";上述措辞上的修正系契合股份有限公司授权资本制的配套修改。

2. 保留其他发起人的连带责任,并明确连带责任的范围。其他发起人"与该发起人在出资不足的范围内"承担连带责任。需要说明的是,在修法过程中,三次审议稿的责任形式均为"应当按照发起人协议对其他发起人承担违约责任",新《公司法》将"违约责任"修改为"连带责任",并不意味着违约责任的免除。若发起人存在违约行为,其他发起人仍然可以依据《民法典》等法律规则向该发起人请求赔偿。

3. 发起人系其出资义务的第一责任人,补足出资是应有之义。本条删除发起人在出资不足或出资不实情形下"应当补缴"及"补足其差额"的内容,将条文表述为其他发起人"与该发起人"在出资不足的范围内承担连带责任,表达更为精练,系彰显立法水平的技术调整。

4. 值得关注的是,本条表述方式系与第50条有限责任公司的出资补足责任相互呼应。第50条规定"设立时的其他股东与该股东在出资不足的范围内承担连带责任",其中"设立时的其他股东"与本条中的"其他发起人"系同一概念,新《公司法》对股份公司与有限公司的发起人出资补足责任采取了统一的立法表达。

二、理论基础

股东履行出资义务是公司创建的物质基础,也是获得股东身份的必要前提。

为了保证公司资本的充实,维护公司整体利益,各国立法对股东和发起人都规定了严格的出资义务和违反出资义务的责任。① 由于发起人在股份公司设立过程中的特殊地位,为保障公司在设立阶段的资本状况,发起人须对公司承担资本充实责任。在发起人出资不足或出资不实时,应由其他发起人连带地向公司承担补足出资的责任,以维持公司资本充足。

三、制度演变

2005年《公司法》第94条规定:"股份有限公司成立后,发起人未按照公司章程的规定缴足出资的,应当补缴;其他发起人承担连带责任。股份有限公司成立后,发现作为设立公司出资的非货币财产的实际价额显著低于公司章程所定价额的,应当由交付该出资的发起人补足其差额;其他发起人承担连带责任。"2018年《公司法》未作修改。2020年发布的《公司法司法解释三》第13条进一步将承担"连带责任"的前提扩张到"股东未履行或者未全面履行出资义务"。新《公司法》则在立法层面延续这一规则,将发起人连带责任扩大至"股东未按照公司章程规定实际缴纳出资,或者实际出资的非货币财产的实际价额显著低于所认缴的出资额"。

四、案例评析

江苏清江生物能源科技有限公司、南京宝泽股权投资基金股份有限公司与南京清江冷链物流股份有限公司股东出资纠纷案[江苏省南京市中级人民法院(2015)宁商终字第1615号]

基本案情: 2012年11月,江苏清江生物能源科技有限公司(以下简称清江生物公司)与南京宝泽股权投资基金股份有限公司(以下简称宝泽公司)共同发起设立南京清江冷链物流股份有限公司(以下简称清江冷链公司),并于2012年11月16日签订协议书,对各发起人出资方式、出资时间等进行了约定。同时约定,清江冷链公司成立后,如清江生物公司因自身原因不能将土地使用权作价入股,清江生物公司应赔偿宝泽公司2000万元。协议书第六章第15条约定,宝泽公司如2年内不能按期足额投放资金,清江冷链公司应赔偿清江生物公司2000万元。后清江

---

① 参见朱慈蕴:《股东违反出资义务应向谁承担违约责任》,载《北方法学》2014年第1期。

冷链公司股东大会通过公司章程修正案,对发起人出资时间、出资方式等进行了修改。因宝泽公司未按章程约定履行出资义务,清江生物公司将宝泽公司和清江冷链公司诉至法院。

裁判情况:法院认为,根据协议书第六章第 15 条的约定,清江冷链公司成立后,宝泽公司如违约,则承担责任主体为清江冷链公司。上述约定本意是对宝泽公司出资的约束,而违约股东对守约股东承担违约责任是其法定义务,故宝泽公司应对清江生物公司承担违约责任。公司法对公司资本维持等进行规制的精神在于保护债权人合法利益、维护交易安全。该案中,本应由宝泽公司承担的违约责任,却约定由清江冷链公司来承担,如果支持清江生物公司主张宝泽公司和清江冷链公司连带清偿违约金的诉讼请求,则存在帮助宝泽公司抽逃资本、造成清江冷链公司资产不当减少、侵害清江冷链公司其他债权人合法利益的可能性。在清江冷链公司营利的情况下,依法缴纳提取相关税费后、股东分红前,在其可营利的范围内承担责任,才符合公司法对公司资本规制的宗旨。一审中清江生物公司未在指定期间内提供清江冷链公司营利证据,故清江冷链公司不能作为承担责任的主体。结合宝泽公司违约事实、情节等因素酌情确定赔偿数额,宝泽公司向清江生物公司支付违约金,计算标准为按照中国人民银行同期同档贷款基准利率。

评析:发起人未按照协议约定缴纳出资纠纷,当事人争议的焦点主要为未按约定缴纳出资的发起人是否构成违约、违约金的计算标准及违约责任的承担主体问题。该案恰好涵盖上述三个焦点的审理。因公司成立后,公司可能通过修改章程对发起人协议中约定的出资义务进行变更,因此,判断发起人是否构成违约除依据发起人协议约定外,还要依据公司章程[①]甚至股东会决议等相关文件。因该案章程修正案已对发起人协议出资义务的内容进行了修订,宝泽公司应当按照章程修正案的规定履行出资义务。关于违约金的计算标准,法院依据的是损失赔偿额应当相当于因违约而造成的损失,故以中国人民银行同期同档贷款基准利率作为违约金的计算标准。关于违约金的承担责任主体,尽管发起人协议约定违约责任由合资公司清江冷链公司承担,但因在签订发起人协议时,清江冷链公司尚未建立,事后也未追认,因此清江冷链公司无须基于发起人协议承担违约责任。

---

① 根据公司章程性质的契约说,章程被认为是全体股东合意的结果,因此违反公司章程的行为也构成违约。

五、律师实务指引

(一)制定发起人协议应做到权利义务约定清晰、内容全面

由于发起人承担违约责任的依据主要是发起人协议,建议发起人在制定发起人协议时,提前对发起人基本信息、公司设立的方式、组织形式、注册资本、股份总额、发起人认购股份的数额、形式及期限、发起人的权利义务、违约责任、争议解决等内容进行商议并在协议中全面清晰地约定。

(二)约定合理的违约金标准

虽然发起人协议中的违约金条款由各方意思自治,但是,根据违约赔偿与损失相当原则,发起人协议中如约定过高标准的违约金,在诉讼过程中也将被法院结合相关证据予以调整。故建议结合具体情况约定适当的违约金,并明确违约方应当承担相对方因维权而产生的律师费、保全担保费等费用。在相对方违约时,及时收集损失的相关证据。

(三)依据章程、股东会决议履行出资义务

除发起人协议,章程、股东会决议等也应作为判断发行人是否履行出资义务的依据。如公司章程、股东会决议等股东之间协商一致签署的文件,内容包括对出资义务的调整,应当视为股东就出资义务变更达成一致,具有法律效力。

(四)明确约定非货币资产价值及出资方式

以非货币资产缴纳出资,应明确约定资产价值、出资方式等内容。鉴于非货币资产的价值存在不确定性,建议发起人在发起人协议中就非货币资产的价值认定进行明确约定,可以约定以实缴出资时各方股东均认可的第三方评估机构作出的结果为依据,避免各方就非货币资产的实际价值发生争议。发起人以非货币资产出资时,应当及时办理所有权转移手续;无法办理所有权转移手续的,发起人应当与其他发起人和设立的公司签订财产移交证明。

关联法条

《民法典》第577条、第584条、第585条 ①

---

① 发起人协议作为发起人之间订立的合同,受《民法典》总则编及合同编相关规定调整,因篇幅限制,此处仅列举部分核心关联法条。

第一百零二条 【股东名册】

> 第一百零二条　股份有限公司应当制作股东名册并置备于公司。股东名册应当记载下列事项：
> （一）股东的姓名或者名称及住所；
> （二）各股东所认购的股份种类及股份数；
> （三）发行纸面形式的股票的，股票的编号；
> （四）各股东取得股份的日期。

一、修订情况

相较于2018年《公司法》第130条，本条规定的记载事项有以下变化：

1. 增加了股东所认购股份种类的规定，原因是本次修订正式吸收了类别股制度。

2. 仅对发行纸面形式的股票要求记载股票编号，因为随着信息科技的进步，越来越多的公司采用了无纸化的股票形式，其区别于传统的纸质股东名册，故不再要求记载股票编号。

3. 删除了无记名股票的相关规定。

二、理论基础

股东名册记录和登记机关登记是公司股东权利登记的两种主要形式。前者性质属于公司内部登记，是确定公司股东身份的基本依据；后者则可通过对外公示的对抗力保障股东权利。在我国的立法及司法实践中，普遍存在重登记机关外部公示而轻公司内部记录的倾向，这导致股东名册制度始终未发挥其应有的作用。从更深层次来说，在民事主体每次面临一股二卖、善意取得、股权代持等法律问题时，即便有股东名册，往往工商登记的法律效力也会强于股东名册，加之股东名册的备置并无强制性，股东名册的属性也变得模棱两可。

但是，就有限责任公司而言，因外部登记制度较为完善，无论有无股东名册内部记载，投资者通过新设、增资、受让等方式取得公司股东身份，或作出某种商业判断时，基本可以通过外部登记公示系统获得较为准确的登记信息。然而对非上市股份公司来说，除发起人信息外，法律并未规定对于其他股东身份及变更须到登记机关进行登记，且事实上市场监督管理部门也不提供非上市股份公司的股份及股东身份变更的登记业务，这导致非上市股份公司发起人以外的股东身份难以认定，并因此产生诸多司法难题。

从域外立法实践来看，英美法系普遍将股东信息记载于股东名册，而非记载于官方的商业登记信息，因此股份信息及股东身份信息都以股东名册为准。从美国特拉华州对股东名册的规定可以发现，股东名册更多属于公司内部的自治范畴，而非法律强制范畴。若没有股东名册，那么意味着很多公司股权交易事务，乃至股东会会议的召开都无最基本的参考依据，企业也因此无法有效运作。因此，域外法律对于股东名册的规定更加强调：在股权变动时股东名册是其中运作的重要一环，股东名册的有效记载才可以让股权变动、交易公示变得更为稳定；股东名册是股东乃至外部人员意欲进入企业时唯一需要参考的重要文件。

我国 2018 年《公司法》虽然提出了股东名册制度，但又模糊其使用场景与公示效力。究竟股东名册在我国现有的法律实践中是否可以独立达到证明股东身份的法律地位，抑或只是一个辅助性的证据材料；截至目前，此问题仍然难有定论。值得注意的是，此次《公司法》修订过程中，立法者已经注意到我国股东名册制度的尴尬地位，故要求所有股份公司均应当置备股东名册。采用此统一强制要求，对于我国司法实务中轻股东名册的传统，应当能够起到一定的改善作用。

三、制度演变

由于我国关于股东名册制度的立法不尽完善，还缺少相应的细节性规定，目前的司法实践中，很少有公司完全按照法律规定的要求完整备置股东名册。导致的结果是，股东名册制度在法律条文上成为一种摆设，在实践中几乎落空。

1993 年《公司法》第 134 条规定："公司发行记名股票的，应当置备股东名册，记载下列事项：（一）股东的姓名或者名称及住所；（二）各股东所持股份数；（三）各股东所持股票的编号；（四）各股东取得其股份的日期。发行无记名股票的，公司应当记载其股票数量、编号及发行日期。"

2018年《公司法》虽经过几次修正与修订,但针对该条文,除了序号发生变化外,条文内容始终未变。本次修订中,因为取消了无记名股票,新《公司法》第102条对股份公司置备股东名册的范围及内容才做了相应修改。

四、案例评析

孙某案外人执行异议之诉再审案[最高人民法院(2020)最高法民再324号]

基本案情: 2017年4月,云南滇资生物产业有限公司(以下简称滇资公司)与临沧凌丰产业(集团)有限公司(以下简称凌丰公司)签订《股权转让协议》,以200万元受让凌丰公司在临沧临翔沪农商村镇银行股份有限公司(以下简称临沧临翔沪农商行)的普通股200万股,并于同日支付200万元股份转让款。临沧临翔沪农商行向滇资公司出具了股权证,并在其2017年度股东名册中记载滇资公司持有其200万股股份。临沧临翔沪农商行的国家企业信用信息公示系统显示滇资公司股权变更日期为2017年4月,公示时间为2017年10月。因孙某与凌丰公司民间借贷纠纷,一审法院根据孙某申请,裁定查封、扣押、冻结凌丰公司等价值3000万元的财产。一审法院于2017年7月向工商局发出协助执行通知书,冻结了滇资公司所有的临沧临翔沪农商行的股份。滇资公司以其为标的股份所有人为由,向一审法院提出执行异议,请求中止执行标的股份,一审法院于2018年2月裁定驳回滇资公司的异议请求,滇资公司遂提起诉讼。

裁判情况: 非上市股份有限公司股份权属的转移,应当自背书完成或记载于股东名册时即发生效力。关于案涉股份是否属于滇资公司所有,依照法律对股份有限公司股份转让的规定,结合凌丰公司向滇资公司转让案涉股权的交易事实、股权名册的记载、股权证的颁发、股东行使股东权利及履行相应义务等事实,应当认定滇资公司完成了法律所要求的案涉股份权属转移的要件,合法继受取得了案涉股份。

在国家企业信用信息公示系统公示股权变更信息,既非非上市股份有限公司的股份权属转移生效的法定要件,亦非滇资公司的义务。另外,股份有限公司股份的转让并不属于必须进行工商登记的事项。再审法院遂撤销原审判决,改判案涉股份归滇资公司所有,并且不得对案涉股份进行执行。

评析: 该案一审、二审法院判决错误在于,未考虑临沧临翔沪农商行作为股份有限公司,其性质不同于有限责任公司,错误适用了2018年《公司法》第32条,最终导致认定事实有误。而再审法院根据2018年《公司法》第139条第1款及第130条第1款的规定,确认非上市股份有限公司股份权属的转移自背书完成或记载于股东名册时即发生效力。再审法院准确把握了2018年《公司法》关于股份公司股东名册记载事项的规定,最终使案件处理回归到正确的法律适用框架下。

五、律师实务指引

(一)股份公司股东名册法律属性和实务价值

立法对股份公司无差别地要求置备股东名册,这将为广大律师处理非诉尽职调查事务提供一个更加确定的调查目标。并且,在律师代理公司纠纷案件尤其是股东知情权案件中,又增加了一个确定的可供主张查阅的对象。

(二)股份公司股权冻结的"双送达"

2014年10月10日,最高人民法院与原国家工商总局联合下发的《关于加强信息合作规范执行与协助执行的通知》第11条规定,人民法院冻结股权、其他投资权益时,应当向被执行人及其股权、其他投资权益所在市场主体送达冻结裁定,并要求工商行政管理机关(现为市场监督管理机关)协助公示。第13条规定,工商行政管理机关在多家法院要求冻结同一股权、其他投资权益的情况下,应当将所有冻结要求全部公示。首先送达协助公示通知书的执行法院的冻结为生效冻结。送达在后的冻结为轮候冻结。有效的冻结解除的,轮候的冻结中,送达在先的自动生效。

即便股份公司股东不属于工商登记事项,但债权人申请冻结股份公司股东股份的,仍应向被执行人、股份公司及工商行政管理机关送达司法协助执行文书,并按照工商行政管理机关公示顺序确定司法冻结顺位。

关联法条

1.《证券法》第147条

2.《市场主体登记管理条例》第8条、第9条

3.《市场主体登记管理条例实施细则》第6条

4.《全国法院民商事审判工作会议纪要》第8条

第一百零三条 【成立大会】

> 第一百零三条　募集设立股份有限公司的发起人应当自公司设立时应发行股份的股款缴足之日起三十日内召开公司成立大会。发起人应当在成立大会召开十五日前将会议日期通知各认股人或者予以公告。成立大会应当有持有表决权过半数的认股人出席,方可举行。
>
> 以发起设立方式设立股份有限公司成立大会的召开和表决程序由公司章程或者发起人协议规定。

一、修订情况

本条是关于股份有限公司成立大会通知及召开程序的规定。所对应的条文是2018年《公司法》第89条。但与2018年《公司法》相比,本条修订存在以下变化:

1. 2018年《公司法》第89条除了规定创立大会通知及召开程序外,还规定"发行股份的股款缴足后,必须经依法设立的验资机构验资并出具证明"第2款规定了公司设立失败的处分规则。新《公司法》将验资事项、募集失败的处分规则均单独列出,分别规定在第101条和第105条,在逻辑体例上更加严谨。

2. 关于召开成立大会的人员称谓不同。2018年《公司法》第89规定,"发起人应当自股款缴足之日起三十日内主持召开公司创立大会。创立大会由发起人、认股人组成"。此处采用了发起人与认股人的称谓,而本条修订的表述为"发起人应当在成立大会召开十五日前将会议日期通知各认股人或者予以公告",未区分发起人和认股人,原因为本条规定召开成立大会的前提是各认股人已经足额缴纳了出资,所发行股份已经募足,不会发生第105条规定的发行股份未募足或虽募足但发起人未在30日内召开成立大会而导致公司设立失败的情形。

3. 本条修订对参加成立大会出席人数的要求为"成立大会应当有持有表决权过半数的认股人出席,方可举行"。而2018年《公司法》第90条要求为"创立大会应有代表股份总数过半数的发起人、认股人出席,方可举行"。因新《公司法》吸收了类别股的概念,所代表股份数与所持表决权数已没有必然联系,该表述系对类别股制度的回应。

二、理论基础

我国《公司法》规定股份有限公司的设立方式分为发起设立和募集设立。发起设立,是指由发起人认购公司应发行的全部股份而设立公司。发起设立既适用于股份有限公司,也适用于有限责任公司。募集设立,是指由发起人认购公司应发行股份的一部分,其余股份向社会公开募集或者向特定对象募集而设立公司。募集设立既可以通过向社会公开发行股票的方式,也可以是不发行股票而只向特定对象募集。这种方式只为股份有限公司设立之方式。由于募集设立的股份有限公司资本规模较大,涉及众多投资者的利益,各国公司法均对其设立程序严格限制。如为防止发起人完全凭借他人资本设立公司,损害一般投资者的利益,各国大多规定发起人认购的股份在公司股本总数中应占的比例。我国 2018 年《公司法》第 84 条即规定:"以募集设立方式设立股份有限公司的,发起人认购的股份不得少于公司股份总数的百分之三十五;但是,法律、行政法规另有规定的,从其规定。"

另外,由于发起设立与募集设立对社会公众利益的影响不同,2018 年《公司法》对二者注册资本做了不同规定。发起设立的股份有限公司的注册资本,为在公司登记机关登记的全体发起人认购的股本总额;募集设立的股份有限公司的注册资本,为在公司登记机关登记的实收股本总额。这二者之间的区别是,前者的注册资本是发起人认购的股本总额,不必是实收的股本总额;而后者的注册资本必须是实收的股本总额。其原因在于,募集设立股份有限公司,发起人只需要按照本法规定认购一定的股份数额,即可向国务院证券监督管理机构申请向社会公众公开募集股份。通过向社会公众募集股份,可以筹资设立公司,因而允许发起人分期缴纳出资的意义不大。另外,募集设立的股份有限公司,其股票有可能在证券交易所上市交易,而允许股东分期缴纳出资,很难保证出资到位,也不利于保护社会公众利益。

基于发起设立与募集设立的上述诸多区别,故本次修订,对募集设立股份公司的程序和条件,以及成立大会的通知和召开程序,均作出严格于以发起方式设立的股份有限公司的规定。而对于以发起方式设立股份有限公司的,只规定"以发起设立方式设立股份有限公司成立大会的召开和表决程序由公司章程或者发起人协议规定",充分赋予市场主体自主约定空间。

三、制度演变

1993年《公司法》第91条规定:"发行股份的股款缴足后,必须经法定的验资机构验资并出具证明。发起人应当在三十日内主持召开公司创立大会。创立大会由认股人组成。发行的股份超过招股说明书规定的截止期限尚未募足的,或者发行股份的股款缴足后,发起人在三十日内未召开创立大会的,认股人可以按照所缴股款并加算银行同期存款利息,要求发起人返还。"

1993年《公司法》颁布以后,虽经1999年、2004年两次修正,但该条文均未变动,2005年《公司法》修订时,为进一步明确召开创立大会的起算时间,增加"自股款缴足之日起"这一限定条件,其他几乎未变动,直至本次修订。

新《公司法》对股份公司设立一章修改内容较多,为了体现立法逻辑的严谨性,还将2018年《公司法》第89条规定的内容分拆为几个条文,并就募集设立的股款实缴验资事项以及募集失败的处理规则作专门条文规定,条文逻辑更加清晰。

四、案例评析

博强钢构有限公司与赤壁市农村信用合作联社公司设立纠纷案[湖北省高级人民法院(2014)鄂民二终字第00091号]

基本案情:2011年3月,赤壁市农村信用合作联社(以下简称赤壁信用联社)对外发布《湖北赤壁农村商业银行(筹)征集发起人宣传手册》(以下简称《宣传手册》),主要内容为:赤壁信用联社拟改制为股份制农村商业银行,并开展征集发起人工作,计划募集股金2亿股。股权结构设置为自然人股和法人股,每股面值人民币1元,发行价格人民币1.5元(其中1元作为股本金入账,0.5元作为发起人购买赤壁信用联社不良资产或增加拨备,股东出资购买的不良资产由成立后的赤壁农商行负责清收或处置,收回的资本或收益,全部列入赤壁农商行资本公积,作为所有者权益,归全体股东共同所有)。募股预约登记日期为2011年4月1日至2011年6月30日。并对征集发起人条件、程序及发起人的权利和义务、股金红利分配政策均作出明确规定。2011年9月14日,博强钢构有限公司(以下简称博强钢构公司)认购1000万元股本溢价,2011年9月20日,认购2000万元股金,并全部缴足。2012年10月22日,赤壁信用联社代表与预约入股人员代表组织召开会议,就赤壁农商行的筹建工作进行商谈,并形成会议纪要,主要内容为:因湖北银监局、湖北省联社对组建农商行申报有新要求,致使筹建工作不能按预定时间批筹挂牌,具体时间待定。如预约入股人员要求退还预约股金(含溢价款),由赤壁信用联社拟定清退方案向湖北省联社申请审批,并在2012年年底前实施。2012年12月24日,赤壁信用联社将2000万元股本金及利息退还博强钢构公司,博强钢构公司要求赤壁信用联社退还1000万元溢价款本金及利息而产生争议,遂成诉。

裁判情况:法院认为,本案系因赤壁信用联社筹备进行股份制改造,以设立赤壁农商行,因故未设立后,博强钢构公司要求退还认缴资金而引发的纠纷。赤壁信用联社是赤壁农商行改制唯一主导者,博强钢构公司作为预约入股法人单位,于2011年9月14日将1000万元作为认缴股本金存入赤壁信用联社。因赤壁农商行仍在筹建中,公司至今未设立,根据《公司法》(2013年)第94条的规定,股份有限公司发起人在公司不能成立时,对认股人已缴纳的股款,负返还股款并加算银行同期存款利息的连带责任。故赤壁信用联社对占有博强钢构公司1000万元入股资金所产生的利息负有返还的义务。博强钢构公司请求赤壁信用联社支付占有资金期间的利息的上诉理由部分成立。

评析:实践当中,采用典型的募集方式设立公司为数极少,该案赤壁信用联社以征集发起人的方式筹建赤壁农商行,其性质类似募集设立中的股份募集行为。一审法院以《宣传手册》名称中载明"征集发起人"为由,认定博强钢构公司不属于股份认购人,应当承担公司设立不能时的费用,该判决认定过于机械,忽略了赤壁信用联社与博强钢构公司在案涉公司设立中所起作用的本质区别。二审法院充分注意到二者的区别,正确认定了博强钢构公司认股人的身份,最终判决赤壁信用联社作为发起人须向博强钢构公司承担利息支付责任。但鉴于该案并非典型意义的募集设立方式,故判决书未援引《公司法》(2013年)第89条作为判决依据。

五、律师实务指引

虽然发起设立和募集设立均为股份有限公司设立方式,但鉴于二者对注册资本实缴规定不同,股东之间权利义务要求也不相同,两者所体现的规则亦存在诸多差异。2018年《公司法》对这些差异在条文表述上区分不明确,新《公司法》对股份有限公司设立相关条文进行了较大的调整,立法逻辑上更为严谨。

针对募集设立方式,虽然新《公司法》规定了公开发行募集与定向募集两种方式,但鉴于我国现行法律对公开发行股份的公司均有存续年限要求,也即事实上采用公开募集的方式设立股份有限公司基本行不通,故就操作层面而言,如果拟采用募集设立方式设立股份有限公司,则只能采用定向募集方式。律师在为客户提供公司设立服务时,对法律规定的应然性与司法实践的实然性,需要充分做好预判。

关联法条

1.《注册资本登记制度改革方案》"二、放松市场主体准入管制,切实优化营商环境"之"(一)实行注册资本认缴登记制"

2.《市场主体登记管理条例实施细则》第26条

第一百一十条 【股东的查阅、复制、建议和质询权】

> 第一百一十条　股东有权查阅、复制公司章程、股东名册、股东会会议记录、董事会会议决议、监事会会议决议、财务会计报告,对公司的经营提出建议或者质询。
> 　　连续一百八十日以上单独或者合计持有公司百分之三以上股份的股东要求查阅公司的会计账簿、会计凭证的,适用本法第五十七条第二款、第三款、第四款的规定。公司章程对持股比例有较低规定的,从其规定。
> 　　股东要求查阅、复制公司全资子公司相关材料的,适用前两款的规定。
> 　　上市公司股东查阅、复制相关材料的,应当遵守《中华人民共和国证券法》等法律、行政法规的规定。

一、修订情况

相较于2018年《公司法》第97条,本条存在以下变化:

1. 明确股份有限公司的股东享有复制公司章程、股东名册、股东会会议记录、董事会会议决议、监事会会议决议、财务会计报告的权利;
2. 新增股份有限公司股东查阅公司会计账簿、会计凭证的准用规则及其条件;
3. 新增股份有限公司股东对全资子公司相关材料享有查阅、复制权的规定;
4. 新增上市公司股东查阅、复制权的引致规定。

二、理论基础

公司法实务中法院对查账权的范围案件的不同裁判,不利于实践裁判标准的统一。持有否定说的学者认为,查账权的范围仅限于会计账簿,理由主要有以下几点:一是从文义解释的角度看,会计账簿与会计凭证等概念并不相同,不宜在实践中作扩大解释;二是从历史解释的角度出发,《公司法》修改之前立法者曾经有过将会计凭证纳入查账权范围的考虑,但最终审议稿并没有将会计凭证纳入,因此不应在实践中违反法律规定而擅自纳入;三是从体系解释的视角看,"审计"与"查账"之间的含义有着本质区别。审计的对象包括会计凭证,且公司法已对财务审计权进行了规定,从整体性来看,不应当在知情权的范围里再另行增加会计凭证的查阅权。① 但是,在实践中也存在许多中小股东动辄要求查阅、复制决议、财务报告、会计账簿甚至会计凭证的情形,公司为了保证股东的知情权只能予以配合,但这种请求实质上已经对公司的经营产生影响。因此,会计凭证的查阅权引发实践中保护股东知情权和防止股东滥用权利的争议,新《公司法》明确将会计凭证作为可查阅对象,弥补了法律上的空白。

针对股份有限公司的查账权,新《公司法》明确了股东持股比例的要求,并允许公司章程对比例作出其他要求;章程约定的比例更低的,以章程为准,能够在一定程度上防范公司股东滥用股东权利。

三、制度演变

1993年《公司法》规定,财务会计报告应当在召开股东大会年会的20日以前置备于本公司,供股东查阅。1999年《公司法》规定,股东有权查阅公司章程、股东大会会议记录和财务会计报告。2004年《公司法》延续上述规定。2005年《公司法》规定,股东有权查阅公司章程、股东名册、公司债券存根、股东大会会议记录、董事会会议决议、监事会会议决议、财务会计报告。2013年、2018年《公司法》未作调整。

四、案例评析

富巴投资有限公司、海融博信国际融资租赁有限公司股东知情权纠纷案
[最高人民法院(2019)最高法民申6815号]

基本案情: 富巴投资有限公司(以下简称富巴公司)作为海融博信国际融资租赁有限公司(以下简称海融博信公司)的股东,于2018年3月27日委托律师向海融博信公司发出《律师函》,要求海融博信公司将自公司成立以来的全部公司章程、股东会会议记录、董事会会议决议、监事会会议决议、财务会计报告、公司会计账簿和会计凭证的原件完整备置于该公司的住所地以供富巴公司查阅和复制,并向其提供完整的上述材料的纸质复印件。海融博信公司于2018年3月28日收到《律师函》后未答复。

---

① 参见陈秋霞:《股东查账权的现状与保护对策》,载《现代企业》2020年第3期。

裁判情况：会计账簿不包括原始凭证和记账凭证。股东知情权和公司利益的保护需要平衡，故不应当随意超越法律的规定扩张解释股东知情权的范畴。2018年《公司法》仅将股东可查阅财会资料的范围限定为财务会计报告与会计账簿，没有涉及原始凭证，判决未支持富巴公司查阅海融博信公司原始凭证。

评析：依据上述案例可以看出，由于2018年《公司法》对会计账簿、会计凭证的查阅并未明确，股东在获悉相关信息时不能得到原始数据，股东知情权的行使存在障碍。新《公司法》将会计账簿、会计凭证明确作为可查询的客体，能够对这一不明确问题的解决提供合法依据，减少争议，并且能够从实质上保障股东的知情权，达到股东对公司有效监管的目的。

五、律师实务指引

与新《公司法》第57条有限责任公司股东知情权相对应，第110条明确了股份有限公司的股东在依法行使知情权时享有复制公司章程、股东名册、股东会会议记录、董事会会议决议、监事会会议决议、财务会计报告的权利；从运行效率和经济性考量，对允许股东查阅公司会计账簿、会计凭证规定了持股比例和持股时间的规则及条件，并允许公司在法律规定的限度内进行公司章程的个性化设计。值得关注的是，股份有限公司股东不仅对股份有限公司本身享有知情权，对于股份有限公司全资子公司的相关材料也享有查阅、复制权。

另外，新《公司法》第110条强调上市公司知情权的行使应当遵守《证券法》等相关规定，实务中应当关注上市公司股东知情权正确行使及限制，结合《证券法》第81条、第83条等规定，上市公司按照规定披露定期报告、重大事项等信息应当同时向所有投资者披露，不得提前向任何单位和个人泄露。上市公司股东在查阅、复制相关材料时，上市公司须确保股东所获取的信息已经按照相关规定进行披露，向股东提供相关材料用以查阅和复制不会违反上市公司的信息披露义务。上市公司股东在查阅、复制相关材料时，须确保相关信息的使用不会违反交易规定，不会构成内幕交易和操纵市场等违法行为。

关联法条

1.《证券法》第83条、第84条

2.《上市公司章程指引》第33条、第34条

第一百一十二条 【股东会的职权】

> 第一百一十二条　本法第五十九条第一款、第二款关于有限责任公司股东会职权的规定,适用于股份有限公司股东会。
>
> 本法第六十条关于只有一个股东的有限责任公司不设股东会的规定,适用于只有一个股东的股份有限公司。

一、修订情况

相较于2018年《公司法》第99条,本条存在如下变化:

1. 股东会职权限缩,删除"决定公司的经营方针和投资计划""审议批准公司的年度财务预算方案、决算方案";

2. 股东会可以授权董事会发行公司债券;

3. "只有一个股东"取代"一人"表述;新增"只有一个股东的股份有限公司";只有一个股东的股份有限公司不设股东会。

二、理论基础

现代公司制度建立在所有权与经营权分离的公司治理模式之上,由此导致股东会与董事会之间的公司权力分配之难,体现在立法选择上就是"股东会中心主义"与"董事会中心主义"的分野。"股东会中心主义"的含义是,股东系公司所有者,公司的一切权力均视为股东权利的延伸,公司治理以股东会以及股东会决议为中心;"董事会中心主义"的内涵是,董事属于公司的中立管理者,其权力源于股东会授权,董事的职责在于平衡公司内部各利益方的共同利益,因此公司治理相关的所有业务和事项均应以董事会及董事会决议为中心。[①] 2018年《公司法》第37条、第46条对股东会和董事会职权采用列举式立法,对董事会职权作出限缩解释,体

---

① 参见许可:《股东会与董事会分权制度研究》,载《中国法学》2017年第2期。

现"股东会中心主义"特征。

笔者认为,新《公司法》明确允许股东会将发行债券的职权授权董事会,究其原因,乃是发行债券系公司筹集资金的有效方式,要求决策者具备把控项目质量和融资成本的专业能力。另外,发行债券本质上增加了公司资产且并未稀释股东权益,董事也无法滥用发行债券为己谋利,因此立法允许发行债券由股东会授权董事会行使的规定具有合理性。①

域外对一人公司法律制度存在不同的立法选择,荷兰、日本、意大利、俄罗斯等国家均承认一人有限责任公司和一人股份有限公司,澳大利亚、韩国等国家仅承认一人股份有限公司,德国、比利时仅认可一人有限责任公司。对于是否承认自然人与法人作为一人公司的设立主体,域外大部分国家也予以认可,如日本、韩国、美国、德国。② 我国2018年《公司法》仅允许自然人、法人设立一人有限责任公司,禁止设立一人股份有限公司,由于一人有限责任公司具有投资主体唯一性的属性,因而立法简化了股东会作为一人有限责任公司的内部组织机构,即要求一人有限责任公司不设股东会。③ 公司法草案一审稿的重大突破在于承认设立一人股份有限公司的合法性,也参照2018年《公司法》要求一人股份有限公司不设股东会。新《公司法》并未动摇上述重大突破,只是在表述上采用"只有一个股东"更准确、严谨的表述,这体现立法进一步放宽设立主体资格限制。

三、制度演变

如前所述,我国2018年《公司法》采用有限责任公司与股份有限公司一体规范的立法模式,新《公司法》第112条也采用了该立法模式,因此下文主要就本条文涉及的实质内容进行评述,不再将有限责任公司与股份有限公司区分论述。

1993年、1999年及2004年《公司法》对股份有限公司股东会职权以穷举方式进行列举。自2005年《公司法》起,关于股份有限公司股东会职权的规定修改为适用有限责任公司股东会的规定。

相较于2018年《公司法》第99条,新《公司法》第112条存在如下变化:

该条第1款保留了股份有限公司适用有限责任公司股东会职权的规定,同时

---

① 参见许可:《股东会与董事会分权制度研究》,载《中国法学》2017年第2期。
② 参见苗延波:《我国一人有限责任公司的立法特点》,载《法学家》2006年第3期。
③ 参见苗延波:《我国一人有限责任公司的立法特点》,载《法学家》2006年第3期。

允许股份有限公司股东会将特定职权授权董事会决议。无论针对有限责任公司还是股份有限公司,新《公司法》第 59 条第 1 款沿用列举式立法体例,精简了股东会职权,为协调统一立法,新《公司法》第 67 条关于董事会职权也删除了相应内容。除此之外,新《公司法》第 59 条第 2 款允许股东会将发行债券的法定职权授权董事会决议行使。笔者认为,在公司治理机构权力分配方面,本次修订立法者整体而言仍秉持"股东会中心主义"的基本立场,部分转向"董事会中心主义"。

新《公司法》第 112 条第 2 款最大的修订亮点在于允许设立"只有一个股东的股份有限公司",且该股份有限公司不设股东会,这一修订体现立法放宽"一人公司"的设立,鼓励融资及自主创业。2018 年《公司法》仅允许设立一人有限责任公司,并没有允许设立一人股份有限公司。我国公司法采取有限责任公司与股份有限公司一体规范的立法模式,即将二者共同适用的规范普遍规定于有限责任公司之中,并由股份有限公司直接适用,其他无法共同适用的规范区分规定。① 因此,新《公司法》第 112 条第 2 款中有关"只有一个股东的股份有限公司不设股东会"的规定,本质上沿用了 2018 年《公司法》第 61 条"一人有限责任公司不设股东会"的规定。值得注意的是,本次修订在法条表述上,"只有一个股东"取代"一人"表述,这种立法倾向是放宽该类公司的设立主体限制。

四、案例评析

刘某某、孙某某、潘某等与佛山市三水区乐平镇鼎超变压器厂买卖合同纠纷案[广东省佛山市中级人民法院(2020)粤 06 民终 5628 号]

基本案情:佛山市三水区乐水镇鼎超变压器厂向被告深圳市超普达电子有限公司供应环形变压器,双方签订《采购订单》。2017 年,双方签订《变压器 2015 年 8 月至 2017 年 8 月应收明细》,确认深圳市超普达电子有限公司尚欠佛山市三水区乐水镇鼎超变压器厂金额数目。同日,被告潘某向该变压器厂出具《还款协议》,约定潘某欠詹某货款具体数额,并以"欠款人"名义签名。被告深圳市超普达电子有限公司是于 2015 年成立的一人有限公司,一人股东是被告孙某某。被告深圳市超普达电子有限公司于 2018 年将一人股东孙某某变更为一人股东刘某,又于 2019 年将一人股东变更为张某、刘某某两名股东。被告孙某某和潘某是夫妻关系。原

---

① 参见王真真:《董事勤勉义务制度的利益衡量与内涵阐释》,载《财经法学》2022 年第 3 期。

告的经营者吴某和詹某是夫妻关系。

裁判情况：生效判决法院认为，一人有限责任公司的股东具有唯一性特征，而且一人公司不设股东会，由唯一股东自行处置一人公司的财产，但由于缺乏有效监管，法律推定一人公司财产混同，也就是说，一人公司股东在面对法人人格否认问题时，根据2018年《公司法》第63条的规定，应承担证明公司财产独立于自身财产的举证责任，否则该一人公司唯一股东应就一人公司债务承担连带责任。

评析：在公司法人人格否认案件中，只有一个股东的公司的唯一股东适用"举证责任倒置"规则，无论针对只有一个股东的有限责任公司，还是针对只有一个股东的股份有限公司，新《公司法》第23条第3款均要求唯一股东证明公司财产独立于股东个人财产，如无法举证或举证未达证明标准，该唯一股东应当对公司债务承担连带责任。也就是说，对只有一个股东的公司而言，无论公司内部机构如何简化，如不设立股东会、董事会、监事会，公司始终应保持人格的独立性，独立性强调公司财产不得与唯一股东个人财产混同，公司人格的独立性本质上也是财产的独立性。

五、律师实务指引

股东会职权与董事会职权的分界与转换是公司治理的实务焦点。一般而言，股东会职权包含公司法规定的职权及公司章程规定的职权，强调股东会权利，在法律没有明确禁止的情形下，股东会可以自行放弃、处分权利，或者委托他人行使权利。实践中，股东会可以通过修改公司章程或作出股东会决议的方式将特定事项授予董事会进行决议。

虽然新《公司法》第59条第2款明确"股东会可以授权董事会对发行公司债券作出决议"，但结合司法裁判观点，股东会授权董事会决议事项不得突破《公司法》第66条第3款"修改公司章程、增加或者减少注册资本的决议，以及公司合并、分立、解散或者变更公司形式"这些事项。具体而言，新《公司法》第59条第1款第5项、第7项、第8项严禁授权董事会决议，否则作出的决议因违反强制性规定而可能归于无效。原因是：

第一，公司章程是全体股东意志的体现，股东可以在不违反新《公司法》第66条第3款的情形下，将第59条第1款规定的股东会法定职权通过修改公司章程或者作出公司决议的形式授予董事会，股东会下放的职权可以直接规定在公司章程

第五章 股份有限公司的设立和组织机构

中的董事会职权部分,也可以列在股东会职权部分并附上特别说明。第二,股东会切忌将职权概括性授予董事会,授权事项必须明确具体,否则容易造成授权不清的不利后果。实务中,将股东会职权概括性授予董事会进行决议并不可取,该授权既不利于在公司治理中实现有效权力制衡,也不利于全体股东的权益保护。第三,即便股东会将部分职权下调至董事会,为减少代理成本以及道德风险,也建议章程中同步规定针对股东会下调职权的董事会决议定期报告义务。股东会将部分职权授予董事会执行,基于忠实义务与勤勉义务的要求,董事会应当最大限度维护股东会及公司利益,但为了有效制衡并监督董事会行权,避免股东会被变相架空,有效保障股东对公司决策的知情权,实践中最好的做法是要求董事会主动定期向股东会报告履职情况。

只有一个股东的公司,包括只有一个股东的有限责任公司以及只有一个股东的股份有限公司,规模较小,立法赋予其特殊的公司机构,使其享受一定便利。首先,新《公司法》第112条第2款规定,只有一个股东的有限责任公司和股份有限公司,均不设股东会,即立法简化了只有一个股东的公司的内部组织机构,不苛求只有一个股东的公司按照法定程序召开股东会,也不要求只有一个股东的公司作出股东会决议,其唯一股东作出的仅为"股东决定"。公司法设计股东会程序及决议制度的立法目的,是为了稳定及维系公司内部多位股东之间的权利义务关系,如果公司只有一个股东,则理论上不存在股东利益冲突的问题,也就不需要为公司增设股东会这一负担。因此,只有一个股东的公司不设股东会之规定,简化了公司内部法律关系,提升了公司治理效率。其次,只有一个股东的有限责任公司和股份有限公司,是否需要设立董事会、监事会?结合新《公司法》第75条和第83条的规定,只有一个股东的有限责任公司,可以不设董事会及监事会,也可以不设监事,只设一名董事。同理,根据新《公司法》第128条和第133条的规定,只有一个股东的股份有限公司,可以不设董事会和监事会,只设一名董事和一名监事。

立法将"一人公司"表述统一调整为"只有一个股东的公司",体现立法放宽"只有一个股东的公司"的设立主体门槛。根据2018年《公司法》第57条第2款的规定,立法仅允许设立一人有限责任公司,且设立主体严格限制为"自然人"或"法人",这一规定直接导致"自然人"或"法人"之外的广泛主体无法设立一人有限责任公司。基于上述考量,新《公司法》不但允许设立"只有一个股东的股份有限公司",而且删除了对"只有一个股东的公司"设立主体的限制性要求。笔者认为,新《公司法》正式实施并生效后,由于法律并没有明确禁止"自然人"及"法人"以外的主体设立"只有一个股东的公司",个体工商户、个人独资企业、合伙企业等广泛主体将被赋予"只有一个股东的公司"的设立资格,工商登记也不再增设障碍,它们得以真正享受"只有一个股东的公司"制度的现实便利。

关联法条

《民法典》第58条

第一百一十五条 【股东会会议】

> 第一百一十五条 召开股东会会议,应当将会议召开的时间、地点和审议的事项于会议召开二十日前通知各股东;临时股东会会议应当于会议召开十五日前通知各股东。
>
> 单独或者合计持有公司百分之一以上股份的股东,可以在股东会会议召开十日前提出临时提案并书面提交董事会。临时提案应当有明确议题和具体决议事项。董事会应当在收到提案后二日内通知其他股东,并将该临时提案提交股东会审议;但临时提案违反法律、行政法规或者公司章程的规定,或者不属于股东会职权范围的除外。公司不得提高提出临时提案股东的持股比例。
>
> 公开发行股份的公司,应当以公告方式作出前两款规定的通知。
>
> 股东会不得对通知中未列明的事项作出决议。

一、修订情况

相较于2018年《公司法》第102条,本条存在如下变化:

1. 对于有权提出股东会临时提案的股东持股比例,新《公司法》降低了2018年《公司法》第102条规定的持股比例标准,将持股比例由"单独或合计持有公司百分之三以上"修改为"单独或合计持有公司百分之一以上"。

2. 对于临时提案的内容要求,新《公司法》基本保留了2018年《公司法》第102条的规定,即"临时提案的内容应当属于股东大会职权范围,并有明确议题和具体决议事项",在此基础上借鉴《上市公司股东大会规则》第13条的规定,将内容违反法律、行政法规或者公司章程规定的临时提案排除在董事会应当提交股东会审议的议题范围之外。此外,首次加入"公司不得提高提出临时提案权股东的持股比例"的规定,将单独或者合计持有1%公司股份的持股比例规定为强制性规定,不得通过意思自治的方式随意变更,避免了公司或持股比例较高的股东通过修改公司章程的方式阻碍公司中小股东行使股东权利。

3. 新《公司法》删除了2018年《公司法》第102条关于发行无记名股票会议的通知形式及持有无记名股票的股东参加股东会会议的要求，增加了公开发行股票公司的召集人应当"以公告方式作出前两款规定的通知"的特别要求。同时，"临时股东大会"的提法修改为"临时股东会会议"，表述更加精准。

二、理论基础

股东会会议、临时股东会会议的决议事项仅限于通知中列明的审议事项，除召集人有权确定审议事项外，符合条件的股东也享有临时提案权，依法提出的临时提案也应当作为股东会会议及临时股东会会议的审议事项。本次对股东临时提案条款的修订着重于减少临时提案股东的资格限制，并确定了董事会审查负面清单。该修订内容有利于保证股东民主并保护中小股东参与权，也有利于防止股东权利滥用，从而提高公司决策效率、维护公司经营秩序的稳定。

本条主要针对股份有限公司的股东。股东会会议及临时股东会会议应当对召集人确定的审议事项进行表决，未对股东提前通知的审议事项不得表决，而召集人限定于董事会、监事会及特定持股比例的股东，因此对中小股东来说，其参与公司经营、决策存在较大困难。为保证股东民主、加强股东与公司的沟通并保护中小股东参与公司经营、决策的权利，特规定了股东临时提案权，中小股东可以通过集合其持有的股份据此提出临时提案作为股东会会议、临时股东会会议的审议事项。

2018年《公司法》规定提起临时提案权股东须持股3%以上，但在我国上市公司集中持股结构下，中小股东很难达到持股3%的资格限制，为增强股权集中制下中小股东提起临时提案、参与公司经营的热情，故大幅降低了行使临时提案权的资格条件，将持股比例要求降低为1%以上。

同时，为防止股东滥用股东权利造成违法违规的后果，并为保证公司管理层运作、提高股东会决策效率、维护公司经营秩序的稳定，特规定了临时提案权的行使程序；包括股东持股比例及连续持股期限要求等股东资格条件、提起临时提案的期限，并且临时提案须满足书面、有明确议题和具体决议事项等形式要求。

另外，对股东提案进行适当性审查是美国和其他国家公司法通行的做法。美国作为董事会中心主义的国家，其大部分州以负面清单的方式列举了董事会有权将股东提案排除的法定情形，包括违反法律、违反委托书规则等。日本也规定了股东临时提案不允许被提交股东会会议的法定情形，包括提案违反了法律或公司章程、被认定为滥用权利等。我国《公司法》原本仅对临时提案进行概括性、简单的限制规定，但该立法模式实际上纵容了董事会任意排除股东提案，导致股东临时提案权无法实现，也导致股东滥用提案权情况频出。新《公司法》第115条采取列举的方式规定了不予提交决议的法定情形，以此明确了董事会的有限审查权，根据法无明文禁止则有权的原则，董事会对不在负面清单内的股东临时提案应当提交会议决议，该立法方式有利于平衡保护股东临时提案权及防止股东滥用权利两种法益。

三、制度演变

1993年《公司法》、1999年《公司法》和2004年《公司法》均无股东临时提案权的规定。

2005年《公司法》第103条首次规定了股东的临时提案权，即"单独或者合计持有公司百分之三以上股份的股东，可以在股东大会召开十日前提出临时提案并书面提交董事会；董事会应当在收到提案后二日内通知其他股东，并将该临时提案提交股东大会审议。临时提案的内容应当属于股东大会职权范围，并有明确议题和具体决议事项"。

2013年《公司法》和2018年《公司法》沿用2005年《公司法》对股东临时提案权的规定。

四、案例评析

西藏景源企业管理有限公司以股东身份向皖通科技提交罢免董事长临时提案案

基本案情： 安徽皖通科技股份有限公司（以下简称皖通科技）2010年上市。2021年3月12日，皖通科技股东西藏景源企业管理有限公司（以下简称西藏景源）向董事会提请在2021年第二次临时股东大会上新增5项临时提案，提案内容包括罢免周某某第五届董事会非独立董事职务及选举新任董事会独立董事职务。3月16日，皖通科技发布董事会决议公告称，西藏景源的罢免理由和内容不充分，决定不将临时提案提交股东大会审议。3月19日，皖通科技收到安徽省证监局的监管关注函，要求对上述决议作进一步说明。3月22日，西藏景源再次提交5项临时提案，内容与前述提案相同。皖通科技董事会此次未直接拒绝，但要求西藏景源补充材料,再决定是否提交临时股东大会审议。后皖通科技发布公告,西藏景源提交的临时提案获董事会全票通过。

评析:在上市公司控制权争夺过程中,草案意图获得控制权的一方通常会采用提议召开临时股东大会或者在年度股东大会、最近一次临时股东大会召开前10日提交临时提案的方式,将"选举己方董事、监事及罢免对方董事、监事"的议案交予股东大会审议,试图获得更多董事会、监事会席位。由于提议召开临时股东大会对股东持股比例的要求较高,且临时股东大会召开时间具有极大的不确定性,因此意图获得控制权的一方为提高效率,常择机将临时提案交予年度股东大会或者最近一次临时股东大会审议,而已经占有多数董事会、监事会席位的一方势必会利用职权阻挠股东将临时提案交予股东大会审议。

本次《公司法》修订过程中,草案一审稿、二审稿和三审稿均增加了"选举、解任董事、监事的事项,不能以临时提案的方式提出"的规定,但最终修订条款并未包含此项内容。以笔者理解,在私法领域"法无禁止即可为"的原则下,依据新《公司法》第115条的规定,选举、解任董事、监事仍可以作为临时提案提出。

五、律师实务指引

(一)关于股东临时提案权的行使主体

《上市公司股东大会规则》第14条将行使临时提案权的股东限定为普通股股东(含表决权恢复的优先股股东),理由为上市公司通常对股东进行分级管理,普通股股东一般为公司的创始股东或管理人员,因其承担了劣后分配的义务,因而其享有公司的决策权。优先股股东通常以财务投资为目的持有公司股票,其目的在于收取投资收益而不参与公司的经营管理,同时其享有优先分配公司利润的权利,因此公司章程通常约定优先股股东不享有公司的决策权,同理也不享有股东会的临时提案权。新《公司法》第115条适用的主体范围为股份有限公司,上市公司属于股份有限公司的特别主体,故该条修订并未将临时提案权的股东限定为普通股股东。

(二)董事会对临时提案的审查边界

董事会对临时提案有审查权,但董事会审查的边界应当如何界定?尤其是"合法""合规""合章程"的抽象要求赋予了董事会更大的权力空间。如兆新股份(002256)董事会,在2019年12月以股东临时议案违反《劳动合同法》等为由,否决将股东罢免董事的临时议案提交股东大会审议。

除对临时提案是否违反法律、行政法规或者公司章程的规定,或者不属于股东会职权范围进行界定外,从保护小股东权益的立法目的出发,应尽量减少对股东行使临时提案权的限制,董事会的审查权限应当限定在对提案的形式审查范围内,如股东资格相关形式要件是否符合法律法规及章程要求、议案相关资料是否完整等,且如果出现形式不完备的情况,从维护股东权益和确保工作效率的角度考虑,董事会应当一次性向股东提出补充提交要求,不应无故拖延甚至拒不将其列入股东会议案。而至于临时提案的内容是否合理,不应由董事会进行审查,也不能成为董事会否决将该临时提案提交股东会审议的理由。

(三)公司章程对临时提案权内容限缩的条款,应认定为无效

新《公司法》修订过程中,草案二审稿和三审稿第 115 条第 2 款均对临时提案权的内容进行了限缩规定,即明确"选举、解任董事、监事以及本法第 116 条第 3 款规定的事项"不得以临时提案提出,但新《公司法》正式文本将该规定删除。实务中,若公司在章程中对临时提案权的内容进行限制性规定,如参引上述草案的二审稿和三审稿,将修改公司章程、选举和解任董监事的事项排除在临时提案权的范围之外,此类条款是否有效?

笔者认为,公司章程中对临时提案权内容限缩的条款,应认定为无效。公司法作为与我国市场经济联系最为密切的法律之一,需要正面回应现实需求。尤其在注册制施行后,上市公司的数量不断增加,如何实现上市公司的良性发展,使市场健康稳定地发展,其中一个重要的内容就是对上市公司的管理层进行管理和监督。虽然在国家监管层面,有证监会、各交易所等监管力量作为保障,但随着上市公司数量的增加,监管机构恐难以进行实时评判和监管。此时,依靠市场本身的力量,无疑是实现和加强有效监管的重要方式。临时提案权的设立,目的即是通过市场自身的力量,对公司及其管理层存在的问题及时予以调整和矫正,促使公司经营状况改善。因此,这一制度的设计,应当关注如何使得市场力量得到有效保护,实现权益平衡。如再允许公司章程对股东临时提案权增设障碍,无疑是为已经在资源掌控上享有天然优势的公司原管理层一端多增加了一个砝码,制度设计的失衡将极大可能引致立法目的落空。

(四)关于股东临时提案权的救济

笔者认为,符合新《公司法》第 115 条规定的行权条件的股东提出临时提案

后，如董事会未能按本条规定的时间提交股东会审查，股东可以股东会召集程序违反《公司法》或公司章程为由提起撤销股东会决议之诉。董事会以"不属于股东会职权范围""临时提案违反法律、行政法规或者公司章程的规定"为由拒绝将临时提案提交股东会审议，是否可以直接提起撤销股东会决议之诉？笔者认为，根据本条规定，董事会对临时提案的内容享有审查权，且本条规定的内容审查问题涉及对临时提案权的实体判断，股东对董事会决议持有异议时，不能直接以股东会的召集程序、表决方式违反法律、行政法规或公司章程为由主张撤销股东会决议，而应当先就董事会决议的效力问题提起确认之诉。待法院作出撤销董事会决议时，若股东会的召开和表决程序已进行完毕，股东的权利应当如何保障？对此，如股东提出的临时提案权与股东会已表决议题存在关联关系或重大影响因素，股东可以继续提起撤销股东会决议之诉；若临时议案与股东会已表决议题无关联或无影响，则股东在必要时可在下一次股东会提出，但关于是否可以追究董事的责任问题，目前尚无明确规定；股东可以从董事是否尽到勤勉义务进行判断，如董事因未尽勤勉义务而导致股东临时提案权受到限制或侵害，股东可以据此追究董事的履职责任。

关联法条

《上市公司股东大会规则》第 13 条、第 14 条

第一百一十八条 【出席股东会的代理】

> 第一百一十八条　股东委托代理人出席股东会会议的,应当明确代理人代理的事项、权限和期限;代理人应当向公司提交股东授权委托书,并在授权范围内行使表决权。

一、修订情况

相较于2018年《公司法》第106条,本条的主要变动之处在于增加了委托书内容的规定,委托书"应当明确代理人代理的事项、权限和期限"。

二、理论基础

本条涉及股东的表决权委托制度,对于出席现场股东会会议存在客观困难的股东,可授权他人代表自己出席,在授权范围内行使表决权。表决权是股东基于股东资格而享有的参与公司治理的权利,是股东决策权中的核心权利。《民法典》第134条第2款规定,"法人、非法人组织依照法律或者章程规定的议事方式和表决程序作出决议的,该决议行为成立",据此,法人组织依照法律或者章程规定的议事方式和表决程序作出决议的行为属于民事行为范畴。表决权委托可以定义为公司股东将其持有的公司股份对应的全部参与性权利委托给他方行使的法律行为。

在新《公司法》无特别规定的情况下,《民法典》总则编第七章第二节关于委托代理的相关规定适用于股份有限公司的表决权委托制度。区别于《民法典》第165条的规定,新《公司法》规定的股东表决权委托制度以"书面委托书"作为有效授权的要式条件。

美国大部分州的公司法中也规定有表决权委托制度,但其表决权委托是与股东提案权相辅相成的制度,二者共同构成股东参与公司治理的重要机制。由于多数州的法律对上市公司股东大会出席和决议法定表决权数有法定最低要求,上市公司股东提案如要获得多数表决权支持,需要通过表决权委托征集足够的表决权,该委托书中须全面披露所征集的投票提案,否则该提案不能在股东大会上进行决议。我国没有股份有限公司或上市公司出席股东会会议和决议的最低表决权数的规定,《公司法》中对股东会会议表决仅将出席股东会会议的一定比例表决权作为决议通过的法定要求,股东或董事会无须通过委托书征得其他股东的表决权,因此我国的表决权委托制度与股东提案权制度是相互独立的制度。

三、制度演变

关于股东表决权委托制度,我国自1993年《公司法》以来即有规定,往后经历数次修改,基本保留和延续了1993年《公司法》规定的内容。本次修订增加了"明确代理人代理的事项、权限和期限"的内容,进一步完善股东表决权委托的制度构架。

四、案例评析

冯某、天津津净检测计量技术有限公司等公司决议效力确认纠纷案[天津市南开区人民法院(2023)津0104民初2188号]

基本案情: 天津津净检测计量技术有限公司股东程某、韩某和吴某提议召开临时股东大会。股东大会召开当日,全体股东均本人或委托代理人代为参加会议。公司7名股东中因冯某、张某不同意当天股东大会决议事项,未在股东大会决议上签字。后股东大会形成决议,免去冯某经理、法定代表人职务,选举鹿某为公司经理、法定代表人。程某、韩某在该决议上本人签字,韩某代宋某签署"宋某",鹿某代吴某签署"吴某",孙某代李某签署"李某"。法院查明,宋某曾向韩某出具《授权委托书》,委托韩某代为行使股东权利,其中委托代理权限第5项"代为行使表决权,对股东大会每一审议和表决事项代为投票,委托人对表决事项不作具体指示,代理人可以按召集的意思表决",委托期一年。冯某以股东大会未实际召开、未对表决事项进行表决、"宋某"签字系伪造为由,向法院起诉,请求确认案涉股东大会决议不成立。

裁判情况: 生效判决法院认为,公司股东大会实质上是公司股东行使权利、决定变更其自身与公司民事法律关系的过程,公司股东的真实意思表示,是股东大会决议成立及有效的核心与前提。案涉股东大会召集程序合法、决议内容合法、表决结果符合章程规定的通过比例,故驳回冯某全部诉讼请求。

评析：此为表决权委托拓展运用到有限责任公司的实例，也属于有限责任公司控制权之争的典型。从案件查明的事实、诉辩双方主张及陈述以及法院的裁判结果可见，表决权委托在公司内部治理尤其是控制权争夺中的重要性。表决权委托在形式上体现为一类程序性文件，即它在形式上是股东行权的证明和依据，但其所代表的表决权对应股东的决策权，故其往往会对股东会决议的效力、决议的结果形成实质性的影响。该案中，原告主张涉案股东大会决议无效的理由之一即是部分股东的委托签名虚假，不能形成有效的表决权委托，法院驳回其诉讼请求也是基于对股东委托意思是否真实、委托书是否有效的审查情况作出。

相较于有限责任公司，股份有限公司股东人数更多，尤其是上市公司，股东人数突破200人，表决权委托的现实需求更为明显，运用场景也更为丰富。《证券法》第90条明确了上市公司董事会、独立董事、持有1%以上表决权股份的股东可以向公司股东发出表决权受托邀约，可见表决权委托在上市公司中的运用已常态化。

五、律师实务指引

（一）关于表决权委托的常见原因及效力分析

自1993年《公司法》颁布、实施以来，表决权委托在实务中运用广泛，尽管表决权委托制度在历次修改中均仅在股份有限公司股东会决议程序中有所体现，有限责任公司的相关章节则无明确规定，但基于法律并无禁止规定，因此从表决权委托属于民事法律行为的定性出发，在有限责任公司的股东会决议过程中，委托他人行使股东表决权的案例也普遍存在，法院裁判也基本秉持在不存在民事法律行为无效情形下认定委托合法有效的态度。

表决权委托在实务运用中呈现多样性和多层次性，主要体现在：

1. 基于上市公司股份在锁定期无法转让而设定的表决权委托。

委托人将表决权委托给受托人代理的内在原因在于，其所持有的股份因发行锁定期或董、监、高任期内而受到转让限制，为实现锁定期内的实质转让，股东以表决权委托的方式将其股东决策权让与受让人，关于此类表决权委托的性质目前尚未定性。笔者认为，《民法典》规定违反法律、行政法规的强制性规定的民事法律行为无效，从《全国法院民商事审判工作会议纪要》对强制性规定的识别规定可以明确，涉及金融安全和市场秩序的，属于效力性强制性规定。对上市公司股东、董事、监事、高级管理人员的股份转让有诸多限制性规定，目的就是避免公司控股股东、管理层的频繁变更,引起公司治理动荡。而股东通过表决权转让的方式规避股份限售期、锁定期的监管规定,可能危害证券市场秩序甚至金融安全。因此,此类表决权委托涉嫌违背金融监管的强制性规定,宜认定为无效。

2.因股份质押、冻结暂时不能办理过户登记而设定的表决权委托。

此类表决权委托的内在原因在于表决权对应的股份存在权利限制,委托人无法实现向受托人转让股权的目的,同时受托人基于收购股权的意愿,以受托的方式行使公司表决权,进而实现公司的控制权或参与决策权。依据《民法典》和新《公司法》第118条的规定,此类表决权委托不存在法律上的限制,但因其对应的股份存在权利限制且权利人可以处置受偿权,受让人行使代理权的期限存在不确定性。

3.因签署一致行动协议而设定的表决权委托。

股东之间因签署一致行动协议而将表决权归集于受托股东的案例在实务中也较为常见,此类表决权委托中,作为委托人的股东亦应当向受托股东出具书面委托书并且明确代理事项、代理权限和期限。如表决权委托发生在上市公司的股东之间,依据上市公司监管规则,即便各方并未签订一致行动协议,也极有可能被认定为一致行动关系,上市公司需要履行信息披露的义务;委托股东与受托股东合计持股超过30%,则根据《证券法》的规定可能触发要约收购义务。

(二)不可撤销的表决权委托效力分析

《民法典》第933条规定,"委托人或者受托人可以随时解除委托合同"。但实务中,股东依然热衷于通过表决权委托来实现公司控制权的交易和股东表决权的灵活行使,进而在表决权委托协议中,约定了表决权委托"不可撤销"。就此类约定是否能产生相应效果,司法实践态度不一,既有否定说(不可排除),也有肯定说(可以排除)。

笔者认为,在采用民商合一的立法形式和公司控制视域下,表决权委托问题的症结在于,"表决权委托"的关注重点究竟是"委托"还是"表决权"?司法实践中,通常将表决权委托协议定性为委托合同,往往将重心落在委托合同的法律适用上,而未能充分关注表决权委托蕴含的商事色彩——不可撤销表决权委托的双方当事人,实际是通过委托制度实现公司控制变更的商业目的,这类协议虽然名为"委托",但实际是表决权的"转让"或"让渡"。此时对商事交易适用法律时,应打破民法规则适用的思维习惯,避免机械适用民法规则,以贴合商业需求的视角看待商事交易协议的法律效力。故结合公司控制变更的商事安排的目标,不可撤销表决权委托在缔约双方的意思表示一致的基础上,只要不违反相应的强制性规定等情形,就应当是有效的,除非受托人同意,否则委托人不得单方随意解除委托。这样不仅能进一步促进公司经营决策秩序的稳定,也有利于解决委托期间委托人自己行使表决权时应如何归票的问题。

(三)关于表决权委托的双方当事人是否为一致行动人

《上市公司收购管理办法》第 24 条规定:"通过证券交易所的证券交易,收购人持有一个上市公司的股份达到该公司已发行股份的 30% 时,继续增持股份的,应当采取要约方式进行,发出全面要约或者部分要约。"《上市公司收购管理办法》第 83 条第 1 款提出了"一致行动"的基本定义,即"本办法所称一致行动,是指投资者通过协议、其他安排,与其他投资者共同扩大其所能够支配的一个上市公司股份表决权数量的行为或者事实",第 2 款通过逐条列举的方式指出了构成一致行动人的 12 种情况,而列举的情况当中并未明确包含表决权委托。

上交所、深交所于 2018 年各自发布《上市公司收购及股份权益变动信息披露业务指引(征求意见稿)》,规定投资者之间通过协议、其他安排以表决权委托等形式让渡上市公司股份表决权的,出让人与受让人为一致行动人。但由于《上市公司收购及股份权益变动信息披露业务指引(征求意见稿)》的正式文件一直未出台,表决权委托是否构成一致行动的问题目前尚无定论。

笔者认为,结合前述问题的分析,受托人在委托期间可以持续支配受托的表决权,与一致行动协议在行为效力上并无本质区别,均可实现一致行动和控制公司的法律效果。将委托人与受托人视为一致行动人,既符合监管要求,也有利于保护广大投资者。

(四)关于委托期限的相关问题

1. 永久性委托的效力。

如前所述,表决权委托实则是对"公司控制"的一种安排,新《公司法》明确应写明代理期限。但实践中也有当事人将期限约定为"协议到期自动续期"等,即变相约定永久性表决权委托,是否应获得支持?

笔者认为,从公司经营管理的稳定性和证券市场的秩序性出发,如果允许表决权委托状态一直持续,尤其是不可撤销的表决权,在受托方违约等情形下,不利于委托方收回表决权,故永久的不可撤销表决权委托应当被否定,委托期限应当有一个明确的终止时间。

2. 委托期限约定不明的处理。

《上市公司收购及股份权益变动信息披露业务指引(征求意见稿)》中对表决权委托期限约定不明的处理方式进行了意见征求,认为一致行动、表决权委托期限约定不明的,在相关协议公告解除后 12 个月内,投资者仍应遵守原有的法定义务等。

笔者认为,针对类似"委托期限终止时间为签订终止协议之日"等约定不明的情况,可要求委托人在解除委托后一定时间内继续遵守委托协议,以维护公司经营的稳定,进一步提高对表决权委托期限设置要求,规范表决权委托的应用。

关联法条

1.《民法典》第 161 条、第 162 条、第 165 条

2.《证券法》第 90 条

第一百二十条 【董事会的组成、任期、职权及董事的解任】

> 第一百二十条 股份有限公司设董事会,本法第一百二十八条另有规定的除外。
>
> 本法第六十七条、第六十八条第一款、第七十条、第七十一条的规定,适用于股份有限公司。

一、修订情况

相较于2018年《公司法》第108条,本条有以下变化:

1. 关于董事会的组成人数,删除了"其成员为五人至十九人"的规定。结合第68条的规定,将董事会成员人数调整为3人以上,并未对人数上限进行限制;第128条不设董事会的情形除外。

2. 结合第68条,保留了董事会成员中可以有公司职工代表的规定,同时明确职工人数300人以上的有限责任公司,除依法设监事会并有公司职工代表的外,其董事会成员中应当有公司职工代表。

3. 关于董事会的任期、职权及董事的解任,均通过本条第2款规定了一系列准用规定,统一了有限责任公司与股份有限公司的法律适用。具体内容详见本书对第67条、第68条、第70条、第71条的解读。

二、理论基础

1. 本次修订允许公司设立"可变模式"董事会,即法律规定董事会人数下限,由公司根据自身治理需要确定董事会人数。对股东人数较多的股份有限公司来说,"可变模式"赋予了其根据治理和发展需要增加董事的便利性,相较于2018年《公司法》对董事会人数进行规模限定的立法模式,本条规定使股份有限公司的董事会建设更具灵活性。

2. 关于董事会成员中的职工代表问题,2018年《公司法》第44条和第108条呈现两点:(1)两个以上的国有企业或者两个以上的其他国有投资主体投资设立的有限责任公司,其董事会成员中应当有公司职工代表;(2)其他有限责任公司和股份有限公司董事会成员中可以有公司职工代表。本次修订第68条和第120条对董事会成员中的职工代表问题有所突破,规定职工人数300人以上的公司(包括有限责任公司和股份有限公司),除依法设监事会并有公司职工代表的外,其董事会成员中应当有公司职工代表。这一立法突破的立法目的体现为两点:一是与公司可以选择不设监事会的"单层治理机制"相吻合。二是更注重公司的民主管理和社会责任;当公司人数达到300人以上且其不设监事会时,董事会成员中应当有职工代表。

3. 董事会职权方面,2018年《公司法》第46条对董事会的职权采取列举式的规定,而新《公司法》草案一审稿则采用概括的剩余权力分配模式,即董事会享有股东会职权外的权力。一审稿的规范模式意在进一步强化董事会独立地位,明确公司内部机构的职责,使董事会成为公司的经营决策中心。但新《公司法》草案二审稿和三审稿均放弃了一审稿的剩余权力分配模式,而恢复到2018年《公司法》第46条的列举式概括的规范模式。对比2018年《公司法》第46条,新《公司法》第67条删除了有关制订公司的年度财务预算方案、决算方案的条文,但此项职权亦未体现在第59条股东会的职权列举中。笔者理解,新《公司法》在制订财务预、决算方案职权划分上尊重公司的意思自治,公司可以根据自身的管理需要,将此项职权自行在股东会、董事会和经理层划分。

4. 关于股东会无因解任董事,本次立法修订延续了《公司法司法解释五》第3条第1款董事无因解除制度。其理论基础为:公司与董事之间的委任关系,本质上属于委托合同关系;根据《民法典》第933条"委托人或者受托人可以随时解除委托合同"的规定,公司行使解任董事权利的法理依据为二者的委托关系。但基于保护董事权益,新《公司法》第120条及第71条赋予了被解任董事赔偿请求权,该项权利对应无过错代理人因委托人解除委托关系而获得的损失赔偿权。

三、制度演变

1993年、1999年与2004年《公司法》对于股份有限公司的董事会的人数要求均为5~19人,对于董事会的职权以穷举法方式列举。

2005年、2013年与2018年《公司法》保留对股份有限公司董事会人数限制的规定,新增要求董事会中可以有职工代表的条款,并删除先前列举的董事会职权,改用引用有限责任公司董事会相关条款的方式简化此处对于股份有限公司董事会的相关条款内容。

新《公司法》修改对股份公司董事会的人数要求,除一人股份有限公司之外,股份有限公司适用有限责任公司关于董事会的规定。

四、案例评析

案例一:崔某与济南中新能源工程有限公司公司决议效力确认纠纷案
[山东省济南市章丘区人民法院(2019)鲁0181民初3529号]

基本案情: 济南中新能源工程有限公司(以下简称中新公司)章程规定股东会的职权包括:审议批准公司对股东或对股东以外的第三人提供抵押、质押等担保,审议批准公司的重大资产处置和负债行为。董事会的职权包括董事会有权审议批准公司的重大事项,包括但不限于人民币1000万元以上的对外投资、担保、负债、资产或股权收购、出售、人事任免等。中新公司全体股东均在章程上签名或加盖公章。中新公司股东崔某认为章程分别将审批公司对外担保、负债、人事任免的权限赋予董事会、股东会,权限相抵触,会导致公司董事会越权行使股东会的法定权利,损害股东利益,破坏公司法人治理制度。崔某诉讼请求法院确认公司章程中约定上述董事会的职权的条款无效。

裁判情况: 生效判决法院认为,董事会职权是公司章程内容之一,除公司法规定的职权外,公司章程有权规定董事会的其他职权。且该案章程是包括崔某在内的全体股东一致通过的,不存在违反法律规定的情形,依法有效,对全体股东依法有约束力。

评析: 在现代公司治理框架下,股东会与董事会作为公司的最高权力机构与决策机构各司其职、相互制衡。为保障公司的顺利运行,两者应当根据公司法及公司章程的规定行使权力、履行义务。而公司章程是公司运行的基础,在不违反公司法的强制性规定下,公司股东会有权通过公司章程的形式授予公司董事会其他职权,此可视为公司股东的真实意思表示。如在公司治理过程中,部分公司股东为掌握公司实际控制权,有可能超越行使董事会职权。但正如上述案例的判决所述,如董事会决议事项在公司章程授权范围内,股东不能以董事会越权为由请求撤销决议或确认决议无效。

案例二:辽宁曙光汽车集团股份有限公司与梁某劳动争议案[辽宁省丹东市中级人民法院(2022)辽06民终1729号]

基本案情:自2016年起,梁某在辽宁曙光汽车集团股份有限公司(以下简称曙光公司)担任总裁。2020年5月18日,梁某与董事张某签订《备忘录》,约定保壳奖励等事宜。同月23日,梁某与曙光公司签订《协议书》,就梁某作出的重大贡献及竞业禁止义务进行协商,约定竞业限制期限为7年,公司应向梁某支付共计700万元,每期支付50万元。同日,双方解除劳动关系并约定经济补偿金等事宜。梁某个人账户合计入账近183万元,梁某称该笔钱为保壳奖励及经济补偿金。曙光公司仅认可经济补偿金,对于《备忘录》以及《协议书》的其他内容均不认可。梁某起诉曙光公司,请求公司向其支付第一期款项50万元。曙光公司依据《劳动合同法》及司法解释相关规定主张竞业限制期限应为2年,认为案涉《协议书》关于竞业限制年限的约定超过2年的部分无效。

裁判情况:作出生效判决的法院认为,《公司法司法解释五》第3条规定表明公司与董事之间为委托关系。此外,因董事具有劳动者身份,两者之间还存在劳动关系。董事离职时,双方可以对董事离职补偿进行约定。若因董事离职而产生纠纷,该纠纷可同时适用《公司法》及《劳动法》等相关规定。案涉双方因委托关系的解除签订了案涉《协议书》,因劳动关系的解除签订了《解除劳动合同协议书》。所以,案涉《协议书》中关于董事离职后继续履行竞业禁止义务的约定并不当然适用《劳动合同法》及相关规定。此外,公司已经履行《备忘录》的部分内容,而且未提供证据证明《备忘录》《协议书》内容存在违法情形,因而该两份文件不违反法律法规的禁止性规定,系协议双方的真实意思表示,应属有效。

评析:公司与董事之间委托关系的存在不排斥二者劳动关系的确立。根据2018年《公司法》相关规定,董事受公司委托对公司经营事务进行管理,且公司对董事享有无因解除权。同时,根据《民法典》中关于委托合同法律关系的定义及规定,委托合同是委托人和受托人约定,由受托人处理委托人事务的合同,且委托人可以不因任何事由的发生而随时解除委托合同。由此可知,从公司法的角度看,公司与董事之间存在委托关系。同时,我国法律也无明文规定委托关系与劳动关系二者只能存其一,故从逻辑来看,董事与公司之间的委托关系与劳动关系并不是非此即彼，二者可以兼存。

但由于董事这一职位的重要性与特殊性，若公司行使无因解除权解聘董事，董事处于弱势地位，为平衡双方利益，公司应综合考虑解聘原因、董事薪酬、剩余任期等因素，确定是否补偿及补偿的合理数额。结合上述案例，如依曙光公司主张，《协议书》与《解除劳动合同协议书》均系对解除劳动合同之间的事项进行约定，应当适用《劳动合同法》及相关规定，那么梁某与曙光公司之间就解除委托关系无其他约定，此对梁某个人利益而言显得较为不公。因此，法院在考虑梁某在公司任职时间以及双方合意等因素后认定《协议书》并不当然适用《劳动合同法》及相关规定的观点并无不当。

五、律师实务指引

（一）董事会构建及决策的合法性、合规性

新《公司法》第120条立法变化带来的实务影响主要体现在股份有限公司的董事会构建及决策的合法性、合规性。一般情况下，股份有限公司的经营规模较大，其内部治理水平对公司外部影响力具有现实意义，董事会构建及决策合法性、合规性直接影响公司外部信用评价，最为明显的即为公司在资本市场上的融资能力。鉴于除上市公司外，一般股份有限公司亦具备非公开发行股票，发行公司债、企业债以及在区域股权交易市场发行可转债等融资能力，律师在对股份有限公司董事会决议作合规性审查时应当更为谨慎，应当结合新《公司法》第120条及第67条、第68条第1款、第70条、第71条的规定特别关注以下问题：

1. 董事会成员人数是否达到法定下限的"三人以上"（不设董事会的除外）。

2. 公司人数是否达到300人以上；如有，则在公司未设监事会的情况下审查董事会成员中是否包含职工代表。

3. 审查董事会作出决议的事项是否符合本条或公司章程关于股东会与董事会职权划分的规定，除新《公司法》第59条第1款和第67条进行的法定职权划分外，实务中公司章程中还会就对外担保、对外借款、资产处置的额度等在股东会和董事会间作决策权限划分。

4. 根据新《公司法》第59条、第112条的规定，股东会可以授权董事会对发行公司债券作出决议；律师在审查董事会对债券发行作出决议时，应当同时审查股东会是否就此事项有明确授权。

5. 董事会决议如为申请发行可转债的审查材料之一,则律师应同时关注新《公司法》第202条之规定,审查公司是否经股东会决议,或者经公司章程、股东会授权由董事会对发行可转债事项进行决议。

6. 如公司董事会依据新《公司法》第152条发行股份,还应当取得股东会或公司章程的授权。

(二)个性化公司章程设计

律师在指导股份有限公司制定和修改公司章程时,应当依据新《公司法》第120条规定结合相关法条有步骤地设计章程内容:

1. 根据公司内部治理需要合理选择"单层治理机制"或"双层治理机制"。笔者认为,公司初创期,基于强化创始股东对公司的控制权,选择"双层治理机构"更为合理。此时,将董事会的职权定位为股东会的执行机构,同时以监事会作为监督机构,可以提高公司的决策和执行效率。在公司成长期和成熟期,基于公司股东人数的增加以及对投资型股东的保护,公司的独立性则尤为重要,此时选择"单层治理机制",强调"董事会中心主义",则可以避免大股东对公司的直接操控以及监事会虚设,有利于公司的规范化管理和向公众型公司发展。

2. 根据公司选择的组织架构依法将职工代表设为董事会或监事会成员。如公司选择"单层治理机制",则在公司人数达到300人以上时,其董事会应当有职工代表;如公司选择"双层治理机制",在其设置监事会的情况下,根据新《公司法》第130条的规定,监事会成员中的职工代表比例不得少于1/3,此种情况下董事会成员中是否有职工代表则为可选项。

3. 根据公司选择的组织架构合理划分股东会、董事会和经理层的职权。除新《公司法》第59条第1款和第67条进行的法定职权划分外,第59条第2款、第125条、第202条关于股东会对董事会授权的规定均适用于股份有限公司。并且,律师可以根据公司经营管理需要,建议公司在章程中就对外借款、对外担保、对外投资、资产处置等事项的额度在股东会和董事会之间进行决策权划分。

(三)公司与董事是否存在劳动关系

需要特别指出的是,公司与董事除存在委托关系外,还可能存在劳动关系,如职工代表董事,则与公司必然存在两种法律关系。公司与董事之间的委任关系和公司与董事之间的劳动合同关系相互影响,并不相互排斥,前者受公司法调整,后者受劳动合同法调整。在董事辞任或公司解任董事时,并不当然意味着公司与董事之间的劳动合同关系解除或终止,一般情况公司不能以董事辞任或公司解任董事为由主张双方劳动关系因此终止或解除,否则可能构成违法解除劳动合同。在公司无因解任董事的情况下,被解任董事已经依据《劳动合同法》的规定获得了用人单位因违法解除劳动合同而支付的赔偿金后,是否还可以依据本条及第71条规定主张公司无因解任董事职务的赔偿?从上述丹东市中级人民法院作出的(2022)辽06民终1729号民事判决书的审判思路看,董事依据委托关系而获得的报酬与其依据劳动关系获得的薪资属不同性质,在公司无因解任董事且同时违法解除劳动合同的情况下,董事可以获得双重赔偿。

第一百二十一条 【审计委员会】

> 第一百二十一条　股份有限公司可以按照公司章程的规定在董事会中设置由董事组成的审计委员会,行使本法规定的监事会的职权,不设监事会或者监事。
>
> 审计委员会成员为三名以上,过半数成员不得在公司担任除董事以外的其他职务,且不得与公司存在任何可能影响其独立客观判断的关系。公司董事会成员中的职工代表可以成为审计委员会成员。
>
> 审计委员会作出决议,应当经审计委员会成员的过半数通过。
>
> 审计委员会决议的表决,应当一人一票。
>
> 审计委员会的议事方式和表决程序,除本法有规定的外,由公司章程规定。
>
> 公司可以按照公司章程的规定在董事会中设置其他委员会。

一、修订情况

本条为新《公司法》新增条款。

二、理论基础

监督职能的落实是现代公司治理中的关键环节,2018年《公司法》中的监事会未能发挥监督作用,因此新《公司法》试图创设董事会中的审计委员会作为监事会的替代选项。审计委员会能否发挥应有的作用,能否逃离监事会权力虚置的处境是制度设计中的重点问题。

自1993年《公司法》实施起,我国即确立了"双层治理机制",即必须同时设立董事会和监事会,董事会是执行和经营机构,负责拟定、执行重大事项和决定一般商业事项;监事会是监督机构,负责对董事会进行监督。在双层制公司治理模式下,我国《公司法》赋予了监事会非常全面的监督范围,包括财务监督、对董事和高级管理人员行为的全方位监督。但现实是,"双层治理机制"在实务运用中效果欠佳,现行监督机制出现了"监而不事"的现象,相当一部分公司的监事会缺乏独立性,以及监督手段,无法有效履行监督职责,甚至导致徒增公司治理成本、挤占公司监督机制的弊病。

在"单层治理机制"下,董事会下设的审计委员会代替监事会行使监督职责,本次修订确立了国有独资公司采用"单层治理机制"的制度安排,对于国有独资公司以外的其他有限责任公司和股份有限公司,新《公司法》则将选择权交由公司自行决定。从立法条文篇幅看,股份有限公司关于审计委员会规定内容则明显比有限责任公司多。本条为新增条文,并且新《公司法》在草案一审稿、二审稿和三审稿的基础上增加了第3~5款规定。从立法的内容对比和变化趋势可见,本次修订对股份有限公司选择适用"单层治理机制"持鼓励态度,并且对审计委员会的科学合理运行并有效发挥监督作用寄予期待。

三、制度演变

在1993年《公司法》出台最初,我国公司治理模式就借鉴德国确定为双层制治理结构,由监事会履行监督职能。1999年公司法对监事制度进行了完善;2014年最高人民法院发布《公司法司法解释二》,强化了监事的功能;2015年中国上市公司协会发布《上市公司监事会工作指引》,又对上市公司中监事的履职有了更明确的指引。

为了切实落实监督职能,处理我国上市公司"一股独大""内部人控制"等问题,约束控股股东和董事会的滥权行为,强化公司内部制衡机制,我国在上市公司中开始建立"独立董事"制度。根据2001年中国证监会《关于在上市公司建立独立董事制度的指导意见》和2005年《公司法》的规定,我国在上市公司强制推行独立董事制度,由此,我国上市公司形成了独具特色的以监事会和独立董事制度为主的"双核心监督机制"。2002年发布的《上市公司治理准则》第49~51条规定了具体的独立董事的任职要求和履职义务,在《关于在上市公司建立独立董事制度的指导意见》中对独立董事制度进一步细化。

关于本次《公司法》修订新增的审计委员会制度,其实我国在2000年发布的上海证券交易所《上市公司治理指引(征求意见稿)》中,就提出了建立审计委员会等董事会专业委员会的要求,2018年修订的《上市公司治理准则》中,又提出了上市公司设置审计委员会的要求。也正是在这样的制度实践背景下,我国结合公司法领域的实践经验,在新《公司法》中正式引入英美等国的单层制治理结构。这虽然是将设立监事会或审计委员会的选择权交给公司,但已经是对我国公司治理模式的一次巨大创新,使得公司可以借鉴更为灵活的监督机制,进一步完善我国公司治理制度的监督体系。

四、案例评析

孙某等与王某股东损害公司债权人利益责任纠纷案[北京市第三中级人民法院(2021)京03民终17102号]

基本案情: 孙某系北京东方全线国际文化传媒有限公司(以下简称东方公司)监事、原股东,赵某系东方公司股东、法定代表人。2016年,北京市第二中级人民法院判决东方公司给付王某工程余款158万元,后王某向法院申请强制执行,但东方公司无任何可供执行的财产。另查明,东方公司2014年的股东会决议载明将公司注册资本由原300万元变更为10,000万元,增资9700万元由股东赵某认缴。股东会决议及变更后的公司章程均未载明该笔增资的出资时间,赵某未实际缴纳该笔增资。

裁判情况: 生效判决法院认为,孙某为公司的监事,公司注册资本增加,而股东赵某没有履行出资义务,孙某明知该行为损害了公司的利益,但其作为公司监事,没有证据证明其履行了相应督促出资的职责,未尽到忠实和勤勉义务,故对于赵某未履行或者未全面履行出资义务所产生的责任应当承担连带责任。

评析: 此为监事未尽到忠实和勤勉义务而判决其对公司股东未履行的出资义务承担连带责任的案例。从案件查明的事实、诉辩双方主张及陈述,以及法院的裁判结果来看,公司治理模式中监事履职情况明显不到位,监事职位为形式要求而设立,多数情况下直接由大股东的亲属担任,实质上不是为了监督股东、董事勤勉尽责而设立,而是为了满足法律规定的公司组织要求和便于股东、董事谋取私利而存在。该案中,公司股东没有履行出资义务,而监事与其是母女关系,在这样的情况下,监事不仅形同虚设,更是便利了公司大股东谋取不当利益、损害公司权益。实践中,法院对监事履职不到位的打击力度已经加大,但监事失职问题始终没有得到解决。新《公司法》引入审计委员会制度,从任职要求、职权范围等制度特点来看,有望通过专业性、独立性的特点,解决我国公司监督制度失灵的重大问题。

五、律师实务指引

（一）在"单层治理机制"下，律师在辅助公司作董事会架构设计时，应当重点关注的问题

1. 审计委员会的成员中应当有过半数为外部董事或独立董事。国有性质的股份有限公司的外部董事选聘权应当由履行出资人职责的机构或出资人行使；非国有性质的股份有限公司的外部董事选聘权则应当根据章程规定由股东会行使；上市公司选聘独立董事的程序应当符合上市监管规则及公司章程的规定。

2. 依据新《公司法》第121条第2款的规定，审计委员会中可以有职工代表董事，职工代表董事进入审计委员会并非必要，公司可以根据治理需要自行选择。

3. 新《公司法》第121条第3款、第4款规定审计委员会决议应当经审计委员会成员过半数通过且实行"一人一票"制，此两款规定为公司不能行使"自治权"的法定条款，第5款规定的章程设计应当建立在第3款、第4款规定的前提之上。

4. 董事会架构设计中，除审计委员会之外，可以由公司根据治理需要设置其他委员会，配合和辅助审计委员会行使监督职能并协助董事会履行法律规定和章程规定的职责，实务中常见的有战略投资发展委员会、薪酬委员会、人事提名委员会、合规委员会等。

（二）律师在协助公司制定审计委员会管理制度时，如何进行制度设计

1. 审计委员会管理制度应当结合公司的其他内部制度进行修订，包括财务管理、合规管理和内部控制等相关制度。审计委员会发挥监督职能的核心在于财务监督，审计委员会的监督管理职能应当纳入公司整体内控体系中。

2. 审计委员会的监督重点在于经理层。审计委员会应当根据董事会对经理层的授权，针对公司各管理部门及重点子企业制订年度审计计划，对重点投资和风险防控项目制订专项审计计划。审计委员会可以通过聘请外部审计机构提升履职效果，外部审计的审计内容可以不局限于财务审计，在必要时可以采用管理审计方式对公司的经营管理进行全面审计。

3. 审计委员会对董事会的监督，核心在于审计委员会履行职责时不受到来自公司内部的各种因素的影响。为强化审计委员会的监督作用，新《公司法》第121条第2款规定审计委员会过半数成员不得在公司担任除董事以外的其他职务，且不得与公司存在任何可能影响其独立客观判断的关系，可见制度设计立足对审计

委员会的成员构成作强制性规定来实现审计委员会的独立运作。外部董事（独立董事）在审计委员会中人数占比过半数、外部董事（独立董事）的选聘程序、任期及解任条件等内容应当在公司章程中体现，通过完善外部董事（独立董事）的选任和管理机制来进一步实现审计委员会的监督职能。

4. 关于审计委员会的职责内容，本条并未作出具体规定。以笔者理解，股份有限公司可以根据自身的治理现状对审计委员会的职责范围作出具体规定，如新《公司法》第137条规定的审计委员会的前置决议事项，上市公司可以根据治理需要参考适用。

关联法条

1.《上市公司治理准则》第38条
2.《上市公司独立董事管理办法》第6条

第一百二十六条 【经理的设立与职权】

> 第一百二十六条　股份有限公司设经理,由董事会决定聘任或者解聘。
> 经理对董事会负责,根据公司章程的规定或者董事会的授权行使职权。经理列席董事会会议。

一、修订情况

相较于2018年《公司法》第113条,本次修订有所保留,也有所变化。

1. 保留股份有限公司应当设经理的强制性规定。保留的目的在于针对股份有限公司资合性强、人合性弱、股东之间联系较弱、权利容易集中在董事会这些特点,更要完善公司内部民主与制衡机制。

2. 保留经理的聘任或者解聘的决定权力在于董事会。保留的深层次原因是由经理和董事会的地位决定的。相较于董事会基本上负责公司业务经营的决策而言,经理是公司常设的辅助业务执行机关,往往负责业务经营的执行。在此情况下,由董事会决定经理的聘任或者解聘,有助于董事会的决策更好地实施,更有利于公司运营的高效运转。

3. 保留经理列席董事会会议的规定。因为经理是公司的日常经营管理和行政事务的负责人,且是董事会决议的执行者。经理列席董事会会议,有助于其知悉董事会的决议过程及最终的决议内容。同时,列席董事会会议,也便于董事会在决议过程中,向经理了解公司的生产运营情况,有利于董事会作出有利于公司的决议。

4. 将经理的职权变更由法定+意定的立法模式变更为完全意定的模式。2018年《公司法》通过规定有限责任公司经理的职权适用于股份有限公司,再通过第49条规定有限责任公司经理法定职权+意定职权(意定职权为董事会授予的其他职权,允许公司章程对经理职权作出与法定职权不一样的规定)的立法模式,确定股份有限公司经理的职权。现改为直接规定股份有限公司的经理根据公司章程的规定或者董事会的授权行使职权,使经理的职权从原先的法定+意定立法模式直接变成意定模式。公司可以根据自身实际情况制定并确定符合自身发展需要的经理职权范围，给予公司和董事会更大的自治空间。

二、理论基础

就公司经理职权范围、边界的确定，国外主要有三种模式：第一种是法定模式，即由法律明确规定经理职权的范围，通过强制性的规定对公司经理的设定和职权范围进行确定，减少公司自主选择的空间。第二种是意定模式，即通过公司章程、董事会的授权等方式确定公司经理职权。第三种是混合模式，即通过法律强制性规定和意思自治的方式确定公司经理职权。我国由1993年《公司法》确立适用混合模式，直至新《公司法》改为完全的意定模式，即在经理职权的确定方式上，从最开始的法定+少部分的意思自治作补充，到后续允许公司章程作出与法定不一样的规定，直至今天取消法定内容，完全由公司章程规定和董事会授权确定经理职权。这是因为每家公司的规模、治理及文化等方面均不相同。而且，当前市场经济环境下，更加强调公司的自主选择权，减少法律的强行干预。从某种程度上讲，这也是我国改革开放发展至今的必然选择。在此情形下，立法者将经理职权的选择权交还给公司，由公司自行决定。

另外，《公司法》历次修改均保留了经理的聘任、解聘的决定权力在于董事会，且经理列席董事会会议的规定。这是由于我国1993年《公司法》确立了"三会一层"的公司治理体系，"三会"指的是股东会、董事会、监事会，"一层"指的是经理层。在该治理体系中，董事会是决策层，经理是负责公司日常事务的执行层。为确保公司高效、快速地运行，经理需要对董事会负责，并执行董事会的决策。因而，立法中明确规定经理的聘任和解聘权在于董事会，并保留至今。另外，经理作为董事会决议的执行者，只有参与董事会会议，才能知道董事会决策的形成经过及决策的真正意图，经理才能更好地贯彻执行董事会的决策。而且，董事会在作出决策过程中，也需要向经理了解公司运营状况及实际公司事务，这也有助于董事会的决策作出及公司的发展。故《公司法》强制性规定经理列席董事会会议，这是经理的权利，也是经理的义务。

三、制度演变

《公司法》关于股份有限公司经理的设立、职权等规定的变化过程，具体如下：1993年《公司法》第119条强制性规定了股份有限责任公司应当设经理，经理职权为法定[采取列举式 7 项]+意定(在法定的基础上,公司章程和董事会授权仅可在法定基础上作额外的补充,不允许修改法定职权内容)的立法模式。同时,有限责任公司与股份有限公司在经理设定及职权的规定上保持一致性。1999 年《公司法》第 119 条未作修改。

2005 年《公司法》第 50 条的立法变化主要体现在两个方面。一方面,不再直接表述股份有限公司经理职权,改为表述有限责任公司经理职权规定适用于股份有限公司;另一方面,允许公司章程作出与第 50 条第 1 款前七项规定的经理法定职权不同的规定,并以公司章程为准。2013 年《公司法》及 2018 年《公司法》第 49 条、第 113 条未作修改。

新《公司法》第 126 条依旧强制性规定股份有限责任公司应当设经理,但在经理职权的表述上作出了大幅的调整。一方面,改为直接规定经理的职权,不再表述为适用有限责任公司经理职权的规定适用于股份有限公司;另一方面,明确了经理的职权为完全意定(经理对董事会负责,根据公司章程的规定或者董事会的授权行使职权),取消了原先法定的内容。

从上述立法变化可以明显看出,在公司自治呼声越来越高的今天,立法者仍然坚持认为股份有限公司应当设经理,并希望从法律层面对股份有限公司的经营管理进行把关,确保公司正常运行。另外,相比较于股份有限公司自始至终均强制性规定设立经理,有限责任公司则从 1993 年《公司法》强制规定设经理到 2005 年《公司法》变成可以设经理,沿用至此次新《公司法》又恢复必须设立经理。从这一轮回的变化可以看出,经理在公司治理过程中扮演着重要的角色,有其存在的必要和价值。

四、案例评析

袁某、潘某、彭某、姜某某与被申请人黄某某、黄某、舒某、仲某某、徐某某、雅安珠峰商贸有限责任公司损害公司利益责任纠纷案[最高人民法院(2017)最高法民申 1794 号]

基本案情:袁某、潘某、彭某、姜某某为雅安珠峰商贸有限责任公司(以下简称珠峰商贸公司)165 名实际出资股东中的 4 名股东。珠峰商贸公司《章程》第 27 条规定:应由公司股东大会作出决议的重大事项为:对公司资产的全部或者部分(300 万元以上)的出让、折价投资、合资开发、抵押贷款等(公司自主对公司资产开发,由董事会决定并向股东大会报告,不受上述金额限制)。2004 年 10 月 18 日和 20

日,珠峰商贸公司作出两次董事会决议,决定在石棉县投资建设黄磷生产厂。两次董事会决议上均由5名公司董事,即黄某某、黄某、舒某、仲某某、徐某某签名,并加盖了公司印章。其中2004年10月18日的董事会决议上有监事张某某签名。珠峰商贸公司部分股东认为黄某某等人违反公司法及公司章程,违法动用公司巨额资金千余万元,私下设立珠峰石棉磷化分公司,挪用款项至今未归还,袁某、潘某、彭某、姜某某以股东代表身份向法院提起诉讼。再审环节中,袁某、潘某、彭某、姜某某主张二审以公司《章程》第27条作为定案依据属于适用法律错误,并主张《章程》第27条因违反《公司法》(2013年)第37条、第46条强制性规定而无效。

裁判情况: 法院认为《公司法》(2013年)第37条、第46条分别是有关股东会和董事会职权的相关规定,并不属于效力性强制性规定。而且根据2013年《公司法》第4条的规定,公司股东依法享有选择管理者的权利,相应地该管理者的权限也可以由公司股东会自由决定,《公司法》并未禁止有限责任公司股东会自主地将一部分决定公司经营方针和投资计划的权力赋予董事会。故珠峰商贸公司《章程》第27条有关应由股东大会作出决议的重大事项中"公司自主对公司资产开发,由董事会决定并向股东大会报告,不受上述金额(300万元)限制"的例外规定,并不存在因违反法律、行政法规的强制性规定而无效的情形。且《章程》系由公司股东共同制定,在未被依法撤销之前,不仅对公司具有约束力,公司股东、董事、监事、高级管理人员也应严格遵守《章程》的规定。法院认定《章程》依法有效,并无不妥,最终驳回再审申请。

评析: 最高人民法院认为,《公司法》有关股东会和董事会职权的相关规定,不属于效力性强制性规定,故股东会可以在公司《章程》作出自由决定,进而认定公司《章程》第27条的约定并未违反法律、行政法规的强制性规定而无效,应为有效。根据这一观点,同样的道理,新《公司法》中关于股东会和董事会职权的相关规定不属于效力性强制性规定,而公司章程是否可以将《公司法》规定的股东会、董事会的职权依法下放给经理,则有待探讨。

五、律师实务指引

(一)该条款在实务中可能会引发以下争议

1."经理"具体指向对象。

大部分观点认为:经理指主持公司日常工作,执行董事会作出的决议的高级管理人员。经理在日常生活中有很多称呼,如总经理、CEO、总裁等。公司法规定经理的职权,并规定经理可以提请聘任或者解聘公司副经理,由此可知,公司法采用的是狭义上的经理概念,即经理就是公司的总经理。

2. 能否在公司章程中规定经理不得列席董事会会议。

经理列席董事会会议既是经理的权利也是经理的义务,新《公司法》第126条将经理列席董事会会议单独列出,并放在最后一款。由此可见,这是《公司法》的强制性规定,不允许公司章程作出违反该条的规定。故公司章程中规定禁止或者限制经理不得列席董事会会议均为无效条款。

3. 公司章程能否将《公司法》规定属于股东会或属于董事会的职权规定为经理的职权?董事会能否将公司法强制性规定属于董事会的职权授予经理行使?

大部分观点认为:《公司法》已经强制性地规定了股东会、董事会的职权,这是在现有的"三会一层"的公司治理总架构中,《公司法》赋予特定公司机构的职权,不允许公司章程作出例外性的规定。故公司章程不得将《公司法》强制性规定属于股东会或董事会的职权规定为经理的职权,否则因违反《公司法》的强制性规定而无效。而对于公司法非强制性规定部分,公司章程可以自由规定。同理,董事会也不能将《公司法》强制性规定属于董事会的职权授予经理行使,对于《公司法》非强制性规定部分,董事会可以自由规定。另外,董事会的授权范围应当在其自身职权范围内。但在实践中,这又容易引发另外一个问题,《公司法》强制性规范与任意性规范的划分并不完全清晰。故在甄别时应当根据具体情况进行合理定位。

小部分观点认为:如新《公司法》第59条、第67条所列举的股东会、董事会的职权,《公司法》并未禁止、限制公司章程不得将股东会、董事会的职权规定为经理的职权,在法无限制即自由的民事领域,应当视为允许公司章程规定将属于股东会、董事会的职权授予经理。同理,也应当视为允许董事会将《公司法》强制性规定属于董事会的职权授予经理行使。

4. 经理越权代理行为的法律效力。

经理在代表权限和代理权限内实施的法律行为,毫无疑问对公司产生约束力和法律效力,并由公司享有和承担。

那么经理在代理权限以外以公司的名义实施的法律行为,效力如何?这涉及无权代理的问题。经理超越公司章程规定和董事会授权的职权范围所实施的行为,根据《民法典》第 171 条的规定,"行为人没有代理权、超越代理权或者代理权终止后,仍然实施代理行为,未经被代理人追认的,对被代理人不发生效力。相对人可以催告被代理人自收到通知之日起三十日内予以追认。被代理人未作表示的,视为拒绝追认。行为人实施的行为被追认前,善意相对人有撤销的权利。撤销应当以通知的方式作出。行为人实施的行为未被追认的,善意相对人有权请求行为人履行债务或者就其受到的损害请求行为人赔偿。但是,赔偿的范围不得超过被代理人追认时相对人所能获得的利益。相对人知道或者应当知道行为人无权代理的,相对人和行为人按照各自的过错承担责任",原则上不对公司产生效力。

但也存在例外情形,根据《民法典》第 172 条,"行为人没有代理权、超越代理权或者代理权终止后,仍然实施代理行为,相对人有理由相信行为人有代理权的,代理行为有效",如果善意第三人有足够理由相信经理有代理权限(倾向意见仍认为公司行为,如公司章程、公司决议,不得对抗善意相对人,以有效维护公司自治的自身信用,并进而实现维护交易安全的价值功能),那么善意第三人受法律保护,经理超越公司章程规定和董事会授权的职权范围所实施的行为对公司产生约束力。

经理超越职权或董事会违法授权损害公司利益的行为,公司可按损害公司利益纠纷进行索赔,在此不再阐述。

(二)公司治理中需着重注意公司章程的制定

新《公司法》赋予股份有限公司更大的自治空间,这对于股份有限公司而言是一把"双刃剑"。利在于股份有限公司可以根据公司的实际情况,通过制定公司章程对董事会与经理层的职权边界进行规定,能够搭建合理的公司核心权力架构,有利于公司的发展。弊在于若把握不当,可能导致股份有限公司实际的经营管理和决策权大幅度地向经理层倾斜,董事会成为形同虚设的机构,经理成为实质性的决策者和执行者。由于公司的所有权和经营权分离,经理和股东之间的目标不尽相同,经理可能以牺牲公司或者股东的利益为代价,为自己谋私利。如何调整董事会与经理之间的关系成为公司治理的核心问题。要解决这一核心问题,关键在于董事会与经理之间的角色定位,也即在于公司章程的制定及对董事会授权的约束。

因此,从有利于公司发展的角度,应当根据股份有限公司的实际情况,对董事会与经理二者所扮演的角色作出清晰的认定,制定符合公司发展的董事会、经理治理框架体系,并将该框架体系写入公司章程中。需要注意的是,对经理的授权、监督要慎重考虑。授权过大,可能引起经理人逼宫董事会的事件发生;授权过小,又发挥不了职业经理人的作用。而且,董事会对经理的授权须在董事会自有权力框架内,不得超越该权力边界。

关联法条

《民法典》第 171 条、第 172 条

第一百三十条 【监事会的组成及任期】

> 第一百三十条 股份有限公司设监事会,本法第一百二十一条第一款、第一百三十三条另有规定的除外。
>
> 监事会成员为三人以上。监事会成员应当包括股东代表和适当比例的公司职工代表,其中职工代表的比例不得低于三分之一,具体比例由公司章程规定。监事会中的职工代表由公司职工通过职工代表大会、职工大会或者其他形式民主选举产生。
>
> 监事会设主席一人,可以设副主席。监事会主席和副主席由全体监事过半数选举产生。监事会主席召集和主持监事会会议;监事会主席不能履行职务或者不履行职务的,由监事会副主席召集和主持监事会会议;监事会副主席不能履行职务或者不履行职务的,由过半数的监事共同推举一名监事召集和主持监事会会议。
>
> 董事、高级管理人员不得兼任监事。
>
> 本法第七十七条关于有限责任公司监事任期的规定,适用于股份有限公司监事。

一、修订情况

相较于2018年《公司法》第117条,本条变动主要体现在以下方面:

1. 新增了股份有限公司不设监事会的两种例外情形。其中一种例外情形是新《公司法》第121条规定的股份有限公司可以在董事会中设置审计委员会而不设监事会或者监事,另一种例外情形是新《公司法》第133条规定的规模较小或股东人数较少的股份有限公司,可以不设监事会,设一名监事。

2. 保留了监事会人数、成员构成,监事会成员含职工代表比例及职工代表产生办法,监事会主席、副主席的设立及选举,监事会会议的召开,禁止董事、高级管理人兼任监事,股份有限公司监事任期与有限责任公司一致等规定。

二、理论基础

1. 股份有限公司原先必须强行设定监事会且无例外情形,发展到今天变成原则上仍须设立监事会,但存在两种可以不设监事会的情形。两种例外情形的出现主要考虑两方面的原因:一方面,改革开放发展到今天,市场经济的自治化的发展趋势越发强烈,原先基于强化监督管理而制定的公司法已经无法满足公司的发展需要,放宽公司限制的呼声越来越高。另一方面,监事会在公司治理的架构中始终扮演着监督者的角色,公司法也赋予了监事会监督的职能,甚至强制规定股份有限公司必须设定监事会。但在实践中,监事会由于实际权力的缺乏等诸多方面的原因,未扮演好其监督者的角色,时常无法发挥其本身应当具备的监督职能,沦为一种摆设,在某种程度上,监事会甚至成为公司机构臃肿的负担,浪费公司的资源。在此情况下,不如开源节流,由股份有限公司根据自身的实际情况决定是否设立监事会。另外,虽然规定了公司可以不再设立监事会,但又另辟蹊径,规定设计了以独立董事为主体和主导的审计委员会,由此审计人员直接对公司内部进行监督,加强公司自我治理。从某种程度上讲,取消监事会就是为了另辟蹊径保障公司内部进行有效监督。需要注意的是,新《公司法》第176条已经明确规定国有独资公司不设监事会或者监事,而是在董事会中设置审计委员会行使本法规定的监事会职权。

2. 监事会成员自始至终均要求3人以上。这是立法者本着"三人为众"之意,之所以未规定更高的法定人数,是基于尊重公司自治之自由,避免不必要的干预,也避免公司不必要的负担和相关利益冲突。至于实际规定多少人,股份有限公司基于自身的规模及监督需求,自行定夺。

3. 监事会成员中需要股东代表和职工代表;本条强制性规定了职工代表人数不得低于1/3,同时确立了职工代表的选举路径。立法者为了不让监事会成员都是股东利益的代表,希望通过引入职工代表增强监事会的中立性、客观性,更好地发挥监事会的监督职能。同时为预防公司股东将职工代表比例设定过低,让职工代表无法发挥作用,《公司法》甚至强制性规定职工代表人数不得低于1/3,而且职工代表通过职工代表大会、职工大会或者其他形式民主选举产生,避免股东通过控制职工代表的产生渠道控制职工代表。

另外,就保护劳动者角度而言,通过扩大监事会成员的构成范围,将职工纳入公司利益群体，也是为了增强职工在公司治理结构中的话语权，保护职工在内的劳动者群体利益。

4. 监事会主席只有一人，可以设副主席，并确定二者均由全体监事过半数产生。为避免群龙无首的情形出现，立法设定了监事会主席，作为监事机构的代表人，召集和主持监事会会议。本条同时规定了监事会主席和副主席的产生方式，尽量避免外部对监事会的干预。

另外，立法还构想监事会主席主观不想履职或者客观上不能履职情形出现时，由监事会副主席主持监事会会议；副主席不能时，由过半数的监事共同推选一人召集、主持监事会会议。立法如此规定各种情形，就是为了最大限度保障监事会正常履行监督职能。

5. 董事、高级管理人员不得兼任监事。其旨在确保监事的独立性，实现相对独立第三人对决策权和执行权的制衡，强化监事对董事会与管理层的监督。若监事由董高人员兼任，监事监督无异于自己监督自己，完全失去了监督的可能性。故立法自始至终均禁止、限制被监督者作为监督者。这也是权力制衡应有之义。

6. 监事的任期每届为3年。监事任期届满，连选可以连任。任期制让监督者有危机感，有利于监督者积极发挥监督职能。立法否定了封建社会的终身制，转而选择民主选举的任期制。而同时，为鼓励监事积极行使监督职权，本条例外性地规定监事可以连选连任，让监督者有持续的监督权。甚至为避免监事会成员不足或者其他导致监事会无法运转的情形出现，立法强制性要求原监事仍应当履行监事职务。

7. 需要注意的是，通过上述规定可知立法者为让监事会发挥其应有的监督职能，可谓是穷尽方法，设计出近乎完美的监督机制，但实际监督效果却不尽如人意。从问题的根源上看，有两个方面的原因：一方面，股东监事源于股东，股东监事代表股东行使监督职权，且在监事会中至高比例可近2/3。董事也是通过股东会选举产生。监事会和董事会的地位并列，且均对股东会负责。监事和董事均代表了股东，二者也容易受股东的影响，等同于自己找人监督自己。另一方面，职工监事本质上仍然是公司的员工，工作上受到公司领导的安排，个人收入及后续的发展也受制于公司领导。

三、制度演变

1993年《公司法》第124～125条初步确立了监事会这一监督机构，公司"三会一层"的治理架构初步形成,但关于监事会职权的规定较为简单。1999年《公司法》对此未作任何修改。

2005年《公司法》第53条、第118条对监事会制度进行了脱胎换骨的改革,仍强制性规定股份有限公司必须设监事会,无例外情形。同时,仍规定监事会人数不得少于3人,由股东代表和适当比例职工代表组成,并新增规定职工代表比例不得少于1/3,新增职工代表通过职工代表大会、职工大会或者其他形式民主选举产生。同时,删除召集人,并新增强制规定应当设监事会主席,可以设副主席,新增监事会主席、副主席从监事中过半数产生。新增监事会主席、副主席等不能履职时,监事会的召集及会议主持。修改不得兼任监事的人员包含董事、高级管理人员。修改表述股份有限公司任期适用有限责任公司监事任期规定,每届为3年。监事任期届满,连选可以连任。2013年《公司法》及2018年《公司法》第117条均未对监事会制度作出修改。

新《公司法》第130条新增两种例外情形下可以不设立监事会,一种情形是可以在董事会中设置审计委员会而不设监事会或者监事,另一种情形是规模较小或人员较少的股份有限公司,可以不设监事会,只设一名监事。其余未变。

从上述立法变化可以看出,立法者对监事会寄予厚望并希望监事会能真正、有效地行使监督权。为此,从监事会的内部构成上减少不利因素的影响,增强监事会的中立性、客观性。但实践监督效果较差,故又引进审计委员会制度。监事会制度发展变化,可概括为从建立最初的雏形,再到后续逐渐完善,最后逐渐弱化。

四、案例评析

上海保翔冷藏有限公司诉上海长翔冷藏物流有限公司公司决议效力确认纠纷案[上海市第二中级人民法院(2017)沪02民终891号]

基本案情: 2014年1月23日,上海保翔冷藏有限公司(以下简称保翔公司)与江阳公司签订一份股权转让协议书,协议约定江阳公司将其所持上海长翔冷藏物流有限公司(以下简称长翔公司)50%股权转让给保翔公司,保翔公司成为长翔公司股东,与江阳公司各占50%股权。保翔公司提交一份长翔公司形成的股东会决议(即系争股东会决议),决议记载的临时股东会会议的召开日期为2014年4月。决议第一项:公司设董事会,聘请翁某甲、龚某、徐某、董某、林某、翁某乙、卢某为公司董事会董事,选举翁某甲为董事长,龚某为副董事长,免去翁某甲执行董事职务;

第二项：设立公司监事会，聘请徐某、孔某为股东代表监事，免去魏某乙监事职务，另一名职工代表监事由魏某甲担任；第三项：通过公司章程。保翔公司提交江阳公司档案机读材料及魏某甲身份证复印件，以证明：魏某甲系江阳公司法定代表人，且60多岁已退休，没有资格成为长翔公司的职工代表并担任职工监事。

裁判情况：二审法院认为该案的主要争议焦点在于魏某甲是否具备职工代表监事资格。与公司签订劳动合同或者存在事实劳动关系是成为职工代表监事的必要条件，魏某甲并不具备担任长翔公司职工代表监事的资格：第一，魏某甲于系争股东会决议作出时已不再担任长翔公司执行董事，且未在长翔公司领取薪水，即与长翔公司不存在劳动关系，故魏某甲不具备作为职工代表的资格。第二，职工代表监事应通过职工代表大会、职工大会等形式，从职工代表中民主选举产生。2013年《公司法》第51条第2款规定监事会应包括公司职工代表，说明职工代表资格是成为职工监事的前提，魏某甲并非职工代表，因此不具备担任长翔公司职工代表监事的资格。2013年《公司法》第51条第2款亦规定职工代表的比例不得低于1/3，该比例系公司法上效力性强制性规定。魏某甲不具备职工代表资格，另外两名监事系股东代表，职工代表比例为零，违反上述规定，故一审法院认定系争股东会决议中任命魏某甲为长翔公司职工代表监事的条款无效，并无不当。二审维持原判。

案例评析：我国公司法对于监事的消极资格作出了相应的规定，如规定董事、高级管理人员不得兼任监事。公司法对不得担任公司董、监、高的人员一并做了明确规定。但是，我国公司法对于监事会中的股东代表和职工代表的身份并没有明确规定，特别是没有明确职工监事是否只能从职工中产生。该案再次强调了有限责任公司监事会中的职工监事应当具有该公司职工的身份，职工监事的产生方式应符合公司法规定的职工民主选举产生的程序，并符合该条规定的代表比例。公司股东会作出任命职工监事的决议，如果该被任命监事并非本公司职工，或该被任命监事的产生程序、代表比例违反公司法规定，该部分决议内容应属无效。同理，股份有限公司如存在该案情形，也会面临决议无效的风险。

五、律师实务指引

新《公司法》在立法层面仍然规定股份有限公司设立监事会为原则，不设监事会为例外。但是随着市场经济进一步发展，后续恐将大量出现不设监事会而只设一名监事或者直接设立审计委员会的情形。

公司制度设计是律师参与公司治理的重要路径,而公司章程将作为律师参与公司治理并发力的重点领域。律师应根据股份有限公司的实际情况提供合理意见,由当事人决定是否设立监事会。若不设监事会,规模较小或人员较少的股份有限公司可直接设立一名监事(至于何为规模较小,公司法并未给出明确的界定范围。这是因为我国各区域经济发展状态不同,为了让法律的适用范围更加广泛,法律刻意设定模糊概念,由各地根据自身情况设定界定标准),也可以在董事会中设立审计委员会。需要注意的是,审计委员会负责对公司财务、会计等进行监督,也可以通过修改公司章程赋予审计委员会行使更多的职权。为保证审计委员会的独立性,避免审计委员会的决议被董事会取代,导致监督失效的情况,在公司章程中还须明确审计委员会对公司的监督职权等。

关联法条

《民法典》第 82 条

第一百三十一条 【股份公司监事会职能】

> 第一百三十一条　本法第七十八条至第八十条的规定,适用于股份有限公司监事会。
>
> 监事会行使职权所必需的费用,由公司承担。

一、修订情况

1.股份有限公司监事会的职权仍然与有限责任公司保持一致性,只是关于有限责任公司监事会职权条款的变动而作出的条文修改。立法者认为监事会的职权关系到监督权的大小及公司的健康发展,不能因为股份有限公司规模更大则需要更强的监管,有限责任公司规模小就可减弱监管。监督不因公司形态大小而有所差异化,故股份有限公司与有限责任公司的监事会职权需要保持一致性。

2.本条修订实质上涉及股份有限公司监事会职权的变化。整体保留了10项职权,具体如下:(1)检查公司财务;(2)对违反法律、行政法规、公司章程或者股东会决议的董事、高级管理人员提出解任的建议;(3)当董事、高级管理人员的行为损害公司的利益时,要求董事、高级管理人员予以纠正;(4)提议召开临时股东会会议,在董事会不履行本法规定的召集和主持股东会会议职责时召集和主持股东会会议;(5)向股东会会议提出提案;(6)对董事、高级管理人员提起诉讼;(7)监事可以列席董事会会议,并对董事会决议事项提出质询或者建议;(8)发现公司经营情况异常,可以进行调查,必要时,可以聘请会计师事务所等协助其工作,费用由公司承担;(9)董事、高级管理人员应当如实向监事会提供有关情况和资料,不得妨碍监事会或者监事行使职权;(10)公司章程规定的其他职权。

同时,将原先对董事、高级管理人员执行公司职务的行为进行监督修改为对董高执行职务进行监督。修改后只要董事、高级管理人员是执行职务行为,监事会就可进行监督,不再局限于公司职务范围内。这是立法者对立法语言的精准调整,大有进一步扩大监事会监督范围的意思。

另外,本次修订将2018年《公司法》第150条规定的董事、高级管理人员应当如实向监事会或监事提供有关情况和资料,不得妨碍监事会或者监事行使职权的内容调整至新《公司法》第80条中,并在该条中新增了股份有限公司监事会可以要求董事、高级管理人员提交执行职务的报告。由于一般的监督力度无法对在公司经营管理上有很大权力的董事、高级管理人员造成实质性的影响,特别是履职的自由度与随意性较大的独立董事,赋予监事会要求董事、高级管理人员提交执行职务的报告,有助于监事会进一步调查了解董事、高级管理人员的履职情况,变被动为主动,也有利于对董事、高级管理人员形成监督压力,增强监事会的监督效果。

二、理论基础

从我国公司法历次修改过程中对股份有限公司监事会职权作出的立法变化可以看出,监事会作为现代公司治理架构中"三会一层"的重要"一会",立法者始终担心监事会因各种原因无法正常履行监督职能,故在公司法修改过程中,不断赋予监事会更多的职权并立法帮助监事会扫除各种障碍,甚至忧心监事会行使职权时面临巧妇难为无米之炊的局面,专门明文规定行使职权所必需的费用由公司承担。可谓是呵护有加,立法者自始至终均对监事会寄予厚望,希望监事会在公司治理中充分发挥监督作用。同时,有限责任公司监事会的职权始终与股份有限公司监事会的职权保持一致,公司法赋予了两个不同形态的公司监事会一视同仁的职权。立法者或许认为,多一份监督对公司利大于弊,故没有必要进行差别对待。

值得思考的是,在股份有限公司与有限责任公司无论在公司的规模、投资金额、社会影响力均存在差别的情况下,公司法未根据公司类型的差别性制定不同的监事会职权,反而赋予两种类型公司监事会同样的职权。立法全盘吸收国外监事制度,却没有结合我国特殊的社会主义市场经济体制制定中国特色的监事会制度,出现如今水土不服的局面也是意料之中的事情。事实上,与有限责任公司相比,股份有限公司更需要监事会监督,这在一定程度上反映为需要授予股份有限公司的监事会更多的职权。另外,公司法虽然赋予了监事会如此之多的职权,但从实际效果来看,监事会似乎并未发挥出立法者所设想的监督作用,具体表现在公司法给了监事会这么多职权,但是监事会好像都不用。归根结底,这是因为职权行使者没有使用职权的动力和压力。在此背景下,立法者另辟蹊径,突破性地规定了不设监事会而可设审计委员会,希望能有所获。如后续试验成功,监事会的职权将由新的主体承继。

三、制度演变

1993年《公司法》第126条确立了监事会制度的雏形,并赋予监事会监督职权,整体立法模式采用法定列举+公司章程意定补充。另外,有限责任公司与股份有限公司监事会的职权是完全一致的。

1999年、2004年《公司法》第126条未作修改。

2005年《公司法》第119条由原先直接规定股份有限责任公司监事会职权改为先行规定有限责任公司监事会职权,再规定有限责任公司监事会职权的规定适用于股份有限公司监事会。同时,在原基础上增加了股份有限公司监事会几项职权,具体为:对违反法律、行政法规、公司章程或者股东会决议的董事、高级管理人员提出罢免的建议权;在董事会不履行本法规定的召集和主持股东会会议职责时召集和主持股东会会议;向股东会会议提出提案权;对执行公司职务时违反法律、行政法规或者公司章程的规定,给公司造成损失的,董事、高级管理人员提起诉讼的权力;对董事会决议事项提出质询或者建议;发现公司经营情况异常,可以进行调查,必要时,可以聘请会计师事务所等协助其工作,费用由公司承担。另外,2005年新增了监事会行使职权所必需的费用,由公司承担。

2013年《公司法》及2018年《公司法》均未作修改。

新《公司法》第131条规定,股份有限公司监事会职权仍与有限责任公司保持一致,修改有限责任公司监事会职权后,股份有限公司监事会的职权也一同变动。同时,保留了"监事会行使职权所必需的费用,由公司承担"的规定。

四、案例评析

章某与宜昌全家福餐饮有限公司、胡某某股东知情权纠纷案[湖北省高级人民法院(2017)鄂民申1489号]

基本案情:胡某某、章某、付某某为宜昌全家福餐饮有限公司(以下简称全家福公司)股东,工商登记信息显示章某为该公司监事。2014年6月17日,三人签订《全家福公司承包合同》,约定全家福餐厅由两位股东承包人章某、胡某某轮流承包经营,承包经营方承包期内实行自主经营、独立核算、自负盈亏的运行模式,并独自承担经营过程中的债权债务和由此引发的经济、安全等法律责任。按照合同约定,2013 年 6 月 1 日至 2015 年 5 月 30 日由章某负责首轮承包经营。其后,因发生纠纷,章某于 2015 年 11 月 17 日将全家福公司及胡某某诉至法院。

裁判结果:关于章某能否以监事身份起诉要求检查公司财务的问题,章某以监事身份提起诉讼的法律依据为《公司法》(2013 年)第 53 条和第 54 条有关监事职权的规定。尽管公司监事可以行使《公司法》规定的上述职权,但该法仅在第 53 条第 6 项规定了诉权,即针对公司董事、监事、高级管理人员执行公司职务时违反法律、行政法规或者公司章程的规定,给公司造成损失的情况,法律并未赋予监事以诉讼方式检查公司财务的权利。此外,作为公司监督机关的监事(会)与作为公司权力机关的股东(大)会、作为公司执行机关和代表机关的董事会(执行董事)共同构成公司治理的基本机构,监事(会)行使监督职权实际是维护公司利益的公司行为,即使赋予监事(会)相关诉权,也应由监事(会)以公司名义行使,而不应以监事(会)个体名义行使。因此,章某在该案中以个人名义起诉全家福公司没有法律依据,其相关再审事由不成立。再审法院驳回章某的再审申请。

评析:针对上述案例情况,上海市高级人民法院在 2005 年上海法院民商事审判问答(之四)《关于审理股东请求对公司行使知情权纠纷若干问题的问答》(沪高法民二〔2005〕11 号)有所回应。我们也赞同上海市高级人民法院的观点,即公司监事不能以其知情权受到侵害为由对公司提起知情权诉讼。理由如下:有限责任公司的监事会或不设监事会的公司监事,是依照法律规定和章程规定代表公司股东和职工对公司董事会、执行董事和经理依法履行职务情况进行监督的机关或个人。依照新《公司法》第 78 条的规定,监事会或监事有权检查公司财务等情况,并在发现公司经营异常时依据第 79 条的规定进行调查,必要时聘请会计师事务所等协助其工作。但监事会或监事履行相关职权属于公司内部治理的范畴,该权利的行使与否并不涉及其民事权益,且《公司法》并未对监事会或监事行使权利受阻规定相应的司法救济程序,因此,监事会或监事以其知情权受到侵害为由提起的诉讼,不具有可诉性,人民法院不予受理;已经受理的,应当裁定驳回起诉。如果不设监事会的公司监事同时具备公司股东身份,法院应当向其释明;若其同意以股东身份提起股东知情权纠纷诉讼,法院可准许其变更诉讼请求。

五、律师实务指引

（一）监事会提案权是否应限制在监事会的职权范围内

根据新《公司法》第78条（2018年《公司法》第53条）的规定，监事会有提议召开临时股东会会议，并可向股东会会议提出提案的权利。但对于监事会可以提出的提案范围并没有规定。在此情况下，监事会提案权是否有边界及边界范围有多大，成为需要确定的事项。从公司治理角度来看，监事会有监督职权，但无董事会、股东会、经理层的相关职权，若无限制赋予监事会提案的权利，无形中扩大了监事会的职权，这也与公司法的治理机制相违背。因此，监事会提案的范围应当在其职权范围内。

（二）监事会履行监督职权受阻时的救济途径有哪些

首先，根据新《公司法》第78条所列的监事会的职权，监事会可对不配合的董事、高级管理人员提出解任的建议或要求予以纠正。而且，监事会可进一步提议召开临时股东会会议，若董事会不履行公司法规定的召集和主持股东会会议职责时，可自行召集和主持股东会会议，并通过股东会决议的方式，消除监事会履职障碍。

其次，如果董事、高级管理人员存在新《公司法》第188条、第189条规定的执行职务中违反法律、行政法规或者公司章程的规定，给公司造成损失，监事会可对董事、高级管理人员提起诉讼，要求承担赔偿责任。需注意的是，监事会起诉需要满足以下两个方面的条件：(1)根据《公司法司法解释四》第23条第1款的规定，是以公司的名义起诉董事、高级管理人员，并非以监事会的名义；(2)需要股份有限公司连续180日以上单独或者合计持有公司1%以上股份的股东书面请求监事会向人民法院提起诉讼。这也是新《公司法》明确规定的监事会享有的起诉权。

（三）监事会履行新《公司法》第189条规定以外的其他职权受阻时，监事会对此是否具有可诉性

新《公司法》第189条明确规定对董事、高级管理人员执行职务中违反法律、行政法规或者公司章程的规定，给公司造成损失的，监事会享有起诉权。那么对于《公司法》未明确规定可提起诉讼的监事会其他职权，监事会对此是否具有可诉性？

实务中，针对该问题存在两种不同的观点，一种观点认为可诉，另一种观点认为不可诉。

认为可诉的主要理由是:《公司法》赋予监事会监督的职权,也赋予于董事、高级管理人员等相关人员损害公司利益时,监事会可提起代表诉讼。在监事会其他职权受损的情况下,一定程度上不仅代表着监事会监督职权被侵害,更反映公司和股东的利益在某种程度上可能已经被侵害。在此情况下,若不赋予监事会代表公司提起知情权的诉讼,后续可能会出现更为严重的侵害公司和股东利益的情形,这与立法本意相违背,所以认为可诉。

认为不可诉的主要理由是:监事会的监督职权是《公司法》赋予监事会的内部职权,应当属于公司内部的治理范畴,《公司法》并未明确赋予监事会其他职权受损时可以提起诉讼。而且综观新《公司法》全文,仅第78条第6项才规定了监事会对董事、高级管理人员的诉权。而且监事会作为公司内部的监督机构,并非民事诉讼法上利害关系主体。当监事会知情权受损时,监事会完全可以通过提议召开股东会会议等方式解决,故监事会其他职权不可诉。

司法实践中,绝大部分人认为监事会其他职权属于公司内部事务,而且可以通过提议召开股东会会议的方式解决,监事会其他职权不具有可诉性。仅少数人认为监事会其他职权受阻可诉。

(四)除对董事、高级管理人员享有诉权外,监事会对其他人是否具有诉权

如前所述,《公司法》中仅规定监事会对董事、高级管理人员享有诉权,而没有规定对除董事、高级管理人员以外的人享有诉权。在此情况下,一般认为对董事、高级管理人员以外的人,监事会不享有诉权。但是,若公司章程特别规定赋予监事会享有该项诉讼权利,那么监事会是否可以直接以公司的名义起诉?还是需要满足股东先行向执行机构提出申请,执行机构不起诉并向监事会申请的情况下,监事会才可以起诉?从遵从公司意思自治的角度出发,应当允许公司章程将有关提起诉讼的权利直接赋予监事会。

第一百二十八条 【不设董事会的情形】
第一百三十三条 【不设监事会的情形】

> 第一百二十八条 规模较小或者股东人数较少的股份有限公司,可以不设董事会,设一名董事,行使本法规定的董事会的职权。该董事可以兼任公司经理。
>
> 第一百三十三条 规模较小或者股东人数较少的股份有限公司,可以不设监事会,设一名监事,行使本法规定的监事会的职权。

一、修订情况

新《公司法》第128条"不设董事会的情形"与第133条"不设监事会的情形"均系关于小规模(包括规模较小、股东人数较少)股份有限公司简化公司治理结构的制度设计,本书将两条合并解读。

第128条为本次修订中的新增条款,其源自2018年《公司法》第50条第1款之规定。因此,此次新增既旨在统一有限责任公司与股份有限公司的普适性规定,又旨在降低管理成本,提高企业经营效率。

第133条为本次修订中的新增条款,2018年《公司法》第117条规定股份有限公司设监事会且监事会成员不得少于3人。本次修订在于取消股份有限公司设置监事会的强制性规定,明确规模较小或股东人数较少的股份有限公司可以不设监事会,只设1名监事行使监事会的职权。

二、理论基础

我国《公司法》的历次修改均明确突出有限责任公司与股份有限公司在公司治理等方面的差异性,如在组织机构人数设置方面,相对于有限责任公司,股份有限公司仅有一种选择,此设置过于刚性,未全面考虑股份有限公司中也存在规模较小或者股东人数较少的情况。实际上,有限责任公司与股份有限公司在资合性方面的相似性对于公司治理的影响占比要比两者在人合性方面的差异性要大。因此,本次修订在保留股份有限公司与有限责任公司差异规定的基础上,考虑了两者的同质性。此举既完善了之前《公司法》中关于股份有限公司的规定,同时也化解了小规模股份有限公司的尴尬处境,降低了股份有限公司的人力成本,提升了股份有限公司组织机构人员设置的灵活性。

新《公司法》对第 128 条和第 133 条的修订主要对应第 112 条的立法变化,2018 年《公司法》并未规定只有一个股东的股份有限公司。自 1993 年《公司法》颁布以来,在公众意识里,股份有限公司的股东人数较多,因此立法者最初设想规模较小的股份有限公司应占少数。经过约 30 年的实践,以发起方式设立的股份有限公司数量不断增加,股份有限公司的筹资方式在公司法及其他法律法规的制度安排上较有限责任公司具有更为灵活的运用空间,对于吸纳投资人具有更有利的竞争优势,在公司发展规划上也具有更为广阔的选择路径。本次修订,确立一人股份有限公司的法律地位,不失为鼓励中小企业制订和完善发展规划的制度利好。与此相对应,规模较小的股份有限公司的内部治理亦应当简化,以提高公司运营的效率。本次修订针对规模较小的股份有限公司增加了第 128 条和第 133 条规定。据此,小规模股份有限公司在内部治理上获得与有限责任公司相同的制度便利,可以利用融资制度优势提振社会资本的投资积极性,并将对支持初创型中小企业发展起到推动作用。

三、制度演变

上述两条均为本次修订新增条款,在之前公司法修改中未提及。故在此以新《公司法》草案一审稿、二审稿、三审稿为基础进行比对:

就第 128 条而言,《公司法》草案一审稿、二审稿仅提及"规模较小"。而在三审稿中,此条规定另外增加了"股东人数较少",以及董事可以兼任经理的规定。

就第 133 条而言,《公司法》草案一审稿、二审稿仅提及"规模较小"。而在三审稿中,此条规定另外增加了"股东人数较少"的规定。

四、案例评析

何某书与单某、淮安腾达置业有限公司股权转让纠纷案[江苏省淮安市中级人民法院(2020)苏 08 民终 1884 号]

基本案情:何某书与单某于 2017 年 4 月 25 日设立中合公司,注册资本 200 万元,其中何某书认缴80万元,占股40%,单某认缴120万元,占股60%。单某为中合公司法定代表人,担任执行董事兼总经理,何某书担任监事。双方均未实际缴纳出资。2017年4月27日,中合公司收购了苏州中策投资管理有限公司持有的港龙公司20%的股权,并以单某个人账户支付了相应的股权转让款。2018年5月,中合公司在未召开股东会会议决议的情况下将其名下持有的港龙公司20%股权以2000万元转让给淮安腾达置业有限公司(以下简称腾达公司)并办理了股权变更登记。该股权转让款未汇入中合公司账户。何某书遂以股东身份提起诉讼,请求判决确认上述股权转让协议无效并恢复原状。

裁判情况:二审法院认为,根据《公司法》(2018年)第151条,《公司法司法解释四》第23条、第24条之规定,公司是公司直接诉讼的适格原告,股东代表诉讼属于派生诉讼,法律对其设置了严格的前置程序。首先,在股东向公司监督机关、执行机关提出诉讼请求而其怠于行使诉权时,或者情况紧急、不立即提起诉讼将会使公司利益受到难以弥补的损害的,方可由股东代表公司起诉。其次,监督机关是监事时,监事仅是机关成员,申请提起诉讼的股东如果同时具备监事身份,仍不能越过前置程序而直接提起股东代表诉讼,而应以监事身份代表公司提起诉讼。最后,公司监督机关代表公司提起诉讼是《公司法》(2018年)第53条赋予的法定职责,其在股东请求下履行该职责时公司为原告,监事会主席或监事作为诉讼代表人,其在诉讼中的行为是法人的行为。

该案中,中合公司的监督机关是监事,何某书作为具备监事身份的股东,有条件且应当履行监事职责代表公司提起诉讼,不应越过前置程序而直接提起股东代表诉讼。诉讼时应以中合公司为原告,由监事何某书作为法人代表。由于何某书作为原告诉讼主体不适格,法院驳回起诉。

评析:首先,监事会或者监事对董事、高级管理人员履职尽责情况进行监督是其法定职责,这是公司内部治理的要求。监事会或者监事的职责之一是依照公司法的规定,对董事、高级管理人员提起诉讼。其次,监督机关是监事时,监事仅是机关成员,申请提起诉讼的股东如果同时具备监事身份,便利提起诉讼,不存在被拒绝或怠于诉讼的条件,也不会发生公司治理失灵的可能和情况紧急的情形,故不能越过前置程序而直接提起股东代表诉讼,而应以监事身份代表公司提起诉讼。监事会或者监事在履行该职责时以公司为原告,监事会主席或监事作为法人代表,其在诉讼中的行为是法人的行为。

五、律师实务指引

（一）小规模股份有限公司的标准

关于如何确定规模较小和股东人数较少的股份有限公司的标准，本次修订并未明确。笔者认为，律师在定位股份有限公司类型时应当注意：设立方式不能作为绝对的区分标准。股份有限公司的设立方式有发起设立和募集设立两种，一般情况下，采用发起设立的股份有限公司的规模较小且股东人数较少，但并非绝对，在发起人资金实力强劲的情况下，股份公司在设立时由发起人认足股本数额也并非不可能。以募集方式设立的股份有限公司亦并非当然认定为规模较大或股东人数较多。募集方式分为向特定对象募集和向公众募集。就向特定对象募集资金设立公司而言，新《公司法》未就"特定对象"的人数进行限制，亦未对募资的规模进行限定。因此，即便股份有限公司采用募集方式设立，也并不能当然地将其定位为规模较大的股份有限公司。

（二）授权资本制更利于小规模股份有限公司

新《公司法》第 128 条属于新增条款，明确规模较小的股份有限公司设一名董事，行使董事会的职权。但第 128 条与其他针对股份有限公司的法条进行衔接适用时，在实务中仍发生各种疑问，较为集中的疑问体现在：新《公司法》第 152 条规定公司章程或者股东会可以授权董事会在 3 年内决定发行不超过已发行股份 50% 的股份，但并未提及在公司未设董事会的情况下，董事是否可以依据章程或股东会授权决定发行股份？小规模股份有限公司在设立后依据发展需要发行股份实属必要，实务中普通股份有限公司针对特定对象的"定向增资"比比皆是，"授权资本制"的制度便利对于小规模股份有限公司融资和发展来说亦有相当的推动作用。

（三）股份有限公司类型具备制度优势

初创型中小企业作公司设立登记，可以根据企业的主营业务和发展定位合理选择公司类型。对于处于初创期且定位发展成为公众型公司的科创类企业，律师可以建议其在设立初始即考虑选择登记为股份有限公司，理由如下：

第一，尽管有限责任公司创始股东在出资方式上的可选度比股份有限公司发起人大，但在新《公司法》将有限责任公司认缴出资期限限定在公司成立之日起 5 年内的情况下，有限责任公司创始股东的出资制度便利优势并非十分明显。

第二,股份有限公司在吸纳投资的方式上较有限责任公司具有更多空间,如撇开规模较大的上市公司和非上市公众公司不论,小规模股份有限公司可以在地方、区域股权交易市场发行可转换公司债券。

第三,在强化创始股东控制权方面,小规模股份有限公司因人数较少,在设立时与有限责任公司的区别并不明显。对于后期增资,新《公司法》第227条第2款规定:"股份有限公司为增加注册资本发行新股时,股东不享有优先认购权,公司章程另有规定或者股东会决议决定股东享有优先认购权的除外。"小规模股份有限公司可以依据这一款规定对公司增资股东的有限认购权通过章程规定或股东会决议确定,以此实现核心股东在初创期对公司的控制权。

第四,公司在初创期可以依据新《公司法》第128条和第133条简化内部治理模式,轻装运营,提高公司的经营管理效率;待公司发展至一定规模后,可以逐步完善组织架构,扩大融资规模。

第一百三十六条 【独立董事及公司章程应载明的特殊事项】

> 第一百三十六条 上市公司设独立董事,具体管理办法由国务院证券监督管理机构规定。
>
> 上市公司的公司章程除载明本法第九十五条规定的事项外,还应当依照法律、行政法规的规定载明董事会专门委员会的组成、职权以及董事、监事、高级管理人员薪酬考核机制等事项。

一、修订情况

相较于2018年《公司法》第122条,本条主要有以下变化:

新增第2款规定,即"上市公司的公司章程除载明本法第九十五条规定的事项外,还应当依照法律、行政法规的规定载明董事会专门委员会的组成、职权以及董事、监事、高级管理人员薪酬考核机制等事项"。

二、理论基础

独立董事制度起源于美国,并在其立法沿革中不断修订与完善。20世纪30年代,美国公司的外部董事主要作为公司顾问的身份参加公司的董事会会议,其主要职责为咨询与建议,因为其外部人的身份,一般在其他公司有专职工作,因此可以参与到公司治理与监督的时间是有限的;20世纪40年代,美国《投资公司法》正式颁布实施,该法首次规定了与投资基金不存在关联关系的辅助及独立董事应当占公司董事会总人数的40%以上,同时亦就独立董事应承担的义务及法律责任进行了规定。该法系美国首次以法律形式明确规定独立董事制度。20世纪70年代,美国各大公司接连不断的丑闻导致公众投资者对于公司管理层特别是董事会的不信任,公司治理制度规范出现了重大缺陷,美国证监会因此向上市公司推行了完善的独立董事制度。自20世纪50年代开始,纽约证券交易所即强制要求上市公司必须聘任 2 名以上的独立董事,而 20 世纪 70 年代,纽约证券交易所又强制要求上市公司必须设立至少 3 位独立董事组成的审计委员会。2001 年,世纪丑闻安然公司财务造假案再次导致公众对于独立董事监督职能有效性的质疑。2002 年,美国《萨班斯—奥克斯利法案》正式生效,该法规定审计委员会成员均应当为独立董事,除担任公司董事、审计委员会等委员会的委员外,不得在公司接受任何咨询、顾问等费用及报酬,且不得担任公司及子公司的关系人。

1997 年,中国证监会发布《上市公司章程指引》,其第 112 条规定公司可依需要设立独立董事。在独立性要求方面,1997 年《上市公司章程指引》规定独立董事不得由公司股东或股东单位的任职人员、公司的内部人员(如公司的经理或公司雇员)、与公司关联人或公司管理层有利益关系的人员担任。同时,独立董事的概念首次出现在我国资本市场法律体系中,当时并未对上市公司作出强制性设立独立董事的要求,而是作为一种选择适用的条款,由上市公司根据实际需要设置。2000 年,上海证券交易所《上市公司治理指引(征求意见稿)》颁布,该指引要求公司至少应当设 2 名独立董事,独立董事在董事会中的人数占比应当高于 20%,且在控制公司的法定代表人兼职担任公司董事长时,人数占比应当高于 30%;还就独立董事的提名、履职保证、专业委员会的组成等作出规定。2001 年,中国证监会发布《关于在上市公司建立独立董事制度的指导意见》,该指导意见系中国资本市场法律体系首次明确要求上市公司确立独立董事制度,较为全面地就上市公司必须设独立董事的截止日期、所占人数比例、任职资格、最高兼职数、独立性、职权等进行规定。《上市公司治理准则》(2002 年公布,2018 年修订)、中国证监会《关于加强社会公众股股东权益保护的若干规定》(2004 年公布,已失效)等再次阐述、强调了上述指导意见对独立董事独立性、勤勉义务等的要求;2005 年修订的《公司法》系国家法律首次以立法形式确立独立董事制度;此后,《上市公司独立董事规则》(2022 年公布,已失效)、国务院办公厅《关于上市公司独立董事制度改革的意见》《上市公司独立董事管理办法》等对我国独立董事制度不断修订和完善,与各大证券交易所的自律规范一起构成我国现行的独立董事制度。

新《公司法》第 136 条第 2 款关于上市公司章程应载明董事、监事、高级管理人员薪酬考核机制的规定为本次《公司法》修订的新增内容。在此前《上市公司章程指引》《上市公司治理准则》及相关证券交易所的自律规范中,均未明确要求上市公司章程需载明董事、监事、高级管理人员薪酬考核机制,在目前上市公司治理实践中,董事及高级管理人员的薪酬考核机制通常由上市公司董事会下的薪酬与考核委员会进行制定,并由其向董事会提出关于董事及高级管理人员薪酬的建议,其中涉及高级管理人员的薪酬由董事会决定,涉及董事的薪酬由董事会审议通过后报经上市公司股东会审议决定。本次修订实际上强制要求上市公司必须公开披露其对董事、监事、高级管理人员的考核机制,便于投资者深入了解上市公司董事、监事、高级管理人员的薪酬及其考核机制、打破上市公司与投资者之间的信息差,在规范公司内部控制制度执行的基础上为投资者监督上市公司提供更便捷的方式。

综观独立董事制度在国内外的立法发展及长期运行实践,笔者认为,独立董事制度在监督和约束一元公司治理体系下公司管理层的行为、利用其专业知识和专业能力不断推进上市公司内部治理制度的执行与完善、保护上市公司中小投资者利益等方面发挥着重要作用,有利于促进公司规范运作、保护中小投资者合法权益、推动资本市场健康稳定发展。

三、制度演变

我国关于上市公司独立董事制度的建立和发展经历了二十几年的演变过程。

2001年,中国证监会发布《关于在上市公司建立独立董事制度的指导意见》,要求上市公司全面建立独立董事制度。

2005年《公司法》,首次以法律形式明确上市公司设立独立董事制度,但仅简要提及,无进一步规定。该条款内容在之后历次修正的《公司法》中均予以保留且内容无重大变化。

本次《公司法》修订,在保留原有规定条款的基础上进一步细化规定独立董事制度的主要部门,明确授权国务院证券监督管理机构对上市公司独立董事具体管理办法作出规定。同时,对上市公司章程的内容提出了明确要求。

此外,新《公司法》新增的第136条第2款的内容中关于上市公司章程应载明董事会专门委员会的组成、职权的规定,在目前规范资本市场的行政规章体系中,《上市公司治理准则》第38条、《上市公司章程指引》第107条第2款及上海证券交易所、深圳证券交易所、北京证券交易所出台的相关规定,均已明确规定上市公司应当设立的专门委员会类型(即应当设立审计委员会,并可以设立提名、薪酬与考核、战略等专门委员会),并对上市公司应当在公司章程就专门委员会的组成、职权等作出规定进行明确要求,而此前2018年《公司法》并未明确规定。《公司法》作为上述行政规章、行业规范的上位法，有必要就目前在下位法及法律实务中已全面实行的、上市公司章程应当包含的上述条款进行列举性规定，完善《公司法》对于公司章程的规范作用，促进其与下位法规定及法律实务的统一。

四、案例评析

顾某、黄某等55,326名投资者证券虚假陈述责任纠纷案[广州市中级人民法院(2020)粤01民初2171号]

基本案情：康美药业于2017～2018年先后在官方网站及报纸上披露了2016年、2017年的年度报告，以及2018年的半年度报告；2018年10月15日开始，网上陆续出现自媒体文章，质疑康美药业存在财务造假的问题；2018年12月28日，康美药业被中国证监会以涉嫌信息披露违法违规立案调查；2020年5月15日，康美药业收到《行政处罚决定书》，中国证监会对2名涉案独立董事给予警告，并处以20万元罚款，对其余3名涉案独立董事予以警告，并处以15万元罚款。

2020年12月31日，11名投资者以康美药业及其实控人、高管为被告向广州市中级人民法院提起诉讼，请求被告赔偿其投资差额损失，并请求启动普通代表人诉讼程序。普通代表人诉讼权利登记公告期内，投服中心接受56名权利人特别授权，申请加入诉讼，根据相关法律规定并经最高人民法院指定管辖，广州市中级人民法院启动特别代表人诉讼程序继续审理该案。

裁判情况：广州市中级人民法院认为康美药业披露的《2016年年度报告》《2017年年度报告》《2018年半年度报告》中，存在虚增营业收入、利息收入及营业利润、货币资金和未按规定披露控股股东及其关联方非经营性占用资金的关联交易情况，属于对重大事件作出违背事实真相的虚假记载和披露信息时发生重大遗漏的行为。同时，根据《证券法》(2014年)第69条的规定，5名独立董事虽并未直接参与财务造假，但法院认为康美药业财务造假持续时间长，涉及会计科目众多，金额巨大，如独立董事已尽到勤勉义务，即使仅分管部分业务，也不可能完全不发现端倪。因此5位独立董事存在较大过失，且均在案涉定期财务报告中签字，保证财务报告真实、准确、完整，是信息披露违法行为的其他直接责任人员。综上，法院最终判决康美药业赔偿24.59亿元，康美药业实控人及部分高管承担100%连带赔偿责任，其余具有虚假陈述行为的高管(包括5名独立董事)分别在5%至20%的范围内承担比例连带赔偿责任。

评析：法院在作出认定独立董事是否尽到忠实勤勉义务的判断时，主要考虑的是在区分内、外部董事的基础上，结合其职责范围以及在公司决策中所起的作用等因素综合作出认定。对于不参与公司经营活动的独立董事，如果虚假陈述所涉事项超出其职责范围，且已有相关专业中介服务机构进行审核，一般应认定独立董事已勤勉尽责。

但在该案中，法院认定5名董事未尽忠实勤勉义务，应当承担连带责任，其主要从两点出发：第一，财务造假时间跨度较大，从2016年至2018年，且金额占整体利润占比大，不属于隐藏在财务报表中不易察觉的造假，对于独立董事不知情的抗辩不予认可，在主观过错上5名独立董事有较大的过失。第二，该案的直接证据即财务报告上的董事签字出于5名独立董事真实意思表示，是为履行对财务报告真实性、准确性、完整性的监督职能。财务报告作为上市公司年度、半年度的重要披露文件，并非内部的过程性文件，对该文件未尽合理审查监督，对于独立董事不熟悉的领域未聘请专业会计、法律等中介进行审查核实，独立董事不能证明其勤勉尽职，因此应对该财务报告存在的虚假陈述承担相应责任。

五、律师实务指引

新《公司法》第136条第1款对于2018年《公司法》第122条的修订主要系明确了出台上市公司设立独立董事具体管理办法的机关为国务院证券监督管理机构，即中国证监会。而自独立董事制度在我国以法律法规强制的形式实施以来，我国上市公司已根据中国证监会业已出台的《关于在上市公司建立独立董事制度的指导意见》（已失效）、《上市公司独立董事规则》（已失效）、《上市公司独立董事管理办法》及各大证券交易所发布的自律监管指引在其公司章程及相应内部控制制度中建立了其独立董事管理制度。因此，《公司法》第136条第1款的修订更多是对此前已实行的由中国证监会制定的独立董事管理办法的强调，律师应当更多关注上市公司客户现行的公司章程，以及已实施的内部独立董事管理办法中关于独立董事的相关规定是否已根据现行《上市公司独立董事管理办法》及所处证券交易所板块的自律规则进行修订，并对照现行法规关于独立董事独立性要求、任职资格要求、最高兼职公司数目等对其任职资格进行补充核查，对于不符合《上市公司独立董事管理办法》规定的独立董事及时替换；同时，律师也应对公司召开董事会会议审议的相关议案是否涉及独立董事事前审议事项、上市公司是否召开独立董事专门会议、是否符合所处证券交易所板块的规范运作指引等进行跟踪核查,以避免潜在的合规风险。此外,新《公司法》第136条第2款新增要求上市公司章程中载明董事会专门委员会的组成、职权,以及董事、监事、高级管理人员薪酬考核机制等事项,律师应协助上市公司客户对照其现行公司章程逐条核对,对于未包含上述条款的,应提示客户及时召开董事会会议及股东会会议修订公司章程。

关联法条

1.《上市公司独立董事管理办法》第2条

2.《上市公司治理准则》第34条、第35条

3.《上市公司章程指引》第104条、第107条

第一百三十七条 【应由审计委员会事前通过的事项】

> 第一百三十七条　上市公司在董事会中设置审计委员会的,董事会对下列事项作出决议前应当经审计委员会全体成员过半数通过:
> （一）聘用、解聘承办公司审计业务的会计师事务所;
> （二）聘任、解聘财务负责人;
> （三）披露财务会计报告;
> （四）国务院证券监督管理机构规定的其他事项。

一、修订情况

本条为新增条款。

在本条纳入《公司法》之前,由中国证监会发布的《上市公司治理准则》及《上市公司章程指引》均要求上市公司董事会设立审计委员会,并规定了上市公司审计委员会的职权范围,本次修订系将下位法的规定吸收纳入上位法。本次修订将聘用、解聘承办公司审计业务的会计师事务所和任免财务负责人作为审计委员会前置审议事项,凸显了对于上市公司财务监管的重视,也加重了审计委员会的财务监管职责。

二、理论基础

财务会计报告是上市公司信息披露的重要事项。审计委员会应当审阅上市公司的财务会计报告,对财务会计报告的真实性、准确性和完整性提出意见,重点关注公司财务会计报告的重大会计问题和审计问题,特别关注是否存在财务会计报告相关的欺诈、舞弊行为及重大错报的可能性,以及监督财务会计报告问题的整改情况。2020年修正的《证监会发布公告要求资本市场有关主体实施新审计报告相关准则》规定,如果审计委员会认为审计报告中"关键审计事项"对上市公司影响重大且有必要进行补充说明的,可以在上市公司年度报告正文"第五节重要事项"

中进行说明。审计委员会上述职责的有效行使是上市公司财务报告披露的基础，赋予审计委员会对于财务会计报告披露的前置审议权利实质上是将财务信息审核和披露合二为一，提升为法定职责，有利于相关部门对上市公司财务的监管，更有利于投资者了解上市公司的发展前景。

审计委员会审议聘用承办公司审计业务的会计师事务所时，可以先行制定聘用审计机构的方式和标准，确定评价要素和具体评分标准，其中包括审计机构的服务资质、人员配备、相关业绩、既往的履职情况、履职的独立性、审计费用等要素，并监督选聘过程；审议时听取有关人员对选聘工作的汇报，择优确定审计机构，并确定聘用条款。审计委员会解聘审计机构的原因一般是审计机构存在违法或者违约行为，触发了解除条款。因此，审计委员会应先行明确解聘的情形，并写入委托协议，将之作为决定是否解除的依据。服务期限届满或者服务事项完成的，应考虑重新聘用问题，不属于解聘。

本次修订，承接了规范性文件对于前置事项范围的确定，继续将财务会计报告的披露和聘用、解聘外部审计机构这两个前置审议事项以立法的方式确定下来，使审计委员会的权利和职责法定。需要注意的是，国务院办公厅《关于上市公司独立董事制度改革的意见》规定了财务会计报告也是前置审议事项，但是本次修订中仅保留了披露财务会计报告，对于财务报告的审查不在范围内，那么在实践中需要注意对这一条款的把控，审查和披露财务会计报告存在区别，不应混淆。

此外，本次修订又将任免财务负责人增加为审计委员会前置审议的事项，这个内容在以往的规范性文件中没有出现过。立法机关注意到财务负责人在财务会计报告出具和披露过程中所起到的关键性作用，做了这样的增补。

从程序上看，对于审计委员会审议的前置事项，原有规范性文件并未规定是否以多数决的方式作出，实践中如何认定审计委员会同意就成为有争议的事项，有的是所有委员一致通过，有的是2/3以上委员通过。本次修订将审议同意的表决比例即全体委员过半数通过确定下来，有利于统一裁判尺度，减少不必要的纷争。既然是全体委员过半数通过，不以出席人数作为计算基础，实操中建议在审计委员会议事规则中明确参会要求，缺席会议的委员应委托代理人提出意见，不能出席会议也没有委托代理人的委员应事后发表补充意见。

三、制度演变

关于上市公司审计委员会的职责和提交董事会审议的前置事项散见于《上市

公司治理准则》《上海证券交易所上市公司自律监管指引第1号——规范运作》等规范性文件,审计委员会的主要职责包括协调评估外部审计工作和内部审计工作、内部控制和风险管理、财务信息审核和披露等。其中,部分事项由审计委员会事前认可后再提交董事会,如国务院办公厅《关于上市公司独立董事制度改革的意见》规定财务会计报告及其披露等重大事项应当由审计委员会事前认可后,再提交董事会审议;《国有企业、上市公司选聘会计师事务所管理办法》规定,上市公司聘用或解聘会计师事务所,应当由审计委员会审议同意后,提交董事会审议,并由股东大会决定;《上海证券交易所上市公司自律监管指引第1号——规范运作》《深圳证券交易所上市公司自律监管指引第1号——主板上市公司规范运作》《深圳证券交易所上市公司自律监管指引第2号——创业板上市公司规范运作》中均规定,上市公司聘请或更换外部审计机构,须由审计委员会形成审议意见并向董事会提出建议后,董事会方可审议相关议案。其他职责如内部审计工作、内控制度等,并未赋予审计委员会前置审议的权利。

四、案例评析

案例一:搜于特集团股份有限公司虚增营业收入、虚减利润案(中国证券监督管理委员会广东监管局〔2023〕41号行政处罚决定书)

基本案情:搜于特集团股份有限公司(以下简称搜于特)于2020~2021年通过子公司开展无商业实质的精对苯二酸贸易业务虚增营业收入数十亿元、虚减利润数千万元,同时,搜于特披露的2021年年报中存在未按规定披露关联交易及重大遗漏情形。

处罚结果:2023年12月21日,广东证监局对时任搜于特董事会审计委员会主任何某出具《行政处罚决定书》(〔2023〕41号),因何某作为时任搜于特审计委员会主任,未充分关注搜于特对财务重要子公司监督管理不到位的情况,未审慎关注搜于特2021年年报相关内容,并采取充分措施进行核查,签字确认保证搜于特2021年年报真实、准确、完整,未勤勉尽责,是搜于特2021年年报存在虚假记载的其他直接责任人员,广东证监局决定对何某给予警告,并处以50万元罚款的行政处罚。

评析:该案充分体现了证券监督管理部门对上市公司董事会审计委员会职权范围的认定,对于董事会审计委员会成员未按法律规定、上市公司内部控制程序要求审慎履行其对上市公司财务报告的监督核查职责的,证券监督管理部门会依据《证券法》关于董事应当保证披露的信息真实、准确、完整的相关规定追究其法律责任。

案例二:康得新复合材料集团股份有限公司虚增利润退市案(中国证监会处罚字〔2019〕90号行政处罚及市场禁入事先告知书)

基本案情:2015年1月至2018年12月,康得新复合材料集团股份有限公司(以下简称康得新)通过虚构销售业务方式虚增营业收入,并通过虚构采购、生产、研发费用、产品运输费用方式虚增营业成本、研发费用和销售费用,虚增利润上百亿元,相关年度报告财务数据存在虚假记载。2014～2018年康得新与股东康得集团因资金占用发生的关联交易金额逾500亿元,相关年度报告存在重大遗漏。同时,康得新还存在其他违法行为。

处罚结果:2019年7月5日中国证监会对其作出《行政处罚及市场禁入事先告知书》(处罚字〔2019〕90号),认为康得新违反了信息披露真实、准确、完整,不得有虚假记载、误导性陈述或者重大遗漏等规定。在处罚结果上,对王某作为康得新时任董事、财务总监,在虚增利润、控股股东非经营性资金占用的关联交易等行为中,按照董事长钟某提出的要求负责具体组织和执行,是康得新相关违法行为的重要组织者、参与者,依据《证券法》(2014年)第233条和《证券市场禁入规定》(2015年)第3条第1项、第5条第3项的规定,对王某采取终身证券市场禁入措施,自宣布决定之日起,在禁入期间内,除不得继续在原机构从事证券业务或者担任原上市公司、非上市公众公司董事、监事、高级管理人员职务外,也不得在其他任何机构中从事证券业务或者担任其他上市公司、非上市公众公司董事、监事、高级管理人员职务。

评析:这是一起典型的财务数据存在虚假记载被处罚的案件。根据当时有效的《深圳证券交易所上市公司重大违法强制退市实施办法》第4条第3项的规定,"上市公司披露的年度报告存在虚假记载、误导性陈述或重大遗漏,根据中国证监会行政处罚决定认定的事实,上市公司连续会计年度财务指标实际已触及《股票上市规则》规定的终止上市标准",其股票应当被终止上市。康得新未按照规定进行财务信息披露,是导致被终止上市的重要原因。如果公司的审计委员会能够按照规定要求审查财务报告,对其真实性、准确性和完整性提出意见,并监督财务报告的整改,披露真实的财务数据,至少康得新及其高管们不会受到这样严苛的处罚。

该案中,王某作为公司的财务负责人未履职尽责,组织、参与了虚增利润等违法行为,最终导致公司退市,个人受到了30万元罚款和终身证券市场禁入的处罚。从处罚决定来看,王某的处罚力度仅排在董事长、实际控制人钟某之后,由此也能看出财务负责人在财务会计报告中所起的重要作用。也正是基于此,本次《公司法》修订将任免财务负责人作为审计委员会前置审议的事项之一,其目的就是通过审计委员会把好入门关,使公司能够聘请到真正具有职业操守和财务工作能力的人员。审议时还需注意,财务负责人一般是上市公司的高管,需具备担任高管的条件,不存在《公司法》等规定的不得担任公司高管的情形。

五、律师实务指引

(一)为上市公司修改审计委员会议事规则和公司章程,明确将新《公司法》第137条的规定写入公司法制度

审计委员会作为公司治理财务层面沟通、监督、核查内外部审计的重要机构,也是引导证券市场健康发展的重要角色,其涉及审计、财务等相关事项,需要明确和规范化。在实践中,需要做好上市公司的公司章程与新《公司法》相衔接的问题,确保公司内部制度与法律不相悖,确保公司内部决策流程符合法律规定,避免公司决议程序因违背法律、法规的规定而导致无效或可撤销的法律后果,也使得审计委员会的运作更加规范、有效。

(二)制定上市公司选择审计机构指引,明确对审计机构的具体要求和选择程序,有据可循

审计机构的专业水平和服务能力直接影响审计工作的质量,一般企业在选择审计机构成员时会考虑专业水平、收费标准等因素,有时候就会出于决策成本和人力成本等考量而选择专业能力不够的审计机构成员。为了实现新《公司法》第137条的立法意图,落实审计委员会有效监督的目的,需要制定相关指引,明确对于审计机构的具体要求和选择程序。

(三)结合新《公司法》第181条对高管的限制性规定,指导上市公司制定财务负责人选聘要求

《公司法》第148条对6项董事和高级管理人员的禁止性行为"董事、高级管

理人员不得有下列行为:(一)侵占公司财产、挪用公司资金;(二)将公司资金以其个人名义或者以其他个人名义开立账户存储;(三)利用职权贿赂或者收受其他非法收入;(四)接受他人与公司交易的佣金归为己有;(五)擅自披露公司秘密;(六)违反对公司忠实义务的其他行为"。

上述6项规定对董事和高级管理人员的禁止性行为进行了开放式列举,财务负责人作为公司高级管理人员,虽然已经受到上述禁止性规定约束,同时还应该考虑到其与审计委员会履行财务会计监督职责的关系,财务负责人的专业能力和独立性往往也会影响审计委员会对于财务会计的监督能力,因此结合禁止性规定,对财务会计人员的选聘加以严格要求是落实审计委员会制度所必需的。

关联法条

1.《上市公司治理准则》第39条

2.《证监会发布公告要求资本市场有关主体实施新审计报告相关准则》第2条

3.《国有企业、上市公司选聘会计师事务所管理办法》第5条、第15条

第一百四十条 【信息披露义务及禁止违法代持】

> 第一百四十条　上市公司应当依法披露股东、实际控制人的信息,相关信息应当真实、准确、完整。
> 禁止违反法律、行政法规的规定代持上市公司股票。

一、修订情况

本条为新增条款,旨在将上市公司对股东和实际控制人的信息披露义务和禁止上市公司的股权代持行为以法律的形式明确下来。

二、理论基础

上市公司是公众公司,是证券市场的主要参与主体,上市公司信息披露的真实、准确、完整和及时对证券市场的稳定运行具有至关重要的作用。投资者通过信息披露了解上市公司的治理情况、运营情况等来决定是否投资,监管机构也可以通过信息披露对上市公司实施监管。从上述规定我们也能看出,信息披露工作是上市公司的重要工作之一,在证券市场中有很多关于信息披露的制度,要求和指导上市公司做好信息披露。但是这些规定从效力层级上看,只有《证券法》是法律,其他都是部门规章或规范性文件。从披露内容上看,《证券法》也只是原则性规定了信息披露的及时性、真实性、准确性和完整性,不能有虚假记载、误导性陈述或者重大遗漏,并没有具体明确披露股东和实际控制人的信息。在证监会的部门规章中,只有《上市公司信息披露管理办法》规定了在上市公司年报中应当披露除控股股东和实际控制人以外的持股5%以上的股东,其他规定中均针对控股股东和实际控制人要求信息披露,但对于控股股东以外的股东是否披露没有规定。

对于控股股东和实际控制人披露的信息,在《公开发行证券的公司信息披露内容与格式准则第34号——发行优先股募集说明书》、《公开发行证券的公司信息披露内容与格式准则第35号——创业板上市公司公开发行证券募集说明书》

（已失效）、《公开发行证券的公司信息披露内容与格式准则第54号——北京证券交易所上市公司中期报告》等规定了需要披露的具体信息，比如法人控股股东的名称、法定代表人、主营业务、注册资金等，自然人控股股东的姓名、国籍、简要背景、投资其他企业情况、职业经历、股票被质押情况等。实际控制人可以比照控股股东的信息披露。但在适用新《公司法》第140条时，非控股股东的信息如何披露，尚没有明确规定。目前的信息披露实践中，只披露上市公司前十位股东名称或者姓名，对于其他信息均未披露。

由于上市公司股东众多，信息统计上也存在困难，比照控股股东的信息内容披露难以实现，但是股东的基本信息，比如姓名、国籍、持股数量和所持股票被质押情况等信息是能够获取的。

此外，新《公司法》首次以法律形式明确禁止上市公司股东违法的股权代持行为。首先，《公司法》第140条第1款明确规定上市公司披露股东及实际控制人的信息应当真实、准确、完整，股权代持行为将导致上市公司无法实际了解并披露其真实股东信息，进而导致其信息披露无法满足前款规定要求。

其次，在公司申请首次公开发行股票并上市过程中，《首次公开发行股票注册管理办法》等相关法律、法规及规范性文件均明确要求发行人的股份权属清晰，不存在导致控制权可能变更的重大权属纠纷，中国证监会发布的《监管规则适用指引——关于申请首发上市企业股东信息披露》中亦明确要求"发行人历史沿革中存在股份代持等情形的，应当在提交申请前依法解除"。因此，在公司申请首发上市实务中，上市中介机构通常要结合对发行人各股东对公司实缴出资或支付股权转让款前后6个月流水的核查及对各现时或历史股东的股东访谈等核查程序识别确认其股东是否存在股权代持行为，并通过股权转让等方式完成股权代持还原，保证于发行人申报首发上市时其股东不存在股权代持情形，新《公司法》系将发行人申报阶段禁止股权代持的要求明确延伸适用至全体已上市公司，保证法规对拟上市公司和已上市公司规定的连贯性和一致性。

最后，股权代持行为可能导致上市公司无法识别其股东之间可能发生的纠纷或潜在纠纷情形。股权代持行为涉及控股股东、实际控制人或重要股东的，还可能导致上市公司无法准确披露关联方及关联交易；涉及法律禁止持股主体的，还会导致该等主体违法违规持有上市公司股票的潜在法律风险等。

三、制度演变

《公司法司法解释三》第 24 条第 1 款规定:"有限责任公司的实际出资人与名义出资人订立合同,约定由实际出资人出资并享有投资权益,以名义出资人为名义股东,实际出资人与名义股东对该合同效力发生争议的,如无法律规定的无效情形,人民法院应当认定该合同有效。"根据上述规定,有限责任公司的股权代持行为是有效的,但是上市公司是股份有限公司,很明显,这条规定不能适用于上市公司,也就是说之前《公司法》及其司法解释并没有明确规定上市公司的股权代持行为是否有效。也基于此,在司法实践中,关于上市公司股票代持行为的法律效力认定也不尽一致。《民法典》第 153 条第 2 款规定,"违背公序良俗的民事法律行为无效";按照《全国法院民商事审判工作会议纪要》,金融安全、市场秩序、国家宏观政策等被归为公序良俗,违反了这些领域的部门规章,仍然可以认定为合同无效,因此裁判上市公司股票代持行为无效的法院将证券市场秩序归为公序良俗,从而认定无效。2024 年 4 月修订的《上海证券交易所股票上市规则》第 4.5.5 条规定,"上市公司控股股东、实际控制人应当依法依规行使股东权利、履行股东义务,不得隐瞒其控股股东、实际控制人身份,规避相关义务和责任"。股票代持的实质是对投资人或者社会公众隐瞒了股东的真实情况,规避了责任和义务,因此该规定从某种程度上说是对禁止股票代持的明确态度。而新《公司法》第 140 条的出台使上市公司股票代持行为的法律规定明确,提高了审判效率,对统一裁判尺度具有非常重要的意义,也弥补了法律层面上关于禁止上市公司代持的空白规定。

四、案例评析

杨某与林某股权转让纠纷案[最高人民法院(2017)最高法民申 2454 号]

基本案情:2010 年 10 月杨某与林某签订《协议书》,杨某受让林某持有的亚玛顿公司 1%(即 1200 万股)的股权,对价 1200 万元;其后,杨某与林某签订了《委托投资协议书》,林某受杨某委托,将杨某以现金方式出资的人民币 1200 万元,以林某名义投资收购亚玛顿公司的股权,以实现资本增值;亚玛顿公司上市之后对于股权转让的事实不予披露,双方交易的股权不予过户,该股权仍以林某名义持有,并由杨某与林某按比例共享公司上市后的股权收益。亚玛顿公司在双方签订上述协议后成功上市。杨某诉请确认林某名下 1200 万股亚玛顿公司股票及相应红利为其所有；办理变更股东、签发出资证明书、记载于股东名册及公司章程、办理公司登记等相关手续。

裁判情况：一审法院因双方对案涉《委托投资协议书》的标的未达成合意，该合同不成立，驳回了杨某诉请；二审法院撤销了一审判决，部分支持杨某诉请。杨某向最高人民法院申请再审。

生效裁判法院认为，首先，杨某与林某签订的《委托投资协议书》虽从形式上看为双方之间的股权转让协议，但其实质构成上市公司股权的隐名代持。其次，就上市公司股权代持协议的法律效力而言，根据上市公司监管相关法律法规的规定，公司上市发行人必须股权清晰，且股份不存在重大权属纠纷，公司上市需遵守如实披露的义务，披露的信息必须真实、准确、完整，即上市公司股权不得隐名代持。该案《委托投资协议书》与《协议书》违反公司上市系列监管规定，故上述诉争协议应认定为无效。

评析：由于该案审理当时没有关于上市公司股票代持的禁止性规定，最高人民法院从证券业监管、投资人权益保障和社会公共利益保障出发，认定代持性质的协议无效。新《公司法》第140条之所以规定代持行为无效，背后的逻辑也是考虑到证券市场的秩序和监管，上市公司股权代持行为存在的潜在纠纷和影响可能给公众投资人造成不良后果。

五、律师实务指引

前述引用的案例中的《委托投资协议书》与《协议书》均签署于亚玛顿公司上市前，并延续至上市后，最高人民法院并未根据形成时间来判断协议的效力问题，所以对该类协议的效力认定不区分行为形成时间。在律师为委托人设计交易方案时，需要考虑到公司日后上市后被认定为无效的法律风险，从而对股权代持协议的履行期限进行明确约定，对于公司上市后的代持行为的处理给出具体意见。

律师在承接公司IPO业务时，对于股权代持行为的核查要持非常审慎的态度，一是满足证券市场监管要求，对股权清晰和无权属纠纷进行确认，使其满足发行条件；二是对发行人的股权进行整理，防止发生代持被认定无效而产生的损失。这其实对律师的工作提出了更高的要求，代持行为一般比较隐蔽，如果发行人不向中介机构披露，律师很难发现，这就需要律师从多维度了解发行人信息，做好尽职调查工作，在公司申请首发上市前完成股权代持还原，也避免上市后因此产生纠纷。

新《公司法》出台后,作为上市公司的法律顾问,应提示公司修改信息披露管理制度,明确对于公司股东的信息披露事项以及具体披露内容,在证监会对此没有出台相关规定时,可以暂时比照控股股东的信息披露,并结合获取股东信息的可能性进行适当删减,但要保证真实、准确、完整。控股股东对上市公司经营与运作具有实际控制力,因此控股股东信息披露制度直接影响信息披露的真实性与有效性。公司其余股东的影响力虽然没有达到控股股东的水平,但是随着新《公司法》的出台,可以看出目前对于信息披露制度的重视,因此实践中在披露公司股东信息的时候,应当明确真实披露原则、全面披露原则、简明披露原则和公平披露原则,充分考虑公司股东信息披露合规问题,也考虑到信息必要性、获取可能性问题。

关联法条

1.《证券法》第78条
2.《上市公司信息披露管理办法》第14条
3.《首次公开发行股票注册管理办法》第12条
4.《上市公司治理准则》第88条

第一百四十一条 【禁止交叉持股的情形】

> 第一百四十一条　上市公司控股子公司不得取得该上市公司的股份。
>
> 上市公司控股子公司因公司合并、质权行使等原因持有上市公司股份的,不得行使所持股份对应的表决权,并应当及时处分相关上市公司股份。

一、修订情况

本条为新《公司法》新增条款。

本条明确禁止了上市公司母子公司的交叉持股问题,这里的子公司限定在控股子公司范畴,对于参股子公司并未规定。

二、理论基础

交叉持股作为资本市场中常见的资本运作形式,是指两个或两个以上的公司之间为实现某种特定目的相互持有对方的股权,从而形成彼此互为投资者的一种经济现象。[1]

根据是否构成母子公司关系为标准,可以分为母子公司之间的交叉持股和单纯因投资而形成的交叉持股。具体而言,母子公司之间的交叉持股是指:相互持股的公司中有一方可以实际控制另一公司,即两家公司互为母子公司,存在控制与被控制的关系。单纯因投资而形成的交叉持股是指:两个相互持股的公司之间并没有形成控制关系,纯粹是因为相互投资而形成的交叉持股。母子公司之间交叉持股的内部控制程度远远大于非母子公司之间的交叉持股,因此成为《公司法》的重点关注对象。

交叉持股的形成原因,既有参股公司之间基于战略投资而相互持股,也有因公司吸收合并、司法划转等原因被动地形成交叉持股。一方面,交叉持股对企业资金

---

[1] 参见朱开悉:《公司交叉持股的会计问题研究》,载《审计与经济研究》2011年第2期。

融通、产业布局及资本运作等方面有积极作用;另一方面,交叉持股可能会引致资产虚增、股权结构不清晰等问题。具体而言,交叉持股可能存在以下风险:

1. 虚增资本。

公司之间交叉持股会导致资本虚增。例如,甲公司注册资本200万元,向乙公司定向增发200万元的股份,同时乙公司也向甲公司增发200万元的股份,两个公司资本总额增加到400万元。在这种情况下,同一笔资金在两个公司之间流转,表面上公司实收资本额增加,但这些公司并没有实际付出成本,公司净资本并没有实质性增加。这实际上违反了公司法的法定资本原则,可能会损害公司债权人的利益。在会计准则中,子公司持有母公司的长期股权投资,应当视为企业集团的库存股,作为所有者权益的减项,在合并资产负债表中所有者权益项目下以"减:库存股"项目列示。会计准则不承认子公司对母公司的投资行为,认为子公司持有母公司股权的行为就相当于母公司通过控制子公司来替自己实施股权回购。同时,相应地也就不考虑子公司对母公司利润的分享。

2. 可能诱发内幕交易和关联交易。

交叉持股可能伴随股东利用信息优势炒作股票的行为。股东、实际控制人以及管理层往往以交叉持股为通道,进行关联交易的可能性比较大,也相对容易操作,这种关联交易很容易为内幕交易埋下诱因。

3. 可能形成行业垄断。

公司之间的交叉持股可以建立策略联盟,维系彼此之间的生产、供销等关系,以强化竞争优势。[①] 但同时它可能造成垄断联合,排挤其他竞争对手,牟取垄断利润。

三、制度演变

1993年《公司法》第12条规定公司的投资总额不得超过投资公司净资产的50%,在一定程度上间接达到了限制交叉持股的效果,但2005年《公司法》修订时这一规定被删除,导致《公司法》再次修订前我国法律层面的规范文件对交叉持股问题的规制处于空白状态。

---

① 参见蒋学跃、向静:《交叉持股的法律规制路径选择与制度设计》,载《证券市场导报》2009年第3期。

2019年4月30日,沪深交易所修改了"股票上市规则",其中对于交叉持股有了明确规则限制,如深交所《上市规则》第11.8.4条和《创业板上市规则》第11.8.5条分别增加一款,作为第2款:"上市公司控股子公司不得取得该上市公司发行的股份。确因特殊原因持有股份的,应当在一年内消除该情形,在消除前,上市公司控股子公司不得对其持有的股份行使表决权。"

中国证监会2012年修订发布的《证券公司设立子公司试行规定》第10条规定:"子公司不得直接或者间接持有其控股股东、受同一证券公司控股的其他子公司的股权或股份,或者以其他方式向其控股股东、受同一证券公司控股的其他子公司投资。"但该规定仅适用于证券公司,仅禁止证券公司的子公司持有母公司的股份。

2020年1月,《信托公司股权管理暂行办法》第28条规定,"按照穿透原则,信托公司股东与信托公司之间不得直接或间接交叉持股"。

四、案例评析

案例一:江苏亚威机床股份有限公司上市审核反馈意见回复

2015年5月,江苏亚威机床股份有限公司(以下简称亚威股份)就中国证监会在其上市审核的反馈意见第一次回复中明确平衡基金与亚威股份相互持股不违反2013年《公司法》的规定;2015年6月,中国证监会要求亚威股份就此问题进一步详细论证,亚威股份在上市审核的第二次反馈意见回复中,就平衡基金与亚威股份之间存在的相互持股行为,未违反2013年《公司法》及其他相关法律法规的禁止性规定,不构成本次交易的实质性法律障碍的理由,相互持股对亚威股份公司治理结构的影响,以及交易完成后平衡基金所持亚威股份表决权的安排进行了详细的说明和论证。结论意见为相互持股不构成本次交易实质障碍,对治理结构不产生影响,同时对表决权进行了安排,"一、本次交易完成后、持有亚威机床股份期间,本企业放弃所持亚威机床股份的表决权;二、本次交易完成后本企业不会增持亚威机床股份;三、因本次交易取得的亚威机床0.5393%的股份,本企业将在锁定期限届满后一年内减持完毕"。

最终,证监会采信了亚威股份的回复意见,公司成功上市。

案例二:华仁药业股份有限公司上市审核反馈意见回复

2015年6月,华仁药业股份有限公司(以下简称华仁药业)对中国证监会上市审核反馈意见进行了回复,其中关于交叉持股问题,华仁药业的回复意见为"公司法第142条禁止公司收购本公司股份,但并未一般性禁止公司收购持有本公司股份的其他公司,本公司与红塔创新之间存在的交叉持股行为并未违反《公司法》及其他相关法律法规的禁止性规定,不会构成本次交易的实质性法律障碍,同时,公司已在《重组预案》之'重大事项提示'中披露了交叉持股的解决方案,本次重组完成后,公司将通过回购的方式完成对交叉持股的清理"。华仁药业认为,交叉持股也不会影响公司的治理结构。最终,华仁药业成功上市。

对两个案例的评析:上述两个案例通过证监会审核时,2018年《公司法》尚未就上市公司与其控股子公司交叉持股问题作出禁止性规定,并且两个拟IPO公司对交叉持股进行了后续安排,如平衡基金就其持有的股份放弃表决权、华仁药业采用回购的方式进行清理等。从上述案例看,拟IPO公司与其控股子公司交叉持股并非一定不能通过证监会审核,但前提是交叉持股问题是暂时性的且拟IPO公司已就此问题制订了合理、可操作的清理方案。这一审核思路与本条修订的立法精神吻合。

五、律师实务指引

(一)普通公司的交叉持股

在以往司法实践中,交叉持股常被作为证明构成人格混同的一项辅助标准,进而参照《全国法院民商事审判工作会议纪要》第10条、第11条的规定和最高人民法院第15号指导案例的精神,要求股东承担连带或补充责任。

例如,广东省高级人民法院在(2019)粤民申5237号裁定中认为:"上述各家公司存在相互借款、租用场所、股东相同、高管交叉任职、股东交叉持股、股东存在亲戚关系等表征因素。据此,二审法院对李某斌等人诉称的上述各公司之间因财务混同、关联关系而造成人格混同的主张予以认可,并无不当。"

但需要特别说明的是,无论是《全国法院民商事审判工作会议纪要》还是最高人民法院第15号指导案例,均未明确将交叉持股认定为公司法人人格混同的条件,交叉持股仅是可能构成人格混同的其中一项辅助判断标准。尽管如此,从公开渠道检索相关案例的裁判观点来看,普通有限公司交叉持股虽不违反法律规定,但可能存在被法院认定人格混同,从而要求股东承担连带或补充责任的风险,这点在律师实务中值得引起注意。

(二)拟 IPO 公司的交叉持股

在公司 IPO 发行上市中,监管机构并不支持拟 IPO 企业交叉持股。律师承办公司上市业务时,需要注意在上市辅导或者整理时,通过获取公司股东名册及网络核查等方式识别并清理发行人与其控股子公司存在的交叉持股情形。

已经存在交叉持股的应披露交叉持股及其处理的详细情况,主要包括:第一,交叉持股的原因、过程、交叉持股前后的股权结构是否存在违规情形,是否存在关联交易。第二,关于交叉持股的清理思路和方案,交叉持股清理过程及程序,清理以后发行人股权结构。第三,交叉持股通常的清理方式,包括股权转让或者减少注册资本,清理程序要合规,经审批并取得有关部门的确认函,最终得以有效实施。

(三)上市公司日常经营中的交叉持股

实践中,交叉持股在增加对公司的控制权、促进长期投资、抵御外来投资者的侵略方面具有明显的作用,因此交叉持股现象在许多公司中屡见不鲜。如在某些特殊情况下,公司必须暂时存在交叉持股情形,律师也要提供给客户相应的解决方案,如及时取消交叉持股,并明确交叉持股期间,上市公司控股子公司不得对其持有的股份行使表决权。同时,律师应当提前制订化解方案,可以采取股份转让、回购等方式,确保期限内能够及时、有效化解交叉持股,避免上市公司因此受到处罚。

第六章 股份有限公司的股份发行和转让

修订概述

本章是本次《公司法》修订中亮点较为集中的章节,主要修改包括:(1)创设新制度,包括无面额股、类别股、授权资本制、禁止财务资助等;(2)扩展制度适用,如将异议股东回购请求权制度扩展至部分股份公司;(3)完善制度细节,如细化上市后股票限售制度、优化与注册制相适应的部分条文表述等。

1. 无面额股制度

面额股制度曾是各国(地区)公司资本制度的常例。美国纽约州于1912年首次允许无面额股发行。20世纪末以来,无面额股制度在各国得到推广。部分国家(地区)已经全面废除面额股制度,采用强制无面额股模式。

本次修订,采用的是面额股与无面额股并存的模式(也称"中间模式"或"选择模式"),允许股份公司择一适用,并可转换。

与该制度相关的本章条款主要是:第142条、第149条、第151条、第154条。

2. 类别股制度

我国原法律体系中,通过公司法的授权性规定,由国务院、证监会文件规范优先股、特别表决权股的发行。在此基础上,本次修订在《公司法》的层面,首次明确了法定的类别股类型,包括优先或劣后股、多数表决权或少数表决权股、限制转让股等。

本次修订引入的类别股制度丰富了股份公司的制度供给,使得股份公司取得了与2018年《公司法》下有限责任公司几乎同等的股权差异化安排空间,能够在较大程度上满足股份有限公司股东"异质化"背景下投资者的差异化需求。

与该制度相关的本章条款主要是:第144条、第145条、第146条、第149条、

第151条、第154条、第157条、第160条。

3. 授权资本制

从1993年《公司法》至今，我国公司资本形成制度沿袭大陆法系传统，在类型上属于从实缴制到部分认缴再到全面认缴的法定资本制。而授权资本制的核心特征在于，董事会在经营过程中有自主决定发行新股或增加出资的权利。

新《公司法》第152条规定，公司章程或股东会可授权董事会在三年内决定发行不超过已发行股份50%的股份。有学者称，该制度创新顺应了公司董事会优位主义的内在要求，容纳了公司融资、并购与反并购的实践需求。

与该制度相关的本章条款主要是：第152条、第153条。

4. 扩展适用异议股东回购请求权

2018年《公司法》中，异议股东回购请求权主要适用于有限公司，股份公司仅限于合并、分立两种情形。本次修订将异议股东回购请求权扩至股份公司（公开发行股份的除外）。

与该制度相关的本章条款主要是第161条。

5. 禁止财务资助

财务资助，是指公司为他人取得本公司股份或其母公司股份而提供财务资助的行为，包括但不限于赠与、借款、担保等。

本次修订采取了"原则禁止、例外允许"的规制模式。两个例外情形分别为"实施员工持股计划"和"为公司利益，经股东会或董事会决议"，其中后者的累计总额不得超过已发行股本总额的10%。

与该制度相关的本章条款主要是第163条。

6. 其他细节修改

(1) 废止无记名股制度，参见第147条。

(2) 配套注册制修改条文表述，参见第154条第1款。

(3) 细化上市后股票限售规定，参见第160条。

7. 删除条款

本章删除条款为2018年《公司法》第140条【无记名股票的转让】。

第一百四十二条 【股份及其面额】

> 第一百四十二条 公司的资本划分为股份。公司的全部股份,根据公司章程的规定择一采用面额股或者无面额股。采用面额股的,每一股的金额相等。
>
> 公司可以根据公司章程的规定将已发行的面额股全部转换为无面额股或者将无面额股全部转换为面额股。
>
> 采用无面额股的,应当将发行股份所得股款的二分之一以上计入注册资本。

一、修订情况

相较于2018年《公司法》第125条,本条在股份公司中首次引入了无面额股制度,主要有以下变化:

1. 无面额股制度可由公司选择适用。股份公司可以根据公司章程的规定,择一采用面额股或者无面额股。

2. 不能同时适用面额股和无面额股。股份公司只能择一采用面额股或者无面额股,不能同时适用。

3. 面额股与无面额股之间可以相互转换。股份公司可以根据其公司章程的规定将已发行的面额股全部转换为无面额股,或将无面额股全部转换为面额股。

4. 无面额股发行所得股款的1/2以上应计入注册资本。若采用无面额股,则股份公司应当将其发行所得股款的1/2以上计入注册资本,未计入注册资本的部分应当列入公司的资本公积金。新股发行所得股款计入注册资本的金额应当由公司股东会决议(新《公司法》第151条)。

二、理论基础

我国《公司法》自最初制定已有30余年历史,股票市场也经历了长达30多年的发展,契合当时时代背景、市场情况和制度逻辑的面额股制度也要经历重新审视。无面额股制度的引入作为本次修订中变化最为显著的内容之一,有其理论依

据及现实考量,具体体现在以下几个维度:

1. 对面额股制度三种功能的再审视。

面额股制度曾是世界各国公司资本制度的常例,通常认为,面额股制度至少担负以下三种功能:一是债权人保护功能;二是维护股东平等功能;三是招徕投资者功能。

随着经济社会的发展,对面额股制度的三种功能进行再审视,我们可以发现其并不能完全实现。朱慈蕴等认为①:

(1)完全依赖于公司注册资本对债权人的保护能力受到了诸多质疑。某些情况下,面额股制度有时反而阻碍债权人对股东的追索。

(2)面额股制度与是否保证股东平等无关。股东平等主要建立在股份平等的基础之上,针对的是同种类、同批次的股份。对于不同时期进入公司的股东,他们进入公司的对价可能是完全不同的。公司发行股份采票面金额还是无票面金额,与公司每一轮融资的发行价格并无关系。

(3)股票面额与招揽投资者无关。我国股票现票交易已经成为历史,股票面值已经不再具有流通转让的参考价值。

2. 无面额股制度的优势。

(1)鼓励融资活动,激发市场活力。

根据2018年《公司法》的规定,股票的发行价格不得低于其票面金额。但当公司股票的实际价值低于公司股票票面价值时(例如,公司遭遇危机但尚有挽救余地时),面额股制度下对发行价格的限制将降低前述情形下公司的再融资可能性,进而在一定程度上抑制资本市场的发展。② 相应地,无面额股有助于激发市场活力。

(2)顺应国际立法趋势,吸收境外制度经验。

面额股曾是世界各国公司资本制度的常见选择。但当前,越来越多国家和地区的公司法开始采纳无面额股制度。本次修订采用赋予公司自主采用面额股或无面额股的立法模式,是顺应国际立法趋势,在立足我国国情的基础上,对其他国家或地区公司法律制度有益经验的吸收和借鉴。

---

① 参见朱慈蕴、梁泽宇:《无面额股制度引入我国公司法路径研究》,载《扬州大学学报(人文社会科学版)》2021年第2期。

② 参见卢宁:《股份面额制度的式微与无面额股的引入》,载《东岳论丛》2018年第9期。

(3) 为市场主体参与跨境资本市场融资的股份设置灵活性提供法律依据。

随着境内资本市场改革的不断深入,我国允许依据境外法律设立的红筹企业在符合条件的情况下直接在 A 股发行股票上市。这些企业中,华润微(688396)(1 港元/股)、百济神州(688235)(0.0001 美元/股)、中芯国际(688981)(0.004 美元/股)均为注册在开曼群岛的公司,根据《开曼群岛公司法》的规定,可自由选择股票面值币种。前述红筹企业的面值设定均符合其注册地公司制度的规定,但与我国 2018 年《公司法》采纳的面额股制度存在显著差异。本次修订引入无面额股制度后,将为类似企业接轨境内资本市场起到铺垫作用。①

三、制度演变

我国《公司法》自 1993 年制定以来,一直实行股份面额制度。本次修订为首次引入无面额股。

从比较法研究的角度,我们可以看到从面额股向无面额股制度演化的趋势。1912 年美国《纽约州公司法》为最早允许发行无面额股的成文法。② 目前美国所有州均授权发行无面额股,有些州甚至废除了面额股。③ 德国于 1998 年修改《德国股份公司法》,允许股份有限公司发行无票面金额股票。④ 欧盟《二号公司法指令》亦规定,公司股票既可以采用面额制,也可以采用无面额制。日本 1950 年在《日本商法典》中引入无面额股制度,至 2001 年彻底废除了面额股制度。2006 年,新加坡彻底废除了面额股制度。⑤ 2012 年,韩国修改公司法,引入无面额股制度。

四、案例评析

案例一:天津硅谷天堂合盈股权投资基金合伙企业与曹某某、山东瀚霖生物技术有限公司合伙协议纠纷案[山东省高级人民法院(2014)鲁商初字第 25 号]

---

① 参见邱晨盛、任品亮:《海问·观察 | 公司法修订草案系列解读——类别股和无面额股制度的引入》,载海问网 2024 年 1 月 3 日,http://www.haiwen-law.com/35/1214。
② 参见朱慈蕴、梁泽宇:《无面额股制度引入我国公司法路径研究》,载《扬州大学学报(人文社会科学版)》2021 年第 2 期。
③ 参见林凯:《再论无面额股票的功能与引入》,载《时代法学》2021 年第 6 期。
④ 参见叶林、张冉:《无面额股规则的创新与守成:不真正无面额股——〈公司法(修订草案二次审议稿)〉规则评述》,载《证券法苑》2022 年第 3 期。
⑤ 参见张末然:《新加坡〈公司法〉股票面额制度的废止研究及其中国借鉴》,载《市场周刊》2015 年第 2 期。

基本案情: 2011年4月9日,山东瀚霖生物技术有限公司(以下简称瀚霖公司)(甲方)与杭州境界投资股份有限公司(乙方)、苏州香樟一号投资管理中心(丙方)、天津硅谷天堂合盈股权投资基金合伙企业(有限合伙)(以下简称硅谷合伙企业)(丁方)及瀚霖公司的实际控制人曹某某签订《增资协议》。该协议第1条约定,各方一致同意丁方向甲方溢价增资4900万元,其中,700万元作为甲方的注册资本,其余4200万元进入甲方的资本公积,丁方的出资方式为现金出资,各方还就瀚霖公司业绩承诺达成约定。2011年4月14日,硅谷合伙企业将4900万元汇入瀚霖公司账户,并于当日被登记为瀚霖公司的股东。经审计,瀚霖公司2011年净利润没有达到协议约定要求,硅谷合伙企业据此提起诉讼,要求曹某某、瀚霖公司以人民币59,600,109.59元价格回购其持有的瀚霖公司700万元的出资额。

裁判情况: 一审法院认为,依照《公司法》的规定,有限责任公司注册资本确定后,未经法定程序,不得随意减少和抽回。《公司法》仅规定了有限的几种股东可主张公司回购股权的情形。因此,涉案的《增资协议》虽是合同当事人真实意思表示,但协议中关于瀚霖公司回购股份的条款约定因违反《公司法》强制性规定而无效,协议其他条款并不违反《公司法》的规定,应为有效。硅谷合伙企业诉请瀚霖公司回购其1.41%股权(《增资协议》约定的价值为700万元)违反《公司法》的规定,不予支持。但其主张瀚霖公司与曹某某共同偿还作为公积金部分4200万元及其资金成本及利息损失,应予支持。

评析: 面额股制度下,计入资本公积的股本溢价是否可按约定任意返还投资者易产生争议。法院认为,股东对目标公司增资款中计入注册资本部分与公司对赌回购无效,计入资本公积部分与公司对赌回购有效(即股东有权要求公司返还溢价增资计入资本公积的投资款)。一审法院这种认为资本公积可以较为自由地返还给股东的观点是有待商榷的。如在另一起增资纠纷案件中,最高人民法院就认为股东向公司已缴纳的出资无论是计入注册资本还是计入资本公积金,都形成公司资产,股东不得请求返还。①

在面额股制度下,投资者投入的资本一般会被分别计入两类会计科目——股本和股本溢价。其中股本为股票的面值与股份总数的乘积,股本等于注册资本。在溢价发行的情况下,所有者投入的资本中超出股票面额的部分被计入资本公

---

① 参见最高人民法院(2013)民申字第326号民事裁定书。

积-股本溢价科目。原本都是来自投资者投入公司的财产，但因为股票的面额规定，不仅在会计科目上变为两个科目记载，还在诉讼上引起了混乱。普通人往往认为，公司的注册资本才是公司股本，溢价部分因为没有计入注册资本中，就不是公司股本。但是，同一投资者因一次出资入股行为支付的价款性质应当是一致的，溢价部分没有计入注册资本的也应遵守资本维持的规定，不得随意返还投资者。如果确有必要，也应当经法定程序，如减资。

案例二：中国移动有限公司首次公开发行人民币普通股（A股）股票[1]

2021年12月13日，中国证监会核准了中国移动有限公司（以下简称中国移动）的首发申请；12月21日，中国移动首次公开发行股票。根据中国证监会《关于开展创新企业境内发行股票或存托凭证试点若干意见》（以下简称《若干意见》），试点红筹企业的股权结构、公司治理、运行规范等事项可适用境外注册地公司法等法律法规的规定。

中国移动为一家注册于中国香港并在香港联交所上市的红筹企业，根据中国香港《公司条例》的规定，香港注册公司的面值制度自2014年3月3日起被全面取消，因此公司股份无面值。故中国移动本次发行的股票拟于上交所上市，根据中国结算关于股票登记结算的相关规定，人民币普通股（A股）股票以人民币结算。中国移动本次发行的股票无面值，以人民币为股票交易币种在上交所进行交易，确定发行价格为57.58元/股，本次发行股份数量为845,700,000股。

评析：无面额股制度已在部分红筹企业中试点，试点企业的制度安排对公司实务有重要参考价值。在新《公司法》实施前，我国已经通过中国证监会颁布《若干意见》的方式，在部分符合试点要求的公司中试行无面额股制度。本次《公司法》修订，将适用无面额股制度的范围扩展至全部股份公司，是在前述试点工作的基础上总结经验、逐步推广的稳妥安排。律师实务中，可参考已采用无面额股制度的上市公司（如中国移动等），进行有关安排。

五、律师实务指引

（一）协助公司完善发行程序

发行无面额股，应当注意体系理解新《公司法》的规定，完善发行程序。

---

[1] 详见《中国移动有限公司首次公开发行人民币普通股（A股）股票招股说明书》。

1. 股东会应当依法作出决议。

新《公司法》第151条规定："公司发行新股,股东会应当对下列事项作出决议:(一)新股种类及数额;(二)新股发行价格;(三)新股发行的起止日期;(四)向原有股东发行新股的种类及数额;(五)发行无面额股的,新股发行所得股款计入注册资本的金额。公司发行新股,可以根据公司经营情况和财务状况,确定其作价方案。"

2. 将每一份无面额股股票代表的股份数计入纸面股票。

根据新《公司法》第149条规定,发行纸面形式的无面额股票,股票应当记载股票代表的股份数。

3. 向社会公开募集股份的,招股说明书应当载明无面额股的发行价格。

根据新《公司法》第154条规定,公司向社会公开募集股份,应当经国务院证券监督管理机构注册,公告招股说明书。招股说明书除记载一般事项外,发行无面额股的还应记载无面额股的发行价格。

(二)注意无面额股制与授权资本制的衔接

本次修订,除无面额股制外,还引入了授权资本制等。在授权资本制下,部分新股的发行由董事会决定。我们要注意到,根据新《公司法》第151条的规定,发行无面额股的,无面额股新股发行所得款计入注册资本的金额,应当由股东会作出决议。同时也要注意到,新《公司法》第152条第2款规定,"董事会依照前款规定决定发行股份导致公司注册资本、已发行股份数发生变化的,对公司章程该项记载事项的修改不需再由股东会表决"。因此,在同时采用授权资本制和无面额股制的公司,律师应当提醒公司:

1. 公司章程或股东会对董事会授权发行新股时,应当全面授权,包括新股发行所得款计入注册资本的金额。

2. 董事会在作出发行新股的决议时,应当一并将新股发行所得款计入注册资本的金额予以明确。

关联法条

1.《民法典》第125条

2.《到香港上市公司章程必备条款》2.4H种股票

第一百四十四条 【类别股】
第一百四十五条 【发行类别股公司章程记载事项】
第一百四十六条 【类别股股东的双重表决】

第一百四十四条 公司可以按照公司章程的规定发行下列与普通股权利不同的类别股：

（一）优先或者劣后分配利润或者剩余财产的股份；

（二）每一股的表决权数多于或者少于普通股的股份；

（三）转让须经公司同意等转让受限的股份；

（四）国务院规定的其他类别股。

公开发行股份的公司不得发行前款第二项、第三项规定的类别股；公开发行前已发行的除外。

公司发行本条第一款第二项规定的类别股的，对于监事或者审计委员会成员的选举和更换，类别股与普通股每一股的表决权数相同。

第一百四十五条 发行类别股的公司，应当在公司章程中载明以下事项：

（一）类别股分配利润或者剩余财产的顺序；

（二）类别股的表决权数；

（三）类别股的转让限制；

（四）保护中小股东权益的措施；

（五）股东会认为需要规定的其他事项。

第一百四十六条 发行类别股的公司，有本法第一百一十六条第三款规定的事项等可能影响类别股股东权利的，除应当依照第一百一十六条第三款的规定经股东会决议外，还应当经出席类别股股东会议的股东所持表决权的三分之二以上通过。

公司章程可以对需经类别股股东会议决议的其他事项作出规定。

一、修订情况

相较于2018年《公司法》第131条仅授权国务院安排,新《公司法》第144条明确在《公司法》的层面引入类别股制度,规定了三种法定类别股。这为股份公司创设各种类型的特殊股东权利提供了明确的法律依据,为股份公司发行类别股提供了高位阶法律支持。新《公司法》第145条、第146条为类别股制度的相关具体规定,联系紧密,因而一并予以评注。

新《公司法》第144条规定的三种法定类别股,可与2018年《公司法》中有限公司章程自治权范围内股权差异化安排的相关条文相对应。如:

1. 财产分配类别股:对应2018年《公司法》第34条,有限责任公司全体股东可约定股东不按出资比例分红;

2. 表决权类别股:对应2018年《公司法》第42条,有限公司章程可规定股东不按出资比例行使表决权;

3. 转让限制类别股:对应2018年《公司法》第71条,有限公司章程可对股东转让股权另行作出规定。

应当注意到,公开发行股份的公司不得发行前述后两种类别股。

在新《公司法》第144条确定了类别股种类的基础上,第145条对章程应当载明的事项进行了规定,并特别强调应载明保护中小股东权益的措施;第146条还规定,修改章程、增资、减资、合并、分立、解散或者变更公司形式以及其他可能影响类别股股东权利的,应当经出席类别股股东会议的股东所持表决权的2/3以上通过。

二、理论基础

(一)引入类别股的必要性

股份有限公司股东"异质化"现实已经得到公司理论和实践的有力佐证,并不断催生出股份公司内部权力配置的结构性变革。[①] 普通股将公司的财产利益和表决权进行份额切分和标准化,克服了合同转让的不便利性。但普通股的特征在于将股份中的财产权和投票权进行捆绑。如果法律只提供普通股这种将财产权和表

---

① 参见汪青松、赵万一:《股份公司内部权力配置的结构性变革——以股东"同质化"假定到"异质化"现实的演进为视角》,载《现代法学》2011年第3期。

决权捆绑的融资工具,公司融资将受到束缚,投资者的需求不得不通过法外空间来满足。① 这部分需求,在实践中现阶段很大程度上是通过合同体系来满足的,如我们广泛熟知的"对赌协议"等。

类别股制度本质上是为商业社会提供制度供给以降低交易成本,其价值在于通过一系列制度安排,降低公司融资成本,提高融资规模,维护交易安全。②

股东权利是一种兼具财产属性与人身属性的民事权利,包括股东身份权、处分权(转让)、分配权(包括利润及清算后剩余财产)、表决权、知情权、诉讼权等诸多子权利。"普通股"这一用词是作为参照基准尺度来使用的,即整体而言具有"完整"的股东权利和"正常"的权利顺位,并且没有"特殊"的权利负担的那一类股份。"类别股"指的是相较于普通股而言,其附带的股东权利存在优先、增强、受限或延迟等特殊情形的股份。

(二)类别股的立法模式

类别股系类别股法律规范与契约安排协助之产物。类别股立法干预之核心,在于恰当设置类别股章程自治之边界。如果强调类别股具有合同法框架中的契约性权利性质,则生成章程自治式类别股立法路径;如果着重类别股具有公司法视域下的法定化权利性质,则形成类别法定及子权利法定两种法定主义式类别股立法路径。③

域外各国立法模式并不相同,英美采取的是类别股章程自治模式,德日采取的是类别股法定模式。但同样是采取章程自治模式,英美规定也不相同,美国吸收了制定法的优势,对类别股进行了较为详尽的列举;英国则是彻底贯彻判例法传统,对类别股并未在法律层面进行设定,而授权章程自治。④

朱慈蕴等认为,类别股的种类必须法定化。类别股种类法定是股权性质的本质要求,是公司的基础,类别股法定还有利于有效建立其与公司利益相关者之间的衡平体系。另外,类别股法定和公示制度,有助于解决经济利益权与投票权分离所产生的信息披露问题。⑤

---

① 参见朱慈蕴、沈朝晖:《类别股与中国公司法的演进》,载《中国社会科学》2013 年第 9 期。
② 参见刘俊海:《现代公司法》,法律出版社 2008 年版,第 9 页。
③ 参见李燕、郭青青:《我国类别股立法的路径选择》,载《现代法学》2016 年第 2 期。
④ 参见赵玲:《我国类别股创设的法律路径》,载《法学杂志》2021 年第 3 期。
⑤ 参见朱慈蕴、沈朝晖:《类别股与中国公司法的演进》,载《中国社会科学》2013 年第 9 期。

也有学者认为,我国宜采取类别股"法定化"并逐步过渡到"章定化"的模式。①

三、制度演变

(一)国外情况

类别股制度肇始于19世纪二三十年代的英美两国,此后随着公司法理论研究的深入和对股权内容认识的不断深化,类别股类型不断充实,内涵逐渐丰富。

《美国示范商业公司法》第6.01部分即为"授权公司不受限制地创设新奇的类别或者系列股份"。《美国特拉华州普通公司法》对类别股的相关内容规定为:任何公司都可以发行完整的、部分的甚至无表决权的股份,可以发行有优先的参与权、选择权或者其他特殊内容的权利,包括有特别限制的股票;同时要求公司章程或者董事会根据章程条款的授权发行该特别股票的决议中,应该对该种股票所包含的特殊权利、义务和限制有明确规定;还对可能包含的特殊权利进行一定程度的列举,如公司股份回购的权利、优先分派股息的权利、优先清算分配的权利、优先转换为普通股或者其他类别股份的权利。

2006年《英国公司法》第十七部分第九章对类别股所附权利的设定和更改作出了相应的程序性要求,允许公司根据自身发展需求对类别股的不同优先等级进行设定或者更改,但要求股东在设立公司时在发售文件和章程中明确约定类别股的权利内容,未来一旦发生争议,法院会以相关文件中陈述的权利内容为准。②

2005年颁布的《日本公司法》对于股票类型进行了全面的调整,类别股的种类扩大到9种,并且可以组合使用。9种类型的类别股按照其内容大致可以分为四大类,包括:从公司获取财产权利的类别股、与公司控制权相关的类别股、与股票转让限制有关的类别股、与股份存续期间相关的类别股。③

(二)国内情况

1. 20世纪90年代,我国优先股制度的探索。

1992年5月15日,当时的国家经济体制改革委员会颁布的《股份有限公司规

---

① 参见赵玲:《我国类别股创设的法律路径》,载《法学杂志》2021年第3期。
② 参见王丹:《〈公司法〉修订背景下有限责任公司适用类别股的实践路径与理论证成》,载《财经法学》2023年第4期。
③ 参见朱大明:《公司法立法指导原则的研究——以日本公司法现代化改革为中心》,载《清华法学》2022年第2期。

范意见》是那一时期对优先股进行规定的效力层级最高的一部规范性文件。

1992年5月18日,上海市人民政府公布了《上海市股份有限公司暂行规定》,该文件第36条规定:"公司的股份可分为普通股和优先股……优先股的股东无表决权。公司对优先股支付股息。股息按公司章程规定的息率支付。"第37条规定:"公司支付优先股的股息先于分配普通股的红利;公司因终止进行清算时,优先股先于普通股取得公司的剩余财产。同类股份中每一股份的权利相等。"

1993年4月26日,深圳市人民政府公布《深圳经济特区股份有限公司条例》,突破了《股份有限公司规范意见》中优先股制度的局限性;"优先股"并不局限于无表决权的利益分配优先股,且章程可以规定可转换优先股、表决顺序等。

1993年12月29日通过的1993年《公司法》第135条规定,"国务院可以对公司发行本法规定的股票以外的其他种类的股票,另行作出规定",授权国务院规定类别股相关制度。

2. 2005年,十部委制定颁布《创业投资企业管理暂行办法》。

2005年,国家发展和改革委员会等十部委联合制定颁布了《创业投资企业管理暂行办法》,规定"创业投资企业可以以股权和优先股、可转换优先股等准股权方式对未上市企业进行投资"。但是,该规定缺乏上位法和配套制度支持,难以实施。

3. 2013年《国务院关于开展优先股试点的指导意见》颁布,以及之后的立法情况。

2013年,国务院颁布《关于开展优先股试点的指导意见》,就部分上市公司及非上市公众公司发行优先股作出规定,如"优先股股东按照约定的票面股息率,优先于普通股股东分配公司利润";"公开发行优先股的发行人限于证监会规定的上市公司,非公开发行优先股的发行人限于上市公司(含注册地在境内的境外上市公司)和非上市公众公司";等等。

2014年,中国证监会发布《优先股试点管理办法》(已被修改),规定"上市公司可以发行优先股,非上市公众公司可以非公开发行优先股"。

2019年,中国证监会发布《科创板首次公开发行股票注册管理办法(试行)》,允许存在特别表决权股份的境内科技创新企业在科创板上市;其科创板特殊表决权股份的规定是在优先股的基础上进行的突破性的尝试。

新《公司法》第144条、第145条、第146条等条款在公司法层面首次引入类别股,可称为"类别股制度入法",为类别股实际操作提供了全国性适用的法律依据。

四、案例评析

案例一:优刻得科技股份有限公司科创板首次公开发行股票——特别表决权股

根据优刻得科技股份有限公司(以下简称优刻得)科创板首次公开发行股票招股说明书①,优刻得特别表决权安排的概要如下:

1.特别表决权安排,系经股东大会决议。

2019年3月17日,优刻得2019年第一次临时股东大会,表决通过关于设置特别表决权股份的方案的议案,设置特别表决权股份。

2.特别表决权股份持有人应具有一定的资格要求。

持有特别表决权股份的股东应当为对公司发展或者业务增长等作出重大贡献,并且在公司上市前及上市后持续担任公司董事的人员或者该等人员实际控制的持股主体。持有特别表决权股份的股东在优刻得中拥有权益的股份合计应当达到优刻得全部已发行有表决权股份10%以上。

3.特别表决权股份拥有5倍表决权。

每份A类股份拥有的表决权数量为每份B类股份拥有的表决权的5倍,每份A类股份的表决权数量相同。

4.相同表决权的特殊事项。

优刻得《公司章程》规定,公司股东对下列事项行使表决权时,每份A类股份享有的表决权数量应当与每份B类股份享有的表决权数量相同:

(1)对《公司章程》作出修改;

(2)改变A类股份享有的表决权数量;

(3)聘请或者解聘公司的独立董事;

(4)聘请或者解聘为公司定期报告出具审计意见的会计师事务所;

(5)公司合并、分立、解散或者变更公司形式。

5.锁定安排及转让限制条款。

评析:试点特别表决权股份安排的上市公司,能够为非上市股份公司特别表决

---

① 详见《优刻得科技股份有限公司首次公开发行股票并在科创板上市招股说明书(注册稿)》。

权安排提供参考。优刻得设置特别表决权股申请科创板发行股票,通过表决权差异化安排,在稳定实控人地位的同时,释放股权进行直接融资获取发展资金,并为公司后续股权激励等安排留下足够大的空间。优刻得设置的特别表决权倍数是普通表决权的 5 倍,也基本对标国际市场。需要注意的是,过高表决权差异倍数会极端拉大特别表决权股东所有权和收益权的差距,导致实控人权益与公司权益的过度背离,进而引发损害公司和中小股东权益的行为。

案例二:五矿资本股份有限公司非公开发行优先股

根据五矿资本股份有限公司(以下简称五矿资本公司)非公开发行优先股募集说明书①,公司优先股发行的概况如下:

1. 优先股种类

本次非公开发行优先股的种类为附单次跳息安排的固定股息率、可累积、不设回售条款、不可转换的优先股。

2. 优先股票面金额及数量

拟发行的优先股总数不超过 8000 万股,优先股每股票面金额为人民币 100 元,按票面金额发行;募集资金总额不超过人民币 800,000 万元。

3. 发行方式、发行对象范围

本次优先股将采取向不超过 200 人的符合《优先股试点管理办法》和其他法律法规规定的合格投资者非公开发行的方式。本次非公开发行不向公司原股东优先配售。

4. 票面股息率

本次发行的优先股采用附单次跳息安排的固定票面股息率。固定票面股息率通过市场询价确定为 4.70%。

5. 特殊安排

剩余利润分配限制:本次优先股股东按照约定的股息率获得股息后,不再同普通股股东一起参加剩余利润分配。

表决权限制:除法律法规规定的情形外,优先股股东就股东大会相关事项无表决权。

交易限制:优先股全部为非公开发行,不能上市交易,只在上海证券交易指定

---

① 详见《五矿资本股份有限公司非公开发行优先股募集说明书》。

的交易平台进行转让。

评析：优先股安排在我国公司实践中并不罕见。新《公司法》实施后，可发行优先股的公司范围，不再受限于国务院《关于开展优先股试点的指导意见》和《优先股试点管理办法》。换言之，即便是股东人数较少的封闭型股份公司，也可发行优先股，在股东之间作出差异化安排。

五、律师实务指引

（一）特别表决权股的设置要点

特别表决权的引入系为了保障公司的共同控股股东及实际控制人对公司整体的控制权，从而确保公司在上市后不会因实际控制权在增发股份后减弱而对公司的生产经营产生重大不利影响，从而保护发行人全体股东的利益。

实践中，在设定特别投票权的同时，公司章程应对特别表决权类股及其特别投票权进行多方面的限制，确保上市后特别表决权股在公司全部股份的投票权中比例不会进一步增加，不会进一步摊薄普通股的投票权比例。

此外，股东会在就公司章程修改等重大事项投票时，仍应采用一股一票的投票制度，由此进一步保护普通股股东的合法利益。

公司设置特别表决权股等类别股制度时，应当平衡好法律规定和公司自治、特别权利与特别义务、确保公司控制权与中小股东权利保护等多对矛盾关系，结合实际情况，作出相应的个性化安排。

律师实务中，《上海证券交易所科创板股票上市规则》第四章第五节有关内容可供参考，并应当注意后续变化。

（二）类别股的组合使用

新《公司法》此次关于类别类的修订仍属框架性规定，许多具体操作细节尚待出台实施细则。如对于某一类型的类别股仅得在一类权能上作特别安排，还是得在多种权能上作特别安排？若可以组合适用，则就多种权能作出特别安排的方式或程度等是否存在一定限制？

实践中，市场主体应结合自身条件和需求，考虑设置类别股组合，发挥类别股在公司治理和经营管理中的作用。例如，设置优先股＋特别表决权股，实现稳定控制权与引入投资者两不误。

在特别表决权设定下，由于内部股东表决权的倍数优势，虽实现了控制权的稳定,但对于战略投资者的吸引力也降低了,特别是设置较高倍数的表决权差异安排,外部投资者往往缺乏参与公司治理的积极性,重点关注投资收益的及时、稳定回报。公司可通过优先股的发行,来解决特别表决权机制下,公司外部投资者让渡投票权后,对于收益权优先补偿的诉求。另外,股东持有的特别表决权股份条款中,除法定要求,也可另行设置更长周期、更多限制的转让规定,更好地满足股权控制和投资回报的双向诉求。

前述安排仅举一例,总之,公司应根据实际需要灵活设置类别股的组合,这样才有利于更好地发挥资本工具的作用。

(三)注意《公司法》修订后股份有限公司架构灵活设计的制度优势

2018年《公司法》的规定下,以资合性著称的股份有限公司,享有更少的章程自治空间,受到更强的制度约束,因此在控制权安排方面不及有限责任公司灵活。

但在引入类别股制度之后,股份有限公司的股东结构安排有了更多选择,尤其是特别表决权和转让限制,可为股份有限公司的控制权安排提供极大的想象空间。

就特别表决权而言,复数表决权股有助于实际控制人维持其控制权,在大规模融资时对金融机构等财务投资人可发行限制表决权股,又可防止控制权的过度稀释。

就转让限制而言,2018年《公司法》仅规定有限责任公司章程可对股权转让作出限制,而股份有限公司则无类似规定;在司法实践中,多数观点认为股份有限公司因资合性之特点而不宜通过章程规定限制股份转让。而本次修订在类别股制度中,允许股份有限公司限制股份转让。转让限制的合理安排,可能产生一系列有益的效果,例如:(1)对复数表决权股的转让作出一定限制,有助于维护公司控制权稳定;(2)对重要战略投资者的股份转让作出一定限制,可防止关键时刻"友军生变"等。

类别股制度入法,实为增加股份有限公司制度供给的一大壮举。律师在实务中,应当注意股份有限公司较之有限责任公司在架构设计上的制度优势。

关联法条

1.《民法典》第268条

2. 国务院《关于开展优先股试点的指导意见》

3.《优先股试点管理办法》第2条、第6~10条

第一百四十七条 【股份形式】

> 第一百四十七条 公司的股份采取股票的形式。股票是公司签发的证明股东所持股份的凭证。
>
> 公司发行的股票,应当为记名股票。

一、修订情况

相较于2018年《公司法》第129条,本条删除了原有关公司股票可以为无记名股票的规定,第197条同步规定债券应当为记名债券。

2018年《公司法》第129条规定,公司发行的股票可以为记名股票,也可以为无记名股票。无记名股票发行手续简单,便于流通,但其自身所采取的无记名方式导致流通和保存风险较高。结合国家关于反洗钱的相关要求,本次修订取消无记名股票,明确规定公司发行的股票应当为记名股票。

二、理论基础

不同于记名股票,无记名股票的法律特点有:

第一,股东权利属于股票的持有人。确认无记名股票的股东资格不是基于具体的名称记录,而是基于占有事实。

第二,认购股票时要求缴足股款。

第三,转移相对简单。与记名股票相比,无记名股票的转让相对简单方便。原持有人只要将股票交付给受让人,就具有转让的法律效力。受让人取得股东资格,不需要办理过户手续。

第四,安全性差。由于没有记录股东姓名的法律依据,一旦未记录的股票丢失,原股东将失去股东权利,不能挂失。

无记名股票的上述特点,使得无记名股票的买卖能较为便利地成为洗钱渠道(将毒品犯罪、黑社会性质的组织犯罪、恐怖活动犯罪、走私犯罪、贪污贿赂犯罪、破坏金融管理秩序犯罪、金融诈骗犯罪等犯罪所得及收益,通过各种手段隐瞒或掩饰起来,并使之在形式上合法化的行为和过程)。

另外,无记名股票、涉外信托、名义持有人三个问题,也是经济合作与发展组织(Organization for Economic Co – operation and Development,OECD)下设机构——全球税收论坛同行评议中普遍存在的法律问题。① 因此,本次修订取消无记名股票的发行,也是加强国际税收协作的需要。

三、制度演变

从国际视角看,1990 年日本就已禁止发行无记名股票。根据 OECD2006 年发布的报告《税收合作:迈向公平竞争环境》,禁止发行无记名股票的国家在当时已有 30 个之多,包括澳大利亚和挪威等国。2007 年美国全面禁止发行无记名股票。英国也已取消无记名股票发行。

2017 年,国务院办公厅《关于完善反洗钱、反恐怖融资、反逃税监管体制机制的意见》指出,要研究各类无记名可转让有价证券的洗钱风险,以及需纳入监管的重点。近年来,我国对反洗钱重要性的认知,已经提升到维护总体国家安全的战略高度,并且将反洗钱纳入国家治理体系和治理能力现代化的系统。党的二十大报告提出加强和完善现代金融监管。

目前,我国已经签署了多项反洗钱国际公约。同时,我国《反洗钱法》的修订也正在稳步推进。2021 年修订草案公开征求意见稿向社会征求意见,2023 年修订草案被列入当年国务院立法工作计划,2024 年 1 月国务院常务会议讨论了《反洗钱法(修订草案)》。

正是在此背景下,结合我国股票交易早已实名制的现实,为衔接反洗钱相关监管规则走向,新《公司法》第 147 条删除了 2018 年《公司法》中有关公司股票可以为无记名股票的规定。

---

① 参见崔晓静:《国际税收透明度同行评议及中国的应对》,载《法学研究》2012 年第 4 期。

四、案例评析

梁某某受贿案[中国刑事审判指导案例第562号][①]

基本案情：被告人梁某某，曾任重庆市规划局总规划师、副局长。2005年，梁某某应重庆某公司总经理曾某某的请托，通过调整规划，使该公司渝北区某地块内的学校用地规模减小、开发用地增加、容积率上调，满足了该公司的要求，并为曾某某的某高尔夫练习场搬迁选址提供了帮助。2007年5月，梁某某得知一支港股要涨一倍多，在没有给付股本金的情况下，让曾某某在香港帮其买100万股，同年7月又让曾某某将该股卖出，获利50万港元，后曾某某将50万港元按照梁某某的指示换成50万元人民币交给梁某某。另外，曾某某还先后送给梁某某人民币20万元和港币5万元。

裁判情况：重庆市第一中级人民法院认定，被告人梁某某利用其职务上的便利，为他人谋取利益，共计收受他人财物折合人民币1589.3836万元（包括前述50万元），其行为已构成受贿罪。一审宣判后，被告人未上诉，检察院未提出抗诉，判决已核准生效。

最高人民法院指导观点认为，国家工作人员未实际出资，由请托人出资为其购买无记名股票等证券，如果股票等证券获利后，请托人收回购买股票等证券的出资额，应以国家工作人员所持股票等证券的实际收益计算其受贿数额；如果请托人没有收回购买股票等证券的出资额，应以请托人购买股票等证券的出售额加上国家工作人员所持股票的实际收益计算受贿数额；案发时股票等证券还未转让出售的，应以案发时该股票等证券的市场行情计算受贿数额。

评析：从该案最高人民法院指导观点可以看出，无记名股票因其转让相对简单、不记名等特征，常作为贪污贿赂犯罪的手段之一。新《公司法》不再允许发行无记名股票，具有较高的制度价值。

五、律师实务指引

（一）现有的无记名股票应当如何处理

金融监管趋紧趋严，反洗钱要求逐步增强，是公司外部法律环境变化的宏观趋

[①] 参见最高人民法院刑事审判一至五庭编：《中国刑事审判指导案例6：危害国防利益罪·贪污贿赂罪·渎职罪·军人违反职责罪》（增订第3版），法律出版社2017年版，第204~207页。

势。金融行动特别工作组(Financial Action Task Force,FATF)作为全球反洗钱和反恐怖融资国际标准制定机构,于2023年3月10日发布更新后的《法人受益所有权指引》(Guidance on Beneficial Ownership of Legal Persons)。该指引规定各国不应允许法人发行新的无记名股票,并应当采取措施防止滥用现有的无记名股票;任何现有的无记名股票都应当被转换成记名股票或者停止流通。

我国新《公司法》亦删除了无记名股票的相关规定,在《公司法》实施、《反洗钱法》修订的背景下,若公司此前曾发行过无记名股票,从降低公司风险的考量出发,应积极采取必要行动,完成已发行无记名股票向记名股票的转换。发行无记名股票的公司及相关股东均需要密切关注后续出台的具体实施办法,以便及时作出调整与应对。

(二)正确理解股票记名制度对资本市场的影响

新《公司法》删除了2018年《公司法》中有关公司股票可以为无记名股票的规定,符合现阶段资本市场中股份公司发行股票的实际情况。实践中买卖股票要开立账户,由于账户实行实名制,股票发行后都是在不同的账户名下,故股票交易实操中都是记名股票。因此,该修订并不会对股票发行和交易产生较大的冲击。

关联法条

《反洗钱法》第12条

第一百五十二条 【授权董事会发行股份】
第一百五十三条 【董事会发行新股的通过】

> 第一百五十二条 公司章程或者股东会可以授权董事会在三年内决定发行不超过已发行股份百分之五十的股份。但以非货币财产作价出资的应当经股东会决议。
>
> 董事会依照前款规定决定发行股份导致公司注册资本、已发行股份数发生变化的,对公司章程该项记载事项的修改不需再由股东会表决。
>
> 第一百五十三条 公司章程或者股东会授权董事会决定发行新股的,董事会决议应当经全体董事三分之二以上通过。

一、修订情况

资本制度是公司制度的重要组成部分,资本形成规则是关联外部资金与公司资本的纽带,首次引入授权资本制亦成为本次《公司法》修订之关键所在。新《公司法》第152条明确董事会可获授权在一定期限和限额内发行股份,第153条明确董事会发行新股对应的表决限制。这两条联系紧密,本书一并予以评注。

首次引入的授权资本制主要特征包括:

1. 仅适用于股份有限公司。

新《公司法》仅在第六章规定授权资本制,即授权资本制可适用的公司类型限定于股份有限公司,而不包括有限责任公司。

2. 授权依据。

股份有限公司可依章程规定或股东会决议,授权董事会发行符合条件的新股。

3. 授权范围。

法定限制为3年发行期限和已发行股份50%的比例上限。在上述法定限制范围内,具体发行期限和股份数额属于公司自治的范畴。

4. 出资财产类型约束。

在出资财产为非货币财产时,应经股东会决议。

5. 董事会决定的表决要求。

董事会决议应当经全体董事 2/3 以上通过。

6. 章程修改无须再进行股东会决议。

董事会在授权范围内决定发行新股导致部分章程记载事项改变的,无须再进行股东会决议。

二、理论基础

授权资本制是与法定资本制相对应的概念,其核心含义是指公司成立时不需要发起人缴纳发行的全部股份的出资,仅需缴纳发起人认缴的部分股份的出资,并以此构成公司的初始注册资本。后续是否需要增加发行股份,或者实际缴纳已认购股份的出资,则由股东会授权董事会决定。[1]

授权资本制关注重点是公司资本发行或增发权是否归属董事会,而法定资本制除了资本决策权归股东会外,还包括法定最低资本额、资本实缴等规范体系,更多强调强监管的制度规则。

三、制度演变

(一)1993 年《公司法》:确立了最严苛的法定资本制

改革开放初期,"皮包公司"盛行。当时,资本制度从严设计具有重要的现实意义。1993 年《公司法》采最严苛的法定资本制,体现在畸高的最低资本门槛、一次性足额缴纳、仅限于五种出资形式[2]、非货币出资比例不超过 20% 的限制、强制验资[3]与非货币出资评估等方面。但是,严苛的法定资本制并未实现保护债权人利益与发挥资本信用优势之初衷,相反,与社会经济严重脱节的僵化制度阻滞了资本市场的发展。

(二)2005 年《公司法》:降低了注册资本的最低限额,可以分期缴纳出资

2005 年《公司法》对公司法定资本制度进行了修订,主要体现在:(1)放宽部分

---

[1] 刘凯湘:《公司制度的创新与不足》,载《上海政法学报(政法论丛)》2024 年第 2 期。

[2] 参见朱慈蕴:《公司资本理念与债权人利益保护》,载《政法论坛》2005 年第 3 期。

[3] 参见李建伟:《公司资本制度的新发展》,中国政法大学出版社 2015 年版,第 139~142 页。

实缴条件。在出资缴纳上,不再要求一次性全额缴足,而是允许分期缴纳。(2)降低注册资本最低限额。有限责任公司从 10 万元到 50 万元分档次规定统一降为 3 万元,股份有限公司从 1000 万元降为 500 万元。(3)丰富了出资形式。并不局限于之前规定的四种非货币出资方式,可以用货币估价并能依法转让的非货币财产作价出资。但 2005 年《公司法》并未突破许多束缚投资活动的政策制度壁垒,仍然保持原有的强制实缴的政府干预特色。

(三) 2013 年《公司法》:废除资本最低限额,实行认缴制

2013 年《公司法》公司资本制度的修改主要体现为:(1)取消注册资本最低限额。除法律法规另有规定的,如经营特殊行业的公司外,一人公司、有限责任公司、股份有限公司的设立均无注册资本最低数额的门槛限制。(2)实行注册资本认缴登记制。既不规定初始认缴比例,也不要求认缴期限。(3)取消法定验资程序,简化公司注册登记程序。(4)取消股东货币出资比例的限制,股东或发起人出资方式和出资比例自主决定。这次修改虽然取消了注册资本金最低限额规定并全面实行了认缴制,但并没有赋予董事会发行资本的权力。

(四) 2018 年《公司法》:部分授权董事会决议回购公司股份

2018 年《公司法》进行了个别条款修订,其中第 142 条在扩张库存股制度适用范围的同时,明确员工持股计划或股权激励、转换可转债、企业价值提升情形下,可以依照公司章程的规定或者股东大会的授权,授权董事会进行决议。

朱慈蕴认为该修改意义重大,是公司向股东以回购方式进行"分配"的扩张,属于资本制度后端改革的一次尝试;[①]陈景善认为,本次有限度引入库存股制度,在资本三大原则下将股份回购区分为资本决策事项与经营决策事项,从而界分股东大会与董事会职权,进一步规范了公司回购股份时的组织法权限,采章程或股东大会决议授权模式下的董事会决议方式,突破了法定资本制下资本决策由股东大会作出的组织法规范,意味着股份回购的部分事由将从资本决策事项变为经营决策事项。资本决策转向经营决策事项则是基于库存股的用途。[②]刘凯湘认为之前的《公司法》从未规定过授权资本制。

[①] 朱慈蕴:《中国公司资本制度体系化再造之思考》,载《法律科学(西北政法大学学报)》2021 年第 3 期。

[②] 陈景善:《库存股的组织法规范与公司资本制度的衔接》,载《北京大学学报(哲学社会科学版)》2023 年第 1 期。

因此,从资本制度语境来看,本次修改涉及的是资本制度的后端而非前端问题,解决的是股东从公司利益回流的制度安排,但并不涉及增发股份,故还不能认为是授权资本制度的引入。

(五)新《公司法》:首次引入授权资本制

《公司法》构建了授权资本、法定资本并行的制度体系。

赵旭东认为,《公司法》第152条明确确立了授权资本制在我国商事法律制度的法定地位,针对股份有限公司引入授权资本制是一个重大突破;[①]刘凯湘认为,新法谨慎地、有限度地承认授权资本制,已经是可喜可贺。[②]

四、案例评析

案例一:"顽童基金"失手新世界

2005年11月30日至12月1日,TCI公司(The Children's Investment Fund Management,英国的一支对冲基金,俗称"顽童基金")耗资约10亿港元增持新世界发展(股份代码:00017),持股超过7.45%,成为公司的第二大股东。而新世界发展第一大股东周大福只持有35%。如果TCI公司持有比率达到10%,便有机会派遣代表进入管理层。

根据2005年12月13日新世界复牌的公告,12月10日新世界发展与配售代理(大福证券)签订配售协议,12月12日配售代理成功促成交易,新世界发展将以11.5港元的价格向不少于6名承配人配售2.8亿股新股,配售价比停牌前最后交易日(12月9日,周五)的收盘价折让约10.85%,较此前连续5个交易日的平均收盘价折让约2.21%,预期配售所得款项净额约31.8亿港元,其中15亿港元用于偿还银行贷款。配售股本将占扩大后的股本约7.42%。若配售结束,周大福还是大股东,其持股比例降到32.88%,TCI公司的持股比例也将被摊薄至6.9%。在此期间,TCI公司主动联系周大福,要求参加新股配售,却受到婉拒。

TCI公司清楚,一旦自身不断在二级市场上增持,新世界发展可能以不断低价配售新股的方法进一步稀释股本。因此,就在配售通知发布当天,TCI公司着手减持新世界发展。

---

① 赵旭东:《公司法修订中的突破与创新》,载《上海政法学院学报(政法论丛)》2024年第2期。
② 刘凯湘:《公司制度的创新与不足》,载《上海政法学院学报(政法论丛)》2024年第2期。

案例二：北大青鸟折翅搜狐

2001年4月，北大青鸟耗资近1000万美元，分别向英特尔、电讯盈科、高盛等多家金融机构受让约672万股搜狐股票，持股占比18.9%，一举跃至第三大股东，仅次于持股20%的第二大股东香港晨兴科技。搜狐公司第一大股东张朝阳则只持股26%。因为北大青鸟在中国投资市场中的往期历史，有以套利为目的的商业炒作，所以搜狐公司对北大青鸟的并购行为作出了否定的评价。

搜狐董事会的"毒丸"计划系将向全体普通股股东发行优先股购买权。当"敌意收购者"累计收购搜狐公司股权达到20%以上时，除收购方之外，其他持股人都有权行使"毒丸"所赋权利，取得价值相当于执行价格双倍的优先股；或其他持股人可以请求从公司赎回现金。前者路径将会达到稀释"敌意收购者"股权的目的，后者路径将会导致搜狐现有的巨额现金分配给除收购者之外的股东，两种路径都会使得收购的吸引力随之消失。

当年10月，北京青鸟宣布彻底退出搜狐，并出售之前购入的股份，搜狐反击完成。

对两则案例的评析：上述"毒丸"计划的成功实施，其核心在于董事会可决定股份发售而无须经股东大会批准，可随时增加股份从而摊薄已收购的公司股本。"毒丸"计划起源于美国，是指在应对敌意收购行为时，股东可以依据公司的授权获得低价购买公司股票的资格，从而导致收购方交易负担显著增加的行为。"毒丸"计划的真正称谓叫"股份摊薄反收购对策"，其更直接地表现了目的：摊薄恶意收购方所持有股份比率。

2023年《公司法》修订以前，我国法律环境事实上并不符合实施"毒丸"计划的要求。法定资本制规定企业发售新股时需要经过股东大会决议，也就是说启动"毒丸"计划的决定权在股东大会。面临的恶意收购的公司股份往往比较分散，且在恶意收购者已经持有一定股份的情况下，期望股东大会通过决议发售新股客观上难以实现。新《公司法》实施后，授权资本制使得董事会利用"毒丸"计划击退敌意收购者在我国成为可能。

五、律师实务指引

（一）应更关注公司内部治理程序的合法性和适当性

授权资本制的完善体现了我国公司法由股东会中心向董事会中心的转变趋

势。在公司实际运营过程中,既要充分发挥董事会治理经营公司的自主性和灵活性,又要保障股东的权利,最大限度地实现公司效益的增长,给股东们带来切实的红利。

公司律师要充分理解和运用法律规定,严格规范公司内部的治理流程,帮助公司梳理股东会和董事会的权限边界,使得各方利益平衡。同时,董事会决议程序的特别要求(全体董事2/3以上),也体现了授权发行股份的重大性和谨慎性,董事会一定要在法律强制规定的范围内行使公司股份发行权限。

(二)注意建立相应的约束机制,平衡利益冲突

实施授权资本制后,董事会可以在章程或者股东会授权下在3年内决定发行不超过已发行股份50%的股份,当董事会通过发行新股进行增资时,原股东不同比例增资时股份必然被稀释。此时新旧股东的利益冲突需要平衡。因此,在公司章程或股东会授权董事会发行新股份的同时要建立相适应的约束机制,规范对授权发行的必要限制。例如:

1. 对授权发行股份的价格进行一定的限制。授权时明确对董事会的授权限于一定的价格区间,一旦超过该价格区间,则权力复归股东会。

2. 授权期限不必为3年。3年为法律规定的最长期限,公司可在3年以内,根据实际情况确定合适的授权期限。

3. 设置授权撤销机制:股东会决议、章程在对董事会授权时,可事先明确授权可附条件撤销;一旦触发某种条件,则该授权撤销。

(三)规范信息披露程序,及时变更登记和公告

在授权资本制下,公司在公开发行股份募足股款后,应当根据新《公司法》第156条及时通过公告方式公示,并根据第32条和第34条办理注册资本的变更登记。这种公开路径的信息披露与查询,不仅有利于市场健康良性运转,也是债权人的最佳保护路径,债权人得以及时获取信息,进行商业判断。

(四)适时采用诉讼等策略,应对董事会滥用授权不当发行资本,维护股东权益

实施授权资本制后,有可能存在董事会在发行股份时违反法律或章程规定、超出授权股份数发行、没有经过合法决议程序或没有进行公告或通知等情形,股东为

维护合法权益,有学者认为可以采取股份发行停止之诉、股东代表诉讼等策略。[①] 当然,也可考虑对董事会发行新股的决议提起无效、撤销或不成立的诉讼,或由股东对作出发行决议的董事会提起赔偿诉讼。

关联法条

《证券法》第 13 条、第 14 条

[①] 参见陈景善:《授权资本制下股份发行规制的重构》,载《华东政法大学学报》2022 年第 2 期。

第一百五十七条 【股份转让】

> 第一百五十七条　股份有限公司的股东持有的股份可以向其他股东转让,也可以向股东以外的人转让;公司章程对股份转让有限制的,其转让按照公司章程的规定进行。

一、修订情况

2018年《公司法》第137条确立了股份有限公司股份转让自由原则,本次《公司法》修订引入了类别股制度,故本条规定股份有限公司的章程可以对股份转让设定限制性内容。相较于2018年《公司法》第137条,本条有以下变化:

1.明确股份可对内转让,也可对外转让。本次修订进一步明确股份可以在股东间内部转让,也可对外"向股东以外的人转让",体现了股份转让自由的原则。

2.新增章程可以限制股份转让的规定。本条新增规定"章程可以限制股份转让",与本次修订的资本制度创新(类别股)相配套。本次修订是我国《公司法》历次修改中首次授权股份公司可以通过章程对股份转让加以限制。

二、理论基础

传统观点认为,有限公司兼具人合性与资合性,股份公司则是纯资合公司。[1] 2018年《公司法》第137条规定"股东持有的股份可以依法转让",确定了股份有限公司股份自由转让的原则。2018年《公司法》除了第141条主要针对上市公司董事、监事、高管人员所持本公司股份的转让明确授权公司章程可以"作出其他限制性规定"外,对于其他股份有限公司的股份转让能否通过公司章程作出限制并没有明确规定。

---

[1] 参见叶林、段威:《论有限责任公司的性质及立法趋向》,载《现代法学》2005年第1期;甘培忠、曹丽丽:《我国公司法体系的重构——有限责任公司法和股份有限公司法的分立》,载《环球法律评论》2004年第4期。

长期以来,对于股份有限公司的公司章程是否可以对股权转让作出限制,有以下几种不同的观点:

1. 股份有限公司章程对股权转让限制有效。

这一观点主要基于公司自治以及契约自由的原则。① 无论是有限责任公司还是股份有限公司,章程均是公司的自治性文件,在不违反法律法规强制性禁止性规定和公序良俗的前提下,章程对股权转让的限制具有正当性,股份有限公司的股东亦需要遵守。

2. 股份有限公司章程对股权转让限制无效。

这一观点的出发点在于,股份有限公司属于资合性的公司,公司的设立和存在仅以股东的出资为前提,股东之间的人身关系对于公司毫无意义,股份持有人的变化并不会影响公司的存续。因此股份有限公司的股权,除了法律另有规定外应当可以自由转让,公司章程对股权转让的限制不具有正当性,也与法律规定或者法律原则相违背,公司章程对股权转让设定的任何禁止性或者限制性规定均是无效的。②

3. 区分不同形式股份有限公司的观点。

基于股东人数以及股权不同的流通情况等因素,对于上市公司和非上市的公众公司来说,公司章程对股权转让设定的限制应认定为无效;但对于非公众股份有限公司,允许公司章程对股权转让作出限制规定是有合理性的。③

4. 股份有限公司股权应以自由转让为原则、以章程限制为例外。

对股份有限公司来说,章程限制股权转让往往是针对记名股票作出的。④ 或是认为,银行证券保险等特殊行业的特定股份有限公司的章程可以对股权转让作出合理限制。

现代公司理论研究表明,股东"同质化"的假定不成立,而股东"异质化"表现

---

① 参见蔡元庆:《股份有限公司章程对股权转让的限制》,载《暨南学报(哲学社会科学版)》2013年第3期。
② 参见吴建斌:《股份转让自由原则再审视》,载《南京大学学报(哲学·人文科学·社会科学)》2015年第3期。
③ 参见甘培忠、欧阳泽蔓:《股份有限公司章程限制股份转让法律问题分析》,载《法律适用》2015年第2期。
④ 参见甘培忠、曹丽丽:《我国公司法体系的重构——有限责任公司法和股份有限公司法的分立》,载《环球法律评论》2004年第4期。

为股东之间投资目的和认知的差异化。单一的普通股制度不能满足投资者的差异化需求,因此本次修订引入类别股制度,其中之一就是转让受限的类别股。类别股的详细理论基础分析,可参见本书对第 144 条的评注。

三、制度演变

本次修订是我国《公司法》首次授权股份有限公司可以通过章程对股份转让加以限制。

四、案例评析

案例一:张家港保税区千兴投资贸易有限公司诉梦兰星河能源股份有限公司股东资格确认纠纷案[最高人民法院(2020)最高法民终 1224 号]

基本案情:2010 年 7 月 14 日,梦兰集团公司与案外人黑河星河实业发展有限公司、菊华信用担保有限公司发起设立梦兰星河公司,后股东先后发生变化。2018 年 1 月,梦兰星河能源股份有限公司(以下简称梦兰星河公司)股东分别为梦兰集团公司、天狼星公司、风范公司、梦星投资、孙某。该公司章程第三章第一节第 24 条规定:股东向股东之外第三方转让股份应事先取得其他股东一致同意,且其他股东享有优先购买权和同售权。2018 年 4 月 28 日,梦兰集团公司向梦兰星河公司的其他股东天狼星公司、风范公司、梦星投资发出《股权转让通知》,但其他股东未作出同意转让和放弃优先购买权、同售权的意思表示。2018 年 5 月 7 日,梦兰集团公司(甲方)与千兴投资公司(乙方)签订《股权转让协议》,约定梦兰集团公司将其持有梦兰星河公司 4.29% 的 3000 万股股份转让给千兴投资公司,转让价格 9000 万元。2019 年 1 月,千兴投资公司诉至法院,要求梦兰星河公司为其办理股东变更登记。

裁判情况:一审法院判决驳回千兴投资公司的诉讼请求,二审法院驳回上诉,维持原判。法院认为,公司章程是关于公司组织和行为的自治规则,是公司的行为准则,对公司具有约束力。公司章程又具有契约的性质,体现了股东的共同意志,对公司股东也具有约束力。公司及股东应当遵守和执行公司章程。梦兰星河公司的股东在对外转让股份时,应当遵守公司章程相关规定。根据章程规定,梦兰集团公司对外转让股份,应保障其他股东"优先购买权""同售权"行使,且应无法定限制或其他股东正当事由否定。千兴投资公司虽称梦兰集团公司已将案涉股份转让事宜通知了梦兰星河公司及各股东,但梦兰星河公司及天狼星公司、风范公司均未表示同意转让,亦未明确表示放弃优先受让权等相关权利。结合该案查明事实,梦兰集团公司股份转让条件尚未成就。

评析:股份转让应注意公司章程有关限制性规定。这一案件的裁判思路,即便是在2018年《公司法》未作修订的背景下,显然也并未针对有限公司与股份公司作出区分,而认为无论是有限公司还是股份公司,章程均是公司的自治性文件,在不违反法律法规强制性禁止性规定和公序良俗的前提下,章程对股权(股份)转让的限制具有正当性,并且该类条款并非针对股权(股份)转让作出的违反自由转让原则的根本性限制,因此股份有限公司的股东亦需要遵守。这一裁判思路及标准实质上与新《公司法》的规定,以及立法宗旨相吻合。

案例二:中国有色工程有限公司等与北京世纪星河投资管理有限责任公司等请求变更公司登记纠纷案[北京市高级人民法院(2022)京民终67号]

基本案情:恩菲公司系于2001年12月经批准,在北京恩菲水工业有限公司的基础上以整体变更方式发起设立的一家股份有限公司,案涉纠纷发生时未上市。2017年11月,公司由内资公司变更为外商投资的股份有限公司,公司股东变更为中国有色工程有限公司(以下简称有色工程公司)、麦格理公司和北京世纪星河投资管理有限责任公司(以下简称世纪星河公司)。

恩菲公司2017年修订版公司章程第16条和2019年修订版公司章程第17条对"股份的转让"做了详细规定,内容一致。相应的该条均共有5款,第1款约定了股份可以依法转让,但也约定了一种情况下的转让限制,即交割日起不满5年恩菲公司未上市,且未经过麦格理公司的事先书面同意,有色工程公司和世纪星河公司不得转让;同时还规定了转让限制的例外情形,即有色工程公司应国有资产监管部门要求或中冶集团及其下属各子公司内部重组需要而进行的股份转让。第2款规定了其他股东的优先购买权。

2021年2月,有色工程公司(甲方)与中冶生态公司(乙方)签订《股权转让协议》,约定甲方根据中国中冶的战略部署和要求,将持有的恩菲公司51.9175%(10,383.5万股)的股份按照评估价值73,457.08万元全部转让给乙方,并以此73,457.08万元对乙方进行增资扩股。经过数次协商,股东麦格理公司始终不同意该股份转让,因而成讼。

裁判情况：法院认为，《公司法》(2018年)未明确禁止股份有限公司的股东通过约定对股份转让加以限制。针对如何认定此种约定的效力，此种约定是否应当因与股份有限公司的特性及立法精神相违背而认定为无效的问题，不能一概而论，而应从公司实际情况、限制约定的合理性等角度综合考量。该案中，首先，恩菲公司是一家非上市股份有限公司，且不属于非上市公众公司，其股东仅有3人，人数很少，这就决定该公司除了有资合性，还具有不容忽视的人合性。人合性体现在公司的设立及运营建立在股东之间相互信任的基础上、股票流动性弱以及股东能够积极参与到公司经营管理之中等多个方面，应当予以考虑。允许这类公司的股东通过合意达成股份转让的限制性条件，尊重公司内部治理意思自治，并不违反法律法规的强制性规定和公共利益。其次，公司章程既是公司的行为准则，又是股东之间订立的契约，体现了股东的共同意志。案涉公司章程经过各股东盖章确认，在公司内部对股东具有约束力，各股东均应遵守和执行。因此，即便章程对股份转让作出一定的限制，也属于公司内部自治的范畴，应允许这类公司的股东通过合意达成股份转让的限制性条件，尊重公司内部治理意思自治，有色工程公司对外转让股份应受公司章程等关于股份转让的限制性约定的约束。

评析：应尊重章程对股份转让的限制性规定。案涉公司属于非公众股份有限公司，股东数量很少，其很大程度上与有限责任公司具有相似性。审理法院进而认可其具有较强的人合属性，章程作为公司内部意思自治的范畴应当得到充分的尊重与执行。该案发生在2018年《公司法》没有针对性明确规定的背景下，审理法院综合考虑个案的情况，作出了以上判决。类似判决并不鲜见，这也从司法实践的角度印证了本次《公司法》修订授权章程限制股份转让具有现实意义。

五、律师实务指引

（一）股份转让应注意对章程的审查

在股份转让的实务操作过程中，为避免相关争议纠纷的出现以及由此可能导致的损失，不仅要求严格符合法律规定，还需要符合公司章程的规定。虽然股份公司资合性强，股份可以依法进行转让，但公司章程作为股东共同意志的体现仍应当被遵守和执行。因此，如果未达成章程规定的条件即股东合意而转让股份的，可能影响该转让行为的效力。

(二)审查范围:转让的程序性要求和实质性条件

程序上,对于根据法律规定或公司章程规定拥有优先购买权等权利的其他股东,转让股份时应确保实质送达通知。实务操作中,如果因为公司股东较多而仅仅通知大股东行使权利,未实质通知到其他中小股东,则有可能导致股份转让程序瑕疵,进而造成股权转让合同的实际履行障碍。

实质上,如果章程对股份转让的条件有明确规定,律师应当审慎审查该等实质性条件是否具备。

(三)区分股东协议与章程的效力位阶

股东协议的主要作用在于分配和协调股东之间的权利义务关系,性质上属于合同的范畴;章程主要作用在于规定公司内部组织关系和经营行为,具有组织法属性。《公司法》规定公司章程的公开性,为公司主体外善意相对人提供了足够的稳定性和可预测性,故对股东协议的审查应考量公司独立和公司利益,考量对其他股东等利益相关者的影响[①];股东协议对股权转让规定的效力劣于章程,且不及于非合同当事人等善意相对人。

我们应当注意到,根据新《公司法》第 157 条的规定,只有公司章程对转让的限制才是法定的阻却事项。股东协议内部约定,仅仅是协议各方当事人之间议定的转让限制,在效力位阶上要劣后于公司章程。[②] 若章程未限制转让,而仅以股东协议限制转让,某股东转让其所持股份的,则其他股东可依据股东协议主张其承担违约责任。

关联法条

最高人民法院《关于人民法院强制执行股权若干问题的规定》第 14 条

---

① 参见陈群峰:《认真对待公司法:基于股东间协议的司法实践的考察》,载《中外法学》2013 年第 4 期。
② 参见汪青松:《股东协议暗箱治理的公司法回应》,载《中国法学》2023 年第 5 期。

第一百六十条　【特定持有人的股份转让】

> 第一百六十条　公司公开发行股份前已发行的股份，自公司股票在证券交易所上市交易之日起一年内不得转让。法律、行政法规或者国务院证券监督管理机构对上市公司的股东、实际控制人转让其所持有的本公司股份另有规定的，从其规定。
>
> 公司董事、监事、高级管理人员应当向公司申报所持有的本公司的股份及其变动情况，在就任时确定的任职期间每年转让的股份不得超过其所持有本公司股份总数的百分之二十五；所持本公司股份自公司股票上市交易之日起一年内不得转让。上述人员离职后半年内，不得转让其所持有的本公司股份。公司章程可以对公司董事、监事、高级管理人员转让其所持有的本公司股份作出其他限制性规定。
>
> 股份在法律、行政法规规定的限制转让期限内出质的，质权人不得在限制转让期限内行使质权。

一、修订情况

相较于2018年《公司法》第141条，本条有以下变化：

1. 删除了发起人禁售期的规定。

2018年《公司法》第141条规定，"发起人持有的本公司股份，自公司成立之日起一年内不得转让"。本次修订自草案一审稿起已将该内容删除。

2. 在公司法层面明确上市公司大股东股票转让限制。

本条第1款后半段为本次修订新增的内容，证监会及其监管下的证券交易所对于股东、实际控制人的股份转让有更为详细具体的针对性规定。

3. 对董、监、高任职期间的界定进一步明确。

本条第2款在"任职期间"前加了限定词，明确为"就任时确定的任职期间"。

4. 明确限售期质权行使的限制。

本条新增一款内容"股份在法律、行政法规规定的限制转让期限内出质的,质权人不得在限制转让期限内行使质权"。2018 年《公司法》对于限售期内股份是否可以出质、如何出质等相关事宜均未进行规定,新《公司法》对此进行了明确,明确规定股东可以将限售期内的股权进行出质,其目的在于促进公司股份经济价值的实现;也明确了质权行使规则,即质权人不得在限制转让期限内行使质权。

二、理论基础

(一)限制股份转让自由,是基于"公平"价值取向作出的"合理限制"

现代公司制度发展至今,公司法层面的股东权利包含股东基于对公司出资而享有的财产权利和对应的身份权利。《民法典》沿袭《民法总则》,规定民事主体依法享有股权和其他投资性民事权利,将股权作为一项新型的民事权利予以确认。

股权的私权属性构成股份转让的基本前提。然而,自由是相对的,必要的限制是对自由的保障。我国具有典型"效益优先,兼顾公平"的商事立法价值导向,而限制特定人员的股份转让便是追求"公平价值"的一个重要表现。为了维护商事交易的公平和安全,对特定人员股份转让作出一定限制,就具有了必要性。[1]

(二)对实际控制人、董、监、高减持进行科学监管,是防范内部交易、保护中小投资者利益和避免市场异常波动的必要措施

作为企业内部人员和核心管理人员,实际控制人、董、监、高在估值判断等方面享有内部信息优势,可能因此引发内幕交易,损害中小投资者利益。目前,我国已经建立了由公司法、证券法以及证监会、交易所有关规定组成的减持监管体系,从违规调查期、锁定期、敏感期交易、短线交易、信息披露等多个维度进行监管。[2]

该体系中,直接由法律规定的监管要求仅是一小部分。本次修订将其他法律、行政法规和国务院证券监督管理机构的规定引入,是充分尊重当下监管格局,并夯实各项监管措施法律基础的重要举措。

三、制度演变

关于限售期的规定主要集中在 2005 年《公司法》、2013 年、2018 年《公司法》

---

[1] 参见张启祥:《堵塞上市公司董、监、高间接持股转让的制度漏洞》,载《中国改革》2022 年第 5 期。
[2] 参见郝博、韩芳芳、张力派:《跨市场比较视角下的上市公司董、监、高减持限制规则优化研究》,载《财务与会计》2023 年第 20 期。

均未进行调整,本次修订则做了进一步调整。

1. 2005 年《公司法》缩短了发起人转让股份期限的限制,由 3 年减少为 1 年。

由于股份有限公司的设立宗旨、经营范围等最初是由发起人确定的,为了确保公司稳定的运营和发展,避免发起人在公司上市后很短的时间转让股份,造成公司运行失序的窘迫局面,有必要对发起人转让股份的时间进行限制。但是过长的期限设置会将发起人与公司深度捆绑,不利于发起人按照自己的意愿对其财产进行处分。同时,1 年的期限能够与董、监、高的限售期保持一致,有利于维护法秩序的统一。

2. 2005 年《公司法》增加了"公司公开发行股份前已发行的股份,自公司股票在证券交易所上市交易之日起一年内不得转让"的规定。

本次修订保留了该规定。

3. 2005 年《公司法》对董、监、高股份转让的限制作出了较为明确的规定。

因董、监、高处在管理者的地位,相较于公司其他股东以及外部投资者,具有较大的信息优势。为防止董、监、高利用职务之便谋取不正当利益,保护投资者的合法权益,对其转让行为加以限制是有必要的。本次修订针对董、监、高任职期间做了更为细致的规定。

4. 2005 年后,关联立法和制度变化。

2007 年,中国证监会发布《上市公司董事、监事和高级管理人员所持本公司股份及其变动管理规则》,后于 2022 年修订。2009 年,中国证券登记结算有限责任公司发布《证券质押登记业务实施细则》,后分别于 2013 年、2016 年、2020 年修订。2017 年,中国证监会发布《上市公司股东、董监高减持股份的若干规定》。2019 年,《证券法》修订。

四、案例评析

泰森公司与李某、慧能公司、沙某、曹某追偿权纠纷案[四川省高级人民法院(2015)川民终字第 972 号]

基本案情:2011 年 9 月 26 日,出质人李某(甲方)与质权人泰森公司(乙方)签订了《股权质押合同》,甲方自愿以其在慧能公司 22% 的股权及其派生权益(对应出资金额为 1100 万元整)向乙方提供质押反担保。同日,出质人李某与质权人泰森公司签署了《股权出质设立登记申请书》,载明出质人李某以其在慧能公司 1100

万元/万股作为出质标的向质权人泰森公司出质。2012年3月29日,凉山彝族自治州工商行政管理局发出(川工商凉字)股质登记设字[2012]第0111号《股权出质设立登记通知书》,后李某将其持有的慧能公司22%的股份转让给曹某并移交了股权证、营业执照等材料。泰森公司代慧能公司支付借款后,慧能公司未如约归还所欠款项而成讼。

裁判情况:对李某上诉称因其在签订案涉《股权质押合同》时系慧能公司董事,其所持慧能公司22%的股份出质因违反2013年《公司法》第141条的规定应认定为无效,以及案涉合同违约责任条款以及担保范围条款系格式条款,对于增加李某义务、损害李某权利的部分应视为无效的理由,二审法院认为,股份质押并不同于股份转让,并不导致股份的直接、即时出让,上述法律规定并不适用于该案。

评析:质权行使应当受到转让期限制约。2013年《公司法》对于限售期内的股份出质问题并未作出明确规定;质权属于担保物权,而股份转让涉及对股份所有权的处分,因此第141条关于股份转让的限制并不适用于股份质押。但质权行使涉及股份所有权的处分和转移,应当受到制约。新《公司法》增加了"股份在法律、行政法规规定的限制转让期限内出质的,质权人不得在限制转让期限内行使质权"的内容,体现了明确的立法指向。

五、律师实务指引

(一)全面理解我国减持监管体系

如前所述,关于股份公司控股股东、实际控制人、董、监、高的减持监管,我国已经形成由法律、行政法规、部门规章、交易所规定、其他规范性文件组成的监管体系。

律师实务中,不应局限于《公司法》条文规定对减持规则作简单、片面的理解。就上市公司而言,还要注意《证券法》以及证监会、交易所、中国证券登记结算有限责任公司制定的相关规则。就国有企业而言,还要注意国资监管、国企改革以及党内法规的有关要求。

(二)准确把握《公司法》对董、监、高持股的监管要求

新《公司法》对于股份有限公司董、监、高转让本公司股份的限制主要包含以下三方面内容:第一,确立董、监、高的主动申报义务;第二,限制其转让持有的公司股份的时间和比例;第三,股份有限公司章程可以对其股份转让作出其他限制性规定。

实务中应当注意的是,公司章程所作出的限制性规定不应低于新《公司法》的法定要求。

(三)关于董、监、高间接持股转让是否受限的问题

1. 从条文文义解释角度,法律不限制间接持股的转让。

从条文内容来看,新《公司法》第160条第2款仅针对的是上市公司董、监、高"所持本公司股份",未明确限制间接持股的转让。

2. 从证监会规章角度,"所持本公司股份"经历从不包含间接持股到包含利用他人账户持有的变化。

2024年5月24日前,根据《上市公司董事、监事和高级管理人员所持本公司股份及其变动管理规则》(2022年)第3条的规定,上市公司董事、监事和高级管理人员所持本公司股份,是指登记在其名下的所有本公司股份。但2024年5月24日证监会发布《上市公司董事、监事和高级管理人员所持本公司股份及其变动管理规则》,第3条明确规定:所持本公司股份,上市公司董事、监事和高级管理人员所持本公司股份,是指登记在其名下和利用他人账户持有的所有本公司股份。可以看出该规定扩张了规制的范围,应予注意。

3. 董、监、高作出转让限制承诺的自律安排。

实操中,绝大多数上市公司的招股说明书中,董、监、高关于股份锁定的承诺均明确包含该等人员间接持有的本公司股份。

就非上市的股份公司而言,董、监、高是否需要对间接持股作出转让限制承诺,则可根据实际情况作出相应安排。

关联法条

1.《证券法》第36条、第44条

2.《上市公司股东、董监高减持股份的若干规定》第6~12条

3.《上市公司董事、监事和高级管理人员所持本公司股份及其变动管理规则》第4~13条

第一百六十一条 【异议股东股份回购请求权】

> 第一百六十一条　有下列情形之一的,对股东会该项决议投反对票的股东可以请求公司按照合理的价格收购其股份,公开发行股份的公司除外:
>
> (一)公司连续五年不向股东分配利润,而公司该五年连续盈利,并且符合本法规定的分配利润条件;
>
> (二)公司转让主要财产;
>
> (三)公司章程规定的营业期限届满或者章程规定的其他解散事由出现,股东会通过决议修改章程使公司存续。
>
> 自股东会决议作出之日起六十日内,股东与公司不能达成股份收购协议的,股东可以自股东会决议作出之日起九十日内向人民法院提起诉讼。
>
> 公司因本条第一款规定的情形收购的本公司股份,应当在六个月内依法转让或者注销。

一、修订情况

2018年《公司法》第74条规定了有限责任公司异议股东回购请求权,而股份有限公司无对应规定;第142条对股份有限公司股份回购作出了相应的规定,而有限责任公司却无对应规定。

类比2018年《公司法》第74条的规定,新《公司法》第161条在封闭型的股份有限公司中增设了异议股东股份回购请求权;除未同步扩张至股东压制情形外,适用情形与有限责任公司基本保持一致;还明确了被回购股份的处置期限。

二、理论基础

由于在公司资本制度理念等方面存在巨大差异,大陆法系和英美法系在股份回购相关领域的立法政策和司法理念大相径庭。例如,美国采取授权资本制同时配合库存股,形成了灵活的股份回购制度,政策的自由度非常高。而大陆法系的公司法多数采用法定资本制,实行"原则禁止,例外许可"的政策。我国2018年《公司法》及新《公司法》实际上都是遵循这一宗旨和立法原则,理由主要包括:股份回购可能违反资本维持原则,减少注册资本,损害债权人利益;股份回购可能引发不公平交易,如公司董、监、高通过回购操纵公司、区分股东设置不同的回购条件、产生内幕交易等。

在现代公司制度体系下,有限责任公司被认为具有较强的封闭性特征,缺乏公开的交易市场,股权转让相对比较困难。因此,有限责任公司的股东更需要借助法律赋予股权回购请求权来维护其合法权益。2018年《公司法》第74条的设定也体现了这一立法宗旨,请求权在有限责任公司适用的情形要比股份有限公司更加宽泛。实践中,大量的非上市股份有限公司(或非公众股份有限公司)也同样面临缺乏公开交易市场的处境,其股份转让同样困难。① 在特定情况下,异议股东如果转让股份非常困难或者转让后价格明显下降,则设置异议股东回购请求权就更显必要。②

允许股份有限公司的股东退股体现了商法中契约自由的基本精神。当股份有限公司的运营状况发生重大变化,并且这一变化已经超出股东在设立公司时的合理预见时,显然应当允许不愿继续参与的股东离开,这亦是对股份有限公司股东尤其是中小股东而言有效的救济途径;同时,中小股东行使退股权并不必然损害股份公司债权人的利益。从根本上讲,资本流动的制度阻碍越少,投资者投资的热情越高。

三、制度演变

股份有限公司异议股东回购请求权制度的产生是为了弥补"资本多数决"制度的天然缺陷,达到权力的平衡与制约。但是,如果少数股东滥用该项权利,可能会使股份有限公司陷入处理少数股东异议的泥沼,背离了确立"资本多数决"制度的初衷,进而危害公司的资本充实以及债权人的利益,降低股份有限公司的运营效率。因此,异议股东行使股份回购请求权应局限于特定的前提。基于法律传统和

---

① 参见袁碧华:《异议股东股权回购请求权适用范围探讨》,载《广东行政学院学报》2014年第5期。
② 参见李海龙、邹松生:《论异议股东回购请求权行使规则》,载《西南政法大学学报》2007年第4期。

体系形态的差异,世界各国对于异议股东行使股份回购请求权的立法模式不尽相同。①

2005 年《公司法》充分借鉴了国外立法经验,结合我国具体国情,在第三章"有限责任公司的股权转让"第 75 条、第五章"股份有限公司的股份发行和转让"第 143 条中,首次引入异议股东回购请求权制度,允许股东在满足特定的条件和情形时,以公平的价格要求公司回购其股权,使中小股东在受到控股股东或大股东压迫以及可期待利益丧失时有权退出公司以保护自身利益;在后续的 2013 年、2018 年《公司法》修改中仅仅对该法条做了顺序上的调整,并未对内容进行实质性的增删。与国外情况相比,我国对于股东异议回购请求权制度的探索与发展相对较晚,且原公司立法在股东异议回购请求权的适用主体、适用条件、行权程序等方面的规定仍然较为笼统和模糊,适用条件且较为局限,在司法实践中大量存在认定困难的情况,对小股东权利的实际保护程度尚有较大局限。

四、案例评析

案例一:上海前航投资有限公司与孙某请求公司收购股份纠纷案[上海市第二中级人民法院(2021)沪 02 民终 2456 号]

基本案情: 2017 年 6 月 26 日,上海前航投资有限公司(以下简称前航公司)召开了股东会,并形成股东会决议,决议通过修改公司章程部分条款,将公司的经营期限改为不约定期限,从公司营业执照签发之日起计算。在该股东会决议上投反对票的异议股东之一孙某向法院提起诉讼,要求前航公司收购其股权。

裁判情况: 该案争议焦点之一为与公司协商收购是否为至法院诉请收购的必要前置程序。二审法院认为,依据法律规定,股东对法定决议事项持异议,即享有请求公司收购其股权的权利,公司即负有收购异议股东股权的义务,此股权回购权利义务关系系由法定设立,非由双方意定设立,故与公司就达成股权收购协议进行协商并非法定强制性前置程序。而股东与公司就股权收购进行协商,目的在于确定收购的合理价格,此属于双方契约自由而非异议股东的法定义务。若司法强制要求股东须与公司协商后,方可至法院诉讼,无疑构成对当事人合同自由的干涉,

---

① 参见窦靖伟、李晓沛:《论封闭性股份有限公司股东股份回购请求权的保护——兼议〈公司法〉第一百四十三条第四款的完善》,载《南阳师范学院学报(社会科学版)》2014 年第 1 期。

以及对异议股东行使法定权利的阻碍。

评析：部分法院认为，股东与公司协商并非股份收购请求权诉讼的必要前置程序。在司法实践中，针对2018年《公司法》第74条第2款规定的协商过程是否为异议股东提起股份收购请求权诉讼的法定必要前置程序存在较多争议。该案审理法院认定股东与公司进行协商并不是向法院诉请收购的必要前置程序，笔者较为倾向于这一裁判观点。从法律条文的表述上分析，该条款内容并非强制性规定，立法的宗旨仍然在于保护异议股东的诉权。鉴于司法实践中确实存在不同理解，新《公司法》又基本沿用2018年《公司法》的条文内容，笔者建议进一步通过司法解释予以明确规定。

案例二：杨某与上海磐缔投资管理有限公司请求公司收购股份纠纷案
［上海市第二中级人民法院（2021）沪02民终7883号］

基本案情：2019年8月13日，上海磐缔投资管理有限公司（以下简称磐缔公司）召开临时股东会会议，会议同意将磐缔公司所持有的1%的A公司股份，以1000万元价格转让给北京B公司。2019年9月2日，磐缔公司股东杨某向磐缔公司法定代表人王某发送回购函，要求磐缔公司以不低于1820万元的价格回购杨某持有的磐缔公司28%的股权。因杨某与磐缔公司对回购股权意见不一，杨某诉至法院。

裁判情况：该案争议焦点为磐缔公司转让A公司1%的股权是否属于《公司法》（2018年）第74条第1款第2项所规定的"转让主要财产"，杨某是否可以要求磐缔公司收购其股权。

法院认为，按照文义解释，"主要财产"应当指公司"起决定作用的"或者"影响公司存续基础的"财产。"主要财产"的认定标准可以从量和质两方面进行判断：在量上，以转让财产的价值占公司资产总额的比例为标准。在质上，以该财产转让对公司生产经营是否产生重大影响为标准，如公司因财产转让而无法维持营业或者不得不大幅度减小营业规模等属于产生重大影响。具体到系争临时股东会决议内容，其中关于磐缔公司转让A公司1%股权的决议，从股权投资额来看，该项投资成本为80万元，占磐缔公司账面长期股权投资总额295.3万元的27%，磐缔公司共持有5家公司股权，A公司只是其中的1家，故从量上并不能认定为公司主要财产；从质上看，磐缔公司的经营范围包括投资管理、实业投资、资产管理等，磐缔公司转让A公司股权，不足以认定对公司生产经营产生重大影响。法院以磐缔公司作出的股东会决议并不涉及转让主要财产,无法触发股权回购条件为由驳回了上诉人的诉讼请求。

评析:"公司转让主要财产"应当结合转让财产在公司总资产中的占比、是否影响公司经营等因素综合判断。2018年《公司法》第74条第1款第2项和新《公司法》第161条均涉及"公司主要财产"的表述,但均未进一步明确具体说明认定标准。法律的制定显然无法完全涵盖方方面面的细节问题,这一概念属于司法实践或者实务中需要综合运用相关领域知识体系进行科学考量和自由裁量的范畴。公司主要财产通常应当综合考虑该财产占公司总资产的价值比重、与公司主营业务收益的关联度等财务指标,以及转让财产是否导致公司的存在和发展,以及股东的权利发生根本性变化等因素。该案裁判观点从"量"和"质"两个方面进行判断,做到了认定标准的客观实际。

五、律师实务指引

无论对于有限责任公司还是股份有限公司,股东异议回购请求权是实务中常见并且较容易产生对应争议纠纷的问题,主要包括异议股东提起诉讼的前置程序、目标公司主要财产的认定等,应充分加以重视:

(一)针对异议股东提起诉讼的前置程序问题,建议异议股东将协商过程作为诉讼前置程序的重要性标准进行预先准备,同时注意提起诉讼的法定期限

1.由于目前司法实践对于回购协商是不是诉讼的必要前置程序仍然存在争议,笔者建议异议股东尽量与目标公司开展协商,并将相关磋商过程性文件作为证据妥善保管。例如,异议股东可以在股东会决议作出后尽快向股东会发函,明确表达申请股份回购的意思表示等。

2.提示异议股东务必注意起诉时间。新《公司法》规定的起诉时间属于除斥期间。除斥期间属于不变期间,不发生期间中断、中止或延长。超出法定期间后,异议股东将丧失请求人民法院受理其提起股权回购诉讼的权利。

(二)针对目标公司的"主要财产"的认定,建议异议股东充分征求专业机构意见,从标的财产的数量和性质等方面综合考量判断

能够引发股东异议回购请求的"主要财产",直观要求应为其转让后能够导致目标公司运营情况发生重大变更,足以影响目标公司设立的目的以及正常存续,足以导致目标公司发生根本性变化。在司法实践中,这一问题的证明往往需要以目

标公司的财务数据作为依托,多角度论证,甚至运用审计手段等。

(三)正确认识新《公司法》第 161 条与第 89 条的差异

新《公司法》第 89 条规定了有限公司异议股东回购请求权,在所列举的适用情形中,与第 161 条略有差异。

1. 正确理解第 1 款规定情形的差异。

第 89 条第 1 款规定的情形包括:(1)公司连续 5 年不向股东分配利润,而公司该 5 年连续盈利,并且符合《公司法》规定的分配利润条件;(2)公司合并、分立、转让主要财产;(3)公司章程规定的营业期限届满或者章程规定的其他解散事由出现,股东会通过决议修改章程使公司存续。

其中"公司合并、分立、转让主要财产",较之第 161 条还包括"合并、分立"。仅从第 161 条看,股份有限公司和有限责任公司适用异议股东回购请求权的情形存在差异。但是,应当注意到,新《公司法》第 162 条在规定股份有限公司回购股份的例外情形时,明确列举了"股东因对股东会作出的公司合并、分立决议持异议,要求公司收购其股份"。因此,体系理解后,我们会发现,在这一点上,股份公司和有限公司适用情形上并不存在差异。

2. 应注意到"控股股东滥用股东权利"不属于股份公司异议股东回购请求权的范围。

新《公司法》第 89 条第 3 款规定,"公司的控股股东滥用股东权利,严重损害公司或者其他股东利益的,其他股东有权请求公司按照合理的价格收购其股权"。该规定是在 2018 年《公司法》规定基础上的扩展。但是,该规定并未在新《公司法》第 161 条出现,综观其他股份有限公司相关法条也未发现类似规定。因此,律师实务中应注意到,"控股股东滥用股东权利"仅为有限责任公司异议股东行使回购请求权的适用情形。

(四)注意股份有限公司异议股东回购请求权仅适用于未公开发行股份的公司

我们应当注意到,新《公司法》第 161 条规定的股份有限公司异议股东回购请求权仅限于未公开发行股份的公司。与第 89 条体系化理解后,我们可以认为,法律对封闭型公司(包括有限责任公司和股份有限公司)的股东赋予了异议股东回购权;对开放型的已公开发行股份的公司,因退出渠道相对通畅,则没有必要设立异议股东回购请求权。

第一百六十三条 【禁止财务资助】

> 第一百六十三条　公司不得为他人取得本公司或者其母公司的股份提供赠与、借款、担保以及其他财务资助，公司实施员工持股计划的除外。
>
> 　　为公司利益，经股东会决议，或者董事会按照公司章程或者股东会的授权作出决议，公司可以为他人取得本公司或者其母公司的股份提供财务资助，但财务资助的累计总额不得超过已发行股本总额的百分之十。董事会作出决议应当经全体董事的三分之二以上通过。
>
> 　　违反前两款规定，给公司造成损失的，负有责任的董事、监事、高级管理人员应当承担赔偿责任。

一、修订情况

2018年《公司法》中没有禁止财务资助制度，本制度是本次修订中的创设性规定，主要体现在以下方面：

1. 禁止财务资助制度适用于所有股份有限公司。

较之原来仅有证券监管机构的规定予以规制，仅在上市公司层面有规范要求的情况，本次修订将禁止财务资助规则入法，且适用于各种类型的股份有限公司，是对规则效力层级的提升，也是对规则适用范围的扩张。

2. 采取"原则禁止，例外允许"的规制模式。

原则上禁止股份有限公司为他人取得本公司或其母公司股份提供财务资助，例外允许在实施员工持股计划时适用财务资助安排。

3. 为公司利益情形下的财务资助决策程序要求和总额限制。

除员工持股计划外，新《公司法》第163条第2款规定了另一种法律允许的财务资助情形。该情形以"为公司利益"为前提，且应遵守法律关于程序和额度的限制。

程序上，应当经股东会决议，或由董事会根据授权作出决议。财务资助的累计总额不得超过已发行股本总额的10%。另外,该款还规定了董事会决议时的通过比例。

4.明确董、监、高违反财务资助制度给公司造成损失的赔偿责任。

新《公司法》第163条第3款明确了违反前两款导致公司损失的,负有责任的董、监、高应当承担赔偿责任。

二、理论基础

(一)禁止财务资助的理论基础之一:防范不当收购,维持公司资本

禁止财务资助规则源于第一次世界大战后财务资助行为在英国收购市场中的滥用。[1] 英国是较早对公司财务资助行为进行成文立法规制的国家。1929年《英国公司法》第16条引入"禁止公司向他人提供购买公司股份的财务资助"的规则,统一适用于公众公司和私人公司,还规定了法定例外情形和对公司及高级管理人员的罚则。[2] 从历史来看,禁止公司购买其自身股份起源于 Trevor v. Whitworth 案中的"资本维持原则"。为维护公司财产的完整,避免公司小股东和债权人利益受损,禁止财务资助限制公司购买自身股份的能力,阻止公司在法定情形之外将资本返还给股东。[3]

(二)禁止财务资助的理论基础之二:保护债权人利益

禁止财务资助制度要求股份受让人使用自有资金而非公司资产,防止公司通过不当途径减少资产,进而影响债权人和股东利益。[4]

(三)禁止财务资助的理论基础之三:防范股东歧视

实务中,常见公司有两名股东均意图出售股份的情况,若允许财务资助,董事会只对其中一名股东的股份转让进行资助,则可能涉嫌股东歧视。[5]

---

[1] 参见皮正德:《禁止财务资助规则的公司法建构》,载《法学研究》2023年第1期。
[2] 参见刘江伟:《有限责任公司为股权转让提供担保的规制——基于公司债权人利益保护的视角》,载《华南理工大学学报(社会科学版)》2020年第2期。
[3] 参见裴度:《论管理层收购之财务资助的法律规制》,载《榆林学院学报》2013年第1期。
[4] 参见刘贵祥:《从公司诉讼视角对公司法修改的几点思考》,载《中国政法大学学报》2022年第5期。
[5] 参见皮正德:《禁止财务资助规则的公司法建构》,载《法学研究》2023年第1期。

三、制度演变

（一）1993年《到香港上市公司章程必备条款》

在我国，"禁止财务资助"规定最早出现在原国家经济体制改革委员会1993年制定的《到香港上市公司章程必备条款》中，该文件原则禁止财务资助，其第2.2(4)a项规定"财务资助"包括：(1)以馈赠的方式提供财务资助。(2)以担保（包括由保证人承担责任或提供财产以保证义务人履行义务）、补偿（不包括因公司本身的疏忽或过失所提供的补偿）、解除或放弃权利的方式提供财务资助。(3)以下述的方式提供财务资助：提供贷款、订立由公司先于地方履行义务的合同；该贷款或合同中任何一方的变更、该贷款或合同中权利的转让。(4)公司在无力偿还债务、没有净资产、其净资产会大幅度减少的情形下，以任何其他方式提供的财务资助。

（二）1994年《境内企业境外发行证券和上市管理试行办法》

为了规范境内企业赴境外发行证券和上市的行为，国务院1994年制定了《境内企业境外发行证券和上市管理试行办法》，该办法是我国境内企业境外发行上市的主要制度依据。

为了配合该制度的实施，国务院证券委、国家体改委于1994年8月27日发布了《关于执行〈到境外上市公司章程必备条款〉的通知》；该通知中关于财务资助的表述与《到香港上市公司章程必备条款》基本一致。

（三）2016年《关于国有控股混合所有制企业开展员工持股试点的意见》

为规范国有企业员工持股行为，避免国有资产流失，国务院国资委、财政部、中国证监会2016年出台了《关于国有控股混合所有制企业开展员工持股试点的意见》，该意见第3条规定，"试点企业、国有股东不得向员工无偿赠与股份，不得向持股员工提供垫资、担保、借贷等财务资助。持股员工不得接受与试点企业有生产经营业务往来的其他企业的借款或融资帮助"。

（四）证监会有关规范性文件

近年来，证监会发布和修订了一系列规范性文件禁止财务资助，包括《上市公司股权激励管理办法》《非上市公众公司收购管理办法》《上市公司收购管理办法》《非上市公众公司监督管理办法》《证券发行与承销管理办法》《上市公司证券发行注册管理办法》。

通过梳理上述规章制度可以发现，在《公司法》本次修订之前，对于我国香港地区上市公司、境外上市公司、境内上市公司以及非上市公众公司,均已有禁止财务资助制度。

新《公司法》第163条在法律层面引入了禁止财务资助制度,具体立法模式为"原则禁止+例外允许"。

四、案例评析

案例一:净雅食品集团有限公司诉临沂海诺置业有限公司、王某等股权转让合同纠纷案[最高人民法院(2021)最高法民申2177号]

基本案情: 临沂海诺置业有限公司(以下简称海诺公司)系由陈某和净雅食品集团有限公司(以下简称净雅公司)于2009年4月经公司登记机关批准成立,2009年12月,净雅公司将其持有的90%股权转让给上海灵日酒店管理有限公司(以下简称灵日公司);2010年9月,灵日公司、陈某将持有的海诺公司股权全部转让给净雅公司。

2011年5月10日,净雅公司与王某、章某达成合意,净雅公司同意将其持有的海诺公司100%的股权全部转让给王某、章某并由海诺公司、拓博公司、昊源公司、博尔德公司、锐龙公司为共同连带保证人。同日,各方签订了《协议书》,净雅公司为甲方,锐龙公司为乙方,海诺公司为丙方,王某、章某为丁方,拓博公司、昊源公司、博尔德公司、锐龙公司为戊方(连带共同保证人)。协议约定股权转让价款由丁方分两期支付。净雅公司(甲方)将海诺公司(丙方)交接给王某、章某(丁方)后,王某、章某(丁方)就向净雅公司(甲方)的付款义务等责任,由海诺公司(丙方)与王某、章某(丁方)向净雅公司(甲方)承担连带清偿责任。后净雅公司(甲方)、王某、章某(丁方)双方按约履行了第一笔股权转让款3258万元并办理了公司交接和股权变更登记。净雅公司提起诉讼要求,请求支付第二笔股权转让款并主张海诺公司承担连带清偿责任。海诺公司在再审程序中对上述事实不持异议,仅主张该担保约定应为无效。

裁判情况: 最高人民法院认为,法律并无禁止目标公司为支付其自身股权转让款提供担保的规定,股权转让合同所约定的也是净雅公司将海诺公司交接给丁方之后,由海诺公司对丁方的付款义务承担连带清偿责任。海诺公司主张如其承担担保责任将构成净雅公司抽逃出资,但其也没有提交证据证明净雅公司确系以海诺公司承担担保责任的方式抽逃出资。原审认为该案不属于《公司法司法解释三》第12条所列举的股东抽逃出资的情形,该认定正确。不能仅因目标公司为支付其自身股权转让款提供担保,就认为违反了《公司法》(2018年)第35条关于股东不得抽逃出资的规定,海诺公司关于担保约定无效的再审申请事由不能成立。

案例二:陈某与胡某、广西万晨投资有限公司等股权转让纠纷案[福建省高级人民法院(2015)闽民终字第1292号]

基本案情: 广西万晨投资有限公司(以下简称万晨公司)注册资本2000万元,其中股东陈某持60%股权,胡某持40%股权。2012年8月18日,陈某为股权出让方,胡某为股权受让方,万晨公司为目标公司,三方签订《股权协议书》,约定陈某将其持有的万晨公司60%股权以9600万元价款转让给胡某,转让价款为三次支付。万晨公司承诺对胡某上述付款责任承担连带责任。2012年8月22日万晨公司进行企事业变更登记,其中股东由陈某(持股60%)、胡某(持股40%)变更为股东胡某(持股95%)、郑某(持股5%)。2013年9月7日,陈某、胡某达成《付款计划书》,双方经协商同意对胡某最后一期应付股权转让款3815万元的付款时间予以适当顺延。胡某在支付了合同约定的第一、二期款项及《付款计划书》第1条约定的2000万元款项后,未能继续支付余下股权转让价款。故陈某提起诉讼要求胡某支付余款,并主张万晨公司对胡某的欠付款行为承担担保责任。

裁判情况: 对陈某主张万晨公司对胡某的欠付款行为承担担保责任,一审法院认为,《公司法》(2013年)第35条规定"公司成立后,股东不得抽逃出资",由此确立了公司资本维持原则。陈某与胡某作为讼争股权的转让方和受让方,也是公司唯一两位股东,均负有公司资本维持的法定义务,不得滥用权利损害公司利益。陈某利用其系万晨公司法定代表人的身份,为其自己股权转让提供担保,侵犯了公司的财产权,亦侵犯了公司外部债权人基于公示登记而对公司资本状况的信赖利益,故万晨公司的担保行为应认定无效,对陈某该项主张不予支持。二审法院认为,《股权协议书》《付款计划书》系双方真实意思表示,不存在因违反强制性法律规定而导致合同条款无效的情形。故一审法院关于万晨公司的担保行为无效的认定不正确,于法无据。

评析:《公司法》本次修订前,我国在法律层面没有禁止财务资助的规定,故上述两件案件判决时尚未有法律依据规制该等行为。

上述两案例裁判的焦点都是目标公司为支付其自身股权转让款提供担保的行

为是否构成股东抽逃出资,因为股东抽逃出资行为违反了公司法的基本原则之一的"资本维持原则"而为法律所禁止。2013 年、2018 年《公司法》第 35 条规定"股东不得抽逃出资",《公司法司法解释三》第 12 条则进一步列举了抽逃出资的具体情形。该两案裁判者认为目标公司虽然为股权受让方购买公司股权提供了担保,但担保债务是或有债务,即便目标公司为股东违约行为承担了连带保证责任,亦依法取得对该股东的追偿权,其因履行担保责任所支出的资金转化为应收账款债权,公司资产并未因此而减少,故此等行为不属于抽逃出资的行为。司法实践中,类案的判决结果与该两案基本一致。

而公司法理论研究者认为,目标公司为股权受让人支付股权转让款提供担保,如股权受让方最终没有能力履行支付股权转让款义务,目标公司必定因承担担保责任而导致实际上的财务支出。此时,即使目标公司因履行了担保责任而取得了对股权受让方的追偿权,公司资产也已经通过为股权受让人提供担保这一"财务资助"途径进入股权出让人口袋。此等行为如不加以明确禁止,容易被错误地认定为合法的商业交易行为,导致公司资本事实上的减少或陷于减少的风险中,影响公司、股东及债权人等多方主体的利益。

笔者相信,随着"禁止财务资助"制度的引入,此等行为除非基于公司利益,且经法定程序决议,否则将因违反法律规定而被明确禁止。

五、律师实务指引

(一)严格审查是否构成财务资助

由于"禁止财务资助"制度的引入,公司或子公司为第三方购买股东所持股份提供借款、担保等财务上资助的行为,不再因难以纳入禁止抽逃出资的规制范围而被认定为合法的商业交易行为,律师在为公司客户进行合规审查时应注意到合规规范依据的变化,避免因法律的修订而陷入违法的困境。

(二)注意例外情形的审查

财务资助是否有害,不仅仅涉及法律判断,更需要商业判断。完全禁止财务资助有时反而会阻碍公司交易,损害公司价值的实现,故新《公司法》第 163 条采取了"原则禁止,例外允许"的规制模式。

律师实务中,应注意审查是否属于实施员工持股计划,并注意审查是否对公司有益。

律师在审查此类交易时，除了要对公司财务资助的行为进行法律评价，还要请公司作出必要的商业判断。如何精准识别有益的财务资助行为，进而规范股东会或者董事会的决策程序，提示决策者审慎决策，促成正常商业交易行为的开展，是我们律师业务开展中需要考虑的重点。

对该类财务资助行为进行审查时，不应仅限于是否"为公司利益"的判断，还应注意对程序的审查。

（三）注意新《公司法》第163条适用的范围

新《公司法》仅在第六章规定了禁止财务资助。换言之，新《公司法》未在有限责任公司层面明确禁止类似的财务资助行为。因而，律师在对相应行为作出法律判断时，首先应注意区分不同公司类型。

另外，律师还应当注意国资监管对国有企业财务资助行为的禁止性规定。

关联法条

1. 国务院国资委、财政部、中国证监会《关于国有控股混合所有制企业开展员工持股试点的意见》"三、企业员工入股"之"（二）员工出资"

2. 《非上市公众公司收购管理办法》第8条

3. 《非上市公众公司监督管理办法》第16条

4. 《上市公司收购管理办法》第8条

5. 《上市公司证券发行注册管理办法》第66条

6. 《上市公司股权激励管理办法》第21条

7. 《证券发行与承销管理办法》第38条

第七章　国家出资公司组织机构的特别规定

修订概述

本章总计10个条文，系在2018年《公司法》第二章第四节"国有独资公司的特别规定"基础上增设的第二个专章，体现了"贯彻落实党中央关于深化国有企业改革决策部署""巩固深化国有企业治理改革成果""促进国有经济高质量发展的必然要求"[1]。

本章的名称由"国家出资公司的特别规定"修改为"国家出资公司组织机构的特别规定"，并由第六章调整到第七章。

本章将国有企业的公司法规制范围从"国有独资公司"扩大至上位概念"国家出资公司"，包括国有独资公司和国有资本控股公司；组织形式从独资有限公司扩展到了股份有限公司；以法律形式确立了党组织在国有企业的领导地位并嵌入国有企业公司治理体系；把握国有资产管理体制深化改革着眼点，与《企业国有资产法》相衔接，用"履行出资人职责的机构"代替"国有资产监督管理机构"，扩大了国有资产出资人代表的主体范围。

"深化国有企业改革，完善中国特色现代企业制度"是本次修法的重要动因。本章吸收了国有企业改革相关成果：要求国有独资公司董事会成员中外部董事过半数；落实中央关于监事会改革要求，明确国有独资公司在董事会中设置由董事组成的审计委员会行使监事会职权的，不设监事会或者监事；根据国有企业改革实践，进一步优化了履行出资人职责的决定事项等。

此外，本章增加了国家出资公司应当依法建立健全内部监督管理、风险控制制度及加强合规管理的宣示性规定。

---

[1] 参见时任全国人大常委会法制工作委员会副主任王瑞贺2021年12月20日在第十三届全国人民代表大会常务委员会第三十二次会议上《关于〈中华人民共和国公司法（修订草案）〉的说明》。

第一百六十八条 【国家出资公司的概念】

> 第一百六十八条 国家出资公司的组织机构,适用本章规定;本章没有规定的,适用本法其他规定。
> 本法所称国家出资公司,是指国家出资的国有独资公司、国有资本控股公司,包括国家出资的有限责任公司、股份有限公司。

一、修订情况

(一)概念创设

"国家出资公司"是一个新创设的法律概念,既不同于1993年《公司法》所使用的"国有企业""国有独资公司",也不同于《企业国有资产法》所使用的"国家出资企业"及其"所出资企业"。

"国有企业"替代"国营企业"的概念,体现了国家所有权与法人财产权的分离,而"国家出资公司"则更进一步强调了国家作为出资人在商法视域下商事主体的一般性与公司治理的特殊性。

"国家出资企业""国家出资公司"均仅指一级国有企业,不包括非公司制企业和国有资本参股公司。"国有企业"的逻辑关键在于"资产"维度,而"国家出资公司"的逻辑关键在于股东对公司的资本控制程度产生的公司治理特殊性。

"国有独资公司"的内涵也发生了变化,不再仅指各级人民政府国有资产监督管理机构履行出资人职责的"有限责任公司",国务院或者地方人民政府可以授权国有资产监督管理机构或者其他部门、机构代表本级人民政府对国家出资公司履行出资人职责,并统称为"履行出资人职责的机构"。作为"国家出资公司"的子概念,国有独资公司仍然仅指一级国有企业,从而区别于"国有全资企业"。

(二)类型扩展

2018年《公司法》所规制的"国有企业"仅包括了"国有独资公司",即特殊的一人公司。新《公司法》通过"国家出资公司"的概念创设,将国有企业的规制范围扩充到了"国有独资公司"和"国有资本控股公司"。从法解释角度看,基于举轻明重规则,一级国有企业中的"国有全资公司"也应包括在"国家出资公司"的语义范围。

(三)形态扩充

两个方面的制度变化也扩充了"国家出资公司"的组织形态:一是从"国有独资公司"扩充到"国有资本控股公司"后,国有企业规制范围不再局限"有限公司"制度下的专节体系,而扩充到了"股份有限公司";二是一人公司制度变化导致"国有独资公司"概念自身也不再局限于"国有独资有限公司",还应包括"国有独资股份有限公司"。

(四)专章聚焦

《公司法》本次修订将"国家出资公司的特别规定"修改为"国家出资公司组织机构的特别规定",并在内容上删除了"设立"相关的内容。这表明新《公司法》引入"国家出资公司"这一重大结构变革的关注点和考量要素,在于对公司治理维度"组织机构"相关制度的构建。

二、理论基础

(一)国有企业概念演进

1. 国营企业、公营企业。1950年2月,当时的政务院财政经济委员会《关于国营、公营工厂建立工厂管理委员会的指示》、1950年3月当时的政务院《公营企业缴纳工商业税暂行办法》等对国营企业和公营企业等同使用。1952年,当时的政务院《对"国营企业"等名称用法的规定》第一次规范国营企业的名称使用:中央及大行政区各部门投资经营的企业称"国营企业",省以下地方政府投资经营的企业称"地方国营企业",政府与私人资本合资、政府参加经营管理的企业称为"公私合营企业"。1983年,国务院颁布《国营工业企业暂行条例》,并明确"适用于国营工厂(工业公司)和国营的矿山、交通运输、邮电、电力、地质、森工、建筑施工企业"。

2. 全民所有制企业、全民所有制工业企业。1986年《民法通则》、1988年《企业法人登记管理条例》使用"全民所有制企业"的概念,体现的是所有制本位的企业法立法范式;1988年4月颁布的《全民所有制工业企业法》明确:"本法的原则适用于全民所有制交通运输、邮电、地质勘探、建筑安装、商业、外贸、物资、农林、水利企业。"

3. 国有企业、国有独资公司。1993年《宪法》以"国有企业"取代"国营企业"的概念,1993年《公司法》则在法律层面第一次使用了"国有企业"的概念,并对"国有独资公司"予以专节规制。

4. 国有独资企业、国有独资公司、国有及国有控股企业、参股企业。国务院1996年《企业国有资产产权登记管理办法》使用"国有企业、国有独资公司"。2003年《企业国有资产监督管理暂行条例》（经2011年、2019年两次修订）使用了"国有及国有控股企业、国有参股企业",在该谱系下使用了"国有独资企业、国有独资公司、国有控股的公司、国有参股的公司"等概念,并将这些概念统称为"所出资企业",而将二级企业称为"其投资设立的企业"。

5. 国有公司、企业。1995年最高人民法院《关于办理违反公司法受贿、侵占、挪用等刑事案件适用法律若干问题的解释》在界定"国家工作人员"①时已经使用了"国有公司、企业"的概念,1997年《刑法》继续使用了"国有公司、企业"的概念。

6. 国家出资的企业。2007年《物权法》第55条规定,"国家出资的企业,由国务院、地方人民政府依照法律、行政法规规定分别代表国家履行出资人职责,享有出资人权益"。《民法典》第257条继续沿袭了该条款。有学者将该概念界定为"国家出资企业"的前身,但对比可以看出,基于"物权""所有权"维度使用的"国家出资的企业",并不同于国资监管视域下、"管资产"维度的"国家出资企业"组织类型划分。正如2007年《关于〈中华人民共和国物权法（草案）〉的说明》指出的,旨在强调"国有财产的范围、国家所有权的行使"。而且在民商法视域下,将国家出资（及其所形成的权益）即"股权"纳入"财产""物权"等概念范畴是否妥当,以及与《民法总则》《民法典》对"股权"作为"投资性权利"的界定是否自洽也有待商榷。

7. 国家出资企业及其所出资企业。2008年《企业国有资产法》则使用"国家出资企业"（包括国有独资企业、国有独资公司、国有资本控股公司、国有资本参股公

---

① 该司法解释将国家工作人员界定为:在国有公司、企业或者其他公司、企业中行使管理职权,并具有国家工作人员身份的人员,包括受国有公司、国有企业委派或者聘请,作为国有公司、国有企业代表,在中外合资、合作、股份制公司、企业中,行使管理职权,并具有国家工作人员身份的人员。

司四种)及"其所出资企业"两个概念,从"管资产"的维度①对"国家出资企业"(一级企业)和"其所出资企业②"(其所投资企业)进行了分类规制。

8. 国有全资企业。2014年《国资委关于促进企业国有产权流转有关事项的通知》创设了该概念,它"是指全部由国有资本形成的企业"。2016年《企业国有资产交易监督管理办法》则进一步明确了其内涵:政府部门、机构、事业单位出资设立的国有独资企业(公司),以及上述单位、企业直接或间接合计持股为100%的国有全资企业。

9. 国有实际控制企业。在2012年《国家出资企业产权登记管理暂行办法》《国家出资企业产权登记管理工作指引》"实际控制权"和"国有实际控制出资人"的基础上,2016年《企业国有资产交易监督管理办法》在国有独资、国有全资、国有控股三种资本形态下又增加了"国有实际控制"的企业类型,从而建立了对"国有企业"涵盖最为宽泛的监管视角和规则体系。

10. 国有独资、全资公司、企业。《监察法》将"国有企业"管理人员纳入监察对象后,2018年《国家监察委员会管辖规定(试行)》明确"国有企业管理人员"的范围包括:"国有独资、控股、参股企业及其分支机构等国家出资企业中,由党组织或者国家机关、国有公司、企业、事业单位提名、推荐、任命、批准等,从事领导、组织、管理、监督等活动的人员。"2021年9月颁布的《监察法实施条例》第40条则调整为"国有独资、全资公司、企业"中的相关人员,以及国有独资、全资公司、企业,事业单位提名、推荐、任命、批准,或经履行国有资产监管职责的组织批准或者研究决定,从而在"国有控股、参股公司"履行组织、领导、管理、监督等职责的人员。

11. 国家出资公司。2021年《公司法(修订草案)(一审稿)》创设的新概念,概念的文字表述在此后的审定中一直未发生变化。

(二) 国有企业立法条例

针对《公司法》是否应当包括国有独资公司或者说是国有企业制度,我国学界存在较大争议,这种争议贯穿《公司法》修订全过程,甚至直到今天也仍未完全

---

① 《企业国有资产法》第2条规定,"企业国有资产(以下称国有资产),是指国家对企业各种形式的出资所形成的权益",其规制理念已经不等同于《全民所有制工业企业法》第2条中的"企业的财产属于全民所有",体现了"现代企业制度"(1993年提出)、"现代产权制度"(2003年提出)下的法理念,2005年《公司法》删除"企业中的国有资产所有权属于国家"也是同样的逻辑思路。

② 《企业国有资产法》第21条第1款规定:"国家出资企业对其所出资企业依法享有资产收益、参与重大决策和选择管理者等出资人权利。"

消除。

蒋大兴将学界对国有企业立法体例的观点总结为"三类判断":"彻底区分论""彻底统一论""共同调整论"。

以中国特色现代企业制度为视角,陈甦认为,如果专门适用国家出资公司的法律规范数量能够在《公司法》中占很大比重,并且其自成体系化的程度足以构成一个单行法律时,可以将其从《公司法》中剥离出来单独制定《国有公司法》。① 胡改蓉则提出,使用商事类国有公司和公共类国有公司,以分层分类的指导思想构建国有公司法,进而将有关国有公司的特殊制度予以剥离,把《公司法》定位为公司型企业的普通法。② 王鹤翔建议,以《国有资本投资运营公司法》的建构为核心全新剥离,进而以投资公司与运营公司制度的分立为基本架构,逐次明确各主体间的法律关系、两种公司的权限范围及其治理结构,并借此立法契机初步展望国有资本监管权与国有资本所有权的分离。③

也有部分学者认为应当加强国有公司立法权重,进而总结国有企业改革成果。如蒋大兴就主张:《公司法》不仅应扩大对国企范围的调整,扩张对国企的规范事项,充实对国企组织机构的规整,还应强化对国企监督机构设置的自由性和有效性,以促进国企公共目的之实现。此外,还要确保履行出资人职责之机构能管好国有资本布局、规范资本运作、强化资本约束、提高资本回报、维护资本安全,这是《公司法》修订过程中的大局。④ 周林彬等提出:公司法既要满足国有公司分类及特殊治理规则的期待,又应遵循资本市场运作的一般规律,增强各类公司主体的市场适应性,两相兼顾方可成就公司法构造的完整性与先进性。如果将国有公司制度剥离,形式上似乎让市场化主体类型更纯净,实质上很可能会让公司法的中国特色和固有优势丧失殆尽。⑤ 胡国梁认为,《公司法》规定国家出资公司是国企改制的特殊产物,公司法是对"盈利性—社会责任"实践的法律调适,国家出资公司并

---

① 参见陈甦:《我国公司立法的理念变迁与建构面向》,载《中国法律评论》2022年第3期。
② 参见胡改蓉:《〈公司法〉修订中国有公司制度的剥离与重塑》,载《法学评论》2021年第4期。
③ 参见王鹤翔:《国有企业走出公司法的新路径:以〈国有资本投资运营公司法〉建构为核心》,载《财经法学》2022年第6期。
④ 参见蒋大兴:《论国有企业的"公司法构造"——一种法律技术主义的路线》,载《吉林大学社会科学学报》2023年第6期。
⑤ 参见周林彬、官欣荣:《我国公司类型及其治理规则的改革创新:比较法律经济分析视角》,载《山东大学学报(哲学社会科学版)》2022年第6期。

未脱离"盈利性—社会责任"的运行逻辑,将其纳入公司法的调整范围尚无理论障碍,不应将其从该法中彻底剥离,公司法为国家出资公司设定的特殊治理范式可以保障其承担特殊社会责任,进而体现应有的公共属性。① 汪青松则认为,2023年《公司法》修订引入国家出资公司以及充实相关"特别规定",并不是《公司法》"领地"的退缩,恰恰表明了其调整功能更加扩展,以及与市场实践更贴合。②

从实证法角度看,2023年《公司法》将国家出资公司予以"专章"规定,创设了国有企业中国特色的公司法体例安排,同时也为国有企业的专门立法、特别立法预留了商法逻辑和基础空间。

(三)中国特色国有企业制度的公司法安排

国有企业在学界被视为一种普遍存在的世界经济现象,③作为政府积极干预市场的工具和手段在发达国家和发展中国家均普遍存在,承载政府政策格局、纠正市场失灵、实现公共目标④等基础功能。

我国的国有企业因政治和经济制度的特殊性而具有更重要的地位和更多的制度特殊性,40多年的国有企业改革实践使其不仅在国民经济占主导地位,并在全球市场中日趋活跃,⑤在中国特色现代企业制度的建立和完善中,构建了中国特色的现代国有企业制度,成为值得关注的"中国样本"。⑥

1993年11月,中共十四届三中全会第一次提出建立"现代企业制度",并将其界定为"我国国有企业改革的方向"。当年12月颁布的《公司法》第1条开宗明义提出,"为了适应建立现代企业制度的需要";并在第7条规定,"国有企业改建为公司,必须依照法律、行政法规规定的条件和要求,转换经营机制……建立规范的内部管理机构"。1999年9月,中共十五届四中全会指出,"公司制"是现代企业制度的有效形式,公司法人治理结构是公司制的核心。2003年10月,中共十六届三中全会提出,建立健全"现代产权制度"。以混合所有制改革为切入点、提升公司

---

① 参见胡国梁:《国家出资公司进入〈公司法〉的逻辑理路》,载《政治与法律》2022年第12期。
② 参见汪青松:《国家出资公司治理模式选择与法律制度保障》,载《政治与法律》2023年第9期。
③ 参见袁易明、魏达志:《危机与重构:世界国有企业研究》,中国经济出版社2000年版,第3页。
④ 参见张斌:《国有企业竞争中立 规则演进与比较》,上海人民出版社2022年版,第13页。
⑤ 参见[美]杰弗里·N.戈登、[德]沃尔夫-格奥尔格·林格编:《牛津公司法与公司治理手册》(下册),罗培新等译,上海人民出版社2022年版,第839页。
⑥ 参见张春霖:《国企改革再出发》,载《比较》2018年第4期。

法人治理结构的有效性是新时代中国特色现代国有企业制度建设的重要特点。[①]2013年11月,中共十八届三中全会又将"混合所有制经济"确定为我国基本经济制度的重要实现形式。2015年8月,中共中央、国务院发布《关于深化国有企业改革的指导意见》,对深化中国特色国有企业改革进行了顶层的纲领性安排。2016年10月,习近平总书记在全国国有企业党的建设工作会议上提出"中国特色现代国有企业制度",并明确了其根本内涵。2019年10月,党的十九届四中全会提出,深化国有企业改革、完善中国特色现代企业制度,并纳入"推进国家治理体系和治理能力现代化"的框架。

《公司法》本次修订则将党的二十大报告系统论述的"完善中国特色现代企业制度"作为立法目的,并对国有企业制度进行了商事基本法的中国安排。

三、制度演变

1993年《公司法》第64条规定:"本法所称国有独资公司是指国家授权投资的机构或者国家授权的部门单独投资设立的有限责任公司。国务院确定的生产特殊产品的公司或者属于特定行业的公司,应当采取国有独资公司形式。"

2005年《公司法》第65条规定:"国有独资公司的设立和组织机构,适用本节规定;本节没有规定的,适用本章第一节、第二节的规定。本法所称国有独资公司,是指国家单独出资、由国务院或者地方人民政府授权本级人民政府国有资产监督管理机构履行出资人职责的有限责任公司。"改变了国有独资公司出资人的范围,将出资人明确为国家及各级政府国有资产监督管理机构;并删除了"国务院确定的生产特殊产品的公司或者属于特定行业的公司,应当采取国有独资公司形式"。

2013年、2018年《公司法》除将前述条文顺序从第65条变更为第64条外,内容未作调整。

在深化国有企业改革、完善中国特色现代企业制度、弘扬企业家精神的背景下,新《公司法》对国家出资公司作出了专章调整。

[①] 参见綦好东等:《中国国有企业制度发展变革的历史逻辑与基本经验》,载《南开管理评论》2021年第1期。

四、案例评析

F集团有限公司、W有限公司等买卖合同纠纷案[江苏省无锡市中级人民法院(2021)苏02民终5321号]

基本案情：F集团有限公司(以下简称F公司)由地方人民政府授权本级国有资产监督管理机构投资设立，为国有独资公司。2017年9月，其全资子公司Y公司X煤矿(Y公司分支机构，以下简称X煤矿)与W有限公司(以下简称W公司)签订《产品买卖合同》，约定由W公司向X煤矿出卖悬臂式掘进机2台。W公司向X煤矿交付两台掘进机，但X煤矿一直未付约定货款。W公司向人民法院起诉请求：(1)X煤矿支付到期货款本息；(2)Y公司对X煤矿欠款本息承担连带支付责任；(3)F公司对Y公司、X煤矿的上述债务承担连带责任。

裁判情况：二审法院认为，根据《公司法》(2018年)，国有独资公司与一人有限公司是公司法上并列的两类公司组织形式。《公司法》(2018年)第二章"有限责任公司的设立和组织机构"中分设第三节"一人有限责任公司的特别规定"和第四节"国有独资公司的特别规定"。关于国有独资公司的特别规定，第64条第1款明确："国有独资公司的设立和组织机构，适用本节规定；本节没有规定的，适用本章第一节、第二节的规定。"显然在无特别法律规定的情形下，国有独资公司不应适用一人有限责任公司的规定。

但在本案中，Y公司并非公司法意义上的国有独资公司。F公司及其全资子公司未能提交公司资产独立于股东资产的财务审计等材料，F公司全资子公司Y公司的分支机构X煤矿拒不到庭应诉，有违国有企业的责任担当和表率作用。原审法院按照一人有限责任公司的规定，要求一人有限公司股东F公司承担Y公司财产独立于自己财产的举证责任并无不当。遂判决驳回F公司上诉，维持原判。

评析：根据2018年《公司法》第64条第2款的规定，公司法意义上的国有独资公司是指国家单独出资、由国务院或者地方人民政府授权本级人民政府国有资产监督管理机构履行出资人职责的有限责任公司。只有国家直接出资设立的公司才能被称为公司法意义上的"国有独资公司"。

本案中Y公司系由F公司全资出资，并非国家或当地人民政府授权的国有资产监管机构出资，故不属于2018年《公司法》规定的国有独资公司。

五、律师实务指引

(一)国有独资公司适用一人公司相关规定

2018年《公司法》第二章"有限责任公司的设立和组织机构"中分设第三节"一人有限责任公司的特别规定"和第四节"国有独资公司的特别规定",从立法体例和司法裁判均可认为国有独资公司不适用一人公司特别规定。

但新《公司法》实施后,关于一人公司的规定规定在第23条即总则部分,国家出资公司单独成章规定在分则部分,故应适用一人公司的规定。

结合上述立法变化,履行出资人职责机构需要对国有独资公司的人格独立承担"举证倒置"责任。

履行出资人职责的机构以及各级企业,需要在新《公司法》框架下合理安排国资监管要求的"集团管控"责任。

(二)准确界定国家出资公司、国家出资企业、国有企业概念

从概念渊源上,"国家出资公司"借鉴了《企业国有资产法》中的"国家出资企业",但二者并不完全相同。国家出资企业涉及"资产"的维度,包括四种企业形态。而《公司法》涉及组织法的维度,包括两种企业形式,即国有独资公司和国有资本控股公司。二者相同点在于均规制一级企业。

需要注意的是,有学者认为应将国有实际控制企业也纳入国家出资公司的范畴,这个观点值得商榷。一是更宽泛的"国家出资企业"并没有将国有实际控制企业纳入调整范围;二是《国有企业公司章程制定管理办法》使用的"国有企业"这个上位概念中也没有包括国有实际控制企业;三是国有实际控制企业是国有资产交易语境下所创制的国有企业类型划分,在公司法范畴内应通过实际控制规范和关联交易规则对其加以调整,而不应纳入"国家出资公司组织机构的特别规定"予以专章调整。

"国有企业"的概念在我国目前的法学研究,法律、党内法规以及政策语系中并不统一,需要结合具体规则的规制目的和规范语境进行界定。最限缩的是刑法和监察法领域(仅指国有独资和全资企业),最宽泛的则是国有资产交易领域。因此,"国有企业"概念不仅在企业形态上比"国家出资公司"丰富,在企业层级上也不局限于一级企业。

特别提示,新《公司法》专章规范的国有独资公司、国有资本控股公司,仅包含由履行出资人职责的机构直接出资设立的一级公司,对下设二级公司、三级公司、参股公司不具有约束力;国家出资公司下设的二级公司、三级公司、参股公司治理,将依法应由企业自主经营决策的事项归位于企业,将延伸到子企业的管理事项原则上归位于一级企业,通过执行国资委监管要求和制定公司章程规定。

(三)关注国家出资公司能否担任普通合伙人

《合伙企业法》第3条规定,国有独资公司、国有企业不得成为普通合伙人。

"国有独资公司"从字面上即可准确界定。如何界定该条中的"国有企业",决定了合伙企业申请设立登记时普通合伙人的资格核准,故应适用市场登记部门对"国有企业"认定的规则,如根据《关于划分企业登记注册类型的规定》的规定将"国有企业"界定为"企业全部资产归国家所有"的非公司制的经济组织。

从文义解释看,"国有独资公司、国有企业"为并列概念,或者理应作限缩解释;从立法目的看,该条禁止性规定的目的主要在于避免一级企业承担无限连带责任,《公司法》创设"国家出资公司"概念后,可以充分沟通国有企业与国家出资公司概念的理解与适用,减少操作障碍。

(四)《公司法》与《企业国有资产法》等国资监管的法律适用问题

《公司法》和《企业国有资产法》是一般法和特别法的关系,《公司法》和《企业国有资产法》均属于全国人大常委会制定的法律。《立法法》第103条规定:同一机关制定的法律、行政法规、地方性法规、自治条例和单行条例、规章,特别规定与一般规定不一致的,适用特别规定;新的规定与旧的规定不一致的,适用新的规定。《公司法》属于一般法,《企业国有资产法》属于特别法,规定不一致的,适用特别法。

国有资产监督管理兼具商法和行政法双重特点,深化国有企业改革的方向是"以管资本为主推进国有资产监管机构职能转变","要准确把握依法履行出资人职责的定位"。另外,从机构设置看,国资委是本级人民政府设立的专司国资监管的直属特设机构,同时行使国资监管职权。例如,《企业国有资产法》赋予国资委国有资产行政管理、行政处分的职权,国有资产监督管理兼具商法和行政法双重特点。

新《公司法》采用复合立法模式,在《公司法》统一规范普通公司和国有公司的大框架基础上,再行专门立法。新《公司法》将国有独资公司的"专节"规定上升为国家出资公司组织机构的"专章"规范,创设了国有企业中国特色的公司法体例,同时也为国有企业的专门立法、特别立法预留了商法逻辑和普通法基础。

因此，我们认为，在新《公司法》和《企业国有资产法》等法律政策规则适用方面，应当遵守以下原则：

1. 新《公司法》第七章"国家出资公司组织机构的特别规定"的专门规则，与《企业国有资产法》等规则不一致的，按照"新法优于旧法的原则"，优先适用新《公司法》的特别规定。

2. 新《公司法》一般规定与《企业国有资产法》等不一致的，按照"特别法优于一般法的原则"，优先适用《企业国有资产法》等特别规定。

3. 密切关注《企业国有资产法》修订与国资监管政策调整，根据法律修订和政策调整，及时掌握国有资产监管规则。

关联法条

1.《民法典》第 257 条

2.《合伙企业法》第 3 条

3.《企业国有资产法》第 5 条

4.《企业国有资产交易监督管理办法》第 4 条

5. 财政部《关于国有企业认定问题有关意见的函》二、三

6.《国家出资企业产权登记管理暂行办法》第 2 条、第 3 条、第 4 条

7. 国资委、财政部、劳动保障部、国家税务总局《关于进一步明确国有大中型企业主辅分离辅业改制有关问题的通知》"一、关于国有控股企业的界定标准"

第一百六十九条 【出资人职责】

> 第一百六十九条 国家出资公司,由国务院或者地方人民政府分别代表国家依法履行出资人职责,享有出资人权益。国务院或者地方人民政府可以授权国有资产监督管理机构或者其他部门、机构代表本级人民政府对国家出资公司履行出资人职责。
>
> 代表本级人民政府履行出资人职责的机构、部门,以下统称为履行出资人职责的机构。

一、修订情况

本条为新增条款,在内容上有以下亮点:

1. 规定了国家出资公司"出资人"。

《企业国有资产法》第4条、第5条、第6条和第11条分别规定了企业国有资产的所有权人、所有权代表、出资人、履行出资人职责的机构,《公司法》与其保持一致明确"国务院或者地方人民政府"的"出资人"地位。

2. 引入"履行出资人职责的机构"。

2018年《公司法》规定国有独资公司出资人范围为"国务院或者地方人民政府授权本级人民政府国有资产监督管理机构",新《公司法》适应国有资产管理体制客观现状,与《企业国有资产法》保持一致将"履行出资人职责的机构"扩大到国务院或者地方人民政府授权的"其他部门、机构"。

二、理论基础

国有资产属于国家所有,国家出资人职责由国家所有权制度演化而来。伴随着我国国有资产管理体制改革的全过程,关于"国资委"的存废也在法学理论和机构实践上存在摇摆。①

以国务院国有资产监督管理委员会2003年的成立为标志,构建了"国家统一所有,政府分级代表"、政府内设特设机构代表政府对国家出资企业履行出资人职责的国有资产管理体制,以图解决"九龙治水"的多头监管问题。

2013年《中共中央关于全面深化改革若干重大问题的决定》提出,经济体制改革的核心问题是处理好政府和市场的关系,使市场在资源配置中起决定性作用和更好发挥政府作用,同时提出完善国有资产管理体制,以管资本为主加强国有资产监管。该决定在阐述"完善国有资产管理体制"时提出,"改革国有资本授权经营体制,组建若干国有资本运营公司,支持有条件的国有企业改组为国有资本投资公司"。② 这标志着国资监管架构从"国资委—国家出资企业"转变为"履行出资人职责的机构—国有资本投资公司、运营公司—各级国有企业"。国有资本投资公司、运营公司按照规定实施"国有资本运作",但不从事具体生产经营活动。

2018年6月《中共中央、国务院关于完善国有金融资本管理的指导意见》明确要求,"各级财政部门根据本级政府授权,集中统一履行国有金融资本出资人职责"。这也就从客观上改变了"国有资产监管管理机构"作为单一出资人代表机构的顶层设计。

三、制度演变

1993年《公司法》规定国有独资公司出资主体包括国家授权投资的机构或者国家授权的部门。

2005年《公司法》将国有独资公司出资人限缩为国家及各级政府"国有资产监督管理机构"。

2008年《企业国有资产法》引入"履行出资人职责的机构"的概念,不再局限于国有资产监督管理机构。

2019年《国务院关于印发改革国有资本授权经营体制方案的通知》回应金融、文化等特殊国有企业的国资监管体制改革要求,明确国务院授权国资委、财政部及其他部门、机构作为出资人代表机构,对国家出资企业履行出资人职责。出资人代

---

① 参见蒋大兴:《废除国资委——一种理想主义者的"空想"》,载《清华法学》2016年第6期。
② 需要注意的是,国有资本投资公司、运营公司目前在中央和地方均实行的是试点制和名单制,只有纳入对应的试点企业或者试点期满转正,才具有国有资本投资公司或者国有资本运营公司的功能。

表机构作为授权主体,要依法科学界定职责定位,加快转变履职方式,依据股权关系对国家出资企业开展授权放权,坚持政府公共管理职能与国有资本出资人职能分开,依法理顺政府与国有企业的出资关系,依法确立国有企业的市场主体地位,最大限度地减少政府对市场活动的直接干预。政府授权出资人代表机构按照出资比例对国家出资企业履行出资人职责,科学界定出资人代表机构权责边界。

新《公司法》按照党中央、国务院关于深化国有企业改革的决策部署,积极回应国有资本授权经营体制改革要求,对代表国家履行出资人职责的主体范围作了更加周延的规定。

需要注意的是,2019年《企业国有资产监督管理暂行条例》仍规定,"国有资产监督管理机构不行使政府的社会公共管理职能,政府其他机构、部门不履行企业国有资产出资人职责",与法律规定存在冲突。

四、案例评析

刘某、L县国有商业破产管理中心确认合同无效纠纷案[河南省高级人民法院(2019)豫民再411号]

基本案情:2005年9月,经L县人民政府批准成立L县国有商业破产管理中心,对辖区内国有破产企业资产进行监督管理。2018年1月,该破产管理中心发现S公司破产清算组在处置破产财产过程中,于2005年11月与刘某、陈某签订的土地使用权转让协议未经公开竞拍程序,价格远低于出让基准价和市场价值,导致国有资产严重流失,遂向L县人民法院起诉:请求确认破产清算组与刘某、陈某签订的土地使用权转让协议无效,要求刘某、陈某退回涉案国有土地使用权及退还占地补偿款。

裁判情况:再审法院认为,该破产管理中心系经L县人民政府批准成立,并经授权代表L县人民政府行使国有破产企业中国有划拨土地的相关权利,处理相关纠纷,故一审、二审认定破产管理中心具有提起本案诉讼的主体资格,于法有据,遂依法维持了二审判决。

评析:本案中,三级人民法院均确认了L县国有商业破产管理中心作为L县人民政府的授权部门,属于履行出资人职责的机构,其依据主要是《企业国有资产法》以及《企业国有资产监督管理暂行条例》。值得关注的是,虽然该破产管理中心不是S公司股东,本案不适用《公司法》(2018年)关于国有独资公司的相关规定,但从人民法院对"根据人民政府委托履行出资人职责的机构"范围的理解,超出了《公司法》(2018年)第64条第2款规定的"国有资产监督管理机构"的。这也可能是将履行出资人职责机构扩大到"人民政府授权的其他部门、机构"的现实动因之一。

五、律师实务指引

新《公司法》对履行出资人职责主体范围的扩大修改,回应了我国企业国有资产管理与监督的现实需求,将更大范围国有公司纳入新《公司法》调整框架,按照现代公司治理模式管理运营。

1.履行出资人职责的机构主要包括以下几类。

一是国务院国有资产监督管理机构,根据国务院授权履行出资人职责,监管中央所属企业(不含金融类企业)国有资产,加强国有资产管理工作的内设机构。

二是地方人民政府设立的国有资产监督管理机构,根据本级人民政府的授权、代表本级人民政府对国家出资企业履行出资人职责。

三是尚未实行政资分开代行出资人职责的政府主管部门和其他机构,这些机构在特定的历史阶段或特定的环境下代行出资人职责。

四是国有金融企业履行出资人职责的机构主要是财政部门。

五是国有文化企业履行出资人职责的机构,不同地区存在不同的制度安排,通常是文化行政管理部门。

2.上述调整也对律师提出了新的、更高的实务要求,主要包括以下方面。

一是从国有资产的主体构造理解其地位:《企业国有资产法》明确了涉及国有资产的四大权利主体:国家是所有权主体,国务院是所有权代表,国务院及地方人民政府是国家出资企业的出资人,履行出资人职责的机构、部门(统称履行出资人职责的机构)是出资人代表。

二是从国资国企改革维度理解其功能:新时代的国资国企改革最重要的就是"一个转变":从管资产到"管资本"。"国有企业"概念的宪法确认,是"所有权与经营权分离"的法观念的体现,并因此产生了"国家所有权与法人财产权"的商事法理念,从而跳出传统的"一物一权"古典理论,为国有企业走向公司制奠定了法律基础。在此发展脉络下对政府与国资监管机构在国有企业治理中的功能理解,归纳起来就是"三个归位"和"两个清单":三个归位是自主经营决策的事项归位于企业,将延伸到子企业的管理事项原则上归位于一级企业,公共管理职能归位于政府;两个清单是明确国有资产出资人监管边界,建立权力清单和责任清单。

三是从商事基本法的维度理解其角色:管资本在商事法律范畴中意味着聚焦于"资本",反映到公司法层面就是从出资到资本形成的公司股权。政府和履行出资人职责的角色定位也应以"股权"为基点展开,形成三个关系:履行出资人职责的机构在股权层面的身份就是股东,其与公司之间是一般的公司法关系,遵循股东平等、股权公平原则;而政府与企业之间是政企关系框架;政府与履行出资人职责的机构之间则是基于国有资产管理体制产生的产权代理或者法定的代表关系。

准确掌握履行出资人职责的机构的基本职责及履职要求后,才能跳出单一的以所有制为主线的国有资产管理思维,以及单纯强调公司治理而脱离国资监管特殊性的思路窠臼,提供高质量的国资国企法律服务。

关联法条

1.《企业国有资产法》第 4 条、第 5 条、第 6 条、第 11 条

2.《企业国有资产监督管理暂行条例》第 5 条、第 6 条、第 7 条

3.《中央党政机关和事业单位所属企业国有资本产权登记管理暂行办法》第 2 条、第 3 条

第一百七十条 【党对国家出资公司的领导】

> 第一百七十条 国家出资公司中中国共产党的组织,按照中国共产党章程的规定发挥领导作用,研究讨论公司重大经营管理事项,支持公司的组织机构依法行使职权。

一、修订情况

本条为新增条款,除了保留普通公司的党组织一般条款外(只是将 2018 年《公司法》第 19 条调整为新《公司法》第 18 条),明确了党组织在国家出资公司治理中的作用。

1. 确立《中国共产党章程》的公司法效力。

《中国共产党章程》作为党内法规,对国有企业的党组织建设进行了顶层安排,并通过《中国共产党国有企业基层组织工作条例(试行)》等党内专门法规加以落实。"按照中国共产党章程的规定发挥领导作用",从公司治理层面肯定了党章的公司法效力。

2. 国企党组织领导作用的法定化。

坚持党的领导是国有企业制度中国特色的重要基础。在党内法规、国企改革政策以及部门规章的基础上,新《公司法》明确了国家出资公司党组织的"领导作用",通过"研究讨论公司重大经营管理事项"享有公司治理法定地位。

二、理论基础

(一)国有企业党组织的定位演进

国有企业的党组织总体上经历了领导地位、政治领导、政治核心、领导核心的变化,最终被定位为发挥"领导作用"。

1. 领导地位。1956 年党的八大首次在《中国共产党章程》中规定党组织在国有企业中的领导地位,实行党委领导下的厂长分工负责制。1978 年,中共十一届三中全会提出以经济建设为中心,党组织发挥思想监督作用,厂长负责企业生产经营活动。1984年10月《中共中央关于经济体制改革的决定》确立了厂长(经理)负责制。

2. 政治领导。1986年《中国共产党全民所有制工业企业基层组织工作条例》将企业党组织界定为"思想政治领导"且"一般不兼任厂长",以解决党政不分的问题。

3. 政治核心。1989年《中共中央关于加强党的建设的通知》明确"党在企业的基层组织处于政治核心的地位"。1990年12月《中共中央关于制定国民经济和社会发展十年规划和"八五"计划的建议》首次对企业内部领导体制重述:进一步发挥党组织的政治核心作用,坚持和完善厂长负责制,全心全意依靠工人阶级搞活大中型企业。1993年中共十四届三中全会提出,要建立现代企业制度,党组织在国有企业中发挥政治核心作用,主要监督党和国家政策、方针在国有企业中的执行情况。

4. 政治领导、政治核心。1997年1月《中共中央关于进一步加强和改进国有企业党的建设工作的通知》仍然强调政治领导、政治核心,并明确"坚持党对国有企业的政治领导,但不能以党代政、以党代企"。

5. 领导作用。2015年5月,《中国共产党组织工作条例(试行)》指出党组织从发挥政治核心作用变为发挥领导核心作用,国有企业党组织履行"把方向、管大局、保落实"职责。

6. 领导核心、政治核心。2015年8月《中共中央、国务院关于深化国有企业改革的指导意见》仍将国有企业党组织的作用界定为"政治核心"。2016年10月,习近平总书记在全国国有企业党的建设工作会议上提出"发挥企业党组织的领导核心和政治核心作用",两个核心的作用归结起来就是"把方向、管大局、保落实"。2017年4月,国务院办公厅《关于进一步完善国有企业法人治理结构的指导意见》要求充分发挥党组织的领导核心和政治核心作用,保证党和国家方针政策的贯彻执行。

7. 领导作用。2017年修改后的《中国共产党章程》规定,国有企业党委(党组)发挥领导作用,把方向、管大局、保落实,依照规定讨论和决定企业重大事项。2019年《中国共产党国有企业基层组织工作条例(试行)》要求国有企业党委(党组)发挥领导作用,把方向、管大局、保落实,依照规定讨论和决定企业重大事项。2021

年5月中共中央办公厅印发的《关于中央企业在完善公司治理中加强党的领导的意见》明确国有企业党组织在公司治理结构中具有法定地位,发挥"把方向、管大局、促落实"的领导作用。

（二）党组织嵌入公司治理的理论和实践

2016年10月,习近平同志在全国国有企业党的建设工作会议上强调,"把党的领导融入公司治理各环节,把企业党组织内嵌到公司治理结构之中,明确和落实党组织在公司法人治理结构中的法定地位"。

中国特色社会主义现代国有企业,"特"就特在把党的领导融入公司治理各环节,把企业党组织内嵌到公司治理结构之中,通过"党建入章程""三重一大""交叉任职、双向进入""党组织事先审议"等制度和机制建设,明确和落实党组织在公司法人治理结构中的法定地位就成为建立中国特色现代国有企业制度的重要路径。

陈甦把党组织在公司治理中的合法地位和合法参与归纳为"中国特色现代企业制度"在新时代国有企业改革场域的体现。[1]

龚浩川认为国有企业目标重塑的基点是国有企业的人民性,[2]中国特色的国有企业目标,需要通过具有中国特色的国有企业治理机制来实现,这种特色的本质,就是"把党的领导融入公司治理各环节",通过党建不断强化党组织把握、协调人民性目标的能力,党领导下的国有企业议事决策机制能够保障企业决策符合人民性目标,党领导下的巡视制度补足了国有企业人民性目标的问责机制,党领导下的考核奖惩机制激励国有企业负责人实现人民性目标。王宏森认为,党组织嵌入国企治理在某种程度上扮演了国有资本股东代表或代理人的角色,[3]使"新国企"的党委会和董事会,具有类似德国等国家的公司治理中监督董事会和管理董事会并存的"双层董事会"的结构和功能。党委会、董事会再加上监事会和经理层（三会一层）的分立与交叉融合,体现了所有权控制、专业参与和劳工共决原则的统一,成为社会主义市场经济条件下"新国企"治理的典型特征。于莹则主张,党组织对公司治理结构的嵌入是全方位的,[4]仅从公司监督机制来看,党的纪律检查委员会和巡视组、巡察组对国有企业的监督职能比公司法中的股东直接诉讼和派生

---

[1] 参见陈甦:《中国特色现代企业制度的法律表达》,载《法治研究》2023年第3期。
[2] 参见龚浩川:《论国有企业的人民性目标及其治理机制》,载《当代法学》2023年第3期。
[3] 参见王宏森:《中国特色国有公司治理结构的典型化特征》,载《中国发展观察》2021年第24期。
[4] 参见于莹:《公权力嵌入国有公司治理:理据及边界》,载《政法论坛》2024年第1期。

诉讼更高效和便捷,政治规制和刑事责任的追究,使党的纪律检查部门在国有企业监督中威力更大。

党组织嵌入国有企业的公司治理实践,也是一个持续渐进的过程:

2010年6月,中共中央办公厅、国务院办公厅印发的《关于进一步推进国有企业贯彻落实"三重一大"决策制度的意见》明确,国有企业应当健全议事规则,明确"三重一大"事项的决策规则和程序,国有企业党委(党组)、董事会、未设董事会的经理班子等决策机构要依据各自的职责、权限和议事规则,集体讨论决定"三重一大"事项。

2015年9月,中共中央办公厅《关于在深化国有企业改革中坚持党的领导加强党的建设的若干意见》强调要坚持党管干部原则,充分发挥党组织在国有企业人员选拔任用中的领导和监督作用。

2015年8月,中共中央、国务院《关于深化国有企业改革的指导意见》要求将党建工作总体要求纳入国有企业章程,进一步明确党组织在国有企业治理结构中的法律地位。

2017年3月,中共中央组织部、国务院国资委党委《关于扎实推动国有企业党建工作要求写入公司章程的通知》明确要求,把党建工作要求写入国有企业公司章程。

2017年4月,国务院办公厅《关于进一步完善国有企业法人治理结构的指导意见》系统进行了制度安排,并进一步明确:坚持党的领导、加强党的建设是国有企业的独特优势。要明确党组织在国有企业法人治理结构中的法定地位,将党建工作总体要求纳入国有企业章程,明确党组织在企业决策、执行、监督各环节的权责和工作方式。

2020年12月,国务院国资委、财政部印发的《国有企业公司章程制定管理办法》以部门规章形式,要求公司党组织条款应当按照《中国共产党章程》《中国共产党国有企业基层组织工作条例(试行)》等有关规定,写明党委(党组)或党支部(党总支)的职责权限、机构设置、运行机制等重要事项。明确党组织研究讨论是董事会、经理层决策重大问题的前置程序。

三、制度演变

1993年《公司法》第17条规定:公司中中国共产党基层组织的活动,依照中国共产党章程办理。2005年《公司法》将其修改为第19条：在公司中，根据中国共产党章程的规定，设立中国共产党的组织，开展党的活动。公司应当为党组织的活动提供必要条件。

可以看出，作为一般公司的普通安排，以上规定并未涉及国有企业党组织的法律地位及其在公司治理中的作用。

新《公司法》则在国企改革政策、党内法规以及国资委和财政部规章的基础上，除了保留前述一般性"党组织条款"外，以专章下的专门条款明确了国企党组织的领导地位及其嵌入公司治理的合法性。

四、案例评析

G公司、J公司公司决议效力确认纠纷[最高人民法院(2021)最高法民申3524号]

基本案情：2011年4月12日，J公司的股东变更为某农场和某市国资委，J公司于2014年10月22日召开股东会，作出涉及某市国资委增资187.74万元内容的决议，但某农场和某市国资委均未按照国家"三重一大"的政策规定，也未向履行国有资产出资人职责的G集团公司和负有监管责任的某省国有资产监督管理委员会报告决策情况，亦未与党委（党组）沟通、听取党委（党组）的意见。某农场因此提起诉讼，要求确认J公司之股东会决议无效。

裁判结果："三重一大"决策制度是党中央、国务院规范国有企业决策管理的制度，从上述法律法规不能得出某农场所主张的J公司股东会决议无效的结果。

评析：本案裁判基于公司法组织法属性，对股东会决议的效力作出了合法性评价，准确界定了国资监管要求与商事行为效力的法律关系。但需要注意的是，股东会决议效力评价并不影响国资监管视角下的责任追究，而且股东会决议效力以及相关交易行为的评价也应遵循"内外有别"的商法原则分别进行。

五、律师实务指引

（一）厘清党组织行使职权的程序、边界

本条的规定仅是宣示性条款或者领导作用的确立条款，律师实务中还需要关注法律法规、党内法规、国企改革政策、国资监管要求等，针对国有企业的具体情况拟定党组织前置研究事项的范围、流程及议事规则。

1. 党组织前置研究事项。

在党组织决策时,律师应当关注作为党组织的成员执行党组织决定产生的公司治理责任(董、监、高的公司法责任)如何承担,以及党组织作出的决议在"商法"维度上的内外效力以及责任范式如何界定等问题。不少学者对此也都提出了建设性意见,如王新红、武欣玲提出了"合法性、科学性、民主性、安全性、效率性、有限参与"六大原则。[1]

《中国共产党国有企业基层组织工作条例(试行)》对国企党组织研究讨论的事项也进行了列举,并要求国有企业党委(党组)结合企业实际制定研究讨论的事项清单,厘清党委(党组)和董事会、监事会、经理层等其他治理主体的权责。

应当注意到,针对企业资产重组、产权转让、资本运作和大额投资等核心经营事项,党组织前置研究的关注逻辑在于原则性、方向性,不应对经营行为的具体商业效果作出决策。

2. 党委前置研究与"三重一大"制度的关系。

党委前置研究核心在于把关定向,更多关注原则性方向性战略性重大问题;而"三重一大"核心是相关重大事项决策经由集体研究讨论作出。不能简单地认为凡是"三重一大事项"均需要前置研究,也不能认为其他事项就不需要党委前置研究,具体要关注本地、本行业的国资监管要求以及集团企业的管控要求。

企业党委的"三重一大"决策事项清单涉及重大经营管理事项的,应当与"前置研究事项清单"保持一致;而"前置研究事项清单"与经理层、董事会的"三重一大"决策事项清单,应当根据把关决策的方式与董事会、经理层的清单建立关联和标准统一。

(二)党内法规与政策理解的重要性

国家出资公司作为国有企业,其公司治理体现着党务、政务、法务、商务的统一,国有企业领导人员管理、廉洁自律要求、经济责任制审计,以及巡视巡察、个人重大事项报告、纪检监察等方面,不仅涉及公司法视域下的私法规范,也涉及国资监管的行政法、经济法等公法规制,还受到纪检、监察以及相关政策规范的要求。律师提供法律服务,需要多维度的专业判断,以及合法、合规、合理性地综合考量判

---

[1] 参见王新红、武欣玲:《论党组织参与国有公司治理的法律原则》,载《中南大学学报(社会科学版)》2017年第5期。

断,而不能局限于民商法单一思维方向。

(三)国家出资公司股东会决议、董事会决议、总经理办公会决定内容违反公司党组织前置研究意见的责任

《中国共产党国有企业基层组织工作条例(试行)》第15条规定:"国有企业重大经营管理事项必须经党委(党组)研究讨论后,再由董事会或者经理层作出决定。研究讨论的事项主要包括:(一)贯彻党中央决策部署和落实国家发展战略的重大举措;(二)企业发展战略、中长期发展规划,重要改革方案;(三)企业资产重组、产权转让、资本运作和大额投资中的原则性方向性问题;(四)企业组织架构设置和调整,重要规章制度的制定和修改;(五)涉及企业安全生产、维护稳定、职工权益、社会责任等方面的重大事项;(六)其他应当由党委(党组)研究讨论的重要事项。国有企业党委(党组)应当结合企业实际制定研究讨论的事项清单,厘清党委(党组)和董事会、监事会、经理层等其他治理主体的权责……"

《中国共产党纪律检查委员会工作条例》第6条规定:党的地方各级纪律检查委员会和基层纪律检查委员会在同级党的委员会和上级纪律检查委员会双重领导下进行工作。党的地方各级纪律检查委员会和基层纪律检查委员会应当落实同级党的委员会推进全面从严治党、加强党风廉政建设和反腐败工作的部署,执行同级党委作出的决定,及时向同级党委汇报工作,按照规定请示报告重大事项。上级党的纪律检查委员会加强对下级纪律检查委员会的领导,对下级纪委的工作作出部署、提出要求;督促指导和支持下级纪委开展同级监督,检查下级纪委的工作,定期听取工作汇报,开展政治和业务培训。

《中国共产党纪律处分条例》第77条规定:"违反民主集中制原则,有下列行为之一的,给予警告或者严重警告处分;情节严重的,给予撤销党内职务或者留党察看处分:(一)拒不执行或者擅自改变党组织作出的重大决定;(二)违反议事规则,个人或者少数人决定重大问题;(三)故意规避集体决策,决定重大事项、重要干部任免、重要项目安排和大额资金使用;(四)借集体决策名义集体违规。"第78条规定:下级党组织拒不执行或者擅自改变上级党组织决定的,对直接责任者和领导责任者,给予警告或者严重警告处分;情节严重的,给予撤销党内职务或者留党察看处分。

由此可见,国家出资公司股东会决议、董事会决议、总经理办公会决定内容违反公司党组织前置研究意见,拒不执行或擅自改变党组织作出的重大决定,党组织

可以按照《中国共产党纪律处分条例》规定,给予警告、严重警告、撤销党内职务或者留党察看的纪律处分。

关联法条

1. 国务院办公厅《关于进一步完善国有企业法人治理结构的指导意见》
2. 《国有企业公司章程制定管理办法》

第一百七十一条 【国有独资公司章程的制定】

> 第一百七十一条　国有独资公司章程由履行出资人职责的机构制定。

一、修订情况

本条在两个方面进行了修订：

1. 明确国有独资公司章程制定主体。

将"国有资产监督管理机构"调整为"履行出资人职责的机构"，是国家出资公司出资人代表扩充导致的对应文本调整。

2. 删除了董事会对章程的"制订"和"报批"。

从文义看，国有独资公司的董事会制订章程并报经批准只是履行出资人职责的机构"制定"公司章程的一种方式或者环节，本次修改自"一审稿"就删除了董事会"制订—报批"的内容，但这并不意味着禁止董事会"制订"公司章程草案，主动权均在于履行出资人职责的机构。

《国有企业公司章程制定管理办法》第16条规定：国有独资公司章程由出资人机构负责制定，或者由董事会制订报出资人机构批准。出资人机构可以授权新设、重组、改制企业的筹备机构等其他决策机构制订公司章程草案，报出资人机构批准。

二、理论基础

公司章程是最重要的公司治理文件，学界关于公司章程的讨论主要聚焦于其性质和效力问题。

关于公司章程的性质，存在契约说、自治规范说和公司宪章说等主要理论。契约说认为，公司章程是股东之间在平等协商的基础上就设立和运营公司达成的文件，是股东自由意志的体现；自治规范说认为，公司章程是在国家强制性规范的指导下订立的旨在调整股东权益和公司运营方式的内部根本法；宪章说认为，公司章程既不是契约也不是自治法,而是带有宪章性质的法律文件。

自治规范说是大陆法系国家的主流学说,更好地契合了公司的社团属性。从公司的社团性出发,公司及其内部人必须要遵守两套规则体系,首先,要遵守法律确定的规则;其次,股东会决议或章程条款作为社团规则或者被社团采纳的规则,公司及其内部人也要遵守。

三、制度演变

1993年《公司法》第65条规定,"国有独资公司的公司章程由国家授权投资的机构或者国家授权的部门依照本法制定,或者由董事会制订,报国家授权投资的机构或者国家授权的部门批准"。

2005年《公司法》修订时,第66条规定,"国有独资公司章程由国有资产监督管理机构制定,或者由董事会制订报国有资产监督管理机构批准"。

2008年《企业国有资产法》第12条第2款规定,"履行出资人职责的机构依照法律、行政法规的规定,制定或者参与制定国家出资企业的章程"。此处使用"参与制定"的表述,是因为国家出资企业的类型中包括了国有资本控股公司和国有资本参股公司。

新《公司法》则明确规定"国有独资公司章程由履行出资人职责的机构制定",从而更符合公司法商事属性的涵射范围,至于其章程制定的具体内部程序和详细流程则属于国资管理的制度范畴。

四、律师实务指引

(一)关注章程制订中对特殊规则的区别引入

由于国有企业监管要求繁杂,在公司章程以及公司治理文件起草或审查中,应根据具体企业的客观情况,区别相关规则的强制性和指导性,对应作出合理安排。

如《国有企业公司章程制定管理办法》第10条关于董事会条款的规定,要求明确总法律顾问、董事会秘书由董事会聘任;第11条要求明确为高级管理人员。《中央企业合规管理指引(试行)》《中央企业合规管理办法》则规定由董事会决定合规负责人的任免。

国务院《关于进一步深化法治央企建设的意见》要求,落实总法律顾问列席党委(党组)会、董事会参与研究讨论或审议涉及法律合规相关议题,参加总经理办公会等重要决策会议制度,将合法合规性审查和重大风险评估作为重大决策事项必经前置程序。

国务院办公厅《关于加强和改进企业国有资产监督防止国有资产流失的意见》要求"建立审计部门向董事会负责的工作机制",由董事会审议批准企业年度审计计划和重要审计报告。国务院办公厅《关于进一步完善国有企业法人治理结构的指导意见》明确总经理对董事会负责、向董事会报告工作,"董事会闭会期间向董事长报告工作"。

(二)通过公司章程实现履行出资人职责机构职权行使和公司治理深度融合

1.通过对"经营范围"的界定,行使履行出资人职责机构"主业核定"职权

《企业国有资产法》第7条、《企业国有资产监督管理暂行条例》第14条分别规定:国有资产监督管理机构推动国有资本向关系国民经济命脉和国家安全的重要行业和关键领域集中;推进国有资产合理流动和优化配置,推动国有经济布局和结构的调整,保持和提高关系国民经济命脉和国家安全领域国有经济的控制力和竞争力,提高国有经济的整体素质。

国务院办公厅《关于转发国务院国资委以管资本为主推进职能转变方案的通知》加大对中央企业投资的规划引导力度,加强对发展战略和规划的审核,制定并落实中央企业国有资本布局结构整体规划。改进投资监管方式,通过制定中央企业投资负面清单、强化主业管理、核定非主业投资比例等方式,管好投资方向。

新《公司法》第9条规定:"公司的经营范围由公司章程规定。公司可以修改公司章程,变更经营范围。公司的经营范围中属于法律、行政法规规定须经批准的项目,应当依法经过批准。"

因此,通过制定/修改公司章程,明确公司"经营范围",可以实现对出资人职责机构"主业核定"权的履行。

2.明确对公司"发行公司债券"作出决议的机构

《企业国有资产法》第31条、《企业国有资产监督管理暂行条例》第21条均规定,国有资产监督管理机构决定"发行公司债券等重大事项"。新《公司法》第59条规定,"股东会可以授权董事会对发行公司债券作出决议";第172条没有将"发行公司债券"规定为应当由履行出资人职责的机构决定的事项,为公司章程制定/修改预留了自治空间。

3. 明确对公司"审议批准公司的年度财务预算方案、决算方案"作出决议的机构

《企业国有资产法》第 67 条、《企业国有资产监督管理暂行条例》第 33 条规定,国有资产监督管理机构依法对所出资企业财务进行监督,对年度财务会计报告进行审计。

实践中,对"企业财务预决算"的监督,是国有资产监督管理机构的一项重要职权。新《公司法》修订过程中,删除了股东会"审议批准公司的年度财务预算方案、决算方案"的职权,董事会职权中也没有该事项,为公司章程自治预留了空间。

第一百七十二条 【国有独资公司股东权的行使】

> 第一百七十二条　国有独资公司不设股东会，由履行出资人职责的机构行使股东会职权。履行出资人职责的机构可以授权公司董事会行使股东会的部分职权，但公司章程的制定和修改，公司的合并、分立、解散、申请破产，增加或者减少注册资本，分配利润，应当由履行出资人职责的机构决定。

一、修订情况

相较于2018年《公司法》第66条，本条存在以下方面的修改：

1. 对"授权董事会行使股东会部分职权"优化确认。

授权国有独资公司董事会行使部分股东会职权，是深化国有企业改革、优化国有资本授权经营体制的重要举措。

在改革试点实践基础上，新《公司法》对包括国资监管机构在内的履行出资人职责的机构授权董事会行使部分股东会职权予以法律确认。

2. 优化董事会授权的排除事项。

对必须由履行出资人职责的机构行使而不得授权的事项范围，新《公司法》在"公司的合并、分离、解散、增加或者减少注册资本"的基础上，新增加了"公司章程的制定和修改""分配利润"两类事项。

同时，本条还删除了原禁止授权事项的"发行公司债券"，从而与新《公司法》第59条新增内容"股东会可以授权董事会对发行公司债券作出决议"相衔接，保持国有独资公司的平等对待。

3. 删除与《企业国有资产法》重复的内容。

本条删除了"重要的国有独资公司"的相关内容，以避免与《企业国有资产法》第12条、第34条的规定重复。

二、理论基础

基于"民商合一"的法律传统，我国企业立法的逻辑重心在于"所有权""物权"

"资产"等概念,《全民所有制工业企业法》《企业国有资产法》都体现了这一点。

"资产"到"资本"的观念进化也是 2005 年《公司法》的制度贡献之一。尽管 2001 年 7 月修订的《中外合资经营企业法实施条例》①就以"股权"替代了之前"注册资本"或者"出资额"的概念,但《公司法》直到 2005 年才引入"股权"这一基础概念,并以"有限责任公司的股权转让"予以专章规制,完成了公司法理念从"出资""出资额"等民法的"资产"视角的"资本"进化。孙宪忠教授在中国法学会民法学研究会 2023 年年会主旨发言《当前民法学基本理论的十点思考》中感慨:"现在我们民法还是强调国家所有权的统一和唯一,而没有把政府投资的股权问题凸显出来。法学理论落后于经济实践,这个问题在我们民法学界本身还比较严重。"

国资管理领域"管资产"到"管资本"的理念变化,也体现了现代企业制度、现代公司法理念的实践和发展。中共十八届三中全会首次提出"以管资本为主加强国有资产监管",以政府对国有企业的产权为基础、以资本为纽带,从根本上理顺政府、市场、企业之间关系。"管资本"不仅让履行出资人职责的机构回归到了"资本人格化"的"股东"身份,也使国家出资公司在制度层面回归公司法基础安排,除公司治理层面的特殊性外,遵循与其他市场主体的商法平等。至于行政法和经济法领域的特殊监管问题,则是公法的制度设计以及与私法调整之间的融贯问题。

国有企业被视为国家所有权的实现形式,体现着"国家对生产资料的占有","是保障国家自主性的物质条件和组织基础",②所以"国有企业存在不是单纯的经济学问题,而是政治经济学问题"。③ 企业国有资产管理体制,则被视为推进我国国有企业改革的重要载体,④我国的国资监管体制经历了两权分离改革、出资人制度改革以及中共十八大以来的国有资本治理改革阶段。⑤ 中共十八届三中全会以来启动的国有企业按照功能分类改革并以管资本为主加强国有资产监管,从而形

---

① 2001 年《中外合资经营企业法实施条例》第 11 条规定:"合营企业合同应当包括下列主要内容……(三)合营企业的投资总额,注册资本,合营各方的出资额、出资比例、出资方式、出资的缴付期限以及出资额欠缴、股权转让的规定……"第 12 条第 1 款规定,"合营一方向第三者转让其全部或者部分股权的,须经合营他方同意,并报审批机构批准,向登记管理机构办理变更登记手续"。
② 参见杨鹏程:《国有企业功能与国有资本演化的政治逻辑》,载《江汉论坛》2017 年第 7 期。
③ 参见姚金伟:《从资本国家到国家资本:国企存在的政治经济学探究》,载《财经问题研究》2022 年第 9 期。
④ 参见常蕊:《企业国有资产管理体制:现状、问题与对策》,载《当代经济管理》2016 年第 3 期。
⑤ 参见荣兆梓、咸怡帆:《继续推进国有资本治理体制改革》,载《河北经贸大学学报》2021 年第 3 期。

成"管资本"的国资监管新体制。国务院国资委原主任郝鹏将其归纳为四点:在监管定位和理念上,要从国有企业的直接管理者转向基于出资关系的监管者;在监管对象和重点上,要从关注企业个体发展转向更加注重国有资本整体功能;在监管途径和方式上,要从主要采取行政化管理手段转向更多运用市场化法治化方式;在监管导向和效果上,要从关注规模速度转向更加注重提升质量效益。[①]

三、制度演变

(一)权力主体变化

2005年、2013年及2018年《公司法》使用"国有资产监督管理机构"的概念,由其行使股东会职权,并明确决定公司的合并、分立、解散、增加或者减少注册资本和发行公司债券等职权仍保留于国有资产监督管理机构。

(二)权力内容变化

在国有独资公司的股东权行使层面,1993年、1999年及2004年《公司法》规定了由国家授权投资的机构或者国家授权的部门行使国有独资公司的董事会职权,同时规定保留于国家授权机构或部门的职权是决定公司的合并、分立、解散、增减资本和发行公司债券事项。当时尚未设立"重要的国有独资公司"特殊规则。

从2005年开始,《公司法》设立了"重要的国有独资公司"的特殊规定:公司的合并、分立、解散、申请破产事项,应当由国有资产监督管理机构审核后,报本级人民政府批准。

(三)配套制度完善

在2015年《中共中央、国务院关于深化国有企业改革的指导意见》顶层制度基础上,国务院《关于改革和完善国有资产管理体制的若干意见》,国务院办公厅《关于转发国务院国资委以管资本为主推进职能转变方案的通知》相继出台,强力推进"管资本"改革。

2017年国务院办公厅《关于转发国务院国资委以管资本为主推进职能转变方案的通知》、2018年国务院《关于推进国有资本投资、运营公司改革试点的实施意见》、2019年国务院《关于印发改革国有资本授权经营体制方案的通知》,要求出资

[①] 参见郝鹏:《加快实现从管企业向管资本转变 形成以管资本为主的国有资产监管体制》,载《学习时报》2019年11月20日,第1版。

人代表机构对国有资本投资、运营公司及其他商业类企业(含产业集团)、公益类企业按照不同类型企业给予不同范围、不同程度的授权放权,定期评估效果。

《国务院国资委授权放权清单》针对各中央企业、综合改革试点企业、国有资本投资运营公司试点企业以及落实董事会职权试点企业等相应明确了授权放权事项。

这些制度安排完成了我国国资管理体制从"国资委+国有企业"的双层运营模式向"履行出资人职责的机构+国有资本投资公司、运营公司①+国有企业"的三层运营模式转变,②从"管资产和管人、管事相结合"的体制向"以管资本为主"的体制转变。

四、案例评析

N集团有限责任公司、南京S传媒投资有限责任公司与北京H投资管理中心(有限合伙)合同纠纷案[最高人民法院(2022)最高法民申232号]

基本案情: 2010年4月,南京S传媒股份有限公司(以下简称目标公司)与包括北京H投资管理中心(有限合伙)(以下简称H)在内的四家投资公司、N集团有限责任公司、南京S传媒投资有限责任公司签订《增资协议》,同意H等四家投资公司认购目标公司增发新股。同日,上述各方签订《备忘录》,对业绩承诺作出约定。之后目标公司未能达到《备忘录》约定的业绩条件,H要求目标公司原股东进行股权回购。但目标公司原股东以股权回购行为需要报国资管理部门备案及股权定价需要按照国资监管规则进行评估拒绝回购。

裁判情况: 最高人民法院认为,2018年《公司法》第66条仅规定国有独资公司的合并、分立、解散等情形必须由国有资产监督管理机构决定及报批,并不涉及股权回购事宜。《企业国有资产法》第30条规定国家出资企业的合并、分立、增减注册资本、进行重大投资等重大事项,应遵守相关规定,不得损害出资人和债权人的权益,并无关于股权回购需要经审批的规定。《企业国有资产监督管理暂行条例》

---

① 国务院国资委近年提出了"产业集团"的概念,部分地方在国有企业整合与改革中也组建了"产业集团"。国务院国资委领导在2022年举行的新闻发布会上指出:"将继续推动改革不断深化,加快培育,成熟一家,转固一家,最终形成国有资本投资公司、运营公司和产业集团三类企业功能鲜明、分工明确、协调发展的中央企业格局。"

② 参见赵旭东主编:《新公司法讲义》,法律出版社2024年版,第389页。

第23条系关于国有股权转让的规定,致使国家不再拥有控股地位的,须经政府批准。同时,《备忘录》约定关于股权回购问题,在相关法律、行政法规未作出强制性规定时,各方当事人约定签署及《增资协议》经审批生效后发生效力,属当事人对股权回购协议效力的真实意思表示,二审判决依法认定《备忘录》生效并无不妥。

评析:本案裁判准确厘清了股权回购行为与国资监管的法律逻辑关系。基于商事主体的特殊性,对商事交易的行为效力应谨慎予以否定评价,从而维护交易安全和各方的商事预期。即便在"强监管"的背景下,最高人民法院关于《民法典》合同编的相关司法解释也坚持了这一理念,并改变了区别法律强制性规定的分类属性而评价合同效力的裁判思路。

五、律师实务指引

律师在服务履行出资人职责机构协助制定国家出资公司章程或提供其他法律服务时,建议关注如下要点:

(一)"管资本"的监管理念

国资监管规定和国企改革政策明确了管资本的具体要求,在新《公司法》语境下,需要高度关注制度变化带来的与国有企业相关的法人格否认风险以及董、监、高、实际控制人、控股股东等主体的特殊法律风险,同时还应履行国资监管的"集团管控"要求,避免审计、巡视巡察风险。

(二)国家出资公司的章程制度变化

履行出资人职责机构依法是国有独资公司章程的制定主体。律师协助国家出资公司起草、制定章程时,应根据具体的国有企业类型,结合《国有企业公司章程制定管理办法》以及相关的法律法规、政策文件、党内法规和纪律的综合要求,合法、合规办理。

(三)国家出资公司的特殊监管要求

基于国有企业的特殊监管规则,国家出资公司在对外投资、参股投资、对外担保、资产交易、领导人员管理(甚至是职级职位职数)等方面存在特定的报批、报备等特殊监管程序和要求,需要按照国家、地方甚至是行业的特殊要求和规则办理相关手续,避免仅止步于公司法的商事程序考量。

（四）重要的国有独资公司合并、分立、解散、申请破产的，不需要再报本级人民政府批准

按照中共中央、国务院《关于深化国有企业改革的指导意见》，推进"以管资本为主推进国有资产监管机构职能转变"，科学界定国有资产出资人监管的边界，大力推进依法监管，改变行政化管理方式。在新《公司法》施行后，重要的国有独资公司合并、分立、解散、申请破产的，不需要再报本级人民政府批准。

关联法条

1.《民法典》第125条
2.《国有企业公司章程制定管理办法》第2条
3.《企业国有资产法》第31条、第32条、第34条
4.《企业国有资产监督管理暂行条例》第21条、第32条

第一百七十三条 【国有独资公司的董事会】

> 第一百七十三条　国有独资公司的董事会依照本法规定行使职权。
> 国有独资公司的董事会成员中,应当过半数为外部董事,并应当有公司职工代表。
> 董事会成员由履行出资人职责的机构委派;但是,董事会成员中的职工代表由公司职工代表大会选举产生。
> 董事会设董事长一人,可以设副董事长。董事长、副董事长由履行出资人职责的机构从董事会成员中指定。

一、修订情况

相较于2018年《公司法》第67条,本条有以下方面的修改:

1. 删除董事任期规定。

删除了专章中关于国有独资公司董事任期的重复表述,基于国家出资公司的具体组织类型规定有限公司或者股份有限公司的一般规则。

2. 保留"国有独资公司"职工董事强制规定。

新《公司法》删除了两个以上国有主体投资设立的公司对职工董事的规定,不再按公司所有制类型对职工董事的设置提出要求,职工人数300人以上的有限责任公司,除依法设监事会并有公司职工代表的外,其董事会成员中应当有公司职工代表,其他公司董事会成员中可以有职工代表。但在国有独资公司中,保留了职工董事的强制性安排。

这一方面回应了单层制改革后承接职工监事的对应安排问题,另一方面也是对此次修订在立法目的中增加"职工"这一法益主体的制度呼应。

3. 引入外部董事制度。

2004年开始的董事会试点改革就创设了"外部董事"制度,从而发展为我国国企改革的重要成果。

4."国有独资公司"吸收外部董事过半数的改革成果。

"外部董事过半数"是2015年国企改革顶层设计文件对国有独资公司和国有全资公司正式提出的制度要求。2009年国资委《董事会试点中央企业董事会规范运作暂行办法》就提出了外部董事"原则上"应当超过外部董事;2017年国务院办公厅《关于进一步完善国有企业法人治理结构的指导意见》以及后续的其他改革政策均延续了"过半"的制度要求。

新《公司法》在国有独资公司层面引入"外部董事过半数"的要求,但并不影响其他类型的国家出资公司也应按照国资监管要求安排"外部董事"制度。

二、理论基础

刘斌将公司法的董事会制度设计归纳为"多元功能、多元构成、多元问责"的特征,①并将其在中国公司法的发展总结为三个阶段:(1)1993年《公司法》的初代1.0版本,虽然董事会制度被确立,但具有浓厚的股东会中心主义色彩。(2)2005年《公司法》升级后的2.0版本,董事会职权增加了"公司章程规定的其他职权"的兜底条款,以通过章程自治的方式厘定董事会与股东会的权力划分,明确了董事会职权的法定属性,不能分配给其他机构,也不能随意剥夺。(3)2023年修订后的《公司法》正式确立了董事会制度的3.0版本,突出董事会在公司治理中的地位成为重要的修法主线:删除了董事会对股东会负责的表述,删除股东会"决定公司的经营方针和投资计划"和"审议批准公司的年度财务预算方案、决算方案"职权,以及"审计委员会"制度的创设,均为董事会权力扩张留足了制度空间,删除董事会人数上限,并将股份有限公司董事会人数下限降低到3人,赋予公司更多自治空间。

汪青松认为,国家出资公司应当采取董事会中心治理模式,将董事会作为决策机构来设计公司治理架构,也是新一轮国企改革中完善国有企业法人治理结构的政策取向,为国家出资公司多元治理目标的实现提供更坚实的法律制度保障。②

外部董事和职工董事制度是推动现代公司治理发展的重要内容:

外部董事制度起源于美国。为了解决公司内部董事会和管理层"抱团"导致

---

① 参见刘斌:《中国公司董事会迈入3.0时代》,载《董事会》2024年第Z1期。
② 参见汪青松:《国家出资公司治理模式选择与法律制度保障》,载《政治与法律》2023年第9期。

公司股东几乎失去重大决策权的问题,外部董事制度应时而生,之后也产生了外部董事占多数的治理结构。英国最早在20世纪80年代的银行法中引入外部董事制度。韩国则在1997年金融危机后为了提高公司透明度引入外部董事制度,并不断修改法律法规完善外部董事制度体系。

职工董事制度最早可追溯至"二战"后联邦德国的"共同决定"(Mitbestimmungs)制度,即企业员工可以由其选举产生的代表和雇主/管理层共同决定重要企业决策的制度。《德国有限责任公司法》《德国股份公司法》,另外还有1951年出台的《德国煤钢行业职工共同决策法令》、1952年《德国企业组织法令》以及1976年《德国职工共同决策法令》作为补充,共同构成了德国"职工共决制度"的基本法律框架。学界认为,除了利益相关者理论外,经济民主理论、民主资本主义理论、共同治理理论、企业社会责任理论、人力资本理论、社会均衡理论、劳动与资本联合理论、管理科学理论等,都从各个方面论证了职工参与公司治理的应然性。[①]由此可见,职工的民主参与并不应局限于国家出资公司层面。

三、制度演变

(一)董事会地位变化

董事会制度第一次在我国的成文法中出现是1979年《中外合资经营企业法》,其属性是"最高权力机构"(1983年颁布的《中外合资经营企业法实施条例》明确)。

1992年5月15日颁布的《股份制企业试点办法》《有限责任公司规范意见》规定在不设股东会的情况下董事会为"最高权力机构",设有股东会的则为"股东会的执行机构"。同时颁布的《股份有限公司规范意见》则规定,"董事会是公司的常设权力机构,向股东会负责"。

中共中央、国务院《关于深化国有企业改革的指导意见》明确董事会的"决策作用",国务院办公厅《关于进一步完善国有企业法人治理结构的指导意见》更明确其"是公司的决策机构"。

刘斌认为,董事会并非简单承担公司业务的执行功能,还可能兼具经营管理、经营决策、内部监督等多重功能,由此决定了不宜将其简单界定为执行机构。而

---

① 参见胡改蓉:《国有公司职工董事制度之不足及其补正》,载《社会科学》2010年第11期。

且,董事会的角色定位并非一成不变,过去几十年美国公司法也从传统立法上要求公司事务由董事会管理,转而发展至宽松地规定公司事务由董事会管理或者在董事会的指导及监督下进行。[1]

(二)外部董事制度及其发展

我国最早是在上市公司中引入外部董事制度,从1997年青岛啤酒在香港上市开始,之后逐步延伸至证券市场。

2004年国务院国有资产监督管理委员会《关于中央企业建立和完善国有独资公司董事会试点工作的通知》及其附件国务院国有资产监督管理委员会《关于国有独资公司董事会建设的指导意见(试行)》,第一次在制度层面提出建立外部董事制度,确定了第一批18家试点企业。此后又陆续发布的《董事会试点中央企业董事会规范运作暂行办法》《中央企业专职外部董事薪酬管理暂行办法》《董事会试点企业董事会年度工作报告制度实施意见(试行)》《董事会试点中央企业专职外部董事管理办法(试行)》等规范性文件,是完善外部董事制度、实现国企法人治理结构改革的重大突破。

2005年4月,国务院明确规定要"以建立健全国有大公司董事会为重点,抓紧健全法人治理结构、外部董事和派出监事会制度"。2005年10月,国资委按照国务院要求启动董事会改革试点工作,将宝钢集团实行的"4+5模式"(董事会成员由4名内部董事、5名外部董事组成,外部董事全部实际就位且比例过半)在国内其他大型国有企业推广。2006年6月,国资委《中央企业全面风险管理指引》提出:国有独资公司和国有控股公司应建立外部董事、独立董事制度,外部董事、独立董事人数应超过董事会全部成员的半数,以保证董事会能够在重大决策、重大风险管理等方面作出独立于经理层的判断和选择。2019年,国资委《关于加强中央企业外部董事履职支撑服务的工作方案》的发布标志着中央企业外部董事"四位一体"的履职支撑服务体系正式运行。2021年9月,国资委《中央企业董事会工作规则(试行)》将中央企业的董事会建设及外部董事制度推向完善。2021年国资委《关于中央企业加强子企业董事会建设有关事项的通知》《关于中央企业落实子企业董事会职权有关工作的通知》将中央企业的子企业董事会建设纳入规范。

2020年12月,国务院国资委、财政部《国有企业公司章程制定管理办法》规

---

[1] 参见刘斌:《中国公司董事会迈入3.0时代》,载《董事会》2024年第Z1期。

定:国有独资公司、国有全资公司应当明确由出资人机构或相关股东推荐派出的外部董事人数超过董事会全体成员的半数。

(三)条款变化

1993年《公司法》不仅规定了一般公司的董事会制度,还专节规定了"国有独资公司"及其董事会制度:明确由国家授权投资的机构或者国家授权的部门委派和更换董事,董事长为法定代表人。2005年《公司法》将"由国家授权投资的机构或者国家授权的部门"修改为"国有资产监督管理机构"。2013年《公司法》则删除了董事长担任法定代表人的规定。

四、案例评析

胡某某与中国证券监督管理委员会行政处罚案[北京市高级人民法院(2017)京行终3225号]

基本案情: 2015年5月,中国证监会在对欣泰电气现场检查时发现欣泰电气涉嫌财务数据不真实、虚增经营活动现金流等违法线索,决定对其进行立案调查,并对胡某某作出被诉处罚决定。胡某某向中国证监会申请行政复议,2016年10月24日,中国证监会作出被诉复议决定、维持被诉处罚决定。胡某某不服,提起行政诉讼。

一审中,法院查明在欣泰电气IPO申请过程中,胡某某一直担任公司外部董事,并在相关董事会的决议及招股说明书上签字。胡某某主张自己已尽到勤勉义务,主要理由在于其作为外部董事无须管理公司财务、不具有财会专业背景,并非审计委员会成员以及信任专业审计机构出具的财务报告等,反复强调自己作为外部董事的身份,并以此认为自己不应为欣泰电气的欺诈发行违法行为承担法律责任。

裁判情况: 法院认为,公司申请公开发行新股,公司及其董事、监事、高级管理人员的行为既要受公司法调整,同时也要受到证券法的规制和调整。2018年《公司法》第147条第1款规定,董事、监事、高级管理人员应当遵守法律、行政法规和公司章程,对公司负有忠实义务和勤勉义务。在一般情况下,该规定确定的是董事、监事、高级管理人员对其所在公司的忠实和勤勉义务,但当公司申请发行新股的时候,则该忠实和勤勉义务不仅面向其所在公司,也经由公司申请上市而面向证券监管机构和不特定市场主体。因此,在公司申请IPO过程中,将公司法上董事的勤勉义务作为判断证券发行审核过程中董事是否尽到勤勉尽责义务的标准，并无不当。

评析：本案焦点为外部董事疏于履行勤勉义务导致赔偿责任。基于民营公司外部董事与国有企业外部董事在性质、特征上具有相当的共性，故本案可作为国有独资公司外部董事履行忠实和勤勉义务的参考。

本案中，原告胡某某系拟上市公司的外部董事，因公司在IPO过程中提供虚假数据材料而受到证监会的行政处罚。在随后的行政诉讼中，胡某某一直强调自己并非公司的内部董事，并未参与公司的具体经营，因此法院不应当以公司内部董事的标准去判定其忠实、勤勉义务。而法院认为外部董事虽不参与公司的经营管理，但具备公司管理所需的必备专业知识，充分了解公司的经营状况，并基于自己的独立判断履行职责，最终判定胡某某应承担责任。

五、律师实务指引

(一) 国有全资、控股公司也应关注外部董事制度

尽管新《公司法》仅要求国有独资公司应当建立外部董事制度，但国务院办公厅《关于进一步完善国有企业法人治理结构的指导意见》以及其他监管要求还规定了国有独资、全资公司也应全面建立外部董事占多数的董事会制度。

国有控股企业"应有一定比例的外部董事，由股东会选举或更换"，并要求国有控股企业实行外部董事派出制度。

因此，国有全资公司、国有控股公司也应按照要求建立外部董事相关制度，并关注相关政策的后续调整。

(二) 关注外部董事义务责任的变化

国家出资公司的外部董事，包括专职外部董事和兼职外部董事，应按照党内法规、国资监管要求、国企改革政策等履行职责、防范合规性风险。

基于新《公司法》对董、监、高忠实和勤勉义务的规定，国家出资公司的外部董事也应一并遵循该等规定。

此外，律师还应提醒包括外部董事在内的国家出资公司的董、监、高，关注《刑法修正案(十二)》对相关刑事风险的影响。

(三) 关注制度特殊性

国有独资公司的董事会成员实行委派制，但其中的职工董事由职工代表大会选举产生(国有资本控股公司、国有全资公司则有可能通过其他民主形式由职工选举);董事长、副董事长并非选举产生,而是"指定"产生;在任职条件上,除新《公司法》的一般规定外,还要符合《企业国有资产法》以及其他监管要求、政策要求等;国有独资公司还存在外部董事召集人制度。

国务院针对国有资本投资、运营两类公司的外部董事明确从专职外部董事中委派,而政府直接授权的两类公司则由国务院或地方人民政府委派。

另外,《国有企业公司章程制定管理办法》等相关文件对国家出资公司的治理安排也存在特殊规定,针对不同类型的国有企业还应分别满足该等特殊要求。

关联法条

1. 国务院《关于推进国有资本投资、运营公司改革试点的实施意见》"二、试点内容""(四)治理结构"第 2 条
2. 《关于加强中央企业外部董事履职支撑服务的工作方案》
3. 《中央企业董事会工作规则(试行)》
4. 《国有企业公司章程制定管理办法》
5. 《国有独资公司董事会试点企业职工董事管理办法(试行)》第 4 条、第 8 条
6. 《关于中央企业加强子企业董事会建设有关事项的通知》
7. 《关于中央企业落实子企业董事会职权有关工作的通知》
8. 《关于进一步推动国有企业董事会配齐建强有关事项的通知》

第一百七十四条 【国有独资公司的经理】

> 第一百七十四条 国有独资公司的经理由董事会聘任或者解聘。经履行出资人职责的机构同意,董事会成员可以兼任经理。

一、修订情况

本条删除了经理职权的转致规定:

由于新《公司法》删除了有限公司经理职权的列举规定,经理职权由公司章程规定或者董事会授权确定。而且,国家出资公司也不仅仅局限于"有限责任公司"的企业形态,故删除了经理职权的转致条款。

二、理论基础

(一)商法自治与国资监管的衔接

从商事法角度看,国有独资公司董事会聘任、解聘经理层属于公司自治的范畴。但国有企业作为特殊属性的商事主体,还受到经济法、行政法、监察法等公法规制,一方面,不同国有企业的经理层由于所处干部管理层级不同,需要由不同部门进行考察、任免,并在决定作出后履行公司法程序;另一方面,国有企业在商法层面也具有自身特殊性,比如本条对董事会成员兼任经理的规定,就需要"经履行出资人职责的机构同意"这一前置条件。

而且本条也扩充了《企业国有资产法》兼任经理须经批准的人员范围,从"董事长"扩充到全体董事。

(二)经理层的任期制和契约化管理

按照《企业国有资产法》的规定,国家建立国家出资企业管理者经营业绩考核制度。履行出资人职责的机构应当对其任命的企业管理者进行年度和任期考核,并依据考核结果决定对企业管理者的奖惩。

经理层成员任期制和契约化管理,是近年来国有企业市场化改革的重要举措。

是指对企业经理层成员实行的,以固定任期和契约关系为基础,根据合同或协议约定开展年度和任期考核,并根据考核结果兑现薪酬和实施聘任(或解聘)的管理方式。

2015年中共中央、国务院《关于深化国有企业改革的指导意见》提出,要推行职业经理人制度,畅通现有经营管理者与职业经理人身份转换通道,董事会按市场化方式选聘和管理职业经理人,合理增加市场化选聘比例,加快建立退出机制。推行企业经理层成员任期制和契约化管理,明确责任、权利、义务,严格任期管理和目标考核。

作为国有企业领导人员的管理机制,任期制和契约化管理本质上仍是企业经营责任制的内容,旨在完善国有企业领导人员分类分层管理,更好地解决三项制度改革中的突出矛盾和问题,推行"职业经理人"制度,弘扬企业家精神。

三、制度演变

1993年《公司法》规定,"经理依照本法第五十条规定行使职权。经国家授权投资的机构或者国家授权的部门同意,董事会成员可以兼任经理"。2005年《公司法》将"国家授权投资的机构或者国家授权的部门"调整为"国有资产监督管理机构"。

四、案例评析

新疆伊犁L有限公司与徐某追索劳动报酬纠纷案[新疆维吾尔自治区伊宁县人民法院(2017)新4021民初189号]

基本案情: 2014年9月26日,新疆伊犁L有限公司(以下简称L公司)与徐某签订《劳动合同》约定,"根据甲方(公司)要求,乙方(徐某)同意在管理岗位从事副总经济师工作。甲方根据工作需要,按照合理诚信原则,可依法变动乙方的工作岗位"。第6条:"甲方安排乙方所从事的工作内容及对乙方提出的工作要求,应当符合国家法律、法规、规定的劳动基准和甲方依法制定并已公示的规章制度。" 2016年3月21日,L公司作出《会议纪要》:"会议讨论了公司内部退养、停薪留职、中层干部到龄离职办法……"25日,公司下发《关于孙某等同志的任免通知》免去徐某总经济师、监察审计部主任职务。

2016年8月24日,徐某向伊犁哈萨克自治州劳动人事争议仲裁委员会申请仲裁;L公司不服伊州劳人仲字(2016)48号仲裁裁决书,诉至法院。

裁判情况:对2016年3月25日L公司调整徐某岗位是否合适的问题,L公司主张根据公司章程总经理有权调整徐某的工作岗位,但是从公司章程的"……公司各方股东一致同意制定……"表述看,章程是股东制定的调整公司经营行为的自治规则,仅对公司、股东具有约束力;根据《劳动合同法》第4条第1款"用人单位应当依法建立和完善劳动规章制度,保障劳动者享有劳动权利、履行劳动义务"的规定,章程并不是依法建立的劳动规章制度、对劳动者没有约束力。故对L公司的上述主张,不予认定。

庭审中,L公司没有提交协商一致的有关证据,免去徐某副总经济师的行为不属于依法变更劳动合同书约定的工作岗位的情形。故2016年3月25日免去徐某副总经济师调整徐某岗位的行为,违反了双方签订的《劳动合同》,免职行为无效、对徐某无约束力。

评析:首先,要区别公司治理关系与劳动合同关系之间的法律适用,准确界定纠纷的法律属性。其次,对高级管理人员实行契约化管理的国有企业,会签署聘任合同,约定将根据目标考核结果兑现绩效与奖励,升降职务乃至解聘。在此情况下,国有企业的任意解聘权会受到合同限制,需要满足解除权条件。

五、律师实务指引

(一)厘定经理职责边界

按照国资监管规定,国有企业董事会的职责定位是"作决策、防风险、定战略",经营管理层职责定位则是"谋经营、抓落实、强管理"。

科学、合规厘定国有独资公司的经理职权以及其他国家出资企业的经理职权,除了要遵循公司法、国资监管的规定外,还要针对目标企业批准的设立方案、企业功能安排、具体章程内容等具体事项加以界定,不能一概而论。

(二)向经理层授权应遵循监管要求和改革框架

作为组织法,公司法明确了三会一层的职权并留下了授权空间。但作为国有企业,董事会向经理层授权安排应符合国资监管规定及国企改革行动方案等改革原则。

(三)任期制和契约化管理律师实务

任期制和契约化管理的核心是要搭建"权—责—利"对等的治理体系,包括任期管理、签订契约、考核实施、薪酬管理、退出管理和监督管理等环节。

律师实务应重点关注以下几点：

1. 遵循任期制和契约化管理基本操作流程。

国家对"双百制企业"制定了经理层成员任期制和契约化管理的制度要求和流程指引，可以结合该等要求、借鉴其他企业的相关方案，在国家和地方国资监管机构要求的基础上加以针对性设计。

2. 合理合法设计退出安排。

在经理层任期制和契约化管理中有严格、刚性的退出机制，因此，考核不达标的经理层成员随时面临任期终止的风险。应结合公司实际情况（包括公司治理文件、劳动规则制度等）差异化提前安排。常见的方法有：第一，若同类岗位有空缺，可根据实际人岗匹配情况按程序聘任；第二，先转为同级别虚职，有新岗位时可参与新岗位的选聘或者等待下一轮任期参与相关岗位的竞聘；第三，降级任用，根据退出人员的实际情况安排非经理层岗位。

关联法条

1.《中共中央、国务院关于深化国有企业改革的指导意见》第（八）（二十四）条

2.《企业国有资产法》第25条、第27条

3.《"双百企业"推行经理层成员任期制和契约化管理操作指引》

4.《"双百企业"推行职业经理人制度操作指引》

第一百七十五条 【国有独资公司的兼职禁止】

> 第一百七十五条　国有独资公司的董事、高级管理人员，未经履行出资人职责的机构同意，不得在其他有限责任公司、股份有限公司或者其他经济组织兼职。

一、修订情况

本条属于文字表述的优化：

一是删除了董事长和副董事长的列举，两者本已包括在"董事"含义之内；二是将"国有资产监督管理机构"修改为"履行出资人职责的机构"。

二、理论基础

国有独资公司董事和高级管理人员的"专任"规则，要严格遵守普通公司维度下的"竞业禁止"规则。

该规则的正当性来源于产权代理理论。彭嘉怡认为，兼职的董事个体必然面对多元的利益和目标的选择，使公司的代理风险呈现外溢趋势。[①] 从公司治理角度看，一方面董事和高级管理人员的兼职限制可以保证其必要的独立性；另一方面董事兼任经理则可能会因内部控制权集中而增加董事自我逐利的风险。

国有企业董事、高级管理人员的"专任规则"目的在于防止其疏于管理、避免国有资产遭受损害。[②]

三、制度演变

1993年《公司法》规定未经"国家授权投资的机构或者国家授权的部门"同意，

[①] 参见彭嘉怡：《国有公司董事双重身份限制规则的调整》，载《重庆社会科学》2022年第6期。

[②] 参见赵旭东主编：《新公司法条文释解》，法律出版社2024年版，第376页。

董事长、副董事长、董事、高级管理人员不得兼职。2005年《公司法》将兼职批准部门变更为"国有资产监督管理机构"。

《企业国有资产法》对于4类"国家出资企业"的兼职均作了限制性规定：未经履行出资人职责的机构同意，国有独资企业、国有独资公司的董事、高级管理人员不得在其他企业兼职；未经股东会、股东大会同意，国有资本控股公司、国有资本参股公司的董事、高级管理人员不得在经营同类业务的其他企业兼职。

四、案例评析

案例一：违规兼职取酬被处分

基本案情： 2023年4月，四川省纪委监委公开曝光了8起国资国企领域违纪违法典型案例，其中第4个案例为泸州市西南云海公司党支部书记孙某某违规兼职取酬问题。

2019年1月至2020年11月，孙某某在兼任泸州市高新投资集团下属控股子公司国久大数据公司董事长期间，通过报销交通费、进城费等形式套取资金共计2.92万元，用于违规发放自身兼职报酬。孙某某还存在其他违规违纪问题，被给予党内严重警告处分。

评析： 国有企业董事和高级管理人员的兼职包括两个层面，除了要经批准外，按照廉洁自律要求还不得在兼职单位领取工资、奖金、津贴等任何形式的报酬和获取其他额外利益。

本案所涉人员尽管是基于一级企业的投资安排在下属企业兼职，但套取资金发放报酬的行为仍然触发了党政纪管理要求，导致被党纪处分。此类兼职违规取酬的行为，严重的会构成刑事犯罪。

案例二：秦某与鼎视传媒股份有限公司劳动争议纠纷案［北京市第二中级人民法院（2022）京02民终3036号］

基本案情： 2003年12月，秦某应聘北广传媒集团财务岗位被正式录用，并被委派担任子公司数字电视公司财务部经理，双方于2004年3月1日签订书面劳动合同书，逐年续订至2007年4月30日为止，工资及社保由数字电视公司实际支付缴纳。自2008年10月1日起，秦某担任数字电视公司财务总监，分管财务部。2013年5月1日，数字电视公司（甲方）与秦某（乙方）签订书面劳动合同，2014年

6月签订无固定期限劳动合同,秦某至今仍在数字电视公司工作。

2006年6月15日秦某被鼎视公司任命为该公司财务部经理(兼),2008年4月1日鼎视公司决定聘任秦某为财务部总监(兼)。双方均认可,秦某在数字电视公司及鼎视公司均有办公地点,且无须考勤;在鼎视公司的工作由总经理安排,鼎视公司在2005年12月至2020年4月按月向秦某支付工资。

2020年4月29日鼎视公司召开党支部扩大会要求其交接工作,主张该日鼎视公司与其解除劳动关系。鼎视公司主张会议要求秦某交接工作的原因是纪委要求纠正违规兼职取酬的问题。2021年4月28日秦某向东城仲裁委提起劳动争议仲裁,京东劳人仲字[2021]第3481号裁决书驳回秦某的全部仲裁请求。秦某不服,向人民法院起诉。

裁判情况:一审法院认为,我国现行法律虽然并未禁止劳动者同用人单位形成双重劳动关系,但是也并不意味着劳动者在两个或两个以上用人单位工作就代表双方之间建立的都是劳动关系。本案国企集团及其下属公司内部基于国有资产监管等目的,派驻人员兼职从事财务等专项工作,不属于应当认定为双重劳动关系的情形。故秦某有关确认其与鼎视公司自2005年12月至2020年4月30日存在劳动关系的诉讼请求,法律依据不足,法院不予支持。有关兼职取酬的问题,秦某表示与本案无关且已通过其他渠道维权,法院不再评述,并驳回了其诉讼请求。

二审法院在此基础上认为,秦某在向数字电视公司提供劳动、接受数字电视公司的管理的同时能够于鼎视公司内部担任相应职务并负责财务工作,系基于数字电视公司与鼎视公司之间的关联关系,以及数字电视公司与鼎视公司因工作内容的关联及需要而对秦某进行的工作安排,从而形成秦某数年来的工作模式。秦某持董事会决议中有关任职的相关内容等上诉主张确认其与鼎视公司之间的劳动关系,事实及法律依据不足,不予采纳。故驳回了其上诉请求。

评析:由本案的裁判规则可以看出,首先,国有企业相关人员的兼职取酬属于违规事项;其次,国有企业基于国资管理委派人员兼职的,并不因此产生多重劳动关系,这也体现了公司组织法下商事法律关系与劳动合同法律关系的区别。

五、律师实务指引

(一)国企人员兼职限制与竞业限制并非等同概念

国有独资公司董事、高级管理人员兼职限制,与一般公司基于董、监、高信义义务的同业竞争并不等同。

新《公司法》第184条规定的同业竞争的限制与兼职、兼任的限制有一定的关联。二者皆以股东的前置同意作为要件，也都是对特定经营管理行为的限制。但同业竞争是忠实义务的典型形式，基于董事与公司的抽象利益冲突所作的限制。而国有企业的董事、高级管理人员兼职限制则是基于特殊企业的规制要求，而且并不以利益冲突的存在为前提，所规制的范围更宽泛。

(二)国有企业从业人员兼职监管规则较为庞杂，要从不同维度审慎关注

国有企业从业人员兼职规定不仅局限于法律法规，还包括党内法规、党的纪律，以及国资国企监管政策等，需要从严、审慎理解和掌握；兼职的规则不仅包括任内兼职规则，还包括离任后的兼职限制；兼职的规制领域不仅包括企业、其他经济组织，也涵盖了中介机构、社会团体等领域。

归纳国有企业领导人员廉洁的相关规则，主要包括以下兼职限制要求：

国有企业领导人员未经批准不得兼任本企业所出资企业或者其他企业、事业单位、社会团体、中介机构的领导职务。经批准兼职的，不得擅自领取薪酬及其他收入。

国有企业领导人员经批准兼职的，兼职单位给予的工资或者其他报酬，应当上交本企业。

企业领导人员个人出资在经批准兼职的企业合法持有的股份，其红利不视为个人兼职取酬。但兼职企业给予企业领导人员的股份及其红利应视为兼职取酬。

国有企业领导人员应当正确行使经营管理权，防止可能侵害公共利益、企业利益行为的发生。不得在离职或者退休后3年内，在与原任职企业有业务关系的私营企业、外资企业和中介机构担任职务、投资入股，或者在上述企业或者机构从事、代理与原任职企业经营业务相关的经营活动。

国有企业领导人员到龄免职未退休或者退休后，不得在原任职企业及其出资企业担任各级领导职务；经上级党组织批准，可以兼任外部董事(不超过2个、同一企业不超过2届，由履行出资人职责的机构核发补贴，不得在兼职企业领取任何形式的报酬)；不得在其他任何企事业单位、营利性组织和社会服务机构兼职；离职或退休后3年内不得在与原任职企业出资企业有业务关系或竞争关系的企业兼(任)职、投资入股或从事相关营利性活动；因工作需要到社会团体、基金会、国际组织兼职按照干部管理权限审批并遵守数量要求及不取酬的规定；兼职的任职年

龄界限为70周岁。

党政领导干部兼任国有企业班子成员的,兼职只能是临时性的,且不在企业领取薪酬。

中共中央纪律检查委员会、原监察部《关于中央纪委第四次全会重申和提出的国有企业领导人员廉洁自律有关规定的解释》中的"擅自兼任下属企业或其他企业的领导职务",是指按照干部管理权限,未经主管部门、上级企业或者本企业批准,兼任下属企业或者其他企业的领导职务,或者担任这些企业的顾问或名誉职务。

关联法条

1.《企业国有资产法》第25条

2.最高人民法院、国家发展和改革委员会《关于为新时代加快完善社会主义市场经济体制提供司法服务和保障的意见》第1条第3款

3.最高人民法院、最高人民检察院《关于办理国家出资企业中职务犯罪案件具体应用法律若干问题的意见》第6条

4.国务院办公厅《关于进一步完善国有企业法人治理结构的指导意见》"二、规范主体权责""(四)发挥监督作用,完善问责机制"第3条

5.国务院国有资产监督管理委员会《关于规范国有企业职工持股、投资的意见》(十一)

6.《中央企业贯彻落实〈国有企业领导人员廉洁从业若干规定〉实施办法》第15条

7.《中央企业领导人员管理规定》

8.《关于进一步规范党政领导干部在企业兼职(任职)问题的意见》

第一百七十六条 【国有独资公司的审计委员会】

> 第一百七十六条 国有独资公司在董事会中设置由董事组成的审计委员会行使本法规定的监事会职权的,不设监事会或者监事。

一、修订情况

本条为新增条款,有以下亮点:

1. 创设了国有独资公司监督机制选择权。

关于董事会审计委员会与监事会的安排在文字表述上增加了一个"的"字,从而对国有独资公司的监事会制度不再是强制排除,将单层制下的董事会审计委员会与双层制下监事(会)作为可选项,由国有独资公司根据需要加以自主选择,回归商法自治。

2. 删除国有独资公司监事会特殊规则。

对国有独资公司监事会的相关内容予以删除,不再特殊对待。一方面对选择性的制度安排不作过多立法设计;另一方面也将监事会或者监事的具体规则交由公司自治,更多体现出立法对商事主体的平等对待。

二、理论基础

国有重点大型企业监事会的职责划入审计署机构改革以来,关于国有企业监事会的去留以及公司治理制度的体系自治就成了众人关注的话题。

蒋大兴认为,应当考量历史和企业营业自由,允许设置多元的内部监督机构,应由企业自行决定,关键是国家出资公司的内设监督机构的成员应当逐渐实现外部化。[①] 楼秋然建议,在国企内部保留监事会,并借鉴过去30年所出现的替代制

---

① 参见蒋大兴:《论国有企业的"公司法构造"——一种法律技术主义的路线》,载《吉林大学社会科学学报》2023年第6期。

度的经验与教训对之进行重构,可能会是一种更好的选择。① 施天涛也主张,将审计委员会嵌入监事会,而不是在董事会中设立审计委员会,以此让监事会的腰杆"硬起来"。

公司治理在很大程度上体现着商法的创新,公司法的制度安排也体现着一个国家商事制度的国际竞争力。避免过多的功利化设计、强制化安排,赋予商主体更多的商事自由和功能空间,这种改"强制废除"为"选择自治"的"管道安排",②也是公司法现代化的重要体现。

范健认为,中国公司法的改革不仅是一个部门法的修改,更是一次增强经济竞争力的机遇。建议从国际制度竞争层面出发,回应中国社会所面临的现实困境,在兼收并蓄和革除弊病的基础上推动公司法理念和规则的革新,从而在世界范围内形成公司法领域的中国智慧和中国方案。③ 夏小雄则建议,要关注公司法在体系层面和精神层面的现代化,除了参照比较法层面公司法的最新发展趋势来推动制度改革,还需要在体系层面和精神层面对公司法加以再造和重塑,使公司法的内部体系和外部体系均能得到完善,增强我国公司法的主体性特色,强化我国公司法在全球经济竞争中的制度优势。④

蒋大兴甚至认为,英美法系中出现公认的现代公司时董事会已经深深植根于它们的基因中,董事会内部机构的设立经历了一个过程,审计委员会是在公司治理竞争中对监督机构独立性要求越来越高而逐渐产生的,其本质上属于"发育过程中"或者"发育不健全"的监事会。在董事会内部设立从事监督职责的审计委员会,同时让另一部分董事来自业务执行机关,未必是一种最好的结合。⑤

英美由于采行"一元制"的公司治理体系,董事会设审计委员会,充任监督机构之功能,其本质上是董事会监督职能扩张之结果,也即董事会职权出现新的变迁,其经营权下移到管理层,董事会则侧重对管理层之监督。在德国的公司实践中,审计委员会是由监事会根据其履行各项职责的实际需要而设立的,只代行监事

---

① 参见楼秋然:《国有企业监事会:基于本土需求的制度保留与融合》,载《浙江大学学报(人文社会科学版)》2023年第11期。
② 参见赵旭东主编:《新公司法讲义》,法律出版社2024年版,第393页。
③ 参见范健:《制度竞争下的中国公司法改革》,载《法治研究》2019年第3期。
④ 参见夏小雄:《公司法现代化:制度改革、体系再造与精神重塑》,载《北方法学》2019年第4期。
⑤ 参见蒋大兴:《新〈公司法〉董事会审计委员会规则的执行困境》,载《中国法律评论》2024年第2期。

会的部分职权。

在监督机制的独立性上,两大法系日益朝着同样的方向前进。只是,在英美法系国家,设立审计委员会,行使对管理层的监督职能;而在大陆法系国家,设立监事会,行使对董事会和经理层的监督职能。

三、制度演变

1993年《公司法》确立了监事会的法律地位和法定职责,但该法对国有独资公司监事会的设立未作规定。1999年《公司法》则是针对国有独资公司监事会制度的一次专门立法,规定国有独资公司监事会由监管机构委派人员和职工代表参加,成员不少于3人。2000年3月《国有企业监事会暂行条例》正式建立了外派监事会制度,替代1998年《国务院稽察特派员条例》建立的稽察特派员制度。

2003年《企业国有资产监督管理暂行条例》规定,国务院国有资产监督管理机构代表国务院向其所出资企业中的国有独资企业、国有独资公司派出监事会,监事会的组成、职权、行为规范等,依照《国有企业监事会暂行条例》的规定执行。2019年修订时,删除了该条款。

2005年《公司法》规定:国有独资公司职工代表监事比例不得低于1/3,监事会成员不得少于5人,监事会成员由国有资产监督管理机构委派;但是,监事会成员中的职工代表由公司职工代表大会选举产生。监事会主席由国有资产监督管理机构从监事会成员中指定。

2008年《企业国有资产法》则规定,国有独资公司、国有资本控股公司和国有资本参股公司依照《公司法》的规定设立监事会。国有独资企业由履行出资人职责的机构按照国务院的规定委派监事组成监事会。

四、案例评析

中国石油天然气股份有限公司审计委员会2022年度履职报告(节选)

1. 审计委员会构成

截至2022年12月31日,公司董事会审计委员会由3名董事组成,其中2名为独立非执行董事,主任委员由独立非执行董事蔡某某先生担任,委员是独立非执行董事蒋某某先生和非执行董事谢某先生,委员会构成符合公司上市地监管规定。

2.审计委员会职责

本公司审计委员会的主要职责是：

(1)对外部审计师的聘用和工作履行审核、监督职责；

(2)审查公司年度报告、中期报告及季度报告以及相关财务报表、账目的完整性，审阅上述报表及报告所载有关财务申报的重大意见；

(3)向董事会提交对公司财务报告及相关资料的意见书，充分考虑公司聘用的会计师或外部审计师提出的事项；

(4)根据国内外适用规则，检查、监督内部审计部门的工作；

(5)监控公司的财务申报制度及内部监控程序，并就公司财务、内部控制和风险管理等相关事项予以审核、评估；

(6)接收、保留及处理有关会计、内部会计控制或审计事项的投诉或匿名举报，并保证其保密性；

(7)就可能影响公司财务状况及经营业务的重要事项以及委员会及其履行职责情况的自我评估定期向董事会汇报；

(8)董事会授权的其他事宜。

3.审议议案(节选)

(1)审查财务报告……

评析： 中国石油天然气股份有限公司系国有上市公司，履职报告披露的董事会下设审计委员会人员组成情况、主要职责及审议议案，主要职责即覆盖公司运营关键环节及财务事项，并开展审计机构遴选、工作评价工作及公司运营专项风险评估，对国有企业审计委员会组成及运营具有借鉴意义。

五、律师实务指引

新《公司法》规定的董事会审计委员会，与此前国企改革文件规定的"审计委员会"并非同一概念，在新的制度语境下，董事会审计委员会如何运作、以何种路径替代监事(会)功能、是否可以提起相关诉讼等，都还需要后续的立法或司法解释加以明确。

在律师实务中，建议对以下事项予以关注：

(一)区分不同组织形态下的"审计委员会"

新《公司法》分别规定了有限公司、股份公司、上市公司、国有独资公司四种公司类型的审计委员会制度,其组织功能从董事会原来的"辅助机构""咨询机构"等转化为替代"监事(会)"的监督职能。但新《公司法》第137条对上市公司的审计委员会规定了董事会决策前置审议事项职权,在文义表述上并不完全等同于另外三种公司的制度安排。

(二)做好审计委员会与监事(会)制度选择的公司顶层设计

律师在协助国有企业选择公司治理模式时,应当针对具体企业的客观情况做好顶层设计建议,并以公司章程、公司治理文件等为基础做好对应措施和机制的落地安排,确保公司治理的体系逻辑和制度合规,避免相关制度冲突或脱节。

(三)主动参与审计委员会职能发挥及风险管控

律师除了协助公司做好审计委员会的机制设计、合规建设外,还可以通过担任外部董事、独立董事或者专项法律顾问等途径,为审计委员会运作、制度创新和风险控制提供多维度的法律服务。

关联法条

1.《中央企业内部审计管理暂行办法》第7条

2.《深化党和国家机构改革方案》

3.国务院办公厅《关于加强和改进企业国有资产监督防止国有资产流失的意见》

4.国务院办公厅《关于进一步完善国有企业法人治理结构的指导意见》

第一百七十七条 【国家出资公司的合规建设】

> 第一百七十七条 国家出资公司应当依法建立健全内部监督管理和风险控制制度,加强内部合规管理。

一、修订情况

本条在《企业国有资产法》第 17 条第 2 款①规定的基础上,吸收国有企业合规建设成果,首次以法律形式确立了国家出资公司的合规治理义务。

二、理论基础

国有企业的内部控制、风险管理以及合规建设是近年来国有企业改革的重要举措,分别构建了完善的制度体系和规则安排,新《公司法》从法律层面作出宣示性规定,为后续的制度发展和规则完善提供了基础和空间。

公司合规被视为一场不可逆转的公司治理革命。传统的公司治理围绕着公司的所有权和经营权之间的调整展开,公司合规则在传统公司治理结构基础上引入相对独立且全面的风险防控机制。同时,公司治理结构的优化也离不开公司的股东、董事、经理的配合与协调。在公司法中系统引入公司合规,自然就成为通畅且具备理论基础的进路,通过公司法衔接董事义务与其在公司合规所承担的职责也较其他法律部门有更大的可能性。

美国公司法的董事合规义务随着公司经营模式、整体规模的不断丰富扩大,公司因合规问题遭受处罚的诸多事例也推动了美国法律上董事监督义务演进为董事合规义务。梁爽将其称为"董事体系义务",②即认为美国公司法中的董事监督职

---

① 《企业国有资产法》第 17 条第 2 款规定:"国家出资企业应当依法建立和完善法人治理结构,建立健全内部监督管理和风险控制制度。"

② 参见梁爽:《董事信义义务结构重组及对中国模式的反思——以美、日商业判断规则的运用为借镜》,载《中外法学》2016 年第 1 期。

责引入合规义务的内容,扩充为董事(会)需承担合规的设计、维护、监督的责任。

2006年《英国公司法》规定了关于"董事促进公司成功"的义务,要求"董事必须为了公司成员的整体权益,以最大可能地促进公司成功的方式、善意地行事,并在行事时必须考虑是否会导致'公司运作对社会和环境的冲突'",这也可以被认为暗含了董事必须服从遵守与公司运作相关的法律法规要求,使公司运作不得与社会环境发生冲突。

《德国公司治理标准》对合规进行了定义,并规定其为董事(会)的责任,《德国股份公司法》详细论述了董事合规义务,并将其分为合规的合法性义务和组织义务,前者负责约束董事自身行为要合法合规,而后者则是规定了董事负有在公司内建立有效合规机制的义务。

三、制度演变

(一)合规建设的缘起

我国最早的"合规"源于"审计"监管、发端于"风险管理"。

1992年《审计署、中国人民银行对金融机构贷款合规性审计的实施方案》基于"审计"监管对贷款业务的合规性提出了要求。专门的"合规"立法是从2006年10月《商业银行合规风险管理指引》开始的,体现的是"风险管理"的视角。

此后,2007年9月《保险公司合规管理指引》、2008年7月《证券公司合规管理试行规定》、2018年3月《银行业金融机构从业人员行为管理指引》等都开始从合规的"管理"层面加以规范。

(二)国有企业合规及其法治化

国有企业的合规建设从"风险管理"转向专门化,并上升为法治安排。

2006年6月《中央企业全面风险管理指引》以及金融、资本市场诸多的风险管理文件均是从"风险管理"立场规范相关国有企业的经营管理行为,2016年8月国务院办公厅《关于建立国有企业违规经营投资责任追究制度的意见》从6大类54种情形的追责入手规范国有企业的"不合规"行为。

国务院国资委2014年明确提出将企业合规管理列入中央企业法制工作新五年规划后,在2015年《关于全面推进法治央企建设的意见》、2016年《关于在部门中央企业开展合规管理体系建设试点工作的通知》等基础上,2018年11月发布了《中央企业合规管理指引(试行)》,2018年12月会同其他六部委联合印发《企业境外经营合规管理指引》，最终在2022年8月23日颁布了《中央企业合规管理办法》这一部门规章，意味着国企合规建设的正式入法。

2019年，国务院国资委《关于加强中央企业内部控制体系建设与监督工作的实施意见》明确要求将内控、风险和合规管理制度纳入中央企业内部管理制度体系，鼓励国有企业探索四项管理职能一体化平台，构建合规、内控、风险、法律管理协同运作机制，加强统筹协调，提高管理效能。

四、案例评析

北京S汽车贸易有限公司与B汽车股份有限公司北京O汽车销售分公司买卖合同纠纷案[北京市第三中级人民法院(2021)京03民终8804号]

基本案情：2017年10月，S与O公司协商达成品牌经销约定：自2018年1月加盟O品牌一级经销商并向其预付300万元，S公司从O公司购入汽车、再向客户销售汽车，并通过B公司的DMS（经销商系统）结算款项。此外，O公司还向S公司提供了《2018年商务政策》作为返点依据。

2018年3月31日，因上游公司拒不配合对账，B公司下发通知要求业务单位暂停对S公司的所有业务。2018年10月16日，S公司申请北京市国泰公证处对经销的"O"汽车往来账目内容进行了保全证据。2018年12月31日，S公司、O公司进行账目核对。因双方对欠款数额无法达成一致，S公司向人民法院提起诉讼。

裁判情况：法院认为，上诉人S公司虽主张其与被上诉人O公司已签订的书面合同均由B公司、O公司掌握，但其提交的证据《企业内部控制应用指引第16号——合同管理》《北京市人民政府国有资产监督管理委员会关于构建市属国有企业内部控制体系有关事项的通知》《B汽车股份有限公司2016年度内部控制评价报告》，以及2019年向社会公开披露的《B汽车股份有限公司2019年度内部控制评价报告》等证据，只能证明被上诉人的监管部门对其合同管理有监管要求且根据相关监管要求执行了有关规定，不存在重大内部控制缺失，与上诉人主张的该项待证事实没有关联性，不能证明其该项主张。故无法支持S公司主张根据商务政策获得商务返利的请求。B公司、O公司未及时支付款项的责任并不在B公司、O公司，S公司应自行承担占用资金损失。

评析：本案为一宗涉及国有控股上市公司内部控制制度的典型案例。本案中，基于二被上诉人为国有控股的上市公司，是上诉人S汽车公司在无法提供合同作为证据的情况下，为证明其与被告 B 公司、O 公司签订过合同，提交了财政部等五部委发布的《企业内部控制应用指引第 16 号——合同管理》《北京市人民政府国有资产监督管理委员会关于构建市属国有企业内部控制体系有关事项的通知》以及二被上诉人分别于 2016 年、2019 年向社会公众发布的内部控制评价报告作为证据，以此证明二被上诉人有着完善的内部控制和合同管理制度，从而反推二被上诉人不可能在没有与上诉人 S 汽车公司签订合同的情况下与上诉人建立买卖合同关系。上诉人 S 汽车公司以上述证据为依据在一审庭审期间依法向法庭提出了《申请人民法院责令对方当事人提交证据申请书》，要求法庭责令 B 公司、O 公司向法庭提交涉案合同。

虽然上诉人 S 汽车公司向法院提交的上述申请并未获得支持，本案经过两审程序最终败诉，但可以看到国家出资公司的内控制度的重要性得以体现，作为公众之一的原告认为作为国有控股上市公司的二被告应当受到《企业内部控制管理办法》及其相关指引的约束，同时应当遵守地方国资监管机构规范性文件的规定。并且，根据证监会相关规定，上市公司的年度内控评价报告属于向公众披露信息的一部分，具有公信效果。随着国家出资公司在国家经济发展中所起的作用日益重要，内控体系建设将成为国家出资公司建立现代化企业制度、推动经济高质量发展必需的一环，并随着"阳光国企"的继续推进而逐步确立其公信效力。

五、律师实务指引

新《公司法》对内部控制、风险管理、合规管理的制度确认，必将进一步推进国家出资公司、公众公司乃至更多的其他公司的商事实践活动，对相关法律服务的需求也将更加深入和扩大。

律师在实务中应全面了解国有企业合规、风险管理、内控体系建设等制度的理论框架和实务要点，结合环境、社会和治理、企业社会责任的发展趋势，为企业提供更高质量的法律服务。

（一）统筹合规管理体系和标准体系

国务院国资委 2018 年《中央企业合规管理指引（试行）》引入合规管理体系，2022 年 8 月《中央企业合规管理办法》详细规定了合规管理的组织建设、制度建设、运行机制、合规文化、信息化建设、监督问责等内容，确立了国有企业合规管理的基本架构：党委（组）发挥把方向、管大局、促落实的领导作用，董事会起到定战略、作决策、防风险的作用,经理层谋经营、抓落实、强管理,业务及职能部门承担合规管理主体责任;合规管理部门牵头负责企业合规管理工作,主要负责人积极推进合规管理各项工作,首席合规官对主要负责人负责、领导合规管理部门开展工作,合规委员会负责统筹协调工作,纪检、监察等部门负责监督工作。

应当注意的是,国际标准组织ISO于2014年12月15日颁布了《合规管理体系指南》(ISO19600:2014),我国2017年12月29日颁布了GB/T3570-2017与之对应;国际标准组织2021年2月颁布修订后的《合规管理体系 要求及使用指南》(ISO37301)后,我国市场监督管理总局、国家标准化管理委员会也在2022年10月颁布了《合规管理体系 要求及使用指南》(GB/T35770)予以跟进。

律师在执业中,不仅应当了解相关法律法规和规范性文件,也应对照国际和国家的相关业务标准加以运用,包括与合规主题相关的其他标准如《风险管理术语》(GB/T23694-2013)、《风险管理原则与实施指南》(GB/T24353)、《企业法律风险管理指南》(GB/T27914-2011)等,对合规业务全方位综合考量。

(二)多维度理解和办理国有企业合规业务

律师合规业务不仅包括刑事视野下的涉案合规业务,还包括公司治理视域下的合规管理业务,以及在党和国家深化法治领域改革规划背景下的全面合规法律实务,包括行政法律关系下的合规业务;不仅可以为企业提供全面的合规管理体系建设法律服务,也可以从事专门领域、重点环节的专项合规、合规认证、合规调查等专业合规法律服务。

中华全国律协编制的《律师办理国有公司合规业务指引》对律师从事国有公司合规业务,也提出了建议重点关注的业务视角:(1)国有公司合规管理体系;(2)集团管控及公司治理;(3)对外投资;(4)资产交易、划转;(5)招投标。

(三)注重国有资产监管文件的实务价值

国资监管文件和政策不仅提供了"合规"依据,也会意蕴着丰富的实务价值,在具体的国资国企法律实践中,要注重对该等文件或政策的价值发现,从而寻找实务处理的规范基础。

例如,国务院国有资产监督管理委员会《关于印发国有企业资产损失认定工作规则的通知》规定了企业损失认定的证据标准和各类资产(货币、股权、应收账款)损失计算标准,国务院办公厅《关于建立国有企业违规经营投资责任追究制度的意见》明确了国资监管的直接责任、主管责任和领导责任区分,中央企业的相关监管要求为处理地方国有企业的相关业务也提供了标准参照和实操借鉴。

(四)董事会负有防风险职责,负有建立合规管理体系的积极义务

国务院办公厅《关于进一步完善国有企业法人治理结构的指导意见》规定,"董事会是公司的决策机构……认真履行决策把关、内部管理、防范风险、深化改革等职责"。《国有企业公司章程制定管理办法》规定,"董事会条款应当明确董事会定战略、作决策、防风险的职责定位和董事会组织结构、议事规则"。

《中央企业合规管理办法》第8条规定:"中央企业董事会发挥定战略、作决策、防风险作用,主要履行以下职责:(一)审议批准合规管理基本制度、体系建设方案和年度报告等。(二)研究决定合规管理重大事项。(三)推动完善合规管理体系并对其有效性进行评价。(四)决定合规管理部门设置及职责。"

2021年2月,国务院国资委公布的《国资监管责任约谈工作规则》规定,中央企业合规管理、内部控制、风险管控等方面存在突出问题的,国资委将依法依规对中央企业有关负责人及相关责任人进行告诫谈话,提出监管意见建议、责令整改追责的监管措施。

由此可见,建立全面覆盖、有效运行的合规管理体系,是董事应当履行的积极义务。

关联法条

1.《企业国有资产监督管理暂行条例》第34条

2.《中央企业合规管理办法》第16条、第26条

3.《中央企业合规管理指引(试行)》第2条

4.《企业内部控制基本规范》第3条

5.中共中央、国务院《关于深化国有企业改革的指导意见》(二十)

第八章 公司董事、监事、高级管理人员的资格和义务

修订概述

本章总计16条,通过概括加列举的方式,对董事、监事、高级管理人员的忠实义务、勤勉义务概念和规制进一步明确,便于在实践中得到广泛遵守,并为司法裁判预留空间。

新《公司法》第180条第1款对"忠实义务"采取利益判断标准,即"董事、监事、高级管理人员……应当采取措施避免自身利益与公司利益冲突,不得利用职权牟取不正当利益"。第181条对"忠实义务"进行具体列举,包括不得侵占、挪用公司资金,不得将公司资金以其个人名义或者以其他个人名义开立账户存储,不得利用职权贿赂或收受其他非法收入,不得将他人与公司交易的佣金归为己有,不得擅自披露公司秘密,不得从事其他违反对公司忠实义务的行为。第182条、第183条、第184条分别规定了关联交易、篡夺商业机会、同业竞争等三种典型的违反忠实义务的行为,规定了从事以上三种行为的"报告义务""决议机制"。第185条规定对以上三种情况关联董事回避制度,最大限度防范违反忠实义务对公司造成的损失。第186条明确了董事、监事、高级管理人员违反忠实义务所得的收入应当归公司所有的归入规则。

新《公司法》第180条第2款"勤勉义务"借鉴商业判断规则,即"董事、监事、高级管理人员……执行职务应当为公司的最大利益尽到管理者通常应有的合理注意"。第187条规定,董事、监事、高级管理人员具有接受股东质询的义务。第191条规定,董事、高级管理人员执行职务存在故意或者重大过失的,给他人造成损害,应当承担赔偿责任。第192条规定,董事、高级管理人员接受公

司的控股股东、实际控制人指示从事损害公司或者股东利益的行为，应当承担连带责任。第193条增加了鼓励公司为董事因执行公司职务承担的赔偿责任投保责任保险条款。

第一百八十条 【忠实义务和勤勉义务】

> 第一百八十条 董事、监事、高级管理人员对公司负有忠实义务,应当采取措施避免自身利益与公司利益冲突,不得利用职权牟取不正当利益。
>
> 董事、监事、高级管理人员对公司负有勤勉义务,执行职务应当为公司的最大利益尽到管理者通常应有的合理注意。
>
> 公司的控股股东、实际控制人不担任公司董事但实际执行公司事务的,适用前两款规定。

一、修订情况

相较于2018年《公司法》第147条第1款,本条对董、监、高忠实义务和勤勉义务分别作出内涵规定,违反忠实义务的关键在于利益冲突,违反勤勉义务的关键在于是否尽到合理的注意义务。本条增加"公司的控股股东、实际控制人不担任公司董事但实际执行公司事务的,适用前两款规定"的内容,将忠实义务、勤勉义务的适用范围进一步拓展至实际执行公司事务的公司控股股东和实际控制人。

二、理论基础

本条规定主要针对董、监、高(以及实际执行公司事务的控股股东、实际控制人)的忠实义务和勤勉义务进行概括性规定。现代公司法中,公司管理层的地位日益提高并被赋予广泛权力,使其能够在代表公司进行生产经营活动时快速灵活地适应复杂多变的市场环境,后果之一是现代公司中所有权与控制权逐渐分离。为防止管理层滥用职权,避免损害公司和股东合法权益,公司法应当强化管理层的义务和责任,加强约束和监督,忠实义务和勤勉义务在这种现实背景下产生并随着市场经济的发展而发展。

忠实义务是基于公司对董事、监事和高级管理人员的合理信赖产生的义务,要求董事、监事、高级管理人员的履职行为只能是为了公司的最佳利益,当自身利益与公司利益发生冲突时,必须以公司利益为重,不得将自身利益置于公司利益之上,本质上,忠实义务是为了防止董事、监事、高级管理人员与公司之间的利益冲突。① 2018 年《公司法》采取列举式的立法对董、监、高的忠实义务进行了列举说明,包括挪用公司资金、违规对外担保、违规与本公司进行交易、利用职务便利牟取商业机会等,并确认了董、监、高违反忠实义务的"归入规则",即所得的收入归公司所有。

勤勉义务,大陆法系称善管义务,英美法系称谨慎义务或注意义务,要求董事、监事、高级管理人在作出决策时,必须尽到具有一般谨慎的人在相似情况下所应有的注意。具体而言,董事、监事、高级管理人员必须掌握所有与决策有关的重要信息,决策过程要体现出应有的谨慎。②

三、制度演变

1993 年《公司法》第 59 条规定,"董事、监事、经理应当遵守公司章程,忠实履行职务,维护公司利益,不得利用在公司的地位和职权为自己谋取私利。董事、监事、经理不得利用职权收受贿赂或者其他非法收入,不得侵占公司的财产",但未采用"忠实义务"的表述,也未规定董事的勤勉义务。不过,一般认为,该条款所称"忠实履行职务"与忠实义务大致相当。③

2005 年修订《公司法》时,国务院原法制办公室公司法修改小组提出:"应当规定董事、监事、经理的诚信义务,并区分注意义务和忠实义务……"④国务院发展研究中心则提出:"明确董事责任义务,改进董事会运作……一是,明确董事的尽责(注意或审慎)和诚信(忠义)义务及责任;二是,引入董事'商业判断'原则……"⑤经过各方讨论,2005 年《公司法》单列第六章并合并 1993 年《公司法》第三章(股份有限公司的设立和组织机构)第三节以及第二章(有限责任公司的设立和组织机构)第二节关于"董事、经理"的规定,在第 148 条规定:"董事、监事、高级管理人员

---

① 参见王建文:《论董事"善意"规则的演进及其对我国的借鉴意义》,载《比较法研究》2021 年第 1 期。
② 参见王建文:《论董事"善意"规则的演进及其对我国的借鉴意义》,载《比较法研究》2021 年第 1 期。
③ 参见叶林:《董事忠实义务及其扩张》,载《政治与法律》2021 年第 2 期。
④ 张穹主编:《新公司法修订研究报告》(上册),中国法制出版社 2005 年版,第 65 页。
⑤ 张穹主编:《新公司法修订研究报告》(上册),中国法制出版社 2005 年版,第 87 页。

应当遵守法律、行政法规和公司章程,对公司负有忠实义务和勤勉义务。董事、监事、高级管理人员不得利用职权收受贿赂或者其他非法收入,不得侵占公司的财产。"并且在第149条列举了违反忠实义务的情形。

2013年、2018年《公司法》继续沿用相关条款,未再作调整。针对董事违反忠实勤勉义务的特殊情形和责任后果,后续出台的司法解释给出了专门规定。

四、案例评析

林某某与李某某等损害公司利益纠纷案[最高人民法院(2012)民四终字第15号]

基本案情:李某某、林某某共同成立香港新纶公司(以下简称香港新纶)并担任董事,后香港新纶与江西省南昌县小蓝工业园管理委员会(以下简称小蓝管委会)签订《合同书》,约定香港新纶成立江西新纶公司(以下简称江西新纶)并进行投资,小蓝管委会以挂牌方式出让700亩土地给香港新纶。后香港新纶成立江西新纶,但作为股东之一的林某某因经营分歧要求保本撤资,香港新纶面临违约风险。万和公司(李某某是万和公司股东)缴纳土地使用权转让款项。后香港新纶、南昌县国土资源局、万和公司签订《补充协议书》,约定土地使用权出让金系万和公司缴纳,土地全部权益归万和公司。江西新纶出具证明,其由万和公司引进。后土地出让公告表明宗地受让人必须引进符合条件的企业,万和公司凭借引进江西新纶的证明,取得700亩土地。林某某认为李某某谋取了本属于香港新纶的商业机会,提起诉讼。

裁判情况:法院认为,《合同书》表明香港新纶获得这一商业机会需要满足投资额达到一定数额等条件,而香港新纶并未满足这些条件且也未满足后来挂牌出让土地使用权的条件,故涉案土地使用权交易并非香港新纶的商业机会。另外,香港新纶成立目的系在江西运营房地产项目,但林某某保本撤资行为使香港新纶面临违约风险,李某某寻找其他投资者的行为,不但不应被认定为侵权行为,反而应当定性为系避免香港新纶违约而采取的合法补救行为,更是各方为维护其自身权益而采取的正当经营或者交易行为。

评析:在本案中,香港新纶虽然已经与小蓝管委会签订合同,但分析合同内容可知,其需满足诸多限制条件,而香港新纶实际上并未满足取得土地的约定条件,因此,涉案土地使用权交易对香港新纶尚不构成特定化的专属商业机会。同时,作为香港新纶公司股东和董事的林某某明示保本撤资的行为，也是对上述商业机会放弃的表现。在此情形下，李某某为了避免香港新纶因股东撤资无力履约而承担违约责任，将引进江西新纶的企业变更为万和公司，是维护其自身和公司权益而采取的正当行为。由此，在本案中，李某某并不存在违反忠实义务的情形。

五、律师实务指引

（一）董、监、高责任的规定更加明确和完善，在履职时更需重视合规、加强合规管理并制定董、监、高履职规则

新《公司法》不仅对董、监、高的忠实义务作出原则性定义，也为董、监、高的忠实、勤勉义务明确了具体内容，明确要求董、监、高"应当采取措施避免自身利益与公司利益冲突""执行职务应当为公司的最大利益尽到管理者通常应有的合理注意"。这些增加的内容既吸纳了董、监、高忠实义务和勤勉义务的司法实践经验，也与公司治理新的发展趋势相吻合。但如何有效界定董、监、高是否遵循忠实义务和勤勉义务，以及如何把握董、监、高的责任承担形式和范围，现实中仍然存在很大的挑战。

董、监、高履职，应当充分重视履职合规的问题，准确理解"管理者通常应有的合理注意"的内涵和逻辑，加强合规管理并制定董、监、高履职规则。

此外，新《公司法》第232条董事为公司清算义务人，第238条清算组成员履行清算职责，也负有忠实义务和勤勉义务。

（二）董、监、高已尽忠实义务和勤勉义务的证明难度大，建议保留履职记录

在诸多诉讼中，具体履行职务的高级管理人员往往会主张其是基于对第三方中介服务机构的信任而签字确认，因此其不应承担责任。但司法裁判实践往往会认为，第三方中介服务机构出具的意见、文书等，并不能完全替代董事履行勤勉尽责义务，因为董事履行勤勉义务具有相对独立性，特别是对公司财务状况以及委托外部专业审计机构开展独立的审计工作仍然负有合理、审慎的注意和独立履行职责的义务。此类纠纷的司法实践中，裁判机构一般将举证责任分配至主张"董事、监事、高级管理人员未尽到忠实勤勉义务"的一方。一部分原因在于，2018年《公司法》第147条、第148条以"禁止作为"的形式对违反忠实勤勉义务的情形作出规定，董事、监事、高级管理人员在诉讼活动中主张自己"未作此类行为"，属于对消极事实的主张——对于消极事实的主张往往证明难度过高，不宜强制要求董事、监事、高级管理人员自证无错。而2023年《公司法》修订后增加董、监、高"应当采取措施避免自身利益与公司利益冲突"的表述,即增加董、监、高积极作为的义务,因此,董、监、高需就自己已经积极采取措施的行为进行举证。故董、监、高在履职过程中应当注意履职过程的合法合规,并在履行可能涉嫌损害公司利益的职务时注意存证。如对董事会的违法违规决议投反对票,或拒绝执行损害公司利益的股东会决议,并记录于董事会会议记录等。

(三)在合规履职的基础上,投保董责险予以保障救济

近年来,资本市场中出现了诸多因董事履职不当而被判决承担赔偿责任的案例,特别是2020年3月1日实施的《证券法》,加大了对信息披露义务人违规的处罚力度,同时也将相关责任人的归责原则由过错责任变更为过错推定责任原则。这也使越来越多的公司关注并为高级管理人员投保董责险。新《公司法》第193条新增鼓励公司投保董责险条款,旨在完善董、监、高履职的保障。

(四)商业判断规则更倾向于合理性标准和最大利益

所谓"商业判断规则",是指公司董事或者管理人员在进行商业决策时应满足如下条件:(1)与决策事项不存在利害关系;(2)决策时应对决策内容充分知悉,并合理地相信在这种情况下是适当的;(3)符合公司最大利益。实践中如何完善董事违反勤勉义务的判断标准,需要进一步研究。

从司法实践看,勤勉义务所要求的尽普通谨慎之人在类似情况下应尽到的合理注意,是经过实践而被逐渐总结出来的标准。总体上看,我国司法实践主要围绕侵权关系及其要件来展开对董事违反勤勉义务的归责。为解决董事勤勉义务的判断难题,理论界和实务界都在尝试引入"商业判断规则"作为董事责任的认定依据。

(五)明确对不担任公司董事但实际执行公司事务的控股股东、实际控制人,应当遵守忠实义务、勤勉义务并加强合规管理

新《公司法》第180条第3款明确:"公司的控股股东、实际控制人不担任公司董事但实际执行公司事务的,适用前两款规定。"这是本次公司法修订的重大突破,填补了立法空白,其宗旨是防止不担任公司董事但实际执行公司事务的控股股东、实际控制人利用自己的权力进行不当的操作或者牟取私利。因此,公司在合规管理中应当重视不担任公司董事但实际执行公司事务的控股股东、实际控制人的忠实义务、勤勉义务,制定或者完善相关规则,加强对其履职合规管理。

关联法条

1.《民法典》第 82 条、第 84 条

2.《刑法》第 163 条、第 169 条之一、第 219 条、第 271 条、第 272 条

3.《企业国有资产法》第 26 条

4.《上市公司独立董事管理办法》第 3 条

5. 国务院办公厅《关于印发国有金融资本出资人职责暂行规定的通知》第 3 条

6.《上市公司治理准则》第 21 条

7.《上市公司收购管理办法》第 8 条

第一百八十一条 【董事、监事、高级管理人员的禁止行为】

> 第一百八十一条　董事、监事、高级管理人员不得有下列行为：
> （一）侵占公司财产、挪用公司资金；
> （二）将公司资金以其个人名义或者以其他个人名义开立账户存储；
> （三）利用职权贿赂或者收受其他非法收入；
> （四）接受他人与公司交易的佣金归为己有；
> （五）擅自披露公司秘密；
> （六）违反对公司忠实义务的其他行为。

一、修订情况

相较于2018年《公司法》，本条明确监事应承担忠实义务，并整合了2018年《公司法》第147第2款及148条第1款的规定，将"侵占公司财产"纳入违反忠实义务之情形；在以利益冲突原则判断是否违反忠实义务的同时，删除违反公司章程或公司治理机关决议对忠实义务认定的影响，与新《公司法》第185条相契合。

二、理论基础

本质上，忠实义务是为了防止董事、监事、高级管理人员与公司之间的利益冲突。[①] 对董事忠实义务之理论基础，两大法系的公司法均作出了规定。在英美法系的公司法中，董事忠实义务源于董事的代理人和受信托人的地位，在大陆法系的公司法中，董事之忠实义务源于董事接受股东委任之地位。但不管董事忠实义务来源如何，对公司来说，需要规制董事忠实义务，以期将董事滥用职权的行为减到最低

---

① 参见王建文：《论董事"善意"规则的演进及其对我国的借鉴意义》，载《比较法研究》2021年第1期。

限度,进而保护公司、股东和债权人利益,保证公司稳定、协调和健康发展。

三、制度演变

1993年《公司法》对董、监、高的忠实义务在第59~62条分别予以规定,列举了:董事、监事、经理应当遵守公司章程,忠实履行职务,维护公司利益,不得利用在公司的地位和职权为自己谋取私利。董事、监事、经理不得利用职权收受贿赂或者其他非法收入,不得侵占公司的财产。董事、经理不得挪用公司资金或者将公司资金借贷给他人。董事、经理不得将公司资产以其个人名义或者以其他个人名义开立账户存储。董事、经理不得以公司资产为本公司的股东或者其他个人债务提供担保;董事、经理不得自营或者为他人经营与其所任职公司同类的营业或者从事损害本公司利益的活动。从事上述营业或者活动的,所得收入应当归公司所有。董事、经理除公司章程规定或者股东会同意外,不得同本公司订立合同或者进行交易;董事、监事、经理除依照法律规定或者经股东会同意外,不得泄露公司秘密。

2005年《公司法》将董事、高级管理人员忠实义务予以归纳,并在第149条以列举的方式明确忠实义务的范围。

2013年、2018年《公司法》沿用相关条款,未再作调整。

四、案例评析

向某损害公司利益责任纠纷案[云南省高级人民法院(2023)云民终188号]

基本案情: 甲公司控股股东为乙公司,其董事长、1名董事及总经理均由乙公司委派和更换,向某系乙公司的法定代表人兼执行董事,同时也是甲公司的法定代表人兼董事长。欧某向甲公司提供借款270万元,在收到上述款项后,甲公司于收款当日及次日便分别将累计269.5万元的款项转入了四川某投资管理有限责任公司等主体,向某既未能提供甲公司与上述公司存在合理业务往来的依据,亦未能提交甲公司转出上述款项经过公司正常审批同意的手续,向某不能举证证明甲公司所转出的款项系用于公司经营,该款项并未由甲公司实际使用。

裁判情况: 向某作为甲公司当时管理控制的法定代表人,对该笔借款的使用、支出应当明知,款项最终未由甲公司使用,向某有主观过错,并因此导致甲公司被欧某诉讼后执行划扣401.9875万元,本案符合侵权行为、损害后果、因果关系及主观过错的侵权责任构成要件,向某作为公司当时法定代表人,应当对此承担责任,对甲公司由此遭受的损失应承担损害赔偿责任。

评析:本案中甲公司由向某实际控制,甲公司取得的资金并未用于公司经营,而是被挪用至其他主体,向某对此应当明知,其在案件审理过程中未能对资金用途作出合理的解释说明,公司的损失与上述行为具有直接关联,因此,向某应对公司实际损失承担赔偿责任。

五、律师实务指引

(一)加强董、监、高忠实义务合规管理与法律风险防范

司法实践中一般适用侵权法律关系的规则来论证董、监、高违反忠实义务,其中包括董、监、高存在对公司不忠实的损害行为、给公司造成损害后果、董、监、高行为与公司损失后果之间存在因果关系等。董、监、高违反忠实义务往往具有隐蔽性,特别是在财务问题上,不经过专业财务审计难以发现问题。为防患于未然,公司应当建立一套独立的、成熟的、有效的财务合规管理体系,做好留痕和归档。

(二)完善公司章程,进一步细化董、监、高的授权和限制

通过公司章程对董、监、高的履职范围和行为对象进行适当限定,对超出履职范围的行为应提请董事会以及股东会决议,以便清晰地判定董事是否在法定和约定框架内履职。同时,应发挥公司监事会、董事会中的审计部门的作用,对董、监、高进行定期、不定期任职审计及离职审计。定期开展系统性的法律风险排查工作,积极建立一套符合企业发展情况的企业合规治理体系,对董、监、高的履职风险具有良好的防范效果。

新《公司法》第181条仅列举了五种不得违反的忠实义务行为,实践中存在诸多未列举的情形,因此在本条第6款设置兜底性条款"违反对公司忠实义务的其他行为",例如,擅自披露公司秘密、上市公司董事利用内幕信息实施内部交易等。在实务中,董、监、高履职时要避免违反忠实义务情形的发生,应当坚持忠实义务的基本精神,即董、监、高不得从事与公司之间存在利益冲突的行为。

(三)采取有效措施,加强董、监、高自身权益的保护,提高其履职积极性并提供切实保障

公司董、监、高也需要一定的履职空间和自由度。董、监、高应当做好自我保护,增强合规意识,明确职责范围,确保自身履职行为在法定框架内。董、监、高可以建议公司为其投保董责险以降低履职风险。

（四）通过制定履职规则和清单制管理，进一步细化董、监、高违反忠实义务的认定标准

首先，违反忠实义务的人具有董、监、高资格，忠实义务本身平衡公司与董、监、高之间的利益，倘若只是公司普通员工，便不受忠实义务的约束；其次，董、监、高存在违反法律、法规以及公司章程等规定，且行为实质上与公司利益相冲突；最后，董、监、高的行为对公司造成了实质性的损害。同时，董、监、高违反忠实义务的责任承担，也分为两方面：一是非法所得归入责任，即向公司返还其非法所得；二是损害赔偿责任，即董、监、高应向公司或股东承担其所造成的损害赔偿。

关联法条

1.《民法典》第 81 条

2.《企业国有资产法》第 26 条

3.《刑法》第 163 条、第 169 条之一、第 219 条、第 271 条、第 272 条

4.《上市公司章程指引》第 98 条

第一百八十二条 【董事、监事、高级管理人员与本公司交易的程序】

> 第一百八十二条　董事、监事、高级管理人员,直接或者间接与本公司订立合同或者进行交易,应当就与订立合同或者进行交易有关的事项向董事会或者股东会报告,并按照公司章程的规定经董事会或者股东会决议。
>
> 董事、监事、高级管理人员的近亲属,董事、监事、高级管理人员或者其近亲属直接或者间接控制的企业,以及与董事、监事、高级管理人员有其他关联关系的关联人,与公司订立合同或者进行交易,适用前款规定。

一、修订情况

本条在2018年《公司法》第148条第1款第4项基础上,增加"监事"及董、监、高的关联关系人作为规制对象;规制情形明确包括直接或间接的关联交易,且发生关联关系应履行报告和相应决策程序。

二、理论基础

关联交易是把"双刃剑",正常的关联交易可以稳定公司业务,分散经营风险,有利于公司发展。但不当关联交易则可能掏空公司资产、转移公司利润,严重损害公司、少数股东和债权人的利益。因此,在新《公司法》第22条关于关联交易的基础上,本条对董、监、高及其关联方与公司之间的关联交易规则予以明确。本条规定本身不宜机械地被理解为一种效力性强制性规定。换言之,如果存在关联交易未向公司董事会或股东会报告并决议通过,也不应轻易否定合同的效力,关键在于该等交易是否存在损害公司利益之情形。

三、制度演变

1993年《公司法》第61条将"同业竞争"和"关联交易"合并予以规定:"董事、

经理不得自营或者为他人经营与其所任职公司同类的营业或者从事损害本公司利益的活动。从事上述营业或者活动的,所得收入应当归公司所有。董事、经理除公司章程规定或者股东会同意外,不得同本公司订立合同或者进行交易。"

2005年《公司法》第149条第1款第4项规定董事、高级管理人员不得违反公司章程的规定或者未经股东会、股东大会同意,与本公司订立合同或者进行交易。

2013年、2018年《公司法》沿用相关条款,未再作调整。

四、案例评析

西安陕鼓汽轮机有限公司、高某某等公司关联交易损害责任纠纷案〔最高人民法院(2021)最高法民再181号〕

基本案情:2011年到2012年,高某某任西安陕鼓汽轮机有限公司(以下称陕鼓公司)副董事长、总经理,程某先后兼任总装试车车间代主任、销售部部长。公司章程明确规定:"董事及公司经营层人员未经《章程》或股东会同意,不得同本公司订立合同或者进行交易。上述人员违法行为给公司造成损害的,应当依法承担赔偿责任。"另外,高某某及程某为钱塘机电有限公司合计控股60%的股东。2015年6月至2017年4月,陕鼓公司作出了《陕鼓公司部分高级管理人员进行关联交易损害公司利益的调查报告》,发现陕鼓公司与钱塘机电有限公司共签订采购合同近2100份,陕鼓公司与钱塘机电有限公司的关联交易未经陕鼓公司内部及股东会审批决议,高某某、程某与钱塘机电有限公司的关联关系未向陕鼓公司披露、审批或报批,且钱塘机电有限公司出售给陕鼓公司的产品皆高于市场价,系其从市场购入后加价转卖。陕鼓公司随后即免除了高某某、程某的职务,继而以董事、高级管理人员关联交易损害赔偿责任纠纷提起了诉讼。

裁判情况:法院最终认定本案高某某、程某作为董事及高级管理人员,未履行披露义务,且通过高价交易的方式损害公司合法权益,违反了董事、高级管理人员的忠诚义务,应当承担损害赔偿责任。

评析:《公司法》并未禁止关联交易,关联交易合法有效的实质要件是交易对价公允,但其前提是相关董、监、高履行向公司披露并报告的忠实义务。本案中,董、监、高在未告知公司的情况下开展关联交易,且采取不公允对价的方式,已经对公司的合法权益造成侵害,公司有权以损害赔偿责任纠纷起诉相关人员。公司在诉讼前应当注意证据的留存,并采取解除董、监、高职务、财务审计等方式确定董、监、高的违法行为和损害后果。

五、律师实务指引

（一）关联交易存在刑事、民事法律风险，应当在合规管理"三道防线"建设中特别重视

董、监、高违法与公司开展关联交易，属于存在违反忠实义务之情形，公司及其股东有权按照法定程序提起诉讼。关联交易还可能涉嫌职务侵占罪、挪用资金罪；如果通过订立虚假的关联交易合同骗取信贷的，还涉嫌合同诈骗罪；如果关联交易中存在行贿、索贿等情况，也有可能涉嫌相应犯罪。

（二）关联交易应重视程序性合规操作规范

关联交易是否合法，可以从程序上和实体上分别予以判断，二者不可或缺。从程序上看，关联交易的行为过程应履行内部审议程序，特别是需要经股东会决议或者董事会决议通过，上市公司还应履行信息披露和批准程序。关联交易需要经过董事会、股东会的合规的决策程序，有任何利害关系的决策成员，在对该事项进行表决时应当回避。关联交易的背景、内容、金额、占比等关键信息需要完整、准确披露。

（三）关联交易同样应当重视实体性合规操作规范

从实体上看，判断是否为关联交易的核心是评价交易是否公平。例如，关联交易价格原则上应不偏离市场上独立第三方的价格或收费标准，明显低价或者高价、增设不必要的交易环节等，都存在违法开展关联交易的嫌疑。除此之外，交易规模的合理性，交易机会的合理性，董、监、高是否有利益交集等，都可能成为违法关联交易的因素。因此，关联交易合规操作流程应当分为三部分，包括关联交易的界定、审议及披露程序合规、公允定价。

其一，认定关联方是识别关联交易的前提，关联交易的界定讲究实质重于形式，因此在实务中应破除形式掩盖，例如，出于税务方面考量抑或是为了隐匿关联交易，有些公司会选择非关联的过桥公司进行转手交易、转让关联方股权但私下签订了代持协议、多层交易等方式，使表面上构成非关联交易，将关联方之间的关联关系进行非关联化。

其二，关联交易公允定价，依据《企业财务通则》第35条的规定，企业发生关联交易的，应当遵守国家有关规定，按照独立企业之间的交易计价结算。可以看

出,交易定价应不偏离市场独立第三方的价格或收费标准,另外,国有企业进行关联交易前应根据交易类型、标的金额、交易相对方等按照相关法律法规的要求完成相应的评估、尽职调查、招投标等流程,确保交易价格客观公允。同时,上市公司的决策机构在审议关联交易时,也应根据客观标准独立判断该关联交易是否会损害企业利益。

其三,关于违法关联交易的认定与防范。司法实践中一般适用侵权法律关系的规则来论证是否构成违法关联交易,特别是在认定相关交易行为与公司损失后果之间是否存在因果关系问题上,存在较大的争议和难度。站在公司的立场,公司应当建立一套完整的交易制度,确保交易留痕,有迹可查;站在董、监、高的立场,对涉嫌关联交易的行为,应及时提请公司董事会或股东会决议,必要情况下可以提供交易的合理性和必要性依据,做好相应的风险防范。

关联法条

1.《民法典》第84条

2.《企业国有资产法》第43~46条

3.《上市公司信息披露管理办法》第62条

4.《企业会计准则第36号——关联方披露》第4条

5.《上市公司治理准则》第74~77条

第一百八十三条 【谋取公司商业机会的禁止及例外】

> 第一百八十三条　董事、监事、高级管理人员,不得利用职务便利为自己或者他人谋取属于公司的商业机会。但是,有下列情形之一的除外:
> (一)向董事会或者股东会报告,并按照公司章程的规定经董事会或者股东会决议通过;
> (二)根据法律、行政法规或者公司章程的规定,公司不能利用该商业机会。

一、修订情况

本条在2018年《公司法》第148条第1款第5项基础上单列一条,将监事作为规制对象,在除外情形中一是增加了报告程序并由董事会或股东会决议通过;二是增加根据法律、行政法规或者公司章程的规定,公司不能利用该商业机会作为除外情形。

二、理论基础

作为公司董事、高级管理人员忠实义务的基本内容,"禁止篡夺公司机会"的理论基础依然是"忠实义务",即新《公司法》第180条规定的"董事、监事、高级管理人员对公司负有忠实义务,应当采取措施避免自身利益与公司利益冲突,不得利用职权牟取不正当利益"。

关于商业机会的概念及认定。首先,公司法及相关司法解释并未就"公司商业机会"给出具体定义,目前司法实践中对其认定也缺乏统一标准。学理上,公司商业机会是指董事、高级管理人员在执行公司事务过程中获得的,并且有义务向公司披露的与公司经营活动密切相关的各种机会。公司商业机会对于公司来说等同于公司的财产,由于董事及高级管理人员基于其地位,可以接触到大量的商业信息,因此,在董事及高级管理人员的地位和诚信原则的要求下,其不能窃取公司机会,否则将构成对忠实义务的违反。其次,针对实践中如何认定商业机会,存在一定争议。董事、高级管理人员在执行公司职务过程中获得的信息和机会很多，但并不等于说这些机会都是公司商业机会，公司商业机会必须是与公司经营活动密切相关并且董事、高级管理人员有义务披露的机会。在衡量某一机会是否与公司经营活动密切相关时，要综合考虑各种相关因素：如某一商业机会是否为公司所需要或者追寻，公司是否曾经就该机会进行过谈判，公司是否为该机会之追寻而投入人力、物力和财力等。

三、制度演变

1993年《公司法》中并未作出"公司高级管理人员不得谋取公司商业机会"的相关规定，直至2005年《公司法》才首次引入这一规定，即其第149条规定："董事、高级管理人员不得有下列行为……（五）未经股东会或者股东大会同意，利用职务便利为自己或者他人谋取属于公司的商业机会，自营或者为他人经营与所任职公司同类的业务……"在2013年、2018年的修正中均未作出调整改变。

四、案例评析

福路公司与施某某损害公司利益责任纠纷案［上海市青浦区人民法院（2019）沪0118民初17485号］

基本案情：福路公司系由上海仕明志投资有限公司与西班牙ARFLU公司合资的外商投资企业，系ARFLU公司在中国的唯一子公司及独家代理商。施某某担任福路公司总经理、董事。

2017年12月，施某某安排刘某某以炜翔公司的名义参与涉案项目的投标工作。2018年1月25日、2月23日，炜翔公司与惠博普公司签订两份合同。惠博普公司曾就签约主体提出疑问，刘某某回复，为提高沟通效率，一般项目由福路公司签约，美金合同则由炜翔公司签约。

为履行该合同，2018年3月，炜翔公司向ARFLU公司采购阀门2853台，施某某通过福路公司董事长陆某某，促成ARFLU公司以1,910,675美元与炜翔公司签约。该价格确保ARFLU公司留有16%的利润，福路公司留有8%的利润。后续，ARFLU公司通过福路公司进行阀门的生产、运输等。因交货延期、产品质量等问题，惠博普公司提出赔偿。福路公司因此发现施某某存在通过谋取公司商业机会损害公司利益的行为，由此提起诉讼，要求施某某承担给公司造成的损失。

裁判情况：施某某作为福路公司的总经理、董事，对福路公司负有忠实义务，不得谋取属于福路公司的商业机会是其履行该义务的具体体现。施某某明知涉案业务属于福路公司的商业机会，未经股东会同意，私自将该商业机会安排给炜翔公司，造成福路公司利益损失，构成侵权，应当予以赔偿。查明事实反映，施某某通过涉案商业机会为其控制的炜翔公司获取合同差价122.2764万美元。故福路公司的主张有事实和法律依据，其要求施某某赔偿损失的诉讼请求，应予支持。

评析：首先，在商业机会归属的客观认定上，从公司的经营活动范围、公司的实质性努力以及机会提供者的预期等方面公平考量商业机会的归属；其次，在高级管理人员披露动机的主观认定上，从披露的及时性、完全性、有效性综合判断披露行为是否正当善意，如认定披露并非善意，则属于谋取商业机会。

五、律师实务指引

律师在承办"谋取公司商业机会"相关法律问题的案件时，需要注意以下几点：

1. 在公司合规管理中应当明确"谋取公司商业机会"的认定标准。根据司法实践，商业机会是指公司能够开展业务并由此获取收益的可能性。裁判机关在判定某一商业机会是否属于公司时，应当结合公司的经营范围，审查该商业机会是否为公司所需；结合公司是否就此进行过谈判，投入过人力、物力和财力等因素进行综合判断；审查公司是否存在放弃商业机会的情形。如董事、监事、高级管理人员能举证证明公司已经明确拒绝该商业机会，并非董事、监事、高级管理人员利用职务便利谋取，则法院应认定董事、监事、高级管理人员谋得该商业机会符合公平原则。

2. 建议拟定公司商业机会正面清单和负面清单，加强清单制管理。例如，董事、高级管理人员将在执行职务中所获悉的商业机会告诉公司，并详细披露相关事实，公司在不受利害关系的干扰否定该机会的情况下，该董事、高级管理人员可以作为例外情形利用该机会。但应明确一旦公司对此提出异议，董事、高级管理人员应承担符合例外情形的举证责任。

关联法条

1.《反不正当竞争法》第2条
2.《上市公司章程指引》第97条

第一百八十四条 【经营同类业务的限制】

> 第一百八十四条 董事、监事、高级管理人员未向董事会或者股东会报告,并按照公司章程的规定经董事会或者股东会决议通过,不得自营或者为他人经营与其任职公司同类的业务。

一、修订情况

本条在2018年《公司法》第148条第1款第5项基础上单列一条,增加监事作为规制对象;明确董、监、高经营同类业务应履行报告程序并由董事会或股东会决议通过。

二、理论基础

本次修改内容集中于义务主体范围和豁免机关的扩张。首先,竞业禁止义务的主体范围由原来的董事、高级管理人员扩大到了董事、监事、高级管理人员,增加了对监事的义务规定;其次,在豁免机关的范围方面,在股东会基础上,增设董事会作为公司对董、监、高的竞业活动予以许可的机关,适应了公司内部灵活经营和决策的需要,也符合当今公司法立法的发展趋势,体现了现代市场经济的要求。

2005年至本次修订前的《公司法》将利用职务便利为自己或者他人谋取商业机会和竞业限制在一个条款中予以规定,且采取严格绝对禁止同业经营的态度,存在不足。一方面,利用职务便利获取的商业机会,不一定是公司的同类经营范围,会导致董事、监事、高级管理人员以商业机会涉及的业务不是公司同类经营业务为由,将此类机会提供给他人,或者为自己谋利,导致公司损失;另一方面,采取了绝对禁止同业经营的态度,与现实中公司因客观情况不能经营某种业务不符,或者本质没有竞争关系不符。

2018年《公司法》对董事竞业禁止义务的规定是严格的,对维护公司利益当然有利,但是也存在不足,尤其是在不损害公司利益的情况下,在未经公司同意的情况下绝对禁止,不利于吸引优秀人才进入董事会。

《日本商法典》第264条第1项和第2项规定:"董事为自己或第三人进行属于公司营业种类的交易,应向董事会说明其交易的重要事实,并取得其认可;从事前项交易的董事,应立即将其交易的重要事项向董事会报告。"根据《德国股份公司法》第88条第1项之规定,董事得在经监事会同意后从事竞业活动。有的国家或地区关于该问题则会规定,董事为自己或他人为属于公司营业范围内之行为,应对股东会说明其行为之重要内容并取得其许可。股东会为前项许可之决议,应有代表已发行股份总数一定比例的股东之出席,且出席股东表决权过半数之同意。尽管这些规定中批准董事从事竞业活动的公司治理机构各有不同,有的是董事会,有的是监事会,有的是股东会;但在有条件放宽董事的竞业禁止义务上则是完全相同的。①

在实践中,可能对"自营或者为他人经营"的理解产生分歧,主要是应当理解为"以自己名义经营或者以他人名义经营"还是"为自己计算而经营或者为他人计算而经营"。对此问题,国内学者多认为应当持后一种理解,理由是前者仅限于董事亲自出面为自己经营以及董事充任他人代理人或者法定代表人的场合。如果董事既不以自己的名义,也不充任他人的代理人或者法定代表人,但是从事竞业行为的经济效果却可以归属于自己或者他人,则超出了前一种理解的范围,无法对其进行规制。②

三、制度演变

1993年《公司法》规定,董事、经理不得自营或者为他人经营与其所任职公司同类的营业或者从事损害本公司利益的活动。2005年《公司法》规定,未经股东会或者股东大会同意,不得自营或者为他人经营与所任职公司同类的业务。2013年、2018年修正中均未作出调整改变。

四、案例评析

李某、华佗在线公司损害公司利益责任纠纷案[最高人民法院(2021)最

---

① 刘俊海:《股份有限公司股东权的保护》(第2版),法律出版社2004年版,第447页。
② 刘桑、苏义宝:《论公司董事的竞业禁止义务》,载《法学探索》1997年第3期。

高法民申 1686 号]

基本案情：李某系美谷佳公司（设立于 2008 年）股东，2015 年 4 月 28 日前，担任该公司法定代表人、董事长、总经理职务。华佗在线公司设立于 2013 年，股东系美谷佳公司，持股 100%。2014 年 1 月 10 日，省二医和华佗在线公司签订《合作框架协议》，约定双方合作共建广东省医学影像阅片中心平台、检验分析中心平台和互联网医院、应急无线医疗项目。2014 年 11 月 20 日，友德医公司与省二医签订《友德医网络医院合作协议》，约定双方视对方为广东省内唯一的合作方，双方共同合作组建"友德医"网络医院，并对用户提供网上诊疗、双向转诊等医疗服务，独家授权友德医公司合作共建网络医院项目。友德医公司设立于 2014 年 8 月 7 日，李某系友德医公司实际控制人。美谷佳与华佗在线公司认为是李某非法获取了华佗在线的商业机会，违反了董事的忠实义务，应当承担赔偿责任，案件诉至法院。李某认为，自己仅是华佗在线公司的董事，对华佗在线公司不需要承担忠实义务，无须承担赔偿责任。

裁判情况：首先，李某对美谷佳公司负有忠实义务和竞业禁止义务。李某在作为美谷佳公司的董事、总经理期间对美谷佳公司负有法定的忠实义务和竞业禁止义务，不得篡夺美谷佳公司的商业机会。其次，李某对华佗在线公司亦负有忠实义务和竞业禁止义务。美谷佳公司是华佗在线公司的全资股东，双方利益具有显见的一致性，李某对美谷佳公司所负的忠实义务和竞业禁止义务应自然延伸至美谷佳公司的子公司华佗在线公司。最后，李某实施了损害华佗在线公司利益的行为。

评析：只有董事的忠实义务延伸至公司的全资子公司、控股公司等，才能真正实现对公司与其他股东权益保护的立法目的。为保护子公司的利益并促进母公司与子公司之间的良好合作关系，无论是新《公司法》立法精神还是最高人民法院的裁判观点，均认可董事的忠实勤勉义务不仅限于所任职公司，还延伸至公司的子公司，这意味着公司董事必须更加谨慎地履行职责，确保不会对全资子公司的利益造成损害，并时刻意识到自身双重责任的担当。本案中，李某将其任职高级管理人员的美谷佳公司全资子公司华佗在线公司的业务交由其实际控制的友德医公司经营，谋取了属于华佗在线公司的商业机会，还存在同业竞争情况，损害了华佗在线公司的利益，违反了对华佗在线公司所负的忠实义务和竞业禁止义务。李某由此获得的收入归华佗在线公司所有，以弥补华佗在线公司的实际损失。

五、律师实务指引

（一）需注意区分高级管理人员的竞业禁止义务与公司其他人员的竞业禁止义务

新《公司法》将公司董事、监事、高级管理人员的竞业禁止义务单列一条进行规定，对高级管理人员的判定就会成为履行法定竞业禁止义务主体的依据。需要注意的是，若员工职位不属于上述高级管理人员等范畴，但实际上行使高级管理人员等全部或部分职权，承担相应的职责，则也对公司负有竞业禁止义务。律师应当协助公司完善竞业禁止制度，在该制度中应确定竞业范围，可以是与任职公司同类的营业，也可以是完全相同的商品或服务，还可以是同类或类似的商品或服务。当然，法定竞业禁止义务中竞业禁止的时间应与任职时间重合。如果公司需要董事、监事、高级管理人员在离职后的一定时间内也要遵守竞业禁止规定，律师应为公司起草公司与其签订的竞业禁止合同，董事、监事、高级管理人员离职后应根据该合同约束其行为，该合同应有相应的补偿条款。

当然，对掌握公司核心资源、商业机密的其他未被列为高级管理人员的公司中层及普通员工，如果基于管理需要需对其进行竞业限制，那么律师需要依据《劳动合同法》相关规定，建议公司与相应人员订立竞业禁止协议，从而维护公司利益。

（二）需注意对公司监事竞业禁止义务的新增规定

新《公司法》将竞业限制的范围从董事、高级管理人员扩展到董事、监事、高级管理人员，因此监事也属于法定的竞业限制的人员。

（三）需注意董、监、高从事其任职公司同类的业务时对董事会的报告制度，加强合规管理

新《公司法》增加了董事、监事、高级管理人员可能会自营或者为人经营与其任职公司同类的业务时，向董事会的报告制度，这也是新增加的制度，原因在于股东会召集存在一定现实困难，加上提高效率的综合考量，同时符合日益发展的商事实践需要，具有合理性。该制度要求董事、监事、高级管理人员披露信息有利于防止违反竞业限制的情况发生，报告的内容，应当真实、准确、完整，没有误导性，否则如果提供虚假或者不完整或者误导性的信息，即便经过股东会或董事会的同意，仍然需要承担责任。

关联法条

1.《证券法》第 179 条
2.《劳动合同法》第 23 条、第 24 条
3.《证券投资基金法》第 118 条

第一百八十五条 【关联董事的回避表决】

> 第一百八十五条　董事会对本法第一百八十二条至第一百八十四条规定的事项决议时,关联董事不得参与表决,其表决权不计入表决权总数。出席董事会会议的无关联关系董事人数不足三人的,应当将该事项提交股东会审议。

一、修订情况

本条是新增条文,主要规定关联董事回避表决规则。

二、理论基础

诚实信用原则被称为民法领域的"帝王规则"。《民法典》《证券法》《信托法》均规定了诚实信用原则;《公司法》虽未明确将诚实信用原则归入基本原则,但多个条款规定了股东以及董、监、高的信义义务。关联董事回避表决制度从本质上可视为要求董事恪守诚实信用原则,尊重和善待公司、股东和公司债权人等公司利益相关者的正当权益。

董事会表决以资本多数决为一般性原则,但当决议事项与董事存在利害关系时,其可能会漠视或者损害公司、股东及债权人的利益,在制度设计上对其表决权采取一定的限制,也符合公司治理的应有之义。

通过本条修订,关联董事回避表决制度不再专属于上市公司;非上市公司在对关联交易事项作出决议时也应遵循表决权回避规则,从而更有利于公司治理的优化。

三、制度演变

关联董事回避表决规则是当某一决议参与的董事与会议讨论表决事项有特别利害关系时,该关联董事不得参与表决,也不得代理其他董事行使表决权。回避表决的目的即是对因关联关系而产生的利益冲突交易的决策影响因素隔绝。[①] 本次《公司法》的修订不仅回应了股东会召开困难的问题，将新《公司法》第182～184条所列情形审批的机关扩张至董事会，而且借鉴2018年《公司法》第124条上市公司关联董事回避表决规则的相关规定，使用强制性规则的方式表明关联董事在表决时应当回避，在与表决事项无关的董事不足三人时由股东会决议表决。

四、案例评析

李某某与今润公司等股权转让纠纷案[北京市第三中级人民法院（2020）京03民终709号]

基本案情：李某某起诉要求确认林某与今润公司签订的《出资转让协议》无效案件，即股权转让合同效力纠纷。李某某上诉主张林某作为关联交易方，依据《公司法》（2018年）第16条及第20条之规定，在两次股东会决议作出过程中不应行使表决权。

裁判情况：法院认为，与股东会决议有关联关系的股东应当回避表决。本案中，2019年4月2日临时股东会决议第一项内容系涉及今润公司与林某签订的《股权转让协议》效力的确定，林某作为关联交易方及控股股东，对股东会决议通过与否有决定性影响，故不应对该项决议行使表决权。

评析：关联股东回避表决制度，是指与股东会表决事项存在关联关系的股东不得参与该事项的表决，其意义在于防止控股股东滥用资本多数决规则，损害公司及中小股东利益。股东表决权排除，又称股东表决权回避，指的是在特定的股东会决议中，股东不得就其持股行使表决权的规则。这一规则在一定程度上能够防止股东利用资本多数决原则侵害公司和其他股东的利益。在本案中，人民法院司法裁判认为公司关联交易等与股东有特别利害关系的事项时，适用股东表决权排除规则。

五、律师实务指引

公司法将关联交易审批权首次扩张至董事会，从而使关联董事回避表决制度

[①] 参见温长庆：《论公司决议的形成规则及其在回避表决时的运用——从"万科董事会决议"的争议点切入》，载《法商研究》2018年第1期。

适用从上市公司扩张至普通公司。考虑到目前的条文比较笼统且属于新增条款,为了既有效排除关联董事参与决议,又防止滥用本条剥夺董事决议权,在具体案件适用时,应当重点关注以下问题:

1. 应当查明参与表决的董事是否与关联交易事宜存在利害关系。

根据新《公司法》的规定,董事以及近亲属,董事或者其近亲属直接或者间接控制的企业,以及与董事有其他关联关系的关联人,与公司订立合同或者进行交易,皆构成关联交易。由此,符合上述情形的关联交易董事皆应当回避。

2. 应当查明关联交易是否存在未披露或未批准的程序违法情形。

尽管关联交易适用实质审查原则,但排除关联交易董事参与决议前,往往尚未展开实质性要件的讨论,所以,至少应当对关联交易未经关联董事披露或未经批准等程序违法事项进行确认。

3. 应当查明关联交易是否符合诚信交易、公平公正、等价有偿原则。

司法实践中,是否履行披露和批准程序并不构成对关联交易认定撤销或无效的实质要件,关联交易不具有善意,严重危害公司的独立性和资产的完整性,损害了债权人的利益,才符合撤销或无效的法定条件。

4. 为了避免滥用董事回避表决权,建议在公司章程或者董事会议事中规定,董事会会议通知发出一定时间内,赋予关联董事救济权,提出不应回避的理由。

实务中,董事会或股东会都存在滥用回避权的案例,部分董事或股东利用公司法或公司章程的规定,创设回避条件,从而使对决议事项有异议的董事或股东无法参与表决。故有必要在公司章程或者董事会议事规则中赋予关联董事相应救济权,同时加强关联董事回避表决的合规管理。

关联法条

1.《公司法》第 182~184 条

2.《上市公司股权激励管理办法》第 34 条

3.《上市公司股东大会规则》第 31 条

4.《上市公司章程指引》第 80 条

5.《非上市公众公司收购管理办法》第 7 条

6.《上市公司重大资产重组管理办法》第 24 条

7.《非上市公众公司重大资产重组管理办法》第 16 条

第一百八十九条 【公司及全资子公司权益受损的股东救济】

> 第一百八十九条 董事、高级管理人员有前条规定的情形的,有限责任公司的股东、股份有限公司连续一百八十日以上单独或者合计持有公司百分之一以上股份的股东,可以书面请求监事会向人民法院提起诉讼;监事有前条规定的情形的,前述股东可以书面请求董事会向人民法院提起诉讼。
>
> 监事会或者董事会收到前款规定的股东书面请求后拒绝提起诉讼,或者自收到请求之日起三十日内未提起诉讼,或者情况紧急、不立即提起诉讼将会使公司利益受到难以弥补的损害的,前款规定的股东有权为公司利益以自己的名义直接向人民法院提起诉讼。
>
> 他人侵犯公司合法权益,给公司造成损失的,本条第一款规定的股东可以依照前两款的规定向人民法院提起诉讼。
>
> 公司全资子公司的董事、监事、高级管理人员有前条规定情形,或者他人侵犯公司全资子公司合法权益造成损失的,有限责任公司的股东、股份有限公司连续一百八十日以上单独或者合计持有公司百分之一以上股份的股东,可以依照前三款规定书面请求全资子公司的监事会、董事会向人民法院提起诉讼或者以自己的名义直接向人民法院提起诉讼。

一、修订情况

本条修订主要涉及三个方面:一是取消了"执行董事"的表述;二是对修订后不设董事会、不设监事会的情况下董事会、监事会的相关职责由董事或者监事行使作了明确规定,因此本条取消了"不设董事会的有限责任公司的执行董事""不设监事会的有限责任公司的监事"的表述;三是增加了股东双重代表诉讼的制度规定。

二、理论基础

相较于2018年《公司法》的单一股东代表诉讼制度,新《公司法》第189条第4款增加了双重股东代表诉讼制度,此举正是顺应了公司集团化背景下的母子公司架构普遍存在的结构变化,为解决立体化的母公司—子公司架构下股东权缩减问题而发展出的应对规则。[①] 本次修订在立法上明确了股东双重代表诉讼制度,将极大地有利于股东,尤其是有利于小股东维护公司、全资子公司的合法权益。

三、制度演变

1993年《公司法》未规定股东代表诉讼。

2005年《公司法》第152条规定:"董事、高级管理人员有本法第一百五十条规定的情形的,有限责任公司的股东、股份有限公司连续一百八十日以上单独或者合计持有公司百分之一以上股份的股东,可以书面请求监事会或者不设监事会的有限责任公司的监事向人民法院提起诉讼;监事有本法第一百五十条规定的情形的,前述股东可以书面请求董事会或者不设董事会的有限责任公司的执行董事向人民法院提起诉讼。监事会、不设监事会的有限责任公司的监事,或者董事会、执行董事收到前款规定的股东书面请求后拒绝提起诉讼,或者自收到请求之日起三十日内未提起诉讼,或者情况紧急、不立即提起诉讼将会使公司利益受到难以弥补的损害的,前款规定的股东有权为了公司的利益以自己的名义直接向人民法院提起诉讼。他人侵犯公司合法权益,给公司造成损失的,本条第一款规定的股东可以依照前两款的规定向人民法院提起诉讼。"

此后,2013年、2018年《公司法》与2005年《公司法》的上述条款基本一致,直至本次修订才增加了双重代表诉讼制度。[②]

[①] 参见李建伟:《股东双重派生诉讼的制度构成与规范表达》,载《社会科学研究》2023年第2期。

[②] 参见袁曙宏:《全国人民代表大会宪法和法律委员会关于〈中华人民共和国公司法(修订草案)〉审议结果的报告——2023年12月25日在第十四届全国人民代表大会常务委员会第七次会议上》,载《中华人民共和国全国人民代表大会常务委员会公报》2024年第1期。

四、案例评析

海航控股公司与赵某、海航投资公司、皇城酒店公司损害公司利益责任纠纷案[陕西省高级人民法院(2016)陕民终228号]

基本案情：赵某是母公司海航投资公司的股东，海航控股公司是该母公司的控股股东。海航控股公司利用其控股地位对子公司皇城酒店公司实施了一系列损害子公司利益的行为，由此也对母公司造成了间接损害。由于母公司和子公司怠于起诉，为维护公司和自身利益，母公司股东赵某提起了诉讼。为了避免法院以主体不适格为由驳回起诉，赵某将母公司与子公司均列为了赔偿对象。

裁判情况：依照当时的《公司法》规定，他人侵犯公司合法权益，给公司造成损失的，有限责任公司的股东，在履行了相关前置程序后，有权为了公司的利益以自己的名义直接向人民法院提起诉讼。在母公司对子公司形成绝对资本控制的情形下，母公司的股东为了子公司的利益以自己的名义直接向人民法院提起诉讼，亦不违反规定。海航控股公司作为皇城酒店公司母公司海航投资公司的控股股东，其对海航投资公司的运营、管理及人事具有实质的支配和控制能力，继而对皇城酒店公司具有实际支配与控制权。作为对母公司、子公司经营活动均具有重要影响和控制能力的控股股东，海航控股公司应当忠实于公司并最大限度地以公司的利益作为行使权利的标准，若其怠于行使权利造成公司利益受损，其应承担相应的民事责任。

评析：本案中，原告以母公司股东身份提起诉讼并最终取得胜诉，这也是我国股东双重代表诉讼的一起典型案例。该案有两个争议焦点，一是赵某的原告资格是否适格，二是被告应向哪一主体履行赔偿义务。关于第一个焦点，皇城酒店公司是海航投资公司的全资子公司，有且仅有海航投资公司这一个股东，此时适当地赋予母公司中小股东监督子公司董事的权利，可以预防子公司董事侵害公司利益。在这种情况下，皇城酒店公司作为子公司的利益受到了损害，在穷尽其他手段的情况下，赵某作为原告提起诉讼。如果否定其原告身份，子公司与母公司利益皆会受损。关于第二个焦点，皇城酒店公司是海航投资公司的全资子公司，仅有这一个股东。在这种情形下，将子公司的直接损失判给母公司也即其唯一股东，容易造成一人公司与其股东实质上财产混同的问题。因此，二审法院对原审法院的判决进行了纠正，即最终损失赔偿的利益归属于实际利益受损方皇城酒店公司，这一判决有其合理性。①

五、律师实务指引

在立法模式上,新《公司法》是在单一股东代表诉讼制度的基础上设置引致条款,将单一股东代表诉讼制度中的基本规则适用于股东双重代表诉讼制度。

在实务中,需要关注的主要内容包括:

(一)母公司股东作为适格原告的前置程序条件

根据新《公司法》之规定,母公司股东拟提出代表诉讼的,需要履行必要的前置程序,竭尽公司内部救济程序,否则将可能导致程序不当,提出股东诉讼不被法院支持。为了简化程序,提升诉讼效率,母公司股东书面请求全资子公司的监事会、董事会向人民法院提起诉讼即可,而不要求其向母公司董事会、监事会再行请求。当然,如果公司无相关机构,或者提出履行前置程序的主体就是侵权主体,客观上不可能代表公司提出侵权诉讼,股东可以直接代表公司提起诉讼。司法实务中也存在类似判例。

(二)母公司股东作为适格原告的持股条件

股东双重代表诉讼适用的基础关系系全资母子公司关系,即仅当母公司为子公司的唯一股东时,母公司的股东才有权利为维护子公司的利益提起股东双重代表诉讼。② 由于公司法对有限责任公司和股份有限公司股东的适格条件作了差异化规定,母公司股东作为适格原告的持股条件具有差异化。当母公司为有限责任公司时,母公司的股东均符合持股要求。当母公司为股份有限公司时,仅"连续一百八十日以上单独或合计持有公司百分之一以上股份"的股东有权提起双重代表诉讼。

(三)侵害行为发生时未成为母公司股东,维权时系母公司股东,不影响成为适格原告

根据《全国法院民商事审判工作会议纪要》之规定,何时成为母公司股东不影响股东双重代表诉讼原告的资格,即便子公司合法权益受到侵害的行为发生时,原告尚未成为母公司股东,原告的资格也不受影响。

---

① 参见黄晓林、黄雪峰:《母子公司架构下股东代表诉讼的适用问题研究》,载《太原理工大学学报(社会科学版)》2021年第4期。

② 参见赵旭东主编:《新公司法重点热点问题解读——新旧公司法比较分析》,法律出版社2024年版,第236~239页。

(四)适格被告包括子公司内部人员,也包括侵犯公司合法权益的侵权行为人和违约行为人

新《公司法》第189条第3款规定的"他人侵犯公司合法权益,给公司造成损失的,本条第一款规定的股东可以依照前两款的规定向人民法院提起诉讼",进一步明确了股东代表诉讼的适格被告的范围,不仅包括子公司内部人员,也包括侵犯公司合法权益的侵权行为人和违约行为人。

第一百九十一条 【董事、高级管理人员职务侵权行为的责任承担】

> 第一百九十一条　董事、高级管理人员执行职务,给他人造成损害的,公司应当承担赔偿责任;董事、高级管理人员存在故意或者重大过失的,也应当承担赔偿责任。

一、修订情况

本条是新增条款,主要规定董事、高级管理人员对第三人的损害赔偿责任。

二、理论基础

学者曾建议基于域外立法经验在我国公司法中增加"董事在执行公司业务过程中,故意或重大过失违反法律、法规之规定,从而损害第三人利益,应与公司对第三人承担连带责任"。

但因当时多位法学家明确反对董事承担赔偿责任,认为董事是公司机关或其成员,不是独立于公司的法律主体,因此,不存在董事违反义务损害债权人问题,更不存在董事承担赔偿责任的问题。

从比较法的视角来看,多数国家采用董事无责任原则,即董事无须就履行职责时给债权人造成的损害承担责任。美国和德国规定董事仅在特殊场合下承担赔偿责任。目前仅有日本和韩国概括规定董事赔偿责任或连带责任。《日本公司法》分别规定董事对第三人的赔偿责任与董事和董事之间的连带责任,在文句上无法得出董事等与公司承担连带责任的明确含义。但日本学者认为,董事在执行职务时具有恶意或重大过错时,应对第三人承担连带赔偿责任。《韩国商法典》特别规定了连带赔偿责任,董事在恶意或重大过失有怠于其任务时对第三人承担连带赔偿责任。我国秉持慎重立场,未在2005年《公司法》中提及董事对债权人的赔偿责任。①

近年来,实务界与司法机关的观点逐渐发生变化。我国法院在处理公司纠纷中遇到债权人起诉公司和董事承担连带赔偿责任的案例。

三、制度演变

为了回应司法实践的需求,最高人民法院在适用公司法中发布了董事向债权人承担义务的部分法律依据,并发展出两项董事承担连带赔偿责任的裁判规则:一是《公司法司法解释二》第 18 条、第 19 条首次提及董事在公司或股东怠于清算或清算损害债权人利益时承担连带赔偿责任;二是《公司法司法解释三》第 14 条规定了董事协助股东抽逃出资要承担连带赔偿责任。

《公司法》和司法解释未全面确立董事与公司连带赔偿责任规则,仅在狭窄范围内承认董事对债权人的连带赔偿责任。

在证券市场的发展中,《证券法》针对董事责任采用了相对进取的态度,根据《证券法》第 85 条第 1 款的规定,在发行人公司违反信息披露义务时,发行人的控股股东、实际控制人、董事、监事、高级管理人员和其他责任人员,应当与发行人承担连带赔偿责任,但是能够证明自己没有过错的除外。该规定旨在保护证券市场投资者,包括股票、债券等各位投资者。虽然《证券法》仅构建了董事对投资人的赔偿责任,而未概括规定董事向公司普通债权人承担赔偿责任,但《证券法》的规定在一定程度上反映出立法机关对董事履责及赔偿制度的试探。

2023 年《公司法》修订,增加了董事、高级管理人员对第三人承担赔偿责任的目的,主要在于限制董事、高级管理人员滥用其职权并使受害人获得足够的赔偿。其制度建构的内在逻辑则是越过信义义务而直接规定赔偿责任,将信义义务隐含于赔偿责任之中,其实质则是间接肯定了董事对债权人的信义义务,是对信义义务的一种"隐性嵌入模式"。

这种信义关系不同于一般的侵权关系与契约关系,也不同于其他信义关系,是商事领域中的信义关系,在此关系中董事作为职业经理人受经营判断规则的保护,只因其故意或重大过失而违反信义义务时才对债权人承担民事责任。简言之,是信义关系的出现,决定了董事对债权人信义义务及其民事责任的产生。因此,信义

---

① 参见张穹主编:《新公司法修订研究报告》(第 12 册),中国法制出版社 2005 年版。

关系是董事对债权人民事责任性质定位的逻辑基点。①

四、案例评析

顾某等55,326名投资者等证券虚假陈述责任纠纷案[广东省广州市中级人民法院(2020)粤01民初2171号]

基本案情：2020年5月13日，因康美药业股份有限公司（以下简称康美药业）在年报和半年报中存在虚假记载和重大遗漏，证监会对该公司和21名责任人作出罚款和市场禁入的行政处罚；2021年2月18日，证监会又对负责财务审计的正中珠江会计所和相关责任人进行处罚。4月8日，中证中小投资者服务中心有限责任公司受部分证券投资者特别授权，作为代表人向广州市中级人民法院申请参加诉讼。经最高人民法院指定管辖，广州市中级人民法院适用特别代表人诉讼程序对这起全国首例证券集体诉讼案进行了公开开庭审理。

法院查明，康美药业披露的年度报告和半年度报告中，存在虚增营业收入、利息收入及营业利润，虚增货币资金和未按规定披露股东及其关联方非经营性占用资金的关联交易情况，正中珠江会计师事务所（以下简称正中珠江）出具的财务报表审计报告存在虚假记载，均构成证券虚假陈述行为。经专业机构评估，投资者实际损失为24.59亿元。

裁判观点：法院认为，康美药业在上市公司年度报告和半年度报告中进行虚假陈述，造成了证券投资者投资损失，应承担赔偿责任。马某、许某等组织策划财务造假，应对投资者实际损失承担全部连带赔偿责任。正中珠江相关审计人员违反执业准则，导致财务造假未被审计发现，应承担全部连带赔偿责任。康美药业部分公司高级管理人员虽未直接参与造假，但签字确认财务报告真实性，应根据过失大小承担部分连带赔偿责任。法院并以自媒体质疑康美药业财务造假的2018年10月16日，作为案涉虚假陈述行为的揭露日。

评析：该案是《证券法》确立中国特色证券特别代表人诉讼制度后的首单案件，也是迄今为止法院审理的赔偿金额最高的上市公司虚假陈述民事赔偿案件。康美药业作为上市公司，承担24.59亿元的赔偿责任；公司实际控制人马某夫妇及邱某等4名原高管人员组织策划实施财务造假，属故意行为，承担100%的连带赔

---

① 参见赵树文：《董事在公司财务困境下对债权人的信义义务》，载《学术论坛》2023年第1期。

偿责任;另有13名高管人员按过错程度分别承担20%、10%、5%的连带赔偿责任。

从本案可以看出,在规模较大的公司,董事的违法行为往往以公司名义进行,社会公众或债权人的利益受到损害后,如果仅能向公司要求赔偿,很难对董事的失当行为进行规制。《公司法》本次修订增加第191条的规定,要求董事就其失当行为承担赔偿责任,能够起到制度震慑作用,督促其勤勉尽责。

五、律师实务指引

新《公司法》第191条首次增加了董事、高级管理人员对第三人承担责任的条款,可以预见该等条款将进一步拓宽公司债权人维权的路径,也进一步增强了董事与高级管理人员的履职风险。但是考虑到目前的条文仍然比较笼统,因此具体适用细节仍需要后续的司法案例予以明确。

(一)董事、高级管理人员对第三人承担责任的基本类型

我国法律明确规定董事需要对第三人承担责任主要有以下几种情况:

1.股东在公司增资时未履行或者未全面履行出资义务,董事未尽到勤勉义务导致出资未缴足时,债权人可以要求董事承担相应责任;

2.股东抽逃出资时,如果董事进行了协助,债权人可以请求董事与抽逃出资的股东承担连带责任;

3.上市公司未依照规定披露信息,或者公告的证券发行文件、定期报告、临时报告及其他信息披露资料存在虚假陈述、误导性陈述或者重大遗漏,致使投资者在证券交易中遭受损失的,董事与发行人可能会承担连带责任,除非董事能够证明自己没有过错。

(二)董事、高级管理人员向第三人承担责任的行为要件判断

本条设置的是董事承担赔偿责任的要件,即董事"故意或者重大过失"系董事"承担赔偿责任"的要件,而不是单独规定董事赔偿责任构成要件,也不是重复《民法典》侵权责任编规定的侵权"赔偿责任"构成要件。这就意味着,在满足侵权责任一般构成要件时,公司应向债权人承担侵权责任。董事存在故意或重大过失时才向债权人承担赔偿责任;董事存在一般过失的无须承担赔偿责任。但是,董事具体应当承担的是连带责任还是补充责任仍需要司法实践中予以明确。

同时,"损害"应当如何认定,也需要在具体的案例中加以细化。有观点认为,在董事直接损害第三人的情况下,债权人等第三人所受损害与董事履行职务行为

有关,但未必导致公司利益受损,此时应当允许债权人直接起诉有过错的董事,但不能要求公司予以赔偿。在董事直接施害于公司并间接损害债权人的情况下,公司可以依据相关规定向董事主张赔偿。对公司债权人等第三人来说,其受损直接归因于公司资产价值降低,很难按照侵权责任规则要求董事承担赔偿责任,只能按照法定责任说主张董事承担赔偿责任。

(四)董事、高级管理人员的损害赔偿责任与法定代表人损害赔偿责任

新《公司法》第11条第1款与第3款分别规定"法定代表人以公司名义从事的民事活动,其法律后果由公司承受""法定代表人因执行职务造成他人损害的,由公司承担民事责任。公司承担民事责任后,依照法律或者公司章程的规定,可以向有过错的法定代表人追偿"。该条规定了法定代表人对外的赔偿责任,即对外由公司先行承担、对内公司可向有过错的法定代表人追偿,是为对公司法定代表人责任承担的一般规定。

新《公司法》第191条则规定了董事、高级管理人员对第三人的赔偿责任,是对公司特定职务(董事、高级管理人员)人员的特殊规定。那么,当法定代表人同时兼任董事、高级管理人员时,第三人应当如何主张权利呢?笔者认为,第三人有权选择适用第191条。

关联法条

1.《民法典》第62条第2款、第1172条、第1191条

2.《证券法》第85条

第一百九十二条 【控股股东、实际控制人和董事、高级管理人员的连带责任】

> 第一百九十二条　公司的控股股东、实际控制人指示董事、高级管理人员从事损害公司或者股东利益的行为的,与该董事、高级管理人员承担连带责任。

一、修订情况

本条是新增条款,引入"影子董事"制度。

二、理论基础

本条首次在《公司法》中增加了"影子董事责任条款",与近年来上市公司证券执法中的"追首恶"理念一脉相承。

控股股东和实际控制人对公司和股东承担责任的法理基础何在呢?这一问题要回归到公司法上的"信义义务"进行考察。"信义义务"是普通法系的概念。早期学者们的研究仅认为董事和高级管理人员对公司和股东负有信义义务,包括控制股东(控股股东和具有股东身份的实际控制人)在内的所有股东除履行自己的出资义务外,不应再对其他股东负担额外的法律义务。但如今越来越多的学者开始将信义义务的适用主体扩张到控制股东,一些国家的公司法已将控制股东作为信义义务的主体。一些学者还将信义义务的范围扩张到非公司股东的实际控制人。①

当前学术界比较一致的观点认为,公司的控制股东应当承担信义义务,并且给出了以下四个主要理由:

首先,控制股东与公司、控制股东与其他公司参与者之间的利益冲突无法避

---

① 参见王建文:《论我国构建控制股东信义义务的依据与路径》,载《比较法研究》2020年第1期。

免,这是控制股东信义义务产生的根本原因。①

其次,控制股东对公司拥有特殊的支配力和影响力,控制股东与非控制股东在公司中事实上处于不同的地位。另外,依据有些学者的理论,控制股东是非控制股东的"代理人"。② 非控制股东对控制股东的信任关系,使控制股东应当对非控制股东承担信义义务。

再次,从权利义务相一致角度来看,由于控制股东在公司中拥有绝对的控制地位,就必须对其科以一定的义务,防止其滥用权利。③

最后,公司合同的不确定性要求通过施加信义义务的方式对控制股东进行额外监督。④ 非控制股东在与控制股东订立公司合同之时,无法预知将来可能发生争议,而前者所处的弱势地位决定了其很难与后者相抗衡,无法与后者就争议的公平合理解决达成一致。为监督控制股东,尽量避免控制股东恶意侵害非控制股东的合法权益,信义义务应运而生。如果实际控制人进入公司治理之中,并且其对公司的控制程度相当于董事在职权范围内可达到的控制程度,信义义务同样可以对实际控制人适用。

三、制度演变

"影子董事"最初出现在英美法系,是指没有被正式委派或任命也没有公开登记备案,并且表面上不亲自行使权力,却能够控制被正式委派或任命的董事、高级管理人员行使职权的人。任何人只要符合上述条件就可以被认定为"影子董事"。

在我国公司法语境下,大家对实际控制人和控股股东的信义义务长期以来未在理论和制度层面达成共识,公司以及利害关系人只能在关联交易规则、股东权利滥用规制、中小股东权益保护等层面寻求制度基础。本次《公司法》修订新增了"影子董事"条款,主体范围限定为公司实际控制人和控股股东。

英美法系在"影子董事"控制的程度方面认为,其不需要对董事会的全体董事

---

① 参见朱慈蕴:《资本多数决原则与控制股东的诚信义务》,载《法学研究》2004年第4期。
② 参见傅穹、虞雅曌:《我国控制股东信义义务的司法续造》,载《上海政法学院学报(法治论丛)》2021年第3期。
③ 参见朱大明、[日]行冈睦彦:《控制股东滥用影响力的法律规制——以中日公司法的比较为视角》,载《清华法学》2019年第2期。
④ 参见刘建功:《〈公司法〉第20条的适用空间》,载《法律适用》2008年第Z1期。

或公司的全体高管予以控制，而只要对其中的一个人或几个人予以控制即可；另外，其不需要对一个人或几个人的所有行为都进行控制，也不需要被控制的人每次都依照指示行事，只要大多数情况下能够控制即可。

关于公司法具体实务中如何认定"控制"情形，一方面可以通过司法判例、司法解释逐步明晰，另一方面也应基于不同的公司类型和治理场景等情况进行个案综合判断。

四、案例评析

案例一：明天控股、肖某某非法吸收公众存款罪、背信运用受托财产罪、违法运用资金罪、单位行贿罪

基本案情：明天控股公司于1999年注册成立，肖某某为明天控股的实际控制人。2004年起，明天控股、肖某某违反国家金融管理法律和监管规定，采用分散股权、层层控股、隐名控股等手段，实际控制新时代信托、天安财险、包商银行、华夏人寿、天安人寿等多家金融机构和互联网金融平台。

自2010年起，明天控股、肖某某以实际控制的多家公司作为融资和担保主体，向社会公众非法吸收资金共计人民币3116亿余元；此外，明天控股、肖某某操控包商银行对明天控股的虚假融资项目不开展实质审核、擅自挪用客户资金及受托财产共计人民币1486亿余元；操控华夏人寿、天安人寿、易安财险对明天控股设立的虚假融资项目不开展实质审核，通过直接或间接购买信托计划的方式将保险资金转移至明天控股支配使用，违法挪用资金共计人民币1909亿余元。

裁判情况：被告人肖某某的行为构成非法吸收公众存款罪、背信运用受托财产罪、违法运用资金罪、单位行贿罪，依法应当数罪并罚。决定执行罚金人民币550.3亿元；对被告人肖某某数罪并罚，决定执行有期徒刑13年，并处罚金人民币650万元；对被告单位明天控股和被告人肖某某在上述犯罪中的违法所得及其孳息予以追缴，不足部分责令退赔。

评析：肖某某虽未实际担任包商银行、华夏人寿等企业的董事或高级管理人员，但其作为"明天系"企业的实控人，操纵其实际控制的多家金融机构从事违法甚至犯罪活动，可以视为上述企业的"影子董事"，对其操纵实控企业从事的违法活动承担连带责任。

案例二:温某诉中国证券监督管理委员会行政处罚决定、证券市场禁入决定案[北京市第一中级人民法院(2017)京01行初4号]

基本案情: 2016年7月,丹东欣泰电气股份有限公司(以下简称欣泰电气)因欺诈发行及信息披露违法被中国证监会处罚。欣泰电气原董事长、实际控制人温某也被中国证监会给予警告,并处以892万元罚款、终身证券市场禁入。温某不服,向北京市第一中级人民法院提起行政诉讼。

2018年2月28日,北京市第一中级人民法院公开开庭对上述案件进行了审理。温某主张,其一,被告认定欣泰电气欺诈发行,认定事实不清、适用法律错误。其二,被告没有区分其作为董事长和实际控制人的不同身份,其并未实施过指使发行人欺诈发行的行为,被告对其分别按照直接负责的主管人员和实际控制人予以处罚,违反了《行政处罚法》规定的"一事不二罚"原则。

裁判观点: 法院经审理认为,欣泰电气确有以下行为:第一,IPO申请文件中相关财务数据存在虚假记载;第二,上市后披露的定期报告中存在虚假记载和重大遗漏。作为实际控制人,原告指使欣泰电气实施了相关违法行为。《公司法》(2013年)第109条第2款对股份有限公司董事长的内部职权予以了明确规定,即"召集和主持董事会会议,检查董事会决议的实施情况"。本案中,原告能够就虚构收回应收款项以及就相关信息披露违法行为等公司重大活动,在未经董事会讨论的情况下基于个人意志进行决策,明显超出了其作为董事长的职权范畴。原告在实施上述指使行为时,不存在与董事长身份重合的问题,原告正是基于其公司实际控制人的地位,以独立于公司的意志指使公司实施相关违法行为的。

原告作为实际控制人对公司欺诈发行和违法披露信息所实施的指使行为,不能为公司集合意志所包含。至于原告实施指使行为时是否存在个人的概括意志,并非法定的处断依据,不影响对其行为单一性的认定。被诉处罚决定按照《证券法》(2014年)第189条第1款、第193条第1款中直接负责的主管人员的责任,以及第189条第2款、第193条第3款中实际控制人的责任对原告分别给予罚款处罚,并不违反《行政处罚法》的规定。

评析: 原告作为实际控制人和董事长的行为自然可分,实质上其实施的是数个行为。原告对于公司欺诈发行以及违法披露信息的指使行为,明显超出了公司董事长的职权范畴,并非董事长所能实施;而原告主持董事会会议、审议相关报告并在董事会决议上签字等行为,又明显非属实际控制人所能实施的行为。这些行为在实质上具有可分性,这些行为实施时并不存在身份上的重合关系,因此原告在公司欺诈发行及违法披露信息过程中的指使行为和作为董事长的职务行为,应为实质的数个违法行为。

五、律师实务指引

(一)需要关注控股股东、实际控制人概念调整

关于如何定义控股股东的问题,存在不同的定义方法与主张。较常见的方法是根据形式标准(出资的多少)与实质标准(影响力的大小)来定义控股股东。结合《民法典》第1259条相关规定,新《公司法》第265条第2项将2018年《公司法》控股股东"百分之五十以上"的规定调整为"超过百分之五十",并在第265条第3项删除了认定实际控制人中"虽不是公司的股东"的表述。

(二)通过制定规则明确认定"实际支配公司行为"的标准

司法实践中,应综合事实控制和行为外观等不同面向进行全面判断:是否存在让渡公司支配管理权限的协议,是否对董、监、高等核心人员提名与任免产生决定性影响,是否是公司或有关主体的重要债权人,是否对公司财务和经营政策产生重大影响等,故实际控制人的认定在于对公司行为整体支配之判断,而实质董事的规制在于对董事或董事会层面行为的支配或操纵,并不要求形成对公司整体的控制性行为。①

关联法条

1.《民法典》第1169条
2.《证券法》第181条、第185条、第197条

---

① 参见林一英、刘斌、沈朝晖、丁亚琪:《公司法修订的立法选择笔谈》,载《政法论坛》2022年第4期。

第一百九十三条 【董事责任保险】

> 第一百九十三条　公司可以在董事任职期间为董事因执行公司职务承担的赔偿责任投保责任保险。
>
> 公司为董事投保责任保险或者续保后,董事会应当向股东会报告责任保险的投保金额、承保范围及保险费率等内容。

一、修订情况

本条是新增条款,鼓励公司投保董事责任保险。

二、理论基础

董事责任保险,简称董责险,它是一种特殊的职业责任保险。董责险的保险标的主要是个人赔偿责任。

公司补偿制度是董责险制度的重要组成部分,其主要指董、监、高在履行职务过程中由于非故意的不当行为而引起责任诉讼时,在满足一定的条件时公司有义务补偿董、监、高因此产生的损害赔偿与法律费用等合理费用。从英美法系关于公司补偿制度的立法规范来看,公司补偿立法条款都允许公司为其董、监、高购买董责险。[1]

董责险在全球的发展历史与实践都证明了董责险的发展非常依赖法律制度的完善水平。董、监、高承担管理责任的前提是其在履职过程中违反了法定义务。当他们违反这些义务时,很可能被相关方提起诉讼并承担相应的法律责任。董、监、高面临的主要风险是责任诉讼风险,股东诉讼风险是上市公司董、监、高所面临的主要法律风险。

2023年《公司法》修订的一大亮点在于全面强化董事责任,若一味强化董事履

---

[1] 参见王民:《完善我国董事责任保险制度的几点建议》,载《保险理论与实践》2023年第6期。

职责任,却不配套建立董事责任限制或转移、救济制度,则有可能造成董事责任失衡,进而可能造成董事无法有效履职或在经营中过于保守。在此背景下,新《公司法》首次增加了"董事责任保险制度",就董事在履职期间因作为或不作为所产生的经济成本进行分配,为董事个人提供转嫁风险的渠道,平衡利益与风险,解除担任董事的后顾之忧。

三、制度演变

我国有关公司治理的规范中关于董事责任保险制度的规定,始见于中国证监会 2001 年制定的《关于在上市公司建立独立董事制度的指导意见》,明确上市公司可以建立必要的独立董事责任保险制度,以降低独立董事正常履行职责可能引致的风险。

中国证监会 2002 年制定的《上市公司治理准则》、中国人民银行 2002 年制定的《股份制商业银行公司治理指引》、原保监会 2004 年制定的《关于积极推进责任保险发展有关问题的通知》等部门规章中,出现了只针对上市公司、商业银行的董事、监事和高级管理层成员的非强制性而仅为建议性的"职业责任保险"制度规定。

2006 年国务院《关于保险业改革发展的若干意见》将董事责任保险作为责任保险之一种,并通过"市场运作、政策引导、政府推动、立法强制等方式"大力提倡发展。2013 年,国务院发布《关于进一步加强资本市场中小投资者合法权益保护工作的意见》提出上市公司退市引入保险机制,在有关责任保险中增加退市保险附加条款,健全证券中介机构职业保险制度。2018 年《保险机构独立董事管理办法》授权保险机构建立必要的独立董事责任保险制度。2023 年国务院办公厅《关于上市公司独立董事制度改革的意见》,鼓励上市公司为独立董事投保董事责任保险,支持保险公司开展符合上市公司需求的相关责任保险业务,降低独立董事正常履职的风险。

我国现行董事责任保险制度仅在部门规章、规范性文件层面上提出在上市公司、商业银行和保险公司等公司类型的治理机制中引入董事责任保险制度;在法律层面上,我国 2018 年《公司法》、2019 年《证券法》均未涉及董事责任保险制度相关内容。

四、我国董事责任保险实例

在保险业实践中,在2002年1月7日中国证监会、国家经贸委联合发布《上市公司治理准则》和2002年1月15日最高人民法院发布《关于受理证券市场因虚假陈述引发的民事侵权纠纷案件有关问题的通知》之后,平安、美亚、中国人保、华泰财险等保险公司相继在中国推出了董事及高级管理人员责任险这一险种。2019年修订后的《证券法》显著提高了上市公司的违法成本并加强了对投资者的保护,特别是在借鉴海外经验的基础上建立了中国式证券集体诉讼制度。

2020年瑞幸咖啡财务造假引出董责险保单、2021年广州市中级人民法院判决康美药业董事承担巨额连带责任案件等,引起学界对董事责任风险问题的深度思考。可以预见,随着A股全面注册制的推行,会出现更多的证券集体诉讼,董责险的热度随着董、监、高履职敞口的扩大而提高。

在2019年《证券法》施行后的3年间,披露购买董责险计划的上市公司数量由最初的119家增加到337家,董责险迎来重要发展机遇。[①] 2022年共有337家A股上市公司发布购买董责险的公告信息,投保公司数量同比上升36%。2022年购买董责险的上市公司中,民企占据多数,比例高达78%,中外合资经营企业占比10%,国企占比5%,外商投资企业占比7%。2022年A股董责险索赔与潜在索赔明显增多,超过六成的受访对象表示已报告索赔或潜在索赔明显增多。

已发生的董责险索赔最主要的原因与上市公司虚假陈述行为有关,其他原因可能包括雇佣不当行为与股东派生诉讼。

五、律师实务指引

针对董事责任保险可以关注下列内容:

(一)董责险被保险人范围

董责险保单中的被保险人包括被保险公司与被保险个人。被保险公司比较清晰,主要指投保董责险的公司及其子公司,但对被保险个人的范围,不同保险公司保单定义差别较大。在一般情况下,被保险个人指任何在过去、现在或未来担任公

[①] 参见刘轶、董敏:《论董事义务规则与董事责任保险的责任范围界定》,载《金融理论探索》2023年第6期。

司董事、监事、董事会秘书、经理及其他高级管理人员职务的自然人,为了促进董责险更好地满足市场需求,董责险保单应尽可能扩大被保险个人的范围。

（二）董责险的除外责任

2018年《上市公司治理准则》第24条规定:经股东大会批准,上市公司可以为董事购买责任保险。责任保险范围由合同约定,但董事因违反法律法规和公司章程规定而导致的责任除外。如果严格按照上述规定,根据客观结果即"违反法律法规和公司章程规定",确定董责险的除外责任,不考虑具体不当行为性质及主观过错,董责险适用空间将非常狭小,失去对董、监、高的保护,也失去董责险的价值空间。

此外,新《公司法》第193条规定购买董责险后向股东会报告,也调整了《上市公司治理准则》由股东大会批准后购买董责险的规定。

关联法条

1.《保险法》第65条

2.国务院办公厅《关于上市公司独立董事制度改革的意见》"二、主要任务"（五）

3.《责任保险业务监管办法》第6条

4.《上市公司治理准则》第24条

第九章　公司债券

修订概述

公司债券是指公司发行的约定按期还本付息的证券。新《公司法》第九章在2018年《公司法》第七章内容的基础上，衔接近年来修订的《证券法》《公司债券发行与交易管理办法》等法律法规，回应相关政策改革的需要，进一步完善了公司债券制度。

新《公司法》第九章自第194条起至第206条，共13条，主要规定了公司债券的概念和发行方式、公司债券募集办法、纸面债券票面的记载事项、记名债券、公司债券持有人名册、公司债券的登记结算、公司债券转让、公司债券的转让方式、可转换公司债券的发行、可转换公司债券的转换、债券持有人会议、债券受托管理人及其义务等。

相较于2018年《公司法》，新《公司法》第九章修改的主要内容包括：一是完善公司债券的概念，与实践接轨，明确公司债券可以公开发行，也可以非公开发行；二是根据《第十四届全国人民代表大会第一次会议关于国务院机构改革方案的决定》，将国家发改委的企业债券审核职责划入中国证监会，将公开发行公司债券的主管机关由"国务院授权的部门"明确为"国务院证券监督管理机构"；三是结合公司债券发行改革实践，将公开发行公司债券、上市公司发行可转换债券由"核准"调整为"注册"，以衔接现有的公司债券制度；四是删除"无记名债券"的规定，明确公司债券应当为记名债券；五是将"债券存根簿"调整为"债券持有人名册"；六是扩大可转换债券的发行主体范围，所有股份有限公司均可发行可转换债券，而不局限于上市公司；七是新增公开发行公司债券情况下债券持有人会议、债券受托管理人及其义务等债券持有人组织性保护制度相关规定。

第二百零四条 【债券持有人会议】
第二百零五条 【债券受托管理人】
第二百零六条 【债券受托管理人的义务】

> 第二百零四条 公开发行公司债券的,应当为同期债券持有人设立债券持有人会议,并在债券募集办法中对债券持有人会议的召集程序、会议规则和其他重要事项作出规定。债券持有人会议可以对与债券持有人有利害关系的事项作出决议。
>
> 除公司债券募集办法另有约定外,债券持有人会议决议对同期全体债券持有人发生效力。
>
> 第二百零五条 公开发行公司债券的,发行人应当为债券持有人聘请债券受托管理人,由其为债券持有人办理受领清偿、债权保全、与债券相关的诉讼以及参与债务人破产程序等事项。
>
> 第二百零六条 债券受托管理人应当勤勉尽责,公正履行受托管理职责,不得损害债券持有人利益。
>
> 受托管理人与债券持有人存在利益冲突可能损害债券持有人利益的,债券持有人会议可以决议变更债券受托管理人。
>
> 债券受托管理人违反法律、行政法规或者债券持有人会议决议,损害债券持有人利益的,应当承担赔偿责任。

一、修订情况

相较于2018年《公司法》,第204条、第205条、第206条均为新增条款。

二、理论基础

新《公司法》新增规定了公开发行公司债券的债券持有人会议及债券受托管理人相关制度,其均属于债券持有人的组织性保护制度。公开发行公司债券的显著特点是:金额大、债券持有人人数多。一方面,债券发行人能否有效履约对金融秩序、社会稳定和个人财富有着巨大影响,有必要对债券发行人的融资行为进行必要的监管和规制;另一方面,债券持有人人数众多,且债券持有人的投资知识和综合素质高低不同,一旦发生需要债券持有人进行决策或者维权事项时,众多债券持有人在没有组织、没有专业分析的情况很难及时、有效地进行决策和维权。

鉴于此,在法律层面强制设立公开发行公司债券下的债券持有人会议制度和债券受托管理人制度,能够及时有效地将有关债券的重大事项通知到各债券持有人,有助于债券持有人群策群力,对重大事项作出决策,同时维护债券持有人自身利益,使债券持有人的权利与债券发行人的权利达成某种平衡,相互牵制又相互获益,从而有利于公司债券制度的良性发展以及国家金融体系的稳定。同时,债券受托管理人通常由具备一定专业能力的机构担任,遇到有关债券的重大事项时,其能够提出专业分析意见,帮助债券持有人决策,在兑付风险发生后能够及时采取保全、诉讼等法律手段维护债券持有人的合法权益。债券的持有人利益诉求高度同质化且往往人数众多,采用债券持有人会议和债券受托管理人制度,降低债券持有人的维权成本,最大限度地保障债券持有人的利益,也有利于提高案件审理效率,节约司法资源,实现诉讼经济。

德国[①]、日本[②]均规定了债券持有人会议制度。美国虽然没有债券持有人会议

[①] 《德国债券法》第5条规定,会议决议在通常情况下应当由参会持有人所持表决权的半数以上通过。此外,对债券核心条款进行实质性变更则须适用绝对多数决机制,即决议须经参会持有人所持表决权的75%同意方可通过。核心条款并非一成不变,可以由债券募集说明书约定。核心条款具体包括:(1)变更付息日期或减免利息;(2)延迟本金兑付日期;(3)减少本金;(4)在破产程序中放弃优先清偿顺位;(5)将本期债券转换或置换为发行人股票或其他种类的证券;(6)变更或放弃担保;(7)变更偿付货币;(8)放弃在发行人违约情形下宣布债券加速到期的权利;(9)变更债务人;(10)变更其他重要条款。
《德国债券法》第9条规定,德国债券持有人会议原则上由发行人或持有人的共同代理人召集。与此同时,持券规模超过5%的持有人出于法定事由也可以书面方式提议召开会议。在召开会议的合法提议未获实现的情况下,债券持有人也可直接向法院申请授权自己召集或由法院指定的会议主席召集会议。

[②] 《日本公司法》第717条规定,公司债券持有人会议,有必要时可随时由公司债券发行公司或者公司债券管理人召集。第718条规定,持有某种类公司债券总额(已偿还额除外)1/10以上公司债券的公司债券持有人,可向公司债券发行公司或者公司债券管理人在明示公司债券持有人会议议题事项的基础上,请求召集公司债券持有人会议。但是,公司债券管理人无故拖延时,已提出请求的公司债券持有人,可在取得法院许可后召集公司债券持有人会议。
《日本公司法》第724条第1款、第2款规定,将决议事项分为一般事项和重大事项。债券持有人会议通过一般事项的决议时,须取得持有超过已出席表决权人的表决权总额的1/2表决权者的同意。债券持有人会议通过重大事项时,须取得持有表决权人的表决权总额的1/5以上,且已出席表决权人的表决权总额的2/3以上表决权者的同意。除有特别规定外,重大事项包括:(1)就该全部公司债券同意缓期支付以及对因债务不履行所产生责任的免除或者和解;(2)就该全部公司债券所要实施的诉讼行为或者有关破产程序再生程序、更生程序或有关特别清算程序的行为。

制度,但仍有需要征集债券持有人意见之时。①

三、制度演变

债券持有人会议以及债券受托管理人于2003年第一次出现于证监会发布的《证券公司债券管理暂行办法》,另在《公司债券发行与交易管理办法》《国家发展改革委办公厅关于进一步加强企业债券存续期监管工作有关问题的通知》《关于全面加强企业债券风险防范的若干意见》《银行间债券市场非金融企业债务融资工具持有人会议规程》等中亦有规定。

2019年修订的《证券法》首次在法律层面规定,债券持有人会议制度为公开发行债券所必设。

2020年7月15日出台的《全国法院审理债券纠纷案件座谈会纪要》对债券持有人会议制度的意义、决议效力、表决权行使、受托管理人与持有人会议的关系等作出了规定。

2023年12月,债券持有人会议制度以及债券受托管理人正式规定在《公司法》中。

四、案例评析

案例一:中国城市建设控股集团有限公司与景顺长城基金管理有限公司公司债券交易纠纷上诉案[上海市第二中级人民法院(2018)沪02民终3136号]

基本案情:2015年11月11日,中国城市建设控股集团有限公司(以下简称中

---

① 1939年《美国信托契约法》第312条(A)项和(B)项第1款、第2款规定,征集债券持有人意见的程序,即任何3个或3个以上契约证券持有人可以向机构受托人提出书面申请,每个申请人在提交该申请之日前已持续拥有该契约证券至少6个月。申明申请人欲就该契约项下或契约证券项下的权利与其他契约证券持有人进行联系,机构受托人在收到上述书面申请的5日内,应由其选择:(1)向申请人提供该机构受托人被提供的或所收到的所有信息;或者(2)在申请人支付合理费用后,向所有证券持有人寄送。但是(B)项第3款规定,受托管理人可以在书面说明理由后(该邮寄材料不符合债券持有人的最佳利益或违背法律),拒绝寄送。该纠纷将由SEC裁决。

1939年《美国信托契约法》第316条规定,债券持有人对一般事项和重大事项进行指示或弃权的权利。(1)持有已发行证券本金数额多数的持有人(持有债券总额半数以上的债券持有人),或在契约有明确规定的情况下该持有人有权:(A)指示契约受托人可采取任何救济程序以及行使契约授予受托人信托和权利的时间、方法和地点;或者(B)代表所有契约证券的持有人同意豁免任何过去的违约及其后果。(2)持有不低于契约证券本金数额75%的持有人,或在契约有明确规定的情况下持有不低于75%的已发行系列证券的持有人,代表所有契约证券的持有人同意推迟自到期日起算不超过3年的利息支付。

城建公司）（发行人）发布《募集说明书》，在全国银行间债券市场发行"15中城建MTN0022015"中期票据（又称永续债），该债券无固定到期日，于发行人赎回时到期，赎回权为发行人所有，投资者无回售权；采固定利率5.35%；起息日为2015年11月23日，付息日为自2016年起每年的11月23日，发行人有权递延支付利息。景顺长城基金管理有限公司（以下简称景顺长城公司）（持有人）持有该债券总计5000万元，其以中城建公司在募集期隐瞒部分信息、在履约过程中多次出现违约事件导致评级下降及未及时披露相关信息，且以行为表明不履行在一定期限内还本付息的主要义务为由，要求解除双方之间的合同关系，并要求中城建公司偿还本金、赔偿利息损失。

裁判情况： 上海市黄浦区人民法院于2018年2月6日作出（2017）沪0101民初13670号民事判决：解除涉案《募集说明书》；中城建公司支付景顺长城公司票据本金并赔偿相应利息损失。中城建公司不服一审判决提起上诉。上海市第二中级人民法院于2018年6月28日作出（2018）沪02民终3136号终审判决：驳回上诉，维持原判。

评析： 永续债是指不规定到期期限，债权人不能要求发行人清偿本金，但可按期取得利息的一种有价证券。与普通债券相比，永续债最大的特点是无固定到期日、发行人可递延支付利息并有权决定是否行使赎回权。该特点导致永续债持有人在救济途径上较为被动，对发行人在募集期及债券存续期未尽到如实披露义务是否足以影响投资者理性的投资判断以及后续的投资决策，以及对发行人递延支付利息、不予赎回的行为，持有人无法援引法律层面的依据加以限制，并且在永续债是否到期及利息是否支付几乎完全取决于发行人的情况下，持有人如何举证证明发行人存在根本违约、要求解除合同，存在巨大的法律障碍。

本案中，法院认为《募集说明书》为景顺长城公司与中城建公司之间的有效合同，双方均应全面履行合同约定的各自权利义务。中城建公司在募集时对公司股权结构作不实陈述，在涉案票据存续期间，未披露转让票据用途、所涉公司股权及控股股东变更等重大事项，亦未按约定期披露年报和季报，已构成《募集说明书》项下的违约事件。永续债的发行人该等怠于履行相关披露义务的行为，足以影响持有人出卖债券获益的可能性的，发行人构成根本违约；景顺长城公司通过函件、债券持有人会议等形式要求中城建公司提供履约担保或提前兑付系争债券，中城建公司拒绝履行，景顺长城公司据此要求解除双方合同关系，于法有据，故法院予以支持。

通过上述案例可以看出,债券持有人会议系债券持有人维权的重要途径和方式,在实践中能够帮助债券持有人取证,从而减轻债券持有人在诉讼时的举证负担。

案例二:中海信托股份有限公司与大连金玛商城企业集团有限公司、王某和等公司债券交易纠纷案[上海市静安区人民法院(2019)沪0106民初2755号]

基本案情:2017年10月,被告大连金玛商城企业集团有限公司(以下简称金玛公司)发行"17金玛03"债券,起息日为2017年10月12日,兑付日为2021年10月12日,年利率7.3%,按年计息,不计复利,每年付息一次,到期一次还本,最后一期利随本清。第三人光大证券股份有限公司系债券受托管理人。《募集说明书》有关于提前到期条款的约定。2017年11月20日,原告从二级市场买入涉案债券。2018年10月12日(第一次兑付日日终),被告金玛公司未能按约支付系争债券利息。嗣后,第三人召开债券持有人会议,通过相关议案,该期全体债券持有人授权第三人代表其行使担保权,同时说明任何债券持有人对债券受托管理人的授权,不影响其他债券持有人以自身名义采取相关行动。嗣后,第三人与被告金玛公司及被告王某签订《股权质押合同》,约定两被告为被告金玛公司发行的"17金玛03"等6只债券提供股权质押担保,质权人为第三人。同时,被告王某承诺承担连带保证责任。后被告金玛公司一直未能按约支付到期利息,其余被告亦未承担相应的担保责任,故原告起诉要求解除合同,主张系争债券提前到期,要求被告金玛公司支付债券本金及其利息、赔偿逾期利息损失,同时要求处置涉案质押股权,以原告持有的债券本金占被告金玛公司发行的全部债券本金比例优先受偿,并要求被告王某承担连带清偿责任。

裁判情况:上海市静安区人民法院于2019年12月24日作出(2019)沪0106民初2755号民事判决:判令被告金玛公司偿还原告债券本金、利息,赔偿原告占用资金所产生的损失;依法处置登记于第三人名下的质押股权,原告有权以其持有的"17金玛03"债券本金占被告金玛公司发行的6只"金玛债券"全部债券本金比例,即1.5%优先受偿;被告王某某承担连带清偿责任。一审判决后,当事人均未提起上诉,一审判决已生效。

评析：本案生效于《全国法院审理债券纠纷案件座谈会纪要》及最高人民法院《关于适用〈中华人民共和国民法典〉有关担保制度的解释》颁布之前，但本案对诉讼主体资格的认定及担保物权的行使两方面的审理思路及处理方式均与上述规定相吻合，充分保障了投资人的合法权益。在公司债券交易实践中，因存在债券持有人众多、登记制度不健全等情况，将担保物权登记于受托管理人名下系该行业的一种常见商业模式。本案判决对上述特殊情形下担保物权委托"代持"予以了肯定，通过给予上述商业模式必要的保护，拓宽了投资人关于增信措施的选择权，给投资人提供了更有利的保障渠道，保障了投资人的合法权益，有利于债券行业的健康稳定发展。

五、律师实务指引

(一)律师从事债券业务合规指引

在律师从事债券业务时，除了理解运用法律规定，还要注意《证券法》第163条规定的勤勉尽责义务。律师应当严格按照《律师事务所从事证券法律业务管理办法》第12~15条，《律师事务所证券法律业务执业规则(试行)》第10条、第11条等相关监管规定进行操作，并遵循各地律师协会针对公司债券法律服务提供的业务操作指引。遵循诚实、守信、独立、勤勉、尽责的原则，恪守律师职业道德和执业纪律，严格履行法定职责，保证其所出具文件的真实性、准确性、完整性。

律师应当审慎履行核查和验证义务，对与法律相关的业务事项应当履行法律专业人士特别的注意义务，合理、充分地运用查验方法。律师进行核查验证时，可以采用面谈、书面审查、实地调查、查询和函证、计算、复核等方法。除按规定必须采取的查验方法外，律师还应当根据实际情况予以补充。对不是从公共机构直接取得的文书，经审慎核查、交叉验证后方可作为出具法律意见的依据。待查验事项没有书面凭证或者仅有书面凭证不足以证明的，律师应当采用实地调查、面谈等方式进行查验。

(二)律师事务所应注重尽职调查的规范性

《律师事务所证券法律业务执业规则(试行)》第3条规定："律师事务所及其指派的律师，应当按照《律师事务所从事证券法律业务管理办法》……和本规则的规定，进行尽职调查和审慎查验，对受托事项的合法性出具法律意见，并留存工作底稿。"

目前债券市场处罚对于律师事务所来说,主要处罚依据是《律师事务所证券法律业务执业规则(试行)》《律师事务所从事证券法律业务管理办法》,处罚事由主要集中于:(1)未对尽调底稿的真实、准确及完整性进行审慎核查和验证;(2)未编制检查和验证计划、未对资产真实性审慎履行核查与验证义务、未按规定方式对违法违规记录进行查验;(3)未将实地调查情况做成笔录;(4)内部风控机制不到位等。在上海金融法院审结的全国首例资产支持证券欺诈发行民事赔偿案——美吉特灯都案中,法院酌定律师事务所对灯都公司应负的赔偿责任在10%的范围内承担连带赔偿责任。其主要理由为律师事务所在涉案基础资产真实性核查验证方面未勤勉尽职履责,严重违反注意义务,对信息披露文件中虚假陈述的形成、发布存在重大过失。

由于律师事务所的过错认定标准为过错推定,《证券法》第163条明确规定"能够证明自己没有过错的除外",且最高人民法院《关于审理证券市场虚假陈述侵权民事赔偿案件的若干规定》第18条规定了人民法院应当认定证券服务机构没有过错的具体情形。对于从事债券项目的律师及律师事务所而言,应当勤勉尽责,注重对包括发行人在内的相关业务参与人尽职调查的规范性,加强律所独立尽职调查,恪守律师职业道德和职业纪律规范。在面临诉讼索赔时,尽可能提供尽调过程中形成的工作底稿等有力证据,譬如在现场调查、人员访谈、网络核查等信息查询时,就"内容、时间、地点、载体"等要素制作笔录并作为底稿保存,以证明其"对所依赖的基础工作或者专业意见经过审慎核查和必要的调查、复核,排除了职业怀疑并形成合理信赖",从而避免承担连带责任的风险。

(三)公司债券业务风险应对措施

1. 切实提高执业质量

如上所述,律师在从事债券项目时应注重尽职调查的规范性,通过独立的尽职调查切实履行勤勉尽责的义务,提高执业质量。律师应当对发行人是否符合发行条件、是否存在重大违法违规行为、是否存在重大诉讼、募集说明书投资者保护条款设计、受托管理职责、债券持有人会议规则、违约事件触发及违约责任承担以及争议解决机制等事项予以审慎查验,重点关注发行人资产真实性与合法合规性、收入真实性、尽调文件的真实性及合法性等问题,确保出具的法律意见书逻辑严密、论证充分。在资产证券化业务中,律师应注重基础资产及底层资产质量、真实性、分散性、可特定化及转让对价的公允性,严格做到"真实出售",关注原始权益人公司治理、企业运营、财务情况、负债情况、征信情况以及基础资产有关业务的情况,关注外部增信机构是否实际具有增信能力,并加强对其他中介机构等业务参与人的尽调。从业人员按照监管指引的要求保证尽职调查勤勉尽责,信息披露完整及时,也可在一定程度上实现"免责抗辩"。

2.审慎审查第三方中介机构出具的报告

在尽职调查中,律师对无第三方专业机构提供专业意见的内容履行特别注意义务,对有专业意见的内容应履行普通注意义务。对第三方机构提供的相关尽调材料,律师也应该进行复核、确保与出具的法律意见无出入;而且不能仅仅停留在书面报告的深度,应按照相关监管规定及相关工作指引的规定,深入核实,采取当面访谈、实地勘察等方法进行验证。比如,对评级机构出具的评级报告,律师需关注评级机构的有关资质是否符合法律法规的规定、评级机构对债券的评级安排是否符合法律法规的要求。

关联法条

1.《证券法》第 15 条、第 92 条

2.《公司债券发行与交易管理办法》第 13 条、第 57 条、第 58 条、第 59 条、第 60 条、第 63 条

第十章 公司财务、会计

修订概述

本章共有 11 个条文,系统规定了公司的财务与会计制度。与 2018 年《公司法》相比,新《公司法》在本章中有 3 个条文保留了既有规定,完全未作修改;2 个条文进行了文字上的微调;实质性修改有 6 条,其中第 213 条中新增了无面额股所得股款未计入注册资本的金额列入资本公积金,系本次《公司法》新增无面额股制度的配套条文修改,相关评注可以参见本书对新《公司法》第 149 条的评注;第 215 条新增监事会为聘用、解聘承办公司审计业务的会计师事务所的决定主体,与新《公司法》对监事会履职的要求进行了衔接;另外 4 条重要修订在本书中进行了评注,分别是第 210 条整合了 2018 年《公司法》在第 34 条中的有限公司股东分红权规定,第 211 条明确单列了违法分配利润情况下公司股东及负有责任的董事、监事及高级管理人员的赔偿责任,第 212 条首次在法律层面新增利润分配的法定期限,第 214 条在新增公积金弥补亏损顺序规定基础上取消了资本公积金不得用于弥补公司亏损的法定限制。

本章的核心修订体现在对公司利润分配制度的调整,在整体上保持 2018 年《公司法》及配套司法解释构建的制度框架基础上,新增了违法分配利润的责任主体,改变了自 2005 年《公司法》修订以来维持了近 20 年的资本公积金不得补亏的制度设计,并规定了资本公积金补亏适用的前提,整体强化了对公司债权人利益的保护,以及对公司股东分红权的保护,在一定程度上有利于推动公司资本的合理使用,对落实公司债权人保护、平衡控股股东与中小股东利益以及股东与公司债权人利益、激活公司资本等方面均有积极意义。

第二百一十条 【公司税后利润分配】

> 第二百一十条 公司分配当年税后利润时,应当提取利润的百分之十列入公司法定公积金。公司法定公积金累计额为公司注册资本的百分之五十以上的,可以不再提取。
>
> 公司的法定公积金不足以弥补以前年度亏损的,在依照前款规定提取法定公积金之前,应当先用当年利润弥补亏损。
>
> 公司从税后利润中提取法定公积金后,经股东会决议,还可以从税后利润中提取任意公积金。
>
> 公司弥补亏损和提取公积金后所余税后利润,有限责任公司按照股东实缴的出资比例分配利润,全体股东约定不按照出资比例分配利润的除外;股份有限公司按照股东所持有的股份比例分配利润,公司章程另有规定的除外。
>
> 公司持有的本公司股份不得分配利润。

一、修订情况

本条是关于公司公积金提取与税后利润分配规则的规定,与2018年《公司法》第166条规定相比,本条存在如下变化:

1. 删除了"股东大会"的表述;

2. 第4款由援引2018年《公司法》第34条的规定修改为,有限责任公司按照股东实缴的出资比例分配利润,全体股东约定不按照出资比例分配利润的除外;

3. 将违反规定在公司弥补亏损和提取法定公积金之前向股东分配利润应退还公司的规定删除,并单列为第211条。

二、理论基础

公积金,是指公司为了弥补公司的亏损,扩大公司生产经营或者转为增加公司资本,依照法律或者公司章程的规定,从公司盈余或资本中提取的积累盈余。逐利是商人的天性,现实中许多公司股东往往会不考虑公司的长远利益和其他股东的利益,而只追求最大化地分配股利,以致阻碍公司发展和损害债权人利益的情况出现。公积金的计提不仅巩固了公司的资本基础,且有助于提高公司对债权人的清偿能力,通过构建这一防护墙可以更好地保护债权人利益。

"公司",即以营利为目的的社团法人,"营利性"是公司最基本的目标之一。我国公司法赋予股东的一项最基本的权能,即利润分配请求权。2018年《公司法》第4条规定:"公司股东依法享有资产收益、参与重大决策和选择管理者等权利。"第34条规定:"股东按照实缴的出资比例分取红利;公司新增资本时,股东有权优先按照实缴的出资比例认缴出资。但是,全体股东约定不按照出资比例分取红利或者不按照出资比例优先认缴出资的除外。"上述规定阐明了股东的利润分配请求权的法理基础以及有限责任公司分配利润规则及例外情形。

2023年《公司法》第210条第4款由此前援引2018年《公司法》第34条的规定修改为,有限责任公司按照股东实缴的出资比例分配利润,全体股东约定不按照出资比例分配利润的除外。新规定进一步明确了关于分配利润规则的例外情形,即有限责任公司全体股东一致同意、股份有限公司章程约定优先时,可以对分配利润作出例外的安排。

三、制度演变

1993年《公司法》第177条规定:"公司分配当年税后利润时,应当提取利润的百分之十列入公司法定公积金,并提取利润的百分之五至百分之十列入公司法定公益金。公司法定公积金累计额为公司注册资本的百分之五十以上的,可不再提取。公司的法定公积金不足以弥补上一年度公司亏损的,在依照前款规定提取法定公积金和法定公益金之前,应当先用当年利润弥补亏损。公司在从税后利润中提取法定公积金后,经股东会决议,可以提取任意公积金。公司弥补亏损和提取公积金、法定公益金后所余利润,有限责任公司按照股东的出资比例分配,股份有限公司按照股东持有的股份比例分配。股东会或者董事会违反前款规定,在公司弥补亏损和提取法定公积金、法定公益金之前向股东分配利润的,必须将违反规定分配的利润退还公司。"

2005年修订《公司法》时,参与专家研讨会的与会专家一致认为法定公益金制度是计划经济体制的产物,随着住房改革的推进和医疗保险制度的确立,已经失去了实际意义,建议予以删除。2005年《公司法》有较大修改:一是取消了提取公益金的强制性要求;二是增加了公司持有的本公司的股份不得分配利润的规定;三是赋予股东或章程决定分配原则的规定,体现了公司分配中的意思自治原则。

2013年、2018年《公司法》沿用相关条款。

四、案例评析

四川国栋建设集团有限公司、王某鸣与公司有关的纠纷案[最高人民法院(2020)最高法民申3891号]

基本案情:2000年8月,四川国栋建设集团有限公司(以下简称国栋建设集团)经改制设立,王某鸣持股55%,刘某持股25%,王某伟持股20%。2009年4月,刘某将所持国栋建设集团8%股权赠与给王某衡,赠与后刘某持股17%、王某衡持股8%。2017年7月17日,国栋建设集团召开临时股东会,并形成《临时股东会决议》和《2016年利润分配股东会决议》,载明分配利润合计约7.39亿元,刘某分配利润的实际比例为8.5%,王某衡的实际分配比例为4%。除刘某和王某衡未签字捺印外,其余股东均签字并捺印。2017年8月9日,国栋建设集团完成了利润分配个人所得税的代扣代缴,并将利润支付给了王某鸣。刘某和王某衡向成都市中院起诉要求国栋建设集团按《2016年利润分配股东会决议》和出资比例进行利润分配并支付迟延付款利息等。经一审、二审及再审程序,法院判决国栋建设集团按《2016年利润分配股东会决议》和出资比例分配利润并支付迟延付款利息。

裁判情况:由于股东享有的分红权属于股东自益权,系股东为自己利益而行使的权利,公司一般应按股东实缴出资比例分配红利。若公司决定不按出资比例分配利润,则必须经过全体股东约定,不得采取多数决的方式决定,其目的在于防止占多数股份的股东滥用股东权利和公司资本多数决的原则决定公司利润的分配方式,侵害小股东的合法利益,以大股东股权上的优势侵害小股东享有的分红权利。

评析:有限责任公司一般应按股东实缴出资比例分配利润,若公司决定不按出资比例分配利润,则必须经过全体股东约定,不得采取多数决的方式决定。

五、律师实务指引

(一) 有限公司的利润分配

新《公司法》第 210 条规定了公司利润的分配规则,原则上按照实缴出资比例分配,同时,允许股东约定例外的分配规则,但需要获得全体股东的一致同意。全体股东一致同意可以体现在公司设立阶段签署的股东协议、公司首次章程制定及章程修改、经全体股东形成一致决议等阶段。

基于上述规定,可以在经全体股东一致通过的公司章程当中约定特殊的利润分配规则。例如,在私募投资领域较常见的"优先分红权"条款,一般表现为约定某个特定的股东享有优先于其他股东分配公司利润的权利。又如,可在经全体股东一致通过的公司章程中约定不按照实缴比例分配利润,而赋予某个特定股东享有超出其出资比例以外的分配利润权。

值得注意的是,根据新《公司法》的规定,如需要通过公司章程的形式变更法定的分配利润规则,则该公司章程应当获得所有的股东一致通过,才可视为全体股东的一致同意。例如,北京市高级人民法院《关于审理公司纠纷案件若干问题的指导意见》第 12 条规定,有限责任公司非经全体股东一致同意,不得变更《公司法》(2018 年)第 35 条、第 43 条规定的或者公司章程规定的利润分配方式、新股认缴方式和表决权行使方式。股东以相关股东会决议或者章程修改未经股东一致同意为由,请求人民法院确认无效的,应予支持。

(二) 股份公司利润分配

1. 原则上,股份有限公司按照股东所持有的股份比例分配利润。

2. 股份有限公司可以约定不按照股份比例分配利润。

3. 有限责任公司股东要想排除股东按照实缴出资比例分红的法定默示比例,必须取得全体股东的同意,而不能通过资本多数决修改公司章程为之。但就股份有限公司而言,只要公司章程另有规定即可,即通过资本多数决修改公司章程即可实现,不要求全体股东一致同意。

(三) 与类别股的区别

按照新《公司法》的规定,股份有限公司可以发行优先股和劣后股,分配利润有权益差异。

此处的股份有限公司股东不按照股份比例分配利润,是在普通股的情况下,约定不同的分配比例,与类别股不同。

上市公司不能发行新《公司法》第 144 条第 1 款第 2 项、第 3 项类别股,但不具有溯及力。

关联法条

1.《证券法》第 91 条
2.《保险法》第 99 条、第 102 条、第 103 条
3.《上市公司章程指引》第 153 条

第二百一十一条 【违法分配利润的法律责任】

> 第二百一十一条　公司违反本法规定向股东分配利润的,股东应当将违反规定分配的利润退还公司;给公司造成损失的,股东及负有责任的董事、监事、高级管理人员应当承担赔偿责任。

一、修订情况

本条是关于公司违法向股东分配利润的法律后果与责任。在内容上,本条是将2018年《公司法》第166条第5款单列,并在此基础上增加违法分配给公司造成损失情况下股东以及负有责任的董事、监事及高级管理人赔偿责任的规定。

二、理论基础

完善公司资本制度是2023年《公司法》修订的重点内容,对股东提出更高要求的同时也强化了董(监、高)维护公司资本充实的信义义务,包括股东欠缴出资、股东抽逃出资、公司违法财务资助、违法分配利润、违法减资、违法清算全流程链条中,负有责任的董(监、高)须对公司承担赔偿责任。董、监、高在公司全生命周期维护资本充实的义务体现了新《公司法》对董、监、高勤勉义务的具体要求。

董、监、高的义务主要围绕忠实义务与勤勉义务展开。忠实义务与勤勉义务的含义及属性完全不同,其中忠实义务为消极义务,强调董、监、高不得利用职权牟取不正当利益,应当采取措施避免自身利益与公司利益冲突;勤勉义务为积极义务,强调执行职务应当为公司的最大利益尽到管理者通常应有的合理注意。

三、制度演变

（一）违法分配利润的范围扩大

2018年《公司法》只规定公司在弥补亏损和提取法定公积金前向股东分配利润的,视为违反规定分配利润。新《公司法》规定"公司违反本法规定向股东分配利润的……",即不仅要约束在弥补亏损和提取法定公积金前分红的行为,也要约束其他违反《公司法》规定进行分红的行为,比如有限公司在章程无另行约定的情况下未按实缴的出资比例分配利润、股份公司在非类别股的情况下未按照股东所持有的股份比例分配利润等。

(二)明确了违法分配利润是公司行为

2018年《公司法》规定:"股东会、股东大会或者董事会违反前款规定,在公司弥补亏损和提取法定公积金之前向股东分配利润的,股东必须将违反规定分配的利润退还公司。"从字面能推导出两层含义:一是进行违法分配利润行为的主体是股东会、股东大会或董事会,而非公司;二是如果股东未经股东会、股东大会或董事会径行分配了利润,明显违反了公司的相关规定,不属于该条的约束对象。

而新《公司法》则将"股东会、股东大会或者董事会违反前款规定……"修改为"公司违反本法规定向股东分配利润的……":一方面明确了利润分配是公司行为,而非某一公司机关的行为;另一方面则明确了无论违法利润分配是否经过股东会、董事会,均将受到《公司法》的约束和调整。

(三)新增了股东和董、监、高的赔偿责任

新《公司法》关于违反规定分配利润责任最主要的修改是增加了股东和董、监、高的赔偿责任。2018年《公司法》仅规定了"股东必须将违反规定分配的利润退还公司",但针对股东未能退还公司或者该等违规分配给公司造成其他损失的情形并没有规定其他救济手段。而新《公司法》则明确了股东及负有责任的董、监、高应当就违法分配利润给公司造成的损失承担赔偿责任。

2018年《公司法》虽然对董、监、高规定了概括性的忠实义务与勤勉义务,理论上讲公司可以依据相关条款追究董、监、高的责任,但在实践中追究董、监、高责任的案例却很少。

新《公司法》修订明确董、监、高的责任,为公司维护权益、追究失职高管提供了法律支持,有利于督促董事、监事、高级管理人员积极履职。

四、案例评析

太一热力公司、李某军公司盈余分配纠纷案[最高人民法院(2016)最高法民终528号]

基本案情:太一热力公司股东工贸公司持股60%,股东居立门业公司持股

40%。李某军系太一热力公司执行董事、法定代表人,在庆阳市人民政府整体收购太一热力公司全部资产后,违反《公司法》及太一热力公司章程规定,未经公司股东会决策同意,就将资产转让所得款项中的5600万余元转入兴盛建安公司,由该公司长期占用,形成太一热力公司账面巨额应收款项,严重损害公司股东利益。

裁判情况:在本案中,首先,太一热力公司的全部资产被整体收购后没有其他经营活动,有巨额的可分配利润,具备公司进行盈余分配的前提条件;其次,李某军同为太一热力公司及其控股股东工贸公司法定代表人,未经公司另一股东居立门业公司同意,没有合理事由将5600万余元公司资产转让款转入兴盛建安公司账户,转移公司利润,给居立门业公司造成损失,属于工贸公司滥用股东权利,符合《公司法司法解释四》第15条"但书"条款规定应进行强制盈余分配的实质要件。因此,一审判决关于太一热力公司应当进行盈余分配的认定有事实和法律依据。李某军作为太一公司法定代表人,对该赔偿亦负有责任,应当在公司不能赔偿的范围内承担赔偿责任。

评析:在公司盈余分配纠纷中,虽请求分配利润的股东未提交载明具体分配方案的股东会或股东大会决议,但有证据证明公司有盈余且存在部分股东变相分配利润、隐瞒或转移公司利润等滥用股东权利情形的,诉讼中可强制盈余分配,且不以股权回购、代位诉讼等其他救济措施为前提。盈余分配义务的给付主体是公司,若公司的应分配资金因被部分股东变相分配利润、隐瞒或转移公司利润而不足以现实支付时,不仅直接损害了公司的利益,也损害到其他股东的利益,利益受损的股东可直接依据新《公司法》第21条第2款的规定向滥用股东权利的公司股东主张赔偿责任,或依据第22条的规定向利用其关联关系损害公司利益的控股股东、实际控制人、董事、监事、高级管理人员主张赔偿责任,或依据第188条的规定向违反法律、行政法规或者公司章程的规定给公司造成损失的董事、监事、高级管理人员主张赔偿责任。

五、律师实务指引

新《公司法》明确了董事、监事、高级管理人员的赔偿责任,即当公司违法分红时,不仅是获得违法分红的股东要承担返还分红的责任,董、监、高也有可能被要求承担补充责任甚至连带责任。

而且,新《公司法》的责任范围不仅是股东未能返还的分红,还包括给公司造成的损失。该等损失有可能包括相关违法分配利润的利息,也可能包括因违反分配导致公司资金紧张而造成的其他损失,如资金短缺导致的预期收益未能实现、资金短缺导致的履约能力下降而承担的违约责任。从这一方面来讲,董、监、高在利润分配环节的责任明显扩大。

这里所说的违法分配利润主要指公司违反新《公司法》第210条的规定向股东分配利润。实践中,违法分配常见的有这样以下表现：

一是公司无利润而实施"分配"。公司在没有可供分配利润(甚至存在亏损)的情况下,以分配股利的名义向股东支付资金(或者虽有利润,但支付给股东的金额多于可供分配的利润)。

二是公司有利润,未作分配决议就将公司收入以分红名义直接支付给股东。

三是公司有利润,履行了利润分配的决议程序(例如股东会通过了分配利润决议),但未提取法定公积金就实施分配。

四是公司与股东之间订立不以"税后利润"为分配基础的定额股息或定额回报协议,公司履行该类协议的行为也可能被法院认定为违法分配。公司与股东间的此类约定与第210条以"税后利润"为分配基础的规则是冲突的。此类协议通常应当确认无效。

基于上述分析,笔者认为董、监、高可以从以下几个方面入手,减少在这一环节的法律风险：

1. 董事应当严格审核利润分配方案是否符合法律规定。

董事会在拟定利润分配方案时,董事应当严格审核利润分配方案是否符合法律规定,对不合法的方案应坚决投反对票。若董事对违法的利润分配方案投票通过,有可能被要求承担责任。

2. 监事应当对利润分配方案进行严格监督。

监事应当发挥监督职能,对董事会、股东会拟定或决定的利润分配方案严格审查,对高管的具体分配行为进行督促,依据新《公司法》的规定履行督促职能,包括但不限于：作出否定的监事会决议,向董事会、股东会、高管发出监督建议,通过诉讼维护公司权益等。否则,相关监事有可能被认定为未尽到勤勉义务而承担责任。

3. 高管应当审查利润分配方案的合法性。

与利润分配行为相关的高管,尤其是总经理、财务负责人等,应当在职责范围内审查利润分配方案的合法性,并拒绝执行违法的利润分配方案。高管未尽职审查相关方案的合法性,或明知违法而执行的,将有较大概率被认定为未尽到应有的勤勉义务。

4."预分红"可能被认定为违法分配利润。

在实践中常见的"预分红"操作,即在公司无利润但有现金流的情况下,股东先以借款方式提取公司资金,这种方式的操作也可能存在被认定为违法分配利润的风险,进而导致董、监、高被追究赔偿责任。从法律层面看,预分红并未满足分配条件,不存在预分红的法律依据。依据公司法的规定,不符合分配条件的"预分红"很可能导致投资者面临将其"提前分配"的利润返还给公司的境地。

5.务必按照法定程序分配利润,即公司弥补亏损和提取公积金后所余税后利润方可按照章程或者全体股东约定分配。

6.督促公司在股东作出利润分配决议之日起6个月内进行分配。

7.必要时聘请审计机构对公司财务状况进行审计,以审计结论为基础进行分红和代扣代缴等。

关联法条

《上市公司章程指引》第153条

第二百一十二条 【利润分配时限】

> 第二百一十二条　股东会作出分配利润的决议的,董事会应当在股东会决议作出之日起六个月内进行分配。

一、修订情况

本条为新增条款,在一定程度上吸收《公司法司法解释五》第 4 条,并在此基础上进行了适当调整,将利润的法定分配时间由上述司法解释中规定的 1 年压缩为本条规定的 6 个月。本条是关于公司董事会执行利润分配决议、分配利润期限的规定。

二、理论基础

利润分配请求权是股东的一项重要权利,但中小股东因在公司中的话语权较低,其在行使这项权利时可能并不顺利。为了确保股东利润分配权利落到实处,新《公司法》第 212 条规定:"股东会作出分配利润的决议的,董事会应当在股东会决议作出之日起六个月内进行分配。"股东会作出分配利润的决议后,公司对股东产生了支付利润的债务,股东对公司享有利润支付的债权,适用债权债务履行相关规则,公司不在 6 个月内向股东支付利润,则违反法律规定,构成迟延履行,需要对股东承担违约责任。

公司作为营利性法人,其目的就是通过经营行为获得收益分配给股东。股东向公司出资的首要目的就是获取收益。股东获取收益主要通过两种方式,利润分配和转让股权。公司分配利润需要符合法定条件,且公司有自有资金可以用于分配。由董事会制定分配利润方案提交股东会决议。从理论和实践来说,董事会可能基于商业需要考虑,留存更多利润用于扩大生产经营而不制订利润分配方案,或者控股股东通过控制公司长期不分配利润,而给自己发放高额薪酬或以职务消费等方式变相向自己分配利润。

2018年《公司法》对利润分配的完成时间并未进行明确规定,而是散见于《公司法》司法解释和上市公司的相关规定中,但本次修订借鉴吸收了《公司法司法解释五》的规定,将公司利润分配完成的时间确定为6个月,从更高位阶法律的高度确保股东利润分配权益的实现。

相较于上述司法解释的规定,新《公司法》未明确,若公司章程与分配决议对利润分配完成时间存在矛盾,以何者为准,进而引申出股东可否以"决议约定时间违反章程规定"为由诉请法院撤销该部分决议内容的问题。对此,相关司法解释持"有限的决议优先"立场,也即决议约定时间短于章程规定的,以决议约定为准(特别约定优先);决议约定时间长于章程规定的,以章程规定为准(最长期限)。在新《公司法》未明确规定的情况下,可参照司法解释立场进行补充解释。不过经检索发现,实务中章程规定与决议约定矛盾的情形较少,更多是没有明确规定、约定。在新《公司法》进一步缩短最长期限的情况下,章程与决议对股东利润分配时限利益的影响可能更有限。

三、制度演变

根据新《公司法》第59条、第112条,公司利润分配决议须由公司股东会作出。股东会一旦作出有效的利润分配决议,公司和有资格分得该次利润的股东之间即形成以公司向股东给付股利为内容的债权债务关系。

作为该债权债务关系中的债权人,合格的股东有权要求公司依照有效的利润分配决议履行债务,也即向其支付股利。如果公司无正当理由拒绝履行或者迟延履行,股东有权依法请求法院强制执行,并要求公司就股东所受损失承担赔偿责任。

《公司法司法解释五》规定公司最迟应在分配决议作出之日起的1年内完成利润分配,新《公司法》从保障股东实现利润分配请求权的角度出发,将最长时间缩短为6个月。为避免利润分配决议对实施分配的期限规定不明导致纷争,本条规定,董事会应当在股东会决议作出之日起6个月内实施分配。

四、案例评析

南通腾泰电工器材有限公司、湖南高创新能源有限公司公司盈余分配纠纷案[湖南省长沙市中级人民法院(2020)湘01民终8562号]

基本案情: 南通腾泰电工器材有限公司(以下简称腾泰公司)系湖南高创新能

源有限公司(以下简称高创公司)的股东,持股2.976%。2018年6月26日,高创公司向其股东通过邮件方式发送《关于公司2017年度利润分配的议案》及《湘电新能源有限公司2018年度第三次临时股东会决议》,《湘电新能源有限公司2018年度第三次临时股东会决议》载明,经股东表决,通过了《关于公司2017年度利润分配的议案》,同意公司2017年度按股东出资比例分配利润5500万元,其中腾泰公司占股2.976%,分红1,636,800元。后因高创公司未将分配利润支付给腾泰公司,腾泰公司主张权利未果,遂诉至一审法院。

裁判情况:法院认为,虽然2018年《公司法》第166条规定了股东利润分配应当以利润弥补了前年度亏损及提取了法定公积金为前提。但高创公司并未以此作为其未向腾泰公司分配利润的抗辩理由,且一审法院要求腾泰公司对此承担举证责任明显不妥。高创公司应当依据《关于公司2017年度利润分配的议案》向腾泰公司分配利润。《公司法司法解释五》第4条规定,分配利润的股东会或者股东大会决议作出后,公司应当在决议载明的时间内完成利润分配,决议没有载明时间的以公司章程规定为准,决议章程中均未规定时间,或者时间超过1年的,公司应当自决议作出之日起1年内完成利润分配。

评析:本案中,高创公司在2018年召开股东会,通过了《关于公司2017年度利润分配的议案》,并向其股东腾泰公司寄送了分配议案和相关股东会决议。由于无证据证明高创公司的章程或决议载明了利润分配时间,二审法院依据《公司法司法解释五》第4条规定,认为高创公司应自决议作出之日起1年内向腾泰公司分配利润,依法判决高创公司支付腾泰公司2017年度利润款及利息,并无不当。

五、律师实务指引

新《公司法》第212条规定:"股东会作出分配利润的决议的,董事会应当在股东会决议作出之日起六个月内进行分配。"股东会作出分配利润的决议后,公司对股东产生了支付利润的债务,股东对公司享有利润支付的债权,适用债权债务履行相关规则,公司不在6个月内向股东支付利润,则违反法律规定,构成迟延履行,需要对股东承担违约责任。

为了充分保障股东利润分配权益的实现,同时避免相关董事因不按规定执行职务给公司造成损失而承担补充、连带责任情形的出现。律师建议:

1.必要时聘请审计机构对公司财务状况进行审计,以审计结论为基础进行分红和代扣代缴等。严格按照规定在股东会作出利润分配决议之日起6个月内进行分配。并将上述规定明确写入公司章程或董事会的工作规则。

2. 加大对公司章程、分配决议中关于董事会的权责，明确董事会不依法执行事务的责任承担。

3. 非现金分配的一般场景。

基金所投资项目期限届满或其他特殊原因，基金拟退出却无法按照约定方式顺利退出的，例如无法按照基金投资底层标的时与底层标的公司签署的增资协议约定的各类退出方式正常退出的，包括但不限于IPO退出、减持退出、并购退出等；同时，也无法在短期内实现现金变现的，如第三方受让、底层标的实际控制人回购等。

在该等情形下，可以按照与投资者的事先约定（如合伙协议）或事后由全体合伙人达成一致，将底层资产以非现金的方式分配给投资者，理论上可以有多种操作方式。以投资者是否有意愿直接持有底层标的为标准，在此列举两种场景：第一种场景是，将底层标的股权转让给投资者，即投资者将直接持有底层标的，投资者在底层标的层面退出所持有的基金份额；基金层面则减持或退出底层标的持股。第二种场景是，基金将所持有的其他资产（如投资者不愿持有底层标的），如股权（基金所持有的其他股权）、债权、固定资产、无形资产等非现金资产作为对价，支付给投资者，实现投资者在基金层面对底层标的的退出，但基金层面没有减持或退出底层标的。

4. 分配标的范围与价值确定的一般规则。

基金对投资者进行分配交易的"对价"应理解为双方所持资产的价值，即投资者所持有的无法变现退出部分份额的价值，以及基金拟分配的非现金资产对应的价值（用于分配的不一定就是底层标的）。故此涉及两个方面，一是交易资产的范围的确定，二是用于分配的非现金资产价值的确定。无论是现金分配还是非现金分配，都应当注意符合《合伙企业法》第89条关于清偿顺序的规定，以及第33条第1款关于利润分配和亏损承担的规定。对应非现金分配的场景，基金管理人既要确定拟交易标的的范围，也要就此给出合理的定价依据和定价，还需要制定经权利各方确认的合法合理的分配方案，对非现金分配部分的资产予以梳理并对其价值进行评估定价。

非现金的资产类别可以有很多，取决于基金实际合法持有的资产情况以及可用于分配的情况。其中,股票证券类资产的非现金分配,已经部分获得中国证券监督管理委员会的制度支持。而非证券类的资产,尚没有明确的针对性的制度,当事人意思自治的空间更大,当事人也更需要留意在各个环节的合规性,避免因程序瑕疵、损害第三方或社会利益使交易失败。

5. 新《公司法》第212条为管理性强制性规定。

如果公司违反新《公司法》第212条,将有什么法律后果?从该条的修改过程看,一审稿、二审稿、三审稿均在本条有但书条款,"公司章程或者股东会决议另有规定的除外",而在法律最终稿中删除了但书条款,表明公司必须遵守新《公司法》第212条的规定,不得以意思自治作出不一样的规定。

根据《公司法司法解释五》第4条第2款"决议中载明的利润分配完成时间超过公司章程规定时间的,股东可以依据民法典第八十五条、公司法第二十二条第二款规定请求人民法院撤销决议中关于该时间的规定"的规定,利润分配完成时间超出法律规定时间的决议为可撤销行为,或者超过法律规定的时间尚未进行利润分配,股东可以以新《公司法》第212条作为请求权基础之一提起公司盈余分配纠纷案由的诉讼;且根据《全国法院民商事审判工作会议纪要》第30条强制性规定的识别中第2段规定:"……下列强制性规定,应当认定为'效力性强制性规定':强制性规定涉及金融安全、市场秩序、国家宏观政策等公序良俗的;交易标的禁止买卖的,如禁止人体器官、毒品、枪支等买卖;违反特许经营规定的,如场外配资合同;交易方式严重违法的,如违反招投标等竞争性缔约方式订立的合同;交易场所违法的,如在批准的交易场所之外进行期货交易。关于经营范围、交易时间、交易数量等行政管理性质的强制性规定,一般应当认定为'管理性强制性规定'。"笔者倾向认为新《公司法》第212条为管理性强制性规定,违反该规定并非无效,而为可撤销行为。

关联法条

《上市公司章程指引》第155条

第二百一十四条 【公积金的用途】

> 第二百一十四条 公司的公积金用于弥补公司的亏损、扩大公司生产经营或者转为增加公司注册资本。
>
> 公积金弥补公司亏损，应当先使用任意公积金和法定公积金；仍不能弥补的，可以按照规定使用资本公积金。
>
> 法定公积金转为增加注册资本时，所留存的该项公积金不得少于转增前公司注册资本的百分之二十五。

一、修订情况

本条是关于公司公积金用途及限制的规定。与2018年《公司法》第168条相比，本条新增第2款规定，细化公积金弥补公司亏损的规定，理顺了公积金弥补亏损的顺序，有条件地允许资本公积金弥补亏损。

二、理论基础

资本公积金用于弥补亏损是世界主要国家公司法的做法。从比较法来看，主要国家立法例都允许资本公积金弥补亏损。《德国股份公司法》第150条规定，在年度盈余和以前年度盈余不能弥补年度赤字和以前年度亏损结余的情况下，可以用法定公积金和资本公积金弥补亏损。《日本商法典》第289条规定，资本公积金或者盈余公积金，除弥补公司的亏损之外，不得使用。我国公司法关于资本公积金补亏的做法异于其他主要国家。从允许补亏到突然禁止，其立法理由和时代背景值得探究。

规定资本公积金可以用于弥补亏损，目的在于激发市场活力，减少上市公司因难以在短时间内扭转融资局面退市的局面，而暂时性存在亏损的公司因无法弥补亏损，对外公示的财务报告等财务信息带来的负面影响将导致企业无法吸收更多的投资人，难以获得外部资金的投入，进而导致企业经营难以维系，导致资本僵化。

资本公积金弥补公司亏损,可以为企业日后的利益分配清除障碍,唤醒市场活力。

可以用资本公积金来弥补亏损并非新《公司法》首创,实际上在 2005 年修订《公司法》之前,《公司法》一直在默许公司使用资本公积金来弥补亏损,新《公司法》既恢复了1993 年《公司法》确立的资本公积金得以弥补亏损的规定,又在此基础上细化了公积金弥补亏损的顺序,弥补了此前弥补亏损规则的缺漏。然而,结合此次《公司法》对资本维持原则的加强背景,似乎可以得出这样一个结论,资本公积金的减少不构成对资本维持原则的违反。众所周知,在目前的公司中,尤其是接受过私募股权投资的公司中,真正沉淀有大量资金的反而是在资本公积金部分而非实缴注册资本部分,而资本维持原则中对外产生信赖权益的"资本"或可理解为仅指实缴注册资本,这一点从《公司法》对公司登记的详细要求中需要列明实缴注册资本一项也可得到印证。一旦建立资本公积金的减少不影响实缴注册资本减少这一逻辑通路,则可自然推出公司在不减少注册资本的情况下使用资本公积金来支付回购款并不违反资本维持原则。

三、制度演变

从立法演变过程看,我国公司法曾准许资本公积金用于补亏。资本公积金补亏是公司经营过程中较常见的一项财务处理方式。我国 1993 年《公司法》虽未明确规定资本公积金可用于补亏,但其第 179 条规定,"公司的公积金用于弥补公司的亏损",其中"公司的公积金"自然也包括资本公积。可作为佐证的是,2001 年证监会发布的监管规则中明确规定上市公司任意盈余公积金、法定盈余公积金不足以补亏的,可使用资本公积金明细科目加以弥补。

立法态度的转变源于上市公司"郑百文"重组事件。2000 年 3 月 3 日,中国信达资产管理公司向郑州中院提出宣告郑州百文股份有限公司(以下简称郑百文)破产的申请,这是中国历史上第一例债权人申请上市公司破产的案件,颇为轰动。后据报道,郑百文起初不具备上市资格,将亏损做成盈利上报才得以上市,后续引发了大量证券虚假陈述案件,造成了极为恶劣的社会影响。2001 年年初,郑百文进行破产重组,当时公司累计亏损高达 18 亿元,净资产不足 5 亿元,重组方(郑百文最大的债权人)三联集团同意豁免 14.47 亿元债权,进而形成了巨额资本公积金。资本公积金补亏后,郑百文彻底抛掉历史亏损包袱,净资产由负转正,一时舆论哗然。由此给其他上市公司带来了一条创造收益的新途径,上市公司纷纷在年底突击性债务重组,扭亏为盈,粉饰年度报告。紧接着2005年《公司法》修订时,立法者态度急剧转变,资本公积金补亏禁令由此而来。此后监管规则亦步亦趋,证监会在2006年的相关问答中删除了资本公积金补亏的规定,2012年更是直接明确资本公积金不得补亏。

公司通过资本公积金转增注册资本后减资补亏的方式,可合法规避资本公积补亏禁令。打开资本公积金补亏新思路的是安徽飞彩车辆股份有限公司(以下简称ST飞彩)补亏事件。

四、案例评析

ST飞彩补亏事件

基本案情: 飞彩股份2003年、2004年发生重大亏损,面临退市风险。为彻底改善飞彩股份的基本面,使公司具有持续经营能力,维护包括流通股股东在内的全体股东的利益,公司未来大股东中鼎股份拟通过资产置换注入优质资产,提高公司盈利能力。但是由于飞彩股份累计的亏损金额巨大,在10年内飞彩股份也无法用利润、公积金弥补多达7.7亿元的亏损额;而按有关规定,公司如有未弥补亏损,不能向投资者分配利润;在这种情况下飞彩股份如不进行减资,10年内也不能向投资者分配利润。

2006年7月25日,飞彩股份发布《第三届董事会第十五次会议决议公告及调整股权分置改革方案的公告》,将对价方案调整为:股份对价除通过资产置换注入优质资产外,飞彩股份非流通股股东决定在股权分置改革中还将通过"转增、送股再减资弥补亏损"的方式作出股份对价安排,即先用资本公积金同比例转增,再由非流通股股东将其部分股份送予流通股股东,然后所有股东再同比例减资弥补亏损。

评析: 受限于"资本公积金不得补亏"的规定,ST飞彩通过先将资本公积金转增注册资本,而后决议减资补亏的方式,迂回地实现了资本公积金用于补亏的目的,且决议程序、减资程序完全符合法律规定,也即资本公积金补亏禁令完全可以通过合法合规的方式被规避。且就合理性而言,一般认为资本公积金属于所有者权益范畴,与注册资本无本质差异。在公司累计亏损过高、已造成登记资本与实际清偿能力严重不符的情况下,注册资本都可进行形式减资用以补亏,资本公积金更无理由不可。

五、律师实务指引

(一)资本公积金可用于弥补公司亏损

随着公司运作的复杂化,资本公积金的内容日渐庞杂,就性质而言可大体分为两类。一类是企业在经营过程中取得的、导致所有者权益切实增长的实际收入(但在财务上不作为"收入"),如传统的资本溢价、接受他人赠与、因债务重组而被豁免的债务。会计上的"收入"特指公司因经营活动获得的财产增加,前述财产非来源于经营活动,所以归入"资本公积金"科目。另一类是因会计程序而引起的所有者权益的账面增长,如公司基于特定需要(如改制、合并)进行资产评估时,因资产当下市值高于账面价值而产生的评估增值等,其特点是金额随着市场价上下波动,且只有在实际处分时才能确定增值部分能否实现。

根据前述分类,我们认为只有第一类资本公积金可用于补亏,第二类则不可以。理由在于第一类财产曾切实进入公司,且其价值在进入公司时已确定。而第二类财产本质只是账面调整,并不存在真实的资产流入。更为重要的是,在公司实际处置此类财产之前,其能否实现盈余价值无法确定。一旦先行补亏而后续资产市值下跌,则实际等于不当释放了当年度的盈利额度,形成与违法分配近似的法律后果。故立法仍需进一步明确资本公积金"有限补亏"的相关规制。

(二)建议严格执行补亏顺序,做到资本公积金补亏的合法合规

为防止公司在亏损年度直接将资本公积金用于补亏,从而释放当年利润,进行利润分配,参照其他国家或地区的规定,新《公司法》对补亏顺序作出了明确限制,也即明确盈余公积金应先于资本公积金补亏。建议严格执行补亏顺序,做到资本公积金补亏的合法合规。

(三)资本公积金可弥补亏损的影响

1. 对公司的影响

从公司角度看,用资本公积金弥补亏损,对其是有利的。一方面,公司可以利用资本公积金弥补亏损,若后续公司产生了利润,便可以立即进行分红。另一方面,依据证监会的有关规定,对连续亏损或未分红的公司在再融资方面有诸多限制性规定,在新《公司法》的规定中,想上市的公司或已经上市的公司便可快速地进行补亏,方便自己进行再融资。对于长期亏损需要进行重整的公司来说,在新规定中有利于引入第三方投资者,毕竟若后续公司重回正轨,通过资本公积金弥补亏损后,公司可以立即分红,新的投资者也可以兑现自己的投资回报,实现自己的快速退出。

2. 对债权人的影响

公司的交易方往往会在工商登记上查询注册资本对公司的信用作出判断,考察其履约能力及实现债权的可能性,进而作出是否进行交易的决定,因此维持实收资本与资本公积金的稳定是"资本维持"原则的应有之义。虽然用资本公积金弥补亏损,只是在所有者权益中进行调减,并未减少弥补亏损时公司的所有者权益总额,但是增加了以后公司净资产减少的概率。在允许用资本公积金弥补亏损后,可能存在公司以补亏为名实则对资本公积金进行变相分配的情况,如公司当年本身并未亏损,但是通过会计处理将收入递延后当年形成亏损再利用资本公积金弥补,会对债权人产生不利的影响。

关联法条

1. 《上市公司章程指引》第 153 条、第 154 条
2. 《企业会计制度》第 82 条

第十一章　公司合并、分立、增资、减资

修订概述

　　本章共有 11 个条文,对公司的合并、分立、增资、减资各项制度进行了相对系统的规定。与 2018 年《公司法》相比,新《公司法》有 4 个条文保留了既有规定,完全未作修改;1 条因需顺应电子化及信息化发展的相关公示规定(第 220 条)而有微调;比较重要的修订条款有 3 条(第 222 条、第 224 条、第 227 条);新增了简易合并与小规模合并制度(第 219 条)、简易减资制度(第 225 条)以及违法减资的民事责任(第 226 条);同时删除了 2018 年《公司法》第 179 条关于公司合并、分立、增资、减资的登记要求,将与之相关的规定统一划入第二章"公司登记"进行更加细致且系统的规定。

　　总的来说,本章的修订一方面通过增加简易减资制度以及强化违法减资的民事责任进一步完善了公司资本制度,另一方面通过设置简易合并与小规模合并制度并简化分立程序以达到增强市场活力、减少不必要的程序障碍的目的,是持续优化营商环境、激发市场创新活力的体现。

第二百一十九条 【公司简易合并】

> 第二百一十九条 公司与其持股百分之九十以上的公司合并,被合并的公司不需经股东会决议,但应当通知其他股东,其他股东有权请求公司按照合理的价格收购其股权或者股份。
>
> 公司合并支付的价款不超过本公司净资产百分之十的,可以不经股东会决议;但是,公司章程另有规定的除外。
>
> 公司依照前两款规定合并不经股东会决议的,应当经董事会决议。

一、修订情况

本条是新增条款,增设了简易合并及小规模合并的法律制度,即仅需经董事会决议而无须通过股东会决议即可进行的公司合并。

本条规定,在公司与其持股90%以上的公司合并和公司合并支付的价款不超过本公司净资产10%两种情况下,公司合并程序可以被简化,无须如同一般公司合并程序须先由董事会制定合并方案、再由股东会通过特别决议,而是可不经股东会决议径行由董事会决议即可。

二、理论基础

公司合并,是指两个以上的公司,订立合同,依公司法的规定而组合成为一个公司。公司合并产生民事主体、资产、债权债务与管理层的变化,对公司、股东、债权人的利益均可能发生影响,所以必须基于公平、安全的原则加以规范。作为公司的重大变更事项,无论是吸收合并(又称存续合并或兼并),还是新设合并(又称创设合并),发生公司合并的法律效力均需经过下述流程:(1)订立合并协议;(2)董事会决议通过;(3)股东会决议通过;(4)履行债权人保护程序;(5)办理合并登记手续。这些流程的设立,都是旨在最大限度保护公司、股东和债权人的利益。

然而,公司合并对债权人利益的损害仅是一种可能性,在规范运作的情况下并不一定实际发生,所以对债权人的保护应当适度,不应以损害公司合并效率为代价。

本条作为新增条款,是新《公司法》对公司合并制度所作出的进一步优化,简化了合并中的议决程序,能够兼顾小股东权益与合并效率的关系,避免因实施无意义的程序而影响了合并程序的开展。新增异议股东的评估权,此时子公司少数股东虽然无表决权,仍得行使评估权。这是公司制度对提高公司合并效率的又一次重大突破。

三、制度演变

1993 年《公司法》第 184 条第 3 款规定,公司应当自作出合并决议之日起 10 日内通知债权人,并于 30 日内在报纸上至少公告 3 次。债权人自接到通知书之日起 30 日内,未接到通知书的自第一次公告之日起 90 日内,有权要求公司清偿债务或者提供相应的担保。不清偿债务或者不提供相应的担保的,公司不得合并。

2005 年《公司法》对公司合并制度作出了重大修订,改变了 1993《公司法》过分强调交易安全、对效率考虑不足的缺陷。2005 年《公司法》从两个方面修改了对债权人利益保护的模式。首先,简化了公司合并程序,缩短了两个期间。1993 年《公司法》规定,公司在作出合并决议后,必须在报纸上公告 3 次;2005 年《公司法》将公告的次数由 3 次减至 1 次。1993 年《公司法》规定,未接到通知书的债权人自公告之日起 90 日内,可以要求公司清偿债务或者提供相应的担保;2005 年《公司法》将未接到通知书的债权人提出异议的期间由 90 日缩短为自公告之日起 45 日,从而使公司的合并可以更迅速地完成。其次,取消了不清偿债务或者不提供相应担保不得进行公司合并的规定,债权人的异议权不再具有阻止公司合并的效力,改变了 1993 年《公司法》在债权人利益保护上采用严厉的事前防范模式。

公司法尤为重视对股东利益的保护,特别是对中小股东利益的保护。在实践中,可能会出现大股东利用对公司的控制权,操纵股东会作出公司合并决议,损害中小股东权益的情形,为给反对公司合并的股东以合理的救济渠道,2005 年《公司法》增加设置了异议股东的股权收购请求权,第 75 条规定,有限责任公司合并时,"对股东会该项决议投反对票的股东可以请求公司按照合理的价格收购其股权","自股东会会议决议通过之日起六十日内,股东与公司不能达成股权收购协议的,股东可以自股东会会议决议通过之日起九十日内向人民法院提起诉讼"。第 143

条规定:股份有限公司的股东对股东大会作出的公司合并决议持异议,有权要求公司收购其股份;公司对因此收购的股份,应当在6个月内转让或者注销。2023年《公司法》修订,规定简易合并项下被合并公司无须经过股东会决议,但应通知其他股东,其他股东有权请求公司收购股权或股份,也是对公司法异议股东的股权收购请求权的一个补充。

从合并方的角度看,本条第2款创设了公司合并支付的价款不超过本公司净资产10%的,可以不经股东会决议的新规,但是,公司章程另有规定的依然不能突破公司章程的限定条件。

四、案例评析

大庆油田建设集团有限责任公司、中城建交通建设股份有限公司股东资格确认纠纷案[吉林省长春市中级人民法院(2022)吉01民终5535号]

基本案情: 1994年4月28日,大庆石油管理局公路工程公司(后更名为大庆油田建设集团有限责任公司,以下简称大庆油田集团公司)与吉林高速公路发展股份有限公司(后更名为中城建交通建设股份有限公司,以下简称中城建交通公司)签订《吉林高速公路发展股份有限公司法人股参股协议书》,约定中城建交通公司发行普通股票,大庆油田公司认购574,000股份,认购股票后成为公司法人股东。大庆油田公司向一审法院起诉请求:确认大庆油田公司持有中城建交通公司的股权比例。

本案原告大庆油田公司于2022年8月15日被大庆油田集团公司吸收合并,大庆油田公司于2022年8月16日注销。大庆油田公司被吸收合并后,其债权债务关系均由大庆油田集团公司承继。大庆油田集团公司提交了关于设立"吉林高速公路发展股份有限公司"的申请及批复,均记载吉林高速公路发展股份有限公司股份发行价格为溢价发行,为每股1.5元。中城建交通公司于2009年11月30日制定的公司章程中规定,公司批准发行的股数为8亿股,注册资本8亿元。

裁判情况: 二审法院认为,关于确定本案上诉人的主体一事。根据2018年《公司法》第172条的规定,"公司合并可以采取吸收合并或者新设合并。一个公司吸收其他公司为吸收合并,被吸收的公司解散。两个以上公司合并设立一个新的公司为新设合并,合并各方解散"。第174条规定,"公司合并时,合并各方的债权、债务,应当由合并后存续的公司或者新设的公司承继"。本案中,大庆油田公司系大庆油田集团公司全资子公司,现经大庆油田集团公司及大庆油田公司股东会决议,大庆油田集团公司吸收合并大庆油田公司,大庆油田公司于2022年8月16日注销。二审法院依法将上诉人的主体变更为大庆油田集团公司。

评析:母公司吸收合并全资子公司,是指由母公司吸收全资子公司,该子公司注销,母公司存续,合并前母子公司双方的债权债务由合并后存续的母公司承继,是一项系统的工作,具体涉及前期决策、法定程序、涉税处理、资产过户、员工社保及公积金变更、工商变更等各方面。结合实践过程中的经验,通常需要经过以下程序:(1)初步拟定合并方案;(2)双方公司董事会制定合并方案,股东会分别以特别多数通过并作出股东会决议,即母公司召开股东大会作出"吸收合并的股东会决议",子公司被吸收合并前作出"同意被吸收合并的股东会决定";(3)成立工作小组,由办公室、财务、人事、资产管理部门等进行合并工作分工安排;(4)被合并方召开职代会,通告合并中员工安置事项;(5)双方分别通知债权人并在报纸上公告;(6)合并双方签订合并协议;(7)资产过户(含房产、车辆、土地等);(8)业务转移(包括未到期合同主体变更、开票问题沟通等);(9)聘请第三方专业机构开展审计工作;(10)员工进行劳动关系变更;(11)双方各自办理相应的公司登记和税务登记手续。

结合上述案例可知:子公司在面临被母公司吸收合并时,即使子公司是全资子公司,也要经股东会决议通过"同意被吸收合并的股东会决定",只有这样,才能发生"合并各方的债权、债务,应当由合并后存续的公司或者新设的公司承继"的法律效果;反之,若合并方或被合并方其中一方没有通过股东会决议,都不能产生上述后果。但实际上,这大大降低了公司合并的效率。对全资子公司或者母公司是控股股东的子公司(尤其是由母公司持90%股权的子公司)来说,母公司通常具有绝对多数的话语权,如果再让子公司一方通过股东会决议,可能会使该程序完全沦为形式,不利于公司合并的效率以及公司的经营发展。

由此可见,我国司法实践越来越倾向于注重公司合并的效率,新《公司法》第219条既避免因实施无意义的程序而浪费时间,又能够很好地兼顾小股东权益,是符合司法实践趋势的,是对公司合并制度所作出的进一步优化。

五、律师实务指引

1.吸收合并作为企业重组的一种重要形式,涉及资产、资质、人员等事项转移与承继,也涉及各类税收政策的适用,需要履行较为复杂的程序。简易合并制度从提高合并效率的角度简化了表决程序,但仍存在一些现实的问题。比如,虽不需要召开股东会,仍须有董事会决议,若公司章程约定公司合并事项需经董事会全票通过,仍可能发生因董事会决议不通过而无法实现快速合并目的的情形。

2.公司合并涉及公司及其股东、债权人的切身利益,相关利益者可以向人民法院提出公司合并无效确认之诉。根据最高人民法院《关于适用〈中华人民共和国民事诉讼法〉的解释》第22条,以及《民事诉讼法》第27条之规定,公司合并纠纷案件的管辖法院为公司住所地人民法院。

关联法条

《证券法》第74条

第二百二十四条 【公司减资】

> 第二百二十四条　公司减少注册资本,应当编制资产负债表及财产清单。
>
> 公司应当自股东会作出减少注册资本决议之日起十日内通知债权人,并于三十日内在报纸上或者国家企业信用信息公示系统公告。债权人自接到通知之日起三十日内,未接到通知的自公告之日起四十五日内,有权要求公司清偿债务或者提供相应的担保。
>
> 公司减少注册资本,应当按照股东出资或者持有股份的比例相应减少出资额或者股份,法律另有规定、有限责任公司全体股东另有约定或者股份有限公司章程另有规定的除外。

一、修订情况

本条是关于公司减少注册资本程序的规定。与2018年《公司法》第177条相比,本条存在如下变化:

1. 明确作出减资决议的主体是"股东会"。2018年《公司法》第177条第2款规定,"公司应当自作出减少注册资本决议之日起十日内通知债权人"。本次修订明确"公司应当自股东会作出减少注册资本决议之日起十日内通知债权人"。

2. 新增公司减资的公告方式。2018年《公司法》第177条第2款规定的公告方式仅限于"在报纸上公告",本次修订新增公司可以通过国家企业信用信息公示系统进行公示,以充分利用信息技术的发展。

3. 新增等比例减资为原则、非等比例减资为例外的减资决议规定。本条修订新增第3款:"公司减少注册资本,应当按照股东出资或者持有股份的比例相应减少出资额或者股份,法律另有规定、有限责任公司全体股东另有约定或者股份有限公司章程另有规定的除外。"在公司法层面明确了公司减资应当按照股东出资或者持有股份的比例相应减少出资额或者股份,同时明确除外情况。

二、理论基础

商业实践中存在大量不同比减资需求,对赌即为典型例子。但是此前法律对此没有明确规定,司法实践中就不同比减资是否需要全体股东一致同意存在争议。实质减资之下,减资股东将在减资范围内取得公司财产或被豁免出资义务,减资范围的确定与股东利益息息相关。商业实践中,减资范围的确定有两种方式:一是全体股东按照相同比例减少相应出资额,即同比例减资;二是公司对部分股东进行定向减资,即不同比例减资。司法实践中,不少法院类推适用公司增资时股东优先认缴权的规则,认为不同比减资应经全体股东一致同意。

非等比例减资将导致公司财产流向特定股东、公司股权比例及结构变化乃至特定股东完全退出的后果,产生股东利益冲突,因此,基于"维护股权平等原则和完善中小股东保护"两大立法理由,新《公司法》增设等比例减资规则及其除外适用情形。

三、制度演变

2018年《公司法》第177条规定了公司的减资程序,公司需要减少注册资本时,必须编制资产负债表及财产清单。公司应当自作出减少注册资本决议之日起10日内通知债权人,并于30日内在报纸上公告。债权人自接到通知书之日起30日内,未接到通知书的自公告之日起45日内,有权要求公司清偿债务或者提供相应的担保。

根据2018年《公司法》,公司减资需由2/3多数决。同比减资当由股东实行2/3多数决自无争议,但不同比减资的表决比例因此前公司法未规定而在实践中存在较大争议。新《公司法》明确不同比减资需由法律或章程规定,或经全体股东一致同意。

根据新《公司法》第224条,公司进行实质减资的,原则上应当由全体股东同比减资,例外的不同比减资情形应当由法律规定,或者是有限责任公司全体股东另有约定、股份有限公司章程另有规定。其中,法律规定的不同比减资情形包括:新《公司法》第52条规定的失权股东股权注销、第89条规定的有限责任公司异议股东股权收购、第161条规定的股份有限公司异议股东股份收购及第162条规定的股份有限公司员工股权激励等。

四、案例评析

华某伟诉上海圣甲虫电子商务有限公司公司决议纠纷案[上海市第一中级人民法院(2018)沪01民终11780号]

案情简介:2018年3月1日,上海圣甲虫电子商务有限公司(以下简称圣甲虫公司)作出如下股东会决议:(1)同意圣甲虫公司的注册资本从6,313,131元减少至6,102,693元;(2)同意圣甲虫公司向埃米公司返还投资款500万元;(3)同意修改章程;(4)授权圣甲虫公司的执行董事夏某代表圣甲虫公司履行一切未完成本次减资所必要的行为,包括但不限于办理债权申请登记、减少注册资本的工商变更手续等。

以上事项表决结果:同意股东5名,占总股数75.53%;不同意股东1名,占总股数24.47%。股东夏某、杨某在上述决议上签字,案外人顾某代表股东华某伟签字并注明"不同意,属违法减资,程序不合法"。华某伟起诉称前述决议第1、2、4项涉及公司股权结构的重新调整,未经全体股东一致同意,违背公司法同股同权的基本原则,决议不成立;公司将资本公积金返还给个别股东的做法损害了其他股东和公司债权人的利益,应属无效。据此请求确认圣甲虫公司前述决议第1、3、4项不成立,第2项无效。法院最终支持华某伟全部诉讼请求。

裁判情况:本案的核心问题是有限责任公司股东会决议所作的非等比例减资决议是否存在效力瑕疵事由。上海市第一中级人民法院在判决中认为:减资分为等比例减资和不等比例减资两种情况。不等比例减资会直接突破公司设立时的股权分配情况,实际上是以多数决的形式改变了公司设立时发起人一致决所形成的股权架构。故对不等比例减资,应经全体股东一致同意,否则股东会决议不成立。

评析:本案判决确定的裁判规则是,突破公司设立时的股权分配情况需经过全体股东一致同意,不等比例减资决议仅经过公司2/3以上多数表决权通过的,违反设立公司时股东的意思表示,公司非等比例减资决议不成立。

五、律师实务指引

1.建议公司根据本次法律的修改,及时调整既有交易文件。定向减资是私募投资领域中投资人最关注的股东特殊权利之一,考虑到新《公司法》明确规定不同类型公司项下定向减资适用的除外条件,即有限责任公司须全体股东一致同意,股份有限公司须章程另有约定或者股东会决议另有规定，因此，需要交易各方检视既有的交易文件，视情况达成补充协议。

2.考虑到不同类型公司就定向减资有不同的除外条件，对应需要股东一致同意的比例也不相同，由此可能会反向影响投资者对所投公司类型的选择，股份有限公司在制度上的吸引力进一步增加。

关联法条

《上市公司章程指引》第177条

第二百二十五条 【公司简易减资】

> 第二百二十五条 公司依照本法第二百一十四条第二款的规定弥补亏损后,仍有亏损的,可以减少注册资本弥补亏损。减少注册资本弥补亏损的,公司不得向股东分配,也不得免除股东缴纳出资或者股款的义务。
>
> 依照前款规定减少注册资本的,不适用前条第二款的规定,但应当自股东会作出减少注册资本决议之日起三十日内在报纸上或者国家企业信用信息公示系统公告。
>
> 公司依照前两款的规定减少注册资本后,在法定公积金和任意公积金累计额达到公司注册资本百分之五十前,不得分配利润。

一、修订情况

本条是新增条款,是关于公司简易减资适用情形及程序的规定。具体包括以下内容:

1. 简易减资适用情形。本条第 1 款前段规定了简易减资的适用情形,即公司以公积金(包括任意公积金、法定公积金、资本公积金)弥补亏损后,仍有亏损的,可以亏损数额为限减少公司的注册资本,用以弥补公司亏损。

2. 简易减资适用程序。本条第 2 款规定了简易减资的适用程序。相较于新《公司法》第 224 条一般减资程序的规定,简易减资简化了债权人保护程序,仅需公司依法公告即可。

3. 适用简易减资情况下的限制。本条第 1 款后段以及第 3 款规定了适用简易减资的分配限制及不得免除出资义务的规定。就分配而言,拟简易减资的公司"不得向股东分配",且"在法定公积金和任意公积金累计额达到公司注册资本百分之五十前,不得分配利润";就出资义务而言,拟简易减资的公司"不得免除股东缴纳出资或者股款的义务"。

二、理论基础

减少公司注册资本的行为关涉公司、股东、债权人的利益,因此在减资制度的设计中,既要保障公司的自治权,又要维护公司中小股东、债权人的合法权益。从域外国家的减资制度模式来看,减资模式大致分为三类:模式一,以美国、加拿大为典范的"偿债能力准则模式",其思路是设定一个"偿债能力"的财务底线,来应对减资固有的利益冲突与潜在威胁;模式二,以德国为首的大陆法系"披露程序下的严格债权人保障模式",其思路是设定严格的减资履行程序,并配合披露(减资通知、公告警示设计)、实质性清偿或担保机制,来实现对债权人利益的终极保护;模式三,以英国为主的"司法介入下折中模式",其思路为上述两种模式的结合,并辅以司法介入机制。[1]

我国公司法的减资程序基本上采用的是模式二,且对减资程序未作普通减资程序与简易减资程序区分。实践中,实质减资在减少注册资本的同时,将一定金额返还给股东,公司净资产减少,实质减资的结果使股东利益优位于债权人利益,故在程序上应奉行严格的债权人保护理念,应适用减资普通程序。然而,形式减资是在公司亏损、实有资产明显低于注册资本的情况下,为了使公司的注册资本与公司的实际资产相一致,通过减资的手段,使公司注册资本能够真实地反映出公司实际资本的情况。公司未将资产分配给股东,公司真实持有的资产并未减少,偿债能力也并未发生实质性变化,更多的是一种会计账簿上的调整。此时有必要通过减资程序,让真实的注册资本反映出公司的实际信用和经营能力。[2] 形式减资中,公司及股东的利益保护应优位于债权人的利益,形式减资宜采用简易减资程序。

从公司信用的基础来看,公司资本的信用在弱化,而资产信用在强化。形式减资虽然减少了公司的注册资本,但并未减少公司偿债的资产,债权人的保护问题应让位于公司的生存问题。公司资本不过是公司成立时注册登记的一个抽象数额,而不是公司任何时候都实际拥有的资产。从实际的清偿能力看,公司资本几乎是没有任何法律意义的参数,以资本为核心构筑的整个公司信用体系根本不可能胜任保护债权人利益和社会交易安全的使命。资产信用就是净资产信用,就是公司

---

[1] 参见傅穹:《重思公司资本制原理》,法律出版社2004年版,第178页。
[2] 参见王军:《公司资本制度》,北京大学出版社2022年版,第441页。

总资产减除公司总负债后的余额的范围和幅度。净资产越多,公司的清偿能力越强,债权人越有保障。① 通过简易减资,让公司起死回生、扭亏为盈,才是对债权人利益的最大保护。

三、制度演变

1993年《公司法》第186条规定:"公司需要减少注册资本时,必须编制资产负债表及财产清单。公司应当自作出减少注册资本决议之日起十日内通知债权人,并于三十日内在报纸上至少公告三次。债权人自接到通知书之日起三十日内,未接到通知书的自第一次公告之日起九十日内,有权要求公司清偿债务或者提供相应的担保……"该条是关于公司减资程序的规定,公司减资程序不区分普通减资程序与简易减资程序,一切减资行为均应适用该条。

1999年、2004年修正的《公司法》第186条规定:"公司需要减少注册资本时,必须编制资产负债表及财产清单。公司应当自作出减少注册资本决议之日起十日内通知债权人,并于三十日内在报纸上至少公告三次。债权人自接到通知书之日起三十日内,未接到通知书的自第一次公告之日起九十日内,有权要求公司清偿债务或者提供相应的担保。公司减少资本后的注册资本不得低于法定的最低限额。"相较于1993年《公司法》,这两次修正的普通减资程序,要求公司减资决议在报纸上至少公告三次;债权人未接到公司减资通知书的,自第一次公告之日起90日内,有权要求公司清偿债务或者提供相应的担保。此外,增加了"公司减少资本后的注册资本不得低于法定的最低限额"的规定。

2005年修订的《公司法》第178条规定:"公司需要减少注册资本时,必须编制资产负债表及财产清单。公司应当自作出减少注册资本决议之日起十日内通知债权人,并于三十日内在报纸上公告。债权人自接到通知书之日起三十日内,未接到通知书的自公告之日起四十五日内,有权要求公司清偿债务或者提供相应的担保。公司减资后的注册资本不得低于法定的最低限额。"该修订,将减资决议在报纸上至少公告三次的规定删除,仅作"三十日内在报纸上公告"要求;债权人未接到公司减资通知书的,自公告之日起45日内,有权要求公司清偿债务或者提供相应的担保。

---

① 参见赵旭东:《从资本信用到资产信用》,载《法学研究》2003年第5期。

2013年、2018年修正的《公司法》第177条规定:"公司需要减少注册资本时,必须编制资产负债表及财产清单。公司应当自作出减少注册资本决议之日起十日内通知债权人,并于三十日内在报纸上公告。债权人自接到通知书之日起三十日内,未接到通知书的自公告之日起四十五日内,有权要求公司清偿债务或者提供相应的担保。"这两次修正,减资程序条文基本沿用旧法规定。因公司资本实行认缴制,公司注册已取消了公司注册资本最低限额要求,故删除"公司减少资本后的注册资本不得低于法定的最低限额"的规定。

四、案例评析

丰汇世通(北京)投资有限公司与黑龙江省农业生产资料公司案外人执行异议之诉案[最高人民法院(2019)最高法民再144号]

基本案情: 2008年11月,黑龙江省农业生产资料公司(以下简称省农资公司)投资5000万元设立了寒地黑土集团。2011年12月13日,省农资公司与丰汇世通(北京)投资有限公司(以下简称丰汇世通公司)等四方签订《增资扩股协议书》,约定丰汇世通公司以货币资金9800万元出资入股寒地黑土集团,嗣后,丰汇世通公司分三次将9800万元汇入寒地黑土集团账户。2012年7月13日,省农资公司与丰汇世通公司等四方作出会议决议,四方终止合作。

2012年9月18日和10月11日,知之征信公司和美龙公司分别出资2000万元和4000万元入股寒地黑土集团,寒地黑土集团注册资金增至1.1亿元。

2013年1月6日,寒地黑土集团在《黑龙江日报》发布减资公告,公告公司注册资本将由1.1亿元减至3000万元。2013年1月10日,寒地黑土集团召开全体股东会议,决定将寒地黑土集团注册资本1.1亿元减至3000万元,股东知之征信公司和美龙公司的出资全部撤出,股东省农资公司以经营期间亏损为由将出资由5000万元减至3000万元。

2014年7月11日,丰汇世通公司与寒地黑土集团因履行《增资扩股协议书》发生纠纷,丰汇世通公司提起民事诉讼,法院判决寒地黑土集团返还丰汇世通公司投资款1500万元及利息。在案件执行过程中,法院裁定追加省农资公司为被执行人,省农资公司在其抽逃注册资金2000万元的范围内对丰汇世通公司承担责任。

省农资公司提出异议,执行法院认为省农资公司在未通知债权人的情况下,提供虚假材料,申请减资2000万元的变更登记,违反减资程序的规定,致使被执行人寒地黑土集团无可供执行财产,该行为应认定为名为减资、实为抽逃出资,裁定驳回省农资公司的异议。嗣后,省农资公司提起本案诉讼。

裁判情况:针对公司减少注册资本是否属于抽逃出资,执行程序中能否追加减资股东为被执行人这一焦点问题,一审法院与二审法院观点不同。一审法院认为违反法定程序的减资行为,应当认定为名为减资、实为抽逃出资。因此应追加被执行人股东为被执行人。二审法院认为,减资与抽逃出资在行为主体、构成要件、程序、法律后果方面均不相同。减资行为是否合法不属于追加被执行人程序审查的范围,且寒地黑土集团因亏损将注册资本由5000万元减至3000万元,省农资公司并未抽回出资,公司减资前与减资后的财产未发生变化,未导致寒地黑土集团对外承担责任的财产减少或偿债能力下降。因此认定不得追加省农资公司为被执行人。

最高人民法院认为,寒地黑土集团在减少注册资本过程中,存在先发布减资公告后召开股东会、变更登记时提供虚假材料等违反《公司法》关于公司减资程序规定的情形,但作为寒地黑土集团股东的省农资公司并未利用寒地黑土集团减资实际实施抽回出资的行为。省农资公司虽将其登记出资由5000万元减至3000万元,但寒地黑土集团的权益并未因省农资公司的行为受到损害,资产总量并未因此而减少,偿债能力亦未因此而降低。省农资公司的行为不属于《公司法司法解释三》第12条规定的情形,不存在抽逃出资的行为,不应当被追加为被执行人。

评析:公司在减资过程中存在程序违法情形,与股东利用公司减资而抽逃出资是两个不同的问题,违法减资的责任主体是公司,抽逃出资的责任主体是股东,故不能仅因公司减资程序违法就认定股东抽逃出资。

本案重点衡量股东在公司违法减资过程中是否存在抽逃出资行为。股东抽逃出资行为本质上是股东侵犯公司财产权的行为,导致公司责任财产减少。如果公司减资过程中股东并未实际抽回资金,则属于形式上的减资,即公司登记的注册资本虽然减少,但公司责任财产并未发生变化。在这种情形下,虽然公司减资存在违法行为,应由相关管理机关对其实施一定的处罚,但股东并未利用公司减资程序实际抽回出资、侵犯公司财产权,亦未损害债权人的利益,因此不能因公司减资程序不合法就认定股东构成抽逃出资。

五、律师实务指引

简易减资程序规则要点如下:

1. 基于商业实践需要,为了提高减资的效率,同时降低商业成本,本次修订新增简易减资程序,将减资程序分为普通减资程序与简易减资程序。本次修法前,公司法理论界与司法实务界主张,公司减资分为实质减资与形式减资:前者是指将一定金额返还给股东,从而在减少公司注册资本的同时也减少了公司净资产的一种减资形式;后者是指虽然注销部分股份,减少了公司注册资本额,但公司净资产并未流出的一种减资形式。形式减资旨在使公司的注册资本与净资产接近,并不产生资金的实质流动,通常是企业在亏损的情况下所作的减资。① 新《公司法》第225条的增设,便是立法对实质减资与形式减资的回应:实质减资适用普通减资程序,应适用第224条的规定;而形式减资适用简易减资程序,应适用第225条规定。

2. 简易减资程序相较于普通减资程序,其不同之处在于,不适用"通知债权人或公告,并应其要求提供清偿或担保等"规定,而普通减资程序需要强制披露、实质性清偿或担保。简易减资程序本质上仍然属于减资行为,除前述规定之外,简易减资时仍需遵守公司法对减资程序的其他规定,如应编制资产负债表和财产清单、履行公司内部决议(董事会决议或股东会决议)程序、公告(报纸上或企业信息公示系统)、减资变更登记及修改公司章程等程序。

3. 简易减资程序适用的财务要求:公司存在亏损,以盈余公积金(含任意公积金和法定公积金)及按照规定的资本公积金弥补亏损,在公积金制度用尽的情况下,亏损仍存在的,才可适用简易减资。

4. 简易减资程序的用途限制:简易减资主要是因为公司发生严重亏损,公司注册资本与净资产严重不符,为了使注册资本与净资产接近,因而减少了公司注册资本,但简易减资应严格限制公司净资产流出公司,故不得向股东进行分配,也不得免除股东缴纳股款的义务。

5. 减资后的利润分配限制:简易减资中,为了保障公司扭亏为盈、起死回生,在一定程度上牺牲了注册资本对公司债权人的担保功能,公司及股东的利益保护与债权人的利益保护天平更倾向于前者。为此,当公司扭亏为盈后,应更加侧重于公司债权人的利益保护。对债权人的保护主要体现在对股东利润分配权进行限制,以保障债权人债权的实现。减少注册资本后,在法定公积金累计额达到公司注册资本50%前,公司不得对股东分配利润。

---

① 参见蒋国艳:《论我国公司立法中的减资制度》,载《桂海论丛》2017年第6期。

在适用简易减资时应注意以下要点：

1.简易减资程序中弱化了事前的注册资本对债权人的担保功能，但同时强化了董、监、高人员对违法减资的事中监督责任，董、监、高人员在简易减资程序中的责任增大。就董、监、高而言，在简易减资中应当充分重视履职合法合规问题，勤勉尽责、恪尽职守，以免被追究责任。

2.新《公司法》第225条在执行的过程中，面临最大的问题可能是财务指标准确性、真实性、可接受性问题。比如"亏损"的含义是什么？公司净资产该如何认定？任意公积金、法定公积金、资本公积金的具体金额如何确定？公司提供的上述指标，其准确性、真实性、可接受性如何保证？在债权人、公司登记机关以及法院等主体持有异议时，应对措施是什么？上述疑问，尚需具体解释、细则及指引等规范支撑，同时也将是律师执业过程中需要关注的要点。

第二百二十六条 【违法减资的法律后果】

> 第二百二十六条　违反本法规定减少注册资本的,股东应当退还其收到的资金,减免股东出资的应当恢复原状;给公司造成损失的,股东及负有责任的董事、监事、高级管理人员应当承担赔偿责任。

一、修订情况

本条是关于公司违法减少注册资本的民事法律责任的规定,是本次修订新增条款。本条从三方面明确了违法减资的法律效力、法律后果及责任承担:一是从本质上对违法减资行为进行了否定性评价;二是违法减资行为自始无效,具有溯及力,其后果是权利义务应当恢复到违法减资实施前的状态,已经履行的,应当恢复原状;三是明确违法减资给公司造成损失的,除股东应当承担责任之外,负有责任的董事、监事、高级管理人员也应当承担赔偿责任。

二、理论基础

"资本三原则"是我国《公司法》确立的重要原则,不仅要求公司在设立时明确公司资本总额由发起人认足或募足,否则公司不能成立,还要求公司在存续的过程中应当保持与资本额相当的财产,非经法定程序不得任意变动。我国《公司法》坚持以"资本三原则"为基础的主要考量是,公司资本乃是公司信用保障的重要衡量标准之一。我国公司法规定,公司就注册资本可以依法进行增资或者减资,减资必须按照公司法规定履行通知、公告义务,赋予债权人要求公司提前偿债或者提供担保的机会。未依法进行通知、公告的,由公司登记机关责令其改正并对公司处以相应罚款,但并未规定违法减资损害公司、股东、债权人利益的权利救济问题,立法上存在空白。实践中,公司登记机关会进一步要求减资登记中的股东就公司债务作出担保承诺,使之成为债权人主张股东承担违法减资后公司未了之债的依据。

公司减资行为可以进一步细分为实质减资、形式减资、免除出资义务三类。实质减资是指减少注册资本的同时,将一定注册资本金返还给股东,从而导致公司净资产减少;形式减资是指只减少注册资本额,注销部分股权,未将公司净资产流出,不产生注册资本金流动,往往是亏损企业为了使公司的注册资本与净资产水准接近而实施的;免除出资义务的减资是指在股东已认缴未实缴注册资本的情况下,减少公司登记的认缴注册资本,使股东得以免除继续实缴该部分注册资本金的义务。实践中,公司在实施实质减资的情况下,违反法定程序减资的股东已经实际取得了公司资产,可以准用《公司法司法解释三》第12条第4款"其他未经法定程序将出资抽回的行为"的规定,将其定性为"抽逃出资";公司在实施形式减资的情况下,股东并未从公司获取任何资产,可以参照《最高人民法院第二巡回法庭2019年第27次法官会议纪要》,认定股东未从公司获取任何资产,公司的资产总量未因减资而减少,公司的偿债能力也未因此而降低,即便存在减资程序违法,违反法定程序减资的后果也不构成抽逃出资;在免除出资义务的情况下,一般要求股东在原应当实缴的注册资本范围内对公司不能清偿的债务承担补充赔偿责任。

新《公司法》根据上述减资类型,结合司法实践,针对违法减资产生的后果分别作出规定:一方面用第225条规定,公司"可以减少注册资本弥补亏损",该情形下的减资仅需要公告,无须通知债权人,债权人也无权要求公司提前偿债或提供担保;另一方面用第226条规定:"违反本法规定减少注册资本的,股东应当退还其收到的资金,减免股东出资的应当恢复原状;给公司造成损失的,股东及负有责任的董事、监事、高级管理人员应当承担赔偿责任。"两者形成了有机统一,完善了两个法条从违法减资的法律效力、法律后果及责任承担规制的内在协调性、完整性。第225条、第226条回应了理论界与实务界有关瑕疵减资效力的争议,明确了瑕疵减资不同情形产生的不同法律后果及其责任,填补了目前立法的空白,今后可不再类推适用《公司法司法解释三》第13条出资瑕疵、第14条抽逃出资规定而判令减资股东承担补充责任。

三、制度演变

我国建立公司减资制度初期,从立法上仅规制到减资的程序性条件和公司瑕疵减资的行政责任问题,虽然2013年、2018年《公司法》对公司资本制度相关问题作了两次重要修改,但仍主要集中于资本形成阶段,对公司运营中的资本制度并未进行实质性修正。尽管最高人民法院出台的司法解释从权力救济方面予以规范,如《公司法司法解释三》第13条第2款规定,"公司债权人请求未履行或者未全面履行出资义务的股东在未出资本息范围内对公司债务不能清偿的部分承担补充赔偿责任的,人民法院应予支持",实践中关于公司瑕疵减资也只能准用抽逃出资规则,没有弥补我国立法上的空白。

四、案例评析

案例一:上海德力西集团有限公司与江苏博恩世通高科有限公司、上海博恩世通光电股份有限公司买卖合同纠纷案[上海市第二中级人民法院(2016)沪02民终10330号]

基本案情: 2011年3月29日,上海德力西集团有限公司(以下简称德力西公司)与江苏博恩世通高科有限公司(以下简称江苏博恩公司)签订《电气电工产品买卖合同》,合同约定,江苏博恩公司向德力西公司购买20台高压开关柜、1台交流屏、2套直流屏等电气设备,合同总金额为111万元。合同签订生效后,德力西公司按合同约定交付了上述全部设备。江苏博恩公司向德力西公司支付货款333,000元,尚欠777,000元未付。2012年9月,江苏博恩公司的股东召开股东会,通过减资决议,决定江苏博恩公司减资19,000万元[其中,股东冯某减资19,000万元,股东上海博恩世通光电股份有限公司(以下简称上海博恩公司)出资700万元未变动],注册资本由2亿元减为1000万元,并办理了工商变更登记,但江苏博恩公司在减资前未向德力西公司清偿前述债务。德力西公司认为,江苏博恩公司在减少注册资本前,应当对债务进行清偿,没有依法清偿的,其股东应当承担补充赔偿责任。故请求法院判令江苏博恩公司向德力西公司支付货款人民币777,000元;判令上海博恩公司、冯某在19,000万元减资范围内对江苏博恩公司应向德力西公司支付的货款共同承担补充赔偿责任。

裁判情况: 一审法院认为,德力西公司与江苏博恩公司之间的买卖合同关系符合有关法律规定,合法有效,应受到法律保护,双方均应全面履行合同义务。德力西公司已按约完成了供货义务,江苏博恩公司应当按约及时支付货款。江苏博恩公司未能在减资时对德力西公司之债权进行清偿或提供担保,德力西公司要求其股东冯某在减资范围内对江苏博恩公司的债务承担补充赔偿责任,并无不当;要求上海博恩公司在减资范围内对江苏博恩公司未付清债务承担补充赔偿责任,缺乏事实和法律依据,不予支持。

二审法院认为,德力西公司与江苏博恩公司签订的买卖合同合法有效,双方当事人均应按约履行各自的合同义务。德力西公司依约履行供货义务后,江苏博恩公司未将剩余货款给付德力西公司,构成违约,故对德力西公司要求江苏博恩公司支付货款777,000元的请求,应予支持。上海博恩公司和冯某通过股东会决议同意冯某提出的减资请求,未直接通知德力西公司,既损害江苏博恩公司的偿债能力,又侵害了德力西公司的债权,应对江苏博恩公司减资前发生的债务承担相应法律责任。

评析: 1.公司减资本质上属于公司的内部行为,应由公司股东根据公司经营状况通过内部决议自主决定,以促进资本的有效利用,但应履行通知和公告义务,以避免因公司减资产生损及债权人债权的结果。从德力西公司与江苏博恩公司在合同中约定的交货、验收、付款条款以及实际履行情况看,江苏博恩公司与德力西公司之间的债权债务形成于江苏博恩公司减资前,双方在订立的合同中已事先预留了彼此的联系地址及电话等信息,且现有证据表明德力西公司不存在无法联系的情形,应推定德力西公司系江苏博恩公司能有效联系和通知的已知债权人。江苏博恩公司虽在省级报刊上发布了减资公告,但并未就减资事项直接书面通知德力西公司,通知方式不符合减资法定程序,亦使德力西公司丧失了在江苏博恩公司减资前要求其清偿债务或提供担保的权利。

2.根据《公司法》(2018年),股东负有按公司章程切实履行全面出资的义务,负有维持公司注册资本充实的责任。尽管《公司法》(2018年)规定,公司减资时通知义务人是公司,但公司是否减资系股东会决议之结果,是否减资以及如何减资取决于股东的集体意志,股东对公司减资的法定程序及后果应当知晓,公司办理减资手续需要股东配合,对公司是否全面履行通知义务,股东应尽到合理的注意义务。德力西公司的债权形成在前,江苏博恩公司股东就公司减资事项形成股东会决议在后,公司股东对此理应知情,上海博恩公司和冯某通过股东会决议同意冯某提出的减资请求,未直接通知德力西公司,既损害江苏博恩公司的偿债能力,又侵害了德力西公司的债权,应对江苏博恩公司减资前发生的债务承担相应法律责任。

3.公司未通知已知债权人即完成减资的,与股东违法抽逃出资之实质及对债权人利益受损之影响,本质上并无不同。尽管我国法律未具体规定公司不履行减资法定程序导致债权人利益受损时的股东责任,但可比照《公司法》相关原则和规定来加以认定。江苏博恩公司减资行为存在瑕疵,致使减资前形成的公司债权在减资后不能清偿的,江苏博恩公司股东应在公司减资数额范围内对公司债务不能清偿部分承担补充赔偿责任。

案例二:江苏万丰光伏有限公司诉上海广力投资管理有限公司、丁某焜等分期付款买卖合同纠纷案[江苏省高级人民法院(2015)苏商终字第00140号]

基本案情:上海广力投资管理有限公司(以下简称广力投资公司)设立于2009年1月,注册资本2500万元。其中,丁某认缴2000万元,实际出资400万元,持股比例80%;丁某焜认缴500万元,实际出资100万元,持股比例20%。2010年11月19日,广力投资公司作出股东减资决定,注册资本由2500万元减少至500万元,丁某、丁某焜持股比例不变。广力投资公司作出减资决议后未通知江苏万丰光伏有限公司(以下简称万丰光伏公司)。2011年1月20日,广力投资公司存于工商档案的《有关债务清偿及担保情况说明》载明,该公司在《上海商报》刊登了减资公告,广力投资公司及丁某焜、丁某承诺,未清偿债务及担保债权,由公司继续负责清偿,并由全体股东在法律规定范围内提供相应担保。随后,广力投资公司办理了工商变更登记手续。

2010年2月1日,万丰光伏公司与广力投资公司签订《硅料销售合同》,约定向广力投资公司供应原生多晶硅10吨,合计人民币395万元。广力投资公司应于合同签订后3个工作日内支付100万元,剩余货款应于2010年2月28日前支付。万丰光伏公司履行供货义务后,广力投资公司仅付款124万元。2012年10月26日,广力投资公司出具了《还款计划》,确认截至2012年10月25日,广力投资公司共计欠货款本息380万元,由广力投资公司分期偿还,即于2012年10月30日前付款10万元,2012年11月至2013年9月每月还款30万元、2013年10月底还清。若广力投资公司正常执行上述还款计划、免除2012年10月26日以后的利息;如果广力投资公司未按上述还款计划执行,则按同期银行贷款利率的2倍支付利息,万丰光伏公司有权一次性要求偿还全部本息。还款计划出具后,广力投资公司还款35万元后未按期还款,万丰光伏公司提起诉讼,要求瑕疵减资股东承担连带担保责任。

裁判情况:一审法院认为,广力投资公司注册资本2500万元,丁某焜、丁某均只缴纳应缴出资额的20%。2010年11月19日,广力投资公司对注册资本进行了减资,将公司注册资本从 2500 万元减资至 500 万元,并未依照当时的《公司法》的规定通知万丰光伏公司,且只在当地报纸进行公告,其减资行为存在瑕疵,对债权人万丰光伏公司的利益形成侵害。《有关债务清偿及担保情况说明》中亦载明广力投资公司及丁某焜、丁某在减资时未清偿债务及担保债权,由公司继续负责清偿,并由全体股东在法律规定范围内提供相应担保。丁某焜、丁某作为股东,应在其减资额度内对广力投资公司所欠万丰光伏公司货款承担补充赔偿责任。

二审法院认为,广力投资公司、丁某焜、丁某在明知广力投资公司对万丰光伏公司负有债务的情形下,在减资时既未依法通知万丰光伏公司,亦未向万丰光伏公司清偿债务,不仅违反了《公司法》(2013 年)第 177 条的规定,也违反了其第 3 条"有限责任公司的股东以其认缴的出资额为限对公司承担责任"的规定,损害了万丰光伏公司的合法权利。基于广力投资公司的法人资格仍然存续的事实,原审判决广力投资公司向万丰光伏公司还款,并判决广力投资公司股东丁某焜、丁某对广力投资公司债务在其减资范围内承担补充赔偿责任,既符合上述公司法人财产责任制度及减资程序的法律规定,又与《公司法司法解释三》第 13 条第 2 款关于"公司债权人请求未履行或者未全面履行出资义务的股东在未出资本息范围内对公司债务不能清偿的部分承担补充赔偿责任的,人民法院应予支持"的规定一致,合法有据。

评析:新《公司法》第 3 条规定,公司是企业法人,有独立的法人财产,享有法人财产权。公司以其全部财产对公司的债务承担责任。有限责任公司的股东以其认缴的出资额为限对公司承担责任;股份有限公司的股东以其认购的股份为限对公司承担责任。第 224 条规定,公司需要减少注册资本时,必须编制资产负债表及财产清单。公司应当自作出减少注册资本决议之日起 10 日内通知债权人,并于 30 日内在报纸上或在国家企业信用信息公示系统上公告。债权人自接到通知书之日起 30 日内,未接到通知书的自公告之日起 45 日内,有权要求公司清偿债务或者提供相应的担保。可见,我国公司法在明确公司股东的有限责任之同时,也明确公司债权人的合法权益应依法得到保护。公司注册资本既是公司股东承担有限责任的基础,也是公司的交易相对方判断公司偿债能力的重要依据,公司股东负有诚信出资以保障公司债权人交易安全的责任,公司减资时对其债权人负有根据债权人之要求进行清偿或者提供担保的义务。本案中,在广力投资公司与万丰光伏公司发生硅料买卖关系时,广力投资公司的注册资本为 2500 万元,后广力投资公司注册资本减资为500万元,减少的2000万元是丁某焜、丁某认缴的出资额,如果广力投资公司在减资时依法通知已知债权人万丰光伏公司,则万丰光伏公司有权要求广力投资公司清偿债务或者提供相应的担保,万丰光伏公司作为债权人的上述权利并不因广力投资公司前期出资已缴付到位、后续出资缴付期限尚未届期进行瑕疵减资而受到限制。

五、律师实务指引

1.公司减资前的通知或者公告义务不仅需要针对潜在的公司债权人,更应当针对已知或者应知的公司债权人,只有全面履行通知义务并妥善保管履行通知义务方面的证据方能避免承担法律责任。公司进行减资,应当全面履行通知义务,公司发布公告并不能代替书面通知已知或者应知债权人的义务,仅发布减资公告不能对抗已知或者应知债权人要求公司股东在减资范围内对公司减资前形成的债务承担补充责任。实践中,公司减资可以穷尽一切途径通知已知或者应知债权人,并妥善保管履行通知义务方面的证据,并非所有的债权人接到减资通知后,均会要求公司清偿债务或者提供担保,在该等情形下,股东可以援引业已履行了通知义务来抗辩债权人要求其在减资范围内对公司减资前形成的债务承担补充责任。

2.违法减资应当区分不同情形,即在适用新《公司法》第226条规定时,还应充分关注第225条规定的例外情形。第226条从法律效力及后果上规定,违法减资应当恢复原状,股东应当退还其收到的资金;违法减资给公司造成损失的,股东及负有责任的董事、监事、高级管理人员应当承担赔偿责任。既从违法减资行为的本质上作出否定性效力评价,从无效民事法律行为后果上规定了恢复原状,要求股东退还其收到的资金;又从侵权责任角度出发,进一步规范了违法减资的责任形式与范围,倘若给公司造成损失,股东及负有责任的董事、监事、高级管理人员应当承担赔偿责任,并隐含了已知或者应知债权人有权以违法减资为由向股东及负有责任的董事、监事、高级管理人员主张补充责任或者赔偿责任的立法倾向。在具体适用时,应当区分不同情形,充分关注第225条规定的公司"可以减少注册资本弥补亏损",该情形下的减资仅需公告,无须通知债权人,债权人也无权要求公司提前偿债或提供担保。

3.公司减资纠纷由公司住所地人民法院管辖。根据最高人民法院《关于适用〈中华人民共和国民事诉讼法〉的解释》第22条"因股东名册记载、请求变更公司登记、股东知情权、公司决议、公司合并、公司分立、公司减资、公司增资等纠纷提起的诉讼,依照民事诉讼法第二十七条规定确定管辖",以及《民事诉讼法》第 27 条"因公司设立、确认股东资格、分配利润、解散等纠纷提起的诉讼,由公司住所地人民法院管辖"的规定,公司减资纠纷案件的管辖法院为公司住所地人民法院。

4. 广西壮族自治区高级人民法院民事审判第二庭《关于审理公司纠纷案件若干问题的裁判指引》第 2 条规定了"股东退股中的资本维持",仍有参考意义:股东退股涉及撤回出资,进而牵涉公司资本的减少,故基于对债权人利益保护,公司资本制对股东退股予以一定限制:(1)股东通过公司股东会决议同意其退股,或通过主张异议股东回购请求权退股的,须通过法定减资程序保障公司债权人利益;(2)股东通过公司解散退股的,须通过法定清算程序保障公司债权人利益;(3)股东通过全部出让股权的方式退出公司,不涉及公司资本减少,无须受限于公司资本管制,但出让股东未全面出资就转让股权的,仍承担补足出资义务。

关联法条

1.《企业会计准则——基本准则》第 27 条
2.《企业会计准则第 30 号——财务报表列报》第 27 条

第二百二十七条 【股东的优先认购权】

> 第二百二十七条 有限责任公司增加注册资本时,股东在同等条件下有权优先按照实缴的出资比例认缴出资。但是,全体股东约定不按照出资比例优先认缴出资的除外。
>
> 股份有限公司为增加注册资本发行新股时,股东不享有优先认购权,公司章程另有规定或者股东会决议决定股东享有优先认购权的除外。

一、修订情况

本条是对公司增资时原股东优先认缴(购)权的规定,是对2018年《公司法》第34条的修改。2018年《公司法》第34条规定了有限责任公司利润分配及优先认购权的一般规则,本次修订将第34条的利润分配规则移入第十章"公司财务、会计"第210条第4款的规定,而将与增资相关的股东优先认购权移入本条,并在此前规定基础上区分有限责任公司股东的优先认缴权与股份有限公司股东对新增股份的优先认购权,作出不同的规定。

与2018年《公司法》第34条有限公司股东优先认购权的规定相比,本次修订体现在两个方面:

1. 明确有限责任公司股东在增资中行使优先认缴权应以"同等条件"为限。2018年《公司法》第34条规定,"公司新增资本时,股东有权优先按照实缴的出资比例认缴出资"。本次修订为"有限责任公司增加注册资本时,股东在同等条件下有权优先按照实缴的出资比例认缴出资"。

2. 明确股份有限公司增资时,股东原则上不享有优先认购权及其除外情况。2018年《公司法》未规定股份有限公司增资时股东是否享有优先认购权。本次修订在本条第2款明确了股份有限公司股东原则上不享有优先认购权,但考虑到新《公司法》在第144条中新增了股份有限公司类别股制度,因此本条允许股份有限公司在公司章程或股东会决议中作出除外规定。

二、理论基础

公司增加注册资本可以增强公司的经济实力,给公司扩大再生产提供资金保障,且在一定程度上有助于保障交易安全及公司债权人,因此不同于公司减资制度的诸多限制及强制规范,公司法在公司增资制度上并未给予过多限制。但是,考虑到增资有可能导致股权稀释、股权比例调整、股权结构变化,从而对公司现有股东利益产生重大影响,因此公司法通过多个条款共同明确了公司增资程序及现有股东在公司增资中的认购或认缴权利。

本条规定,公司增加注册资本时,有限责任公司股东以股东享有优先认缴权为原则,以全体股东另有约定为例外;股份有限公司股东以股东不享有优先认购权为原则,以公司章程或股东会另有规定为例外。

三、制度演变

1993年《公司法》第33条规定,"公司新增资本时,股东可以优先认缴出资"。第187条规定:"有限责任公司增加注册资本时,股东认缴新增资本的出资,按照本法设立有限责任公司缴纳出资的有关规定执行。股份有限公司为增加注册资本发行新股时,股东认购新股应当按照本法设立股份有限公司缴纳股款的有关规定执行。"

2013年《公司法》确立了认缴制的资本制度,规定"公司新增资本时,股东有权优先按照实缴的出资比例认缴出资"。

四、案例评析

案例一:贵州捷安投资有限公司与贵阳黔峰生物制品有限责任公司等公司股权确认纠纷案[最高人民法院(2009)民二终字第3号]

基本案情:上诉人贵州捷安投资有限公司(以下简称捷安公司)与被上诉人贵阳黔峰生物制品有限责任公司(以下简称黔峰公司)等之间存在股权确认纠纷。捷安公司曾通过第三方名义出资购买黔峰公司股份,并实际享有股东权益。随着时间的推移,黔峰公司经历了多次股权变更,包括股东之间的股权转让和公司增资扩股。在一次股东会上,黔峰公司决定增资扩股并引进战略投资者,要求各股东按股权比例减持股权。捷安公司对此表示反对,并主张对其他股东放弃的增资份额享有优先认购权。捷安公司因此向法院提起诉讼,请求确认其为黔峰公司股东并享有股权,以及确认其对增资扩股部分的1820万股新股享有优先认购权。

裁判情况:一审法院贵州省高级人民法院确认捷安公司为黔峰公司股东,享有9%的股权,但驳回了捷安公司主张对其他股东放弃的1820万股增资扩股出资份额享有优先认购权的诉讼请求。最高人民法院维持原判,法院认为,黔峰公司股东会关于增资扩股的决议有效,捷安公司应按照股东会决议内容执行,对其他股东放弃认缴的增资份额没有优先认购权。

评析:法院从解析股权转让和公司增资两种不同情形的目的出发,将优先认购权与优先购买权予以区分:在本案中原告股东认为,为了保障有限责任公司的人合性,优先认购权应当同优先购买权一样不仅能让股东享有其实缴出资比例对应的优先认购权,而且能享有对其他股东放弃的按照其他股东实缴出资比例对应的优先认购权。法院否认了这一主张,认为股权转让往往是被动的股东更替,与公司的战略性发展没有实质联系,所以在股权转让情形下有限责任公司的人合性要更加突出;但是在增资扩股情形下,公司往往要引入新的投资者,是为了公司的发展,如果基于公司人合性,允许股东享有其他股东放弃的优先认缴权,其他股东尤其是控股股东的控股地位会面临削弱的风险,从而导致其他股东因担心控制力减弱而不再谋求增资扩股,进而阻碍公司的发展,所以当公司的发展与公司的人合性发生冲突时,为了保护公司的发展机会,股东不能享有其他股东放弃的优先认购权。故优先认购权不能套用优先购买权的规定,两者切忌混淆。

案例二:绵阳高新区科创实业有限公司、福建省固生投资有限公司、陈某高与绵阳市红日实业有限公司、蒋某股东会决议效力及公司增资纠纷案[最高人民法院(2010)民提字第48号]

基本案情:绵阳高新区科创实业有限公司(以下简称科创公司)在2003年12月16日的股东会上通过了吸纳陈某高为新股东的决议,该决议涉及科创公司增资800万元,由陈某高认缴新增股份615.38万股。蒋某和绵阳市红日实业有限公司(以下简称红日公司)作为科创公司的股东,反对上述决议,并主张其对新增资本有优先认缴权。红日公司和蒋某向法院提起诉讼,请求确认科创公司股东会决议中关于吸纳陈某高为新股东的内容无效,以及科创公司与陈某高签订的《入股协议书》无效,并主张其优先认缴权。

裁判情况：一审法院四川省绵阳市中级人民法院驳回了红日公司和蒋某的诉讼请求，认为股东会决议和《入股协议书》合法有效。二审法院四川省高级人民法院撤销了一审判决，认为科创公司股东会决议中关于由陈某高认缴新增资本800万元并由此成为科创公司股东的内容无效，科创公司和陈某高签订的《入股协议书》也相应无效。二审法院支持红日公司和蒋某行使优先认缴权的请求。科创公司、固生公司、陈某高不服二审判决，向最高人民法院申请再审。最高人民法院经再审后认为，科创公司股东会决议中涉及新增股份的部分内容无效，但不影响增资决议的整体效力。同时，《入股协议书》有效。最高人民法院驳回了红日公司和蒋某行使优先认缴权的请求，认为其未在合理期间内行使权利，且争议股权价值已发生较大变化，允许行使优先认缴权将破坏已稳定的法律关系并可能导致不公平后果。最高人民法院撤销了二审判决中关于红日公司和蒋某可以行使优先认缴权的部分，并驳回了红日公司和蒋某的其他诉讼请求。

评析：《公司法》(2018年)第34条并未设置法定时间或者要求在合理时间内行使优先认购权，但是最高人民法院在多个案件中均明确，优先认购权须在合理时间内行使，否则该权利会消失。在本案中，虽然被侵害优先认购权的股东在2003年向公司主张过对系争新增股份的优先认购权，公司不顾被侵害股东的权利主张，将被侵害股东的认缴权转让给股东以外的第三人，但是在此后很长时间被侵害股东未积极主张其对系争新增股份的优先认购权，直到2005年，被侵害股东才就此争议诉诸法院。法院虽然认可被侵害股东的优先认购权，但是由于被侵害股东未在合理期限内积极行使权利，该权利已消失。法院认为，在被侵害股东未积极行权的2年时间里，股权价值已经发生了较大变化，此时允许两位股东行使优先认购权将导致已趋稳定的法律关系遭到破坏，所以从保障交易安全与公平的角度出发，两位股东因行权时间超过合理期限而无法行使该权利。

五、律师实务指引

1.建议公司根据本次法律的修改，及时调整既有的交易文件。优先认购权或优先认缴权是私募投资领域中投资人十分关注的一项股东特殊权利，但因此前公司法未规定股份有限公司可在章程中另行规定股东可以就新增注册资本享有优先认缴的权利，实践中很多公司在完成有限责任公司变更为股份有限责任公司的股改之后实质调整公司章程，将原来载于公司章程中的优先认购权删除，调整至投资协议中。新《公司法》首次明确认可股份有限公司股东可以在章程中规定或者股东会决议决定股东享有优先认购权。据此,股份有限公司的投资人可据此视情况调整公司章程的具体规定。

2. 基于法律规定,在公司章程或者交易文件中对优先认购权或优先认缴权作出更加灵活及个性化的约定。具体包括:

第一,明确优先认购权或优先认缴权的类型。比如,可以约定股东可按照实缴的出资比例进行优先认购,未进行实缴的股东则不享有优先认购权,也可以另行约定其他比例行使优先认购权。约定的优先认购权在实务中常见的类型有:(1)按照本轮投资人在将来新一轮增资前的持股比例行使优先认购权;(2)仅按照本轮投资人之间的相对持股比例享有优先认缴权;(3)允许本轮投资人在后续轮次融资中就新增股权均享有优先认购权。不同类型优先认购权对创始股东和投资人的权益影响各不相同,所以律师应当根据客户的需求来定制适合客户的优先认购权类型。

第二,投资文件中应当明确约定是否以及如何行使优先认购权。既然优先认购权是一种形成权,所以在投资文件中约定优先认购权时应当明确约定行使优先认购权的具体时间限制以及如何行权的事宜,这样既有利于股东及时行权保障自己的权益,也有利于公司在行权时间届满后及时让新投资人加入公司,实现公司的战略发展。具体明确事宜包括:(1)公司在拟发行股权、新增注册资本或其他权益之前提前通知股东拟发行新股或增资事宜的具体时间;(2)公司在向本轮投资人发出的拟发行或增资书面通知上应当列明的具体信息;(3)本轮投资人在收到拟发行或增资通知后的答复期限、答复内容或答复形式;(4)本轮投资人在收到书面通知以后未作任何答复应当视为放弃优先认购权的后果。

第三,设定优先认购权的例外情形。无论是从优先认购权的性质还是从司法实践的角度来看,合理地行使优先认购权才能保障公司的稳步发展,在实务中不是在所有的增资情形下股东都可以行使优先认购权,有些增资情形只是为了实现公司的内部安排,应当明确排除为实施董事会通过(包括投资方董事批准)的任何员工股权激励计划或涉及股权的薪酬计划而新增注册资本或其他权益证券、资本公积金转增股本、发行股份购买资产等情形。

3. 本条适用时的其他提示:

(1)法律层面未就有限责任公司股东优先认购权的行使规定具体期限,有限责任公司以公司章程或股东会决议的方式设定股东优先认购权的,应在权利告知与权利行使等程序性问题上作出明确的规定,防止因期限不明而引发纠纷。股东在知悉增资方案后,有行使意愿的,应当及时行使该等权利,避免被认定为超过合理期限而视为放弃行使权利。

(2)有限责任公司在增资时,如果邀请原有股东以外的其他人出资,股东对"同等条件"存在争议,可参照适用《公司法司法解释四》第18条"人民法院在判断是否符合公司法第七十一条第三款及本规定所称的'同等条件'时,应当考虑转让股权的数量、价格、支付方式及期限等因素"的规定。但是,对明显不合理的较短期限,人民法院也应当根据金额大小、其他股东支付能力的强弱来综合判断支付期限。

关联法条

1.《转融通业务监督管理试行办法》第35条
2.《约定购回式证券交易及登记结算业务办法》第38条

第十二章 公司解散和清算

修订概述

本章是对我国公司退出制度的系统规定,在维持我国既有的"解散—清算—注销"的公司退出流程基础上,一方面在底层制度设计上澄清了"公司清算义务人"的主体及职责,另一方面充分吸收自2014年以来我国行政机关在市场主体退出制度改革试点中推广试行的有效经验,新增了简易注销与强制注销制度的规定。

全国人大常委会在本轮《公司法》修订过程中发布的历次审议说明系统阐述了本次《公司法》修订的必要性,其中持续优化营商环境、激发市场创新活力以及完善产权保护制度、依法加强产权保护是本次修订《公司法》的重要需求,而完善公司退出制度、规范公司以解散与清算的方式顺利实现退出、同时加强退出环节相关当事人的责任,是本章修订的重点。

本章共有14个条文,系统规定了公司解散的原因、股东请求公司解散公司的情形、公司清算环节各相关方的职权与责任、公司注销及公司破产等内容。与2018年《公司法》相比,完全未修改的条款仅有1条(第242条);少量修改的条款有6条,包括仅更改个别词以使法条表述更加精练(如第231条、第234条、第236条、第237条),以及顺应电子化及信息化发展的相关公示规定(如第229条第2款、第235条);涉及重要修订的条款有2条(第232条及第233条),同时新增了清算组成员的忠实勤勉义务(第238条)、简易注销制度(第240条)以及强制注销制度(第241条),系统构建了公司从市场退出环节的各项制度。

第二百三十二条 【清算组及清算义务人】

> 第二百三十二条　公司因本法第二百二十九条第一款第一项、第二项、第四项、第五项规定而解散的,应当清算。董事为公司清算义务人,应当在解散事由出现之日起十五日内组成清算组进行清算。
>
> 清算组由董事组成,但是公司章程另有规定或者股东会决议另选他人的除外。
>
> 清算义务人未及时履行清算义务,给公司或者债权人造成损失的,应当承担赔偿责任。

一、修订情况

本条是对公司自行清算情形及执行主体的规定。与2018年《公司法》第183条相比,本条存在如下变化:

1. 拆分法条,区分自行清算与强制清算分别规定。2018年《公司法》第183条包含自行清算和强制清算两方面内容,本次修订将原第183条拆分为两条,区分本条公司自行清算和第233条申请法院强制清算分别细化规定。

2. 明确董事为公司的清算义务人。2018年《公司法》第183条仅规定在出现特定解散事由时,公司"应当在解散事由出现之日起十五日内成立清算组,开始清算",但未明确成立清算组的主体具体是股东还是董事。2023年修订与《民法典》第70条第2款保持一致,明确"董事为公司清算义务人,应当在解散事由出现之日起十五日内组成清算组进行清算"。

3. 统一有限责任公司与股份有限公司清算组组成。2018年《公司法》第183条规定"有限责任公司的清算组由股东组成,股份有限公司的清算组由董事或者股东大会确定的人员组成"。本次修订不再区分两类公司清算组成员的不同构成,统一规定"清算组由董事组成,但是公司章程另有规定或者股东会决议另选他人的除外"。

4.增加清算义务人赔偿责任。本次修订在本条第3款结合《民法典》第70条第3款规定,新增:"清算义务人未及时履行清算义务,给公司或者债权人造成损失的,应当承担赔偿责任。"

二、理论基础

清算制度自1993年《公司法》通过时建立,经历过一次修订,与《公司法司法解释二》《全国法院民商事审判工作会议纪要》《民法典》共同搭建了制度框架。但是,在制度结构上存在亟待解决的矛盾和问题。厘清公司清算义务人的主体范围具有重要的制度价值。

本次修订前,公司法未明确规定启动清算程序的主体。《公司法司法解释二》第18条在当时公司法没有明确规定清算程序启动主体的情况下,从实践需要出发,将有限责任公司的股东、股份有限公司的董事和控股股东规定为启动主体。司法解释虽然未使用清算义务人的概念,但是从不能清算情形下上述启动主体应承担的法律责任角度出发,规定了所谓的清算义务人的法律责任。① 但是,学者普遍认为,清算义务人应当对公司负忠实义务和善管义务,对公司具有法律上的控制权力,②股东不应该成为清算义务人,董事才是清算义务人。③

《民法典》第70条在立法层面确立了清算义务人,并将学界有共识的董事作为清算义务人,规定法律、行政法规可以对清算义务人另作规定,为单行法完善清算义务人规则预留了接口。④ 但是,《公司法司法解释二》《全国法院民商事审判工作会议纪要》与《民法典》规定之间的内在矛盾,亟待解决。本次修订与《民法典》进行衔接,不再将股东纳入清算义务人,厘清了清算义务人的主体范围,更符合客观实际,具有可操作性,也维护了公司股东以出资为限对公司承担有限责任的基本原则。

---

① 参见林一英:《公司清算制度的修改——以经营异常公司的退出为视角》,载《法律适用》2021年第7期。
② 参见李建伟:《公司清算义务人基本问题研究》,载《北方法学》2010年第2期。
③ 参见梁上上:《有限公司股东清算义务人地位质疑》,载《中国法学》2019年第2期。
④ 参见林一英:《公司清算制度的修改——以经营异常公司的退出为视角》,载《法律适用》2021年第7期。

三、制度演变

(一)1993年《公司法》通过时,便设立自行清算和强制清算制度

1993年《公司法》第190条规定:"公司有下列情形之一的,可以解散:(一)公司章程规定的营业期限届满或者公司章程规定的其他解散事由出现时;(二)股东会决议解散;(三)因公司合并或者分立需要解散的。"第191条规定:"公司依照前条第(一)项、第(二)项规定解散的,应当在十五日内成立清算组,有限责任公司的清算组由股东组成,股份有限公司的清算组由股东大会确定其人选;逾期不成立清算组进行清算的,债权人可以申请人民法院指定有关人员组成清算组,进行清算。人民法院应当受理该申请,并及时指定清算组成员,进行清算。"第192条规定,公司违反法律、行政法规被依法责令关闭的,应当解散,由有关主管机关组织股东、有关机关及有关专业人员成立清算组,进行清算。

(二)2005年《公司法》增加解散事由,调整自行清算制度

在2005年《公司法》修订时,公司解散事由从原来的三种增加到五种,即增加了:"(四)依法被吊销营业执照、责令关闭或者被撤销;(五)人民法院依照本法第一百八十三条的规定予以解散。"因解散事由增加,自行清算制度作出相应调整,第184条规定,"公司因本法第一百八十一条第(一)项、第(二)项、第(四)项、第(五)项规定而解散的,应当在解散事由出现之日起十五日内成立清算组,开始清算"。清算组的成员按照公司类型划分为两类,即有限责任公司的清算组由股东组成,股份有限公司的清算组由董事或者股东大会确定的人员组成。

(三)2008年《公司法司法解释二》

《公司法司法解释二》第18条实质上对清算义务人的范围和因怠于开始清算使财产贬损造成债权人损失的赔偿责任进行了创新性规定。其中第1款规定,有限责任公司的股东、股份有限公司的董事和控股股东未在法定期限内成立清算组开始清算,导致公司财产贬值、流失、毁损或者灭失,债权人主张其在造成损失范围内对公司债务承担赔偿责任的,人民法院应依法予以支持。第2款规定,有限责任公司的股东、股份有限公司的董事和控股股东因怠于履行义务,导致公司主要财产、账册、重要文件等灭失,无法进行清算,债权人主张其对公司债务承担连带清偿责任的,人民法院应依法予以支持。第3款规定,上述情形系实际控制人原因造成的,债权人主张实际控制人对公司债务承担相应民事责任的,人民法院应依法予以

支持。

(四)《全国法院民商事审判工作会议纪要》规定相关条文的裁判认定标准

因在实践中关于具有清算义务的股东范围和因果关系确认争议较大,一些案件的处理结果不适当地扩大了股东的清算责任,《全国法院民商事审判工作会议纪要》针对《公司法司法解释二》第18条第2款的适用专门规定了裁判认定标准,即"(五)关于有限责任公司清算义务人的责任"。明确了"怠于履行义务",是指有限责任公司的股东在法定清算事由出现后,在能够履行清算义务的情况下,故意拖延、拒绝履行清算义务,或者因过失导致无法进行清算的消极行为。股东举证证明其已经为履行清算义务采取了积极措施,或者小股东举证证明其既不是公司董事会或者监事会成员,也没有选派人员担任该机关成员,且从未参与公司经营管理,以不构成"怠于履行义务"为由,主张其不应当对公司债务承担连带清偿责任的,人民法院依法予以支持。同时规定,有限责任公司的股东举证证明其"怠于履行义务"的消极不作为与"公司主要财产、账册、重要文件等灭失,无法进行清算"的结果之间没有因果关系,主张其不应对公司债务承担连带清偿责任的,人民法院依法予以支持。

(五)《民法典》明确了清算义务人的概念,确定清算适用法律原则

《民法典》第70条规定,法人解散的,除合并或者分立的情形外,清算义务人应当及时组成清算组进行清算。法人的董事、理事等执行机构或者决策机构的成员为清算义务人。法律、行政法规另有规定的,依照其规定。清算义务人未及时履行清算义务,造成损害的,应当承担民事责任;主管机关或者利害关系人可以申请人民法院指定有关人员组成清算组进行清算。第71条规定:法人的清算程序和清算组职权,依照有关法律的规定;没有规定的,参照适用公司法律的有关规定。

四、案例评析

案例一:胜众鑫公司、杨某某加工合同纠纷案[广东省深圳市中级人民法院(2020)粤03民终1361号]

基本案情: 欣丰公司成立于2013年8月21日,注册股东为杨某某等六个自然人。2017年3月10日,深圳市中级人民法院根据债权人申请裁定受理欣丰公司破产清算。2017年11月20日,深圳市中级人民法院作出(2016)粤03民破181号之一民事裁定书确认了《深圳市欣丰电路有限公司债权表》记载的10家债权人的债

权,但该 10 家债权人中并不包括本案原告胜众鑫公司。2018 年 12 月 18 日,深圳市中级人民法院作出(2016)粤 03 民破 181 号之七号民事裁定书,载明欣丰公司破产财产已分配完毕,裁定终结欣丰公司破产程序。2019 年 1 月 10 日,欣丰公司被注销。原告胜众鑫公司主张因没有收到清算组的债权申报通知,故没有向欣丰公司的破产清算管理人申报债权,起诉公司自然人股东对公司债务承担责任。

裁判情况:一审法院认为,胜众鑫公司所提交的证据无法认定胜众鑫公司对欣丰公司享有真实有效债权,现欣丰公司的破产财产已分配完毕,破产程序已终结,即使胜众鑫公司对欣丰公司存在真实有效的债权,该债权亦已消灭,胜众鑫公司要求杨某某等自然人股东对欣丰公司的债务承担清偿责任,缺乏事实和法律依据。

二审法院认为,清算分为解散清算和破产清算。在公司能够清偿全部债务的情况下,解散之后由其自行清算,或者在其不自行清算时由法院组织强制清算。如果公司发生破产,不能清偿到期债务,或在清算过程中发现公司资不抵债时,则应进入破产程序。公司解散清算不同于破产清算,二者的制度目标和适用条件不同。因此,审理这两类案件适用的法律依据也不同。解散清算的主要法律依据是《公司法》(2018 年)和相关司法解释,破产清算则应依《企业破产法》进行。欣丰公司被宣告破产且破产程序终结后,相关权利人应当依据《企业破产法》及司法解释的相关规定寻求救济。债权是否真实存在也应按照法律规定审查,并非本案审查义务。二审法院驳回上诉,维持原判。

评析:本案涉及公司未启动解散清算程序,直接进入破产程序后,债权人是否可以按照解散清算制度的规定追究清算义务人的赔偿责任问题。案件经过两审,得出的结论是当案件进入破产清算程序后,《企业破产法》及司法解释属于特别法,优先于《公司法》及其司法解释的适用。

案例二:魏某某、丁某某清算责任纠纷案[福建省福州市中级人民法院(2018)闽 01 民终 703 号]

基本案情:福建省中港工程有限公司(以下简称中港公司)于 2006 年 9 月 19 日成立,注册资本为 500 万元,魏某某、丁某某为中港公司的股东。2007 年 9 月 2 日,中港公司与张某某签订工程施工合同。后因合同履行发生纠纷,张某某将中港公司诉至福州市鼓楼区人民法院。2012 年 5 月 13 日,福州市鼓楼区人民法院作出(2011)鼓民初字第 4509 号民事判决书,判决中港公司应向张某某支付工程款

392,007.50元及利息(按中国人民银行规定的逾期贷款利息标准计算,从2007年11月8日计至判令还款之日止)。上述判决生效后,张某某于2012年12月24日向福州市鼓楼区人民法院申请强制执行。在执行过程中,鼓楼区人民法院因未发现中港公司存在可供执行的财产信息,于2015年3月1日作出(2013)鼓执行字第46-2号执行裁定书,裁定终结(2011)鼓民初字第4509号民事判决书的执行程序。因中港公司未按照规定接受企业年度检验,福州市当时的工商行政管理局于2013年12月20日作出行政处罚决定书,决定吊销中港公司的营业执照。2016年10月14日,张某某诉至法院,要求股东魏某某、丁某某共同向其赔偿损失660,370.6元及利息。

裁判情况:二审法院认为,中港公司未经法定清算程序,其债权人主张清算义务人的清算责任,应当适用《公司法司法解释二》第18条第1款的规定进行分析认定。中港公司于2013年12月20日被吊销营业执照,公司本应于该解散事由出现后15日内2014年1月5日前成立清算组进行清算,但公司的股东魏某某、丁某某作为清算义务人确有未在法定期限内积极履行清算义务之事实,故此赔偿责任的前提条件已具备。根据中港公司在工商部门申报备案的财务报表数据及二上诉人(魏某某、丁某某)的自认内容,中港公司于2009年12月31日止的所有者权益为5,146,300.13元,但其此后未再制作财务报表、账册等文件,并在公司经营出现问题后未及时处置公司资产、回收应收账款,导致中港公司现已无剩余财产可供执行。可见,公司清算义务人魏某某、丁某某怠于履行清算义务导致公司资产由2009年末的5,146,300.13元减损至无任何财产,其行为已然造成了公司财产的灭失后果。张某某因魏某某、丁某某怠于清算导致公司财产灭失的行为而使其对中港公司的债权无法得以执行受偿,其利益受到实际损害,二者之间存在因果关系。综上,魏某某、丁某某应向张某某承担损失赔偿责任。

评析:本案被列入福州法院2018年度商事审判十大案例之六,属于当时的典型案例。本案裁判有利于引导公司清算义务人及时履行清算义务。应当注意到,本次《公司法》修订后,清算义务人为公司董事,而非股东。

五、律师实务指引

(一)出现解散事由的起算时间

新《公司法》第232条涉及4个解散事由,是否按时、及时组成清算组是清算义务人履行清算责任的时间条件,有必要逐一明确不同事由出现之日的确定标准。

1."公司章程规定的营业期限届满",可以比照营业执照的时间。实务中应当注意,如果经营期限为长期或者没有填写,此条不适用;"公司章程规定的其他解散事由出现",这一标准应当注意对照章程有关规定综合判断。

2."股东会决议解散",起算时间应当以决议决定的解散日为起算日,而不是决议作出之日。比如7月1日作出决议,决定在7月10日解散,则董事应当在7月25日前组成清算组。

3."依法被吊销营业执照、责令关闭或者被撤销",行政命令导致的公司解散,应当从被送达之日起算,董事才有可能及时在15日内组成清算组。

4."人民法院依照本法第二百三十一条规定予以解散",这一情形属于强制解散,需要待法院依法作出生效解散判决书起算。

(二)清算义务人和清算组成员的区别

董事是公司清算义务人,这是新《公司法》明确规定的。清算义务人,是指基于其与法人之间存在的特定法律关系而在法人解散时对法人负有依法组织清算的义务,并在法人因未及时清算给相关权利人造成损害时依法承担相应责任的民事主体。① 清算义务人不能由公司自主变更。公司的全体董事都是清算义务人,需要在法定期限内主动履职组成清算组,启动清算程序组织清算。

按照新《公司法》第232条规定,公司章程或者股东会决议都可以在清算组内另选非董事的他人,如公司股东、监事、其他高管或者其他有专门知识的人。这些成员都属于清算组成员,是具体实施清点管理公司财产、清理债权债务、分配财产、制作报告等的人,是根据公司的自主意志参与清算的,不承担因不及时启动清算造成损失的赔偿责任。

(三)组成清算组进行清算的判断标准

新《公司法》第232条承担赔偿责任的前提是未及时履行清算义务,结合第1款的规定,即未在15日内组成清算组进行清算。笔者认为该规定包含两个行为要求,一是按时组成清算组,二是实施清算行为。何为组成清算组,实践中通常是以列出清算组组成名单或者作出清算组组成方案等明确行为来确定;清算组成立之

---

① 参见最高人民法院民法典贯彻实施工作领导小组主编:《中华人民共和国民法典总则编理解与适用》(上),人民法院出版社2020年版,第358页。

后,应有积极的清算行为,包括不限于搜集财务账册、列出公司财产清单、通知债权人公司清算信息等行为。实务中需要注意,所有行为都应有证据证明,应注意留痕。

关联法条

1.《民法典》第70条
2.《全国法院民商事审判工作会议纪要》第14条、第15条、第16条

第二百三十三条 【申请法院指定清算组】

> 第二百三十三条 公司依照前条第一款的规定应当清算,逾期不成立清算组进行清算或者成立清算组后不清算的,利害关系人可以申请人民法院指定有关人员组成清算组进行清算。人民法院应当受理该申请,并及时组织清算组进行清算。
>
> 公司因本法第二百二十九条第一款第四项的规定而解散的,作出吊销营业执照、责令关闭或者撤销决定的部门或者公司登记机关,可以申请人民法院指定有关人员组成清算组进行清算。

一、修订情况

本条是对公司强制清算适用情形的规定。与2018年《公司法》第183条中规定的法院强制清算相比,本次修订拓展了申请强制清算的范围,具体包括:

1. 适用条件上,除逾期不成立清算组外,增加了成立清算组后不清算。2018年《公司法》第183条规定法院强制清算的适用情形仅包括"逾期不成立清算组进行清算的";本次修订增加了适用条件,规定"逾期不成立清算组进行清算或者成立清算组后不清算的"两种不及时自主清算情形。

2. 申请主体上,由债权人拓展为利害关系人。2018年《公司法》第183条仅规定"债权人可以申请人民法院指定有关人员组成清算组进行清算";本次修订将申请主体进行了拓展,规定"利害关系人可以申请人民法院指定有关人员组成清算组进行清算"。

3. 增加行政机关可以申请强制清算的情形。本次修订新增第2款,规定了行政机关可申请法院强制清算。

二、理论基础

从我国实践看,公司解散后往往怠于清算,因为生意做得不好而一走了之,或者不通知债权人,擅自处理公司资产,携款走人。① 无论是从实定法规定还是从论理逻辑的分析来看,公司解散清算都主要是一种用于解决"公司僵局"的制度。然而让人倍感诧异的是,原本为了破解公司运行僵局而发明的清算程序,在实际运行中却常常再次陷入严重僵局。② 强制清算立法目的在于通过法院对清算过程的程序性干预监督,行使司法审查权,实现对公司自行清算缺陷的弥补,避免损害相关主体利益,满足市场退出制度安全价值的要求。

公司清算僵局,不仅损害债权人利益,也损害公司其他利害关系人的利益,将强制清算的申请主体从公司债权人扩展至利害关系人具有现实的需求。从法律体系角度看,《公司法司法解释二》将债权人可以提起清算申请的范围由公司逾期不成立清算组扩大到虽然成立清算组但故意拖延清算的和违法清算可能严重损害债权人或者股东利益两种情形,同时规定债权人不申请的,股东可以申请。《民法典》第 70 条规定,主管机关或者利害关系人可以申请人民法院指定有关人员组成清算组进行清算。《民法典》实施后,《公司法司法解释二》也作了相应修改,明确股东、董事和其他利害关系人可以提起清算申请。③ 因此,有必要在本次《公司法》修订中,做好与《民法典》的衔接,将强制清算的申请人拓展至利害关系人。

2005 年《公司法》修订时删除了关于主管机关组织股东、有关机关及有关专业人士成立清算组的规定。实践中,也有观点认为,有必要重新检视公司解散与强制清算之间的程序衔接,特别是应当明确行政解散、司法解散的公司原则上不宜由原股东组织自行清算。④ 因此,本次修订增加了相应规定。

三、制度演变

1993 年《公司法》第 191 条规定:"公司依照前条第(一)项、第(二)项规定解散的,应当在十五日内成立清算组,有限责任公司的清算组由股东组成,股份有限公司的清算组由股东大会确定其人选;逾期不成立清算组进行清算的,债权人可以

---

① 参见朱锦清:《公司法学》,清华大学出版社 2019 年版,第 919 页。
② 参见上海市高级人民法院商事庭课题组:《公司解散清算的功能反思与制度重构——从清算僵局的成因及制度性克服切入》,载《法律适用》2023 年第 1 期。
③ 参见林一英:《公司清算制度的修改——以经营异常公司的退出为视角》,载《法律适用》2021 年第 7 期。
④ 参见上海市高级人民法院商事庭课题组:《公司解散清算的功能反思与制度重构——从清算僵局的成因及制度性克服切入》,载《法律适用》2023 年第 1 期。

申请人民法院指定有关人员组成清算组,进行清算。人民法院应当受理该申请,并及时指定清算组成员,进行清算。"第 192 条规定,公司违反法律、行政法规被依法责令关闭的,应当解散,由有关主管机关组织股东、有关机关及有关专业人员成立清算组,进行清算。

在 2005 年《公司法》修订时,删除了 1993 年《公司法》第 192 条的规定。

2008 年《公司法司法解释二》第 7 条第 3 款规定:"具有本条第二款所列情形,而债权人未提起清算申请,公司股东申请人民法院指定清算组对公司进行清算的,人民法院应予受理。"换言之,拓展了强制清算的申请主体范围至股东。

最高人民法院 2009 年印发了《关于审理公司强制清算案件工作座谈会纪要》。

《民法典》第 70 条规定,法人解散的,除合并或者分立的情形外,清算义务人应当及时组成清算组进行清算。法人的董事、理事等执行机构或者决策机构的成员为清算义务人。法律、行政法规另有规定的,依照其规定。清算义务人未及时履行清算义务,造成损害的,应当承担民事责任;主管机关或者利害关系人可以申请人民法院指定有关人员组成清算组进行清算。进一步明确,主管机关或利害关系人可以申请强制清算。2020 年《公司法司法解释二》进行了相应修正。

本次《公司法》修订沿袭了《民法典》的规定,将申请强制清算的主体确定为两类:一是利害关系人,对具体类别不再进行列举;二是作出行政命令的部门或者公司登记机关。

四、案例评析

案例一:郭某某、博尔塔拉蒙古自治州国林出口商品基地有限责任公司申请公司清算案[最高人民法院(2021)最高法民申 7534 号]

基本案情:郭某某自诉与博尔塔拉蒙古自治州国林出口商品基地有限责任公司(以下简称国林公司)于 2010 年 6 月 23 日签订砖厂承包合同,承包期为 7 年且交清了承包费用,但 2016 年 8 月承包期尚未结束时砖厂被侵占,故郭某某与国林公司之间存在侵权之债。在公司解散诉讼中,根据一审、二审法院查明的事实,国林公司已于 2011 年被吊销营业执照,已经具备解散的事由。但申请对公司进行强制清算还需符合主体要件,即要求申请主体为股东、债权人以及利害关系人。本案一审中,国林公司对郭某某债权人的身份提出异议。郭某某虽提交了另案判决书作为证据,但该判决书并未明确郭某某与国林公司之间的债权债务关系,不足以证明其系国林公司的债权人或其他利害关系人,郭某某应当承担举证不能的后果。因此,本案并不具备《关于审理公司强制清算案件工作座谈会纪要》第13条规定的对异议事项"已有生效法律文书予以确认"的情形,二审法院对郭某某的强制清算申请不予受理并无不当。郭某某对一审、二审判决不服,向最高人民法院提起再审申请。

裁判情况: 再审法院认为,根据《关于审理公司强制清算案件工作座谈会纪要》第13条的规定,申请公司清算应当满足两个条件,即申请人具备申请资格和公司发生解散事由,被申请人对上述两个条件中的任何一个提出异议,人民法院均不应受理。2020年《公司法司法解释二》第7条以及《民法典》第70条将申请强制清算的主体扩大至其他利害关系人,因这一规定更有利于敦促符合清算条件的公司及时进行清算,以免因公司未及时清算造成他人损害,故宜将《关于审理公司强制清算案件工作座谈会纪要》中的申请强制清算的主体扩大至利害关系人。然而申请强制清算的主体扩大至利害关系人,并未改变《关于审理公司强制清算案件工作座谈会纪要》所确立的申请资格另案确认的原则,申请人是否属于利害关系人仍需要通过诉讼程序予以确认,即应当在提出强制清算申请之前明确其利害关系人身份。当被申请人对其利害关系人身份提出异议时,除有生效法律文书能够证明其利害关系人身份的,人民法院应当告知其另行诉讼或者通过其他途径确认其申请人身份后再行申请强制清算。

评析: 根据新《公司法》,在清算义务人没有及时组成清算组或者组成清算组不进行清算的,利害关系人可以申请法院强制清算。但利害关系人的身份认定,若无新的司法解释,还应当符合《关于审理公司强制清算案件工作座谈会纪要》所确立的在有异议的情况下申请资格另案确认的原则。

案例二:曹某某申请重庆子为科技有限公司强制清算案[重庆市第五中级人民法院(2020)渝05清申54号]

基本案情: 重庆子为科技有限公司(以下简称子为公司)成立于2014年11月27日,注册登记机关为重庆市工商行政管理局北碚区分局。注册资本1500万元,注册登记地为重庆市北碚区施家梁镇嘉德大道101号5幢。股东为曹某某、彭某、冯某某、赵某某。经营范围为以先进复合材料、新型功能材料、生态环境材料、高性能结构材料、智能材料、新型建筑及化工新材料为代表的新材料技术开发、转让、咨询、服务及相关产品研发、制造、销售;机电设备、模具、机械设备、环保设备的制造、销售等。2016年7月3日,子为公司全体股东召开股东会并形成股东会决议,决定自本决议签署之日起公司停止经营进行清算并成立善后小组负责善后工作,2019年9月12日,善后小组制作《关于资产处置和清算事宜的方案》;2019年10月27日,子为公司形成股东会决议,成立子为公司清算组,由股东曹某某、彭某、冯某某、赵某某组成清算组成员,曹某某任清算组召集人;2019年12月16日,清算组召集人曹某某发布《关于清算事宜的征询意见函》,向清算组成员征集相关清算事宜的提案,之后,清算组成员曹某某制作清算实施方案、彭某制作清算及资产处置实施方案,上述实施方案均未获得清算组通过。股东彭某、冯某某、赵某某等人均认可清算工作无法推进的事实。

2020年9月23日,股东曹某某向重庆市第五中级人民法院申请对子为公司进行强制清算。

裁判情况:子为公司在2016年作出停止经营、进行清算的股东会决议后,公司未再开展经营活动,处于解散状态。之后,虽然公司先后成立善后小组、清算组,并多次制作清算及资产处置方案,但清算组内部至今无法就清算方案的制定及实施达成一致意见,清算工作处于拖延状态。在公司对外尚有多起涉诉涉执案件、清算组工作难以推进的情况下,曹某某作为公司股东向法院申请对子为公司进行强制清算,有利于提高清算效率,避免因长期拖延清算给相关利害关系人造成不必要的损失。故曹某某的申请符合法律规定,裁定受理曹某某对子为公司提出的强制清算申请。

评析:申请强制清算的条件是不在15日内组成清算组和组成清算组后不清算,但在实践中,公司清算僵局是公司自行清算中较常见、对各方利益损害较严重的现象,当出现公司清算僵局时,可以通过申请强制清算的方式处理。

五、律师实务指引

(一)申请法院强制清算需要满足的条件

根据法律规定,申请法院强制清算需要满足三个条件:

第一,公司具有法定的解散、清算事由,包括:(1)公司章程规定的解散;(2)股东会决议解散;(3)依法被吊销营业执照、责令关闭或者被撤销而解散;(4)人民法院依照新《公司法》第231条的规定予以解散。

第二,公司未自行清算,包括:(1)清算义务人违反清算义务、逾期不成立清算组;(2)清算组成立后未实际进行清算。

第三,申请人为利害关系人。新《公司法》将强制清算申请人范围由此前规定的"债权人"扩大至"利害关系人",即在"债权人"之外还包括公司股东、董事、职工等。在特定情况下,相关行政机关也可以作为强制清算的申请人。

(二)行政机关作为强制清算程序中申请人

人民法院受理申请后,将根据实际情况指定清算组。从公平角度考虑,清算组成员应当不包含申请强制清算的人。下发行政命令的部门或者主管机关申请法院启动强制清算程序后,本身对清算的公司并无利益方面的诉求,也不擅长开展公司清算业务,在提出申请并提供相应的申请依据后,不宜再参与公司的强制清算工作。

(三)注意清算组成员的忠实勤勉义务

新《公司法》第238条新增了清算组成员的忠实勤勉义务,为本次《公司法》修订的要点之一。实务中应注意,该条规定的清算组成员忠实勤勉义务,并未区分公司自行清算和强制清算;换言之,在强制清算情形下,并非公司董事的其他清算组成员,也负有忠实和勤勉义务。

关联法条

《民法典》第70条

第二百四十条 【简易注销公司登记】

> 第二百四十条 公司在存续期间未产生债务,或者已清偿全部债务的,经全体股东承诺,可以按照规定通过简易程序注销公司登记。
>
> 通过简易程序注销公司登记,应当通过国家企业信用信息公示系统予以公告,公告期限不少于二十日。公告期限届满后,未有异议的,公司可以在二十日内向公司登记机关申请注销公司登记。
>
> 公司通过简易程序注销公司登记,股东对本条第一款规定的内容承诺不实的,应当对注销登记前的债务承担连带责任。

一、修订情况

本条为新增条款,是对公司简易注销的相关规定,与现行行政法规、部门规章等衔接,将市场经营主体简易注销的规则进一步上升为国家立法。本条共有3款,第1款是关于公司简易注销的适用对象,第2款是关于公司简易注销的程序,第3款是关于公司简易注销不实的股东责任。

1. 简易注销的适用对象。本条第1款规定,公司在存续期间未产生债务,或者已清偿全部债务的,经全体股东承诺,可以通过简易程序注销公司登记。现有部门规章从正反两方面作出规定:一是公司未发生债权债务或者已将债权债务清偿完结,未发生或者已结清清偿费用、职工工资、社会保险费用、法定补偿金、应缴纳税款(滞纳金、罚款)等。二是列举了不适用简易注销的负面情形,如涉及国家规定实施准入特别管理措施的外商投资企业,被列入企业经营异常名录或严重违法失信企业名单的;存在股权(投资权益)被冻结、出质或动产抵押等情形,有正在被立案调查或采取行政强制、司法协助、被予以行政处罚等情形的,企业所属的非法人分支机构未办理注销登记的;曾被终止简易注销程序的,法律、行政法规或者国务院决定规定在注销登记前需经批准的,不适用企业简易注销登记的其他情形。此外,正在诉讼或者仲裁程序中的公司,也不适用简易注销程序。

2.简易注销的公示方式及时限。本条第 2 款规定,通过简易程序注销公司登记,应当通过统一的企业信息公示系统予以公告,公告期限不少于 20 日。

3.违法简易注销的股东责任。本条第 3 款将《公司法司法解释二》第 20 条第 2 款规定的公司股东对公司债务承担责任的方式由"相应责任"统一确定为"连带责任",明确相关股东应对公司注销登记前的债务承担连带责任。

二、理论基础

企业法人的法律人格源于法律赋予。我国对公司法人法律人格的取得和消灭采取登记主义,公司自设立登记完成时取得民事主体资格,自注销登记完成起丧失民事主体资格。商事主体注销是市场监管部门准许市场经营主体退出市场的一项监管行为。一般注销程序,解散、清算、注销登记是公司退出市场经营机制必经的三道环节,不经过公司清算程序,公司注销登记申请不会获得批准。因此,一般注销程序不仅复杂、耗时,需要付出相对高昂的经济和时间成本,影响了市场运行机制和商事登记效率,也在一定程度上造成了僵尸企业、休眠企业大量存在的后果。公司简易注销登记改革具有现实的必要性。自 2015 年 4 月起启动简易注销试点,到 2017 年 3 月 1 日全面实行企业简易注销登记改革,以全体投资人承诺书形式确保公司债务清理落实,承诺书成为市场监管部门实施监管和注销企业的重要文件,公司无须再提交清算报告等。

本次《公司法》修订新增公司简易注销制度,不仅规范简化公司注销登记及公示,也统一了股东对公司简易注销时承诺内容不实的责任承担方式,有助于强化公司的法人意识和股东责任意识,有助于商事制度改革和现代企业制度建立。

三、制度演变

(一)简易注销制度改革试点时期

2014 年 6 月 4 日发布的国务院《关于促进市场公平竞争维护市场正常秩序的若干意见》提出,完善市场退出机制,简化和完善企业注销流程,试行对个体工商户、未开业企业以及无债权债务企业实行简易注销。一些地方开展了企业简易注销登记改革试点,让确有退出需求、债务关系清晰的企业快捷便利退出市场,重新整合资源,能够享受到商事制度改革的红利。

(二)简易注销制度全国范围实行

自2017年3月1日起,在坚持"便捷高效、公开透明、控制风险"的基本原则指导下,对未开业企业和无债权债务企业全面实行简易注销登记。企业申请简易注销登记应当先通过国家企业信用信息公示系统简易注销公告专栏主动向社会公告拟申请简易注销登记企业及全体投资人承诺等信息(强制清算终结和破产程序终结的企业除外),公告期为45日。

自2021年7月30日起,将简易注销登记的适用范围拓展至未发生债权债务或已将债权债务清偿完结的市场经营主体,并将简易注销登记的公示时间由45日压缩为20日,在全国范围内全面实行企业简易注销登记。

(三)简易注销制度完善阶段

2021年12月28日发布的《企业注销指引》,对市场经营主体(上市股份有限公司除外)简易注销适用对象、办理流程作了明确规定,简易注销制度得以全面落地施行。

2022年3月1日,《市场主体登记管理条例》开始施行。同日,国家市场监督管理总局发布《市场主体登记管理条例实施细则》,对简易注销制度作了明确规定。

实践表明,企业简易注销登记有助于提升市场退出效率,提高社会资源利用效率;有助于降低市场经营主体退出成本,对进一步提高政府效能、优化营商环境、持续激发市场活力、释放改革红利具有重要意义。

四、案例评析

案例一:张某强、陈某等与李某、张某胜等追加、变更被执行人异议案[重庆市第四中级人民法院(2021)渝04民终1563号]

基本案情: 彭水旗云农业开发有限公司(以下简称旗云公司)系有限责任公司,股东包括张某强、陈某、张某胜等17人,注册资本为1000万元,股东注资方式为货币,除赵某江认缴出资111万元占股11.1%外,其余16个股东均认缴出资55.5万元,出资比例均为5.55%,出资时间为2020年12月31日前。2019年7月1日,彭水土家族自治县人民法院受理张某云诉旗云公司民间借贷纠纷一案,一审法院于2019年9月9日作出(2019)渝0243民初3111号民事判决书,判决旗云公司偿还张某云借款本金21万元及利息。2019年9月16日,旗云公司法定代表人李某以及股东赵某江等人以有17名股东签名的《股东会决议》《注销清算报告》向工商管理部门申请注销工商登记。对上述两份材料的其他人签名,李某当庭陈述由于公司被执行,其作为法定代表人被司法拘留,其就电话告知其他股东将公司进行注销,公司的不动产皆还在,并有出租意向。经一审法院当庭核实,一审原、被告皆当庭表述无法提交,皆没有控制公司账册用于清算。旗云公司未按上述(2019)渝0243民初3111号生效判决履行义务,张某云向一审人民法院申请执行。执行过程中,旗云公司注销,张某云遂向一审法院申请追加旗云公司股东为被执行人,一审法院于2020年9月7日作出(2020)渝0243执异43号执行裁定书,虽然被执行人旗云公司已经被办理注销登记,但是对该公司在注销登记前是否进行债权、债务清算,从张某云举示的证据难以认定,裁定驳回张某云要求追加被执行人的请求,张某云遂提起本案诉讼。

裁判情况:一审法院判决,张某云可在执行程序中要求旗云公司股东对彭水土家族自治县人民法院(2019)渝0243民初3111号民事判决中所负债务承担连带清偿责任。

二审法院认为,本案中,旗云公司清算组成员并没有由董事或者股东大会确定,在明知债务的情况下,而没有通知债务人,在明知存在公司财产的情况下,却在编制的清算报告中记载公司资产总额为0元,负债总额为0元,且编制的清算报告也没有报股东会、股东大会或人民法院确认,而是采取打电话、代签等方式进行,其清算行为属于虚假清算,应当认定为未经清算。驳回上诉维持原判。

评析:公司清算必须依法进行,如仅以形式上的标准判断是否经过清算,不仅有违法律规定,而且会助长清算中弄虚作假、形式主义之风,不利于对债权人的保护,更不利于社会经济的健康发展。因此,上述"未经清算"应指"未经依法清算",依据最高人民法院《关于民事执行中变更、追加当事人若干问题的规定》第21条裁定追加相关股东及责任人为被执行人。

案例二:浙江省东阳市市政环境工程有限公司与陈某林、陈某妹股东损害公司债权人利益责任纠纷案[浙江省温州市中级人民法院(2021)浙03民终807号]

基本案情:2012年6月,瑞安市大地房地产开发有限公司(以下简称瑞安大地公司)与浙江省东阳市市政环境工程有限公司(以下简称东阳市政公司)签订《建设工程施工合同》,约定瑞安市东塔组团附属景观工程的承包方式、承包范围、工程款支付的方式和时间等内容。2013年3月12日,东阳市政公司进场施工。2014年3月27日,涉案附属景观工程经竣工验收合格。2015年2月3日,受托第三方审定造价为4,460,129元。后瑞安大地公司分九次合计转账支付案涉工程款403万元,未付工程款430,129元。陈某林、陈某妹系瑞安大地公司的股东,公司成立于1994年8月25日。陈某林、陈某妹于2018年6月21日出具《全体投资人承诺书》,承诺:"本企业申请注销登记前未发生债权债务/已将债权债务清算完结,不存在未结清清算费用、职工工资、社会保险费用、法定补偿金和未交清的应缴纳税款及其他未了结事务,清算工作已全面完结……本企业全体投资人对以上承诺的真实性负责,如果违法失信,则由全体投资人承担相应的法律后果和责任,并自愿接受相关行政执法部门的约束和惩戒。"2018年8月23日,时任瑞安大地公司法定代表人的陈某林向瑞安市市场监督管理局申请简易注销登记,其提交的公司注销登记申请书载明:注销原因为股东决定,股东会、股东大会决议解散;债权债务清理情况为已清理完毕。次日,瑞安市市场监督管理局作出准予注销通知书,准予瑞安大地公司注销登记。东阳市政公司认为陈某林、陈某妹的行为损害了其合法权益,提起诉讼。

裁判情况:一审法院认为,瑞安大地公司未经清算擅自进行简易注销登记导致公司无法进行清算,陈某林、陈某妹作为股东在《全体投资人承诺书》中承诺对公司债务承担清偿责任,遂判决陈某林、陈某妹直接向东阳市政公司支付工程款本息。

二审法院认为,根据本案《建设工程施工合同》的约定,东阳市政公司对瑞安大地公司的债权的诉讼时效期间应从最后一期工程款履行期限届满之日即2016年4月25日起计算。东阳市政公司对瑞安大地公司享有的涉案基础债权的诉讼时效期间届满之日为2019年4月24日。东阳市政公司直至2020年8月20日才提起本案诉讼,其对瑞安大地公司享有的基础债权之诉讼时效期间已过,陈某林、陈某妹作为原瑞安大地公司的清算义务人或承诺人享有该公司的诉讼时效抗辩权,其在本案中抗辩东阳市政公司的起诉已过诉讼时效期间,应予支持。故撤销原判,驳回东阳市政公司的诉讼请求。

评析:公司登记机关仅凭公司股东等人作出的对公司债权债务处理完结的承诺即办理公司简易注销登记的情形大量存在,公司债权人据此主张清算义务人或者对公承诺人对公司注销前之债务承担赔偿责任的诉讼呈现增长趋势,此类案件涉及双重法律关系的交织审理。清算义务人或者对公承诺人承担赔偿责任是基于对公司债权人债权的侵权,即公司债权的确定是清算义务人或者对公承诺人承担责任的前提。本案公司债权人的债权诉讼时效已届满,丧失了胜诉权。公司债权人的损失系其自身怠于行使权利所致,并非清算义务人或者对公承诺人实施的行为所致。清算义务人或者对公承诺人可以诉讼时效对抗公司债权人。

五、律师实务指引

1.未参与公司经营管理的股东承诺公司在存续期间未产生债务,或者已清偿全部债务的,财务核查不可少,承诺不实需要担责。

在简易注销背景下,未参与公司经营管理的股东应审慎签署有关承诺书。该类股东对公司债务等情况的了解程度取决于公司财务报表等信息披露的真实性和完整性,必要时可以进行适当的财务核查,甚至借助外部会计师、律师开展尽职调查,全面核实职工工资、社会保险费用、法定补偿金、应缴纳税款等是否清偿,是否存在其他或有债务。

2.公示程序有助于发现和解决公司遗留债权债务。

未参与公司经营管理的股东可要求公司通过统一的企业信息公示系统予以公告外,也可以在其他报纸或者自媒体上发布公司注销等信息,广而告之,以进一步识别公司存续期间有否产生债务及公司债务是否全部清偿,待公告期满后视具体情况再出具书面承诺相对稳妥。

3.若无法确认公司负债及清偿情况,未参与公司经营管理的股东宜申请转为普通清算或者强制清算。

实践中,一人公司或者股东较少的人合性较好的有限公司,股东直接参与过公司经营管理,适用简易注销,不仅简化程序,而且潜在风险可控。反之,在公司具备解散条件的情况下,未参与公司经营管理的股东无法确认公司负债及清偿情况的,不宜图省时省事而贸然出具书面承诺,采取简易程序注销的风险较大。建议审慎选择。

4.清算组、管理人办理强制清算或者破产清算程序中的简易注销有别于公司简易注销,不适用新《公司法》第240条。

人民法院裁定强制清算或者裁定宣告破产的,有关清算组、破产管理人可以持人民法院终结强制清算程序的裁定或者终结破产程序的裁定,直接向登记机关申请办理注销登记。管理人凭企业注销登记申请书、人民法院终结破产程序裁定书申请办理破产企业注销,市场监管部门不额外设置简易注销条件。必须指出的是,清算组、管理人办理强制清算或者破产清算程序中的简易注销有别于新《公司法》第240条规定的公司简易注销,有关责任追究不适用本条规定,应当视具体情况适用《公司法》关于强制清算或《企业破产法》的有关规定。

关联法条

1.《市场主体登记管理条例》第33条

2.《企业注销指引》"四、企业办理注销登记""(二)简易注销流程""1.适用对象"

第二百四十一条 【强制注销登记】

> 第二百四十一条 公司被吊销营业执照、责令关闭或者被撤销,满三年未向公司登记机关申请注销公司登记的,公司登记机关可以通过国家企业信用信息公示系统予以公告,公告期限不少于六十日。公告期限届满后,未有异议的,公司登记机关可以注销公司登记。
>
> 依照前款规定注销公司登记的,原公司股东、清算义务人的责任不受影响。

一、修订情况

本条是关于公司强制注销制度的规定,是本次修订新增条款,首次在法律层面明确公司登记机关有权在满足特定条件的情况下依职权强制注销公司,适用于公司出现行政强制解散事由后,在公司不主动申请注销(未主动组织清算、申请注销)的情况下,由公司登记机关依职权予以强制注销,以畅通部分"僵尸企业"退出之路。

二、理论基础

(一)强制注销制度是行政主导之下的市场主体资格终止的确认机制

近年来,随着国家商事制度的改革,公司法人的准入门槛进一步降低,商事主体的数量激增,在释放巨大经济潜能的同时,也产生数量庞大的"僵尸企业"。2018年《公司法》中,公司主体的退出机制主要依赖申请注销制度。当"僵尸企业"既不办理清算,也不办理注销时,按市场自治原则建立的依申请注销制度便不能有效地发挥市场自然出清功能。在市场自治失灵背景下,在市场规制体系中适时引入强制注销制度,目的就在于联动补位解决市场主体在申请启动注销程序方面所存在的主观自觉不足等问题。当市场主体符合退出市场条件却未主动申请启动市场主体注销程序时,市场监管机关就可以依职权主动介入,强制其退出市场。[①]

(二)强制注销制度规制信息不对称问题,保障市场交易安全

市场主体的登记信息具有一定静态性,但市场主体的经营状态与现实状况是动态变化的,显然市场监管者要根据市场主体的动态变化进行动态监管。现实中,市场主体已"名存实亡",但登记信息却显示其处于正常存续状态,这便产生了信息不对称问题。强制注销制度对该部分"名存实亡"的主体强行注销,并对外公示其注销信息,在一定程度上消除了市场主体登记"名实不符"的信息不对称问题。

通过强制注销程序,市场主体的资格终止,"僵尸企业"被出清、涤除,既减轻了市场监管的压力,也优化了市场营商环境,同时也进一步拓宽了其他主体的生存与发展的空间。而强制注销信息的披露与公示,一方面起到警示的作用,能够有效遏制市场主体机会主义行为倾向,防范市场主体利用信息不对称状态实施市场欺诈行为;另一方面注销消息能够昭示该主体的品质与信誉,让社会公众快速、便捷、精准地完成市场主体身份信息识别,并增强市场运行的透明度、可预期性以及社会公众的市场判断力。

(三)强制注销制度能够实现市场资源的解放、整合与优化配置

一个"僵而不死"的市场主体,在不能及时正常退出市场的情况下,自然仍会在事实上占有着各类市场资源。这种处于未实质利用状态下的市场资源占有显然对市场资源的高效利用是无益的,既不利于市场主体自身资产的保值增值,也通过排他式占有排斥了其他市场主体对市场资源的利用,影响了市场资源整体效用的提升。通过强制注销,可以在强制终止市场主体资格的同时,"以死促生"式地强制倒逼市场主体对自身所有资源进行最后处置,及时结束不正常的资源闲置利用状态,为市场资源再利用进行松绑,将自身所占用的市场资源及时向市场进行释放。

强制注销制度具有优化公共资源配置的价值,主要体现在两个方面:一方面,对市场主体自身来说,强制注销制度具有及时止损功能;另一方面,对其他市场主体来说,基于强制释放的市场资源,在市场资源优化配置方面具有了更多的选择可

[①] 参见徐晓明:《市场主体强制注销制度的内在取向及其法治建构》,载《行政法学研究》2023 年第 4 期。

能,因此强制注销制度在客观上具有了资源优化配置功能。①

三、制度演变

1992年原国家工商行政管理局《对关于私营企业注销登记有关问题的请示的答复》曾规定:私营企业领取营业执照后,由于情况变化不再具备相关条件,不能继续开展生产经营活动,停业1年以上的,应主动到原登记主管机关办理注销登记;否则,工商行政管理机关有权予以注销。该条中强制注销规定,属于我国法制史上关于强制注销制度的较早规定,该答复在1998年被废止。

1993年、1999年《公司法》第192条规定:"公司违反法律、行政法规被依法责令关闭的,应当解散,由有关主管机关组织股东、有关机关及有关专业人员成立清算组,进行清算。"该条虽未明确规定"强制注销",但规定了与强制注销概念一脉相承的"行政清算"制度。该条在2005年《公司法》修订时被废止。

2005年、2013年、2018年修改《公司法》时,强制注销制度均未有相关规定。

2017年,浙江省瑞安市在全国率先探索对吊销未注销企业实行依职权注销,确定被吊销营业执照满5年,且无欠缴税款、无不动产登记、无在缴社保人员和欠薪、无待执行案件和在诉案件记录的企业为强制注销对象,通过催告清算、情况核查、注销告知、决定送达四个环节,同时设置行政救济途径。浙江省市场监管局在瑞安试点经验基础上进一步扩大试点范围,选定了杭州余杭区、宁海县、长兴县、嘉兴秀洲区、绍兴柯桥区和兰溪市等6个县级单位作为试点。2018年6月,市场监管总局在江西瑞昌市、广西南宁市、重庆渝北区开展市场主体强制退出工作试点。

2020年11月1日,国务院办公厅《关于印发全国深化"放管服"改革优化营商环境电视电话会议重点任务分工方案的通知》提出了"探索开展长期吊销未注销企业强制注销试点,明确强制注销的适用情形、具体条件和办理程序,并依法保障当事人合法权利,进一步提高市场主体退出效率"的要求。在此基础上,2021年至2022年,多个省区市先后颁布了市场主体退出的相关管理规定,如上海市在2021年9月28日颁布了《上海市浦东新区市场主体退出若干规定》、海南省在2021年12月1日颁布了《海南自由贸易港市场主体注销条例》等,对强制注销的适用情形

---

① 参见徐晓明:《市场主体强制注销制度的内在取向及其法治建构》,载《行政法学研究》2023年第4期。

及办理程序作出具体规定并进行了有益的探索。

四、案例评析

杨某某与魏某、魏某某股东损害公司债权人利益责任纠纷案［江苏省丰县人民法院（2020）苏 0321 民初 4435 号］

基本案情：被告梦柯绣品公司因欠付原告杨某某货款 11 万元，并在执行程序中被法院裁定无财产可供执行。梦柯绣品公司为一人公司，2008 年 11 月 3 日，股东魏某某将梦柯绣品公司的股权全部转让给魏某，公司法定代表人变更为魏某；2009 年 11 月 9 日，因梦柯绣品公司未按期参加年检，被当时的绍兴县工商行政管理局吊销营业执照；2018 年 7 月 20 日，因梦柯绣品公司被吊销营业执照逾五年未办理注销登记手续，被绍兴市柯桥区市场监督管理强制注销。据此，原告杨某某起诉请求法院判令魏某、魏某某对法院确定的梦柯绣品公司的债务承担连带清偿责任。

裁判观点：根据《公司法》（2018 年）第 180 条的规定，公司依法被吊销营业执照、责令关闭或者被撤销的，公司解散；第 183 条规定，公司存在上述情况的，应当在解散事由出现之日起 15 日内成立清算组，开始清算。《公司法司法解释二》（2014 年）第 20 条规定，公司解散应当在依法清算完毕后，申请办理注销登记。公司未经清算即办理注销登记，导致公司无法进行清算，债权人主张有限责任公司的股东、股份有限公司的董事和控股股东，以及公司的实际控制人对公司债务承担清偿责任的，人民法院应依法予以支持。本案中，梦柯绣品公司为有限责任公司，2009 年 11 月 9 日被吊销营业执照，其应及时成立清算组清算债务，清算债务后，再依法注销公司，但其拒不清算，被强制注销，根据上述法律规定及司法解释，公司的股东应对公司的债务承担清偿责任。原告申请执行后，其债权并未执行到位，对公司未予清偿的债务，梦柯绣品公司的股东应承担清偿责任。关于被告魏某某应否承担责任的问题。据法院查明，2008 年 11 月 3 日，被告魏某某已将公司股份转让给被告魏某，被告魏某某不再是梦柯绣品公司的股东，其不应再对公司债务承担清偿责任。

评析：本案中，涉案公司于 2018 年 7 月 20 日被强制注销，涉案公司主体资格消灭，原告遂将涉案公司股东诉至法院，并获得胜诉判决。本案一审法院支持原告诉请的主要依据为《公司法司法解释二》（2014 年）第 20 条的规定，即公司出现解散事由,应先行清算,然后依申请办理注销手续。公司未经清算即办理注销登记,导致公司无法进行清算,债权人可以要求公司股东承担清偿责任。本案裁判要旨契合新《公司法》第241条第2款关于强制注销下"原公司股东、清算义务人的责任不受影响"的规定。

五、律师实务指引

(一)在强制注销背景下,债权人的权利救济方式及注意事项

1. 债权人的债权实现途径:公司被强制注销,公司原股东、清算义务人的责任不受影响。当公司被强制注销后,债权人应第一时间对公司原股东、清算义务人等提起诉讼。

2. 债权人的债权时效管理:从债权形成到公司出现行政强制解散的事由,再到公司被强制注销,时间跨度极有可能已超过3年。当债权人向原股东、清算义务人主张债权时,诉讼时效可能已过。债权人应加强对债权的时效管理,及时中止、中断时效。

3. 债权人的指定清算申请权利:当公司出现行政解散事由时,公司股东、清算义务人不履行清算义务的,债权人可以启动清算程序,向法院申请指定清算,并通过清算实现债权。

(二)在强制注销背景下,公司登记机关行使职权的方式及注意事项

1. 充分尊重市场自治,优先使用依申请注销机制。市场退出应更多体现公司自治,退市监管权的设置应保持一定节制。① 公司登记机关在行使退市监管职权时应保持一定的谦抑性,应当坚持依申请注销制度优先适用原则。对市场主体基于意思自治原则申请注销的,公司登记机关需要全力做好制度保障与服务工作。

2. 部分市场主体符合申请注销条件,但长期不进行清算、不申请注销,公司登记机关可以建立依申请注销引导催告前置程序,依托制度化、常态化的引导催告程序,通过国家企业信用信息公示平台等信息平台载体进行催告引导,将该部分企业及时导入依申请注销轨道。

3. 在强制注销程序中,特别是部分市场主体正处于仲裁、司法审判及执行中,或涉及不动产权利登记、拖欠职工工资、欠缴社会保险、欠缴税款及未结涉税事项

---

① 参见蒋大兴:《公司如何死亡?——公司退市监管政策的改革》,载《法学评论》2005年第2期。

的,或者存在其他异议事项的,公司登记机关不应办理该部分企业的强制注销。

4. 对已出现行政解散事由,或者已符合强制注销条件但不宜强制注销的市场主体,公司登记机关可根据新《公司法》第 233 条第 2 款,主动申请法院强制清算,借此化解该部分市场主体的清算与注销僵局。

5. 符合强制注销条件,且宜强制注销的,应依法予以强制注销。

(三)在强制注销背景下,清算义务人应及时履行清算义务

当公司出现解散事由时,公司清算义务人应及时履行清算义务。即使公司被强制注销也不是对清算义务的免除,公司仍应当及时积极地履行清算义务。拒不清算、迟延清算、违规清算的,可能扩大自身法律责任和风险。

关联法条

《市场主体登记管理条例》第 34 条

第十三章 外国公司的分支机构

一、修订情况

本章没有实质性修改,仅作了个别文字调整:将"中国"修改为"中华人民共和国";将"必须"修改为"应当"。

二、外国公司分支机构的法律属性与地位

外国公司并非中国法人,而是依据外国法律在中国境外成立的外国法人,原则上并不受中国法律的管辖。其在本国已获得从事生产经营活动的法律人格,但进入内国之后仍然需经认可和重新设立程序方可进行经营活动。这是许多国家通行的规定,也是公司国籍客观存在的必然结果。[①] 一些国家公司法对外国公司的定义一般指根据其他国家的公司法组织、登记而设立的公司。

外国公司分支机构是外国公司基于一定经营目的而设立,以自己的名义从事经营活动的主体。外国公司对分支机构在其授权范围内从事经营活动产生的债务,当然应依法承担法律责任。国务院《市场主体登记管理条例》对外国公司分支机构的登记作出了系统性规定。

本章规定的外国公司与依照《外商投资法》设立的公司是完全不同的两个概念,外国公司是外国法人,而依据《外商投资法》设立的公司则是中国法人。

另外,外国公司的分支机构也不同于其在我国设立的常驻代表机构,后者不能从事营利活动,是指"外国企业依照本条例规定,在中国境内设立的从事与该外国

[①] 范健:《试论外国公司的分支机构——兼评中国〈公司法〉第九章》,载《法律科学》1997年第2期。

企业业务有关的非营利性活动的办事机构。代表机构不具有法人资格"①。《公司法》针对外国公司分支机构的行为规范分别运用了"经营活动""业务活动"的概念;取得营业执照的外国公司机构在营业过程中的所谓行为自然可能包括"营业活动"在内。而不同于对外国企业常驻代表机构的规则,后者直接明确为"不得从事营利性活动"②。

虽然外国公司分支机构不具备法人资格,但具有我国法律认可的民事主体资格,其法律地位类似于分公司。

需要注意的是,按照《公司法》的规定,"外国公司的分支机构应当在其名称中标明该外国公司的国籍及责任形式",这表明无论外国公司的公司形式与我国《公司法》规定的公司形式是否相同,我国自动承认外国公司在本国的主体资格;但我国未明文规定如何调整采用两合公司等我国公司法未规定形式的外国公司,有学者建议借鉴各国通行做法,可以比照国内同类企业形式适用相关法律。③

三、立法沿革

我国《公司法》颁布前,关于涉外公司法律适用问题最早见于最高人民法院《关于贯彻执行〈中华人民共和国民法通则〉若干问题的意见(试行)》(已失效),采用了法人属人法的立法模式,规定外国法人以其注册登记地国家的法律为其本国法,法人的民事行为能力依其本国法确定,外国法人在我国领域内进行的民事活动,必须符合我国的法律规定。2010年颁布的《涉外民事关系法律适用法》第14条第1款进一步明确,法人及其分支机构的民事权利能力、民事行为能力、组织机构、股东权利义务等事项,适用登记地法律。

《公司法》颁布前后,国务院出台《对外合作开采海洋石油资源条例》、《外资金融机构管理条例》(已失效)等对外国公司设立在中国开展特定业务的分支机构进行了规范。

1993年《公司法》在第九章对外国公司的分支机构进行专章规范,并用7个条文规定其概念、设立程序、设立条件、名称及章程、法律地位及责任承担、活动原则、

---

① 《外国企业常驻代表机构登记管理条例》第2条。
② 《外国企业常驻代表机构登记管理条例》第13条规定,"中国缔结或者参加的国际条约、协定另有规定的,从其规定,但是中国声明保留的条款除外"。
③ 王衡:《论对外国公司的认可与管制》,载《法学论坛》2005年第3期。

撤销与清算等内容。只有2005年《公司法》修订时删除了"外国公司依照本法规定可以在中国境内设立分支机构,从事生产经营活动"的规定,此后2013年、2018年《公司法》的修正均未涉及该章内容。

在其他商事法律规则上,原国家工商行政管理局、外经贸部曾出台《关于受托经营管理合营企业的外国(地区)企业审批登记问题的通知》(已失效),原国家工商行政管理总局《关于规范外国公司分支机构名称的通知》、《外国(地区)企业在中国境内从事生产经营活动登记管理办法》等文件对外国公司相关问题进行明确。

国家市场监督管理总局2022年3月颁布的《外商投资企业授权登记管理办法》、2023年8月颁布的《企业名称登记管理规定实施办法》,中国人民银行、国家市场监督管理总局2024年4月联合颁布《受益所有人信息管理办法》等,均将外国公司的分支机构包括在规制范围内。

第十四章　法律责任

修订概述

新《公司法》"法律责任"一章,对公司在登记、设立、出资、验资、财务管理、清算等程序的违法行为及公法责任进行了较全面的规定,主要体现为公司、股东、董事、监事、高级管理人员等主体的行政责任和刑事责任,不包含民事责任的内容。

2018年《公司法》"法律责任"的个别条款,存在表述上不准确、与现行其他法律法规不衔接、违法处罚力度不够等问题。新《公司法》第十四章吸纳了《市场主体登记管理条例》《市场主体登记管理条例实施细则》等最新规定,并与《资产评估法》《注册会计师法》等相关法律、行政法规进行了有机衔接,在立法技术上对相关条款进行了优化,部分条款增加了适用对象、提高了处罚额度、明确了处罚依据,在体系上更为完备、系统。

本章共15个条文。其中第250条是关于虚报注册资本、提交虚假材料或者采取其他欺诈手段隐瞒重要事实取得公司登记的违法行为的行政处罚,增加了对直接负责的主管人员和其他直接责任人员的处罚内容;第251条是新增条款,新增公司未按规定公示或者不实公示有关信息的处罚情形;第252条、第253条针对虚假出资、抽逃出资等情形,扩大了责任主体的范围,完善处罚机制,提高相关责任主体的违法成本;第254条将另立账簿和虚假账簿的责任条款作了合并,明确依照《会计法》等法律、行政法规的规定处罚;第257条进行了条文精简和法律衔接安排,第258条将登记机关违规登记扩张至违规履职,并优化表述;其余条款未作实质性变更。此外个别条款作了删减和文字表述优化,使相关条款与现行法律法规及司法实践更加衔接、统一。

第二百五十条 【欺诈取得公司登记的法律责任】

> 第二百五十条 违反本法规定,虚报注册资本、提交虚假材料或者采取其他欺诈手段隐瞒重要事实取得公司登记的,由公司登记机关责令改正,对虚报注册资本的公司,处以虚报注册资本金额百分之五以上百分之十五以下的罚款;对提交虚假材料或者采取其他欺诈手段隐瞒重要事实的公司,处以五万元以上二百万元以下的罚款;情节严重的,吊销营业执照;对直接负责的主管人员和其他直接责任人员处以三万元以上三十万元以下的罚款。

一、修订情况

本条是对通过虚报注册资本、提交虚假材料或者采取其他欺诈手段取得公司登记的行政法律责任的规定。与2018年《公司法》第198条相比,本条修订体现在三处:

1. 提高以欺诈手段隐瞒重要事实情况下对单位罚款金额的上限。"对提交虚假材料或者采取其他欺诈手段隐瞒重要事实的公司",罚款金额由此前的"处以五万元以上五十万元以下的罚款"提高为"五万元以上二百万元以下"。

2. 增加对直接负责主管人员及直接责任人员的罚款规定。针对本条规范的欺诈取得公司登记的违法行为,新增"对直接负责的主管人员和其他直接责任人员处以三万元以上三十万元以下的罚款"的规定。

3. 从行政处罚后果上考虑删除"撤销公司登记"。2018年《公司法》第198条针对情节严重的规定"撤销公司登记或者吊销营业执照",本次删除"撤销公司登记",仅保留"情节严重的,吊销营业执照"。需要说明的是,根据新《公司法》第39条,欺诈取得公司设立登记的法律后果仍然可能是撤销公司登记,此处删除仅是考虑到"撤销公司登记"是对违法行为的纠正,而非行政处罚的后果。

二、理论基础

首先,关于删除"撤销公司登记"。关于"撤销公司登记"的法律性质,2017年

2月23日《全国人民代表大会常务委员会法制工作委员会关于公司法第一百九十八条"撤销公司登记"法律性质问题的答复意见》明确:"行政许可法第六章监督检查第六十九条第一款对行政机关违法履行职责而准予行政许可的撤销作了规定,第二款对被许可人以欺骗、贿赂等不正当手段取得行政许可的撤销作了规定。第七章法律责任第七十九条规定,被许可人以欺骗、贿赂等不正当手段取得行政许可的,行政机关应当依法给予行政处罚。依照行政许可法的上述规定,撤销被许可人以欺骗等不正当手段取得的行政许可,是对违法行为的纠正,不属于行政处罚。"据此,"撤销公司登记"是登记主管机关对不符合登记条件而进行错误登记的一种自我纠错机制,本质上是行政许可的延续,不属于行政处罚。《市场主体登记管理条例》也是将撤销市场主体登记直接放在第四章"监督管理"中,而没有规定在第五章"法律责任"中。因此,相关法律其实并没有删除公司瑕疵设立"撤销公司登记"的解决方式,只是将其与"吊销营业执照"这一具有较为明显处罚性质的方式区别开,即将国家行使监督管理职权的规定和法律责任的承担规定区别开来,在其他规则中加以论述。本次《公司法》修订在"法律责任"一章删除"撤销公司登记",符合行政法法理基础和制度逻辑,体例更加精练明晰。

其次,因为"撤销公司登记"的法律后果是使已经获得法人资格的公司丧失法人资格,而"吊销营业执照"只发生公司营业资格丧失的后果,其法人资格依然存在。即"撤销公司登记"旨在消灭公司法人资格,使已经成立的公司不再存在;而"吊销营业执照"则在于对公司之违法经营的处罚和制裁。沈贵明在其专著《公司法学》中表述:"作为行政责任和刑事责任规范,该条对公司登记撤销的规定,与各国公司法上公司设立无效和撤销的概念相去甚远:公司登记的撤销是登记机关对错误登记进行的使登记失效的处分行为,由登记主管机关为之;而公司设立无效与撤销则是为了维护相关权利人的利益,由国家审判机关对私权进行保护的一种救济措施。"[1]2018年《公司法》规定撤销登记与吊销营业执照等处罚措施,目的在于禁止公司的经营行为,处罚行为人虚报注册资本、提交虚假证明文件或者采取其他欺诈手段隐瞒重要事实的行为,旨在剥夺公司的经营资格,而非剥夺公司的法人资格。所以删除本条中"撤销公司登记"的规定较适宜。

---

[1] 沈贵明:《公司法学》(第2版),法律出版社2003年版,第183页。

最后，虽然撤销公司登记发生公司人格消灭的后果，但撤销行为本身仅是公司人格消灭的原因，撤销之后应即进行清算。因为瑕疵设立公司存续期间势必发生各种法律关系，只有通过清算才能了结这些法律关系。但2018年《公司法》没有对撤销之后的清算事宜作出规定，导致法律出现不安全漏洞。所以《公司法》本次修订也是为了解决这一漏洞问题。

关于直接负责的主管人员和其他直接责任人员的责任。在本次《公司法》修订过程中，有相关部门及社会公众建议增加对提交虚假材料取得公司登记的直接责任人员的处罚。"单位行政违法双罚制"是指："对于单位行政违法行为，同时给予单位及相关责任成员行政处罚的法律责任制度。作为一种新的处罚制度，双罚制应从立法政策、构成要件、法律责任三个维度进行规范建构。在立法政策层面，双罚制应采法有特别规定才适用的局部适用模式。"①本次《公司法》修订法律责任部分的一个重要变化就是"单位行政违法双罚制"的扩大适用。本条增加对直接负责的主管人员和其他直接责任人员的处罚，也是为了加大处罚力度，完善"双罚制"的处罚机制，弥补只处罚公司不处罚个人的制度缺陷，以便更好地起到法律指引作用。同时，该规定能与《刑法》第158条虚报注册资本罪中单位犯罪的处罚后果相衔接。

三、制度演变

1993年《公司法》第206条规定："违反本法规定，办理公司登记时虚报注册资本、提交虚假证明文件或者采取其他欺诈手段隐瞒重要事实取得公司登记的，责令改正，对虚报注册资本的公司，处以虚报注册资本金额百分之五以上百分之十以下的罚款；对提交虚假证明文件或者采取其他欺诈手段隐瞒重要事实的公司，处以一万元以上十万元以下的罚款；情节严重的，撤销公司登记。构成犯罪的，依法追究刑事责任。"2005年《公司法》对该条文作了修改，修改后的条款一直延续至2018年《公司法》。

在此次《公司法》修订过程中，几次审议稿对上条都有不同程度的修改，特别是对提交虚假材料或者采取其他欺诈手段隐瞒重要事实的责任，一直未能统一意见。其中一审稿和二审稿删除"撤销公司登记"，并规定，"对提交虚假材料或者采

---

① 谭冰霖：《单位行政违法双罚制的规范建构》，载《法学》2020年第8期。

取其他欺诈手段隐瞒重要事实的公司,处以五万元以上二十万元以下的罚款;情节严重的,处以二十万元以上一百万元以下的罚款,吊销营业执照",三审稿增加对直接负责的主管人员和其他直接责任人员的处罚。而最终通过的《公司法》优化了罚款规则的表述,明确罚款区间为5万元至200万元,提高了处罚上限,删除了"情节严重时"撤销公司登记"的处罚方式,增加了对直接负责的主管人员和其他直接责任人员处以3万元以上30万元以下的罚款规定。

四、案例评析

山西中锦博业物资有限公司虚假登记注册案[山西转型综合改革示范区市场监督管理局晋综示市监信用罚字〔2023〕69号]

基本案情: 2023年3月,山西中锦博业物资有限公司(以下简称中锦博业)实际控制人王某通过朋友认识张某,该人自称是中国黄金集团的工作人员,可以帮忙联系"国资"股权收购。2023年3月,中锦博业与中金文化传媒有限公司签订《远期股权收购协议》。签订协议后,双方协商由张某全权办理股东变更登记。在变更过程中,张某在告知当事人将股权收购公司更改为中国黄金研究总院有限公司。为办理变更,中锦博业将所有公章、名章等都交给了张某。在中锦博业股东变更登记过程中,《山西中锦博业物资有限公司2023年第四次股东决定》《股权转让协议》全部由张某负责提供中国黄金集团研究总院有限公司方面的签字及盖章,"中国黄金集团研究总院有限公司营业执照(副本)"也由张某提供。2023年4月13日,张某委托太原某管理咨询公司向山西转型综合改革示范区管理委员会行政审批局提交了变更登记材料,办理股东变更登记。2023年4月18日,中国黄金集团研究总院有限公司发布公告,声明中锦博业为假冒国企,与其无任何隶属或股权关系,也不存在任何投资、合作、业务等关系,当事人一切行为均与其无关。同时,中国黄金集团研究总院有限公司向市监局发函,声明当事人申请材料中涉及的营业执照、公章、法定代表人签字均为假冒,并附有营业执照复印件。后经比对,中锦博业在办理股东变更登记申请材料中提供的营业执照、公章均系伪造,股权收购及相关费用均未支付,中锦博业2023年以来也没有营业收入。山西转型综合改革示范区市场监管局依据《市场主体登记管理条例》相关规定,撤销当事人股东变更登记,并对当事人作出罚款11万元的行政处罚。

评析: 本案是一起典型的伪造国企材料进行虚假登记注册的违法案例。相关主体利用伪造假冒的国有企业营业执照、公章、法定代表人签字等,骗取工商登记部门进行登记,以便当事人拥有"国资"背景后,提升企业实力,更好地开展业务。这类虚假登记注册的行为已经严重扰乱市场秩序,误导市场主体的认知,损害登记机关的公信力,应依法予以处罚。

五、律师实务指引

新《公司法》第 250 条的变化,一方面是更加规范法律用语,另一方面也是保持与行政法规的一致性,与此同时,加大了对违法行为的处罚力度。律师实务中应当更加关注以下方面内容:

1. 处罚程序的合法性,应熟练掌握《市场监督管理行政处罚程序规定》对调查、处罚、公示程序等方面的规定,做好行政复议或行政诉讼案件的应对。

2. 对"情节严重"的认定条件、"罪与非罪"的判断要有比较清晰的认知,特别是最高人民检察院、公安部《关于公安机关管辖的刑事案件立案追诉标准的规定(二)》关于虚报注册资本案的定罪标准,如何与本条中虚报注册资本的行政违法行为标准作区分,需要结合实务案例进一步研究确定。

3. 应当注意将该条与注册资本制度的变化相结合。《公司法》自 2013 年修订以来,对公司注册资本制度进行了改革:除银行证券保险等特殊行业由法律行政法规明确规定实行注册资本实缴登记制度外,对其他行业是普遍实行注册资本认缴制度且取消了注册资本最低限额规定。《公司法》该次修订后,对虚报注册资本行为、虚假出资行为、抽逃出资行为实施行政处罚或者予以刑事追究的,就仅适用于依法实行注册资本实缴登记制的公司;对认缴制公司,不再以公司虚报注册资本或者其股东虚假出资、抽逃出资为由,实施行政处罚或者进行刑事追究。但本次《公司法》修订要求全体股东认缴的出资额由股东按照公司章程的规定自公司成立之日起 5 年内缴足。因此,在此背景下,若存在"超过法定出资期限,实缴注册资本达到法定注册资本最低限额,但仍虚报注册资本"的情形,仍可能会对公司进行行政处罚甚至刑事处罚。

关联法条

1.《行政处罚法》第 69 条

2.《市场主体登记管理条例》第 40 条、第 44 条

3.《市场主体登记管理条例实施细则》第 50 条、第 71 条

4.《刑法》第 158 条

5.最高人民检察院、公安部《关于公安机关管辖的刑事案件立案追诉标准的规定(二)》第 3 条

第二百五十一条 【未依法公示信息的法律责任】

> 第二百五十一条 公司未依照本法第四十条规定公示有关信息或者不如实公示有关信息的,由公司登记机关责令改正,可以处以一万元以上五万元以下的罚款。情节严重的,处以五万元以上二十万元以下的罚款;对直接负责的主管人员和其他直接责任人员处以一万元以上十万元以下的罚款。

一、修订情况

本条是关于违反信息公示规定的法律责任的规定,是新增规定。根据本条,违反新《公司法》第40条未如实公示信息的,行政机关可以对公司处以罚款的行政责任,直接负责的主管人员和其他直接责任人员也需要承担行政责任。

二、理论基础

企业信息公示是为促进企业诚信自律、强化企业信用约束、维护交易安全、提高政府监管效能而建立的制度。信息公示强化了对公司的信用约束,发挥了信用在维护市场秩序方面的重要作用,减少了政府对市场的硬性干预,利用信息公示带来的声誉机制,促进公司诚信自律,在强化社会监督的同时,也节约了政府的监管成本。

作为年检制度替代机制的企业信息公示制度,以安全和效率作为其基本价值选择。通过企业信息公示,市场主体可以方便地了解企业的经营信息,从而对其信用作出评估,对交易风险作出判断,进而使交易安全得到保障;通过信息公示这一较低的制度实施成本达到保障交易安全的立法目的,无疑也是符合效率目标的。但仅有新《公司法》第40条的义务性规定显然不利于实际操作,因此第251条对公司未依照第40条规定公示有关信息或者不如实公示有关信息的法律责任进行规定。

三、制度演变

2018年《公司法》没有规定公司的公示义务。新《公司法》第40条吸收《企业信息公示暂行条例》第 10 条的规定,新增规定公司对部分非登记事项进行公示的义务,包括有限公司股东认缴和实缴的出资额、出资方式和出资日期等事项。新《公司法》第 40 条在《企业信息公示暂行条例》的基础上对公司信息公示制度进行了完善和补充,因此在第 40 条规定了企业自主公示事项后,规定其法律责任是推动落实相关条款的重要举措。

四、案例评析

兴艺公司诉张某标等股东瑕疵出资纠纷案(最高人民法院民二庭评选的 2022 年度全国法院十大商事案件之五)

基本案情:八源公司是于 2014 年 9 月 26 日登记成立的有限责任公司,原公司章程规定,公司注册资本 50 万元,股东张某、颜某、黄某分别认缴出资额 31 万元、10 万元、9 万元,均应于 2014 年 9 月 22 日前缴足。国家企业信用信息公示系统公示的八源公司 2014 年度及 2015 年度报告均记载,公司注册资本 50 万元,各股东认缴的出资均已于 2014 年 9 月 22 日全部实缴。但八源公司银行账户流水显示:该公司基本账户 1994 年 10 月收到 50 万元后,短短几日内就几乎被现金支取完毕,八源公司及各股东均未能解释现金支取原因及用途。

2015 年 9 月 15 日,八源公司制定新章程规定,公司注册资本变更为 100 万元,张某、颜某、黄某分别认缴 62 万元、20 万元、18 万元,出资期限均至 2025 年 12 月 31 日届满。国家企业信用信息公示系统公示的八源公司 2016 年度报告记载,张某、颜某、黄某分别认缴的上述出资,均已于 2015 年 5 月 18 日实缴。

2017 年 12 月 20 日,张某将其股权分别转让与颜某、黄某和任某,同日,办理股权变更登记,四人在向工商行政管理机关填报的《自然人股东股权变更信息记录表》(非公示信息)中均确认,八源公司实收资本 0 元。

自 2018 年 1 月以来,以八源公司为被执行人的终结本次执行案件有多件。该公司于 2020 年 6 月 24 日被吊销营业执照。

八源公司欠付兴艺公司货款未偿还,兴艺公司起诉,请求判决八源公司偿还欠款及逾期利息;八源公司股东张某、颜某、黄某在未出资本息范围内承担补充赔偿责任,颜某、黄某、任某对张某的责任承担连带清偿责任等。

裁判情况:二审判决八源公司向兴艺公司偿还欠款及利息,但驳回了兴艺公司的其他诉讼请求。再审法院审理认为公示年报信息是企业的法定义务,各股东对八源公司在国家企业信用信息公示系统对外公示的实缴出资信息应当知晓而未依法提出异议，应当认定为其明知且认可年报信息。债权人对公示信息形成的合理信赖依法应当予以保护，虽然八源公司股东新章程中约定的出资期限未届满，但兴艺公司主张应按八源公司在国家企业信用信息公示系统公示的实缴出资时间作为出资期限，依据充分。因此，张某、颜某、黄某各自应在未出资本息范围内对八源公司欠兴艺公司的债务承担补充赔偿责任，各股东未缴出资的利息起算点，应按八源公司对外公示的股东实缴出资时间确定。颜某、黄某、任某明知张某未出资而受让其债权，应在各自受让股权占张某出让股权的比例范围内对张某的补充赔偿责任承担连带责任。

评析： 本案中，股东未届出资期限、未实缴出资，却放任公司在企业信用信息公示系统公示已经实缴出资，判决股东以其同意公示的实缴出资日期作为其应缴出资日期，在未出资本息范围内对公司不能清偿的债务承担补充赔偿责任，利息自公示的实缴出资日期起算，以此平衡交易相对人的信赖利益，强化企业信用约束，维护企业信用信息公示制度的公信力，保护并促进交易。

五、律师实务指引

1. 新《公司法》第251条规定了公司未依《公司法》第40条的规定公示有关信息的行政责任和公司不如实公示有关信息的行政责任，二者适用相同的罚则。

2. 本条一般情节的罚款幅度"一万元以上五万元以下"和情节严重的罚款幅度"五万元以上二十万元以下"，罚款5万元存在重叠。无论是按照《民法典》第1259条"民法所称的'以上'、'以下'、'以内'、'届满'，包括本数；所称的'不满'、'超过'、'以外'，不包括本数"的规定，还是按照《市场监督管理行政处罚程序规定》第84条"本规定中的'以上''以下''内'均包括本数"的规定，本条所规定的"五万元以下"和"五万元以上"都含5万元本数。

3. 公司的公示方式是通过国家企业信用信息公示系统进行公示。该公示系统的主管机关是公司登记机关，所以公司的公示行为也由公司登记机关进行监管。

4. 《企业信息公示暂行条例》2024年3月修订时，已与新《公司法》第251条规定保持了一致。《企业信息公示暂行条例》第18条第2款规定："企业公示信息隐瞒真实情况、弄虚作假的，法律、行政法规有规定的，依照其规定；没有规定的，由市场监督管理部门责令改正，处1万元以上5万元以下罚款；情节严重的，处5万元以上20万元以下罚款,列入市场监督管理严重违法失信名单,并可以吊销营业执照。被列入市场监督管理严重违法失信名单的企业的法定代表人、负责人,3年内不得担任其他企业的法定代表人、负责人。"

5. 公司登记机关应将公司登记事项通过信息公示系统进行公示、公告的相关情形。

根据新《公司法》第32条第1款的规定,公司登记事项包括:(1)名称;(2)住所;(3)注册资本;(4)经营范围;(5)法定代表人的姓名;(6)有限责任公司股东、股份有限公司发起人的姓名或者名称。该条第2款规定,公司登记机关应当将前款规定的公司登记事项通过国家企业信用信息公示系统向社会公示。

根据新《公司法》第241条的规定,公司被吊销营业执照、责令关闭或者被撤销,满3年未向公司登记机关申请注销公司登记的,公司登记机关可以通过国家企业信用信息公示系统予以公告,公告期限不少于60日。公告期限届满后,未有异议的,公司登记机关可以注销公司登记。公司通过该方式被注销登记的,原公司股东、清算义务人的责任不受影响。

6. 公司应当通过信息公示系统进行公示的相关情形:

(1)新《公司法》第40条规定的情形。

(2)新《公司法》第229条第2款的规定,公司出现前款规定的解散事由,应当在10日内将解散事由通过信用信息公示系统予以公示。

(3)新《公司法》第240条第2款规定,通过简易程序注销公司登记,应当通过信用信息公示系统予以公告,公告期限不少于20日。

7. 公司可以通过报纸或者在信用信息系统上进行公告的情形:

新《公司法》第220条、第222条、第224条、第225条对公司合并、分立、减少注册资本(包括为弥补亏损而减少注册资本)的情况,规定公司可以选择在信用信息系统上进行公告,而不仅是2018年《公司法》规定的在报纸上公告,公司可以因此而节省相关支出。

关联法条

《企业信息公示暂行条例》第6条、第10条、第18条

第二百五十二条 【虚假出资的法律责任】

> 第二百五十二条　公司的发起人、股东虚假出资,未交付或者未按期交付作为出资的货币或者非货币财产的,由公司登记机关责令改正,可以处以五万元以上二十万元以下的罚款;情节严重的,处以虚假出资或者未出资金额百分之五以上百分之十五以下的罚款;对直接负责的主管人员和其他直接责任人员处以一万元以上十万元以下的罚款。

一、修订情况

本条是关于股东虚假出资、瑕疵出资的行政法律责任规定。与2018年《公司法》第199条相比,本条修订主要体现在以下两处:

1. 将适用罚款的情形调整为区分情节是否严重按梯度罚款。2018年《公司法》第199条未区分情节严重与否,统一以出资额按比例进行处罚;本次修订后调整为区分情节是否严重按梯度罚款,规定存在股东虚假出资、瑕疵出资等行为的,"由公司登记机关责令改正,可以处以五万元以上二十万元以下的罚款;情节严重的,处以虚假出资或者未出资金额百分之五以上百分之十五以下的罚款"。

2. 增加对直接负责的主管人员及其他直接责任人员的罚款规定。针对本条规范的股东虚假出资、瑕疵出资的违法行为,新增"对直接负责的主管人员和其他直接责任人员处以一万元以上十万元以下的罚款"的规定。

二、理论基础

出资是股东依照公司法和公司章程以及公司设立协议向公司交付财产的行为,是股东最重要、最基本的义务,也是形成公司财产的基础。在公司注册资本实缴制下,股东虚假出资严重违反资本维持原则,导致公司实际经营和偿债能力与登记产生偏差;在公司注册资本认缴制下,在一定程度上缓解了股东出资义务,但对特定形式的公司以及认缴出资期限到期的股份,股东仍然要依法出资。所谓虚假出资,即公司账面体现了股东出资但实际并未出资,客观上形成股东未支付股权对价却取得股权享受股东权利的局面。

实践中股东虚假出资的主要表现形式为:(1)以无实际现金或高于实际现金的虚假的银行进账单、对账单骗取验资报告,从而获得公司登记;(2)以虚假的实物投资手续骗取验资报告,从而获得公司登记;(3)以实物、工业产权、非专利技术、土地使用权出资,但未办理财产转移手续;(4)股东设立公司时,为了应付验资,将款项短期转入公司账户后又立即转出,公司未实际使用该项款项进行经营;(5)未对投入的净资产进行审计,仅以投资者提供的少记负债、高估资产的会计报表验资。股东虚假出资除了应当承担补足出资等民事责任外,还应当承担行政责任,甚至刑事责任。

另外,2018年《公司法》对虚假出资的罚款数额是统一以虚假出资金额比例确定的,即处以虚假出资金额5%以上15%以下的罚款,但公司出资金额有时会达到上千万元,以此比例统一确定公司发起人和股东的责任难免出现罚过失衡的局面。因此,新《公司法》对虚假出资的法律责任进行了梯度设计:情节不严重的,处以5万元以上20万元以下的罚款;情节严重的,处以虚假出资或者未出资金额5%以上15%以下的罚款;对直接负责的主管人员和其他直接责任人员处以1万元以上10万元以下的罚款。由此实现罚过相当的责任配置原则。

三、制度演变

1993年《公司法》第208条规定:"公司的发起人、股东未交付货币、实物或者未转移财产权,虚假出资,欺骗债权人和社会公众的,责令改正,处以虚假出资金额百分之五以上百分之十以下的罚款。构成犯罪的,依法追究刑事责任。"

2005年《公司法》第200条将虚假出资的法律责任条款调整为:"公司的发起人、股东虚假出资,未交付或者未按期交付作为出资的货币或者非货币财产的,由公司登记机关责令改正,处以虚假出资金额百分之五以上百分之十五以下的罚款。"后续一直保留这一表述。

2023年《公司法》修订对股东虚假出资的法律责任进行了如前所述的梯度设计。

四、案例评析

南宁市工商行政管理局、傅某、卓某等工商行政处罚纠纷案[广西壮族自

治区高级人民法院(2019)桂行终 1099 号]

基本案情: 南宁百利物业开发有限公司(以下简称南宁百利公司)于 1994 年 8 月 4 日成立,属外商独资企业。1998 年 6 月 3 日,南宁百利公司向南宁市原工商行政管理局提交企业变更登记申请,申请增加注册资本至 210 万美元,并增加傅某、王某、邱某、卓某、廖某五位自然人为股东,其中:傅某、王某、邱某、卓某、廖某各出资 21 万美元,新加坡百利公司增加出资 3 万美元,在修订的公司章程中明确了各股东出资方式为"以美元现汇投资",并约定"南宁百利公司在获准领取营业执照之日起,九十日内按各方出资额全数缴清注册资金共 210 万美元"。但上述当事人并未按照公司章程的约定缴纳注册资本金,而是通过广西大地公司和南宁百利公司之间的相互调账,以广西大地公司土地代替现金方式出资,但并未举证证明相关土地使用权与傅某等人存在权属关联。南宁市原工商行政管理局于 2014 年 6 月 3 日作出南工商经检处字〔2014〕105 号行政处罚决定书认定南宁百利公司的股东构成虚假出资,进而进行了相应处罚。傅某不服上述行政处罚决定,遂向人民法院提起诉讼。

裁判情况: 一审法院认为,在南宁百利公司修订的公司章程中明确了各股东出资方式为"以美元现汇投资",并约定"南宁百利公司在获准领取营业执照之日起,九十日内按各方出资额全数缴清注册资金共 210 万美元"。但上述当事人并未按照南宁百利公司章程的约定缴纳注册资本金,而是通过广西大地公司和南宁百利公司之间的相互调账完成的,但 900 万元人民币的增资款始终在大地公司账上。上述当事人没有完成出资,构成虚假出资。最终一审法院驳回了傅某的诉讼请求,二审维持原判。

评析: 本案是一起典型的公司因虚假出资而被行政机关处罚的案例。实践中公司股东虚假出资的形式非常多样,法院在审查股东是否存在虚假出资情况时,往往会采取穿透审查的方式,而不是仅凭工商登记信息来确认是否完成出资。

本案中,虽然股东主张以土地代替现金出资的方式变更出资方式并完成出资,但股东未能举证证明涉案土地与其出资有关联,也没有报审查批准机关批准及办理工商变更登记,因此最终该主张未得到法院支持。

五、律师实务指引

股东出资纠纷是公司实务中普遍存在的纠纷。除了前述案件所涉及的以土地出资产生的争议,实践中还经常发生股东循环出资、以虚高或虚假的无形资产进行出资等虚假出资的情形。这些虚假出资往往有很强的隐蔽性,难以被其他股东或者公司债权人及时发现。但在有些情况下,股东并无虚假出资的恶意,有些股东可能是因为对法律规则认识不到位而怠于办理出资登记,进而产生争议。在前述案件中,如果相关股东能依法将涉案土地进行出资登记,或许就可以避免纠纷。

另外,新《公司法》第51条要求董事会应当对股东的出资情况进行核查,发现股东未按期足额缴纳公司章程规定的出资的,应当由公司向该股东发出书面催缴书催缴出资,对此负有责任的董事也要承担赔偿责任。因此,公司董事要谨慎勤勉地对待股东出资问题,否则,不仅可能会对股东的出资承担赔偿责任,还可能会面临行政处罚。

关联法条

1.《民法典》第83条
2.《证券法》第141条
3.《市场主体登记管理条例》第45条、第50条

第二百五十三条 【抽逃出资的法律责任】

> 第二百五十三条 公司的发起人、股东在公司成立后，抽逃其出资的，由公司登记机关责令改正，处以所抽逃出资金额百分之五以上百分之十五以下的罚款；对直接负责的主管人员和其他直接责任人员处以三万元以上三十万元以下的罚款。

一、修订情况

本条是对股东抽逃出资行政责任的规定。与2018年《公司法》第200条相比，本条的主要变化是增加对直接负责的主管人员及其他直接责任人员的罚款规定，明确"对直接负责的主管人员和其他直接责任人员处以三万元以上三十万元以下的罚款"，以增加董事及高级管理人员在公司资本维持方面的责任。

二、理论基础

抽逃出资，是指在公司成立或验资后，股东将其已经转移到公司名下的出资财产暗中抽回，且仍保留股东身份和原有出资数额的行为。抽逃出资的行为严重损害了公司资本维持原则。强化抽逃出资的法律责任，明确抽逃出资的法律后果，可以有以下作用：

第一，维护公司资本真实性，强化资本维持原则。尽管目前公司"资产信用"的重要性更胜于"资本信用"，但是在公司存续期间，公司资本仍起到一定的能力彰示作用，若公司资产的实际状况与公司资本严重脱离，则会使投资市场更加扑朔迷离，大大打击投资人的投资热情。[1]

第二，维护股权平等，保护债权人利益与公司利益。抽逃出资损害了公司债权人的实际利益与信赖利益。一方面，公司资产是公司对外向债权人承担责任的重

---

[1] 参见赵旭东：《从资本信用到资产信用》，载《法学研究》2003年第5期。

要保证;另一方面,公司资本作为资合公司的财产基础以及最直观的信用指标的功能并未改变。股东承担有限责任的前提是将出资的所有权让渡给公司,股东一旦出资,即意味着公司获得股东出资的所有权,股东的出资转变为公司财产。股东出资后的抽逃出资行为,直接侵害了公司的财产权利,也从根本上侵蚀了公司的独立法律人格。

第三,出资构成的注册资本是公司信誉及其承担责任的物质基础。公司的发起人、股东在公司成立后,抽逃其出资,是对公司债权人、社会公众和公司登记机关的欺诈,应当承担抽逃出资的行政责任。

关于直接负责的主管人员和其他直接责任人员的责任。实践中经常会存在其他股东、董事、高级管理人员或者实际控制人协助股东抽逃出资的情况,本条规定借鉴了《公司法司法解释三》第14条关于协助抽逃出资的其他股东、董事、高级管理人员或者实际控制人承担连带责任的规定,对行政责任主体进行了扩充,由公司的发起人、股东扩充为公司的发起人、股东、直接负责的主管人员和其他直接责任人员。通过扩大责任主体的范围及提高责任主体的违法成本,遏制抽逃出资,以此维护公司资本的真实性。

三、制度演变

1986年《民法通则》第49条规定:"企业法人有下列情形之一的,除法人承担责任外,对法定代表人可以给予行政处分、罚款,构成犯罪的,依法追究刑事责任:(一)超出登记机关核准登记的经营范围从事非法经营的;(二)向登记机关、税务机关隐瞒真实情况、弄虚作假的;(三)抽逃资金、隐匿财产逃避债务的;(四)解散、被撤销、被宣告破产后,擅自处理财产的;(五)变更、终止时不及时申请办理登记和公告,使利害关系人遭受重大损失的;(六)从事法律禁止的其他活动,损害国家利益或者社会公共利益的。"1993年《公司法》颁布以前,民商事活动主要由原《民法通则》进行规范与调整。显然,第49条不是抽逃出资行政责任的具体规定,但已使用"抽逃资金"用语,法定代表人承担的责任中已包含行政责任。

1993年《公司法》第209条规定:"公司的发起人、股东在公司成立后,抽逃其出资的,责令改正,处以所抽逃出资金额百分之五以上百分之十以下的罚款。构成犯罪的,依法追究刑事责任。"抽逃出资行为因严重程度不同,分别适用不同的责任,主要有刑事责任、行政责任及民事责任,该条主要规定了抽逃出资的行政责任,这意味着抽逃出资行政责任正式在公司法中确定、适用。

1999年、2004年修正的《公司法》第209条,抽逃出资行政责任的规定沿用旧法规定,未有变化。

2005年《公司法》第201条规定:"公司的发起人、股东在公司成立后,抽逃其出资的,由公司登记机关责令改正,处以所抽逃出资金额百分之五以上百分之十五以下的罚款。"

2005年《公司法》修订明确了抽逃出资行政责任的监管主体为公司登记机关,并将罚款比例的上限由10%调增至15%。此外,删除了"构成犯罪的,依法追究刑事责任"。此后公司法修正未对该条款作实质性改动。

2023年《公司法》修订针对股东抽逃出资的法律责任,还新增了对直接负责的主管人员和其他直接责任人员的处罚。

四、案例评析

河南亚鹰钢结构幕墙工程有限公司与汉川市工商行政管理局行政处罚案
[湖北省孝感市中级人民法院(2016)鄂09行终54号]

基本案情:2013年11月20日,原告河南亚鹰钢结构幕墙工程有限公司(以下简称河南亚鹰公司)出资1亿元资金成立湖北亚鹰公司(一人有限责任公司),作为履行其与汉川市交通局签订的某项目建设合同书的项目公司。湖北亚鹰公司成立后,原告多次以"临时调用""临时借用"名义从项目公司转出资金。2014年12月30日,项目指挥部向原告发函,要求限期返还注册资金7000万元,并声明法律后果。2015年4月10日,汉川市交通局向原告发函要求返还注册资金7000万元。原告归还部分款项。2015年4月20日,被告以原告涉嫌抽逃出资予以立案调查。2015年6月26日,汉川市当时的工商行政管理局作出行政处罚决定书,责令原告改正并限期返还抽逃出资金额7780万元,同时按抽逃出资金额7780万元的10%处以罚款778万元。原告不服上述行政处罚决定,遂向人民法院提起诉讼。

裁判情况:一审法院认定原告行为构成抽逃出资,被告作出的行政处罚决定,证据确凿,适用法律、法规正确,程序合法。二审法院认为,原告四次以"借用""调用"的名义从湖北亚鹰公司转出资金,其行为属于违法借贷关系,而且不支付任何代价长期占用不还,构成抽逃出资行为,被告对原告处以所抽逃出资金额10%的罚款在规定的裁量范围之内。原审认定事实清楚,适用法律正确,判决并无不当,依法应予维持。

评析：本案是一起典型的因抽逃出资而被行政机关处罚的案例。本案中，汉川市工商局认定湖北亚鹰公司股东河南亚鹰公司抽逃出资 7780 万元，故依据 2013 年《公司法》第 200 条有关抽逃出资行政责任的规定，对河南亚鹰公司进行行政处罚：一是责令其改正，限 30 日向湖北亚鹰公司返还抽逃出资；二是按抽逃出资金额 7780 万元的 10%，处以罚款 778 万元。汉川市当时的工商局作为公司登记机关，也是对抽逃出资作出行政处罚决定的适格主体。

五、律师实务指引

应高度注意责任主体的扩张。根据新《公司法》，除公司的发起人、股东外，抽逃出资责任主体已包含直接负责的主管人员和其他直接责任人员。实务中，公司发起人、股东一般无法独自完成出资抽逃、抽回行为，通常需要其他人员的协助、配合。例如，制作虚假财务会计报表虚增利润进行分配，一般需要财务人员参与；通过虚构债权债务关系将其出资转出的，相关主体均可能承担相应的法律责任。

关联法条

1.《民法典》第 83 条
2.《证券法》第 141 条
3.《市场主体登记管理条例》第 45 条、第 50 条

第二百五十四条 【公司财务违法行为的法律责任】

> 第二百五十四条 有下列行为之一的，由县级以上人民政府财政部门依照《中华人民共和国会计法》等法律、行政法规的规定处罚：
> （一）在法定的会计账簿以外另立会计账簿；
> （二）提供存在虚假记载或者隐瞒重要事实的财务会计报告。

一、修订情况

本条是对公司违反财务会计相关规定的行政责任。本条是对2018年《公司法》第201条、第202条、第203条的概括规定，本条主要变化有：

1.删除违法提取公积金的行政责任，保留列示的两类违规具体情形。本次修订删除了2018年《公司法》第203条规定的违法提取法定公积金的行政责任，并将第201条、第202条规定的两类违反财务会计制度的行为合并列示在本条中，作为两种具体的违规情形，包括"（一）在法定的会计账簿以外另立会计账簿；（二）提供存在虚假记载或者隐瞒重要事实的财务会计报告"。

2.将处罚依据引至《会计法》等法律规定，不再在公司法中设置具体处罚。2018年《公司法》针对不同的财务会计违规行为在条文中设置了具体的行政处罚规定，本次修订对此进行调整，将处罚依据引至《会计法》等法律，规定"由县级以上人民政府财政部门依照《中华人民共和国会计法》等法律、行政法规的规定处罚"，以系统并灵活地规范此类违规行为。

与本条类似，新《公司法》第257条也将与资产评估、验资相关的行政处罚依据转至《资产评估法》和《注册会计师法》。

二、理论基础

1.关于"在法定的会计账簿以外另立会计账簿"。《会计法》第16条规定："各单位发生的各项经济业务事项应当在依法设置的会计帐簿上统一登记、核算，不得违反本法和国家统一的会计制度的规定私设会计帐簿登记、核算。"公司独立财产的保障离不开对另立会计账簿、财务会计报告失真的法律责任的完善。公司设立账外账,导致公司的经营业务不能在账内核算,不在法定会计信息载体上记载,导致对外披露的会计信息严重失真。账外账是公司利用会计信息源的垄断性,对其发生的经济活动事项故意不在法定会计信息载体上记载的行为,严重破坏国家税收政策和法律,损害债权人利益并扰乱社会主义市场经济秩序。

2. 关于"提供存在虚假记载或者隐瞒重要事实的财务会计报告"。公司财务会计报告的真实性对公司正常经营、公司交易相对方的合理信赖、中小股东及职工利益保护都有重要意义,提供存在虚假记载或隐瞒重要事实的财务会计报告将严重损害公司商业信誉及管理能力。

值得一提的是,目前《会计法》的修订工作正在加快推进中,最新修订的《会计法》也将回应新《公司法》的相关规定,进一步完善财务会计制度及相应的惩罚措施。

三、制度演变

1993 年《公司法》第 211 条第 1 款规定:"公司违反本法规定,在法定的会计帐册以外另立会计帐册的,责令改正,处以一万元以上十万元以下的罚款。构成犯罪的,依法追究刑事责任。"第 212 条规定:"公司向股东和社会公众提供虚假的或者隐瞒重要事实的财务会计报告的,对直接负责的主管人员和其他直接责任人员处以一万元以上十万元以下的罚款。构成犯罪的,依法追究刑事责任。"

2013 年《公司法》第 201 条规定:"公司违反本法规定,在法定的会计账簿以外另立会计账簿的,由县级以上人民政府财政部门责令改正,处以五万元以上五十万元以下的罚款。"第 202 条规定:"公司在依法向有关主管部门提供的财务会计报告等材料上作虚假记载或者隐瞒重要事实的,由有关主管部门对直接负责的主管人员和其他直接责任人员处以三万元以上三十万元以下的罚款。"2013 年《公司法》将会计账册改为会计账簿,增加了处罚上限,明确了主管部门,删除了"构成犯罪的,依法追究刑事责任",条文表述上更为科学。

2018 年《公司法》第 201 条、第 202 条延续 2013 年《公司法》的相关表述。

2023 年《公司法》修订对 2018 年《公司法》第 201 条、第 202 条进行了整合,扩展了承担行政责任的主体范围,实现了《公司法》与《会计法》《证券法》《刑法》等相关法律之间的有机衔接,提高了企业及其责任人员的违法成本,分别从民事责任、行政责任、刑事责任角度,针对公司伪造、编造、隐匿、销毁会计账簿、财务会计报告及原始凭证的行为作出法律规制和处罚规定,通过多种法律规范的综合适用,确保公司财务数据真实、有效。

四、案例评析

康美药业虚假陈述纠纷案[广东省广州市中级人民法院(2020)粤01民初2171号]

基本案情:2018年10月15日晚开始,互联网上陆续出现文章,质疑康美药业年报半年报中货币资金真实性,指出可能存在财务造假等问题。2018年10月16日盘中一度触及跌停,收盘跌幅5.97%,此后连续3日以跌停价收盘。证监会紧急成立康美药业核查小组,展开对康美药业的财务调查。经查,2016年到2018年,康美药业通过伪造和变造增值税发票、伪造银行回款凭证、伪造定期存单,累计虚增收入达到291.28亿元,虚增利润近40亿元,累计多计利息收入5.1亿元。2020年5月14日,中国证监会对康美药业下达了行政处罚决定书。

裁判情况:2021年11月12日,广东省广州市中级人民法院针对康美药业集体诉讼案作出一审判决,判处康美药业赔偿投资者损失24.6亿元,马某夫妇及邱某等4名原高管人员承担100%的连带赔偿责任;另有13名高管人员按过错程度分别承担20%、10%、5%的连带赔偿责任。后二审维持原判。

评析:康美药业虚假陈述纠纷案是我国证券特别代表人诉讼第一案,部分观点认为康美案是我国资本市场和证券司法发展历史上的一个里程碑式的标志性事件。除了证券特别代表人诉讼制度的初次落地外,康美药业案中的民事判决部分,也对高管人员进行了严厉的处罚,按不同过错程度判处一定比例的连带赔偿责任,其中就包括5名独立董事,该案也对我国资本市场独立董事制度提出了新的要求和挑战。除了行政责任和民事责任外,康美药业实控人马某及其他责任人员也因操纵证券市场罪、不披露重要信息罪等被判处有期徒刑。随着该案的落幕,证券特别代表人诉讼、独立董事制度、中介服务机构责任等法律制度或法律问题却逐渐走上了历史舞台。

五、律师实务指引

在法定会计账簿以外另立会计账簿,提供存在虚假记载或隐瞒重要事实的财务会计报告,公司直接负责的主管人员及其他直接责任人员是实施违法行为的主体。实施这些违法行为可能是为公司首发上市 IPO 或满足银行贷款条件,虚增利润掩盖实际经营业绩;或者为达到少缴税目的,虚增成本减少税前利润,存在贪污、职务侵占、挪用公款等动因。无论出于何种目的,企业实际经营情况都未得到完整的表述与展现,损害债权人、公司及其他股东的利益,破坏市场经济秩序,并可能偷逃税款损害国家利益。针对上述问题,我国《证券法》针对虚假陈述,对上市公司(发行人)、董、监、高、控股股东、实际控制人以及直接责任人员的责任进行了规范。《税收征收管理法》针对纳税人伪造、编造、隐匿、擅自销毁账簿、会计凭证等偷税行为,税务机关将追缴其应缴而未缴、少缴税款,滞纳金及相应金额罚款。《刑法》第 162 条之一规定了公司隐匿或故意销毁会计凭证、会计账簿、财务会计报告的刑事处罚。

值得注意的是,第一,企业管理人员特别是实控人,是财务作假的第一责任主体,除了要承担民事责任,还可能会触犯刑事责任,在强监管背景下,应当谨慎对待公司财务问题,依法依规经营。第二,公司独立董事应当对公司财务问题保持谨慎态度,应凭借自身专业能力、采取必要充分的手段核验财务数据的真实性,而不是仅依赖中介机构的数据,必要时可以购买董事责任保险。第三,会计从业人员及其他中介服务机构从业人员应当遵循相关法律法规的规定,遵守执业道德,依法合规进行财务记账,避免处罚。

关联法条

1.《会计法》第 13 条、第 42 条、第 43 条、第 45 条

2.《证券法》第 197 条

3.《刑法》第 161 条

4.《税收征收管理法》第 63 条

第二百五十八条 【公司登记机关违法的法律责任】

> 第二百五十八条 公司登记机关违反法律、行政法规规定未履行职责或者履行职责不当的,对负有责任的领导人员和直接责任人员依法给予政务处分。

一、修订情况

本条是关于公司登记机关违法履职法律责任的规定。本条是对2018年《公司法》第208条、第209条的合并概括规定,本条主要变化有:

1. 删除对公司登记机关违法履职行为的具体列示,改为概括性规定。考虑到实践中公司登记机关违法履职的行为种类繁多,不仅包括2018年《公司法》第208条、第209条中列示的对不符合规定的予以登记、对符合的不予登记、上级部门强令登记或强令不予登记、包庇违法登记等情况,可能还会包括违法撤销登记、违法吊销公司营业执照等情形,因此本次修订删除了对公司登记机关违法履职行为的具体列示,概括规定为"违反法律、行政法规规定未履行职责或者履行职责不当"。

2. 将"行政处分"的表述改为"政务处分"。考虑到本条对应承担责任的人员都是公务员及公职人员,应由检察机关和公务员主管机关按照《公务员法》和《公职人员政务处分法》的规定予以处分,因此将法律责任由此前的"对直接负责的主管人员和其他直接责任人员,依法给予行政处分"修改为"对负有责任的领导人员和直接责任人员依法给予政务处分"。

二、理论基础

(一)公司登记机关的法律责任

公司登记机关的职责涉及公司登记的日常管理、申请受理、变更登记、真实性审查、注册资本管理以及对不法行为的调查与处理等方面。这些职责旨在保证公司登记的合法性和真实性,保护市场主体的合法权益。然而在登记机关履责过程中可能存在违反法律、行政法规规定的行为,以及履行职责不当的情形,应当依法

对负有责任的领导人员和直接责任人员给予政务处分。界定公司登记机关在履职过程中的违法行为,主要有以下几类表现形式:

1. 审查不严或不实。如果登记机关在受理登记申请后,没有尽到应有的审慎审查义务,或者在核准登记过程中存在明显的审查疏漏,导致申请人提交的材料存在虚假、错误等问题,则该登记行为可能被认定为违法。

2. 未依法履行形式审查义务。即使提交的材料齐全、符合法定形式,但如果工商行政管理机关在审查时未能发现并纠正材料上的虚假或错误,这也构成了违法行为。

3. 法律适用不当。如果登记机关对相关法律、法规的适用存在错误,未能正确适用法律规定,也可能被视为违法行为。

4. 拒不更正登记错误。如果登记机关拒不更正,法院可以根据具体情况判决撤销登记行为、确认违法或要求登记机关履行更正职责。

(二)政务处分

政务处分,是指国家行政机关对其工作人员在执行职务时的违法行为所采取的惩罚措施。其法律依据主要是《公职人员政务处分法》以及其他相关法律法规。同时,上级行政机关基于内部管理职能对下级行政机关的查处职权,属于层级监督关系。政务处分属于行政机关内部管理行为,一般不属于人民法院行政诉讼的受案范围。

三、制度演变

1993年《公司法》第222条规定:"公司登记机关对不符合本法规定条件的登记申请予以登记,情节严重的,对直接负责的主管人员和其他直接责任人员,依法给予行政处分。构成犯罪的,依法追究刑事责任。"第223条规定:"登记机关的上级部门强令公司登记机关对不符合本法规定条件的登记申请予以登记的,或者对违法登记进行包庇的,对直接负责的主管人员和其他直接责任人员依法给予行政处分。构成犯罪的,依法追究刑事责任。"

2005年《公司法》第209条规定:"公司登记机关对不符合本法规定条件的登记申请予以登记,或者对符合本法规定条件的登记申请不予登记的,对直接负责的主管人员和其他直接责任人员,依法给予行政处分。"第210条规定:"公司登记机关的上级部门强令公司登记机关对不符合本法规定条件的登记申请予以登记,或者对符合本法规定条件的登记申请不予登记的,或者对违法登记进行包庇的,对直接负责的主管人员和其他直接责任人员依法给予行政处分。"

2023年《公司法》修订将公司登记机关未履行职责或者履行职责不当的法律责任从列举式变更为概括式,优化了表述,适用范围得到大幅扩张,体现了立法者希望通过把牢登记关来进一步规范市场行为的决心,也与新《公司法》第41条关于优化公司登记机关登记流程,提高登记效率和便利化水平的要求相呼应。

四、案例评析

图某悦与辽宁省市场监督管理局撤销工商登记纠纷案[辽宁省沈阳市中级人民法院(2020)辽01行终294号]

基本案情:2008年1月21日,辽宁宝月驾驶员培训有限公司(以下简称宝月公司)向辽宁省市场监督管理局提交公司变更登记申请书,申请内容为两项,分别为"住所沈阳市东陵区白塔镇大张尔村变更为沈阳市和平区文体西路××"和"法定代表人由图某悦变更为谭某",并提交了指定代表或者共同委托代理人的证明、股东会决议、宝月公司章程、法定代表人登记表、房屋租赁协议书、房产证等材料。后辽宁省市场监督管理局准予变更登记。图某悦于2019年7月向法院提起诉讼,认为2008年2月,辽宁省当时的工商局相关领导和工作人员为了帮助马某、李某等人获取非法利益,利用违法变更的宝月公司工商手续,使上述人员实际取得原告注册资金和注册地,要求法院撤销工商登记。

裁判情况:二审法院认为,本案中,根据审理查明的事实,上诉人所诉的变更登记行为于2008年2月1日作出,根据相关刑事判决中证人证言、上诉人供述,结合本案其他事实可以认定,上诉人于2008年2、3月间已经知道了该变更登记行为,扣除刑期,其于2019年7月诉至原审法院,已经超过了起诉期限,原审裁定驳回起诉并无不当。

再审法院认为,《行政诉讼法》第46条第2款规定,因不动产提起诉讼的案件自行政行为作出之日起超过20年,其他案件自行政行为作出之日起超过5年提起诉讼的,人民法院不予受理。该规定是关于起诉期限的绝对规定,不适用延长、扣除等特殊情形。本案中图某悦于2019年向法院提起诉讼,超过了上述法律规定的起诉期限,故原审裁定驳回图某悦的起诉并无不当。

评析:我国《行政诉讼法》规定了针对行政行为提起诉讼的最长期限。对行政相对人而言,行政机关是否存在履职不当,相关责任人员是否应当承担责任,一般会以行政诉讼的裁判结果为前提。因此要注意在法定期限内提起诉讼,超过法定维权期限,则人民法院不予受理。

五、律师实务指引

公司登记机关未履行职责或者履行职责不当时,应当由监察机关对相关责任人员进行政务处分。实务中,如果认为公司登记机关的行为违法,一般通过行政复议、行政诉讼等方式先行确定登记机关的行政行为违法,而后由上级主管部门或监察机关在登记机关内部确定对应责任的领导人员和直接责任人并予以政务处分。需要注意的是,一方面,行政行为相对人应当在法律程序、法定期限内提起诉讼;另一方面,如果相对人有相关责任人员未依法履职的证据,可以向监察机关或主管部门反映情况。

关联法条

1.《监察法》第45条
2.《公职人员政务处分法》第2条、第7条
3.《市场主体登记管理条例》第50条、第52条